구글 엔지니어는
이렇게 일한다

Software Engineering at Google

| 표지 설명 |

표지 동물은 아메리칸 플라밍고다(학명: *Phoenicopterus ruber*). 주로 중남미 해안과 멕시코만 근처에 서식하지만 때로는 미국 플로리다 남부까지 여행하기도 한다. 플라밍고의 서식지는 갯벌과 해안의 염수 석호(바닷물로 이루어진 호수)다.

플라밍고의 상징이라 할 수 있는 분홍 깃털은 새가 성장하면서 생기며, 먹이에 함유된 카로티노이드 색소에서 유래한다. 이 색소는 자연의 먹이들에 더 풍부하기 때문에 야생 플라밍고가 사육 플라밍고보다 색이 더 선명한 경향이 있다. 물론 색소가 풍부한 식단을 제공하는 동물원도 있다. 플라밍고의 키는 보통 106cm 정도이며, 날개 길이는 150cm 정도다. 섭금류인 플라밍고는 물갈퀴가 있고 발가락은 세 개다. 수컷과 암컷은 큰 차이는 없지만 수컷이 약간 더 큰 경향이 있다.

긴 다리와 목을 사용하여 깊은 물에서 먹이를 찾으며 하루 대부분을 보낸다. 부리 안에는 빗살 모양의 강모로 이루어진 두 줄의 얇은 판이 있는데, 씨앗, 물고기, 미생물, 작은 새우 등의 먹이를 걸러내는 기능을 한다. 최대 만 마리가 큰 무리를 지어 생활하며 한 장소에서 먹이를 모두 먹고 나면 다른 장소로 이동한다. 사회적인 새일 뿐만 아니라 목소리도 잘 발달했다. 특히 짝에게 자신의 위치를 알릴 때와 무리에 위험을 경고할 때 독특한 소리를 낸다.

아메리카 플라밍고는 한때 아프리카, 아시아, 남유럽에 서식하는 큰 플라밍고(학명: *Phoenicopterus roseus*)와 같은 종으로 여겨졌으나 지금은 별도의 종으로 분류한다. 오라일리 표지에 등장하는 동물은 대부분 멸종 위기종이다. 아메리카 플라밍고는 현재 최소 관심least concern 등급으로 지정되어 있다. 표지 그림은 『Cassell's Natural History』에 실린 흑백 판화를 기반으로 캐런 몽고메리Karen Montgomery가 그렸다.

구글 엔지니어는 이렇게 일한다

구글러가 전하는 문화, 프로세스, 도구의 모든 것

초판 1쇄 발행 2022년 5월 10일
초판 4쇄 발행 2022년 9월 3일

큐레이터 타이터스 윈터스, 톰 맨쉬렉, 하이럼 라이트 / **옮긴이** 개앞맵시(이복연) / **펴낸이** 김태헌
펴낸곳 한빛미디어(주) / **주소** 서울시 서대문구 연희로2길 62 한빛미디어(주) IT출판부
전화 02-325-5544 / **팩스** 02-336-7124
등록 1999년 6월 24일 제25100-2017-000058호 / **ISBN** 979-11-6224-562-0 93000

총괄 전정아 / **책임편집** 박민아 / **기획** 정지수 / **편집** 김지은
디자인 표지 박정우 내지 박정화 / **전산편집** 이경숙
영업 김형진, 김진불, 조유미, 김선아 / **마케팅** 박상용, 송경석, 한종진, 이행은, 고광일, 성화정 / **제작** 박성우, 김정우

이 책에 대한 의견이나 오탈자 및 잘못된 내용에 대한 수정 정보는 한빛미디어(주)의 홈페이지나 아래 이메일로
알려주십시오. 잘못된 책은 구입하신 서점에서 교환해드립니다. 책값은 뒤표지에 표시되어 있습니다.

한빛미디어 홈페이지 www.hanbit.co.kr / **이메일** ask@hanbit.co.kr

지금 하지 않으면 할 수 없는 일이 있습니다.
책으로 펴내고 싶은 아이디어나 원고를 메일(**writer@hanbit.co.kr**)로 보내주세요.
한빛미디어(주)는 여러분의 소중한 경험과 지식을 기다리고 있습니다.

구글 엔지니어는
이렇게 일한다

Software Engineering at Google

O'REILLY® 한빛미디어 Hanbit Media, Inc.

경험이 있는 개발자는 프로그래밍과 소프트웨어 엔지니어링이 다르다는 것을 압니다. 집중한 머리는 비트와 춤을 추고, 눈은 모니터 화면을 응시하고, 손은 키보드를 두드리는 게 프로그래밍입니다. 그렇다면 소프트웨어 엔지니어링은 무엇일까요? 이 질문에 대한 답은 이 책에서 찾을 수 있습니다. 구글 개발자 특유의 풍성하고, 깊고, 날카로운 사고를 담은 이 책을 좋은 개발자로 성장하고 싶은 모든 이에게 권합니다.

임백준, 삼성리서치

이 책은 구글이 지금의 자리까지 이르게 하는 데 가장 큰 이바지를 한 소프트웨어 엔지니어들이 구글에서 실제로 어떻게 일하고 있는지 알려줍니다. 그래서 소프트웨어 엔지니어링과 관련된 문화, 프로세스, 도구들에 대한 고찰을 통해 고품질의 소프트웨어를 효과적으로 개발하는 데 필요한 통찰을 얻을 수 있습니다.

권순선, 구글 글로벌 머신러닝 생태계 프로그램 리드

지난 19년간 구글 검색팀에서 소프트웨어 엔지니어, 엔지니어링 매니저와 디렉터를 거치면서 보고 경험했던 내용이 이 책 한 권에 담겨 있어서 매우 놀라웠습니다. 소프트웨어 엔지니어뿐만 아니라 IT 분야에 종사하는 모든 이에게 이 책을 추천합니다.

이준영, 구글 소프트웨어 엔지니어링 디렉터

그간 여러 곳에 소개된 구글의 소프트웨어 엔지니어링은 단편적이었습니다. 하지만 이 책은 구글 엔지니어링의 역사, 변화 과정, 소프트웨어 개발을 다각도로 들여다봅니다. 작게는 구글이 사용하는 도구들, 넓게는 문서화, 깊게는 의존성 관리, 대규모 변경, 지속적 배포 등을 다룹니다. 이 책은 성장하는 엔지니어링 조직에서 일하고 있는 모든 이에게 '어떤 문제를 어떻게 접근해야 하는가'에 대한 좋은 가이드가 되어줄 겁니다.

서민구, 구글 코리아 테크 리드 매니저

우리는 소프트웨어 엔지니어입니다. 소프트웨어 엔지니어링은 단순히 고객의 요구사항을 해소하는 것에만 그치지 않습니다. 문제의 근본 원인을 찾고 개선해나가며, 지속 가능성과 확장성을 고려하여 최적의 결과물을 만들어나가야 합니다. 이 책은 소프트웨어 엔지니어로 나아가기 위한 길을 제시해주고 있습니다. 이 책과 함께라면 우리에게 더 큰 보상과 기회의 문이 열리게 될 것입니다.

당근마켓 서비스코어 부문

구글의 아리스토텔레스 프로젝트를 통해 성공하는 팀이 가져야 하는 기준을 알게 되어, 그 내용을 사내에 적용하고 코칭하면서 많은 것을 배웠고 좋은 성과도 일궈냈습니다. 이 책에는 이렇게 성공하는 팀이 엔지니어링 측면에서 일하는 방식과 문화를 어떻게 만들어가는지에 대한 내용이 담겨있습니다. 이 책을 통해 알게 된 내용들을 과제와 조직에 적용할 생각을 하니 벌써부터 가슴이 뜁니다.

우경우, 삼성전자 조직개발 코치 SWITCH 사무국

전 세계 C++ 프로그래머들이 한때 금과옥조로 삼았던 'Google C++ Style Guide'의 메인테이너인 타이터스 윈터스가 구글의 다른 고인물 고수들과 함께 저술한 구글식 소프트웨어 엔지니어링 자기계발 백과사전입니다. 에릭 브레히너의 하드 코드가 2010년의 마이크로소프트판 소프트웨어 개발 방법을 보여줬다면, 이 책은 그 책에 대응되는 2020년의 구글판입니다. 지금까지 출간된 '구글은 이렇게 한다'식의 책들과 달리, 불친절한 개념 설명도 없고 구글의 뛰어난 시스템 자랑 나열도 별로 없습니다. 그저 인터넷 서비스 업체에서 벌어지는 소프트웨어 개발에 대한 전부를 개념부터 한 숟가락씩 떠먹여 주고 그동안의 현장 경험과 노하우를 예제와 함께 소개합니다. 시중에 나온 많고 많은 자기계발/실천법 서적들을 응축하여 구글이 핸드드립한 에스프레소를 마시는 느낌이니, 이 책만 잘 읽어도 이 바닥 전체를 섭렵한 기분이 들것입니다. 이 책에서 제시하는 테크닉과 방법론은 현장감 있고 생생하다는 느낌을 받았습니다. 무엇보다도 소프트웨어 엔지니어링의 정수는 여기에 있다고 말하듯이, 테스트와 변경 관리에 할애한 분량이 매우 많고 상세하다는 점이 매우 인상적이고 동감하는 바입니다. 목 넘김 좋은 막걸리

처럼 술술 잘 넘어가는 한국어화 품질도 크게 칭찬해 주고 싶습니다. 마지막으로, '이상적이고 순수하고 정직하다'라는 말을 하고 싶습니다. 구글 엔지니어들은 과연 이걸 진짜로 해낸 것일까요?

곽용재, NAVER 검색플랫폼 총괄

저는 소프트웨어 엔지니어링이라는 용어에 막연한 거부감을 느끼며 살아왔습니다. 소프트웨어 엔지니어링보다는 프로그래밍이 우리가 하는 일을 더 잘 대변한다 생각했고, 소프트웨어 엔지니어보다 프로그래머로 불리기를 바랐습니다. 하지만 이 책에서 소프트웨어 엔지니어링을 '시간 위를 걷는 프로그래밍'으로 정의한 표현을 읽는 순간, 지금까지 가지고 있던 소프트웨어 엔지니어링에 대한 거부감이 사라졌습니다. 지금까지 중요하게 여기고 강조했던 많은 활동이 소프트웨어 엔지니어링에 해당했기 때문입니다. 이 책은 지금까지 가지고 있던 소프트웨어 엔지니어링에 대한 막연한 거부감을 깨트리고, 이에 대한 중요성과 구글의 시행착오를 간접 경험할 기회를 선사합니다. 또한 프로그래밍에 시간 축을 추가함으로써 한 조직이 고려해야 할 개발 문화, 프로세스, 도구를 소개합니다.

박재성, 우아한테크코스 총괄

구글이 일하는 방식은 알면 알수록 깊이 빠져듭니다. 그래서 구글에 다니는 친구들을 닦달하여 구글에서는 실제로 일이 어떻게 돌아가는지를 캐묻곤 했습니다. 그들은 어떻게 그토록 거대한 단일 코드 리포지터리를 중단 없이 운영할 수 있을까요? 수만 명의 엔지니어가 수천 개의 프로젝트에서 성공적으로 협업해나가는 비결은 무엇이며, 그 많은 시스템의 품질을 안정되게 유지하는 비결은 무엇일까요? 구글을 다니다 나온 동료들과 일해볼수록 궁금증은 커져만 갔습니다. 여러분도 전직 구글 엔지니어[Xoogler]와 일하게 되면 분명 '구글에서는…'이라는 말을 자주 듣게 될 것입니다. 구글을 떠나 다른 회사에서 일한다는 건 '적어도 엔지니어' 관점에서는 충격적인 경험인 듯 보였습니다. 구글이라는 회사의 규모와 '구글에서는…'의 빈도는 구글이 코드를 작성하는 체계와 프로세스가 세계 정상급이라는 것을 증명해줍니다.

이 책은 많은 전현직 구글 직원이 힘을 합쳐 구글의 소프트웨어 엔지니어링을 떠받드는 관례,

도구, 심지어 문화적 요인의 청사진을 자세히 조망해줍니다. 자칫하면 구글이 자체 제작한 멋진 도구들을 설명하는 데 매몰될 수도 있었을 텐데, 이 책은 단순히 도구의 기능과 활용법을 넘어 구글의 팀들이 따르는 철학과 프로세스까지 제대로 설명해줍니다(물론 도구들도 자세히 다룹니다). 철학과 프로세스는 조직 규모 혹은 도구 활용 여부와 상관없이 다양한 환경에 응용할 수 있습니다. 개인적으로는 우리 업계에서 아직도 저항이 심한 주제인 테스트 자동화에 여러 장을 할애하여 다양한 측면을 깊게 통찰해준 점이 아주 기쁩니다.

기술이란 주제가 매혹적인 이유는 어떠한 문제든 해법이 다양하기 때문입니다. 그 대신 해법마다 나름의 장단점이 있어서, 팀이 처한 환경과 조건을 잘 고려하여 균형 잡힌 선택들을 이어가야 합니다. '오픈 소스로부터 쉽게 취할 수 있는 기능은 무엇인가?', '직접 개발하는 편이 나은 것인가?', '우리 규모에 적합한 선택은 무엇일까?' 저는 구글에 다니는 친구들로부터 극단적인 규모의 세계에서 벌어지는 이야기를 듣고 싶었습니다. 재능 덩어리인 엔지니어들이 모여 자금 걱정 없이 수많은 사용자의 높은 기대치를 만족시키는 소프트웨어를 구축하는 이야기 말입니다. 그때 들은 정보 덕분에, 제가 처한 상황에서 시도해볼 수 있는 선택지 몇 가지를 얻을 수 있었습니다(이야기를 듣지 못했다면 어림없었을 것입니다).

이 책은 모든 독자께 그 선택지들을 소개해줍니다. 물론 구글은 독창적인 회사이므로 여러분 회사의 소프트웨어 엔지니어링 조직에서 완전히 똑같이 따라 하는 것은 어리석을 수 있습니다. 실용적으로 응용하기 바랍니다. 이 책은 일을 진행하는 방법에 대한 아이디어를 제공합니다. 또한 테스트, 지식 공유, 협력적인 팀 구축과 같은 모범 사례를 조직에 도입하기 위한 논쟁을 할 때 써먹을 수 있는 값진 정보도 아낌없이 드립니다.

여러분이 또 하나의 구글을 만들 필요는 없습니다. 심지어 여러분 조직에서 구글과 똑같은 기술을 사용하려는 마음이 없을지도 모릅니다. 하지만 구글이 발전시켜온 숱한 노하우들을 모른다면, 여러분은 수만 명의 엔지니어가 20년 넘게 조화를 이뤄 다듬어온 소프트웨어 엔지니어링 지식을 놓치게 됩니다. 모른척 하기에는 너무도 값진 지식일 것입니다.

카미유 푸르니에^{Camille Fournier}, 『개발 7년차, 매니저 1일차』 저자

큐레이터 · 옮긴이 소개

큐레이터 **타이터스 윈터스** Titus Winters

구글에 2010년에 합류한 선임 소프트웨어 엔지니어. 지금은 C++ 표준 라이브러리를 설계하는 글로벌 소위원회 위원장이며, 구글에서는 매달 12,000명의 엔지니어가 수정하는 2억 5천만 라인의 코드로 이루어진 C++ 코드베이스의 라이브러리 리더를 맡고 있습니다. 지난 7년 동안은 최신 자동화 및 도구를 사용하여 구글 C++ 코드베이스의 기본 구성요소들을 재구성, 유지보수, 개선하는 팀을 이끌었습니다. 그 과정에서 역사상 가장 큰 리팩터링 10위 안에 들만한 여러 프로젝트를 경험했습니다. 리팩터링 도구 제작과 자동화 구축을 지원하면서 엔지니어와 프로그래머가 '무언가를 동작하게 만들기' 위해 취할 수 있는 수많은 지름길을 직접 접했습니다. 구글에서만 경험할 수 있는 규모와 관점이 소프트웨어 시스템의 관리와 공급에 대한 타이터스의 생각 전반에 영향을 미쳤습니다.

큐레이터 **톰 맨쉬렉** Tom Manshreck

구글에서 2005년부터 소프트웨어 엔지니어링 부분 테크니컬 라이터로 근무하며 인프라와 언어에 관한 주요 프로그래밍 가이드를 작성하고 관리하는 업무를 담당했습니다. 2011년부터는 구글 C++ 라이브러리팀에 합류하여 구글 C++ 문서자료를 만들고, (타이터스와 함께) 구글 C++ 교육 클래스를 론칭했으며, 구글의 오픈 소스 C++ 코드인 Abseil의 문서화도 진행했습니다. 매사추세츠 공과대학교에서 정치학 학사와 역사 학사를 받았습니다. 구글에 합류하기 전에는 피어슨, 프렌티스 홀, 다양한 스타트업에서 편집장으로 근무했었습니다.

큐레이터 **하이럼 라이트** Hyrum Wright

구글에 2012년에 합류한 소프트웨어 엔지니어. 구글 C++ 코드베이스의 대규모 유지보수 업무를 담당했습니다. 구글 역사에서 구글 코드베이스를 가장 많이 수정한 사람으로 손꼽히며 구글의 자동 변경 도구 그룹을 이끌고 있습니다. 텍사스 대학교에서 소프트웨어 엔지니어링 박사 학위를 받았고 카네기 멜론 대학교에서 비정기 방문 교수로 재직 중입니다. 콘퍼런스 연사로 활발히 활동하며 소프트웨어 유지보수 및 진화 관련 학술 문헌을 꾸준히 기고합니다.

옮긴이 개앞맵시(이복연) wegra.lee@gmail.com

고려대학교 컴퓨터학과를 졸업하고 삼성전자에서 자바 가상 머신, 바다 플랫폼, 챗온 메신저 서비스 등을 개발했습니다. 주 업무 외에 분산 빌드, 지속적 통합, 수명주기 관리 도구, 애자일 도입 등 동료 개발자들에게 실질적인 도움을 주는 일에 적극적이었습니다. 그 후 창업 전선에 뛰어들어 소셜 서비스, 금융 거래 프레임워크 등을 개발하다가, 무슨 바람이 불어서인지 책을 만들겠다며 기획·편집자(자칭 Wisdom Compiler)로 변신했습니다.

한빛미디어에서 『밑바닥부터 시작하는 딥러닝』 시리즈, 『리팩터링 2판』, 『Effective Unit Testing』을, 인사이트에서 『이펙티브 자바 3판』과 『JUnit 인 액션 2판』을 번역했습니다.

개발자들과의 소통 창구로 소소하게 facebook.com/dev.loadmap 페이지를 운영 중입니다.

이 책의 주제는 구글 엔지니어들이 일하는 방법이며, 그 중심에는 소프트웨어 엔지니어링이 있습니다. 소프트웨어 엔지니어링을 '프로그래밍'이나 '컴퓨터 과학'과 구분 짓는 특징은 무엇일까요? 그리고 50년 넘게 축적된 기존 소프트웨어 엔지니어링에 구글이 더할 수 있는 독특한 관점은 무엇일까요?

'프로그래밍'과 '소프트웨어 엔지니어링'은 서로 강조하는 것도 다르고 영향을 미치는 영역도 다릅니다. 하지만 우리 업계는 꽤 오랫동안 둘을 명확히 구분하지 않고 사용해왔습니다. 대학생들이 컴퓨터 과학을 공부한 후, 사회에 나와서는 코드를 짜는 '프로그래머'가 되는 식이었죠.

하지만 '소프트웨어 엔지니어링'이란 용어는 좀 더 진중하다는 느낌을 줍니다. 무언가를 실제로 그리고 정확하게 구현하기 위해 어떤 이론적인 지식을 적용해야 할 것만 같죠. 기계 엔지니어, 토목 엔지니어, 항공 엔지니어 같은 다른 엔지니어링 분야의 엔지니어들은 모두 공학적인 무언가를 훈련받기도 합니다. 그들은 모두 현실 세계에서 일하고 이론적인 지식을 적용하여 실제로 무언가를 만들어냅니다. 물론 소프트웨어 엔지니어도 '무언가를 실제로' 만듭니다. 다른 분야 엔지니어들이 만드는 것처럼 손으로 만져볼 수는 없지만 말이죠.

기존의 다른 엔지니어링 직업들과 달리 소프트웨어 엔지니어링 이론과 관례는 그리 엄격하지 않습니다. 항공 엔지니어는 계산을 실수하면 막대한 피해로 이어지기 때문에 엄격한 지침과 관례를 따라야 합니다. 프로그래밍에서는 대체로 엄격함의 정도가 훨씬 낮은 편이었습니다. 하지만 소프트웨어가 우리 삶에 깊숙이 파고들면서 우리도 더 엄격한 엔지니어링 방법을 채택하고 따라야 하는 시대가 도래했습니다. 이 책이 부디 많은 사람이 더 신뢰할 수 있는 소프트웨어 개발 관례를 따르는 길로 인도해주기를 바랍니다.

시간 위를 걷는 프로그래밍

소프트웨어 엔지니어링^{software engineering}은 단순히 코드를 작성하는 행위에 더하여, 시간의 흐름에 발맞춰 한 조직이 그 코드를 구축하고 유지보수하는 데 이용하는 모든 도구와 프로세스를 포괄합니다. 이것이 우리가 제안하는 소프트웨어 엔지니어링의 개념입니다. 예컨대 코드가 지닌 가치를 오래도록 가장 잘 지켜내려면 소프트웨어 조직은 어떤 관례를 도입해야 할까요? 엔지니어는 어떻게 해야 코드베이스의 지속 가능성을 높이고 소프트웨어 엔지니어링 규율 자체를 더 엄격하게 만들 수 있을까요? 우리도 이런 질문들의 근본적인 답은 모릅니다. 하지만 구글이 지난 20여 년간 축적한 경험이 답을 찾는 여정에 한 줄기 빛을 밝혀주리라 믿습니다.

이 책을 통해 공유하고자 하는 핵심은 소프트웨어 엔지니어링이란 '흐르는 시간 위에서 순간순간의 프로그래밍을 모두 합산한 것이다$^{programming\ integrated\ over\ time}$'라는 관점입니다. 개념잡기부터 도입, 유지보수, 폐기에 이르는 생애주기 동안 코드를 지속 가능^{sustainable}하게(필요한 변경 요청에 대응할 수 있게) 하려면 코드에 어떤 관례를 도입해야 할까요?

이 책은 소프트웨어 조직이 설계, 아키텍처 잡기, 코드 작성 시 명심해야 한다고 믿는 세 가지 기본 원칙을 강조합니다.

- **시간**^{time}**과 변경**^{change} : 코드가 수명을 다할 때까지 새로운 요구사항에 잘 적응하려면 어떻게 해야 하는가?
- **규모**^{scale}**와 성장**^{growth} : 커져가는 규모에 발맞춰 조직은 어떻게 진화해야 하는가?
- **트레이드오프**^{tradeoff}**와 비용**^{cost} : '시간과 변경', '규모와 성장'에서 얻은 교훈들을 바탕으로 조직은 어떻게 의사결정을 내려야 하는가?

이 책 전반에서 우리는 이러한 원칙이 엔지니어링 관행에 영향을 주어 오래 지속되도록 만드는 방법을 이야기하고자 노력했습니다(자세한 내용은 1장을 참고하세요).

구글의 시각

구글은 그 규모와 역사 덕에 지속 가능한 소프트웨어 생태계의 성장과 진화를 바라보는 독특한 시각을 갖게 되었습니다. 여러분의 조직이 지속 가능한 관례를 발전시키고 받아들이는 데 우리가 얻은 이 깨우침들이 유용하게 활용되기를 바랍니다.

구글이 소프트웨어 엔지니어링을 바라보는 주된 시각에 따라 이 책의 주제를 세 가지로 나누었습니다.

- 문화
- 프로세스
- 도구

구글의 문화는 독특하지만 구글이 엔지니어링 문화를 발전시키며 깨우친 교훈들은 폭넓게 적용될 수 있으리라 믿습니다. 문화를 다루는 2부(2~7장)는 소프트웨어 기업이 갖는 집단적 본성, 쉽게 말해 소프트웨어 개발은 팀에 의해 이루어지므로 조직이 성장하고 건실하게 유지되려면 개발 문화 면에서도 올바른 원칙이 꼭 필요하다는 점을 강조합니다.

프로세스를 다루는 3부(8~15장)에서 소개하는 기법 대부분은 대다수 소프트웨어 엔지니어에게 익숙할 것입니다. 하지만 구글의 거대한 규모와 유서 깊은 코드베이스는 이 기법들을 모범 사례로까지 발전시키기에 더 완벽한 실험 무대가 되었을 것입니다. 3부에서는 구글이 버텨낸 시간과 규모에서 효과적으로 작동한 프로세스들을 소개하고, 아직 시원한 답을 찾지 못한 영역도 이야기할 것입니다.

마지막으로, 도구를 다루는 4부(16~25장)는 끊임없이 커져가고 나이를 먹는 코드베이스를 말끔하게 관리하기 위해 구글이 도구 인프라에 어떻게 투자해왔는지를 이야기합니다. 구글에 한정된 도구도 있지만 가능한 한 대체할 수 있는 오픈 소스 도구나 서드파티 도구도 소개했습니다. 우리가 얻은 기본적인 깨달음이 대부분의 엔지니어링 조직에도 적용되리라 믿어봅니다.

이 책에서 소개하는 문화, 프로세스, 도구는 일반적인 소프트웨어 엔지니어가 경력을 쌓아가며 얻었으면 하는 교훈들입니다. 구글만이 멋진 조언들을 독점할 수 있는 것은 물론 아닙니다. 우리가 소개하는 경험들을 여러분 조직에 똑같이 적용하라는 뜻도 물론 아닙니다. 이 책은 우리의 시각입니다. 하지만 그대로 적용하든 혹은 여러분의 조직이 고민하는 문제 영역에 특화된 독자적인 관례를 논하는 시발점으로 활용하든, 부디 유용한 책이 되기를 희망합니다.

설교하려는 의도도 전혀 없습니다. 구글 스스로도 이 책에서 소개한 많은 개념을 완벽히 뿌리 내리지 못하고 있습니다. 지금까지 배운 교훈은 모두 숱한 실패 끝에 터득했습니다. 우리는 여전히 실수하고, 불완전한 제품을 내놓고, 전진하기 위해 또다시 반복해야 합니다. 그렇더라도 구글 엔지니어링의 엄청난 규모는 수많은 문제에 대처하는 다양한 해법을 제시하기에 충분할 것입니다. 부디 우리가 구글에서 가장 뛰어난 점들을 잘 추려 담아냈기를 소망합니다.

이 책이 다루지 않는 내용

이 책은 소프트웨어 설계를 다루지 않습니다. 설계 원칙이 궁금한 분은 다른 책을 참고하세요 (찾아보면 상당히 많습니다). 이 책에도 코드가 약간 등장하지만 전달하려는 핵심 원칙은 프로그래밍 언어와 관련이 없습니다. 실제로 '프로그래밍' 관련 조언은 거의 없습니다. 다시 말해 프로젝트 관리, API 설계, 보안, 국제화, 사용자 인터페이스 프레임워크, 기타 언어별 주의점 같은 내용은 다루지 않습니다. 이 주제들을 다루지 않는다고 해서 이 주제들이 중요하지 않다는 뜻은 아닙니다. 오히려 마땅히 받아야 할 대접을 우리가 해줄 수 없다고 판단하여 생략한 것이죠. 대신 우리는 엔지니어링에 집중하여 더 깊이 논의하고자 노력했습니다.

마지막 작은 소망

이 책은 수많은 사람의 순수한 헌신으로 탄생했습니다. 그런 만큼 이 책이 거대한 소프트웨어 엔지니어링 조직이 멋진 제품을 만드는 방법을 보여주는 창이 되어주기를 희망합니다. 또한 우리 업계가 더 진취적인 생각과 지속 가능한 관례를 받아들이게 하는 촉매가 되었으면 합니다. 가장 바라는 것은 독자 여러분이 재밌게 읽고 그중 몇 가지 교훈을 받아들여 여러분의 것으로 만드는 것입니다.

톰 맨쉬렉

옮긴이의 말

"지난 50년의 세월이, 그리고 이 책의 내용이 입증한 사실이 하나 있습니다. 바로 '소프트웨어 엔지니어링의 발전이 결코 정체되어 있지 않다'라는 것입니다."

"여러분이 또 하나의 구글을 만들 필요는 없습니다. ... 하지만 구글이 발전시켜온 숱한 노하우들을 모른다면, 여러분은 수만 명의 엔지니어가 20년 넘게 조화를 이뤄 다듬어온 소프트웨어 엔지니어링 지식을 놓치게 됩니다. 모른 척 하기에는 너무도 값진 지식일 것입니다."

위 글은 이 책의 후기와 추천사에서 발췌했습니다. 제가 이 책을 선택한 가장 큰 이유도 바로 이 점이 궁금했고 배우고 싶었기 때문입니다.

저는 2000년 즈음부터 소프트웨어 엔지니어링에 본격적으로 흥미를 느끼기 시작했습니다. 그 후 제가 몸담던 조직들에 당시에는 보편적이지 않던 버전 관리 시스템, 분산 빌드, 정적 분석, 지속적 통합, 애자일 등을 도입하고 정착시키려 노력했습니다. 돌이켜보면 항상 올바른 방식으로 최대한 효율적이게 고품질의 소프트웨어를 개발하고 싶어 한 것 같습니다. 제가 번역한 『JUnit 인 액션 2판』, 『Effective Unit Testing』, 『이펙티브 자바 3판』, 『리팩터링 2판』 등도 모두 같은 맥락에서 동료 개발자들이 더 나은 소프트웨어를 개발하는 데 도움을 드리고자 선택한 책들이었습니다.

아마도 저는 소프트웨어 엔지니어링 지식이 평균에서 한 스푼 정도 더 첨가된 개발자이지 않았나 조심스럽게 생각해봅니다. 적어도 관심은 계속 많았고 이것저것 꾸준히 시도해보기도 했으니까요. 소프트웨어 엔지니어링팀에서도 일해봤고, 또 100명이 넘는 개발팀에서 일해본 경험도 있고요. 하지만 이 책은 제가 경험해보지 못한 환경에서 제가 고민해보지 못한 문제들에 저라면 도달하지 못했을 수준의 해법과 혜안을 제시합니다.

그래서 제 수준에서는 번역하기 굉장히 어려웠던 게 사실입니다. 결국 현직 구글 엔지니어분들께 도움을 청했고, 스무 분 넘는 엔지니어께서 바쁜 시간을 쪼개 원고를 살펴봐주셨습니다. 이후 베타리뷰에 참여해주신 분들도 포함하여 모든 분께 너무너무 감사드립니다. 자칫 이 책의 저자와 독자께 누가 될 뻔한 이 책이 이렇게 많은 분의 헌신으로 이제나마 여러분께 선을 보일 수 있게 되었습니다.

부족한 저는 이 책에서 많은 것을 배우고 느꼈습니다. 여러분도 많이 얻어가시고, 책의 내용 이상으로 멋진 개발 문화, 프로세스, 도구를 만들어내는 밑거름으로 활용하시기 바랍니다.

한편 '문화'를 주제로 하는 1부는 조직을 이끌거나 관리하는 사람이라면 소프트웨어 엔지니어가 아니더라도 한 번씩 읽어봤으면 하는 내용입니다. 1부만 따로 떼어 단행본으로 내놔도 충분히 가치가 있어 보일 정도로요. 아무리 소프트웨어 개발 회사라 해도 조직을 이끌고 문화를 만들어가려면 개발과 직접 관련되지 않은 분들과도 함께 해야 합니다. 책을 읽고 제 생각에 공감하신다면 주변 분들께 추천해드리면 어떨까 싶네요. 다 함께 더 나은 조직 문화를 일구어가는데 도움이 되리라 믿습니다(조직 문화 일구기와 관련해서는 역시 구글과 인연이 깊은 'OKR' 도서들도 추천드립니다).

2022년 봄

이복연

감사의 말

이 책은 수많은 사람의 노력 없이는 탄생할 수 없었습니다. 이 책에 담긴 모든 지식은 구글의 수많은 전현직 직원이 쌓아온 경험 위에 지어졌습니다. 우리는 전달자일 뿐입니다. 선지자들이 구글과 다른 여러 곳으로부터 우리에게 와 가르쳐줬고, 이제 우리가 여러분께 전할 차례가 온 것뿐입니다. 여기에 모두를 나열하지는 못했지만 이해해주시길 바랍니다.

또한 집필을 마칠 때까지 지원해준 다니엘 제스퍼Daniel Jasper와 대니 베를린Danny Berlin, 초기 단계에서 지원해준 멜로디 멕페슬Melody Meckfessel에게도 감사를 전합니다.

이 책은 큐레이터, 저자, 편집자의 엄청난 협업의 결실입니다. 각 장 저자와 편집자, 그 외에 사려 깊은 의견, 논의, 검토로 각 장에 기여해준 분들을 여기에서 소개하겠습니다.

	저자	기여자	편집자
1장	Titus Winters	Sanjay Ghemawat, Andrew Hyatt	Tom Manshreck
2장	Brian Fitzpatrick	Sibley Bacon, Joshua Morton	Riona MacNamara
3장	Nina Chen, Mark Barolak	Dimitri Glazkov, Kyle Lemons, John Reese, David Symonds, Andrew Trenk, James Tucker, David Kohlbrenner, Rodrigo Damazio Bovendorp	
4장	Demma Rodriguez	Kamau Bobb, Bruce Lee	
5장	Brian Fitzpatrick	Jon Wiley, Laurent Le Brun	
6장	Ben Collins-Sussman	Bryan O'Sullivan, Bharat Mediratta, Daniel Jasper, Shaindel Schwartz	
7장	Ciera Jaspen	Andrea Knight, Collin Green, Caitlin Sadowski, Max-Kanat Alexander, Yilei Yang	
8장	Shaindel Schwartz	Max Kanat-Alexander, Titus Winters, Matt Austern, James Dennett	Tom Manshreck
9장	Tom Manshreck, Caitlin Sadowski	Max Kanat-Alexander, Brian Ledger, Mark Barolak	Lisa Carey

10장	Tom Manshreck	Jonas Wagner, Smit Hinsu, Geoffrey Romer	Riona MacNamara
11장	Adam Bender	Erik Kufler, Andrew Trenk, Dillon Bly, Joseph Graves, Neal Norwitz, Jay Corbett, Mark Striebeck, Brad Green, Miško Hevery, Antoine Picard, Sarah Storck	Tom Manshreck
12장	Erik Kueffler	Andrew Trenk, Adam Bender, Dillon Bly, Joseph Graves, Titus Winters, Hyrum Wright, Augie Fackler	
13장	Andrew Trenk, Dillon Bly	Joseph Graves, Gennadiy Civil	
14장	Joseph Graves	Adam Bender, Andrew Trenk, Erik Kuefler, Matthew Beaumont-Gay	
15장	Hyrum Wright	Greg Miller, Andy Shulman	
16장	Titus Winters	Rachel Potvin, Victoria Clarke	Lisa Carey
17장	Alexander Neubeck, Ben St. John	Jenny Wang	
18장	Erik Kueffler	Hyrum Wright, Titus Winters, Adam Bender, Jeff Cox, Jacques Pienaar	
19장	Caitlin Sadowski, Ilham Kurnia, Ben Rohlfs	Mikołaj Dądela, Hermann Loose, Eva May, Alice Kober-Sotzek, Edwin Kempin, Patrick Hiesel, Ole Rehmsen, Jan Macek	
20장	Cailtin Sadowski	Jeffrey van Gogh, Ciera Jaspan, Emma Söderberg, Edward Aftandilian, Collin Winter, Eric Haugh	
21장	Titus Winters	Russ Cox, Nicholas Dunn	
22장	Hyrum Wright	Matthew Fowles Kulukundis, Adam Zarek	
23장	Rachel Tannenbaum	Jeff Listfield, John Penix, Kaushik Sridharan, Sanjeev Dhanda	

24장	Radha Narayan, Bobbi Jones, Sheri Shipe, David Owens	Dave Owens, Sheri Shipe, Bobbi Jones, Matt Duftler, Brian Szuter
25장	Onufry Wojtaszczyk	Tim Hockin, Collin Winter, Jarek Kuśmierek

추가로, 『사이트 신뢰성 엔지니어링』(제이펍, 2018)을 통해 자신의 통찰과 경험을 공유해준 벳시 베이어[Betsy Beyer]께도 감사드립니다. 벳시 덕분에 매끄럽게 집필을 진행할 수 있었습니다. 오라일리의 크리스토퍼 구지코프스키[Christopher Guzikowski]와 앨리시아 영[Alicia Young]은 책 출간까지 훌륭히 이끌었습니다.

마지막으로 우리 세 큐레이터는 다음 분들께 개인적으로 감사를 전합니다.

톰 맨쉬렉: 나 자신을 믿게 해주고 식탁에서 함께 숙제를 도와주신 부모님께 감사드립니다.

타이터스 윈터스: 내 길을 밝혀주신 아버지, 내 이야기를 경청해주신 어머니, 사랑하는 빅토리아[Victoria], 항상 의지가 되어준 라프[Raf]에게 감사합니다. 또한 스나이더[Snyder], 랜와[Ranwa], Z, 마이크[Mike], 재크[Zach], 톰[Tom](과 다른 페인[Payne]들), mec, 토피[Toby], cgd, 멜로디[Melody]에게 그동안의 교육, 멘토링, 신뢰에 감사드립니다.

하이럼 라이트: 격려해주신 부모님, 나를 소프트웨어의 길로 초대한 브라이언[Bryan]과 베이커랜드 주민들, 이 길을 걸을 수 있게 해준 드웨인[Dewayne], 사랑과 관심을 보내준 한나[Hannah], 조나단[Jonathan], 샬롯[Charlotte], 스펜서[Spencer], 벤[Ben], 그리고 언제나 함께 해준 히터[Heather]에게 감사합니다.

CONTENTS

추천사 ··· **4**

큐레이터·옮긴이 소개 ································· **8**

들어가며 ··· **10**

옮긴이의 말 ··· **14**

감사의 말 ·· **16**

PART ▌ **전제**

CHAPTER **1 소프트웨어 엔지니어링이란?**

1.1 시간과 변경 ··· **44**

    1.1.1 하이럼의 법칙 ······························· **46**

    1.1.2 사례: 해시 순서 ····························· **48**

    1.1.3 '변하지 않기'를 목표로 하지 않는 이유 ··· **50**

1.2 규모 확장과 효율성 ······························· **51**

    1.2.1 확장하기 어려운 정책들 ··················· **52**

    1.2.2 확장 가능한 정책들 ······················· **54**

    1.2.3 사례: 컴파일러 업그레이드 ··············· **55**

    1.2.4 원점 회귀(왼쪽으로 옮기기) ··············· **57**

1.3 트레이드오프와 비용 ····························· **58**

    1.3.1 사례: 화이트보드 마커 ····················· **59**

    1.3.2 의사결정을 위한 근거 자료 ················ **60**

    1.3.3 사례: 분산 빌드 ···························· **61**

    1.3.4 사례: 시간과 규모 확장 사이에서 결정하기 ··· **63**

    1.3.5 결정 재고하기와 잘못 인정하기 ·········· **64**

1.4 소프트웨어 엔지니어링 vs 프로그래밍 ········ **65**

1.5 마치며 ··· **66**

1.6 핵심 정리 ·· **66**

CONTENTS

PART **II** 문화

CHAPTER **2 팀워크 이끌어내기**

2.1 내 코드를 숨기고 싶어요 ·· **72**

2.2 천재 신화 ··· **72**

2.3 숨기는 건 해롭다 ·· **75**

2.3.1 조기 감지 ·· **76**

2.3.2 버스 지수 ·· **76**

2.3.3 진척 속도 ·· **77**

2.3.4 결론은, 숨기지 말자 ·· **79**

2.4 모든 건 팀에 달렸다 ·· **80**

2.4.1 사회적 상호작용의 세 기둥 ······································ **80**

2.4.2 세 기둥이 중요한 이유 ·· **81**

2.4.3 겸손, 존중, 신뢰 실천하기 ······································ **82**

2.4.4 비난 없는 포스트모템 문화 ······································ **86**

2.4.5 구글답게 하기 ·· **88**

2.5 마치며 ··· **90**

2.6 핵심 정리 ·· **90**

CHAPTER **3 지식 공유**

3.1 배움을 가로막는 장애물 ··· **91**

3.2 철학 ·· **93**

3.3 판 깔아주기: 심리적 안전 ·· **94**

3.3.1 멘토 제도 ·· **95**

3.3.2 큰 그룹에서의 심리적 안전 ······································ **96**

3.4 내 지식 키우기 ·· **98**

3.4.1 질문하기··98

3.4.2 맥락 이해하기··99

3.5 질문 확장하기: 커뮤니티에 묻기····································101

3.5.1 그룹 채팅··101

3.5.2 메일링 리스트··102

3.5.3 YAQS: 질의응답 플랫폼··103

3.6 지식 확장하기: 누구나 가르칠 게 있다····························104

3.6.1 오피스 아워··104

3.6.2 기술 강연과 수업··104

3.6.3 문서자료··105

3.6.4 코드··108

3.7 조직의 지식 확장하기··108

3.7.1 지식 공유 문화 일구기··108

3.7.2 표준 정보 소스 구축하기··111

3.7.3 소외되지 않기··114

3.8 가독성 제도: 코드 리뷰를 통한 표준 멘토 제도····················115

3.8.1 가독성 인증 프로세스란?··116

3.8.2 가독성 인증 프로세스를 두는 이유··117

3.9 마치며···120

3.10 핵심 정리···120

CHAPTER 4 공정 사회를 위한 엔지니어링

4.1 편견은 피할 수 없다··122

4.2 다양성이 필요한 이유 이해하기··124

4.3 다문화 역량 갖추기··125

4.4 다양성 실천하기··127

4.5 단일한 접근 방식 거부하기··128

4.6 확립된 프로세스에 도전하기··129

CONTENTS

4.7 가치 vs 결과 ·· **131**

4.8 관심을 잃지 말고 전진하자 ·· **132**

4.9 마치며 ·· **133**

4.10 핵심 정리 ··· **133**

CHAPTER **5 팀 이끌기**

5.1 관리자와 테크 리드(혹은 둘 다) ······································ **136**

    5.1.1 엔지니어링 관리자 ·· **136**

    5.1.2 테크 리드 ·· **136**

    5.1.3 테크 리드 매니저 ·· **137**

5.2 개인 기여자에서 리더로 ·· **138**

    5.2.1 두려워해야 할 건 오직… 전부다 ······························ **139**

    5.2.2 섬기는 리더십 ··· **140**

5.3 엔지니어링 관리자 ·· **141**

    5.3.1 관리자는 밥맛이야 ·· **141**

    5.3.2 오늘날의 엔지니어링 관리자 ···································· **142**

5.4 안티패턴 ··· **144**

    5.4.1 안티패턴: 만만한 사람 고용하기 ································ **144**

    5.4.2 안티패턴: 저성과자 방치하기 ···································· **145**

    5.4.3 안티패턴: 사람 문제 무시하기 ·································· **146**

    5.4.4 안티패턴: 만인의 친구 되기 ····································· **147**

    5.4.5 안티패턴: 채용 기준 타협하기 ·································· **148**

    5.4.6 안티패턴: 팀을 어린이처럼 대하기 ···························· **148**

5.5 올바른 패턴 ··· **149**

    5.5.1 자존심 버리기 ·· **149**

    5.5.2 마음 다스리기 ·· **151**

    5.5.3 촉매자 되기 ··· **152**

    5.5.4 장애물 치우기 ·· **153**

5.5.5 선생이자 멘토 되기 ··· **154**

5.5.6 명확한 목표 세우기 ··· **154**

5.5.7 정직하기 ·· **155**

5.5.8 행복한지 확인하기 ··· **157**

5.6 예상 못한 질문 ··· **158**

5.7 그 외 조언과 요령 ·· **159**

5.8 사람은 식물과 같다 ··· **161**

5.8.1 내적 동기와 외적 동기 ··· **162**

5.9 마치며 ··· **164**

5.10 핵심 정리 ··· **164**

CHAPTER 6 성장하는 조직 이끌기

6.1 늘 결정하라(Always Be Deciding) ··································· **166**

6.1.1 비행기 일화 ··· **166**

6.1.2 눈가리개 찾기 ·· **168**

6.1.3 핵심 트레이드오프 파악하기 ·· **168**

6.1.4 결정하고 반복하기 ·· **168**

6.2 늘 떠나라(Always Be Leaving) ······································ **171**

6.2.1 미션: '자율주행' 팀을 만들어라 ···································· **172**

6.2.2 문제 공간 분할하기 ··· **172**

6.3 늘 확장하라(Always Be Scaling) ···································· **176**

6.3.1 성공 사이클 ··· **176**

6.3.2 중요한 일 vs 급한 일 ··· **178**

6.3.3 공 떨어뜨리기 ·· **180**

6.3.4 에너지 관리하기 ·· **182**

6.4 마치며 ··· **184**

6.5 핵심 정리 ·· **184**

CONTENTS

CHAPTER **7 엔지니어링 생산성 측정하기**

7.1 엔지니어링 생산성을 측정하는 이유 ·· **185**

7.2 선별: 측정할 가치가 있는가? ··· **187**

7.3 GSM 프레임워크: 목표와 신호를 뒷받침하는 의미 있는 지표 선정하기 ·········· **191**

7.4 목표(goal) ··· **193**

7.5 신호(signal) ··· **195**

7.6 지표(metric) ·· **196**

7.7 데이터로 지표 검증하기 ·· **196**

7.8 조치를 취하고 결과 추적하기 ··· **200**

7.9 마치며 ··· **201**

7.10 핵심 정리 ··· **201**

PART **III 프로세스**

CHAPTER **8 스타일 가이드와 규칙**

8.1 규칙이 필요한 이유 ·· **206**

8.2 규칙 만들기 ·· **207**

　8.2.1 기본 원칙 안내 ··· **207**

　8.2.2 스타일 가이드 ··· **217**

8.3 규칙 수정하기 ·· **220**

　8.3.1 프로세스 ··· **222**

　8.3.2 스타일 중재자 ·· **222**

　8.3.3 예외 ··· **223**

8.4 지침 ·· **224**

8.5 규칙 적용하기 ··· **225**

8.5.1 오류 검사기 ·· **227**

8.5.2 코드 포맷터 ·· **228**

8.6 마치며 ·· **231**

8.7 핵심 정리 ·· **231**

CHAPTER 9 코드 리뷰

9.1 코드 리뷰 흐름 ·· **234**

9.2 코드 리뷰 @ 구글 ·· **236**

9.3 코드 리뷰의 이점 ··· **239**

9.3.1 코드 정확성 ·· **240**

9.3.2 코드 이해 용이성 ··· **242**

9.3.3 코드 일관성 ·· **242**

9.3.4 심리적, 문화적 이점 ·· **243**

9.3.5 지식 공유 ··· **245**

9.4 코드 리뷰 모범 사례 ··· **246**

9.4.1 공손하고 전문가답게 ·· **246**

9.4.2 작게 변경하기 ··· **248**

9.4.3 변경 설명 잘쓰기 ··· **249**

9.4.4 리뷰어는 최소한으로 ·· **250**

9.4.5 가능한 한 자동화하기 ·· **250**

9.5 코드 리뷰 유형 ·· **251**

9.5.1 그린필드 코드 리뷰 ·· **251**

9.5.2 동작 변경, 개선, 최적화 ·· **252**

9.5.3 버그 수정과 롤백 ··· **252**

9.5.4 리팩터링과 대규모 변경 ·· **253**

9.6 마치며 ·· **254**

9.7 핵심 정리 ·· **254**

CONTENTS

CHAPTER 10 문서자료

10.1 문서자료란? ··· 256

10.2 문서자료가 필요한 이유 ·· 256

10.3 문서자료는 코드와 같다 ·· 258

10.4 독자를 알자 ·· 261

    10.4.1 독자 유형 ·· 262

10.5 문서자료 유형 ·· 264

    10.5.1 참조용 문서자료 ·· 264

    10.5.2 설계 문서 ·· 268

    10.5.3 튜토리얼 ·· 268

    10.5.4 개념 설명 문서 ·· 270

    10.5.5 랜딩 페이지 ··· 271

10.6 문서자료 리뷰 ·· 272

10.7 문서화 철학 ·· 274

    10.7.1 누가, 무엇을, 언제, 어디서, 왜 ·· 274

    10.7.2 시작, 중간, 끝 ·· 275

    10.7.3 좋은 문서자료의 특징 ·· 276

    10.7.4 문서 폐기하기 ·· 277

10.8 테크니컬 라이터가 필요한 순간 ··· 278

10.9 마치며 ··· 279

10.10 핵심 정리 ··· 279

CHAPTER 11 테스트 개요

11.1 테스트를 작성하는 이유 ·· 282

    11.1.1 구글 웹 서버 이야기 ··· 283

    11.1.2 오늘날의 개발 속도에 맞는 테스트 ·································· 285

    11.1.3 작성하고, 수행하고, 조치하라 ·· 286

11.1.4 테스트 코드가 주는 혜택······································· 287

11.2 테스트 스위트 설계하기··· 289

11.2.1 테스트 크기··· 290

11.2.2 테스트 범위··· 295

11.2.3 비욘세 규칙··· 298

11.2.4 코드 커버리지··· 299

11.3 구글 규모의 테스트··· 300

11.3.1 대규모 테스트 스위트의 함정······························· 301

11.4 구글의 테스트 역사··· 303

11.4.1 오리엔테이션 수업·· 304

11.4.2 테스트 인증··· 305

11.4.3 화장실에서도 테스트·· 306

11.4.4 오늘날의 테스트 문화··· 307

11.5 자동 테스트의 한계··· 308

11.6 마치며··· 309

11.7 핵심 정리··· 309

CHAPTER **12 단위 테스트**

12.1 유지보수하기 쉬워야 한다·· 312

12.2 깨지기 쉬운 테스트 예방하기·· 313

12.2.1 변하지 않는 테스트로 만들기 위해 노력하자··················· 314

12.2.2 공개 API를 이용해 테스트하자······························ 315

12.2.3 상호작용이 아니라 상태를 테스트하자························· 319

12.3 명확한 테스트 작성하기·· 321

12.3.1 완전하고 간결하게 만들자····································· 322

12.3.2 메서드가 아니라 행위를 테스트하자·························· 323

12.3.3 테스트에 논리를 넣지 말자···································· 330

12.3.4 실패 메시지를 명확하게 작성하자····························· 331

CONTENTS

12.4 테스트와 코드 공유: DRY가 아니라 DAMP! ················ **333**

　12.4.1 공유 값 ················ **336**

　12.4.2 공유 셋업 ················ **338**

　12.4.3 공유 도우미 메서드와 공유 검증 메서드 ················ **339**

　12.4.4 테스트 인프라 정의하기 ················ **340**

12.5 마치며 ················ **341**

12.6 핵심 정리 ················ **342**

CHAPTER **13 테스트 대역**

13.1 테스트 대역이 소프트웨어 개발에 미치는 영향 ················ **344**

13.2 테스트 대역 @ 구글 ················ **345**

13.3 기본 개념 ················ **346**

　13.3.1 테스트 대역 예 ················ **346**

　13.3.2 이어주기 ················ **347**

　13.3.3 모의 객체 프레임워크 ················ **349**

13.4 테스트 대역 활용 기법 ················ **350**

　13.4.1 속이기(가짜 객체) ················ **350**

　13.4.2 뭉개기(스텁) ················ **351**

　13.4.3 상호작용 테스트하기 ················ **352**

13.5 실제 구현 ················ **353**

　13.5.1 격리보다 현실성을 우선하자 ················ **354**

　13.5.2 실제 구현을 사용할지 결정하기 ················ **356**

13.6 속이기(가짜 객체) ················ **359**

　13.6.1 가짜 객체가 중요한 이유 ················ **359**

　13.6.2 가짜 객체를 작성해야 할 때 ················ **360**

　13.6.3 가짜 객체의 충실성 ················ **361**

　13.6.4 가짜 객체도 테스트해야 ················ **362**

　13.6.5 가짜 객체를 이용할 수 없다면 ················ **362**

13.7 뭉개기(스텁)·· **363**

    13.7.1 스텁 과용의 위험성·· **363**

    13.7.2 스텁이 적합한 경우·· **366**

13.8 상호작용 테스트하기·· **366**

    13.8.1 상호작용 테스트보다 상태 테스트를 우선하자····································· **367**

    13.8.2 상호작용 테스트가 적합한 경우··· **368**

    13.8.3 상호작용 테스트 모범 사례··· **369**

13.9 마치며 ·· **372**

13.10 핵심 정리·· **372**

CHAPTER 14 더 큰 테스트

14.1 더 큰 테스트란? ·· **373**

    14.1.1 충실성·· **374**

    14.1.2 단위 테스트가 손 대기 어려운 영역·· **375**

    14.1.3 더 큰 테스트를 만들지 않는 이유··· **378**

14.2 더 큰 테스트 @ 구글··· **379**

    14.2.1 더 큰 테스트와 수명·· **380**

    14.2.2 구글 규모에서의 더 큰 테스트·· **382**

14.3 큰 테스트의 구조·· **384**

    14.3.1 테스트 대상 시스템·· **384**

    14.3.2 테스트 데이터·· **390**

    14.3.3 검증·· **392**

14.4 더 큰 테스트 유형··· **393**

    14.4.1 하나 혹은 상호작용하는 둘 이상의 바이너리 기능 테스트 ··················· **394**

    14.4.2 브라우저와 기기 테스트·· **394**

    14.4.3 성능, 부하, 스트레스 테스트··· **395**

    14.4.4 배포 설정 테스트··· **395**

    14.4.5 탐색적 테스팅··· **396**

CONTENTS

14.4.6 A/B 차이 회귀 테스트·· **397**

14.4.7 사용자 인수 테스트(UAT)··· **399**

14.4.8 프로버와 카나리 분석·· **400**

14.4.9 재해 복구와 카오스 엔지니어링·· **401**

14.4.10 사용자 평가··· **402**

14.5 큰 테스트와 개발자 워크플로··· **403**

14.5.1 큰 테스트 작성하기·· **404**

14.5.2 큰 테스트 수행하기·· **405**

14.5.3 큰 테스트의 소유권·· **408**

14.6 마치며··· **409**

14.7 핵심 정리·· **410**

CHAPTER **15 폐기**

15.1 폐기시키는 이유·· **412**

15.2 폐기는 왜 그리 어려운가?·· **414**

15.2.1 설계 단계에서의 폐기··· **415**

15.3 폐기 유형·· **417**

15.3.1 권고 폐기·· **417**

15.3.2 강제 폐기·· **418**

15.3.3 폐기 경고·· **420**

15.4 폐기 프로세스 관리··· **421**

15.4.1 프로세스 소유자··· **421**

15.4.2 마일스톤··· **422**

15.4.3 폐기 도구··· **423**

15.5 마치며··· **424**

15.6 핵심 정리·· **425**

PART IV 도구

CHAPTER 16 버전 관리와 브랜치 관리

16.1 버전 관리란?···429

　　16.1.1 버전 관리가 중요한 이유·······································431

　　16.1.2 중앙집중형 VCS vs 분산형 VCS ·························434

　　16.1.3 진실 공급원···437

　　16.1.4 버전 관리 vs 의존성 관리 ···································439

16.2 브랜치 관리···440

　　16.2.1 '진행 중인 작업'은 브랜치와 비슷하다 ···············440

　　16.2.2 개발 브랜치···441

　　16.2.3 릴리스 브랜치···443

16.3 버전 관리 @ 구글···444

　　16.3.1 원-버전···445

　　16.3.2 시나리오: 여러 버전을 허용한다면?···················445

　　16.3.3 원-버전 규칙···447

　　16.3.4 장수 브랜치는 (웬만하면) 금지····························448

　　16.3.5 릴리스 브랜치는 어떤가?·····································450

16.4 모노리포(단일 리포지터리)···451

16.5 버전 관리의 미래···453

16.6 마치며···455

16.7 핵심 정리···456

CONTENTS

CHAPTER **17 Code Search**

17.1 Code Search UI ··· **458**

17.2 구글 개발자가 Code Search를 이용하는 방법 ································· **459**

    17.2.1 어디에? ··· **460**

    17.2.2 무엇을? ··· **460**

    17.2.3 어떻게? ··· **461**

    17.2.4 왜? ··· **461**

    17.2.5 누가 언제? ··· **461**

17.3 독립된 웹 도구로 만든 이유 ··· **462**

    17.3.1 대규모 코드베이스 지원 ··· **462**

    17.3.2 설정 없이 모든 코드 보기 ··· **463**

    17.3.3 기능 특화 ··· **463**

    17.3.4 다른 도구에 통합 ··· **463**

    17.3.5 API 제공 ··· **466**

17.4 규모가 설계에 미치는 영향 ··· **466**

    17.4.1 검색 쿼리 지연시간 ··· **467**

    17.4.2 인덱싱 지연시간 ··· **468**

17.5 구글은 어떻게 구현했나? ··· **469**

    17.5.1 검색 인덱스 ·· **469**

    17.5.2 랭킹 ·· **471**

17.6 구글이 선택한 트레이드오프 ··· **475**

    17.6.1 완벽성: 헤드 리포지터리 ··· **475**

    17.6.2 완벽성: 전부 vs 가장 관련성 높은 결과만 ······························· **476**

    17.6.3 완벽성: 헤드 vs 브랜치 vs 모든 변경 이력 vs 작업 공간 ············· **476**

    17.6.4 표현력: 토큰 vs 부분 문자열 vs 정규 표현식 ···························· **477**

17.7 마치며 ··· **479**

17.8 핵심 정리 ··· **480**

CHAPTER 18 빌드 시스템과 빌드 철학

18.1 빌드 시스템의 목적 ··· **481**

18.2 빌드 시스템이 없다면? ·· **483**

    18.2.1 컴파일러로 충분하지 않나? ······································ **483**

    18.2.2 셸 스크립트가 출동한다면? ······································ **484**

18.3 모던 빌드 시스템 ·· **485**

    18.3.1 핵심은 의존성이다 ··· **485**

    18.3.2 태스크 기반 빌드 시스템 ··· **486**

    18.3.3 아티팩트 기반 빌드 시스템 ······································· **491**

    18.3.4 분산 빌드 ··· **498**

    18.3.5 시간, 규모, 트레이드오프 ··· **503**

18.4 모듈과 의존성 다루기 ··· **504**

    18.4.1 작은 모듈 사용과 1:1:1 규칙 ···································· **504**

    18.4.2 모듈 가시성 최소화 ·· **505**

    18.4.3 의존성 관리 ··· **506**

18.5 마치며 ··· **512**

18.6 핵심 정리 ··· **513**

CHAPTER 19 Critique: 구글의 코드 리뷰 도구

19.1 코드 리뷰 도구 원칙 ··· **516**

19.2 코드 리뷰 흐름 ··· **517**

    19.2.1 알림 기능 ··· **518**

19.3 1단계: 변경 생성 ·· **519**

    19.3.1 디프, 차이점 보여주기 ··· **519**

    19.3.2 분석 결과 ··· **521**

    19.3.3 긴밀한 도구 통합 ·· **522**

CONTENTS

19.4 2단계: 리뷰 요청 ·· **523**

19.5 3~4단계: 변경 이해하고 댓글 달기 ······················· **525**

19.5.1 댓글 달기 ·· **525**

19.5.2 변경의 상태 이해하기 ·· **527**

19.6 5단계: 변경 승인(변경에 점수 매기기) ···················· **529**

19.7 6단계: 변경 커밋 ·· **530**

19.7.1 커밋 후: 변경 이력 추적 ······································ **531**

19.8 마치며 ··· **532**

19.9 핵심 정리 ··· **533**

CHAPTER 20 정적 분석

20.1 효과적인 정적 분석의 특징 ····································· **536**

20.1.1 확장성 ··· **536**

20.1.2 유용성 ··· **537**

20.2 정적 분석을 적용하며 깨우친 핵심 교훈 ················· **537**

20.2.1 개발자 행복에 집중하자 ······································ **538**

20.2.2 정적 분석을 개발자 워크플로에 반드시 끼워 넣자 ··· **539**

20.2.3 사용자가 기여할 수 있도록 하자 ·························· **539**

20.3 Tricorder: 구글의 정적 분석 플랫폼 ······················ **540**

20.3.1 도구 통합 ··· **541**

20.3.2 피드백 채널 통합 ·· **543**

20.3.3 수정 제안 ··· **544**

20.3.4 프로젝트별 맞춤 설정 ·· **544**

20.3.5 프리서브밋 ··· **545**

20.3.6 컴파일러에 통합 ··· **546**

20.3.7 코드 편집 및 브라우징 중 분석 ···························· **548**

20.4 마치며 ··· **548**

20.5 핵심 정리 ··· **549**

CHAPTER 21 의존성 관리

21.1 의존성 관리가 어려운 이유·· **553**

    21.1.1 요구사항 충돌과 다이아몬드 의존성·················· **554**

21.2 의존성 임포트하기·· **556**

    21.2.1 호환성 약속·· **557**

    21.2.2 임포트 시 고려사항·· **560**

    21.2.3 의존성 임포트하기 @ 구글····························· **561**

21.3 (이론상의) 의존성 관리··· **564**

    21.3.1 변경 불가(정적 의존성 모델)·························· **564**

    21.3.2 유의적 버전(SemVer)······························· **565**

    21.3.3 하나로 묶어 배포하기··································· **567**

    21.3.4 헤드에서 지내기··· **567**

21.4 유의적 버전의 한계·· **569**

    21.4.1 지나치게 구속할 수 있다······························ **570**

    21.4.2 확실하지 않은 약속일 수 있다······················ **571**

    21.4.3 버전업 동기··· **573**

    21.4.4 최소 버전 선택·· **574**

    21.4.5 그래서 유의적 버전을 이용해도 괜찮은가?········ **575**

21.5 자원이 무한할 때의 의존성 관리··························· **576**

    21.5.1 의존성 내보내기··· **579**

21.6 마치며·· **583**

21.7 핵심 정리·· **584**

CHAPTER 22 대규모 변경

22.1 대규모 변경이란?··· **588**

22.2 누가 대규모 변경을 처리하나?································ **589**

CONTENTS

22.3 원자적 변경을 가로막는 요인···································· **591**

22.3.1 기술적 한계·· **591**

22.3.2 병합 충돌·· **592**

22.3.3 유령의 묘지·· **592**

22.3.4 이질성··· **593**

22.3.5 테스트··· **594**

22.3.6 코드 리뷰·· **596**

22.4 대규모 변경 인프라··· **598**

22.4.1 정책과 문화·· **598**

22.4.2 코드베이스 인사이트·· **599**

22.4.3 변경 관리·· **600**

22.4.4 테스트··· **601**

22.4.5 언어 지원·· **601**

22.5 대규모 변경 프로세스·· **602**

22.5.1 권한 부여·· **603**

22.5.2 변경 생성·· **604**

22.5.3 샤드로 나누기와 서브밋····································· **605**

22.5.4 마무리 청소·· **608**

22.6 마치며··· **609**

22.7 핵심 정리··· **609**

CHAPTER 23 지속적 통합

23.1 지속적 통합이란?··· **613**

23.1.1 빠른 피드백 루프··· **613**

23.1.2 자동화·· **615**

23.1.3 지속적 테스트·· **618**

23.1.4 CI의 과제·· **623**

23.1.5 밀폐 테스트·· **625**

23.2 지속적 통합 @ 구글 ··· **629**

　23.2.1 TAP: 구글의 글로벌 지속적 빌드 시스템 ··· **630**

　23.2.2 사례 연구: 구글 테이크아웃 ·· **633**

　23.2.3 하지만 나는 CI를 감당할 여력이 없어 ··· **640**

23.3 마치며 ·· **641**

23.4 핵심 정리 ·· **641**

CHAPTER 24 **지속적 배포**

24.1 지속적 배포 이디엄 @ 구글 ··· **644**

24.2 속도는 팀 스포츠다: 배포를 관리 가능한 조각으로 나누기 ··········· **645**

24.3 변경을 격리해 평가하자: 기능 플래그로 보호하기 ·························· **646**

24.4 기민해지기 위한 분투: 릴리스 열차 갖추기 ····································· **647**

　24.4.1 완벽한 바이너리는 없다 ··· **648**

　24.4.2 릴리스 시한을 지켜라 ·· **649**

24.5 품질과 사용자에 집중: 사용할 기능만 배포하자 ····························· **650**

24.6 원점 회귀: 데이터에 기초해 더 일찍 결정하자 ······························· **651**

24.7 팀 문화 바꾸기: 배포 규율 세우기 ·· **653**

24.8 마치며 ·· **654**

24.9 핵심 정리 ·· **655**

CHAPTER 25 **서비스형 컴퓨트**

25.1 컴퓨트 환경 길들이기 ··· **658**

　25.1.1 힘든 일은 자동으로 ··· **658**

　25.1.2 컨테이너화와 멀티테넌시 ·· **661**

　25.1.3 요약 ·· **663**

CONTENTS

25.2 관리형 컴퓨트에 적합한 소프트웨어 작성하기·················· **664**

25.2.1 장애를 감안한 아키텍처 설계·········· **664**

25.2.2 배치 vs 서빙 ·········· **666**

25.2.3 상태 관리·········· **668**

25.2.4 서비스에 연결하기·········· **669**

25.2.5 일회성 코드·········· **671**

25.3 시간과 규모에 따른 CaaS·········· **672**

25.3.1 추상화 수단으로써의 컨테이너·········· **672**

25.3.2 모든 작업을 하나의 아키텍처로·········· **675**

25.3.3 표준 설정 언어·········· **677**

25.4 컴퓨트 서비스 선택하기 ·········· **678**

25.4.1 중앙 관리 vs 사용자화 ·········· **680**

25.4.2 또 다른 수준의 추상화: 서버리스·········· **682**

25.4.3 공용 vs 사설 ·········· **686**

25.5 마치며 ·········· **688**

25.6 핵심 정리·········· **689**

후기 ·········· **691**

찾아보기 ·········· **693**

Part I

전제

Part I

전제

1장 소프트웨어 엔지니어링이란?

소프트웨어 엔지니어링이란?

바위 위에 지어지는 것은 없습니다. 모든 것은 모래 위에 지어지죠. 하지만 우리는 모래가 바위라고 생각하고 지어야 합니다.

_호르헤 루이스 보르헤스 (아르헨티나 소설가, 시인, 평론가)

프로그래밍과 소프트웨어 엔지니어링의 가장 큰 차이는 시간^{time}, (규모) 확장^{scale}, 실전에서의 트레이드오프$^{trade-offs\ at\ play}$, 이렇게 세 가지라고 생각합니다. 소프트웨어 엔지니어링 프로젝트에서 엔지니어는 시간의 흐름과 언젠가 변경^{change}될 가능성에 더 신경 써야 합니다. 소프트웨어 엔지니어링 조직은 만들어낼 소프트웨어 자체뿐 아니라 제작하는 조직까지 양 측면 모두에서의 확장과 효율에 더 집중해야 합니다. 마지막으로 소프트웨어 엔지니어는 대체로 수명과 성장 속도를 정밀하게 예측하기 어려운 상황에서, 결과에 더 큰 영향을 주는 보다 복잡한 결정을 내려야 합니다.

구글에서는 이따금 '소프트웨어 엔지니어링은 흐르는 시간 위에서 순간순간의 프로그래밍을 모두 합산한 것이다$^{Software\ engineering\ is\ programming\ integrated\ over\ time}$'라고 말하곤 합니다. 소프트웨어 엔지니어링에서 프로그래밍이 큰 비중을 차지하는 건 틀림없지만 프로그래밍은 결국 새로운 소프트웨어를 제작하는 수단입니다. 여러분이 이 차이를 받아들인다면 자연스럽게 프로그래밍 작업(개발^{development})과 소프트웨어 엔지니어링 작업(개발^{development} + 수정^{modification} + 유지보수^{maintenance})의 차이도 궁금할 것입니다. 시간이라는 요소가 더해지면서 프로그래밍에는 중요한 차원이 하나 늘어서 더 입체적으로 바뀝니다. 정육면체는 정사각형이 아니고 거리는 속도가 아니듯, 소프트웨어 엔지니어링은 프로그래밍이 아닌 것이죠.

시간이 프로그램에 미치는 영향을 알아보려면 '이 코드의 예상 수명[1]은?'이라는 질문을 던져보면 좋습니다. 답변은 천차만별일 것입니다. 몇 분 후면 사라질 코드부터 수십 년을 살아남을 코드까지 다양한 경우를 상상해볼 수 있겠죠. 짧게 생을 마감하는 코드는 대체로 시간의 영향을 받지 않습니다. 기반 라이브러리, 운영체제, 하드웨어, 프로그래밍 언어를 겨우 한 시간 만에 바꾸는 일은 없을 테죠. 정육면체를 극단적으로 압축하면 정사각형이 되듯, 단명하는 시스템은 '그저' 프로그래밍 문제와 다를 게 없습니다. 하지만 수명이 길어질수록 변경이라는 요소가 점점 중요해집니다. 십 년 이상 살아남는다면 간접적이든 직접적이든 프로그램의 거의 모든 의존성(외부 라이브러리, 기반 프레임워크, 운영체제 등)이 처음과는 달라질 것입니다. 우리가 생각하는 소프트웨어 엔지니어링과 프로그래밍을 가르는 핵심은 이 사실을 인식하는 데서 시작합니다.

이 차이가 우리가 말하는 소프트웨어의 **지속 가능성**^{sustainability}의 핵심입니다. 기술적인 이유든 사업적인 이유든, 소프트웨어의 기대 생애 동안 요구되는 모든 가치 있는 변경에 대응할 수 있다면 '그 프로젝트는 지속 가능하다'라고 말합니다. 여기서 중요한 것은 역량만을 따진다는 점입니다. 즉, 가치가 충분치 않거나 더 중요한 일을 위해 해당 변경을 진행하지 않기로 선택할 수도 있습니다.[2] 기반 기술이나 제품이 지향하는 길로 나아가는 데 필요한 잠재적인 변경에 대응할 역량 자체가 없다면 어떨까요? 그 변경이 정말로 중요해질 일이 없기를 바라며 위험한 베팅을 하는 꼴입니다. 단명하는 프로젝트에서는 안전한 베팅일 수 있지만, 수십 년짜리 프로젝트에서는 그렇지 않을 것입니다.[3]

이번에는 소프트웨어 엔지니어링을 '규모'라는 관점에서 한번 바라봅시다. '몇 명이 참여하는가?', '시간의 흐름에 따라 엔지니어들은 개발과 유지보수의 어느 부분에 관여하는가?' 소프트웨어 작업 하나는 대체로 개인 창작이지만, 소프트웨어 엔지니어링은 팀 업무입니다. 초기에는 소프트웨어 엔지니어링을 '여러 버전의 프로그램을 여러 사람이 참여해 개발하는 것^{The multiperson}

---

1   단순한 '구동 수명(execution lifetime)'이 아니라 '유지보수 수명(maintenance lifetime)'을 말합니다. 즉, 이 코드가 언제까지 개발, 구동, 유지보수될 것인지, 혹은 이 소프트웨어의 가치가 언제까지 유효할지를 묻는 질문입니다.

2   기술 부채(technical debt)의 다른 정의로 볼 수 있습니다. 기술 부채란 '해야 할' 일을 아직 하지 않은 것을 말하며, 따라서 코드에 '바라는 모습'과 '현재 모습'의 차이만큼이 기술 부채의 크기가 됩니다.

3   오래 살아남을 프로젝트인지를 미리 알고 있는가에 관한 문제도 고려해야 합니다.

development of multiversion programs'[4]이라고 정의하곤 했습니다. 팀 업무라는 관점을 잘 녹여냈죠. 이 정의에 따르면 소프트웨어 엔지니어링과 프로그래밍은 시간과 참여 인원 면에서 차이가 납니다. 협업은 그 자체로 새로운 문제를 유발하지만, 한 명이 개발하는 것보다 가치 있는 시스템을 만들어낼 잠재력 또한 지닙니다.

소프트웨어 프로젝트의 팀 조직, 프로젝트 구성, 정책policy과 관례practice는 모두 소프트웨어 엔지니어링의 복잡성을 좌우합니다. 그리고 이 문제들 모두 규모와 관련이 깊죠. '조직이 성장하고 프로젝트가 확장될수록 소프트웨어 생산 효율도 높아지는가?', '개발 워크플로의 효율도 우리의 성장에 발맞춰 개선되는가?', 혹은 '우리가 따르는 버전 관리 정책과 테스트 전략이 조직 규모가 확장되면 비례하여 비용을 증가시키는가?' 규모에 따른 소통 문제와 인력 충원 문제는 소프트웨어 엔지니어링 초창기부터 논의되어 온 주제입니다(『맨먼스 미신』(인사이트, 2015) 참고. 원서는 1995년에 출간). 프로젝트나 조직 규모가 확장되며 딸려오는 문제는 흔히 정책에 영향을 주며, '반복 수행하는 일들에 비용을 얼마나 쓸 것인가?' 같은 소프트웨어의 지속 가능성을 묻는 질문에 답하는 기초가 됩니다.

소프트웨어 엔지니어링은 또한 의사결정의 복잡성과 이해관계 측면에서도 프로그래밍과 차이가 납니다. 소프트웨어 엔지니어링에서는 주기적으로 여러 선택지 사이의 트레이드오프를 평가해야 합니다. 때로는 불완전한 지표에 기대어 결과에 커다란 영향을 주는 선택을 해야만 하죠. 소프트웨어 엔지니어 혹은 리더는 지속 가능성을 잃지 않으면서 조직, 제품, 개발 워크플로의 규모를 확장하는 비용을 관리해야 합니다. 이러한 사실을 주지하고 트레이드오프를 평가하여 합리적인 결정을 내려야 합니다. 때로는 유지보수에 도움되는 변경을 연기하거나 심지어 확장성이 떨어지는 정책을 받아들여야 할 때도 있습니다. 이러한 결정은 훗날 다시 검토해야 할 수도 있음을 잊지 말아야 하며, 이 결정 때문에 생긴 지연 비용을 정확히 계산해두어야 합니다.

소프트웨어 엔지니어링에서 만병통치약이란 찾기 어렵습니다. 이 책도 마찬가지죠. '소프트웨어가 얼마나 오래 살아남을 것인가?'의 답을 찾는 데 십만 가지 요소를 고려해야 한다면, '이 프로젝트에 엔지니어와 컴퓨팅 자원을 얼마나 투입할 것인가?' 같은 질문에도 그 1/10은 고려해야 하겠죠. 그래서 구글의 경험이 여러분에게 딱 들어맞지는 않을 것입니다. 이 책은 수만 명

4　이 정의의 출처에는 다소 논란이 있습니다. 대체로 브라이언 랜델(Brian Randell)과 마거릿 해밀턴(Margaret Hamilton)이 시초라고 하지만, 순전히 데이비드 파나스(David Parnas)가 생각해낸 것일 수도 있습니다. 일반적으로 다음을 출처로 봅니다. "Software Engineering Techniques: Report of a conference sponsored by the NATO Science Committee," Rome, Italy, 27－31 Oct. 1969, Brussels, Scientific Affairs Division, NATO.

의 엔지니어와 함께 전 세계에 뻗어 있는 컴퓨팅 자원 위에서 수십 년을 살아남을 소프트웨어를 개발하고 유지보수하며 깨달은 내용을 소개합니다. 이러한 규모의 프로젝트에서 깨달은 관례 대다수는 더 작은 프로젝트에서도 잘 작동할 것입니다. 이 책을 '규모가 커질수록 효과도 커지는 엔지니어링 생태계에 관한 보고서'라고 생각하시기 바랍니다. 일부 영역에서는 규모가 너무 커서 추가되는 비용이 있을 수 있는데, 여러분이 이런 추가 부담까지 떠안으면 안 되니 적재적소에 안내 문구를 적어두었습니다. 바라건대, 여러분 조직이 이 비용까지 걱정할 만큼 성장한다면 우리보다 더 나은 답을 찾게 될 것입니다.

그럼 팀워크, 문화, 정책, 도구에 관해 이야기하기에 앞서 지금까지 이야기한 시간, 규모 확장, 트레이드오프라는 기본 주제들을 더 상세히 알아보는 시간을 갖겠습니다.

1.1 시간과 변경

초심자가 프로그래밍을 배우는 과정에서 작성한 코드의 수명은 보통 몇 시간에서 며칠 정도일 것입니다. 프로그래밍 과제와 연습문제용 코드는 한 번 작성된 뒤로는 거의 리팩터링할 일이 없습니다. 오랫동안 유지보수하는 일은 더욱 상상할 수 없고요. 처음 작성한 뒤로는 다시 빌드되거나 다시 실행될 가능성조차 희박합니다. 프로그래밍을 처음 배울 때 흔히 발생하는 일이죠. 중등 교육 이상의 과정에서는 팀 프로젝트나 실습 과제가 주어지기도 하는데, 아마도 학생이 작성한 코드가 한 달 이상 생존하는 드문 사례일 것입니다. 이 경우라면 코드 일부를 리팩터링하거나 요구사항 변경에 대응해야 할 수 있습니다. 그렇더라도 광범위하게 변경할 일은 흔치 않을 것입니다.

현업에서도 단명하는 코드를 다루는 개발자를 찾을 수 있습니다. 모바일 앱의 수명은 다소 짧은 편이며[5] 좋든 싫든 코드 전체를 처음부터 새로 작성하는 비율도 상대적으로 높습니다. 초기 단계의 스타트업에서 일하는 엔지니어들도 장기적인 투자보다는 바로 눈앞의 목표에 집중하려 할 것입니다. 기반 구조를 닦는 데 투자한 비용이 회수되기 시작할 때까지 회사가 살아남지 못할 가능성이 크기 때문이죠. 그래서 줄곧 초기 스타트업들에서만 일해왔다면 10년 차 개발자라도 소프트웨어를 1~2년 이상 유지보수해본 경험이 전무할 수 있습니다.

---

5   (블로그 글) Nothing is Certain Except Death, Taxes and a Short Mobile App Lifespan(2012.12.06) *https://oreil. ly/pnT2_*

반대편 끝에는 반영구적으로 살아남는 성공한 프로젝트도 있습니다. 구글 검색, 리눅스 커널, 아파치 HTTP 서버의 수명이 언제 다할지를 합리적인 방법으로 예측할 수 있을까요? 구글에서 진행하는 프로젝트는 대부분 영원히 생존하리라 가정해야 합니다. 즉, 의존성이나 언어 버전 업그레이드가 필요 없어지는 시기를 예측할 수 없습니다. 생존 기간이 길어지면 이러한 장수 프로젝트들은 단순한 프로그래밍 과제나 스타트업 개발과는 다른 무언가가 되어 갑니다.

[그림 1-1]은 소프트웨어 프로젝트의 '기대 수명expected life span'과 업그레이드 중요도의 관계를 보여줍니다. 기대 수명이 수 시간인 작업을 수행 중인 프로그래머에게는 어떤 형태의 유지보수를 기대하는 게 좋을까요? 예컨대 한 번만 실행될 파이썬 스크립트를 작성하는 중에 OS 신버전이 나왔다면 하던 일을 멈추고 업그레이드를 해야 할까요? 물론 아닙니다. 이 경우 OS 업그레이드 여부는 중요치 않습니다. 한편 반대편 끝으로 가서, 만약 구글 검색이 여전히 1990년대 OS에 머물러 있다면 확실히 문제라 할 수 있습니다.

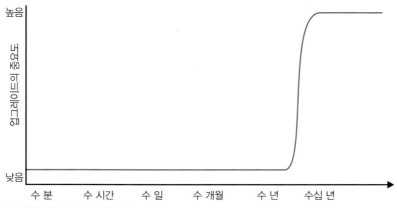

그림 1-1 수명과 업그레이드 중요도의 관계

[그림 1-1]은 기대 수명 스펙트럼의 최저점과 최고점 사이 어딘가에서 전환이 일어남을 말해줍니다. 이 전환은 바로 일회성 프로그램과 수십 년을 지속하는 프로젝트 사이에서 발생하는데, 이를 기점으로 프로젝트는 외부 환경의 변화에 대비하기 시작해야 합니다.[6] 초기부터 업그레이드를 계획하지 않은 프로젝트라면 이 전환이 아주 고통스러울 것입니다. 이유는 다음의 세 가지로, 서로가 밀접하게 관련되어 있습니다.

....
6   정확한 전환 시점은 여러분이 생각하는 우선순위와 선호도에 따라 달라집니다. 우리 경험상 대부분의 프로젝트는 5년 이내에 업그레이드를 했습니다. 이에 기초하여 예측해보자면, 전환 시점은 대체로 5~10년 사이 어딘가일 것입니다.

- 해당 프로젝트에서 수행해본 적 없는 작업을 진행해야 합니다. 따라서 꼭꼭 숨어 있던 가정들이 수면 위로 드러나게 됩니다.
- 업그레이드 담당 엔지니어들이 이런 종류의 작업을 경험해보지 못했을 가능성이 큽니다.
- 일반적인 업그레이드보다 작업 규모가 큰 경우가 많습니다. 점진적으로 업그레이드하는 것이 아니라, 수년 치 업그레이드를 한 번에 진행해야 하기 때문입니다.

그래서 업그레이드에 성공하든 중도에 포기하든, 이런 고통을 한 번 겪고 나면 지레 겁먹고 이후의 업그레이드 비용을 과대 측정하여 '다시는 시도하지 않겠다'라고 다짐하기도 합니다. 이런 결론에 이른 회사는 기존 코드를 버리고 새로 작성하거나 업그레이드를 완전히 포기해버리곤 하죠. 하지만 이처럼 고통을 회피하는 방안보다는 고통을 덜어줄 방법을 찾는 것이 때로는 더 합리적일 것입니다. 어느 선택이 옳은지는 전적으로 업그레이드 비용, 업그레이드가 가져다줄 이익, 프로젝트의 기대 수명에 달려 있습니다.

첫 대규모 업그레이드를 성공적으로 마치는 일뿐 아니라 현재 상태를 안정되게 유지할 수도 있어야만 프로젝트가 오래 지속 가능할 확률이 높아집니다. 지속 가능하게 하려면 요구되는 변경들의 영향을 계획하고 관리해야 합니다. 구글의 프로젝트들도 수많은 시행착오를 거쳐 지금 수준의 지속 가능성에 도달할 수 있었습니다.

그렇다면 단명하는 프로그램용 코드와 수명이 훨씬 긴 프로젝트가 만들어내는 코드는 구체적으로 어떻게 다를까요? 수명이 길어질수록 '동작한다'와 '유지보수 가능하다'의 차이를 더 분명하게 인지해야 합니다. 불행히도 둘을 구분하는 완벽한 해법은 없습니다. 소프트웨어를 장기간 유지보수하는 일은 끝나지 않는 전쟁이기 때문이죠.

1.1.1 하이럼의 법칙

다른 엔지니어들이 사용 중인 프로젝트를 유지보수하고 있다면 '동작한다'와 '유지보수 가능하다'를 구분 짓는 가장 중요한 요인은 바로 다음의 '하이럼의 법칙[7]'일 것입니다.

> **하이럼의 법칙**^{Hyrum's Law}: API 사용자가 충분히 많다면 API 명세에 적힌 내용은 중요하지 않습니다. 시스템에서 눈에 보이는 모든 행위(동작)를 누군가는 이용하게 될 것이기 때문입니다.

---

7   겸손하게도 하이럼은 '암시적 의존성 법칙(The Law of Implicit Dependencies)'이라 부르지만 구글 엔지니어 사이에서는 거의 '하이럼의 법칙'으로 통용됩니다.

경험상 이 공리는 시간의 흐름에 따른 소프트웨어 변경 문제와 관련한 모든 논의에서 지배적인 요인이었습니다. 개념적으로는 엔트로피와 유사합니다. 효율과 열역학을 논하려면 엔트로피를 알아야 하듯이 시간의 흐름에 따른 변경과 유지보수를 논하려면 하이럼의 법칙을 알아야 합니다. 엔트로피가 절대 낮아지지 않는다고 해서 효율을 포기해서는 안 됩니다. 마찬가지로 소프트웨어 유지보수에 하이럼의 법칙이 적용된다고 해서 계획 세우기를 등한시하거나 소프트웨어를 더 잘 이해하려는 노력을 포기해서는 안 됩니다. 문제를 완벽하게 제거할 수는 없더라도 완화할 수는 있기 때문입니다.

하이럼의 법칙은 최선의 의도, 최고의 엔지니어, 꼼꼼한 코드 리뷰가 뒷받침되더라도 공표한 계약(명세)이나 모범 사례를 완벽하게 구현해냈다고 단정할 수 없다는 현실을 표현한 말입니다. API 소유자는 인터페이스를 명확하게 설명해놓으면 어느 정도의 유연성과 자유를 얻을 수 있습니다. 하지만 현실에서는 API 사용자가 (명세에는 없는) 기능을 찾아 활용하기도 하며, 그 기능이 유용해 널리 쓰이면 추후 API를 변경하기 어렵게 됩니다. 이러한 사용자가 한 명도 없다면 API를 훨씬 수월하게 변경할 수 있습니다. 하지만 노출 시간이 길어지고 사용자가 늘어나면 가장 무해할 듯한 변경도 일부 사용자의 소프트웨어를 망가뜨릴 수 있습니다(그림 1-2). 따라서 변경이 얼마나 유용할지를 분석할 때는 이러한 충돌을 조사, 식별, 해결하는 데 따르는 비용도 고려해야 합니다.

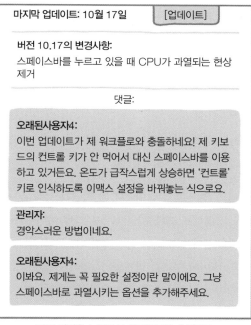

모든 변경은 누군가의 워크플로와 충돌한다.

그림 1-2 워크플로(출처: *https://xkcd.com/1172/*)[8]

---

8 옮긴이_ 원서는 링크만 소개하고 있으나 텍스트가 다 영어이기도 하고 예시를 직접 봐야 오래 기억될 것 같아서 번역하여 삽입했습니다. 이후로도 출처를 따로 표시한 그림은 한국어판에만 실린 것임을 밝혀두며, 설명이 복잡하여 이해를 돕기 위해 도표를 추가한 경우는 출처를 '옮긴이'로 표기했습니다.

1.1.2 사례: 해시 순서

해시 반복 순서[hash iteration ordering]를 예로 살펴보죠. 해시 기반 집합[set]에 원소 다섯 개를 넣었다면 출력 순서는 어떻게 될까요?

```
>>> for i in {"apple", "banana", "carrot", "durian", "eggplant"}: print(i)
...
durian
carrot
apple
eggplant
banana
```

대부분의 프로그래머는 해시 테이블의 원소 순서가 겉으로 밝히지 않은 나름의 알고리즘에 의해 정해짐을 알고 있습니다. 하지만 그 알고리즘이 언제까지 유지될지 구체적인 정보를 아는 사람은 거의 없죠. 중요하지 않은 사실 같더라도 지난 10~20년 사이 컴퓨터 업계는 해시 테이블을 사용하며 많은 일을 경험했습니다.

- 해시 플러딩[hash flooding][9] 공격 때문에 해시 반복 순서가 비결정적이어야 할 필요가 더욱 커졌습니다.
- 개선된 해시 알고리즘과 해시 컨테이너 연구로 얻은 효율 개선 효과를 보려면 해시 반복 순서에 변화를 줘야 합니다.
- 하이럼의 법칙에 따라 (할 수 있다면) 해시 테이블의 순회 순서에 의존하는 프로그램을 작성하는 프로그래머가 나타날 것입니다.

그 결과, 여러분 주변의 전문가 아무나 붙들고 '제 해시 컨테이너가 정해진 순서대로 결과를 낸다고 가정해도 되나요?'라고 묻는다면 아마도 '아니요'라고 답할 것입니다. 대체로 정확한 답변이지만 살짝 단순화한 측면이 있네요. 더 정확한 대답은 다음과 같습니다. '하드웨어, 언어 런타임, 데이터 구조를 변경할 일 없이 단명할 코드라면 그렇게 가정해도 괜찮아요. 하지만 코드가 얼마나 생존할지 모르거나 당신 코드가 의존하는 대상이 아무것도 바뀌지 않으리라 확신할 수 없다면 그런 가정은 옳지 않아요.' 심지어 여러분의 코드는 해시 컨테이너의 순서에 의존하지 않게 구현하더라도 다른 누군가의 코드가 그 순서에 암묵적으로 의존하게끔 작성될 수도 있습니다. 예컨대 여러분이 값들을 직렬화해 전달하는 원격 프로시저 호출[Remote Procedure Call] (RPC)

---

9 서비스 거부 공격(Denial-of-Service, DoS)의 하나로, 해시 테이블과 해시 함수의 구조를 아는 사용자가 일부러 해시 테이블이 느려지도록 구성한 데이터를 제공하는 공격을 말합니다.

라이브러리를 만들었는데, 라이브러리 사용자가 이 값들이 항상 같은 순서로 역직렬화된다고 가정한 코드를 작성할 수도 있습니다.

이는 '동작한다[it works]'와 '옳다[it is correct]'의 차이를 보여주는 아주 기초적인 예입니다. 해시 컨테이너의 반복 순서에 의존하더라도 프로그램의 수명이 짧다면 기술적 문제를 전혀 겪지 않을 것입니다. 반면 소프트웨어 엔지니어링 프로젝트에서는 이런 의존성은 위험 요인에 해당합니다. 시간이 충분히 흐르면 반복 순서를 바꾸는 게 나을 만한 사건이 일어날 수 있습니다. 효율 개선, 보안 강화, 혹은 앞으로의 변화에 대응하기 위한 미래 지향적 데이터 구조로의 개선 등 여러 가지가 있을 수 있죠. 변경할 가치가 있음이 명백해지면 관련 개발자들과 고객들이 감내해야 할 고통의 크기와 잘 저울질해야 합니다.

어떤 프로그래밍 언어는 이러한 의존을 원천봉쇄하고자 라이브러리 버전마다, 심지어 같은 프로그램이라도 실행할 때마다 해시 순서가 달라지게 합니다. 하지만 이런 경우조차 하이럼의 법칙에서 완전히 자유롭기는 어렵습니다. 해시 반복 순서가 무작위임을 눈치챈 누군가가 이를 난수 발생기로 사용할 수도 있기 때문이죠. 이제 무작위성을 제거하면 이 개발자의 코드가 오작동할 것입니다. 모든 열역학 시스템에서 엔트로피가 증가하듯 하이럼의 법칙은 모든 관측 가능한 행위에 적용됩니다.

'당장 돌아가야 한다'라는 생각으로 작성한 코드와 '언제까지고 작동해야 한다'라는 생각으로 작성한 코드의 차이를 생각해보면 어떤 관계인지가 분명하게 그려질 것입니다. 코드 자체를 수명에 대한 요구사항이 다양한 제품으로 본다면 프로그래밍 스타일을 다음처럼 분류해볼 수 있습니다.

- 이용하는 API의 명세에 명시되지 않은, 즉 언제든 변할 수 있는 기능을 사용하는 코드는 '임시방편적인[hacky]' 혹은 '기발한[clever]' 코드입니다.
- 반대로 모범 사례를 따르고 미래에 대비한 코드는 '클린[10]'하고 '유지보수 가능한' 코드입니다.

둘 다 나름의 목적이 있지만, 어느 쪽을 선택할지는 코드의 기대 수명에 크게 좌우됩니다. 우리는 '기발한'이 칭찬으로 느껴진다면 프로그래밍이라 하고, 질책으로 느껴진다면 소프트웨어 엔지니어링이라 말합니다.

---

10 옮긴이_ 우리말로 번역할까 하다가 깔끔한 코드를 추구하는 프로그래머들의 필독서 『클린 코드』(인사이트, 2013)를 추천하는 뜻에서 '클린'으로 음차했습니다.

1.1.3 '변하지 않기'를 목표로 하지 않는 이유

시간과 변경에 대처해야 하는 이유에 관한 이 모든 논의의 밑바탕에는 '변경은 피할 수 없다'라는 가정이 깔려 있습니다. 그런데 정말 그럴까요?

이 책에 담긴 내용이 대게 그렇듯 이 역시 상황에 따라 다릅니다. 대부분의 프로젝트는 세월이 충분히 흐르면 기반 환경을 모두 교체해야 할 것입니다. 하지만 아무런 외부 의존성 없이 (혹은 POSIX처럼 아주 오랜 기간 변하지 않는 대상만 이용하도록) 작성된 순수한 C 언어 프로젝트라면 리팩터링이나 난해한 업그레이드 없이 버틸 수도 있습니다. 이런 면에서 C 언어는 상당히 안정적이며, 이런 안정성이야말로 C 언어를 선택하는 주된 이유 중 하나입니다.

하지만 대부분의 프로젝트는 기반 기술의 변화를 훨씬 많이 겪습니다. 대다수의 프로그래밍 언어와 런타임은 C 언어보다 빠르게 변합니다. 순수 C로 구현한 라이브러리조차 새로운 기능을 지원하기 위해 변화하여 라이브러리 사용자들에게 영향을 주죠. 보안 문제는 프로세서, 네트워크 라이브러리, 애플리케이션 할 것 없이 모든 기술 제품에서 발견됩니다. 여러분의 프로젝트가 의존하는 모든 기술에는 여러분이 사용하기 시작한 후에야 발견될 심각한 버그와 보안 구멍이 존재할 위험이 도사립니다. 아무것도 변하지 않으리라 가정하여 하트블리드Heartbleed[11] 패치를 적용하지 않거나 멜트다운Meltdown과 스펙터Spectre[12] 같은 추측 실행speculative execution 문제를 완화해두지 않으면 위험천만한 도박에 뛰어드는 꼴입니다.

효율 개선은 상황을 더욱 복잡하게 만듭니다. 구글은 데이터센터를 비용 효율적인 장비들로 꾸리길 원합니다(특히 CPU 효율 개선에 힘씁니다). 하지만 구글에서 오래전에 만들어둔 알고리즘과 데이터 구조는 최신 장비에서 효율이 떨어지기도 합니다. 연결 리스트와 이진 검색 트리는 여전히 잘 동작하지만 CPU 클록과 메모리 지연시간의 격차가 점점 벌어지면서 '효율적인' 코드의 모습이 변하고 있습니다. 그래서 소프트웨어 설계도 제때 변경해주지 않으면 최신 하드웨어를 도입하는 효과가 퇴색됩니다. 하위 호환되는 하드웨어라서 오래된 시스템도 여전히 구동되지만 그 시절 최적화 기법이 지금도 여전히 유효할지는 불확실하다는 뜻이죠. 그래서 최신 장비의 잠재력을 최대한 끌어 쓸 의지와 역량이 없다면 지불한 비용만큼의 효과를 얻지 못할지도 모릅니다. 이처럼 효율성은 상당히 미묘한 문제입니다. 기존 설계가 완벽히 논리적이고 합리적인 모범 사례를 충실히 반영한 것일 수도 있기 때문입니다. 그래서 적절한 변경이 뒷받침

---

11 (The Heartbleed Bug 홈페이지) *https://heartbleed.com/*
12 (Meltdown and Spectre 홈페이지) *https://meltdownattack.com/*

되어야 새로운 선택지의 도입 효과가 극대화됩니다. 이처럼 이전 시스템에 문제가 없더라도 시간이 흐르면 변경을 진행할 이유가 자연스럽게 만들어지기도 합니다.

지금까지의 논의는 지속 가능성에 투자하지 않는 장기 프로젝트가 왜 위험한지를 잘 말해줍니다. 이러한 문제들에 대응할 수 있어야 하며, 직접 작성한 시스템의 문제든 시스템이 이용하는 기반 기술에 국한된 문제든 상관없이 주어진 기회를 최대한 살려야 합니다. 변경은 본질적으로 좋지 않으므로 변경을 위한 변경은 삼가야 하지만 변화에 대응할 수는 있어야 합니다. 언젠가는 바뀌어야 한다면 변경 시 비용이 적게 들도록 하는 데 미리 투자할지도 고민해야 하겠죠. 시스템 관리자는 백업 테이프가 있다는 사실뿐 아니라, 실제로 상황이 닥쳤을 때 복구를 정확히 어떻게 수행하는지와 그 비용까지 알고 있어야 합니다. 연습하여 숙달시켜야만 효율과 안정성을 높일 수 있음을 명심해야 하겠습니다.

1.2 규모 확장과 효율성

『사이트 신뢰성 엔지니어링』(제이펍, 2018)에 언급된 것처럼 구글이 운영하는 시스템은 인류가 만든 가장 복잡한 머신입니다. 이런 머신을 만들고 매끄럽게 운영하게 해주는 복잡한 체계는 전 세계 구글 전문가들이 셀 수 없는 시간을 고민하고 논의하고 재설계하여 이룬 산물이죠. 그리하여 구글 규모의 머신을 운영하는 복잡성에 관한 책을 낼 수 있던 것입니다.

『사이트 신뢰성 엔지니어링』은 이처럼 거대한 조직의 복잡성과 그 시스템을 운영하는 절차를 집중 조명했습니다. 코드베이스의 지속 가능성이라는 개념을 다시 생각해볼까요? '코드베이스의 수명이 다할 때까지 직면하는 변화가 몰고 오는 모든 변경을 안전하게 처리할 수 있다면 그 코드베이스는 지속 가능하다.' 이 풀이에는 비용^{cost}이라는 요소가 숨어 있습니다. 비용이 너무 많이 드는 변경은 지연되기 쉽습니다. 변경 비용이 시간 흐름보다 가파르게 상승하는 시스템은 분명 확장 가능^{scalable}[13]하지 않습니다. 시간이 흐르다 보면 결국은 예상치 못한 일이 발생하여 변경이 불가피한 시점이 올 것입니다. 프로젝트 규모가 두 배로 커진 뒤에 똑같은 상황이 다시 닥치면 인력도 두 배만 투입하면 해결될까요? 그 시점에 필요한 인력을 거느리고 있을까요?

....

13 이번 장에서 말하는 '확장 가능'은 비공식적인 용어로, 규모 확장에 따른 비용이 선형보다 더 완만하게 증가한다는 뜻입니다.
   리뷰어_ 예를 들면, 100의 작업을 반복해서 수행할 때 똑같이 100의 노력이 필요하면 이는 확장 가능하지 않은 것입니다. '확장 가능성'은 구글 사내 문화에서 가장 중요한 개념 중 하나로, 심지어 사내 행동 규범(code of conduct)에서도 강조됩니다.

인건비 외에도 확장 가능해야 할 게 더 있습니다. 소프트웨어 자체는 연산^{compute}, 메모리, 스토리지, 대역폭 같은 전통적인 자원을 더 추가할수록 비례하여 속도나 처리량이 확장되어야 합니다. 소프트웨어 개발 비용도 인력 투입과 개발 워크플로를 떠받드는 컴퓨트 자원 증대에 맞춰 매끄럽게 확장되어야 하고요. 만약 테스트 클러스터용 컴퓨트 비용이 선형보다 가파르게 증가한다면 인당 컴퓨트 자원 소비량이 매 분기 늘어날 것입니다. 지속할 수 없는 길로 접어들었으니 변화가 필요한 순간입니다.

마지막으로 소프트웨어 조직에서 가장 중요한 자산인 코드베이스 자체도 확장 가능해야 합니다. 코드가 많아지고 변경 이력이 쌓이는 등의 이유로 빌드 시스템이나 버전 관리 시스템이 점점 느려진다면 어느 순간 더는 정상 운영할 수 없는 시점이 옵니다. '전체 빌드에 걸리는 시간', '리포지터리에서 전체를 새로 내려받는 시간', '프로그래밍 언어 버전을 업그레이드하는 비용' 같은 지표는 적극적으로 관리하지 않으면 천천히 악화됩니다. 마치 '끓는 물 속의 개구리'[14]처럼 서서히, 위험이 현실이 되는 순간까지 단 한 번도 눈치 채지 못할 수도 있습니다. 그래서 이런 문제들은 조직 차원에서 챙기며 확장 가능성에 신경 써야지만 안정되게 관리할 수 있습니다.

조직에서 코드를 작성하고 관리하는 데 활용하는 모든 것이 총비용과 자원 소비 측면에서 확장 가능해야 합니다. 특히 반복적으로 수행하는 일이라면 모두 인적 비용 측면에서 확장 가능해야 합니다. 흔하게 활용되는 정책 중에서도 이 관점에서 확장 가능하지 못한 경우가 제법 많습니다.

1.2.1 확장하기 어려운 정책들

확장성 낮은 정책은 간단한 실험으로도 쉽게 찾아낼 수 있습니다. 대표적인 방법을 살펴보죠.

엔지니어 한 명에게 할당한 작업이 있고, 조직이 10배 혹은 100배로 커졌다고 상상해봅시다. '조직이 10배로 커지면 이 작업도 10배로 많아지는가?', '엔지니어가 해야 할 일의 양이 조직이 커질수록 늘어나는가?', '코드베이스가 커질수록 작업량도 늘어나는가?', '이 중 하나에 해당할 경우 작업을 자동화하거나 최적화할 수단이 있는가?' 마지막 질문의 답이 '아니오'라면 확장성에 문제가 있는 것입니다.

시스템을 폐기^{deprecation}시키는 전통적인 방법을 떠올려보죠. 폐기는 15장에서 자세히 다룰 주제

---

14 옮긴이_ '물을 서서히 덥히면 그 안의 개구리는 뜨거워지는 줄 모르다가 결국 죽게 된다'라는 옛 믿음에서 비롯된 비유입니다. 최근 실험에 따르면 정상적인 개구리는 25℃에서 탈출을 시도한다고 합니다.

지만, 확장성 문제의 예로 아주 적합합니다. 새로운 위젯^{Widget}을 개발했다고 해볼까요? 모두가 기존 것을 버리고 새 위젯을 쓰기로 결정했습니다. 전환을 독려하기 위해 프로젝트 리더는 '기존 위젯은 8월 15일에 삭제할 것입니다. 그전에 확실하게 새 위젯으로 바꿔주세요'라고 말할 것입니다.

이런 방식은 작은 조직에서는 통할지 몰라도 의존성 그래프가 조금만 깊고 넓어지면 곧바로 실패하고 맙니다. 팀이 의존하는 위젯 수가 늘어나면서 단 한 번의 빌드 실패가 영향을 미치는 범위도 함께 늘어납니다. 이 문제를 '확장 가능한 방식으로 푼다'라고 함은 폐기를 처리하는 방식을 바꾼다는 뜻입니다. 마이그레이션 작업을 사용자에게 떠넘기는 대신 시스템 담당 팀 내부에서 스스로 처리할 수 있도록 하는 것입니다. 그러면 사용자가 많아져도 노하우를 축적한 하나의 팀이 모두 처리하므로 규모의 경제 효과도 누릴 수 있습니다.

2012년에 우리는 마이그레이션의 책임 소재를 달리 하는 새 규칙을 통해 이 문제를 해결하고자 시도했습니다. 인프라[15]팀은 사내 사용자들이 새 버전으로 옮기도록 돕거나 직접 업데이트하되, 하위 호환성을 유지해야 합니다. 우리가 '갈아타기 규칙^{Churn Rule}[16]이라 부른 이 정책은 확실히 확장성이 더 뛰어났습니다. 사용자 입장에서는 새 인프라로 바꿔서 당장 얻는 이익이 눈에 보이지 않음에도(혹은 우선순위가 낮음에도) 자신들 보고 바꾸라고 하면 의욕이 떨어져서 적극적으로 움직이지 않기 때문이죠.

또한 마이그레이션을 담당하는 전문가 그룹을 따로 두는 편이 사용자 각자에게 유지보수를 부담시키는 방식보다 확장성이 좋았습니다. 전문가들이 프로젝트 전체를 깊이 파악한 후, 그 전문성을 바탕으로 파생 문제들을 해결하는 식이었죠. 마이그레이션을 사용자가 알아서 대응하도록 하면 인프라 변경에 영향받는 모든 팀에서 사태를 파악하고, 당면한 문제를 해결하고, 더 이상 쓸모 없어진 옛 지식은 폐기해야 했습니다. 전문가 그룹의 확장성이 더 뛰어난 이유죠.

개발 브랜치를 활용하는 전통적인 방법 역시 확장성 문제를 겪는 정책의 좋은 예입니다. 큰 기능을 트렁크^{trunk; 메인 개발 브랜치}로 병합하다가 제품이 불안정해지자 화들짝 놀라서 '앞으로 병합은 더 철저히 통제하고 빈도도 줄이겠습니다'라고 공표하는 조직도 있을 것입니다. 이렇게 하면 곧 모든 팀과 모든 기능이 독립된 개발 브랜치로 나뉘게 됩니다. 모든 브랜치는 '완료'되려면 트

---

15 옮긴이_ 이 책에서 말하는 '인프라'는 조직 내에서 공유해 사용하는 모든 자원을 포괄합니다. 하드웨어와 클라우드 서비스, 운영체제, 프레임워크, 도구, 라이브러리 등이 모두 인프라가 될 수 있습니다.
16 옮긴이_ 일반적으로 Churn은 경쟁 제품으로 옮겨다니는 행위 혹은 그러한 고객을 뜻합니다.

렁크로 머지되고 테스트되어야 하므로 아직 다른 개발 브랜치에서 작업 중인 엔지니어들은 다시 동기화하고 테스트하느라 값진 시간을 허비합니다. 브랜치가 5~10개 정도인 작은 조직이라면 이런 관리 정책도 문제없을 테지만, 조직이 커지고 브랜치 수가 늘어나면 머지않아 반복되는 작업에 엄청난 시간과 노력을 쏟아붓고 있는 모습을 발견할 것입니다. 규모가 커지면 다른 방식이 필요합니다. 다른 방식들에 대해서는 16장에서 자세히 알아보겠습니다.

1.2.2 확장 가능한 정책들

어떤 정책이라야 조직 성장에 따르는 비용이 적을까요? 더 정확히 말해, 선형 증가보다 나은 정책들의 공통된 특징은 무엇일까요?

우리가 좋아하는 구글 내부 정책 중 인프라팀이 인프라 변경을 안전하게 진행하게끔 보호해주는 정책이 하나 있습니다. 바로 '인프라를 변경하여 서비스가 중단되는 등의 문제가 발생하더라도, 같은 문제가 지속적 통합continuous integration (CI) 시스템의 자동 테스트에서 발견되지 않는다면 인프라팀의 책임이 아니다'라는 정책입니다. 이 정책의 이름은 '**비욘세 규칙**The Beyoncé Rule'이며, 친근하게 표현하면 '네가 좋아했다면 CI 테스트를 준비해뒀어야지'라는 뜻입니다.[17] 공통 CI 시스템에 추가해두지 않은 테스트는 인프라팀이 책임지지 않는다는 뜻입니다. 이 규칙이 없었다면 인프라팀의 엔지니어는 아마도 코드가 조금이라도 영향받은 모든 팀을 일일이 찾아다니며 그들이 어떻게 테스트하고 있는지를 물어봐야 했을 테죠. 엔지니어가 100명 남짓일 때는 가능했지만 지금 상황에서는 도저히 감당할 수 없는 방식입니다.

우리는 전문성과 공유 포럼이 조직 확장에 기여하는 바가 크다는 사실을 깨달았습니다. 엔지니어들이 포럼에 질문하고 답하는 과정에서 지식이 전파되고 새로운 전문가가 성장합니다. 100명의 자바 엔지니어가 있는 조직에서 질문에 기꺼이 답해줄 전문가가 한 명만 있어도 곧 더 나은 자바 코드를 작성하는 100명의 엔지니어가 생겨납니다. 지식은 입에서 입을 타고 퍼지며 전문가들이 그 매개체인 것이죠. 이 외에도 엔지니어들이 흔히 겪는 걸림돌들을 치우는 일의 가치에 관하여 할 말이 많습니다. 이 주제는 3장에서 자세히 다룹니다.

---

17 비욘세의 히트곡 〈Single Ladies (Put a Ring on It)〉의 후렴구 가사 '네가 좋아했다면 반지를 끼워줬어야지(If you like it then you should have put a ring on it)'에서 가져온 말입니다.
리뷰어_ '코드를 짰으면 자기 코드에 대한 테스트도 자기가 제대로 만들었어야지'라는 뜻으로 해석할 수 있습니다.

1.2.3 사례: 컴파일러 업그레이드

컴파일러를 업그레이드하라는 만만치 않은 업무가 떨어졌다고 가정해보죠. 프로그래밍 언어들이 하위 호환성을 지키기 위해 들이는 막대한 노력을 감안한다면 컴파일러 업그레이드는 쉬운 일이어야 마땅합니다. 이론적으로는 그렇다는 말입니다. 하지만 실제 비용은 얼마나 들까요? 이전에 비슷한 종류의 업그레이드를 경험해보지 못했다면 코드베이스가 새로운 컴파일러와 얼마나 호환될지를 어떻게 예측할 수 있을까요?

경험상 하위 호환성이 좋다고 알려진 경우라도 언어와 컴파일러 업그레이드는 섬세하고 어려운 과제입니다. 컴파일러가 업그레이드될 때는 거의 항상 어딘가 미묘하게 다르게 동작하는 곳이 있기 마련입니다. 예컨대 오류를 수정하거나, 최적화 방식을 바꾸거나, 모호하던 어떤 동작을 명확하게 정의해 넣기도 합니다. 이런 숨은 변경들이 우리의 코드베이스 전체에 얼마나 영향을 줄지를 어떻게 평가해야 할까요?

구글 역사에서 가장 회자되는 컴파일러 업그레이드 이야기는 2006년으로 거슬러 올라갑니다. 당시 구글은 서비스를 운영한 지 이미 몇 해가 지났고 엔지니어 수는 수천 명에 달했습니다. 앞선 5년 동안 컴파일러를 업그레이드하지 않아서 대부분의 엔지니어가 컴파일러를 변경해본 경험이 없고 작성된 코드들도 단 하나의 컴파일러 버전만 겪어본 상태였죠. 그래서 당시 업그레이드는 (대부분) 지원자들로 구성된 팀에게 악몽과도 같은 작업이었는데, 결국은 컴파일러와 언어의 변경사항 중 적용할 방법을 찾지 못한 것들의 우회법과 단순화 트릭을 찾는 일로 변질되었습니다.[18] 그 결과 2006년의 컴파일러 업그레이드는 끔찍한 경험을 선사했습니다. 코드베이스에서는 크고 작은 하이럼의 법칙 문제들이 튀어나와서 특정 컴파일러 버전에 더 깊이 의존하게 만들었죠. 이 의존성들을 끊기가 아주 고통스러웠는데, 문제가 생긴 코드의 담당 엔지니어들이 해결해야 했습니다. 당시는 비온세 규칙도 없었고 CI 시스템도 널리 보급되지 않은 시절이었습니다. 그래서 컴파일러 변경이 초래할 영향을 사전에 알기 어려웠고 회귀 문제[19]를 일으키지 않으리라 보장할 수도 없었습니다.

이 이야기에 특별한 점은 없습니다. 수많은 다른 회사의 엔지니어들도 고통스러운 업그레이드로 인한 비슷한 경험을 해봤을 것입니다. 다만 구글은 고통을 겪고 난 후에야 규모 문제를 극복

---

18 예컨대 C++ 표준 라이브러리가 제공하는 인터페이스들은 std 네임스페이스에서 참조해야 했고, std::string의 최적화 방식이 달라졌는데, 우리가 따르던 코딩 패턴과 충돌하는 바람에 추가 작업을 해줘야 했습니다.

19 옮긴이_ 제대로 작동하던 기능이 오작동하는 문제를 말하며, 일반적으로 기능 추가, 리팩터링, 버그 수정 등 다른 목적으로 코드를 수정하는 과정에서 뜻하지 않게 일어납니다.

할 기술을 찾고 조직을 변화시켜서 큰 규모가 장점이 되도록 하기 위해 노력했습니다. 그 노력은 자동화(한 사람이 더 많은 일을 수행), 통합과 일관성(저수준 변경이 영향을 미치는 범위 제한), 전문성(적은 인원으로 더 많은 일을 수행)으로 이어졌습니다.

인프라는 더 자주 변경할수록 변경하기가 오히려 쉬워집니다. 우리는 컴파일러 업그레이드 등의 목적으로 코드를 한번 수정해두면 거의 예외 없이 코드가 더 견고해지고 다음번 업그레이드하기도 쉬워진다는 사실을 깨달았습니다. 생태계를 구성하는 각 요소의 코드가 이런 수정을 여러 차례 거치고 나면 하부 구현의 미묘한 차이에 의존하는 일이 없어지고, 대신 언어나 OS 차원에서 보장하는 추상 개념을 활용하도록 바뀝니다. 여러분이 무엇을 업그레이드하든, 그 외의 요소를 아무리 잘 통제하더라도 결국 첫 번째 업그레이드 때의 코드베이스 수정량이 압도적으로 가장 많을 것입니다.

우리는 2006년의 업그레이드를 포함한 많은 경험을 통해 코드베이스의 유연성에 영향을 주는 여러 요인을 찾아냈습니다.

- **전문성**expertise : 여러 방법에 대한 충분한 지식이 있었습니다. 몇 가지 언어에 대해 구글은 이미 수많은 플랫폼에서 수백 번의 컴파일러 업그레이드를 성공적으로 마쳤습니다.

- **안정성**stability : 더 규칙적으로 릴리스하여 릴리스 사이의 변경량을 줄였습니다. 몇 가지 언어에 대해서는, 구글은 한두 주 간격으로 새로운 컴파일러를 배포합니다.

- **순응**conformity : 업그레이드를 겪지 않은 코드가 많지 않습니다. 규칙적인 업그레이드가 도움이 되었습니다.

- **익숙함**familiarity : 업그레이드를 정기적으로 수행하기 때문에 그 과정에서 중복되는 작업을 찾고 자동화하려고 노력합니다. 많은 면에서 사이트 신뢰성 엔지니어(SRE)가 삽질을 줄이는 관점과 일맥상통합니다.[20]

- **정책**policy : 비욘세 규칙과 같은 유용한 정책과 절차를 갖춥니다. 이러한 정책들 덕분에 인프라팀은 미지의 사용 방법까지 걱정할 필요 없이 업그레이드를 진행할 수 있습니다. CI 시스템에 반영된 사용법만 고민하면 됩니다.

지금까지의 이야기로 전하고자 하는 교훈은 컴파일러 업그레이드의 빈도나 어려움이 아닙니다. 컴파일러를 업그레이드해야만 하는 상황에 직면했을 때, 코드베이스가 계속 커지더라도 일

---

20 『사이트 신뢰성 엔지니어링』 5장 '삽질은 이제 그만!' 참고

정한 수의 엔지니어만으로 업그레이드를 성공적으로 해내는 방법을 찾았다는 이야기입니다.[21] 만약 구글이 첫 번째 경험에서 치른 비용이 너무 커서 이후의 컴파일러 업그레이드를 포기했다면 여전히 10년도 더 전의 컴파일러를 사용하고 있었을지 모릅니다. 정말 그랬다면 그 사이 발전한 최적화 기법의 효과를 누릴 수 없어서 컴퓨팅 자원을 25%는 더 쓰고 있었을지 모를 일입니다. 2006년의 컴파일러가 추측 실행 취약점을 완화하는 데 도움 될 리 만무하니 구글의 핵심 인프라는 심각한 보안 위협에 노출되어 있었을 것입니다. 그대로 두자는 의견도 존중해야겠지만 보통은 현명하지 못한 선택일 것입니다.

1.2.4 원점 회귀(왼쪽으로 옮기기)

개발 과정에서 문제를 일찍 발견할수록 비용이 적게 든다는 사실은 널리 받아들여지는 진실입니다. 어떤 기능의 개발자 워크플로를 시간순으로 생각해보죠. 개념잡기와 설계에서 시작하여 구현, 리뷰, 테스트, 커밋, 카나리[canary22]를 거쳐 최종적으로 프로덕션 환경에 배포하게 됩니다. [그림 1-3]에서 보듯 이 타임라인에서 문제 발견 시점을 왼쪽으로 이동시킬수록 수정 비용이 줄어듭니다.

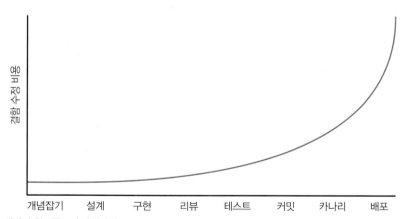

그림 1-3 개발자 워크플로의 타임라인

---

21 우리 경험상 평범한 소프트웨어 엔지니어(SWE)의 단위 시간당 코드 작성량은 상당히 일정한 편입니다. 그래서 엔지니어 수가 일정하다면 코드베이스는 선형으로 성장하죠. 즉, 투입된 SWE-months에 비례합니다. 코드가 많아지면 투입 노력도 커지는 작업을 하게 된다면 참고하기 바랍니다. 옮긴이_ SWE-months는 흔히 말하는 맨먼스(man-months)에서 대상을 소프트웨어 엔지니어로 국한한 개념입니다. 즉, 같은 팀원이라도 코드를 생산하지 않는 사람은 제외한 단위입니다.

22 옮긴이_ 변경 사항을 소수의 사용자 집단(주로 사내 이용자)에만 배포하여 검증하는 테스트를 말합니다. 베타 테스트와 달리 사용자에게 서비스가 변경되었음을 통지하지 않고 진행합니다.

왼쪽으로 옮기는 행위를 **원점 회귀**^{shift left}라 하는데, 보안성 점검을 개발 프로세스의 마지막으로 연기하면 안 된다고 호소하며 '보안을 고려하는 시점을 왼쪽으로 이동시켜라^{shift left on security}'라고 한 말에서 유래한 듯합니다. 어렵지 않게 납득할 수 있는 호소죠. 제품을 고객에게 배포한 후에야 취약점이 발견되면 해결하는 데 막대한 비용이 들 것입니다. 다행히 프로덕션 배포 직전에 발견하면 문제를 식별하고 조치하는 데 여전히 큰 비용이 들겠지만 더 저렴할 게 분명합니다. 그리고 해당 기능 개발자가 버전 관리 시스템에 커밋하기 전에 발견한다면 훨씬 저렴할 것입니다. 담당 개발자는 기능과 코드를 잘 이해하고 있으니 어느 부분을 어떻게 수정해야 하는지를 훨씬 쉽게 알 수 있기 때문이죠.

이 책에는 똑같은 기본 패턴이 여러 차례 등장합니다. 코드 커밋 전에 정적 검사나 코드 리뷰로 찾아낸 버그는 프로덕션 이후에 발견한 버그보다 훨씬 싸게 고칠 수 있습니다. 그래서 개발 프로세스 초기에 품질, 안정성, 보안 문제를 찾아 알려주는 도구와 관례를 제공하는 일은 구글 인프라 팀의 주요 목표 중 하나입니다. 완벽한 단 하나의 절차나 도구는 존재하지 않습니다. 그래서 가능한 한 많은 버그를 그래프 왼쪽에서 잡기를 바라며 다층 방어^{defense-in-depth} 전략을 구사합니다.

1.3 트레이드오프와 비용

프로그래밍하는 방법과 소프트웨어의 수명을 이해했고, 새 기능을 추가하고 관리할 엔지니어를 더 고용하면서도 제품을 온전히 유지보수하는 방법을 깨우쳤다면, 남은 것은 좋은 결정을 내리는 일뿐입니다. 인생이 그러하듯 소프트웨어 엔지니어링에서도 좋은 선택이 대체로 좋은 결과로 이어집니다. 하지만 결정에 이르는 과정은 쉽게 간과되곤 하죠. 구글에서는 '내가 시켰으니까' 방식을 아주 싫어합니다. 물론 어떤 주제든 한 명의 결정권자를 두고, 잘못된 결정이라 판단될 때 찾아가야 할 사람들의 에스컬레이션 경로^{escalation path**23**}도 명확히 정의해야 합니다. 하지만 그 목표는 독재가 아니라, 어디까지나 합의를 도출하는 데 있습니다.

이쯤에서 **비용**^{cost}의 정확한 뜻을 짚고 넘어갈까요? 비용은 금액만을 지칭하는 게 아닙니다. 투입된 노력과 다음의 요소들까지 모두 포괄합니다.

---

23 옮긴이_ 실무 담당자부터 최종 결정권자까지의 계층적인 의사결정권자 목록을 말합니다. 결재 라인이라고 생각해도 되겠네요(물리적인 결재가 수반되는 것은 아닙니다만).

- 금융 비용 (예: 돈)

- 리소스 비용 (예: CPU 시간)

- 인적 비용 (예: 엔지니어링 노력)

- 거래 비용 (예: 조치를 취하는 비용)

- 기회 비용 (예: 조치를 취하지 않는 비용)

- 사회적 비용 (예: 선택이 사회 전체에 미치는 영향)

역사적으로 사회적 비용 문제는 무시되기 일쑤였습니다. 하지만 구글과 같은 거대 기술 기업에서는 수십억 명이 사용하는 제품을 배포하는 일이 드물지 않습니다. 이 제품들은 확실한 이윤을 가져다주는 게 보통이지만, 이런 규모로 운영하다보면 사용성, 접근성, 공정성, 남용 가능성에서의 작은 문제조차 때로는 간신히 유지되던 사회 집단에 치명적인 피해를 주곤 합니다. 소프트웨어는 다양한 측면에서 현재 사회와 문화에 강하게 융합되어 있습니다. 따라서 우리가 만들 제품의 기술적 결정이 초래할 이로운 점과 해로운 점 모두를 인지해야 합니다. 이 주제는 4장에서 깊이 살펴보겠습니다.

앞에 나열한 비용(과 그 추정치) 외에도 현상 유지 편향$^{status\ quo\ bias}$과 손실 회피$^{loss\ aversion}$ 같은 치우침^{bias}도 존재합니다. 비용을 평가할 때는 앞에서 열거한 모든 비용을 염두에 두어야 합니다. 조직의 건실성에는 은행 잔고뿐 아니라 구성원들이 스스로의 가치를 느끼고 생산적인 일을 하고 있다고 생각하는지까지 포함됩니다. 소프트웨어 엔지니어링처럼 매우 창의적이고 수익성 높은 분야에서는 금융 비용보다는 인적 비용이 제한 요소일 가능성이 큽니다. 그래서 엔지니어들이 행복을 느끼게 만들고 일에 집중하고 참여할 수 있게 해주면 효율이 높아지죠. 집중력이 생산성에 미치는 영향은 아주 커서 10~20%의 차이는 우습게 만들어냅니다.

1.3.1 사례: 화이트보드 마커

많은 조직에서 화이트보드 마커는 귀중하게 대접받습니다. 엄격하게 관리되며 항상 공급이 부족하죠. 어느 화이트보드에 가서 찾든 구비된 마커의 절반은 말라 있거나 사용할 수 없는 상태입니다. 회의 때 제대로 나오는 마커가 부족해서 방해된 적이 몇 번인가요? 마커가 나오다 말아서 사고의 흐름이 끊겨본 경험은? (아마도 다른 팀이 마커를 다 가져가서) 나오는 마커가 하나도 없던 경험은? 고작 천 원도 안 되는 제품 때문에 흔히 겪는 일이랍니다.

구글의 사무실 대부분에는 화이트보드 마커를 포함하여 다양한 사무용품을 구비해둔 사물함이 비치되어 있습니다. 그래서 다채로운 색의 마커 한 움큼을 순식간에 가져올 수 있죠. 끊김 없는 브레인스토밍이 누군가 마커를 찾아 헤매는 일보다 훨씬 중요하기에 중간 어딘가에서 확실한 균형점을 잡아놓은 것입니다.

구글은 사무용품과 일상적인 개발 시 드는 경비부터 글로벌 규모의 서비스를 준비하고 운영하는 방법에 이르기까지, 우리가 하는 모든 일과 관련한 비용/이윤 트레이드오프에 동일한 수준의 관심을 두고 명확히 계량하려 합니다. 종종 '구글의 문화는 데이터 주도적이다'라고 하는데, 실상은 데이터가 없을 때조차 근거, 선례, 논증을 거쳐 결정을 내리곤 합니다. 좋은 엔지니어링적 결정이란 결국 가용한 모든 근거 자료에 적절한 가중치를 부여하고, 이러한 풍부한 지식을 바탕으로 균형점을 잡는 일입니다. 때로는 본능과 잘 알려진 모범 사례에 의지해 결정하기도 하지만, 보통은 실제 비용을 추정하고 예측해보려 시도해본 뒤에 그렇게 합니다.

결국 엔지니어링 조직의 선택을 결정짓는 요인은 다음의 몇 가지로 압축됩니다.

- 반드시 해야 하는 일(법적 요구사항, 고객 요구사항)
- 근거에 기반하여 당시 내릴 수 있는 최선의 선택(적절한 결정권자가 확정)

의사결정이 '내가 시켰으니까'가 되어서는 안 됩니다.[24]

1.3.2 의사결정을 위한 근거 자료

근거 자료의 가중치를 정하는 시나리오는 주로 다음의 두 가지입니다.

1. 관련한 정량적 데이터를 모두 '측정'할 수 있거나 최소한 '추정'이라도 할 수 있는 경우입니다. CPU와 네트워크, 금액과 메모리 양 사이의 트레이드오프를 평가할 때, 혹은 여러 데이터센터에 설치할 CPU N개를 줄이기 위해 엔지니어를 두 주 정도 투입할지 고민할 때가 여기 해당합니다.

2. 측정하기 어렵거나 측정 방법을 모르는 정량적 데이터도 있습니다. 때로는 '엔지니어 시간이 얼마나 들지 모르겠다'라는 표현으로, 때로는 더 모호하게 표현되곤 하죠. 후자의

---

24 만장일치나 대다수가 합의해야만 한다고 말하는 게 아닙니다. 결국 결정권자는 필요하죠. 실제 결정권자가 누구든 상관없이 의사결정 프로세스가 어떻게 이루어져야 하는가를 이야기하는 표현입니다.

예로는 '엉망으로 설계된 API의 엔지니어링 비용을 측정할 방법은?'이나 '선택한 제품의 사회적 영향은?' 같은 질문이 있습니다.

첫 번째 결정 유형에서는 결함이 파고들 여지가 적습니다. 모든 소프트웨어 엔지니어링 조직은 연산 자원, 엔지니어 시간, 그 외 정기적으로 활용하는 다른 정량적 데이터의 현재 비용을 추적하고 관리할 수 있어야 하고, 관리해야 합니다. 정확한 금액은 대외비로 숨기고 싶을 때조차 환산표 정도는 만들 수 있습니다. 예컨대 특정 개수의 CPU를 기준으로 정한 다음, 같은 가치에 해당하는 메모리 양이나 네트워크 대역폭을 표로 정리해둘 수 있습니다.

합의된 환산표가 갖춰진다면 모든 엔지니어가 자신에게 필요한 분석을 할 수 있습니다. '내가 두 주 동안 이 연결 리스트를 고성능 데이터 구조로 변환한다면 프로덕션 시스템의 메모리 5GB를 더 쓰지만 필요한 CPU 수를 2,000개 줄일 수 있어. 진행해야 할까?' 이 물음에 답하려면 메모리와 CPU의 상대적 비용은 물론, 나아가 인건비(소프트웨어 엔지니어가 2주 간 작업)와 기회 비용(2주 동안 엔지니어가 할 수 있는 다른 일)까지 고려해야 합니다.

두 번째 결정 유형에서는 쉬운 답이 나오기 어렵습니다. 그래서 절충안을 찾기 위해 경험, 리더십, 선례에 기대야 하죠. 구글은 정량화하기 어려운 정보를 정량화하는 데 도움되는 연구에 투자하고 있습니다(7장 참고). 하지만 우리가 줄 수 있는 가장 보편적인 제안은 모든 것이 측정 가능하거나 예측 가능하지는 않다는 사실을 인정하고, 그런 결정에도 똑같은 우선순위와 관심을 두라는 것입니다. 그래서 두 번째 유형도 똑같이 중요하지만 관리하기는 더 어렵습니다.

1.3.3 사례: 분산 빌드

이번 주제는 빌드입니다. 전혀 과학적이지 않은 트위터 여론 조사에 따르면 소프트웨어가 거대해진 오늘날에도 약 60~70%의 개발자가 빌드를 로컬에서 실행한다고 합니다. 그래서 농담 아닌 농담인 [그림 1-4]와 같은 상황으로 이어지곤 하죠. 여러분의 조직에서는 빌드가 끝나기를 기다리느라 얼마나 많은 생산적인 시간을 낭비하고 있나요? 그 시간을 작은 그룹에서 distcc[25]를 활용할 때의 비용과 비교해보세요. 혹은 큰 그룹에서 작은 빌드 팜build farm을 운영하는 비용은 얼마나 될까요? 그 비용이 순이익이 되기까지는 몇 주 혹은 몇 달이 걸릴까요?

----

25 옮긴이_ 코드를 네트워크상의 여러 컴퓨터에 나눠 빌드하는 C/C++용 분산 컴파일러입니다. *https://github.com/distcc/distcc*

그림 1-4 컴파일링(출처: *https://xkcd.com/303/*)

2000년대 중반의 구글은 온전히 로컬 빌드에 의존했습니다. 코드를 체크아웃^{checkout}한 후 로컬에서 컴파일했죠. 경우에 따라 엄청난 성능의 로컬 머신을 들여놓았지만(구글 지도를 데스크톱에서 컴파일했습니다!) 코드베이스가 커져가면서 컴파일 시간도 꾸준히 늘어났습니다. 자연스럽게 더 크고 강력한 로컬 머신을 구입하는 지출이 커졌습니다. 더욱이 컴파일 시간 상승은 곧 일할 시간이 줄어든다는 뜻이라서 우회적으로 인건비를 상승시키는 효과도 있었습니다. 값비싼 머신을 구입하는 비용은 특히 골치였죠. 엔지니어들의 빌드 시간을 최소로 줄여주길 원해 구입하긴 했지만, 개발용 고성능 데스크톱들은 대부분의 시간을 아무 일도 안 하며 흘려보내고 있었습니다. 합리적인 자원 투자가 아니었던 것이죠.

결국 구글은 자체 분산 빌드 시스템을 개발했습니다. 자체 빌드 시스템 개발에는 물론 비용이 들었죠. 시스템을 개발할 엔지니어를 투입해야 했고, 다른 모두의 컴파일 습관과 워크플로를 바꿔 새로운 시스템에 적응시키는 데는 더 많은 엔지니어 시간이 투입됐습니다. 빌드 시스템 자체를 구동할 컴퓨팅 자원도 별도로 필요했음은 물론입니다. 그래도 전체적으로는 절약되는 비용이 훨씬 컸음이 명백했습니다. 빌드가 빨라졌고 엔지니어가 멍 때리는 시간이 줄었습니다. 하드웨어에 대한 투자도 더 강력한 데스크톱으로부터 공유 인프라(프로덕션용 인프라에 속함) 쪽으로 옮겨갔습니다. 분산 빌드 활용과 관련한 트레이드오프는 18장에서 자세히 다룹니다.

어쨌든 우리는 새로운 시스템을 구축하여 프로덕션 환경에 배포했고, 모두의 빌드 시간을 줄이는 데 성공했습니다. 이렇게 이야기는 행복하게 마무리되지… 않습니다. 분산 빌드 시스템으로 엔지니어 생산성을 크게 끌어올렸지만, 시간이 흐르면서 분산 빌드 자체가 폭발적으로 커졌습니다. 로컬 빌드 시절에는 엔지니어 각자가 빌드 시간 단축에 신경 썼는데, 분산 빌드로 넘어오면서 관심이 멀어진 탓입니다. 비대해진 빌드에는 불필요한 의존성이 넘쳐나게 됐습니다. 최적화되지 못한 빌드가 안겨주는 고통을 모두가 체감할 수 있던 시절에는 최적화의 혜택이 골고루 돌아갔습니다. 그런데 그 혜택과 비대해진 의존성이 병렬 빌드 시스템 속으로 가려지면서 모두가 자원을 분별없이 소비하는 상황을 만들었습니다. 빌드를 최적화해도 혜택을 직접 누리게 되는 사람이 거의 사라졌기 때문입니다. '효율이 좋아지면 자원 소비가 늘어난다'라고 하는 제번스의 역설^{Jevons Paradox}[26]을 떠올리게 하는 대목이죠.

종합적으로, 분산 빌드 시스템을 도입하여 절약한 비용이 시스템을 구축하고 유지보수하는 데 드는 부정적인 비용보다 훨씬 훨씬 컸습니다. 그러나 우리는 자원 소비가 많아지는 걸 눈으로 보면서도 어느 정도까지 치솟을지 예측해내지는 못했습니다. 걷잡을 수 없는 지경에 이르러서야 시스템의 목표와 제약을 다시 정하고, 모범 사례를 만들고(의존성 최소화, 의존성 관리 주체를 사람에서 머신으로 변경 등), 새로운 생태계를 위한 도구와 유지보수에도 투자해야 한다는 사실을 깨우쳤죠. '엔지니어 시간을 만회하기 위해 연산 자원 확보에 x원을 쓸게요' 같은 사소한 트레이드오프조차 예기치 못한 부정적인 효과를 초래할 수 있습니다.

1.3.4 사례: 시간과 규모 확장 사이에서 결정하기

대체로 시간 측면과 규모 확장 측면에서 고려되는 주제들은 서로 겹치고 함께 어우러져 작동합니다. 예컨대 비욘세 규칙 같은 정책은 확장성이 좋고 장기적으로 유지보수에 도움을 줍니다. 또한 OS 인터페이스 변경 역시 많은 소소한 리팩터링을 유발하지만, 이로 인한 변경 대부분이 비슷한 형태라서 확장성이 좋습니다. OS 변경이 개발자나 프로젝트마다 다르게 나타나지는 않기 때문입니다.

때로는 시간과 규모 확장 문제가 충돌을 일으킵니다. 그래서 다음과 같은 기본적인 질문에도 간단히 답할 수 없게 되죠. "우리 팀에만 해당하는 문제가 생겼어. 해결하려면 의존성을 추가하

---

26 옮긴이_ 19세기 영국의 경제학자 윌리엄 스탠리 제번스(William Stanley Jevons)의 저서 『The Coal Question』에 따르면 자원 소비를 줄이려는 기술 혁신이 자원의 가격을 떨어뜨려서 오히려 소비를 늘리는 경향이 있다고 합니다. 가령 연비를 높인 자동차를 내놓으면 운전자들이 더 자주 멀리까지 차를 몰고 다닙니다. '제번스 효과(Jevons Effect)'라고도 합니다. *https://oreil.ly/HL0sl*

는 게 좋을까, 아니면 포크^{fork}하거나 다시 구현하는 게 좋을까?"

이 질문은 소프트웨어 스택의 여러 계층에서 등장합니다. 당면한 문제에만 최적화한 해법이 모든 가능성에 대비하는 범용적인 해법보다 성능이 뛰어날 가능성이 크기 때문입니다. 그래서 유틸리티 코드를 포크하거나 다시 구현하여 주어진 문제만을 풀도록 하면 사용성을 개선하거나 더 확실하게 최적화할 수 있습니다. 소프트웨어 생태계에 속한 마이크로서비스, 인메모리 캐시, 압축 루틴 등 어떤 것도 대상이 될 수 있죠. 아마도 더 중요한 장점은 외부 솔루션에 의존하지 않고 온전히 내가 통제할 수 있게 된다는 점이 아닐까요? 다른 팀이나 서드파티 제공자가 감 놔라 배 놔라 지시할 수 없게 되어 시간의 흐름과 변경 요구에 언제 어떻게 대응할지를 스스로 통제하게 됩니다.

한편, 모든 개발자가 기존 솔루션을 재활용하는 대신 전부 포크해버린다면 확장성과 지속 가능성이 위협받습니다. 외부 라이브러리를 사용한다면 보안 문제가 발견됐을 때 그 라이브러리만 수정한 후 사용자들이 수정된 라이브러리를 이용하도록 알려주기만 하면 되었습니다. 하지만 이제는 라이브러리의 포크들 중 결함이 적용되는 것들을 모두 찾아내고 해당 포크들을 이용하는 사용자도 모두 추적해야 합니다.

다른 소프트웨어 엔지니어링적인 결정들처럼 이 문제의 정답도 고정적이지 않습니다. 프로젝트의 수명이 짧다면 포크해도 위험이 적습니다. 포크한 코드의 영향 범위가 제한적인 게 확실할 때도 포크하는 게 유리할 것입니다. 반면 데이터 구조, 직렬화 포맷, 네트워크 프로토콜처럼 프로젝트의 수명에 종속되지 않는 인터페이스라면 포크를 피하는 게 좋습니다. 일관성이 주는 가치는 아주 크지만, 범용적이게 만드는 비용도 만만치 않습니다. 그래서 충분히 주의를 기울인다면 직접 만드는 편이 나을 때도 많습니다.

1.3.5 결정 재고하기와 잘못 인정하기

잘 드러나지는 않지만 잘못했음을 인정할 수 있게 해주는 능력 역시 데이터 중심 문화가 주는 커다란 장점입니다. 우리는 취합한 데이터에 기초하여 특정 시점에 결정을 내립니다. 제대로 된 데이터이고 가정의 수는 가능한 한 적어야 좋겠지만, 결정 시점에 가용한 데이터만을 활용해야 한다는 한계가 있습니다. 그래서 새로운 데이터를 얻어 상황이 바뀌거나 가정이 무너진다면 기존 결정에 오류가 있었음이 밝혀질 수도 있습니다. 혹은 당시에는 옳았지만 지금은 아닐 수도 있겠죠. 장수하는 조직에 특히 중요한 요소입니다. 시간은 기술 의존성과 소프트웨어 시스템뿐 아니라 의사결정에 활용되는 데이터도 달라지게 하기 때문이죠.

우리는 데이터에 기초한 의사결정을 강력히 지지합니다. 하지만 데이터 자체도 시간이 지나면 변하고 새로운 데이터가 나타날 수 있음을 알죠. 그러니 시스템의 생애 동안 과거에 내린 결정을 수시로 재고해봐야 합니다. 장수 프로젝트라면 초기에 정한 방향을 트는 게 가능한지 여부가 앞으로의 생존에 치명적일 때가 종종 있습니다. 이때 중요한 것은 결정권자에게 잘못을 인정할 권리가 있느냐입니다. 어떤 사람의 직관에는 맞지 않을지 모르지만, 잘못을 인정할 줄 아는 리더가 더 존경받습니다.

근거(데이터)에 기초해 결정하되 측정할 수 없는 요인들에도 가치가 있을 수 있음을 명심해야 합니다. 여러분이 리더라면 바로 당신에게 요구되는 덕목이죠. 판단을 내리고 그 판단을 검증하는 게 중요합니다. 리더십에 관해서는 5장과 6장에서 더 다루겠습니다.

1.4 소프트웨어 엔지니어링 vs 프로그래밍

우리가 소프트웨어 엔지니어링과 프로그래밍을 구분할 때 어떠한 가치 판단이 들어간 것은 아닌지 궁금할지 모르겠군요. 프로그래밍이 소프트웨어 엔지니어링보다 못하다는 뜻일까요? 기대 수명 십 년에 수백 명이 투입되는 프로젝트가 단 두 명이 개발하여 겨우 한 달 남짓 활용할 프로젝트보다 근본적으로 더 값지다는 뜻일까요?

당연히 아닙니다. 우리가 말하려는 바는 소프트웨어 엔지니어링이 프로그래밍보다 우수하다는 게 아닙니다. 단지 이 둘에 적용되는 제약 사항, 가치, 모범 사례가 서로 다르다는 뜻이죠. 이 차이를 구분할 수 있게 되면 한 영역에서는 훌륭한 도구라도 다른 영역에서는 그렇지 않을 수 있음을 알게 됩니다. 단 며칠만 활용할 프로젝트라면 통합 테스트(14장 참고)나 지속적 배포continuous deployment(CD)(24장 참고)에 목맬 필요가 없습니다. 같은 원리로, 소프트웨어 엔지니어링 프로젝트에서 활용하는 유의적 버전semantic versioning(SemVer)과 의존성 관리 같은 장기적 고려사항(21장 참고)은 단명하는 프로그래밍 프로젝트에는 도입하지 말아야 합니다. 대신 주어진 과업을 쉽게 해결할 수 있고 당장 활용할 수 있는 방법을 (그게 무엇이든) 찾으세요.

우리는 서로 관련은 깊지만 상이한 두 용어인 '프로그래밍'과 '소프트웨어 엔지니어링'을 구별해야 한다고 생각합니다. 그 차이 대부분은 시간 흐름에 따른 코드 관리, 시간 흐름에 따른 규모 확장의 영향, 이런 관점에서의 의사결정 방식에 있습니다. 프로그래밍은 코드를 생산하는 즉각적인 행위입니다. 소프트웨어 엔지니어링은 활용 가치가 남아 있는 한 오랫동안 코드를 유용하게 관리하고 팀 간 협업을 가능케 하는 정책, 관례, 도구 모두를 아우르는 종합적인 개념입니다.

1.5 마치며

이 책은 조직 혹은 개별 프로그래머를 위한 정책, 모범 사례를 평가하고 정의하는 방법, 관리 가능한 소프트웨어로 만들어주는 도구와 기술 관련 모든 주제를 다룹니다. 구글은 지속 가능한 코드베이스와 문화를 만들고자 무척이나 노력합니다. 물론 우리의 방식만이 정답이라고 생각하지는 않지만 실제 사례를 통해 검증된 것임에는 틀림없습니다. 부디 이 책이 '나의 코드가 마지막 필요한 순간까지 제대로 작동되게 하려면 어떻게 유지 관리해야 하는가?'라는 보편적인 질문의 답을 찾는 데 유용한 틀이 되기를 바랍니다.

1.6 핵심 정리

- 차원(고려해야 하는 주제의 큰 축)의 개수라는 점에서 '소프트웨어 엔지니어링'은 '프로그래밍'과 다릅니다. 프로그래밍은 코드 생산에 관한 것입니다. 반면 소프트웨어 엔지니어링은 프로그래밍을 확장하여 소프트웨어의 수명이 다할 때까지 코드를 유지보수하는 문제까지 고려합니다.

- 단명하는 코드와 장수하는 코드의 수명은 적어도 10만 배는 될 것입니다. 동일한 모범 사례를 수명 축의 양 끝단에 위치하는 두 프로젝트에 똑같이 적용하려는 건 너무 안일한 생각입니다.

- 코드의 기대 수명 동안 의존성, 기술, 제품 요구사항 변경에 대응할 역량이 갖춰져야 지속 가능한 소프트웨어입니다. 여러 이유로 변경을 받아들이지 않기로 선택하더라도 변경할

수 있는 역량 자체는 필요합니다.

- 하이럼의 법칙: API 사용자가 충분히 많다면 API 명세서에 적어놓은 내용은 중요하지 않게 됩니다. 시스템에서 눈에 보이는 모든 행위(동작)를 누군가는 이용하게 됩니다.

- 조직에서 반복적으로 수행하는 모든 작업은 필요 인력 측면에서 확장 가능(선형 증가 혹은 그 이하)해야 합니다. 정책은 개발 프로세스를 확장 가능하게 해주는 아주 멋진 도구입니다.

- 개발 프로세스를 포함한 소프트웨어 개발 업무의 많은 것의 효율은 눈치 채기 어렵게 천천히 나빠지는 경향이 있습니다. '끓는 물 속의 개구리'가 되지 않도록 주의합시다.

- 전문성은 규모의 경제와 결합될 때, 즉 조직이 커질수록 효과가 커집니다.

- '내가 시켰으니까'는 어떤 일을 수행하는 이유로는 아주 끔찍합니다.

- 의사결정을 데이터 주도로 하겠다는 생각은 좋은 출발입니다. 하지만 현실에서의 의사결정 대부분은 데이터, 가정, 선례, 논의를 종합하여 이루어집니다. 고려 요소의 대부분에 객관적인 데이터가 주어지면 가장 좋겠지만 순전히 데이터만으로 결정되는 경우는 드뭅니다.

- 데이터 주도 방식은 시간이 흘러 데이터가 변하면(혹은 가정이 무너지면) 프로젝트의 방향도 바뀔 수 있음을 뜻합니다. 잘못을 인정하고 계획을 수정하는 것은 당연한 일입니다.

Part **II**

문화

Part II

문화

2장   팀워크 이끌어내기

3장   지식 공유

4장   공정 사회를 위한 엔지니어링

5장   팀 이끌기

6장   성장하는 조직 이끌기

7장   엔지니어링 생산성 측정하기

팀워크 이끌어내기

이번 장에서는 구글에서 이루어지는 소프트웨어 엔지니어링의 문화적/사회적 측면을 이야기합니다. 이 주제를 논하려면 여러분이 반드시 통제해야 하는 하나의 변수, 즉 '여러분 자신'을 조망하는 데서 시작해야 합니다.

사람은 완벽하지 않습니다. 그래서 인간을 '간헐적 버그들의 집합'[1]에 가깝다고 이야기하곤 하죠. 하지만 동료에 내재된 버그를 이해하려면, 무엇보다 여러분 내면에 서식하는 버그를 먼저 이해해야 합니다. 이런 취지에서 여러분에게 자신의 반응, 행동, 태도에 관해 되짚어보는 질문을 던져보겠습니다. 스스로를 되돌아보며 더 효율적이고 성공적인 소프트웨어 엔지니어로 가는, 즉 사람과 관련한 일에 쏟는 에너지를 줄이고 멋진 코드 작성에 더 많은 시간을 쓰는 엔지니어로 성장하는 진정한 깨달음을 얻기를 희망합니다.

이번 장의 핵심 주제는 소프트웨어 개발은 '팀의 단합된 노력'의 결실이라는 점입니다. 그래서 엔지니어링팀이 (혹은 어떤 형태든 창의적 협업이) 성공하려면 겸손, 존중, 신뢰라는 핵심 원칙에 맞게 여러분 자신의 행동을 바로잡아야 합니다.

자신을 들여다보기에 앞서, 우리 주변 소프트웨어 엔지니어들은 대체로 어떻게 행동하는지 관찰해보죠.

---

1 옮긴이_ 종종 실수를 하는데, 그마저도 일관되지 못하다는 뜻입니다.

2.1 내 코드를 숨기고 싶어요

지난 20년간 제 동료 벤[Ben Collins-Sussman][2]과 저는 많은 프로그래밍 콘퍼런스에서 발표를 했습니다. 2006년, 우리는 (지금은 중단한) 오픈 소스 프로젝트 호스팅 서비스를 론칭하였습니다. 초기에는 서비스에 관한 질문과 요청이 수없이 쏟아졌습니다. 그리고 2008년 중반에 이르자 밀려드는 요청들이 몇 가지 공통된 경향을 띤다는 사실을 알아챘습니다.

> "구글 코드[Google Code]에서 운영되는 서브버전[Subversion]에서 특정 브랜치를 숨길 수 있는 기능을 넣어주시겠어요?"

> "프로젝트를 비공개로 시작했다가 준비가 됐을 때 오픈 소스로 전환할 수 있도록 해주세요."

> "코드를 처음부터 다시 짜고 싶은데요, 히스토리를 싹 지워주실 수 있나요?"

이 요청들에서 공통된 주제가 보이시나요?

정답은 불안감[insecurity]입니다. 사람들은 자신이 진행 중인 작업물을 다른 사람이 보고 판단하는 걸 두려워합니다. 어쩌면 이런 두려움은 인간의 본성에 속할 것입니다. 누구라도 비난받고 싶어 하지 않으며, 작업물이 완성되기 전이라면 더욱 그렇습니다. 이 사실을 파악한 우리는 소프트웨어 개발에서의 좀더 보편적인 경향을 찾아낼 수 있었습니다. 불안감은 사실 더 큰 문제의 징후임을 말이죠.

2.2 천재 신화

많은 사람이 본능적으로 우상을 찾고 흠모합니다. 소프트웨어 엔지니어들에게는 리누스 토르발스, 귀도 반 로섬, 빌 게이츠 같은 이들이 영웅적인 업적으로 세상을 바꾼 아이돌일 것입니다. 흔히들 리누스는 혈혈단신으로 리눅스를 개발해냈다고 알려져 있습니다. 그렇지 않나요?

사실 리누스가 한 일은 유닉스와 유사한 커널의 시제품을 만들어 메일링 리스트로 뿌린 것입니다. 작은 성취라 할 수 없는 놀라운 성과인 건 맞지만 전체 그림에서는 빙산의 일각일 뿐이죠. 현재의 리눅스는 초기 커널보다 수백 배는 크고 수천 명의 인재들이 함께 개발했습니다. 리누

---

2   이 책의 공동 저자이기도 합니다.

스의 진짜 업적은 이 사람들을 협업하도록 이끈 것입니다. 리눅스는 리누스만의 아이디어가 아니라 커뮤니티가 함께 노력해 이룬 결실입니다(유닉스도 켄 톰프슨과 데니스 리치만의 작품이 아닌 벨 연구소Bell Labs의 유능한 사람들이 힘을 합쳐 만들어냈습니다).

마찬가지로, 파이썬은 온전히 귀도 반 로섬의 작품일까요? 그가 첫 번째 버전을 작성한 건 사실입니다. 하지만 그 후 버전들은 수천 명의 사람이 아이디어를 모으고 기능을 개발하고 버그를 수정하며 만들었습니다. 스티브 잡스는 매킨토시 제작팀을 이끌었습니다. 빌 게이츠는 초기 가정용 컴퓨터를 위한 베이직BASIC 언어 인터프리터를 작성했지만, 더 큰 업적은 MS-DOS를 중심으로 마이크로소프트라는 회사를 일구어 성공시킨 일입니다. 이들은 모두 커뮤니티를 이끌어 집단적 성과물의 상징이 되었습니다. 이렇듯 천재 신화The Genius Myth는 팀이 이룬 성공을 단 한 사람(리더)에게 몰아주어 만들어지는 경향이 있습니다.

마이클 조던은 어떨까요? 다르지 않습니다. 우리는 그를 우상시하지만 조던 혼자서 경기를 승리로 이끈 것은 아닙니다. 조던의 진정한 천재성은 팀과 협동하는 방식에 있습니다. 조던의 소속팀 시카고 불스의 필 잭슨 감독은 매우 영리했고 그의 코칭 기술은 전설적이기까지 합니다. 잭슨은 단 한 명의 선수가 팀을 우승으로 이끄는 건 불가능함을 깨닫고 조던을 중심으로 한 '드림 팀'을 만들어냈죠. 이 팀은 마치 기름칠이 잘 된 기계처럼 최고의 팀워크를 보여주며 조던 이상의 깊은 인상을 남겼습니다.

그런데 우리는 왜 매번 특정 개인을 우상화하는 걸까요? 사람들은 왜 셀럽celebrity; 유명인이 홍보하는 제품을 구매할까요? 우리는 왜 미셸 오바마가 입은 드레스와 조던 농구화를 사는 걸까요? 셀럽은 분명 큰 비중을 차지합니다. 인간은 본능적으로 리더와 롤모델을 찾고, 그들을 우상화하고 흉내 내려 합니다. 우리 모두에겐 영감을 줄 영웅이 필요하며, 프로그래밍 세계도 다르지 않습니다. 그래서 '기술 전문가 셀럽 현상techie-celebrity phenomenon'이 거의 신화화되어가고 있습니다. 우리는 모두 리눅스처럼 세상을 바꾸는 무언가를 만들거나 아주 멋진 차세대 언어를 설계하고 싶어 합니다.

내면 깊숙한 곳에서 많은 엔지니어가 자신이 천재로 비치기를 원합니다. 그 환상이 실현되는 시나리오는 대략 다음과 같습니다.

- 굉장히 새로운 개념이 떠오릅니다.
- 몇 주 혹은 몇 달 동안 동굴로 사라져서 이 아이디어를 완벽하게 구현해봅니다.
- 완성된 소프트웨어를 세상에 공개하여 여러분의 천재성에 모두가 충격을 받습니다.

- 동료들이 여러분의 영리함에 놀라움을 금치 못합니다.
- 여러분의 소프트웨어를 사용하려는 사람들이 물밀듯 몰려듭니다.
- 명성과 부는 자연스럽게 따라옵니다.

여기서 잠시, 현실을 직시해볼까요? 여러분은 아마 천재가 아닐 것입니다.

도발하려는 의도는 전혀 없습니다. 여러분은 분명 매우 똑똑한 사람일 것입니다. 그런데 진짜 천재는 정말 정말 드물잖아요? 여러분은 까다로운 기술인 코딩을 할 줄 압니다. 하지만 여러분이 설령 천재더라도 코딩 기술만으로는 부족합니다. 천재들도 실수를 하고 훌륭한 아이디어와 최고 수준의 프로그래밍 기술도 여러분이 만든 소프트웨어가 성공하리란 보장은 해주지 못합니다. 심지어 여러분은 '사람들에게 가치 있는 문제'가 아닌 '분석 자체에만 의미를 두는 문제'를 풀고자 매달려 있을지 모릅니다. 천재라고 해서 괴짜처럼 행동하는 게 용서받는 시대는 지났습니다. 천재든 아니든 사회성이 부족한 사람은 팀원으로 적합하지 않기 때문이죠. 구글에서의 업무 거의 대부분이 천재 수준의 지능을 요구하지 않는 반면, 모든 업무가 최소한의 사회성을 요구합니다(다른 회사들도 대동소이합니다). 그래서 우리의 경력을 미래로 이어주는 핵심은 다른 사람과 얼마나 잘 협력하느냐입니다(구글 같은 기업에서는 특히 더 합니다).

천재 신화는 결국 우리 내면의 불안을 드러내는 또 다른 사례일 뿐입니다. 많은 프로그래머가 동료들이 자신의 실수를 보면 자신이 천재가 아님을 눈치챌 것이라는 두려움 때문에 방금 시작한 프로젝트를 공유하길 꺼립니다.

다음은 제 친구가 실제로 한 말입니다.

> "다른 사람들이 아직 완성되지 않은 내 코드를 보는 건 '진짜 진짜' 겁이 나. 그걸 진지하게 보고 내가 바보라고 생각할 것만 같아."

이는 프로그래머들이 느끼는 매우 일반적인 감정이라서 자연스럽게 동굴에 숨어 일하고 일하고 일하고 다듬고 다듬고 또 다듬습니다. 그 과정에서 여러분이 저지른 멍청한 짓은 아무도 보지 못하게 하고 모든 일을 마무리한 후 완성된 걸작을 공개하고 싶어 하죠. 그래서 코드가 완벽해질 때까지 숨기는 것입니다.

진행 중인 프로젝트를 숨기려는 이유는 더 있습니다. 바로 누군가가 아이디어를 훔쳐서 나보다 먼저 세상에 내놓을지 모른다는 두려움입니다. 그래서 비밀에 부치고 통제하려 합니다.

그렇다면 이런 의문이 들 것입니다. '그래서 어쩌라고? 사람들이 원하는 대로 일하게 해주면 안 된다는 거야?'

물론 안 됩니다. 이 경우, 구글은 여러분이 일을 잘못하고 있다고 확신하며 심각한 문제라고 생각합니다. 근거는 다음과 같습니다.

2.3 숨기는 건 해롭다

만약 여러분이 오롯이 홀로 일한다면 실패할 위험성을 불필요하게 키우고 자신의 성장 잠재력을 속이는 것입니다. 소프트웨어 개발이라는 것이 고도의 집중력을 요하고 혼자만의 시간을 견뎌내야 하는 매우 지적인 작업인 것은 사실이지만, 집중과 인내가 주는 가치(와 필요)를 협업과 인내로 맞서 이겨내야 합니다.

무엇보다, 자신이 올바른 길을 걷고 있음을 어떻게 확인할 수 있을까요?

여러분이 자전거 설계 애호가가 되었다고 상상해보죠. 어느 날 지금까지 없던 놀라운 기어 변속기 설계가 떠올랐습니다. 필요한 부품을 주문하고 몇 주 동안 창고에서 프로토타입을 완성했습니다. 역시 자전거 애호가인 이웃 사람이 어떻게 지내냐고 물어도 이 아이디어에 관한 이야기는 꽁꽁 숨겼습니다. 완성될 때까지 아무도 몰랐으면 했기 때문이죠. 다시 몇 달이 지났지만 프로토타입을 완벽하게 만드는 데는 어려움이 따랐습니다. 하지만 비밀 프로젝트라서 기계를 아주 잘 아는 친구에게조차 조언을 구할 수 없었습니다.

그러다 어느 날 이웃 사람이 자기 창고에서 완전히 새로운 기어 변속기를 단 자전거를 끌고 나오는 게 아닙니까? 당신이 생각한 설계와 매우 흡사했는데, 자전거 매장에서 일하는 친구들의 도움을 얻어 완성했다고 하는군요. 화가 났습니다. 그리고 당신이 만들던 것을 보여줬습니다. 옆집 사람이 잠시 살펴보더니 몇 가지 간단한 설계 결함을 짚어줍니다. 그에게 진즉 보여줬다면 한 주면 해결됐을 결함들이었습니다.

이 이야기가 몇 가지 울림을 던져줄 것입니다.

2.3.1 조기 감지

위대한 아이디어를 세상으로부터 숨기고 완벽히 다듬어질 때까지 아무도 들여다보지 못하게 하는 건 엄청난 도박입니다. 초기 설계에는 근본적인 실수가 스며 있기 쉽습니다. 자칫하다가는 바퀴^{wheel}를 다시 발명하게 될 수도 있습니다. 그리고 협업이 주는 이점도 얻지 못합니다. 앞의 이야기에서 다른 사람과 협업한 이웃이 얼마나 빨리 완성했는지 떠올려보세요. 이래서 사람들이 목욕탕에 몸을 던지기 전에 발가락부터 담가보는 것입니다. 우리는 우리가 올바른 일을 하고 있는지, 제대로 하고 있는지, 그리고 다른 누군가가 이미 해놓은 일은 아닌지를 확인해봐야 합니다. '초기' 단계에서 이런 실수를 범할 확률은 상당히 높습니다. 그래서 피드백을 '조기에' 받을수록 이러한 위험이 크게 줄어듭니다.[3] 검증된 주문인 '일찍 실패하고, 빨리 실패하고, 자주 실패하라'를 기억해두세요.

조기 공유의 효과는 단지 개인적인 실수를 예방하고 아이디어를 검증하는 데 그치지 않습니다. 프로젝트의 소위 '버스 지수'를 높여주기도 하죠.

2.3.2 버스 지수

> **버스 지수**^{bus factor}: 몇 명의 팀원이 버스에 치어서 일을 할 수 없게 될 때 프로젝트가 망하게 되는지를 나타내는 지수

여러분의 프로젝트에서는 필요한 지식과 노하우가 얼마나 분산되어 있나요? 프로토타입 코드의 동작 원리를 이해하는 사람이 나뿐이라면 내가 해고될 가능성은 극히 낮습니다. 하지만 내가 버스에 치인다면 프로젝트는 아마 망할 것입니다. 내 지식을 동료 한 명과 공유한다면 버스 지수는 두 배가 됩니다. 그리고 작은 팀을 꾸려 함께 설계하고 구현한다면 상황이 한결 나아지죠. 팀원 한 명이 사라져도 프로젝트는 잘 굴러갈 것입니다. 물론 버스 지수는 문자 그대로 '버스에 치인다'는 게 아니라, 살다 보면 마주치는 예기치 못한 사정이 생기는 걸 말합니다. 누군가가 결혼하거나 팀을 옮기거나 퇴사하거나 병가를 낼 수도 있습니다. 최소한 각 책임 영역마다 2차 소유자(담당자)를 두고, 제대로 된 문서를 갖춰 둔다면 프로젝트의 미래를 보장하고 버스 지수를 높이는 데 도움이 됩니다. 실패한 프로젝트의 핵심을 책임진 경험보다 성공한 프로

---

3   물론 방향이나 목표에 대한 확신이 서지 않은 상태에서 너무 일찍부터 너무 많은 피드백을 받으면 오히려 위험할 수 있습니다.

젝트의 한 부분에 참여한 경험이 낫다는 데 대다수 엔지니어가 공감할 것입니다.

혼자 일하게 되면 버스 지수 외에 전반적인 진행 속도에도 해롭습니다. 혼자 일한다는 것은 고된 싸움이며 사람들의 기대보다 훨씬 느리다는 점을 잊기 쉽습니다. 혼자 일하면서 얼마나 많이 배울 수 있을까요? 진척 속도는요? 구글 검색과 스택 오버플로$^{Stack\ Overflow}$로도 다양한 견해와 정보를 얻을 수 있지만 직접 체득한 경험을 대체할 수는 없습니다. 다른 이들과 함께 어울려 일하면 개인의 노력만으로는 깨우치기 어려운 공동의 지혜라는 이점을 얻을 수 있습니다. 혼자 잘못된 길로 접어들었다가 뒤늦게 깨닫고 빠져나오는 데 수많은 시간을 낭비한 경험이 있을 것입니다. 여러분 어깨 너머로 살펴보다가 잘못된 점을 즉시 짚어주고 해법을 알려줄 동료가 두어 명만 있었더라도 그 경험이 얼마나 달라졌을지 상상해보세요. 소프트웨어 엔지니어링 회사에서 팀이 같은 공간에서 일하는 (혹은 짝 프로그래밍$^{pair\ programming}$하는) 이유가 여기 있습니다. 프로그래밍은 어렵습니다. 소프트웨어 엔지니어링은 한층 더 어렵지요. 그래서 당신에게는 제3의 눈이 필요합니다.

2.3.3 진척 속도

이번에는 다른 비유를 들어보죠. 여러분이 컴파일러를 어떻게 활용하는지 생각해보세요. 자리에 앉아서 거대한 소프트웨어를 만들기 시작합니다. 며칠에 걸쳐 1만 줄의 코드를 다 작성한후, 마지막 줄을 입력한 다음 드디어 처음으로 '컴파일' 버튼을 클릭합니다. 물론 이렇지 않을 것입니다! 이런 식으로 일하면 어떤 재앙이 닥칠지 상상이 되시죠? 프로그래머는 긴밀하게 피드백받을 때 가장 효율적으로 일합니다. 함수 하나를 짜고 컴파일하고, 테스트 하나 짜고 컴파일하고, 리팩터링 살짝 하고 컴파일합니다. 이 방법이 우리가 코드를 작성하자마자 가장 빠르게 오타와 버그를 잡는 길입니다. 우리는 모든 작은 단계마다 컴파일러가 도와주길 원합니다. 심지어 타이핑할 때마다 코드를 컴파일해주는 개발 환경도 있습니다. 이런 식으로 우리는 코드의 품질을 높게 유지하고 소프트웨어가 조금씩 조금씩 올바른 방향으로 나아가게 합니다. 현재의 데브옵스^{DevOps} 철학은 '가능한 한 일찍 피드백하고, 가능한 한 일찍 테스트하고, 보안과 프로덕션 환경을 가능한 한 초기부터 고려한다'라는 목표를 천명하고 있습니다. 이 모두는 개발 워크플로를 '원점 회귀$^{shift\ left}$'하라는 아이디어에 녹아 있습니다. 즉, 문제를 빨리 찾을수록 고치는 비용이 낮아집니다.

빠른 피드백 루프는 코드 수준뿐 아니라 전체 프로젝트 수준에서도 이뤄져야 합니다. 야심 찬 프로젝트는 빠르게 진화하기 때문에 변화하는 환경에 잘 적응해야만 합니다. 생각하지도 못한 설계 장애나 정치적인 장벽에 부딪히거나 단순히 무언가가 계획한 대로 동작하지 않을 수 있습니다. 요구사항이 기대와 다르게 바뀔 수도 있고요. 여러분이라면 계획이나 설계 변경이 필요한 시점을 즉시 알려줄 피드백 루프를 어떻게 마련할 것인가요? 정답은 팀 플레이입니다. '눈이 많아야 버그가 줄어든다Many eyes make all bugs shallow'라는 말을 많이 들어봤을 텐데, '눈이 많아야 프로젝트가 탈선하지 않고 옳은 방향으로 나아간다Many eyes make sure your project stays relevant and on track'라는 표현이 더 나을 것 같습니다. 동굴에 갇혀 일하면 원래의 비전을 완성하는 동안 세상이 바뀌어 있을 것입니다. 결국 내 손에는 더 이상 가치가 없어진 결과물만 남게 되겠지요.

사례 연구: 엔지니어와 사무실

25년 전에는 엔지니어의 생산성을 높이려면 출입문이 있는 그들만의 사무실이 필요하다는 게 정설이었습니다. 아마도 엔지니어들이 방해받지 않고 코드 작성에 몰두할 시간을 충분히 주는 유일한 방법이었을 것입니다.

하지만 저는 대부분의 엔지니어가 개인 사무실에서 일하는 것은 불필요할 뿐 아니라 위험하기까지 하다고 생각합니다.[4] 오늘날의 소프트웨어는 개인이 아닌 팀이 만들어내므로 팀원들과의 즉각적이고 원활한 소통이 무엇보다 중요합니다. 아무리 오랫동안 깊이 몰입하더라도 잘못된 일을 하고 있다면 모두 시간낭비일 뿐입니다.

불행히도 (구글을 포함하여) 오늘날의 많은 기술 회사가 추를 반대쪽 극단으로 틀어버렸습니다. 이 회사들의 사무실에 들어서면 100명 이상을 수용하는 하나의 공간에 모여 일하는 모습을 쉽게 찾을 수 있습니다. 이러한 '오픈 플로어 플랜open floor plan; 열린 공간 제도'은 많은 논쟁을 불러왔고, 결과적으로 오픈 오피스open office; 열린 사무실에 대한 적개심이 커지고 있습니다. 아무리 작게 말해도 모두에게 들리기 때문에 다른 이들을 방해하지 않기 위해 모두가 입을 다물게 되는 것이죠. 그래서 이 형태는 개인 사무실만큼이나 좋지 않습니다.

우리는 그 중간이 가장 좋다고 생각합니다. 4~8명 정도의 팀마다 작은 방(혹은 큰 사무실)을 배정하면 부담 없이 자발적인 대화가 이루어질 것입니다.

---

4   물론 심하게 내성적인 사람이라면 (개인 사무실까지는 아니더라도) 방해를 덜 받는 조용한 환경이 일하기에 더 나을 것입니다.

물론 어떤 경우든 모든 엔지니어는 주변 소음과 방해를 차단할 수단이 필요합니다. 그래서 제가 본 대부분의 팀은 "지금은 바쁘니 가능한 한 방해하지 말라"는 뜻을 표현하는 방법을 만들어 활용했습니다. 그중 한 팀은 말로 하는 규약을 만들었습니다. 예컨대 동료인 나연에게 할 말이 있다면 '나연 님, 브레이크포인트^{Breakpoint}'라고 말합니다. 나연이 때마침 하던 일을 멈춰도 괜찮은 순간이라면 의자를 돌려 이야기를 들어줄 것입니다. 그렇지 않고 바쁘다면 나연은 '접수^{ack}'라고만 말해준 후 일을 계속하고, 나는 나연이 중요한 일을 끝낼 때까지 다른 일을 하면 됩니다.

어떤 팀은 '긴급할 때만 불러달라'는 표시로 토큰이나 봉제 인형을 모니터 위에 올려놓습니다. 주변 소음을 차단하라고 팀원들에게 노이즈 캔슬링 헤드폰을 나눠주는 팀도 있습니다. 사실 많은 회사에서 헤드폰을 쓴다는 건 '정말 중요한 일 아니면 방해하지 말라'는 신호로 받아들여집니다. 한편, 코딩할 때면 늘 헤드폰을 끼는 엔지니어도 많은데, 단기적으로는 도움 될 수 있지만 항상 착용하고 다니면 사무실에서 혼자만 고립되어 협업에 방해가 될 수도 있습니다.

오해하지는 마세요. 우리도 방해받지 않고 코딩에 집중할 시간이 필요하다고 생각합니다. 하지만 다른 팀원과의 활발한 소통도 그에 못지않게 중요하다고 믿습니다. 아직 모르는 게 많은 팀원이 여러분에게 질문하기조차 어려운 문화라면 분명 문제입니다. 정확한 균형점 찾기란 예술의 영역이니 정답은 없습니다.

2.3.4 결론은, 숨기지 말자

이러한 까닭으로 '숨기기'는 다음과 같이 요약할 수 있습니다.

'홀로 일하기'는 '함께 일하기'보다 본질적으로 더 위험합니다. 다른 사람이 아이디어를 훔친다거나 여러분이 똑똑하지 않다고 생각하는 게 두렵더라도, 잘못된 일에 여러분의 천금 같은 시간을 낭비할 가능성을 더 걱정해야 합니다.

또 다른 희생자가 되지 맙시다!

2.4 모든 건 팀에 달렸다

지금까지 살펴본 아이디어들을 정리해보겠습니다.

말하고자 하는 핵심은 프로그래밍 세계에서는 고독한 장인은 매우 드물고, 존재하더라도 초월적인 업적을 홀로 이루어내지는 못한다는 것입니다. 그들이 만든, 세상을 뒤바꾸는 성취의 거의 대부분은 영감의 불씨를 영웅적인 '팀의 노력'으로 활활 불사른 결과입니다. 위대한 팀은 슈퍼스타를 잘 활용하며, 동시에 개개인이 낼 수 있는 성과를 합한 것보다 더 큰 성과를 만들어냅니다. 하지만 위대한 팀을 만들어내기란 매우 어렵습니다.

더 간단히 말하면 '소프트웨어 엔지니어링은 팀의 단합된 노력입니다.' 흔히들 생각하는 천재 프로그래머에 대한 환상과는 완전히 다르지만, 은신처에 홀로 숨어 자신의 영민함만 믿고 준비한 비밀 무기로는 세상을 바꾸거나 수백만 컴퓨터 사용자에게 기쁨을 주지 못할 것입니다. 다른 사람과 함께 일해야 합니다. 비전을 공유하세요. 역할을 나누세요. 다른 이로부터 배우세요. 멋진 팀을 만드세요.

생각해보죠. 널리 쓰이고 성공한 소프트웨어 중 온전히 오직 한 사람이 완성한 제품의 이름이 몇 개나 떠오르나요? (누군가는 레이텍LaTeX을 떠올릴 것입니다. 하지만 전체 컴퓨터 사용자 중 과학 논문을 쓰는 사람의 비중을 고려해보면 '널리 쓰인다'라고 이야기하긴 어려울 것입니다.)

고기능 팀high-functioning team[5]은 황금처럼 귀한, 성공으로 가는 열쇠입니다. 그러니 가능한 한 고기능 팀을 경험하는 걸 목표로 삼아야 합니다.

2.4.1 사회적 상호작용의 세 기둥

위대한 소프트웨어를 만드는 최선의 길이 팀워크라면 위대한 팀은 어떻게 만들어야 할까요? 혹은 어떻게 하면 찾을 수 있을까요?

협업의 열반에 들어가려면 가장 먼저 사회적 스킬social skill의 '세 기둥pillars'을 배우고 익혀야 합니다. 이 세 원칙은 그저 관계라는 톱니바퀴에 기름을 칠하는 정도가 아니라 모든 건강한 상호작

---

5   옮긴이_ high-functioning은 사회적인 인지 기능이 높다는 뜻입니다. 팀원 개개인이 팀과 조직의 공통 목표를 잘 인지하여 최선의 결과를 얻기 위해 주도적이고 적극적으로 노력하는 팀을 말합니다. 터크만(Tuckman)의 팀 발달 모델에서 성과기(performing)에 해당하는 팀이라고 봐도 좋을 것입니다.

용과 협업의 초석이 되어 줍니다.

기둥 1: 겸손(humility)

당신과 당신의 코드는 우주의 중심이 아닙니다. 당신은 모든 것을 알지도, 완벽하지도 않습니다. 겸손한 사람은 배움에 열려 있습니다.

기둥 2: 존중(respect)

함께 일하는 동료를 진심으로 생각합니다. 친절하게 대하고 그들의 능력과 성취에 감사해합니다.

기둥 3: 신뢰(trust)

동료들이 유능하고 올바른 일을 하리라 믿습니다. 필요하면 그들에게 스스로 방향을 정하게 해도 좋습니다.[6]

거의 모든 사회적 갈등의 근본 원인을 분석해보면 결국 겸손, 존중, 신뢰가 부족하여 일어났음을 알게 됩니다. 바로 수긍하기 어렵다면 곰곰이 생각해보세요. 여러분 주변에서 벌어지는 불쾌하고 불편한 사회적 상황을 떠올려보세요. 모든 사람이 만족할 만큼 겸손한가요? 다른 이들을 진심으로 존중하나요? 서로 신뢰하나요?

2.4.2 세 기둥이 중요한 이유

이번 장을 시작하면서 상담 센터에 등록하려 한 독자는 아마도 없을 것입니다. 충분히 그럴 수 있죠. 사회적 문제를 다루기란 어려울 수 있습니다. 사람은 깔끔하지 못하고 예측하기 어려워서 때로는 소통하기가 성가시기까지 합니다. 그래서 사회적 상황을 분석하여 전략을 바꾸기보다는 그런 노력 자체를 포기하려는 유혹에 빠지곤 하죠. 차라리 예측 가능한 컴파일러와 씨름하는 게 훨씬 쉬운데 군이 왜 사회적인 문제들로 골치를 썩어야 하느냐 말이죠.

---

6   무능한 사람에게 일을 맡겼다가 데인 경험이 있다면 절대 쉽지 않을 것입니다.

다음은 리처드 해밍[Richard Hamming][7]의 유명한 강의[8]에서 발췌한 글입니다.

> 비서들에게 농담을 건네는 등 조금 더 가까워지기 위해 노력한 결과 그들도 나를 더 성심껏 도와주
> 기 시작했습니다. 한 번은 말도 안 되는 이유로 머리 힐[Murray Hill] 지역의 모든 복사 서비스가 멈춰버
> 렸습니다.[9] 이유는 묻지 마세요. 그냥 그런 일이 있었어요. 제게는 마침 복사해야 할 게 있었죠. 그
> 러자 제 비서가 한 시간 거리의 홈델[Holmdel]의 누군가에게 전화를 걸더니 회사 차를 몰고 가서 복사
> 를 해다 주더군요. 제가 평소에 격려해주고 농담도 건네며 가까워지려 노력한 시간의 보답을 받은
> 것이죠. 작은 노력이었지만 훗날 좋은 결과로 되돌아왔습니다. 만약 당신에게 필요한 시스템이 있
> 다면 그 시스템이 당신의 일을 어떻게 도울 수 있을지 연구하세요. 그러면 시스템이 당신의 바람대
> 로 움직이게 하는 방법을 터득할 것입니다.

여기서 얻을 수 있는 교훈은 '사회적 관계의 힘을 과소평가하지 말라'는 것입니다. 사람을 속이
거나 뒤에서 조정하는 게 아니라, 일이 진행되도록 관계를 형성하라는 말입니다. 관계는 언제
나 프로젝트보다 오래 지속됩니다. 동료들과 끈끈해지면 여러분이 필요할 때 기꺼이 자신들의
수고를 마다하지 않을 것입니다.

2.4.3 겸손, 존중, 신뢰 실천하기

겸손, 존중, 신뢰에 관한 이 모든 설교가 그저 뜬구름 잡는 이야기처럼 들리나요? 이제 구름 속
에서 나와 이 개념들이 현실 상황에 어떻게 적용되는지 생각해보죠. 생각해볼 만한 구체적인
사례를 몇 가지 준비했습니다. 많은 예가 처음에는 당연하게 보이겠지만 조금만 더 생각해보면
여러분이 (혹은 여러분 동료가) 얼마나 자주 지키지 못하는지를 깨닫게 될 것입니다. 우리 역
시 마찬가지였습니다.

자존심 버리기

겸손함 없이 다른 이의 화를 돋우는 간단한 방법을 아시는지요? 늘 자신이 이 회의실에서 가장
중요한 인물인 것처럼 행동하는 사람과 함께 일하기를 좋아하는 사람은 없습니다. 참석자 중

---

7   옮긴이_ 컴퓨터 과학과 통신 이론에 크게 기여한 20세기 수학자입니다.
8   「당신과 당신의 연구(You and Your Research)」, 1986. *http://bit.ly/hamming_paper*
9   옮긴이_ 인터넷은 물론 개인용 컴퓨터가 대중화되기 훨씬 전 이야기입니다.

자기가 가장 현명하다고 확신하더라도 그런 속내를 겉으로 드러내서는 안 됩니다. 예컨대 혹시 여러분은 모든 논의 주제를 시작하고 마무리 짓는 사람이 자신이어야 한다고 생각하나요? 제안이나 안건마다 사사건건 첨언하고 싶은가요? 혹은 주변에 이런 사람이 있나요?

겸손은 중요하지만 그렇다고 바짝 엎드리라는 뜻은 아닙니다. 자신감을 갖는 건 나쁠 게 없죠. 그저 모든 걸 다 아는 듯 행동하지는 말라는 뜻입니다. 더 나은 방법이 있습니다. 바로 '집단적collective' 자존심을 찾는 것이죠. 자신이 잘 아는 분야에 대해 걱정하는 대신 팀의 성취와 단체의 자부심을 높이려 노력하세요. 예컨대 아파치 소프트웨어 재단은 소프트웨어 프로젝트가 중심이 되는 커뮤니티를 만들어온 유구한 역사를 가지고 있습니다. 이 커뮤니티는 믿기 어려울 정도로 강한 정체성을 지니고 있으며, 커뮤니티보다 자기 홍보에 더 관심을 두는 사람을 거부합니다.

자존심은 여러 가지 모습으로 드러납니다. 그리고 많은 경우 자신의 생산성을 떨어뜨립니다. 다음은 자존심을 내세워서 입는 손해를 잘 말해주는 이야기로, 역시 해밍의 강연에서 발췌했습니다.

> 존 터키는 거의 항상 편하게 입고 다녔습니다. 그래서 다른 이들이 존이 중요한 직책을 맡고 있음을 깨닫고 그의 말에 귀를 기울이게 되기까지는 시간이 걸렸죠. 존은 오랫동안 이런 어려움을 이겨내야 했습니다. 그런데 이건 노력 낭비입니다. 당신이 격식을 갖춰야 한다고 말하는 게 아닙니다. 그저 격식에 맞는 복장이 당신이 일을 더 매끄럽게 진행하는 데 큰 도움이 된다는 말입니다. '내 식대로 하겠어'라며 자신만의 방식으로 자존심을 지키기로 고집한다면 당신의 경력 내내 소소한 비용을 꾸준히 지불해야 합니다. 이 비용을 평생 모은다면 불필요한 문제에 엄청난 값을 치르는 꼴일 것입니다. [중략] 만약 당신에게 필요한 시스템이 있다면 그 시스템이 당신의 일을 어떻게 도울 수 있을지 연구하세요. 그러면 시스템이 당신의 바람대로 움직이게 하는 방법을 터득할 것입니다. 그렇지 않으면 평생 동안 시스템과 예기치 못한 작은 전쟁들을 치러야 할 것입니다.

비평하고 비평받는 법 배우기

몇 해 전, 프로그래머인 희철은 새로운 직장을 구했습니다. 출근 첫 주가 지나고 본격적으로 코드베이스를 파기 시작했죠. 지금까지 일이 어떻게 진행됐는지 궁금했던 희철은 다른 팀원들에게 그들이 기여한 부분들에 관하여 부드럽게 물어보기 시작했습니다. 간단한 코드 리뷰 결과를 이메일로 보냈는데, 설계에 깔린 가정을 정중히 물어보거나 로직을 개선할 수 있을 법한 부분을 짚어주었습니다. 그리고 몇 주 후 임원이 희철을 호출합니다. "희철 님, 대체 왜 그러시는 거죠?" "제가 무슨 잘못이라도…?" "요즘 사람들이 희철 님이 하는 일들에 불만이 많아요. 팀원들에게 가혹하게 대하고 시시콜콜 비판한다던데요? 모두 화가 나 있어요. 부드럽게 대해주세요." 희철은 완전히 당황했습니다. 팀원들이 자신의 코드 리뷰를 환영하고 분명히 감사할 거라 생각했기 때문이죠. 하지만 이 경우 희철은 팀에 퍼져 있는 불안감을 더 세심히 살피고 코드 리뷰 문화를 소개하는 더 절제된 수단을 썼어야 합니다. 예를 들어 코드 리뷰를 해도 될지 팀 차원에서 미리 논의해보고, 몇 주 정도 시간을 두고 시범 적용해볼 수 있었을 것입니다.

전문적인 소프트웨어 엔지니어링 환경이라면 비평에 개인적인 감정이 실리는 경우는 거의 없습니다. 단순히 더 나은 프로젝트를 만드는 과정일 뿐이죠. 이런 환경을 조성하려면 먼저 '누군가의 창조적 산출물에 대한 건설적인 비평'과 '다른 이의 성향에 대한 맹렬한 공격'의 차이를 모두가 바르게 이해해야 합니다. 성향을 공격하는 건 쓸데없는 짓입니다. 사소하며 대응할 방법도 거의 없습니다. 건설적 비판은 프로젝트에 도움이 되며 개선을 위한 지침을 줄 수 있고, 또 주어야 합니다. 여기서 가장 중요한 점은 건설적으로 비판하는 사람은 상대방을 진심으로 생각하고 상대방의 업무가 개선되길 바라야 한다는 것입니다. 그리고 동료를 존중하는 법을 배우고 건설적이고 공손하게 비평하는 법을 배워야 합니다. 누군가를 진심으로 존중한다면 자연스럽게 재치 있고 도움되는 표현을 고르려 신경 쓰게 될 것입니다. 물론 좋은 표현을 고르는 기술도 많이 연습해야 향상되겠죠. 이 주제는 9장에서 자세히 다룹니다.

대화의 반대편으로 가서, 여러분 자신도 비평을 잘 수용할 줄 알아야 합니다. 자신의 기술에 겸손해야 함은 물론, 상대는 내 최우선 관심사(와 내 프로젝트)를 진심으로 생각하며 절대 나를 어리석다고 생각하는 게 아님을 믿어야 합니다. 프로그래밍도 하나의 기술이라서 연습하면 실력이 좋아집니다. 동료가 여러분의 기술을 개선할 방법을 알려주는 데 이를 여러분의 성향이나 인간으로서의 가치를 공격한다고 받아들이겠습니까? 그렇지 않길 바랍니다. 같은 맥락에서, 우리 자존감을 우리가 작성한 코드(혹은 그 어떤 창작물이더라도)와 동일시해서는 안 됩니다. '나는 내 코드가 아니다'라고 반복해서 되뇌세요. 여러분 자신과 여러분이 만든 것을 구분 지으세요. 자신을 믿고 또 동료를 믿으세요.

예를 들어 자신의 코드를 드러내길 두려워하는 동료가 있다면 '이봐요, 이 메서드의 제어 흐름을 완전히 잘못 짰잖아요. 다른 사람들처럼 xyz 코드 패턴을 적용했어야 해요'라고 말해서는 안 됩니다. 이 피드백에는 해서는 안 될 행동이 가득하군요. 누군가에게 '잘못했다'라고 해서는 안 됩니다(세상은 흑 아니면 백이 아니죠). 무언가를 '고치라고 요구'해서도 안 됩니다. 마지막으로 '다른 사람들과 다르게 했다고 비난'하면 안 됩니다(바보가 된 기분이 들거든요). 이렇게 하면 상대는 즉시 방어 자세를 취하고 지나치게 감정적으로 반응할 것입니다.

다음과 같이 이야기하면 한결 나을 것입니다. "저기, 이 부분의 제어 흐름이 좀 헷갈리네요. 혹시 xyz 코드 패턴을 적용하면 더 명확해질까요? 나중에 관리하기 쉬워질지도 모르겠네요." 상대가 아닌 자신을 겸손하게 낮췄음에 주목해주세요. 상대가 틀린 게 아니라 여러분이 코드를 이해하는 데 문제를 겪고 있는 것입니다. 이 제안은 프로젝트의 장기 지속 가능성이라는 목표에 보탬이 될 뿐 아니라 여러분처럼 한 번에 이해하지 못한 불쌍한 이들을 위해 로직을 더 명확하게 정돈하는 방법을 제시했습니다. 아무것도 요구하지 않고 동료가 제안을 거부해도 부담을 느끼지 않도록 배려했습니다. 또한 누군가의 가치나 코딩 기술이 아니라 코드 자체에 집중하고 있습니다.

빠르게 실패하고 반복하기

비즈니스 세계에는 실수 한 번에 천만 달러나 잃은 임원에 관한 유명한 도시 전설이 떠돕니다. 사건 다음날 사무실에 출근한 그 임원은 곧장 책상을 정리하기 시작했습니다. 곧 'CEO께서 방으로 오라시네요'라는 연락을 받고, CEO실에 들어가자마자 종이 한 장을 쑥 내밉니다.

"이게 뭐죠?" CEO가 묻습니다.

"사직서입니다. 저를 자르려고 부르신 거 아닌가요?"

"자르다니요?" CEO의 반응은 믿기 어려웠습니다. "제가 왜 해고합니까? 천만 달러는 그냥 당신 훈련비라고 치죠."[10]

물론 극단적인 이야기입니다. 하지만 이 이야기에 나오는 CEO는 사고를 친 임원을 해고한다고 해서 천만 달러가 돌아오는 것도 아니고, 다시는 같은 실수를 하지 않을 유능한 임원까지 잃으면 더 손해라는 사실을 잘 이해하고 있습니다.

구글에서 제가 정말 좋아하는 좌우명은 '실패는 선택이다'입니다. 구글에서는 '가끔씩 실패하지 않는다면 충분히 혁신적이지 않거나 위험을 충분히 감수하지 않은 것이다'라는 믿음이 널리 통용됩니다. 실패를 '배우고 다음 단계로 넘어갈 수 있는 절호의 기회'라고 생각하는 것이죠.[11] 실

---

10 웹상에는 실존하는 유명인을 임원으로 등장시킨 여러 변형 버전이 돌아다니더군요.
11 같은 이유에서, 동일한 일을 반복해서 실패한다면(즉, 다음 단계로 넘어가지 못한다면) 실패한 게 아니라 무능한 것입니다.

제로 발명왕 토머스 에디슨은 이런 말을 남겼습니다. '나는 만 가지의 잘못된 방식을 찾아낸 것일 뿐 실패한 게 아니다. 잘못하고 폐기한 시도 하나하나가 다음 단계로 이끌어주기 때문에 나는 낙담하지 않는다.'

자율주행 자동차나 열기구를 이용한 인터넷 서비스 같이 급진적인 신기술을 연구하는 구글 X$^{Google\ X}$ 사업부에서는 실패를 보상 제도에 녹였습니다. 사람들은 엉뚱한 아이디어를 내놓고 동료들에게는 가능한 한 빠르게 그 아이디어를 파쇄하라고 장려합니다. 연구원들은 정해진 기간 동안 얼마나 많은 아이디어를 반증하고 무력화하는지에 따라 보상을 받고 서로 경쟁합니다. 그리고 잘못된 아이디어임을 증명할 수 있는 동료가 하나도 없는 경우에만 초기 프로토타이핑 단계로 넘어갈 수 있습니다.

2.4.4 비난 없는 포스트모템 문화

실패한 근본 원인을 분석하여 문서로 남기는 것이 실수로부터 배우는 핵심입니다. 이를 구글은 (그리고 많은 다른 회사에서도) **포스트모템**^{postmortem}[12]이라고 합니다. 포스트모템 문서가 쓸모 없는 사죄, 변명, 지적으로 채워지지 않도록 각별히 주의하세요. 이건 포스트모템의 목적이 아닙니다. 제대로 된 포스트모템에는 무엇을 배웠는지와 배운 것을 토대로 앞으로 무엇을 바꿀지가 담겨야 합니다. 그런 다음 포스트모템을 쉽게 열람할 수 있고 포스트모템에서 제안한 변화를 팀이 실천하는지 확인해야 합니다. 실패를 제대로 기록해두면 다른 이들도 무슨 일이 있었는지 알 수 있고 (당장 혹은 미래에) 똑같은 실수를 반복하는 일을 피할 수 있습니다. 여러분이 걸어 간 발자취를 지우지 마세요. 오히려 활주로처럼 빛을 밝혀 후임들이 올바른 길을 빠르게 찾을 수 있도록 도와주세요.

훌륭한 포스트모템에는 다음 내용이 담겨야 합니다.

- 사건의 개요
- 사건을 인지하고 해결에 이르기까지의 타임라인
- 사건의 근본 원인
- 영향과 피해 평가
- 문제를 즉시 해결하기 위한 조치 항목(소유자 명시)

---

12 옮긴이_ 프로젝트를 마친 후 전 과정을 되돌아보며 잘된 점과 잘못된 점을 되돌아보는 사후 검토 작업을 말합니다.

- 재발 방지를 위한 조치 항목
- 해당 경험에서 얻은 교훈

인내심을 기르자

몇 해 전, CVS 리포지터리[13]를 서브버전Subversion으로(그 후에는 깃Git으로) 옮기는 도구를 작성할 때의 일입니다. 저는 CVS의 미묘함에서 나오는 기괴한 버그들에 계속 시달리고 있었습니다. 마침 옆에는 오랜 친구이자 동료인 칼Karl이 있었는데, CVS를 속속들이 알고 있던 친구라서 이 버그들을 함께 고쳐가기로 했습니다.

그런데 짝 프로그래밍을 하면서 문제가 불거졌습니다. 저는 먼지 구덩이에 뛰어들어 많은 것을 빠르게 시도해보고 세부사항은 넘기면서 길을 찾아내는 상향식bottom-up 엔지니어였습니다. 반대로 칼은 먼저 전체 지형을 파악하고, 필요한 거의 모든 메서드를 구현한 뒤에야 버그 사냥에 나서는 하향식top-down 엔지니어였던 것이죠. 이 차이로 인해 심각한 갈등과 의견 충돌이 생겼고, 때로는 격렬한 논쟁을 벌이기도 했습니다. 이윽고 더는 짝 프로그래밍을 할 수 없는 지경에 이르렀습니다. 칼과 저는 매우 실망할 수밖에 없었습니다.

이런 상황까지 왔지만 칼과 저는 오랜 세월 서로를 신뢰하고 존중해온 터였습니다. 그래서 인내심을 잃지 않고 새로운 협업 방식을 찾아낼 수 있었습니다. 우리는 컴퓨터 앞에 함께 앉아 버그를 확인한 다음, 각자의 자리로 돌아가 각자의 방식으로(한 명은 하향식으로, 다른 한 명은 상향식으로) 문제를 해결했습니다. 그런 다음 알아낸 사실을 가지고 다시 모였죠. 인내심과 새로운 협업 방식을 찾고자 하는 의지 덕분에 프로젝트도 구하고 우정도 돈독해질 수 있었습니다.

마음을 열고 받아들이자

다른 이로부터 배우는 데 열려 있을수록 여러분의 영향력도 커집니다. 결점이 많은 사람일수록 더 강해 보입니다. 말도 안 되는 모순처럼 들릴지 모르겠네요. 하지만 주변 사람들이 아무리 설득해봐도 고집을 굽히지 않는 사람이 껴 있는 팀을 상상해보세요. 다른 팀원들에게는 어떤 일이 벌어질까요? 경험상 고집불통 팀원의 의견이나 반대에는 더 이상 귀 기울이지 않게 되고, 대신 공인된 장애물 취급하며 피해 다닙니다. 여러분도 이런 사람이 되길 원치는 않을 테니 '다른 사람이 내 생각을 바꿔도 괜찮아'라는 생각을 항상 머릿속에 담아두길 바랍니다. 1장에서

---

13 옮긴이_ Concurrent Versions System의 약자로, 1990~2010년 사이에 널리 쓰이던 초기 형태의 버전 관리 시스템입니다.

엔지니어링은 본질적으로 트레이드오프에 관한 것이라 했습니다. 환경이 절대 변하지 않고 여러분이 모든 것을 완벽하게 알고 있지 않는 한 여러분이 항상 옳을 수는 없습니다. 그러니 새로운 증거가 나타나면 여러분의 생각을 바꿔야 하는 것입니다. 무엇과 싸울지 신중하게 선택하세요. 제대로 들으려면 먼저 다른 이들의 말에 귀 기울여야 합니다. 첫 발을 내딛기 전에 혹은 결정 사항을 엄숙히 공표하기 '전에' 주변의 말을 들어봐야 합니다. 나중에 계속 말을 바꾸면 사람들이 여러분을 우유부단하게 볼 것입니다.

결점이 많은 사람일수록 겉으로는 더 강해 보인다는 말도 이상하게 들릴 것입니다. 주제에 대해 혹은 해결책을 모른다고 바로 시인해버리면 주변의 누가 나를 신뢰하겠습니까? 결점은 나약함을 드러내는 것이며 신뢰를 깨뜨립니다. 그렇지 않나요?

아닙니다. 실수했다거나 자기 역량을 넘어선 일임을 인정하면 장기적으로 지위를 확고히 해줄 것입니다. 사실 결점을 드러낸다는 것은 겸손을 겉으로 표현하는 일이며, 책임을 지고 의무를 다 하려는 의지의 표출입니다. 그리고 다른 이들의 의견을 신뢰한다는 신호이기도 합니다. 그 결과 사람들은 당신의 솔직함과 용기를 존중하게 될 것입니다. 때때로 여러분이 할 수 있는 최선의 말은 '저는 잘 모르겠습니다'일 수도 있습니다.

예를 들어 정치인들은 잘못했거나 모르는 것이 명백할 때조차 잘못과 무지를 인정하지 않는 것으로 악명이 높습니다. 반대 진영으로부터 끊임없이 공격받는 현실에 기인한 태도라고 하는군요. 어쨌든 이러한 이유로 사람들 대부분은 정치인의 말을 신뢰하지 않습니다. 하지만 소프트웨어를 작성할 때는 방어적인 태도를 고집할 이유가 없습니다. 팀원은 동반자이지 경쟁자가 아닙니다. 여러분 모두는 같은 목표를 향해 달려가는 중입니다.

2.4.5 구글답게 하기

구글은 사람을 대하는 구글만의 '겸손, 존중, 신뢰' 원칙이 있습니다.

초창기 구글에서는 '구글답게Googley' 행동하라거나 '구글답지 않다'라는 표현을 쓰곤 했습니다. 이 단어의 뜻이 명확히 정의된 적은 없고, 대신 모두가 '사악해지지 말자', '옳은 일을 하자', '서로에게 잘 하자' 같은 의미로 받아들였습니다. 시간이 흐르면서 엔지니어링 부문 채용 면접에서 팀 문화에 잘 어울릴지 판단하는 비공식 평가 때, 그리고 내부적으로 다른 사람의 성과를 평가할 때 이 용어가 사용되기 시작했습니다. 예컨대 '그 사람은 코딩은 잘하는데, 마음가짐은 썩 구글답지 못한 것 같아요'처럼 평하는 식이었죠.

결국은 '구글답게'라는 용어가 너무 다양한 의미로 확장되었고, 심지어 고용이나 인사 평가 때 무의식적인 편견을 낳기에 이르렀습니다. 직원 모두가 각자의 의미로 활용하게 되면서 '구글답게'는 결국 '나와 같게'라는 뜻으로 변질될 위험에 처했던 것입니다. 하지만 사람들은 저마다 살아온 배경이 다르고 의견과 경험도 각양각색입니다. 지원자(혹은 동료)와 맥주를 즐기고 싶은 인터뷰어의 개인적인 바람이 다른 사람의 역량이나 구글에서의 성공 가능성에 영향을 주어서는 안 됩니다.

구글은 결국 '구글다움Googleyness'이 갖춰야 할 기준을 명확히 정의해서 이 문제를 해결했습니다. 강력한 리더십을 보이고 '겸손, 존중, 신뢰'를 드러내는 태도와 행동들을 정의한 것으로, 다음과 같습니다.

모호함을 뚫고 번창한다

끊임없이 변화하는 환경 속에서도 상충하는 메시지와 방향에 잘 대처하고, 합의를 이끌어내고, 문제에 대한 진전을 이룰 수 있습니다.

피드백을 소중히 한다

피드백을 주고받을 때 품위와 겸손을 유지하고 개인과 팀의 발전에 피드백이 주는 가치를 이해합니다.

저항(항상성)을 극복한다

다른 이들이 저항하거나 관성 때문에 움직이지 않으려 하더라도 야심 찬 목표를 세우고 밀고 나아갑니다.

사용자를 우선한다

구글 제품의 사용자 입장에서 생각하고 존중하며 그들에게 가장 도움되는 행동을 추구합니다.

팀에 관심을 기울인다

동료들의 입장에서 생각하고 존중하며 팀의 결집을 위해 누가 시키지 않더라도 적극적으로 돕습니다.

옳은 일을 한다

모든 일에 강한 윤리 의식을 갖고 임합니다. 팀과 제품의 진정성을 지키기 위해서라면 어렵 거나 불편한 결정을 내릴 수 있어야 합니다.

이처럼 추구하는 태도의 모범 사례를 정의한 뒤로 '구글답게'라는 용어는 더 이상 사용하지 않 게 되었습니다. 기대하는 바를 구체적으로 밝히는 편이 항상 더 낫기 때문이죠.

2.5 마치며

거의 모든 규모의 소프트웨어를 떠받드는 토대는 '제대로 작동하는 팀(고기능 팀)'입니다. 단 한 명의 소프트웨어 개발자가 이룬 천재 신화가 여전히 만연하지만, 그 누구도 홀로 이뤄내지 않았다는 게 진실입니다. 소프트웨어 조직이 오래 지속되려면 겸손과 신뢰, 그리고 (개인이 아 닌) 팀을 중심으로 한 존중에 뿌리를 둔 건강한 문화를 갖춰야 합니다. 나아가 소프트웨어 개 발은 근본적으로 창의적인 일이므로 위험을 감수할 줄 알아야 하고 때로는 실패할 줄도 알아야 합니다. 실패를 인정하려면 건강한 팀 환경이 반드시 갖춰져 있어야 합니다.

2.6 핵심 정리

- 고립되어 일할 때의 트레이드오프에 유의하세요.

- 팀원들 사이의 소통, 그리고 그 과정에서의 대인 관계 충돌 때문에 낭비한 시간이 얼마나 많은지 생각해보세요. 스스로의 그리고 다른 사람들의 성향과 일하는 방식을 이해하는 데 조금만 투자하면 생산성을 크게 끌어올릴 수 있습니다.

- 팀 혹은 더 큰 조직 안에서 효과적으로 일하고 싶다면 자신이 선호하는 업무 방식은 물론 다른 사람들이 선호하는 방식도 알아야 합니다.

CHAPTER 3

지식 공유

여러분이 풀어야 할 문제에 관해서는 아무 데서나 무작위로 뽑은 사람보다 여러분이 속한 조직이 더 깊이 이해하고 있습니다. 조직은 자신의 문제 대부분에 스스로 답할 수 있어야 한다는 말이기도 합니다. 그러려면 조직 내에는 질문의 답을 아는 **전문가**들이 필요하고 그들의 **지식을 전파할 메커니즘**도 필요합니다. 이것이 이번 장에서 다룰 주제입니다. 이러한 메커니즘에는 "질문받습니다" 혹은 "알고 있는 걸 적어주세요" 같이 매우 단순한 방법부터 튜토리얼이나 수업처럼 더 정돈된 방법까지 다양합니다. 하지만 가장 중요한 사실은 조직에 **배움의 문화**가 자리 잡혀야 한다는 것이고, 그러려면 사람들에게 모르는 걸 인정할 수 있도록 돕는 **심리적 안전**psychological safety을 제공해야 합니다.

3.1 배움을 가로막는 장애물

조직 전체에 전문성을 공유하기란 결코 쉬운 일은 아니라서 배움의 문화가 견고하게 뒷받침하지 못한다면 여러 가지 문제에 부딪히게 됩니다. 구글은 특히 회사 규모가 커지면서 다음의 문제들을 겪었습니다.

> **심리적 안전 부족(lack of psychological safety)**
> 불이익이 두려워서 스스로 위험을 감수하거나 실수를 드러내기 꺼리는 환경을 말합니다. 이

현상은 두려움이 팽배한 문화 혹은 꼭꼭 숨기려는 경향으로 나타나곤 합니다.

정보 섬(information islands)

조직의 각 부서가 서로 소통하거나 자원을 공유하지 않아서 지식이 파편화됩니다. 이런 환경에서는 일하는 방식을 각각의 부서가 제각기 만들어 나갑니다.[1] 그로 인해 다음과 같은 현상이 나타납니다.

- **정보 파편화**: 섬마다 서로 다른 그림을 그리고 그마저도 불완전합니다.
- **정보 중복**: 섬마다 나름의 작업 방식을 재창조합니다.
- **정보 왜곡**: 같은 일이라도 섬마다 작업 방식이 다르고, 심지어 충돌하기도 합니다.

단일 장애점(single point of failure, SPOF)

중요한 정보를 한 사람이 독점하면 병목이 생깁니다. 2.3.2절에서 말한 '버스 지수'와도 관련된 이야기입니다.

하지만 좋은 의도에서 단일 장애점이 시작되기도 합니다. '여러분을 위해 내가 다 처리하지' 같은 마음에서 말이죠. 하지만 단기 효율은 높여주는 대신('내가 하는 게 빠르지') 장기 확장성을 희생하는 꼴입니다(그 팀은 팀으로서 필요한 일들을 어떻게 해내야 할지 전혀 배우지 못합니다). 이런 마음가짐은 이어서 설명할 '전부 아니면 전무 전문성'으로 이어집니다.

전부 아니면 전무 전문성(all-or-nothing expertise)

조직 구성원이 '모든 것을 아는' 사람과 '아무것도 모르는' 초심자로 나뉩니다. 중간층은 거의 사라지죠. 한번 이렇게 되면 전문가들은 항상 모든 일을 자신들이 처리하게 됩니다. 새로운 전문가를 키우기 위한 멘토링이나 문서화에 신경 쓸 여력이 줄어들어 문제가 눈덩이처럼 커집니다. 지식과 책임은 계속 이미 전문가가 된 사람들에게 집중되고, 새로운 팀원이나 초심자들은 그들만의 울타리에 갇혀 느리게 성장하게 됩니다.

앵무새처럼 흉내내기(parroting)

이해하지 못한 상태로 흉내만 내는 것을 말합니다. 이 증상에 빠진 사람은 목적을 이해하지

---

1   달리 표현하면, 단일한 전역 최댓값(global maximum)을 찾지 못하고 수많은 국지적 최댓값(local maximum)만 생겨나는 꼴입니다.

못하고(주로 '잘은 모르겠지만 이게 맞겠거니' 하고) 무의식적으로 기존 패턴이나 코드를 따라 합니다.

유령의 묘지(haunted graveyard)

무언가 잘못될 게 두려워서 아무도 손대지 않는 영역(주로 코드)을 말합니다. 앞에서 말한 '앵무새처럼 흉내내기'와 달리, 유령의 묘지는 두려움과 비합리적인 의심 때문에 사람들이 손대기를 기피하는 영역입니다.

이번 장에서는 구글의 엔지니어링 조직들이 이러한 문제들을 성공적으로 극복해가며 깨우친 전략들을 자세히 소개합니다.

3.2 철학

소프트웨어 엔지니어링을 '여러 버전의 프로그램을 여러 사람이 참여해 개발하는 일'이라고도 정의할 수 있습니다.[2] 소프트웨어 엔지니어링에서 가장 중요한 요소는 사람입니다. 코드는 중요한 산출물이지만 제품 개발 전체를 보면 작은 부분에 지나지 않죠. 결정적으로 코드는 무에서부터 자연 발생하는 것이 아니며, 전문 지식 역시 마찬가지입니다. 그 어떤 전문가도 한때는 초심자였습니다. 그래서 조직의 성패는 인력에 얼마나 투자해서 얼마나 잘 키워내느냐에 달려 있습니다.

전문가가 일대일로 해주는 조언의 가치는 언제나 이루 말할 수 없이 큽니다. 또한 개개인의 전문 영역이 다르므로 팀원 한 명 한 명이 특정 분야에서 최고의 조언자가 되어줄 수 있습니다. 하지만 전문가 한 명이 휴가를 떠나거나 다른 팀으로 옮긴다면 팀이 휘청거릴 수도 있습니다. 이처럼 사람 사이에 일대일로 이루어지는 조언은 어떤 측면에서는 매우 효과적이지만, 확장성이 부족하여 팀이 커지면 그리 유용하지 못합니다.

한편 문서화된 지식은 팀을 넘어 조직 전체로 퍼뜨릴 수 있습니다. 팀 위키wiki 같은 도구를 활용하면 많은 사람이 참여하여 자신들의 전문성을 더 큰 그룹과 공유할 수 있습니다. 이처럼 정

---

2 데이비드 로지 파나스(David Lorge Parnas), 『Software Engineering: Multi-person Development of Multi-version Programs』(Heidelberg: Springer-Verlag Berlin, 2011)

리된 문서가 일대일 조언보다 확장성이 좋지만 감수해야 할 트레이드오프도 있습니다. 대체로 문서에서는 더 일반적인 상황을 다루게 되므로 개별 학습자가 처한 특수한 상황에는 다소 적합하지 않을 수 있습니다. 또한 가능한 한 최신 정보를 반영해야 하므로 유지보수 비용이 듭니다.

팀원 개개인의 지식과 문서화된 정보 중간 어딘가에는 현장 지식contextual knowledge[3]이 존재합니다. 전문가는 기록되지 않은 지식이 무엇인지 압니다. 이 지식도 문서로 정리해 관리한다면 전문가에게 직접 도움을 청할 수 있는 사람들은 물론 해당 문서를 찾아 읽을 수 있는 사람 모두에게 전파할 수 있습니다.

그렇다면 모든 것이 즉각적이고 완벽하게 문서로 기록되는 마법 같은 세상이라면 개인별 컨설팅은 더 이상 필요 없을까요? 아닙니다. 기록된 지식은 확장성이 좋지만, 사람이 해주는 맞춤형 도움도 장점이 큽니다. 전문가에게는 다양한 지식을 종합할 수 있는 능력이 있습니다. 전문가는 특정 개인에게 딱 맞는 정보가 무엇인지 가늠하여 문서에 적힌 내용이 여전히 적절한지, 그리고 그 내용을 어디에서 찾을 수 있는지 알 수 있습니다. 설령 어디를 찾아봐야 할지는 모르더라도 누구에게 물어보면 될지는 보통 알고 있습니다.

현장 지식과 문서화된 지식은 서로를 보완해줍니다. 심지어 모두가 전문가로 구성되고 완벽한 문서로 무장한 팀이라 해도 서로 소통하고 다른 팀과 협력하고 때로는 다른 팀의 전략을 수용해야 합니다. 모든 형태의 배움에 최고인 유일무이한 지식 공유법은 존재하지 않으며, 어떻게 조합하는 게 최선일지는 조직에 따라 다릅니다. 한 조직이 담고 있는 지식은 세월이 흐르면 변화하며 가장 적합한 지식 공유 방법도 조직 규모가 커감에 따라 달라집니다. 조직 스스로 교육하고, 배우고 성장하는 데 집중하고, 충분한 수의 전문가를 양성해야 합니다. 엔지니어링 전문성이 너무 높아서 문제가 되는 경우는 없으니까요.

3.3 판 깔아주기: 심리적 안전

심리적 안전은 학습 환경을 조성하는 데 매우 중요합니다.

먼저 자신이 이해하지 못한 게 있음을 인정해야 무언가를 배울 수 있습니다. 그러니 우리 모두는 타인의 무지를 탓하지 말고 그 솔직함을 반겨야 합니다(구글은 이 면에서 상당히 잘하는 편

---

3   옮긴이_ 제대로 문서화되어 있지 않아서, 관련 맥락을 알고 있는 핵심 멤버들 혹은 관계자들만 알고 있는 지식을 말합니다.

이지만 모름을 인정하길 꺼리는 경우가 전혀 없지는 않습니다).

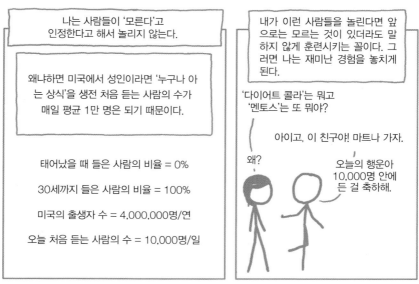

그림 3-1 1만 명(출처: *https://xkcd.com/1053/*)

배움에는 '무언가를 시도하다가 실패해도 안전하다'는 인식이 엄청나게 중요합니다. 건강한 환경에서라면 사람들은 질문을 던지고, 틀리고, 새로운 지식을 얻는 걸 편안하게 생각합니다. 이것이 구글이 모든 팀에 기본적으로 기대하는 바입니다. 우리 연구[4]에 따르면 심리적 안전이 효과적인 팀을 이루는 데 가장 중요한 요인이었습니다.[5]

3.3.1 멘토 제도

구글에서는 '누글러^{Noogler; 구글에 새로 입사한 직원}'가 합류하자마자 분위기를 만들어주려 노력합니다. 멘토 정해주기는 누글러에게 심리적 안전을 심어주는 효과적인 방법입니다. 멘토의 공식 역할은 궁금한 점에 답해주고 누글러의 성장을 돕는 것입니다. 누글러가 속한 팀의 팀원이나 관리자 혹은 테크 리드는 멘토에서 제외됩니다. 이처럼 공식 멘토를 정해주면 신규 입사자는 동료의

---

4   (블로그 글) The five keys to a successful Google team. *https://oreil.ly/sRqWg*

5   옮긴이_ 심리적 안전 외에는 '신뢰성(dependability)', '구조와 명확성(structure & clarity)', '일의 의미(meaning of work)', '일의 영향력(impact of work)'이 중요한 요인으로 뽑혔습니다.

시간을 너무 뺏는 건 아닐까 걱정하지 않고 마음 편히 궁금한 걸 물어볼 수 있게 됩니다.

멘토는 지원자 중에서 선별하며, 구글에서 1년 이상 근무했고 구글의 인프라부터 문화에 이르기까지 무엇이든 조언해줄 수 있는 사람이어야 합니다. 결정적으로 멘토는 멘티가 누구에게 조언을 구해야 할지 알 수 없을 때 찾아갈 수 있는 안전망이 되어 줍니다. 애매한 상황에서도 멘티가 더 편하게 질문할 수 있도록 멘토는 멘티와 같은 팀의 일원이어서는 안 됩니다.

멘토링은 배움을 공식화하고 촉진하는 제도지만 배움 그 자체는 일상에서 끊임없이 이루어집니다. 새로운 팀원이 합류해서든 이미 숙련된 엔지니어가 새로운 기술을 익힐 때든 다른 동료로부터 배울 수 있는 기회는 얼마든지 있습니다. 건강한 팀의 팀원들은 답변하는 데뿐 아니라 질문하는 데에도 마음을 열고 모른다는 걸 인정하며 타인으로부터 배우고 있음을 보여줄 것입니다.

3.3.2 큰 그룹에서의 심리적 안전

대부분의 사람은 낯선 이들로 구성된 큰 (전문가) 그룹을 찾기보다는 바로 옆 동료에게 도움을 청하는 걸 더 편하게 생각합니다. 하지만 앞서 살펴본 바와 같이 일대일 방식은 확장하기가 어렵습니다. 그룹 방식은 일대일보다 확장성이 좋지만 두려움은 더 크게 느낍니다. 질문을 작성해서 큰 그룹에 물어보라고 하면 초심자는 자신의 질문이 향후 몇 년간 보존될 수 있다는 생각에 겁을 먹습니다. 그래서 큰 그룹에서는 심리적 안전이 더욱 중요해집니다. 그룹의 모든 구성원이 안전한 환경을 만들고 유지하는 역할을 함께 해줘야 합니다. 신규 입사자는 부담 없이 질문할 수 있게 해주고, 성장 중인 전문가는 기존 전문가들이 자신의 답변에서 허점을 찾아 공격할지 모른다는 두려움 없이 도움의 손길을 내밀 수 있도록 해야 합니다.

이처럼 안전하고 편안한 근무 환경을 조성하기 위해 가장 필요한 것은 적대적이지 않고 협조적으로 일하는 문화입니다. 그룹 내 소통에 권장하는 패턴과 안티패턴을 [표 3-1]에 정리했으니 한번 읽어보세요.

표 3-1 그룹 내 소통 패턴

권장 패턴(협조적)	안티패턴(적대적)
기초적인 질문과 실수를 올바른 방향으로 안내합니다.	기초적인 질문이나 실수를 가려내서 질문한 사람을 꾸짖습니다.
질문자가 배우게끔 도와줄 목적으로 설명합니다.	자신의 지식을 뽐낼 목적으로 설명합니다.
상냥하게 인내심을 갖고 도움이 되게끔 대응합니다.	잘난 체하고 비난하며 건설적이지 못한 방식으로 대응합니다.
해법을 찾기 위한 공개 토론 형식으로 상호작용이 이루어집니다.	'승자'와 '패자'를 가리는 논쟁 형식으로 상호작용이 이루어집니다.

이상의 안티패턴들은 의도치 않게 표출되기도 합니다. 도와주려는 목적이었지만, 어쩌다 보니 거들먹거리고 달갑지 않게 비칠 수도 있습니다. 프로그래밍 교육 기관인 Recurse Center의 사회적 규칙[6]에서 도움 될 만한 규칙들을 발견했으니 함께 살펴보시죠.

거짓된 놀람 금지("뭐라고?! 스택이 뭔지 모른다니 믿을 수가 없네!")

거짓된 놀람은 심리적 안전을 방해하여 구성원들은 모른다는 사실을 인정하기를 두려워하게 됩니다.

"음, 실제로는..." 금지

지나칠 정도로 세세하게 고쳐주는 행위는 정밀성보다는 자신을 뽐내려는 무의식에 기인하는 경향이 있습니다.

뒷좌석 운전 금지

토론 중에 적절한 발언권 없이 끼어들어 의견을 제시하지 마세요.

미묘한 '–주의' 금지("이건 우리 할머니도 할 수 있겠네!")

인종주의, 연령주의, 동성애 혐오 발언 같이 편견이 깃든 표현은 다른 이에게 불편함과 무례함, 불안함을 느끼게 합니다.

---

6 (Recurse Center 블로그) Social Rules. *https://oreil.ly/zGvAN*

3.4 내 지식 키우기

지식 공유는 여러분으로부터 시작됩니다. 항상 무언가 배울 게 있음을 인식하는 게 중요합니다. 그런 뜻에서 이번 절에서는 여러분 자신의 지식을 강화하는 데 도움되는 지침 두 가지를 알아보겠습니다.

3.4.1 질문하기

이번 장에서 잊지 말아야 할 단 하나의 문장을 뽑는다면 '항상 배우고 항상 질문하라!'일 것입니다.

우리는 누글러에게 한 단계 성장하는 데 약 6개월 정도는 걸릴 거라고 이야기합니다. 구글의 크고 복잡한 인프라에 적응하려면 반드시 필요한 기간인 동시에 배움이 지속적이고 반복적인 과정이라는 생각을 심어주는 기간이기도 합니다. 초심자가 저지르는 가장 큰 실수는 무언가 막혔을 때 질문하지 않는 것입니다. 혼자서 극복해내고 싶다거나 '너무 기초적인' 질문이란 소리를 듣는 게 두려워서일 수 있습니다. 혹은 '도움을 청하기 전에 최대한 노력해봐야 해'라고 생각할지 모릅니다. 이 함정에 빠지지 마세요! 여러분의 동료가 가장 훌륭한 정보 소스일 경우가 많습니다. 이 귀중한 자원을 충분히 활용하세요.

갑자기 모든 상황에 대한 완벽한 대처법을 깨닫게 되는 마법 같은 날은 결코 오지 않습니다. 인간이라면 언제나 아는 것보다 배워야 할 것이 많기 마련입니다. 구글에서 몇 년을 일한 엔지니어라도 어떻게 해야 할지 모르는 영역이 존재하며, 전혀 문제 될 일이 아닙니다. '이게 뭔지 모르겠는데, 설명 좀 해주시겠어요?'라고 말하는 걸 두려워하지 마세요. 모르는 분야가 나오면 두려워하지 말고 성장하는 기회로 받아들이세요.[7]

팀의 리더든 새로운 멤버든 항상 무언가 배울 게 있는 환경에서 살아야 합니다. 그렇지 않으면 더 이상 성장하지 못할 것입니다(그리고 결국 새로운 환경을 찾아 떠나게 되겠죠).

---

7 높은 성취를 이룬 사람 중에도 가면 증후군을 겪는 사람은 적지 않으며, 구글러들도 예외는 아닙니다. 사실 이 책의 저자 대부분 가면 증후군에 빠져 있습니다. 가면 증후군에 걸린 사람들은 실패를 두려워하기 쉽고 새로운 도전은 피하려는 경향이 커집니다.
옮긴이_ '가면 증후군(impostor syndrome)' 혹은 '사기꾼 신드롬'이란 자신의 능력보다 과대평가받고 있다고 느껴서, 자칫 실수하면 자신이 사기꾼임을 들킬지 모른다는 두려움을 말합니다. 특히 입사 면접 때 자신을 크게 포장했을 것입니다. 하지만 면접관들도 바보가 아닌 이상 충분히 감안해서 뽑았을 것입니다. 그러니 걱정하지 말고 모르는 건 바로바로 물어봐야 더 빨리 성장하고 팀에도 더 빨리 녹아들 수 있습니다(물론 이 책이 말하는 건강한 팀인지부터 빨리 파악해보세요).

특히 조직(혹은 팀)의 리더들이 솔선수범해서 이런 문화를 만들어야 합니다. 그리고 '상급자라면 모든 걸 알아야 한다'라는 인식이 생겨나지 않도록 주의하세요. 사실 [그림 3-2]처럼 우리는 많이 알면 알수록 모르는 것이 더 많음을 깨닫게 됩니다. 공개적으로 묻고[8] 모르면 모른다고 인정한다면 다른 사람들도 점점 그렇게 변해갈 것입니다.

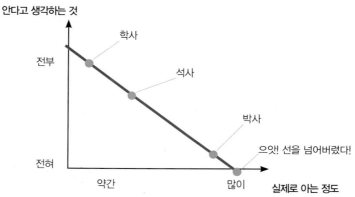

그림 3-2 안다고 생각하는 것 vs 실제로 아는 정도(출처: *https://oreil.ly/VWusg*)

한편, 끈기를 가지고 상냥하게 답변해줘야 사람들이 안심하고 도움을 청하는 환경이 조성됩니다. 초기의 망설임을 극복하면 분위기를 빠르게 조성할 수 있으니 질문을 하도록 권장하고 '사소한' 질문이라도 답을 얻을 수 있도록 힘써주세요. 엔지니어라면 아마도 나름의 지식을 구축하며 문제를 해결해나갈 수 있겠지만 외톨이처럼 일하고 싶진 않을 것입니다. 적절한 맞춤형 도움은 엔지니어의 생산성을 더 빠르게 높여주고, 자연스럽게 팀 전체의 생산성도 올라가게 됩니다.

3.4.2 맥락 이해하기

새로운 것을 이해하는 일뿐 아니라 기존 설계와 구현을 뒷받침하는 결정 사항들을 더 깊이 이해하는 일도 배움에 포함됩니다. 수년간 사용해온 인프라의 핵심을 담당하는 레거시 코드가 여러분 팀에 떠넘겨졌다고 가정해보죠. 원래의 작성자는 예전에 회사를 떠났고, 코드는 이해하기 어렵게 짜여 있습니다. 기존 코드를 공부하는 데 시간을 쓰기보다는 차라리 처음부터 다시 짜

---

8 (블로그 글) "How to ask good questions" 참고. *https://bit.ly/3pNTH4F*

고 싶어 집니다. 하지만 '이해할 수 없어'라고 성급히 결론짓지 말고 한 걸음 더 들어가 보기로 하죠. 이때 여러분이 던져야 할 질문은 무엇일까요?

'무언가를 옮기거나 바꾸려면 그게 왜 그 자리에 있는지부터 이해하자'라고 말하는 체스터슨의 울타리Chesterson's fence[9] 원칙을 떠올려보세요.

> 파괴적인 변경과 구분하여, 무언가를 좋은 방향으로 변경하는 문제에는 한 가지 분명하고 단순한 원칙이 있습니다. 아마도 역설이라고 불릴 법한 원칙이죠. 어떤 제도나 법률에 이런 예가 숨어 있을 수 있습니다. 쉽게 설명하기 위해 도로를 가로지르는 울타리가 있다고 해보죠. 전통에 크게 신경 쓰지 않는 유형의 개혁가는 '무슨 용도로 울타리를 이렇게 설치했는지 모르겠군요. 깔끔히 밀어버립시다'라고 말할 것입니다. 반면 더 현명한 유형의 개혁가는 '용도를 모르겠다면 그냥 밀어버리게 둘 순 없죠. 가서 더 생각해봅시다. 용도를 알아내면 그때 철거할지 결정하자고요'라고 말할 것입니다.

기존 코드가 명확하지 않을 리 없다거나, 잘못된 디자인 패턴이 적용됐을 리 없다고 주장하는 건 아닙니다. 다만 엔지니어들은 너무 성급하게 '이건 잘못됐어!'라고 결론 짓는 경향이 있습니다. 생소한 코드, 언어, 패러다임을 접했을 때는 더욱 심하죠. 구글도 이 문제에서 자유롭지 못합니다. 특히 정상이 아니라고 보이는 결정에 대해서는 먼저 맥락을 찾아 이해해야 합니다. 우선 코드의 목적과 맥락을 이해하고, 그런 다음 변경하려는 방향이 여전히 더 나은지 고민해야 합니다. 더 낫다고 판단되면 고치고, 그렇지 않다면 미래에 다시 그 코드를 살펴볼 후임들을 위해 여러분이 생각한 근거를 적어두세요.

구글이 이용하는 스타일 가이드들에는 단순히 규칙을 암기하는 대신 제시한 지침의 근거를 이해하는 데 도움되는 맥락 정보를 함께 기재했습니다. 지침을 뒷받침하는 근거를 이해해야 엔지니어들은 어떤 상황에서는 해당 지침을 적용하면 안 되는지 또는 지침을 갱신해야 하는지를 결정할 수 있습니다. 더 자세한 내용은 8장을 참고하세요.

---

9 (위키백과) Chesterton's fence. *https://oreil.ly/Ijv5x*

3.5 질문 확장하기: 커뮤니티에 묻기

일대일 도움은 밀도가 높지만 확장하는 데는 필연적으로 한계가 있습니다. 배우는 쪽에서도 상세 내용을 모두 다 기억하기란 쉽지 않습니다. 그러니 미래의 자신을 위해서라도 무언가를 일대일로 배울 때는 '기록하는 습관'을 기르세요. 여러분보다 나중에 들어오는 동료들도 여러분과 똑같은 질문을 할 가능성이 큽니다. 그들을 위해 '기록해둔 지식을 공유'하세요.

개인이 기록해둔 지식을 공유하는 것도 유익하지만 더 큰 커뮤니티에 도움을 청하는 것도 좋습니다. 이번 절에서는 몇 가지 형태의 커뮤니티를 배움이라는 관점에서 살펴보려 합니다. 구체적으로 그룹 채팅, 메일링 리스트, 질의응답 시스템을 살펴볼 텐데, 각각은 나름의 장단이 있으며 서로를 보완해줍니다. 어떤 형태를 선택하든 지식을 갈구하는 자는 더 큰 커뮤니티에 속한 동료와 전문가로부터 도움을 받을 수 있고, 기록된 답변 내용은 커뮤니티의 현재는 물론 미래 구성원들에게까지 폭넓게 공유될 것입니다.

3.5.1 그룹 채팅

질문은 있는데 적합한 사람으로부터 도움을 받기 어려울 때가 있습니다. 누구에게 물어봐야 할지 모르겠거나 물어보려는 사람이 바빠서일 경우도 있습니다. 이런 상황이라면 그룹 채팅이 효과적입니다. 동시에 여러 사람에게 질문을 던질 수 있고 시간이 허락되는 사람들끼리 빠르게 대화를 주고받으며 답을 찾기 때문이죠. 덤으로, 다른 채팅 참여자들 역시 함께 배울 수 있고, 대부분의 그룹 채팅 시스템은 대화 내용을 자동으로 보관해주니 나중에 찾아볼 수도 있습니다.

그룹 채팅은 주제나 팀별로 개설되는 경향이 큽니다. 주제별 그룹 채팅은 대체로 누구나 참여하여 질문할 수 있습니다. 또한 전문가들도 많이 찾아 사람들로 북적이며, 일반적으로 답변도 빨리 달리는 편입니다. 한편, 팀별 그룹 채팅은 더 작고 참여자가 제한됩니다. 그래서 주제별 채팅만큼 확장되지는 못하지만 작은 규모 덕분에 새로 합류한 사람은 더 안전하게 느낄 수 있습니다.

그룹 채팅은 간단한 질문에 적합합니다. 반면 체계화된 구조가 있는 게 아니라서 본인이 적극적으로 참여하지 않은 대화에서는 의미 있는 정보를 뽑아내기 어려울 수 있습니다. 그러니 정보를 그룹 외부와 공유해야 하거나 나중에 참조할 일이 있을 것 같다면 따로 문서에 적어두거나 메일링 리스트를 이용해보세요.

3.5.2 메일링 리스트

구글은 대부분의 주제에 관한 topic-users@ 혹은 topic-discuss@ 형태의 메일링 리스트를 구글 그룹스Google Groups에 만들어두고, 사내의 누구든 가입하고 메일을 보낼 수 있도록 해뒀습니다. 공개 메일링 리스트에 질문을 던지는 건 그룹 채팅에 질문하는 것과 상당히 비슷합니다. 잠재적으로 답을 줄 수 있는 수많은 사람에게 질문이 전달되고, 해당 메일링 리스트를 구독하는 모두가 그 질문으로부터 배울 수 있습니다. 그룹 채팅과 다른 점은 더 많은 사람과 공유하기 쉽다는 것이죠. 또한 메일 내용은 검색 가능한 아카이브로 보관되고 메일 스레드는 그룹 채팅보다 구조가 잘 갖춰져 있습니다. 구글은 자체 인트라넷 검색 엔진인 모마Moma를 사용하여 메일링 리스트도 검색할 수 있게 해두었습니다.

메일링 리스트에 올린 질문의 해답을 다른 경로에서 찾을 때도 있습니다. 이럴 때는 답을 얻었다고 곧바로 일로 돌아가지 말고 해당 리스트에 메일을 보내 정답을 공유하세요. [그림 3-3]처럼 미래의 누군가에게도 똑같은 정보가 필요할지 모르니 말이죠.

다른 사람의 영혼이 이토록 가깝게 느껴지면서 동시에 무기력하게 홀로 남겨진 듯한 적은 처음이다.

구글로 에러를 검색하자 단 하나의 결과를 찾아주었다.

누군가 나와 똑같은 질문 스레드를 남겼고, 아무도 답해주지 않았다.

마지막 포스트는 2003년이었다.

당신은 누군가요, 덴버코더9 씨?

당신은 무엇을 보았나요?!

그림 3-3 옛 선인의 지혜(출처: *https://xkcd.com/979/*)

메일링 리스트에도 장단이 있습니다. 메일링 리스트는 맥락 정보가 많이 필요한 복잡한 질문에 적합한 반면, 그룹 채팅처럼 빠르게 주고받는 대화에는 취약합니다. 스레드에 글이 활발히 올라오는 한은 아주 유용한 지식 소스가 되어줍니다. 하지만 이메일 아카이브는 내용을 수정할 수 없기 때문에 오래전 스레드에서 얻은 해답이 오늘날의 환경에서도 여전히 유효할지는 알기 어렵습니다. 또한 다른 누군가의 워크플로에서 발생한 문제가 나에게는 해당하지 않을 수 있기 때문에 정식 문서 같은 다른 매체보다 불필요한 정보가 많이 섞여 있을 수 있습니다.

구글의 이메일 문화

구글은 이메일을 정말 많이 활용하는 이메일 중심 문화로 악명이 높습니다. 구글 엔지니어들은 매일 수백 통 이상의 이메일을 받습니다. 누글러는 입사와 함께 자동으로 가입되는 그룹들에서 쏟아내는 메일들을 소화하고자 메일 필터를 설정하며 며칠을 허비하곤 합니다. 그냥 포기하고 흐름 따라잡기를 그만두는 사람도 생겨나죠. 누가 어떤 주제에 관심 있어할지를 구분하지 않고 모든 논의에 거대한 메일링 리스트가 기본 참조되도록 설정해둔 그룹도 있습니다. 그 결과 필요한 정보 대비 불필요한 정보 비율이 높아서 큰 문제가 되기도 하죠.

구글은 기본적으로 이메일 기반 워크플로를 선호합니다. 이메일이 다른 소통 방식보다 나은 매체라서가 아니라(실제로 아닐 때도 많죠) 우리에게 익숙하기 때문입니다. 이를 염두에 두고, 여러분의 조직에는 어떤 소통 방식을 장려하고 어떤 투자를 할지 고민해보기 바랍니다.

3.5.3 YAQS: 질의응답 플랫폼

YAQS^{Yet Another Question System}는 구글 내부에서 사용하는, 스택오버플로^{Stack Overflow}와 유사한 플랫폼입니다. 이를 통해 구글러들은 기존 코드 혹은 작업 중인 코드를 쉽게 링크할 수 있고 기밀 정보도 논의할 수 있습니다.

스택오버플로처럼 YAQS도 메일링 리스트가 제공하는 많은 장점을 이어받고 또 개선했습니다. 예컨대 도움이 됐다고 표시된 답변을 부각해서 보여주기도 하고, 답변 내용이 시간이 지나도 유효하도록 관리하는 데 필요한 '답변 수정' 기능도 제공합니다. 그래서 메일링 리스트 중 일부는 YAQS로 대체되었고, 또 다른 일부는 문제 해결보다는 더 일반적인 논의에 집중하도록 성격이 달라졌습니다.

3.6 지식 확장하기: 누구나 가르칠 게 있다

가르친다는 건 전문가의 전유물이 아니며, 전문성이라는 게 '초심자 아니면 전문가'처럼 이분법적으로 나눠지지도 않습니다. 전문성은 다차원 벡터입니다. 누구나 영역별로 다양한 수준의 전문성을 갖추고 있죠. 조직이 성공하려면 다양성을 반드시 갖춰야 하는 이유가 여기 있습니다. 우리는 서로 다른 관점과 전문성을 지니고 논의 테이블에 앉습니다(4장 참고). 구글 엔지니어들은 오피스 아워, 기술 강연과 수업, 문서 작성, 코드 리뷰 등 다양한 방식으로 다른 사람을 가르칩니다.

3.6.1 오피스 아워

때로는 사람과 직접 대화를 해야지만 쉽게 풀리는 문제가 있는데, 그런 경우라면 오피스 아워office hours[10]가 좋은 해결책이 될 수 있습니다. 오피스 아워는 누군가가 특정 주제에 관한 질문에 답해줄 목적으로 시간을 비워 둔 정기적인 이벤트입니다(보통은 매주 똑같은 시간에 진행합니다). 하지만 지식 공유를 목적으로 오피스 아워를 최우선으로 활용하는 경우는 거의 없습니다. 당장 급한데 다음 오피스 아워까지 기다리는 건 고문이기 때문이죠. 주최 측에서도 시간이 많이 들며 정기적으로 홍보해야 합니다. 그러나 분명한 것은 오피스 아워가 전문가와 직접 대면할 기회를 제공한다는 사실입니다. 전문가와의 면담은 문제가 여전히 불명확하여 어떻게 질문해야 할지 모를 때나(가령 새로운 서비스 설계를 막 시작했을 때) 문서화되지 않은 특수한 문제에 맞닥뜨렸을 때 특히 유용합니다.

3.6.2 기술 강연과 수업

구글은 기술 강연tech talk[11]과 수업class이라는 견실한 문화를 가지고 있습니다. 구글의 engEDUEngineering Education팀은 구글 엔지니어부터 전 세계의 학생들을 포함한 다양한 청중에게 컴퓨터 과학을 교육하는 데 중점을 두고 있습니다. 풀뿌리 수준에서는 g2gGoogler2Googler 프로그

---

10 옮긴이_ 교수님이 "궁금한 게 있으면 화요일 2~4시 사이에 교수실로 오세요"라고 말할 때 '화요일 2~4시 사이'가 바로 오피스 아워입니다. 직장에서도 분야 전문가나 멘토라면 이런 제도를 운영해볼 수 있겠지요.

11 공개 기술 강연은 *https://talksat.withgoogle.com*과 *https://www.youtube.com/GoogleTechTalks*에서 찾아볼 수 있습니다.

램[12]을 운영하여 구글러라면 누구든 가입하여 동료 직원들을 위한 수업을 개설하거나 참석할 수 있게 했습니다. g2g 프로그램은 ('모던 CPU에서의 벡터화 이해' 같은) 기술적인 주제부터 ('스윙 댄스 입문' 같이) 단순 재미를 추구하는 주제까지, 수천 명의 구글러가 수업을 개설할 만큼 성공적으로 운영되고 있습니다.

기술 강연은 일반적으로 연사가 청중에게 직접 강의하는 형태로 진행됩니다. 수업도 강의적인 요소를 가질 수는 있지만 실습을 포함하는 경우가 많아서 참석자들이 더 적극적으로 참여해야 합니다. 그 결과 강사가 이끄는 수업은 개설하고 관리하는 비용이 기술 강연보다 많이 들고, 그래서 가장 중요하거나 어려운 주제에 배정되곤 합니다. 이런 어려움은 있지만, 한 번 개설하면 똑같은 교재를 재활용할 수 있으니 비교적 쉽게 규모를 늘릴 수 있습니다. 다음은 수업의 효과를 극대화하는 조건들입니다.

- 자주 오해를 일으킬 정도로 복잡한 주제를 다뤄야 합니다. 수업은 개설 비용이 크므로 해결해야 할 분명한 요구가 있을 때 만들어져야 합니다.
- 주제가 비교적 안정적이어야 합니다. 수업 교재를 고치는 것도 큰 일이므로, 내용이 자주 바뀐다면 다른 공유 형태를 찾아보는 게 나을 것입니다.
- 질문에 답해주고 일대일로 도와줄 수 있는 교사가 있어야 효과가 큰 주제여야 합니다. 직접적인 도움 없이 학생 스스로 쉽게 익힐 수 있는 주제라면 문서나 동영상처럼 혼자서 학습할 수 있는 매체가 더 효율적입니다. 실제로 구글이 활용하는 입문 수업 중 상당수는 자가 학습용 버전도 제공합니다.
- 수업을 정기적으로 개설해도 될 만큼 수요가 많아야 합니다. 다음 수업이 언제 개설될지 불분명하다면 잠재 학생들은 다른 경로를 찾아 필요한 지식을 배워야 할 것입니다. 구글의 경우 작고 외딴 연구소에서 특히 문제가 됩니다.

3.6.3 문서자료

문서자료는 독자가 무언가를 배우도록 돕는 것을 최우선 목표로 하는 기록된 지식입니다. 기록된 지식이라고 해서 다 문서자료일 필요는 없습니다(기록을 추적하는 데는 물론 문서 형태가 유용할 것입니다). 예를 들어 메일링 리스트 스레드에서도 문제의 해법을 찾을 수는 있습니다. 하지만 스레드에 질문을 던질 때의 최우선 목표는 답을 구하는 것이지, 논의 내용을 다른 이들

---

12 g2g 프로그램은 라즐로 복(Laszlo Bock)의 저서 『구글의 아침은 자유가 시작된다』(알에이치코리아, 2021)에서 자세히 다룹니다. 이 프로그램의 여러 측면과 영향을 평가하는 방법을 설명하고, 비슷한 프로그램을 구상할 때 중점을 둬야 할 점들을 알려줍니다.

을 위해 문서화하는 것은 아닐 것입니다. 후자는 부차적인 목표일 뿐이죠.

이번 절에서는 오타 수정 같은 작은 일부터 현장 지식을 문서화하는 더 큰 일까지, 새로운 공식 문서자료를 작성하거나 기존 공식 문서자료에 기여할 기회를 포착하는 데 중점을 두겠습니다.

NOTE_ 문서자료에 관한 더 포괄적인 논의는 10장을 참고하세요.

문서자료 갱신하기

무언가를 막 배운 순간이 기존 문서자료에서 개선점을 찾기에 가장 좋은 때입니다. 새로운 프로세스나 시스템에 익숙해지고 깊이 이해하게 되면 어떤 내용이 어려웠는지, 혹은 '시작하기^{Getting Started}' 문서에서 누락된 사소한 단계가 무엇이었는지 이미 잊었을 가능성이 큽니다. 처음 배우는 단계에서 혹시라도 문서자료의 실수나 빠진 부분을 발견한다면 곧바로 고치세요! 캠핑장을 떠날 때는 처음 왔을 때보다 깨끗해야 하듯[13] 스스로 문서자료를 고쳐보세요. 다른 팀이 소유한 문서자료라도 마찬가지입니다.

구글에서는 문서자료 소유자가 누구든 모든 엔지니어에게 갱신 권한이 있다고 여기며, 실제로도 자주 그렇게 합니다. 그리고 구글러들이 자신의 제안을 검토할 문서자료 소유자를 찾도록 도와주는 도구인 g3doc[14]을 도입한 이후로 전반적인 교육 문서자료 품질이 확연히 좋아졌습니다. 또한 g3doc 덕분에 문서자료 변경 이력도 코드 이력과 똑같은 방식으로 추적할 수 있게 되었습니다.

새로운 문서자료 작성하기

숙달되면 자신만의 문서자료를 작성하고 기존 문서자료들을 갱신해보세요. 예컨대 스스로 새로운 개발 흐름을 만들어냈다면 그 단계들을 설명하는 문서자료를 작성하세요. 그런 다음 다른 사람에게 공유하여 여러분이 걸어간 길을 쉽게 따라오도록 하세요. 나아가 그 문서자료를 다른 이들이 찾기 쉽도록 해주면 금상첨화입니다. 발견할 수 없고 검색되지 않는 문서자료는 존재하지 않는 것과 진배없죠. g3doc은 소스 코드 바로 옆에 관련 문서자료를 보여줘서 이 문제를 크

---

13 '보이스카우트 규칙'과 『프로그래머가 알아야 할 97가지』(지앤선, 2012) 참고

14 g3doc은 'google3 documentation'의 약자이고, google3는 구글의 중앙 소스 리포지터리의 현재 버전을 말합니다.

게 개선했습니다. 찾기 어려운 별도 문서자료나 웹페이지로 관리할 때와는 비교할 수 없이 유용합니다.

마지막으로, 피드백할 방법이 있어야 합니다. 내용이 낡았거나 틀렸을 때 문서자료 소유자에게 알리기 어렵다면 독자들은 아무에게도 얘기하지 않을 것입니다. 그리고 다음 독자들도 똑같은 문제를 겪겠죠. 누군가 자신의 제안을 확인하고 고민해주리라는 믿음이 있다면 사람들은 더 적극적으로 기여하기 시작합니다. 그래서 구글은 문서자료 버그 리포트를 문서자료 자체에서 곧바로 제출할 수 있도록 해두었습니다.

게다가 구글러는 g3doc 페이지에 댓글을 남길 수 있습니다. 그러면 다른 구글러가 대댓글을 달 수 있으며, 그 내용은 자동으로 문서자료 소유자에게 전해집니다. 덕분에 누구에게 연락해야 할지 찾을 필요조차 없습니다.

문서화 촉진하기

엔지니어들에게 각자가 한 일을 문서화하도록 장려하기가 쉽지는 않을 것입니다. 문서자료를 작성하려면 시간과 노력이 드는데, 코딩할 시간에서 뺏어와야 하기 때문이죠. 또한 문서화한 효과가 바로 나타나지도 않고 그마저도 대부분 (자신이 아닌) 다른 사람들에게 돌아갑니다. 이처럼 문서화는 소수가 시간을 들여 다수에게 이득을 주므로 조직 전체에 도움을 주지만, 기본적으로 기여자와 수혜자가 달라서 적절한 보상 없이는 사람들을 움직이게 하기 어렵습니다. 이에 필요한 체계적인 보상 제도에 관해서는 110쪽 '보상과 인정' 절에서 다시 이야기합니다.

그런데 문서자료 작성자 역시 문서화로부터 직접적인 혜택을 받기도 합니다. 특정한 유형의 문제가 발생하면 팀원들이 매번 여러분에게 달려와 도움을 청한다고 해보죠. 여러분의 해법을 문서자료로 정리하려면 시간을 좀 투자해야 하지만, 한 번만 해두면 다음부터는 시간을 절약할 수 있습니다. 같은 문제로 팀원이 찾아오면 문서자료를 건네 스스로 해결하게 하고, 꼭 필요할 때만 직접 나서면 됩니다.

문서화는 팀과 조직의 규모를 키우는 데도 보탬이 됩니다. 첫째, 문서자료에 담긴 정보는 기본으로 참고해야 할 표준이 됩니다. 팀원들은 공유된 문서자료를 참고하고 직접 수정할 수도 있습니다. 둘째, 표준을 팀 외부로 확산시킬 수도 있습니다. 문서자료에는 특정 팀에만 국한되지 않은 내용도 있을 테고, 그러면 다른 팀도 비슷한 문제를 해결하는 데 유용하게 활용할 수 있습니다.

3.6.4 코드

메타^{meta} 세계에서 보면 코드도 지식에 해당하므로 코딩은 지식을 옮겨 적는 행위로 간주할 수 있습니다. 코드를 작성하는 의도가 지식 공유는 아니겠지만, 코드도 지식이라는 사실을 인지하느냐 여부가 코드 가독성과 명확성에 간접적으로 영향을 줄 때가 많습니다.

코드 문서화는 또 다른 형태의 지식 공유 수단입니다. 깔끔한 문서자료는 라이브러리 이용자는 물론 향후 라이브러리를 유지보수하는 이들에게도 큰 혜택을 줍니다. 비슷하게, 코드 내의 주석은 지식을 미래로 전달합니다. 자기 자신을 포함한 미래의 독자를 위해 정확하게 기록하세요. 트레이드오프 관점에서 보면 코드 주석에도 일반적인 문서자료와 똑같은 단점이 있습니다. 즉, 적극적으로 관리하지 않으면 금세 낡은 지식이 되어 주석을 읽은 사람은 실제 코드와 모순되는 정보 때문에 혼란에 빠질 것입니다.

코드 리뷰(8장 참고)는 코드 작성자와 리뷰어 모두에게 배움의 기회를 줍니다. 예컨대 리뷰어의 제안으로 작성자는 새로운 테스트 유형을 깨닫거나, 작성자의 코드에서 리뷰어는 새로운 라이브러리의 사용법을 익힐 수 있습니다. 구글은 가독성 프로세스라는 것을 두어 코드 리뷰를 통한 멘토링 제도를 표준화했습니다. 관련한 사례 연구를 3.8절에 준비했으니 기대해주세요.

3.7 조직의 지식 확장하기

조직이 커질수록 전문 지식을 조직 전반에 제대로 공유하기가 어려워집니다. 문화처럼 조직 성장의 매 단계에서 똑같이 중요한 것도 있지만, 가령 표준 정보 소스 같은 것들은 조직이 커질수록 혜택도 커집니다.

3.7.1 지식 공유 문화 일구기

많은 회사에서 조직 문화를 나중에 생각해볼, 깔끔하게 딱 떨어지지 않는 '사람 사이의 문제'로 치부합니다. 하지만 구글은 코드 같은 산출물보다 문화와 환경을 첫 번째로[15] 두고 생각해야 더 나은 결과를 얻는다고 믿습니다.

---

15 『구글의 아침은 자유가 시작된다』(알에이치코리아, 2015) 참고

조직의 큰 방향을 틀기란 어려운 일이라서 이 주제를 다루는 책만 해도 아주 많습니다. 우리 역시 모든 답을 알고 있지는 못하지만 다행히 '구글이 배움을 촉진하는 문화를 키워낸 구체적인 과정'은 공유드릴 수 있습니다.

구글 문화의 깊은 내면을 들여다보고 싶다면 『구글의 아침은 자유가 시작된다』를 읽어보기 바랍니다.

존중

몇몇 개인의 나쁜 행동 때문에 팀 혹은 커뮤니티 전체가 초심자에게 버티기 가혹한 환경으로 변하기도 합니다.[16] 이런 환경에서 초심자는 궁금한 게 생겨도 커뮤니티 외부에서 답을 찾으려 하고, 새로운 전문가로 성장해야 할 사람들은 노력하기를 멈춰버립니다. 최악의 경우 사람들을 가장 해로운 구성원으로 바꿔버립니다. 이 상태까지 간다면 회복하기가 매우 어렵습니다.

지식을 공유할 때는 상냥함과 존중을 담아야 하고, 또 그래야만 가능합니다. 기술 업계에서는 '뛰어난 괴짜'를 용인하는(심지어 숭배하는) 경향이 있지만, 해로운 현상입니다. 상냥한 전문가도 얼마든지 가능하기 때문이죠. 구글의 소프트웨어 엔지니어링 직무 사다리[job ladder][17]에서 리더십 항목을 찾아보면 다음 내용을 명확히 밝히고 있습니다.

> 높은 수준의 기술 리더십을 요구하지만, 모든 리더십이 기술 문제와 관련된 것은 아닙니다. 리더는 주변 사람들을 성장시키고, 팀의 심리적 안전을 개선하고, 팀워크와 협업 문화를 조성하고, 팀 내 긴장을 해소하고, 구글 문화의 가치를 설정하며, 구글을 더 활기차고 신나는 일터로 가꿔야 합니다. 괴짜는 좋은 리더가 아닙니다.

이러한 기대는 고위 경영진이 주도하여 만들어냈습니다. 예컨대 우르스 회즐[Urs Hölzle: 기술 인프라 부문 수석 부사장]과 벤저민 트레이노 슬로스[Benjamin Treynor Sloss: 구글 SRE 부사장 겸 설립자]가 쓴 내부 문서 「괴짜 사절 (No Jerks)」을 보면 직장에서 겸손해야 하는 이유와 그러기 위해 어떻게 행동해야 하는지가 잘 나와 있습니다.

---

16 「직장 내 무례한 행동이 불러오는 호된 대가(The High Cost of Rudeness at Work)」 *https://oreil.ly/R_Y7N*

17 옮긴이_ 직무 사다리란 특정 유형의 일 또는 프로세스에서 점점 더 중요해지는 일련의 업무 혹은 단계를 말합니다. 단순히 직급 체계를 가리키는 용도로도 많이 사용됩니다. 여기서는 직급별로 해야 하는(혹은 기대되는) 역할을 설명하는 문서를 말합니다.

보상과 인정

좋은 문화는 적극적으로 육성해야 하며 지식 공유 문화를 장려하려면 인정과 보상 제도가 뒷받침되어야 합니다. 많은 조직에서 어떤 가치를 추구할지까지는 잘 정해놓은 다음, 엉뚱하게 가치를 강화하는 일과 관련 없는 활동에만 적극적으로 보상하는 실수를 흔히 범합니다. 사람들은 진부한 칭찬보다는 확실한 보상에서 동기를 얻습니다. 말로만 하지 말고 보상과 수상 제도를 통해 실질적인 혜택을 주어야 하는 이유죠.

구글은 회사 표준의 성과 검토와 승진 기준부터 동료 사이에서 주고 받는 상^{peer-to-peer awards}에 이르기까지 다양한 성과 인정 제도를 운영합니다.

회사 차원의 성과금과 승진 같은 보상을 보정하는 데 활용되는 소프트웨어 엔지니어링 사다리는 엔지니어들에게 단계별 목표를 명확하게 제시하여 지식을 공유하도록 독려합니다. 높이 올라설수록 영향력이 중요해짐을 분명히 밝히고, 높이 올라갈수록 더 많이 요구합니다. 최고 수준에 올라서면, 다음과 같은 리더십이 요구됩니다.

- 주니어 직원들의 멘토가 되어 기술적 성장은 물론 구글에서 맡은 역할을 훌륭히 수행하도록 도와 미래의 리더로 육성합니다.
- 코딩, 설계 리뷰, 엔지니어링 교육과 개발, 자기 전문 분야와 관련하여 다른 직원을 전문적으로 이끌기 등의 활동을 통해 구글의 소프트웨어 커뮤니티를 지탱하고 발전시킵니다.

> **NOTE_** 리더십에 관한 자세한 내용은 5장과 6장을 참고하세요.

직무 사다리 관점에서는 문화를 하향식으로 이끌도록 기대하지만, 문화는 아래에서 만들어져 위로 전파되기도 합니다. 상향식 문화를 포용한 대표적인 예로 구글의 동료 상여^{peer bonus} 제도를 뽑을 수 있습니다. 동료 상여는 동료가 제 역할 이상으로 공헌했을 때 줄 수 있으며, 금전적인 보상뿐만이 아니라 회사 차원에서 공식적으로 인정받는 시스템입니다.[18] 예컨대 현우가 지영에게 '메일링 리스트의 최고 기여자(많은 독자에게 도움되는 질문들에 활발히 답해줌)' 명목으로 동료 상여를 보낸다는 것은 현우가 지영의 지식 공유 활동이 그녀의 팀 너머까지 전해졌음을 공개적으로 인정한다는 뜻입니다. 동료 상여는 관리자가 아닌 직원이 주도하는 제도이므

---

18 동료 상여는 상여금과 증서(certificate) 형태로 주어지며, gThanks라는 구글 사내 도구에 영구히 기록됩니다.

로 중요하고 강력한 풀뿌리 효과를 발휘합니다.

동료 상여와 비슷한 제도로 쿠도스kudos; 공개 칭찬가 있습니다. 쿠도스 역시 동료의 기여를 공개적으로 인정하는 제도로, 동료 간에 이루어진 기여를 더 널리 알리는 효과가 있습니다(일반적으로 동료 상여보다는 영향력이 적고 노력도 덜 듭니다).

구글러가 다른 직원에게 동료 상여나 쿠도스를 수여할 때는 수상 메일의 참조 수신자로 다른 부서나 개인을 추가할 수 있습니다. 동료의 성과가 더 많은 이에게 인정받도록 하는 장치죠. 또한 수상자의 관리자는 서로의 업적을 축하하는 의미로 수상 메일을 팀 전체에 포워드하는 게 일반적입니다.

동료의 업적을 인정해주는 공식적이고 손쉬운 제도는 직원들에게 계속해서 이타적이고 멋진 일들을 하도록 강한 동기를 부여합니다. 상여금보다는 동료를 인정해준다는 점이 더 중요합니다.

3.7.2 표준 정보 소스 구축하기

표준 정보 소스는 회사 차원의 중앙집중적 정보 원천sources of information으로, 전문가의 지식을 표준화하고 전파하는 수단입니다. 조직 내 모든 엔지니어에게 공통으로 필요한 정보를 담아두는 최선의 도구이기도 합니다. 표준 소스가 없다면 이곳저곳에서 정보 섬들이 우후죽순 생겨날 것입니다. 예컨대 기본적인 개발 워크플로 설정 방법은 표준화되어야 하지만 로컬 프로버Frobber 인스턴스 실행 방법은 프로버를 사용하는 엔지니어에게만 필요할 것입니다.

표준 정보 소스를 구축하려면 팀 내 문서처럼 지엽적인 정보를 관리할 때보다는 노력이 들지만 혜택을 더 널리 전파할 수 있습니다. 조직 전반의 많은 이에게 필요한 공통된 정보를 더 쉽게 찾고 정확하게 예측할 수 있기 때문이죠. 개별 부서나 개인들이 각자의 정보를 생성해 활용하다 보면 서로 충돌하거나 파편화되기 마련인데, 표준 정보 소스로 이런 문제를 막을 수 있습니다.

표준 정보는 조직 차원에서 합의한 내용을 제공하고 눈에 잘 띄기 때문에 해당 분야 전문가들이 적극적으로 관리하고 감독해야 합니다. 또한 복잡한 주제일수록 소유자를 명확히 정해둬야 합니다. 내용을 부분적으로만 아는 독자들은 낡은 정보를 발견하더라도 세세한 모든 내용까지 감안하여 수정하기는 어려울 테니 말입니다(변경 제안을 쉽게 해주는 도구가 있더라도 다르지 않습니다).

중앙의 표준 정보 소스를 만들고 관리하는 일에는 비용과 시간이 많이 들며 모든 정보가 조직 차원에서 공유될 필요는 없습니다. 그래서 이 일에 얼마나 투자할지를 계산할 때는 누구를 위한 정보인지를 고려해야 합니다. 누가 정보의 수혜자인가요? 여러분? 여러분의 팀? 아니면 특정 제품 관련자들? 아니면 모든 엔지니어인가요?

개발자 가이드

구글은 엔지니어들을 위해 깊이 있는 공식 가이드를 만들어 활용합니다. 코딩 스타일 가이드[19], 공식 소프트웨어 엔지니어링 모범 사례[20], 코드 리뷰 가이드(9장 참고)와 테스트 가이드(11장 참고), 금주의 팁$^{\text{Tips of the Week}}$(TotW)[21] 등 종류도 다양합니다.

정보량이 아주 많아서 전문 엔지니어라 해도 전부를 읽는 것은 사실상 불가능하여 한 번에 흡수할 수 있는 양은 제한적입니다. 그 대신 가이드에 이미 익숙한 전문가가 후임 엔지니어에게 적시에 알맞은 링크를 보내줄 수 있습니다. 전문가는 회사 차원의 방침을 개인적으로 설명해주지 않아도 되므로 시간이 절약되고, 배우는 사람은 필요하면 언제든 신뢰 가는 정보를 찾아볼 수 있는 정보 소스가 있음을 알게 됩니다. 전문가들이 공통의, 확장하기 쉬운 자원을 활용하여 특정한 정보의 필요성을 인지하고 해결해주는 것이죠. 이런 과정을 거쳐 지식이 확장되어 갑니다.

go/ 링크

go/ 링크(goto/ 링크라고도 합니다)는 구글 내에서 쓰는 URL 단축 서비스입니다.[22] 구글 내부의 참조 대부분은 하나 이상의 내부 go/ 링크를 가지고 있습니다. 예컨대 go/spanner는 스패너^{Spanner} 관련 정보를 가리키고, go/python은 구글의 파이썬 개발자 가이드를 가리킵니다. go/ 링크는 g3doc, 구글 드라이브, 구글 사이트$^{\text{Google Sites}}$ 등 어떤 리포지터리 서비스의 자원도 가리킬 수 있습니다. 그래서 실제 정보가 어디에 저장되어 있느냐는 신경 쓸 필요 없는 직관적이고 기억하기 쉬운 접근 수단이 되어줍니다. 그래서 구글러들은 다음과 같은 이점을 누리게 됩니다.

---

19 (구글 스타일 가이드 홈페이지) *http://google.github.io/styleguide/*

20 이 책처럼 책 형태로도 제작합니다.

21 몇 가지 프로그래밍 언어별로 관리되며, C++ 버전은 외부에도 공개되어 있습니다. *https://abseil.io/tips*

22 Go 언어와는 무관합니다.

- go/ 링크는 아주 짧기 때문에 대화 중에도 공유하기 쉽습니다("go/frobber를 확인해봐!"). 해당 링크를 찾아서 메신저로 보내주는 것보다 훨씬 쉽습니다. 공유하는 데 드는 노력이 적기 때문에 공유가 더 활발히 이뤄질 가능성도 커집니다.
- 실제 URL이 바뀌더라도 go/ 링크는 바뀌지 않습니다. 소유자가 문서 리포지터리를 옮길 때(가령, 구글 문서에서 g3doc으로) 단순히 go/ 링크의 대상 URL만 바꿔주면 되기 때문입니다. 이때 go/ 링크 자체는 변하지 않습니다.

go/ 링크는 구글 문화에 깊이 뿌리 내려서 선순환되기 시작했습니다. 프로버 관련 정보를 찾는 구글러들은 가장 먼저 go/frobber를 확인할 것입니다. 만약 go/ 링크가 (기대한) 프로버 개발자 가이드를 가리키지 않고 있다면, 검색해본 직원이 직접 새로운 링크를 설정할 것입니다. 따라서 구글러들은 높은 확률로 첫 번째 시도에서 올바른 go/ 링크를 추측해낼 수 있습니다.

코드랩

구글 코드랩codelab은 동작하는 예시 코드, 설명, 코딩 연습문제 등을 활용해 엔지니어에게 새로운 개념이나 프로세스를 가르치는 실습형 튜토리얼입니다.[23] go/codelab에서는 많이 활용되는 기술들의 코드랩 모음을 찾을 수 있습니다. 튜토리얼을 코드랩에 공개하려면 여러 차례의 공식 리뷰와 테스트를 거쳐야 합니다. 강사가 주도하는 수업과 내용이 고정된 문서의 장단점을 동시에 지니고 있습니다. 실습 형태라는 점에서 문서보다 적극적인 참여를 이끌어내며, 엔지니어들이 필요할 때 찾아보고 직접 완성해볼 수 있습니다. 단, 관리 비용이 많이 들며 학습자 개인의 특수한 요구에는 대응하지 않습니다.

정적 분석

정적 분석static analysis 도구는 검사 로직을 자동화할 수 있는 모범 사례들을 공유하는 강력한 수단입니다. 프로그래밍 언어별로 정적 분석 도구가 제각각이지만 목적은 하나입니다. 바로 코딩 가이드나 모범 사례를 적용해 개선할 수 있는 코드를 찾아서 코드 작성자나 리뷰어에게 알려주는 것이죠. 어떤 도구는 한 단계 더 발전하여 개선 사항을 자동으로 적용하게끔 제안하기도 합니다.

> **NOTE_** 정적 분석 도구에 관한 자세한 설명과 구글에서 어떻게 활용하는지는 20장을 참고하세요.

---

23 대외용 코드랩은 *https://codelabs.developers.google.com*에서 이용할 수 있습니다.

정적 분석 도구를 설정하기가 조금 까다롭겠지만 한 번 설정하고 나면 확장하기는 쉽습니다. 예컨대 모범 사례 검사 항목을 새로 하나 추가하면 그 도구를 사용 중인 모든 엔지니어가 즉시 이용할 수 있습니다. 덕분에 엔지니어 교육에 드는 시간과 노력도 절약됩니다. (모범 사례 검사는 자동으로 이루어지므로) 엔지니어들을 일일이 가르칠 시간에 다른 무언가를 가르칠 수 있는 것이죠. 정적 분석 도구는 엔지니어 개개인의 지식을 강화해주며, 조직 차원에서는 더 많은 모범 사례를 더 일관되게 적용해줍니다.

3.7.3 소외되지 않기

업무를 수행하려면 반드시 필요한 정보들이 있습니다. 엔지니어라면 표준 개발 프로세스가 대표적인 예겠지요. 생산성 개선 도구를 업그레이드하는 일은 유용하긴 하겠지만 상대적으로 덜 중요합니다. 전달하려는 지식의 중요도에 따라 정보 공유 매체가 '얼마나 공식적이어야 하는가'에 대한 기대치가 다릅니다. 예를 들어 공식 문서는 항상 최신 상태로 유지되기를 기대하지만, 뉴스레터에는 그런 기대를 하지 않기 때문에 더 편하게 관리할 수 있습니다.

뉴스레터

구글은 수많은 뉴스레터를 모든 엔지니어에게 뿌립니다. 대표적으로는 EngNews (엔지니어링 뉴스), Ownd (개인정보/보안 뉴스), Google's Greatest Hits (분기 중 가장 흥미로운 서비스 장애 소식) 등이 있습니다. 업무에 꼭 필요하지는 않지만 엔지니어들이 관심을 가질만한 정보를 유통하는 괜찮은 수단입니다. 이런 종류의 정보는 제공 빈도를 높이기보다는 내용을 더 유용하고 흥미롭게 채워야 효과적입니다. 그렇지 않으면 스팸 처리되기 십상입니다.

구글의 뉴스레터는 대부분 메일로 전달되지만 더 창의적인 형태로 배포되기도 합니다. 기발한 예로는 '화장실에서도 테스트Testing on the Toilet (TotT)' (테스트 팁)와 '화장실에서도 학습Learning on the Loo' (생산성 팁)이 있습니다. 화장실 벽에 붙이는 한 쪽짜리 뉴스레터로, 독특한 전달 형태 덕에 다른 뉴스레터와 차별화됩니다. 그리고 모든 내용을 온라인으로도 제공합니다.

> **NOTE_** TotT가 어떻게 탄생했는지는 11장에서 이야기합니다.

커뮤니티

구글러들은 다양한 분야에서 주제를 중심으로 다른 부서의 구글러들과 커뮤니티를 형성해 지식을 공유합니다. 이처럼 열린 소통 채널 덕분에 소속 팀이나 가까운 동료 외의 수많은 전문가로부터 무언가를 배우기가 더 수월합니다. 정보 섬과 중복 문제도 피할 수 있습니다. 대표적인 채널로는 구글 그룹스^{Google Groups}가 특히 유명합니다. 구글에서는 수천 개의 그룹이 활동 중입니다. 일부는 문제 해결에 전념하고, 코드 건실성^{Code Health} 그룹처럼 토론과 지침 개발에 초점을 둔 그룹도 있습니다. 사내에서 활용되던 구글 플러스^{Google+}는 직원들 사이의 비공식 정보 유통 채널로 인기가 높았습니다. 흥미로운 기술 분석이나 진행 중인 프로젝트에 관한 세부 정보 등이 많이 올라왔기 때문이죠.

3.8 가독성 제도: 코드 리뷰를 통한 표준 멘토 제도

구글에서 '가독성 제도^{readability}'[24]는 단순한 코드 가독성 이상을 의미합니다. 프로그래밍 언어 모범 사례를 전파하기 위한 구글 전사 차원의 '표준 멘토링 프로세스'를 지칭하죠. 그리고 언어 이디엄^{idiom; 관용어, 숙어}, 코드 구조, API 설계, 공통 라이브러리의 올바른 사용법, 문서화, 테스트 커버리지 등의 전문 지식을 광범위하게 다룹니다.

가독성 제도는 한 사람의 노력에서부터 출발했습니다. 구글 초창기에 크레이그 실버스테인^{Craig Silverstein}(직원 ID 3번)은 새로 채용한 직원이 처음으로 주요 코드를 커밋할 때마다 옆에 앉혀놓고 한 줄 한 줄 '가독성 리뷰'를 했습니다. 코드 개선 방법부터 공백 규칙에 이르기까지 모든 것을 다루는 매우 엄밀한 리뷰였죠. 그 덕분에 구글의 코드베이스는 일관된 모습을 갖추게 되었습니다. 더 중요하게는 신규 입사자에게 모범 사례를 가르치고, 어떤 공유 인프라를 활용할 수 있는지 알려줬으며, 구글에서의 코드 작성이란 어떤 것인지를 보여줬습니다.

필연적으로, 구글의 채용 규모는 크레이그 혼자서는 도저히 감당할 수 없을 만큼 커졌습니다. 그러자 이 리뷰의 가치에 공감한 수많은 엔지니어가 자발적으로 시간을 내어 함께 하기 시작했습니다. 오늘날에는 구글 엔지니어의 약 20%가 리뷰어 혹은 코드 작성자가 되어 가독성 인증 프로세스에 참여하고 있습니다.

---

24 옮긴이_ 일반적으로 통용되는 '가독성'과 헷갈리지 않도록 '가독성 제도'로 번역했습니다.

3.8.1 가독성 인증 프로세스란?

구글에서 코드 리뷰는 필수입니다. 모든 변경 목록changelist (CL)[25]은 가독성 승인을 얻어야 합니다. **가독성 승인**readability approval이란 해당 언어의 **가독성 자격증**readability certification이 있는 누군가가 해당 CL을 승인했다는 표시입니다. 자격증이 있는 작성자가 올린 CL은 가독성 승인이 암묵적으로 이루어지지만, 그렇지 않은 사람이 올린 CL은 한 명 이상의 가독성 리뷰어가 명시적으로 승인해줘야 합니다. 구글은 덩치가 너무 커져서 코드 리뷰만으로는 모든 엔지니어에게 모범 사례들을 충분히 엄격하게 가르치는 게 불가능해졌습니다. 그래서 가독성 승인이 추가되었습니다.

> **NOTE_** 구글 코드 리뷰 프로세스의 개요와 이 맥락에서의 승인approval이 의미하는 바가 무엇인지는 9장에서 확인하기 바랍니다.

구글에서 가독성 자격증은 일반적으로 언어별로 주어집니다. 따라서 가독성 자격증을 받은 엔지니어라 함은 '특정 프로그래밍 언어를 사용하여 구글의 모범 사례와 코딩 스타일에 맞는 명확하고 관용적이고 유지보수하기 쉬운 코드를 일관되게 작성하는 사람'이라는 뜻이 되죠. 가독성 자격증을 얻고자 하는 엔지니어는 가독성 인증 프로세스readability process를 통해 CL을 제출해야 합니다. 그러면 중앙의 가독성 리뷰어 그룹에서 CL을 검토하고 다양한 영역에서 모범 사례와 지침 등에 맞지 않는 부분을 찾아 피드백합니다. 코드 작성자가 가독성 지침들을 체득할수록 피드백 양은 점점 줄어들 것입니다. 이런 식으로 인증 프로세스를 무사히 졸업하면 정식으로 가독성 자격증을 수여받습니다. 그런데 자격증에는 책임이 따릅니다. 구글은 가독성 자격증을 받은 엔지니어라면 배운 지식을 자신의 코드에 항상 반영할 것이며, 스스로 리뷰어가 되어 동료 엔지니어들의 코드를 살펴봐줄 것이라고 믿기 때문입니다.

현재 약 1~2%의 구글 엔지니어가 가독성 리뷰어로 활동 중입니다. 모든 리뷰어는 지원자로 구성되며 자격증을 받은 엔지니어라면 누구든 스스로를 가독성 리뷰어로 추천할 수 있습니다. 리뷰어는 이미 특정 언어를 깊이 이해하고 있는 사람이지만, 다른 사람의 코드를 검토하며 가르쳐야 하므로 항상 최고 수준을 유지해야 합니다. 리뷰어는 가독성 제도를 게이트키핑gatekeeping이나 공격용 무기가 아닌, 가장 우선적이고 중요한 멘토링 수단이자 협업 수단으로

---

25 버전 관리 시스템에서 '하나의 변경'을 구성하는 파일들의 목록입니다. 변경 집합(changeset)이라고도 합니다.

생각하고 행동해야 합니다. 리뷰어와 CL 작성자는 검토 과정에서 활발히 토론하도록 안내받습니다. 리뷰어는 자신의 제안을 뒷받침하는 인용을 제공하여 CL 작성자가 해당 제안에 깔린 이론적인 근거를 배울 수 있게 합니다(체스터슨의 울타리!). 어떤 가이드든 근거가 불분명해 보인다면 CL 작성자는 더 명확하게 알려달라고 요청해야 합니다(질문하세요!).

가독성 제도는 표준화와 개인화가 융합된 방식의 지식 확장 수단입니다. 정확히 이 의도로 만든 인간 주도 프로세스죠. 가독성 제도는 또한 문서화된 지식과 현장 지식을 보완하는 훌륭한 수단입니다. 링크를 통해 관련 정보를 찾아볼 수 있는 문서의 장점과 어떤 지침을 참고해야 할지 잘 아는 전문가 리뷰어의 장점을 모두 제공하기 때문입니다. 언어별 표준 가이드는 문서로 꼼꼼하게 정리되어 있습니다(멋진 일이죠!). 하지만 너무 많은 정보를 담고 있어서[26] 특히 신규 입사자에게는 엄두가 나지 않을 수 있습니다.

3.8.2 가독성 인증 프로세스를 두는 이유

익히 알려졌다시피 코드는 작성되는 횟수보다 훨씬 많이 읽히며, 구글의 규모와 구글이 매우 큰 모노리포[monorepo][27]를 이용한다는 점을 감안하면 그 차이는 훨씬 커집니다. 모든 엔지니어는 다른 팀의 코드로부터 풍부한 지식을 얻을 수 있고, Kythe[카이스][28] 같은 강력한 도구가 있어서 전체 코드베이스에서 참조를 쉽게 찾을 수 있습니다(17장 참고). 문서로 정리된 모범 사례들(8장 참고)은 모든 구글 코드에서 따라야 하는 일관된 표준을 제공하는데, 가독성 제도는 이 표준들을 시행하고 전파하는 메커니즘인 것입니다.

가독성 제도는 엔지니어들에게 소속 팀에서 통용되는 현장 지식 이상을 전달한다는 매우 큰 장점을 선사합니다. 구글에는 회사 전반의 코드를 검토하는 중앙 가독성 리뷰어 그룹이 있고, 특정 언어의 가독성 자격증을 얻으려는 엔지니어는 이 리뷰어 그룹에 CL을 보내야 합니다. 이처럼 인증 프로세스를 중앙으로 집중시키는 장점과 단점은 명백합니다. 단점은 조직 규모가 커

---

26 2019년 기준으로, 구글 C++ 스타일 가이드만 해도 40쪽에 달합니다. 모범 사례들을 담아 놓은 보충 자료까지 포함하면 몇 배로 늘어나죠.

27 구글이 모노리포를 이용하는 이유는 *https://bit.ly/37vkDMK* 글을 참고하세요. 물론 구글의 코드 전부가 단일 리포지터리에 담기는 것은 아닙니다. 그리고 이번 절에서 설명하는 가독성은 리포지터리 전반에서 일관되게 지켜져야 하는 개념이므로 단일 리포지터리를 이용할 때만 적용합니다.
  옮긴이_ 모노리포는 여러 프로젝트를 하나의 리포지터리에서 관리하는 방식을 말하며, 반대로 프로젝트별 리포지터리를 따로 두는 방식은 멀티리포(multirepo) 혹은 매니리포(manyrepo)라고 합니다.

28 (Kythe 홈페이지) *https://kythe.io/*

졌을 때 인증 프로세스 규모도 선형으로밖에 확장할 수 없다는 것입니다. 반면, 일관성을 강화하고 정보 섬을 없애고 확립된 표준에서 (의도치 않게) 벗어나는 일을 막기 쉽다는 게 장점입니다.

코드베이스 전체가 일관될 때 얻는 가치는 아무리 강조해도 부족할 것입니다. 같은 언어로 작성된 코드라면 수천 명의 엔지니어가 수십 년 동안 작업하더라도 모두 비슷한 모습을 유지하게 해주죠. 그래서 코드를 읽는 엔지니어는 '이 코드는 왜 이 부분이랑 다르게 작성됐지?' 같은 의문에 방해받지 않고 코드가 하는 일에 집중할 수 있습니다. 코드를 대규모로 변경해야 하는 사람(22장 참고)은 단일 리포지터리 전체에 걸친, 수천 개 팀의 경계를 넘나드는 변경을 훨씬 수월하게 해낼 수 있습니다. 팀을 옮긴 사람도 새로운 팀의 코드가 기존 팀의 것과 크게 다르지 않으리라 확신할 수 있습니다.

이러한 혜택이 공짜로 얻어지는 건 아닙니다. 가독성은 구글에서 이루어지는 코드 작성 과정 전반(19장 참고)에서 반드시 지켜져야 하므로 문서화나 수업 같은 다른 매체보다 무거운 프로세스입니다. 비용이 절대 저렴하지 않으며, 다음은 이를 잘 보여주는 예입니다.

- 가독성 자격증을 받은 엔지니어가 한 명도 없는 팀에는 부담이 됩니다. CL에 가독성 승인을 해줄 리뷰어를 팀 바깥에서 찾아야 하기 때문입니다.
- 가독성 검토를 받아야 하는 작성자는 코드 리뷰를 한 차례 더 받아야 할 수 있습니다.
- 사람이 주도하는 프로세스이다 보니 확장성이 떨어집니다. 전문적인 코드 리뷰를 인간 리뷰어에 의존하여 진행하기 때문에 조직 성장에 맞춰 선형으로만 확장할 수 있습니다.

문제는 '들이는 비용에 비해 얻어지는 이익이 더 많은가'입니다. 물론 시간 요소도 감안해야 하죠. 사실 총 이익과 비용이 동일한 시간 척도에 있지도 않습니다. 가독성 제도는 '코드 리뷰가 길어진다는 단기적인 비용'과 '코드 품질 개선, 리포지터리 차원의 코드 일관성 향상, 엔지니어 전문성 향상에서 절약하는 장기적인 비용'을 의식적으로 맞바꾸는 제도입니다. 그래서 혜택의 시간 척도를 길게 잡을수록 코드의 기대 수명이 길다는 뜻이 됩니다.[29]

대부분의(어쩌면 모든) 엔지니어링 프로세스가 그렇듯이 개선의 여지는 항상 있습니다. 가령 적절한 도구를 잘 활용하면 비용을 일부 아낄 수 있습니다. 실제로 정적 분석 도구를 활용하면

---

29 이런 이유로 예상 수명이 짧은 코드에는 가독성 승인을 요구하지 않습니다. 대표적인 예로는 experimental/ 디렉터리와 에어리어 120(Area 120) 등이 있습니다. experimental/ 디렉터리는 프로덕션에 포함시킬 수 없는 실험용 코드를 모아두는 곳이고, 에어리어 120은 실험적 제품을 개발하는 사내 인큐베이션 부서입니다.

가독성 개선 제안 중 상당수를 자동으로 검출해서 설명과 함께 안내해줄 수 있습니다. 그래서 구글은 정적 분석에 꾸준히 투자하여 가독성 리뷰어들이 더 고차원적인 문제에 집중하도록 지원하고 있지요. 예를 들어 공백으로 끝나는 줄을 찾는 일처럼 자동으로 검출할 수 있는 문제는 도구에 맡기고, 리뷰어는 코드베이스에 익숙하지 않은 외부 엔지니어가 특정 코드 블록을 이해할 수 있을지에 집중해서 살펴보도록 해줍니다.

하지만 포부만으로는 부족합니다. 가독성 제도는 논란이 많은 프로그램입니다. 실제로 가독성 제도가 필요 이상으로 관료적인 장애물이며 엔지니어의 시간을 효율적으로 활용하지 못한다고 불평하는 엔지니어도 있습니다. 가독성 제도가 정말 단점보다 장점이 클까요? 답을 얻기 위해 우리는 엔지니어링 생산성 연구Engineering Productivity Research(EPR)팀에 문의해보았습니다.

엔지니어들이 가독성 인증 프로세스 때문에 오히려 방해를 받았는지, 혹은 무언가를 배웠는지, 자격증을 얻은 후 실제 행동에 변화가 있었는지 등, EPR팀은 가독성 제도를 면밀히 연구했습니다. 그리고 다행히도 가독성 제도가 엔지니어링 속도engineering velocity에 긍정적인 영향을 준다는 결론을 얻었습니다. 가독성 자격증을 받은 엔지니어들이 작성한 CL은 그렇지 않은 엔지니어들이 올린 CL보다 검토 시간이 평균적으로 훨씬 짧았습니다.[30] 자신의 코드 품질에 관한 자가 만족도 조사에서도 자격증을 받은 엔지니어 쪽의 만족도가 높았습니다(객관적인 평가 지표로는 부족합니다만). 그리고 가독성 인증 프로세스를 이수한 엔지니어 대다수가 만족해했고 가치가 있다고 응답했습니다. 이수자들은 리뷰어로부터 많이 배웠고, 코드를 작성하고 리뷰할 때 가독성 문제를 피하기 위해 자신의 태도와 행동을 고쳤다고 이야기했습니다.

NOTE_ 이 연구와 구글의 사내 엔지니어링 생산성 연구의 자세한 내용은 7장을 참고하세요.

구글은 매우 강력한 코드 리뷰 문화를 견지하고 있으며, 가독성 제도는 이 문화로부터 자연스럽게 확장된 결과물입니다. 한 엔지니어의 열정으로부터 시작하여 모든 구글 엔지니어를 멘토링해주는 공식적인 전문가 프로그램으로 성장하였습니다. 구글의 성장에 보조를 맞춰 발전하고 변모해왔으며 앞으로도 구글의 요구가 달라지면 그에 맞게 진화할 것입니다.

----

30 다양한 요인을 통제하고 연구해서 내린 결론입니다. 예를 들어 구글에서 일한 기간, 가독성 자격증이 없는 엔지니어의 CL은 자격증이 있는 엔지니어의 CL보다 일반적으로 검토를 더 여러 차례 거쳐야 한다는 사실 등을 감안했습니다.

3.9 마치며

지식은 비록 형태는 없을지라도 많은 측면에서 소프트웨어 엔지니어링 조직의 가장 중요한 자산입니다. 그리고 지식 공유야말로 조직에 탄력을 불어넣어 변화에 직면해서도 생존할 수 있도록 하는 데 결정적인 역할을 합니다. 개방적이고 정직한 지식 공유를 장려하는 문화는 지식을 조직 전반에 효율적으로 전파하여 날이 갈수록 조직이 더 확장되도록 해줍니다. 대부분 지식을 쉽게 공유하는 데 투자한 노력은 회사의 생애 동안 그 몇 배로 돌려받습니다.

3.10 핵심 정리

- 심리적 안전은 지식 공유 환경을 조성하기 위한 토대입니다.

- 작게 시작하세요. 질문하고 기록하세요.

- 직원들이 전문가와 문서화된 자료 모두로부터 필요한 도움을 쉽게 얻을 수 있도록 하세요.

- 자기 자신, 소속 팀, 소속 조직을 넘어, 자신의 전문 지식을 가르치고 전파하는 사람들을 격려하고 보상하는 체계적인 제도를 마련하세요.

- 만병통치약은 없습니다. 지식 공유 문화를 뿌리내리고 강화하려면 여러 가지 전략을 조합해야 합니다. 또한 조직에 가장 적합한 조합은 시간이 지나면서 달라질 수 있습니다.

CHAPTER 4

공정 사회를 위한 엔지니어링

지금까지는 프로그래밍과 소프트웨어 엔지니어링의 차이를 알아보았습니다. 프로그래밍은 당면한 문제에 집중하여 코드를 생산합니다. 그에 반해 소프트웨어 엔지니어링은 수십 년 혹은 평생에 걸친 유동적이고 모호한 문제에 대응하기 위해 코드, 도구, 정책, 프로세스 등을 응용하는 더 폭넓은 개념입니다. 이번 장에서는 다양한 계층의 사용자를 위한 제품을 설계할 때 엔지니어가 짊어져야 할 책임에 관해 이야기합니다. 나아가 조직이 다양성을 포용하여 모든 사람을 위하는 시스템을 설계하고 의도치 않게 사용자에게 잊지 못할 상처를 주는 일이 없게끔 하려면 어떻게 해야 하는지 알아봅니다.

소프트웨어 엔지니어링 분야는 아직 새롭기 때문에 사회적 약자나 다양한 문화권에 미치는 영향을 이해해가는 중입니다. 이번 장을 쓴 이유가 우리가 모든 답을 알기 때문이 아닙니다. 우리는 모릅니다. 사실 모든 사용자를 존중하면서 또 도움되는 제품을 만드는 방법은 구글도 여전히 배워가는 중입니다. 가장 취약한 고객들을 보호하지 못한 실패 사례를 구글도 많이 가지고 있습니다. 그래서 더 공정한 제품을 만드는 길의 시작은 우리 자신의 실패를 냉철하게 돌아보고, 거기서 한 걸음 더 내딛도록 장려하는 데서 출발한다고 믿습니다. 이번 장을 쓴 이유도 바로 이러한 믿음 때문입니다.

이유가 하나 더 있습니다. 전 세계에 영향을 미치는 결정을 내리는 사람들과 그 결정을 받아들일 수밖에 없는 처지의 사람들 사이의 힘의 균형이 점점 무너지고 있기 때문입니다. 심지어 자신들에게 해가 된다고 해도 약자들은 받아들일 수밖에 없습니다. 그래서 우리가 얻은 깨우침을 다음 세대에 전하여 차세대 엔지니어들은 우리보다 나은 결정을 내리도록 이끄는 일이 아주 중요해졌다고 생각합니다.

이 책을 집어 든 사람이라면 훌륭한 엔지니어가 되기를 갈망하리라 믿습니다. 문제를 해결하길 원할 것입니다. 최대한 많은 사람에게, 도달하기 어려운 사람들까지도 긍정적인 방향으로 이끌 제품을 만들고 싶을 것입니다. 그렇게 하려면 여러분이 만들 제품이 인류의 궤적을 변화시키는 데 어떻게 활용될지를 고려해야 합니다. 물론 올바른 방향으로 말이죠.

4.1 편견은 피할 수 없다

사용자의 국적, 민족, 인종, 성별, 연령, 사회 경제적 위치, 장애 여부, 신념 체계 등에 신경 쓰지 않는다면 가장 우수한 엔지니어라 할지라도 의도와 달리 사용자에게 피해를 줄 수 있습니다. 이런 실패가 때로는 의도적으로 벌어지기도 합니다. 모든 사람은 편견을 지니고 있습니다. 사회 과학자들은 지난 수십 년의 연구 결과 사람들 대부분이 무의식적인 편견 때문에 기존의 고정관념을 강화하고 퍼뜨린다는 사실을 밝혀냈습니다. 무의식적인 편견은 교묘하여 의도적인 배척 행위보다 물리치기 어려울 때가 많습니다. 심지어 옳은 일을 하려면서도 내면의 편견을 인지하지 못할 수 있습니다. 마찬가지로 우리가 속한 조직도 이런 편견이 존재하는지 확인하고, 인력 운용, 제품 개발, 봉사 활동 등에 잘못된 편견이 스며들지 않도록 조심해야 합니다.

편견 때문에 구글도 지난 몇 년간 대표성이 부족한 이들을 충분히 신경 쓰지 못했고, 그 결과 사용자들을 공정하게 대변하지 못하는 제품을 만들곤 했습니다. 약자들을 세심하게 배려하지 못하는 이유를 구글의 엔지니어 구성비에서 찾기도 합니다. 구글의 엔지니어는 대부분 남성이고, 백인 혹은 아시아인이라서[1] 우리 제품이 사용되는 모든 커뮤니티를 대변하지 못하는 게 사실입니다. 인력 구성 면에서 사용자들을 대표하지 못한다는 것은 우리 제품이 대표성이 부족하거나 취약 계층 사용자들에 미치는 영향을 이해하기에는 다양성이 부족할 수 있다는 뜻입니다.

----

1   구글 다양성 보고서 2019. *https://diversity.google/annual-report/*

사례 연구: 구글은 모든 인종을 포용하겠다는 목표를 이루지 못했다

2015년, 소프트웨어 엔지니어인 재키 알시네Jacky Alciné는 구글 포토Google Photos의 이미지 인식 알고리즘이 자신의 흑인 친구들을 '고릴라'로 분류한다고 지적했습니다.[2] 구글은 이 실수에 신속하게 대응하지 못했고 완벽히 해결하지도 못했습니다.

이런 치명적인 실패를 일으킨 원인은 무엇일까요? 몇 가지를 생각해볼 수 있습니다.

- 이미지 인식 알고리즘은 학습 데이터셋에 의존하기 때문에 '적절한'(때로는 '완벽한') 데이터셋이 필요합니다. 하지만 구글의 이미지 인식 알고리즘에 제공된 사진 데이터는 명백히 불완전했습니다. 요컨대 데이터가 인구 구성을 대표하지 못했습니다.

- 구글 자체(혹은 기술 산업이 전반적으로) 흑인을 충분히 대변하지 못했습니다(혹은 지금도 못하고 있습니다).[3] 이 사실이 이런 알고리즘을 설계하거나 데이터셋을 수집하는 데 영향을 주었습니다. 조직 자체의 무의식적인 편견이 더욱 편향된 제품을 탄생시킨 것입니다.

- 구글 이미지 인식의 타깃 시장에 대표성이 낮은 그룹이 제대로 포함되지 못했습니다. 그래서 구글 자체 테스트에서 이런 실수를 발견하지 못하여, 출시 이후에야 사용자에 의해 발견된 것입니다. 구글에게는 부끄러운 일이었고, 사용자에게는 피해를 주는 일이었습니다.

2018년까지도 구글은 이 문제를 완벽하게 해결하지 못했습니다.[4]

이 예에서 우리 제품은 부주의하게 설계되어 모든 인종을 균형 있게 포용하는 데 실패했습니다. 사용자에게 피해를 주었고 구글의 평판은 나빠졌습니다. 다른 기술도 비슷한 실패로 어려움을 겪곤 합니다. 문장 자동 완성 기능은 무례하거나 인종 차별적인 표현을 추천하기도 합니다. 구글의 광고 시스템도 인종 차별적 광고나 공격적인 광고를 노출하기도 하죠. 유튜브도 혐오 발언hate speech을 금하고 있지만 완벽히 걸러내지는 못합니다.

이상의 사례에서 기술 자체는 잘못한 게 없습니다. 예컨대 자동 완성은 특정 사용자를 우대하거나 차별하도록 설계되지 않았습니다. 하지만 혐오 발언에 해당하는 차별적 언어를 다 걸러내

---

2 (트위터 글) @jackyalcine. 2015. "Google Photos, Y'all Fucked up. My Friend's Not a Gorilla." Twitter, June 29, 2015. (옮긴이_ 현재는 삭제됨)

3 2018~2019년에 발표된 다수의 보고서에서 기술 업계 전반의 다양성 부족을 지적했습니다. 대표적으로 National Center for Women & Information Technology(https://oreil.ly/P9ocC)와 Diversity in Tech(https://oreil.ly/Y1pUW)가 있습니다.

4 (Wired 기사) "구글 포토는 여전히 고릴라 문제에 눈감고 있다(When It Comes to Gorillas, Google Photos Remains Blind)", Wired, January 11, 2018. https://bit.ly/3dNVctR

기에는 알고리즘이 충분히 유연하지 못하여 사용자에게 해를 주는 결과를 내놓은 것입니다. 구글 자체에 준 악영향도 명백했습니다. 사용자의 신뢰가 무너지고 참여도가 낮아졌습니다. 실제로 흑인, 라틴계, 유대인 입사 지원자들로부터 구글은 포용적인 플랫폼을, 나아가 포용적인 근무 환경을 제공한다는 믿음을 잃었습니다. 그 결과 '대표성이 높아지도록 채용한다'라는 구글의 목표도 타격을 입었습니다.

어떻게 이런 일이 일어날 수 있었을까요? 구글은 우수한 교육을 받거나 전문적인 경험을 갖춘 기술자, 즉 최고의 코드를 작성하고 테스트하는 특출난 프로그래머를 채용하며 "모두를 위한 제품을 만든다Build for everyone"가 브랜드 구호인 회사입니다. 하지만 실제로 그렇게 하고 있다고 주장하기에는 아직 갈 길이 멀어 보입니다. 이 문제를 해결하는 가장 좋은 방법은 소프트웨어 엔지니어링 조직 자체의 인적 구성을 제품이 목표하는 시장의 인적 구성과 비슷해지도록 돕는 것입니다.

4.2 다양성이 필요한 이유 이해하기

구글은 뛰어난 엔지니어가 되려면 제품 설계와 구현에 다양한 관점을 포용해야 한다고 믿습니다. 이는 새로운 엔지니어를 채용하거나 인터뷰하는 직원들도 전반적인 인력 구성 측면에서의 대표성까지 고려해야 한다는 뜻이기도 합니다. 예를 들어 여러분이 리크루터라면 채용 프로세스가 치우친 결과를 만들어내지는 않는지 파악해야 합니다. 의도치 않은 피해를 사전에 차단하는 방법을 이해하려면 반드시 갖춰져야 하는 중요한 전제 조건이 있습니다. 바로 '모두를 위한 제품을 개발하려면 먼저 우리가 어떤 사람들을 대표하는지를 이해해야 한다'는 것입니다. 이를 위해 엔지니어들이 폭넓은 주제의 교육과 훈련을 받도록 장려해야 합니다.

사업에 성공하려면 컴퓨터 과학 학위나 업무 경험만으로 훌륭한 엔지니어가 될 수 있다는 통념에서 벗어나는 일부터 출발해야 합니다. 때로는 컴퓨터 과학 학위가 꼭 필요한 출발점이 되기도 할 것입니다. 그렇지만 학위가 있다고 해서 (나아가 업무 경험까지 갖췄더라도) 자동으로 좋은 엔지니어가 되는 것은 아닙니다. 학위가 있는 사람만이 제품을 설계하고 구축할 수 있다는 믿음도 깨야 합니다. 요즘은 프로그래머 대부분이 컴퓨터 과학 학위를 가지고 있습니다.[5]

---

5   (컴퓨터 프로그래머 관련 미국 통계) *https://oreil.ly/2Bu0H*

코드를 짜고 변경 이론을 수립하고 주어진 문제에 적합한 방법론을 적용해 과제를 해결할 줄 압니다. 하지만 앞서 말씀드린 예들처럼 이것만으로 공정적이고 평등한 엔지니어링에 도달하기에는 부족합니다.

엔지니어는 타깃 생태계 전체의 틀을 잡는 데서 모든 일을 시작해야 합니다. 최소한 사용자의 인구 통계는 이해해야 하죠. 엔지니어는 자신과는 다른 사람들, 특히 제품을 사용하여 해를 입을 수도 있는 사람들에 초점을 맞춰야 합니다. 고려하기 가장 어려운 사용자는 절차나 환경 때문에 기술을 이용하지 못하고 소외된 사람들입니다. 이 문제를 해결하려면 엔지니어링팀은 현재는 물론 미래의 사용자도 대표해야 합니다. 팀 차원에서 다양한 계층을 대표할 수 없다면, 최소한 엔지니어 각각이 모두를 위한 제품을 만드는 방법을 배워야 합니다.

4.3 다문화 역량 갖추기

뛰어난 엔지니어라면 제품이 어떻게 다른 그룹의 사람들에게 유리하게 혹은 불리하게 작용하는지 이해하는 능력이 있어야 합니다. 엔지니어가 되려면 기술이 적성에 맞아야 함은 당연하고, 무언가를 만들어야 할 때와 아닐 때를 구분하는 **안목**도 갖춰야 합니다. 부정적인 결과를 낳는 기능이나 제품을 알아채는 역량과 거부할 수 있는 용기를 기르는 것도 이 안목에 포함됩니다. 고상하고 어려운 목표죠. 왜냐하면 높은 성과를 내는 엔지니어가 되는 데는 개인주의적인 성향이 크게 작용하기 때문입니다. 그러나 성공하기 위해서는 우리가 속한 커뮤니티를 벗어나 인터넷 활용도가 높지 않은 나라의 사용자들, 또는 우리 제품 때문에 소외되거나 뒤쳐질 수 있는 현재 사용자들에까지 시야를 넓혀야 합니다.

언젠가 여러분도 수십억 명이 매일 사용하는 도구를 만들 수 있습니다. 사람들이 삶의 가치를 되새겨보는 데 영향을 주는 도구, 사람들의 활동을 관찰하는 도구, 자녀와 사랑하는 이의 사진 같이 민감한 데이터를 찍고 간직하는 도구 등 무궁무진합니다. 엔지니어는 자신이 생각하는 것 이상의 힘을, 문자 그대로 사회를 변화시킬 힘을 지니고 있습니다. 그래서 뛰어난 엔지니어가 되려면 힘을 발휘하되 해를 끼치지 않아야 할 책임도 함께 있음을 이해해야 합니다. 첫 번째 단계는 많은 사회적, 교육적 요인 때문에 여러분에게 심어진 편견의 현재 상태를 인식하는 것입니다. 이를 인식하고 나면 종종 망각되는 쓰임새나 여러분이 만든 제품으로 인해 득을 보거나 피해를 입을 수 있는 사람들을 비로소 고려할 수 있게 될 것입니다.

업계는 인공지능과 머신러닝의 새로운 활용처를 전례 없는 속도로 찾아내며 미래로 내달리고 있습니다. 경쟁에서 살아남기 위해 높은 수준의 엔지니어링과 기술 인력을 육성하고자 투자를 늘리고 효율을 개선하는 데 몰두합니다. 하지만 잠시 멈춰서, 오늘날 누군가에게는 기술의 미래를 설계할 능력이 있고 다른 이들은 그렇지 못하다는 사실을 상기해야 합니다. 그래서 우리가 구축하는 소프트웨어 시스템이 모든 사람에게 번영을 가져다주거나 차별받지 않고 기술을 접할 수 있는 '잠재적인 기회를 날려버릴 가능성은 없는지' 이해해야 합니다.

역사적으로 시장 지배력과 수익을 높이는 전략 목표를 완수하는 길과 그 목표를 향한 추진력을 잠재적으로 둔화시킬 수 있는 길 앞에 놓인 기업들은 주로 전자를 선택했습니다. 그래야 빠르게 성장하고 회사 가치가 커진다고 판단했습니다. 많은 기업이 개인의 성과와 우수성을 중시하는 데 반해, 제품이 모든 영역에서 공정해야 한다는 책무는 상대적으로 등한시했기에 이러한 경향은 더욱 강해졌습니다. 대표성 약한 사용자들에 집중하면 공정성이 개선될 가능성이 확실히 커집니다. 앞으로는 기술 분야에서 경쟁력을 유지하려면 전 세계적인 시야에서 공정성을 키워주는 엔지니어링을 배워야 합니다.

어떤 회사에서 거리의 사람들을 스캔하고 캡처하고 식별하는 기술을 만든다고 하면 우리는 걱정이 앞섭니다. 개인정보가 유출될까 두렵고, 그 회사가 당장 혹은 미래에 우리 정보를 어떤 용도로 이용할지도 걱정입니다. 그럼에도 대부분의 엔지니어는 가령 얼굴 인식 서비스의 인식률이 인종별로 다르거나 AI가 때로는 위험하거나 부정확한 결과를 내놓음을 알더라도, 이 사실을 사회적 약자의 시각에서 바라보는 데 꼭 필요한 인식이 부족합니다.

아직까지 AI 기반 얼굴 인식 소프트웨어는 유색 인종이나 소수 민족을 구분하는 능력이 떨어집니다. 우리의 연구는 아직 충분히 포괄적이지 못하며 다양한 피부톤의 데이터가 부족합니다. 훈련 데이터가 편중되어 이에 기초한 소프트웨어가 특정 부류의 사람들만 제대로 인식한다면 결과를 신뢰할 수 없습니다. 따라서 더 완전하고 정확한 데이터를 확보하여 더 종합적이고 포용적인 제품을 만들기 위해 기꺼이 출시일을 미룰 줄도 알아야 합니다.

하지만 데이터 과학 자체는 사람이 평가하기가 쉽지 않습니다. 대표성을 갖추더라도 훈련 데이터셋이 여전히 편향되어서 잘못된 결과를 낳기도 합니다. 2016년의 연구에 따르면 미국 사법부 얼굴 인식 데이터베이스에는 1억 1,700만 이상의 미국 성인 데이터가 들어 있습니다.[6]

---

6   "The Perpetual Line-up: Unregulated Police Face Recognition in America." Center on Privacy & Technology at Georgetown Law, October 18, 2016. (The Perpetual Line-up 홈페이지) *https://bit.ly/3oQJvca*

하지만 미국 사회는 경찰력이 흑인 커뮤니티에 불리하게 집행되는 경향이 있어서 사법부 데이터를 얼굴 인식에 활용한다면 인종적으로 편향된 오류를 낼 가능성이 큽니다. 소프트웨어는 점점 빠르게 개발되고 배포되지만 독립적인 테스트는 그렇지 못합니다. 이런 심각한 잘못을 바로잡으려면 속도를 늦추고 입력 데이터의 치우침이 최소화되도록 힘써야 합니다. 그래서 구글은 현재 AI에 쓰이는 데이터셋이 근본적으로 편향되지 않도록 통계적인 학습을 수행합니다.

따라서 업계 전반이 다문화, 인종, 성별 등의 관점에서 더 성숙되도록 교육하는 일은 여러분의 책임일 뿐 아니라 여러분 고용주의 책임이기도 합니다. 기술 회사는 직원들이 계속해서 전문가답게 개발을 이어가도록 해야 하고 여러 분야에 걸쳐 포용적인 개발이 되도록 돌봐야 합니다. 조직 중 누구 하나가 다른 문화와 인구 통계를 배운다고 해결될 일이 아닙니다. 변하기 위해서는 우리 모두가 개인적으로 혹은 팀의 리더로서 전문적인 소프트웨어 개발과 리더십 기술은 물론 인류 전체의 다양한 경험을 이해할 수 있는 역량 개발에도 힘써야 합니다.

4.4 다양성 실천하기

적어도 우리가 종사하는 기술 분야에서 성행하는 제도적 차별에 대한 책임을 우리 모두가 져야 한다고 인정한다면 제도적인 형평성과 공정성을 확보할 수 있습니다. 제도가 잘못되었다면 우리가 책임져야 합니다. 특정 개인에게 떠넘기거나 못 본 척해봐야 효과가 없으며, 무책임한 태도입니다. 또한 공정성을 해치는 더 큰 사회적 문제에 대해서도 회사나 팀 내 역학 관계 탓으로 돌리는 태도 역시 무책임합니다. 다양성 지지자를 향해 털어놓는 가장 흔한 핑계는 대략 이렇습니다. "성심껏 노력하고는 있지만, 우리 책임은 아니에요. xx년이나 이어져온 관습적인 차별과 싸우는 게 쉬운 일은 아니잖아요?" 이야기가 이렇게 흘러가면 더 철학적이고 학문적인 논의로 빠지기 쉽고 업무 환경이나 결과를 개선하는 데 집중하지 못하게 합니다. 다문화 역량을 뿌리내리려면 사회의 불평등 시스템이 직장에, 특히 기술 분야의 일터에 미치는 영향을 더 포괄적으로 이해해야 합니다.

여러분이 대표성이 적은 그룹 출신의 엔지니어를 더 많이 고용해야 하는 관리자라면 전 세계에 걸친 차별의 역사와 그 영향을 파고드는 건 학문적으로는 의미 있는 싸움일 것입니다. 하지만 학문적인 토론을 넘어서서, 형평성과 공정성을 심어주는 수량화할 수 있고quantifiable 실행 가능한actionable 일에는 뭐가 있는지를 고민하는 게 더 중요합니다. 예를 들어 소프트웨어 엔지니어 리크루터라면 후보자 그룹의 균형을 맞춰야 할 책임이 있습니다. 후보자 중 여성 혹은 다른 소수자가 포함되어 있는가? 누군가를 고용한 후 어떠한 성장 기회를 주고, 그 기회가 공평하게 돌아가는가? 모든 테크 리드와 소프트웨어 엔지니어링 관리자가 팀 내 공정성을 강화할 수단을 가지고 있는가? 제도적인 장벽이 아무리 높고 견고하더라도 우리 모두가 그 제도의 일원임을 인정하는 게 중요합니다. 그 문제를 풀어야 할 사람은 바로 우리 모두입니다.

4.5 단일한 접근 방식 거부하기

기술 분야의 불평등을 해소하는 데 단 하나의 철학이나 방법론을 고집할 수는 없습니다. 우리의 문제는 복잡하며 여러 요인이 복합적으로 작용합니다. 따라서 직장에서의 대표성을 높이려면 단일한 접근 방식에서 탈피해야 합니다. 존경받는 사람이나 권력을 쥔 사람이 밀어붙인다고 할지라도 말입니다.

기술 업계에서는 흔히들 '채용 과정만 바로잡으면 대표성 부족을 해소할 수 있다'라고 믿곤 합니다. 물론 채용은 뿌리에 해당하는 단계지만 당장 해결해야 할 문제는 아닙니다. 대표성을 갖춰 고용하는지는 물론 인종, 성별, 사회 경제적 혹은 이주 여부와 상관없이 양질의 교육을 받고 있는지에 초점을 맞춰야 합니다. 동시에 구성원들의 승진과 고용 유지(이탈 방지) 측면에서도 제도적인 차별이 없는지 예의주시해야 합니다.

기술 업계에서는 소수 집단에 속한 수많은 사람들이 매일매일 성장의 기회를 놓칩니다. 구글에서는 흑인 직원의 이직률이 다른 모든 그룹의 이직률보다 높아서[7] 대표성 개선이라는 목표 달성에 혼란을 줬습니다. 변화를 이끌고 대표성을 개선하려면 꿈이 있는 모든 엔지니어와 기술 전문가가 훌륭히 성장할 수 있는 생태계를 만들고 있는지를 스스로 평가해봐야 합니다.

올바른 해법을 찾으려면 문제의 모든 요인을 완벽히 이해해야 합니다. 중요한 데이터의 마이그레이션부터 대표성을 갖춘 인력 채용에 이르기까지 모든 문제가 해당하죠. 예를 들어 여성을 더 많이 채용하려는 엔지니어링 관리자라면 단순히 채용 프로세스 개선에만 신경 써서는 부족합니다. 채용 후 고용 유지와 승진 등 시스템의 다른 측면에서도 여성을 공정하게 대우하는지 깊이 살펴야 합니다. 리크루터가 성별 구분 없이 능력 있는 후보자를 알아보는 식견을 갖추고

---

7 「구글 다양성 보고서 2019」 *https://oreil.ly/JFbTR*

있는지 확인하세요. 여러분이 다양한 사람들로 구성된 엔지니어링팀을 이끄는 사람이라면 심리적 안전에 집중하고 다문화 역량을 키우는 데 투자하여 새로 들어온 팀원이 환영받는다고 느끼도록 만드세요.

오늘날의 개발은 많이 쓰이는 기능을 먼저 만들고 특수한 상황에 쓰이는 기능이나 개선은 나중으로 미루는 방식으로 주로 진행됩니다. 하지만 여기에는 결함이 있습니다. 기술을 접하기에 유리한 사람들에게 우선권을 줌으로써 불평등을 가중하는 방식인 것입니다. 모든 사용자층을 고려하는 일을 설계 막바지까지 미룸으로써 훌륭한 엔지니어의 기준을 낮추는 꼴입니다. 대신 시작부터 포용적으로 설계하여 개발이 지향해야 하는 기준점을 높여주세요. 그리하여 기술을 접하기 어려운 사람들도 쉽게 접할 수 있고 행복하게 활용할 수 있는 도구를 만들어주세요. 이런 식으로 우리는 모든 사용자의 경험을 개선할 수 있습니다.

가장 소외받는 사람들을 위해 설계한다는 것은 현명함을 넘어 모범 사례라 할 수 있습니다. 분야를 불문하고 차별받고 대표성 낮은 사용자를 위한 제품을 개발하려는 기술자가 수행해야 할 다음 단계는 무엇일까요? 실용적이고 바로 행할 수 있는 일이 하나 있습니다. 더 포괄적인 사용자 경험을 연구하는 것입니다. 이 연구는 다양한 언어와 문화, 그리고 여러 국가에 걸친 사회경제적 계층, 장애 여부, 연령대를 아우르는 사용자 그룹을 대상으로 진행해야 합니다. 가장 어렵고 가장 소외된 사용 사례를 최우선으로 살펴보세요.

4.6 확립된 프로세스에 도전하기

더 공정한 제도를 만들기란 제품을 더 포용적으로 설계하는 것 이상으로 어려운 도전입니다. 공정한 제도 개발이란 때론 잘못된 결과를 낳는 기존 프로세스에 반하는 도전을 의미합니다.

공정성 영향도를 평가한 최근 사례를 들여다볼까요? 구글의 일부 엔지니어링팀에서 글로벌 채용 요청 시스템을 구축했습니다. 외부 채용과 사내 이동 모두를 지원하는 시스템이었죠. 개발에 참여한 엔지니어들과 제품 관리자들은 핵심 사용자라고 생각한 그룹, 즉 리크루터recruiter들의 목소리를 귀담아 들었습니다. 리크루터들은 채용 관리자hiring manager[8]와 지원자의 시간 낭비

---

8 옮긴이_ 일반적으로 리크루터는 지원자 모집과 초기 인터뷰까지 진행하는 사람을 말하며, 채용 관리자는 최종적으로 도장을 찍는 사람을 뜻합니다.

를 줄이는 일에 우선순위를 두어 채용 관리자의 효율과 지원자의 수를 늘리는 데 집중한 유스 케이스를 개발팀에 전달했습니다. 예를 들어 누군가 사내 이동 건에 관심을 표하는 즉시 채용 관리자와 리크루터에게 지원자의 성과 등급을 (특히 등급이 낮으면 더욱) 부각해 보여주는 기능을 추가해달라고 요청했습니다.

표면적으로 보면 평가 프로세스의 속도를 높이고 구직자의 대기 시간을 줄여주는 건 훌륭한 목표입니다. 그렇다면 이 사례에서 불공정 문제는 어디에 숨어 있을까요? 구글에서는 다음과 같은 공정성 문제들이 제기되었습니다.

- 기존의 평가가 향후 성과를 예측하는 척도인가요?
- 성과 평가가 다음 관리자에게 편견을 주지 않을까요?
- 성과 평가 점수가 회사 전체적으로 표준화된 것인가요?

이 질문 중 하나라도 답이 '아니오'라면 성과 등급을 보여주는 건 불공정하다는 것을 의미합니다. 그래서 잘못된 결과로 이어질 수 있습니다.

실제로 한 뛰어난 엔지니어가 과거의 성과로 미래의 성과를 예측할 수 있는지 의문을 제기했고, 구글은 심층 분석해보기로 결정했습니다. 그 결과 낮은 평가를 받은 많은 직원이 팀 이동 후 평가가 좋아졌음을 알아냈죠. 심지어 낮은 평가를 한 번도 받지 않은 직원들만큼 만족스럽고 훌륭한 평가를 받았습니다. 요컨대 성과 등급은 해당 평가 시점에 그 사람이 맡고 있던 역할을 얼마나 잘 수행했느냐를 말해줄 뿐입니다. 등급은 특정 시기의 성과 평가에 중요한 수단인 건 사실이지만 미래의 성과를 예견해주지는 못했던 것이죠. 그래서 앞으로 맡길 역할에 준비되어 있느냐를 평가하거나 팀 이동 시 자격을 논하는 데 이용되어서는 안 됩니다. (하지만 팀 이동 희망자가 현재 팀에 적합한지를 평가하는 데는 참고할 수 있습니다. 따라서 그 직원을 더 잘 도와주려면 어떻게 해야 하는가를 고민해볼 기회로 활용할 수 있습니다.)

이 심층 분석에는 상당한 기간이 소요됐지만 사내 이동 프로세스의 공정성을 개선하는 데 기여했습니다.

4.7 가치 vs 결과

구글은 채용에 상당한 투자를 해왔습니다. 앞의 예에서 알 수 있듯이 공정성과 포용력을 개선하기 위해 내부 프로세스를 끊임없이 평가해왔습니다. 더 넓게 보면, 우리의 핵심 가치는 다양하고 포용적인 인적 구성을 존중하며 이 목표를 이루어내겠다는 흔들림 없는 약속을 기초로 합니다. 하지만 전 세계 사용자를 대표하게끔 채용하려는 목표에는 매년 미달하고 있습니다. 포용력을 높이는 계획을 지지하고 채용과 승진 제도를 개선하기 위해 마련한 여러 정책과 프로그램에도 불구하고 결실로까지 온전히 이어지게 하는 데는 어려움을 겪고 있습니다. 실패의 원인은 회사가 추구하는 가치, 의도, 투자보다는 현실에 적용하는 과정에서 정책들을 어떻게 응용하느냐에 달린 것 같습니다.

오래된 관례를 깨기는 어렵습니다. 그동안 피드백해준 현재의 사용자들이 여러분이 도달해야 할 모든 사용자를 대표하지는 않을 수 있습니다. 여성의 신체에는 적합하지 않은 웨어러블 기기부터 피부색이 어두운 사람에게는 효과가 없는 화상 회의 소프트웨어에 이르기까지 온갖 종류의 제품에서 이런 사례는 빈번하게 나타납니다.

그렇다면 우리가 나아가야 할 방향은 어디일까요?

1. **자신을 솔직하게 바라보고 성찰하자.** 구글의 브랜드 구호는 '모두를 위한 제품을 만든다'입니다. 회사를 대표성 있는 인력들로 꾸리지 못하고 커뮤니티의 피드백을 모아 알려주는 참여 모델을 갖추지 못한 상황에서 어떻게 모두를 위한 제품을 만들어낼 수 있을까요? 할 수 없습니다. 여전히 인종 차별주의, 반유대주의, 동성애 혐오 콘텐츠로부터 취약한 사용자들을 보호하는 데 실패하고 있습니다.

2. **모두를 위해 만들지 말자. 모두와 '함께' 만들자.** 우리는 아직 모든 사람을 위한 제품을 만들지 못하고 있습니다. 이런 일은 무에서부터 이루어질 수 없습니다. 기술이 여전히 전체 인구를 대표하지 못하는 상황에서는 불가능한 일이죠. 그렇다고 포기할 수는 없습니다. 자, 그렇다면 모두를 위한 제품을 만드는 길은 무엇일까요? 바로 사용자와 함께 만드는 것입니다. 우리는 다양한 스펙트럼의 사용자를 참여시키고 가장 취약한 커뮤니티를 의식적으로 제품 설계의 중심으로 초대하려 노력합니다. 이들에 대한 고려를 나중으로 미뤄서는 안 됩니다.

3. **제품을 이용하기 가장 어려운 이들을 위해 설계하자.** 다른 사람들보다 더 많은 어려움을 겪는 이들까지 고려한다면 모두에게 더 좋은 제품이 만들어질 것입니다. '단기적인 속도를 위해 공정성을 포기하지 말자'라고 표현할 수도 있겠군요.

4. **가정하지 말고, 시스템 전반의 공정성을 측정하자.** 결정권자들도 편향될 수 있고 불공정의 원인에 관하여 제대로 교육받지 못했을 수 있음을 알아야 합니다. 공정성 문제의 범위를 파악하거나 측정할 전문 지식이 여러분에게 없을 수도 있습니다. 하나의 사용자층에 집중하다 보면 다른 사용자층을 떠나게 할 수 있습니다. 균형점을 찾기는 어려우며 되돌리기는 불가능할지 모릅니다. 그러니 다양성, 공정성, 포용성 전문가(혹은 팀)와 협력해야 합니다.

5. **변할 수 있다.** 감시, 허위 사실 유포, 사이버 폭력 등 오늘날의 기술은 심각한 문제에 직면해 있습니다. 과거에 이미 실패한 방식이나 당장 보유한 기술만으로는 이러한 문제들을 해결할 수 없습니다. 우리는 변해야 합니다.

4.8 관심을 잃지 말고 전진하자

공정 사회로 가는 길은 길고 험난합니다. 하지만 단순히 도구와 서비스를 구축하는 데서 벗어나 우리가 만든 제품이 인류에 어떤 영향을 주는지를 더 깊이 이해해야 합니다. 교육 개선, 팀과 관리자 변화 이끌기, 더 포괄적인 사용자 조사 등은 모두 한 걸음 앞으로 내딛기 위한 방법들입니다. 변화가 불편하거나 높은 수준에 도달하기가 쉽진 않을지라도 함께 노력하고 창의력을 발휘하면 도달할 수 있습니다.

마지막으로 미래의 훌륭한 엔지니어로서 우리는 편견과 차별 때문에 가장 고통받는 사용자들에게 최우선으로 관심을 기울여야 합니다. 모두가 실패를 공유하고 지속적인 개선에 힘을 쏟으면 더 빠르게 전진할 수 있습니다. 엔지니어가 되려면 함께 그리고 멈추지 말고 전진해야 합니다. 우리 목표는 불합리함을 겪는 사람들을 더 이상 소외시키지 않고 인류를 더 나은 길로 이끄는 변화를 만들어내는 것입니다. 미래의 훌륭한 엔지니어로서 우리는 시스템이 미래에 겪을 실패를 막아낼 수 있다고 믿습니다.

4.9 마치며

소프트웨어 그리고 소프트웨어 조직은 팀이 하나 되어 만들어가는 것입니다. 지금 우리는 전 세계의 모두가 연결된 세상에 살고 있기 때문에 소프트웨어 조직이 커질수록 사용자들의 목소리에 응답할 수 있도록 설계해야 합니다. 그리하여 소프트웨어를 설계하는 개발팀과 그들이 만드는 제품에 다양한 사용자층을 아우르는 가치가 반영되도록 더 정진해야 합니다. 엔지니어링 조직의 규모를 늘리려면 소수 집단을 무시해서는 안 됩니다. 조직 내에 소수 집단 출신 엔지니어를 포함시킨다면 조직 자체를 강화할 뿐 아니라, 더 큰 세상에 진정 유용한 소프트웨어를 설계하고 구현하는 데 꼭 필요한 특별한 눈을 제공해줄 것입니다.

4.10 핵심 정리

- 우리는 편견에서 벗어날 수 없습니다.

- 다양한 사용자층을 포용하도록 설계하려면 조직 구성 측면에서도 반드시 다양성을 갖춰야 합니다.

- 포용성은 소수 집단 채용 프로세스 개선에 반드시 필요합니다. 포용성은 모든 직원을 차별 없이 지원하는 근무 환경을 조성하는 데에도 아주 중요합니다.

- 제품 개발 속도는 모든 사용자에게 진정 유용해야 한다는 관점에서 평가되어야 합니다. 일부 사용자에게 해를 끼칠 수 있는 제품이라면 차라리 출시를 늦추는 편이 낫습니다.

CHAPTER 5

팀 이끌기

지금까지 소프트웨어를 제작하는 팀의 구성과 문화와 관한 이야기를 다뤘다면, 이번 장에서는 이 모두를 궁극적으로 책임져야 할 '사람'으로 시선을 돌려보려 합니다.

어떤 팀도 리더 없이는 제대로 굴러갈 수 없습니다. 구글처럼 엔지니어링이 거의 팀의 단합된 노력으로 이뤄지는 회사라면 더욱 그렇죠. 구글은 리더 역할을 두 가지로 구분해 생각합니다. **관리자**^{manager}는 사람을 이끌고 **테크 리드**^{tech lead}는 기술과 관련한 책임을 집니다. 책임지는 대상 면에서는 차이가 크지만 두 역할에 필요한 기술은 꽤나 비슷합니다.

선장 없는 배는 그저 길을 잃은 조각배에 지나지 않습니다. 누군가 방향타를 잡고 엔진을 켜지 않는다면 해류를 따라 정처 없이 표류하게 되죠. 소프트웨어도 이와 같습니다. 조종하는 사람이 없다면 엔지니어들은 값진 시간을 허비하며 그저 무슨 일이 벌어지기만을 기다리는 꼴입니다(심지어 필요도 없는 코드를 작성하면서 말이죠). 이번 장의 주제는 사람 관리와 기술 리더십입니다만, 여러분이 개인 기여자^{individual contributor}(IC)[1]라 해도 읽어두면 좋을 것입니다. 여러분의 리더를 이해하는 데 조금은 도움이 될 테니까요.

---

1 옮긴이_ 구글에서는 개인 기여자(IC)도 관리자나 테크 리드처럼 하나의 역할을 가리키는 이름입니다. 같은 직급/레벨에서도 IC가 될지 관리자나 테크 리드가 될지를 선택할 수 있습니다. 어떤 한국 기업에서는 직원의 사내 성장 방향을 '전문가 트랙'과 '관리자 트랙'으로 나눠 관리하기도 하는데, 이때 말하는 '전문가'에 해당한다고 봐도 좋을 것입니다.

5.1 관리자와 테크 리드(혹은 둘 다)

모든 엔지니어링팀에는 일반적으로 리더가 있지만 리더를 모셔오는 방법은 다를 수 있습니다. 실제로 구글에서는 경험 많은 관리자가 팀을 운영하기도 하고, 어떨 때는 특정한 기여자를 리더로 승진시키기도 합니다(주로 작은 팀에서).

신생 팀이라면 관리자와 테크 리드 역할을 한 사람이 맡습니다. 이를 **테크 리드 매니저**^{tech lead manager}, 줄여서 TLM이라 하지요. 규모가 더 큰 팀에서는 사람을 관리해본 경험이 많은 이가 관리자 역할을, 기술을 잘 아는 선임 엔지니어가 테크 리드 역할을 맡습니다. 관리자와 테크 리드는 각각이 엔지니어링팀의 성장과 생산성에 큰 영향을 주지만 관리자에게는 대인 관계 측면에서의 기술^{people skill}이 훨씬 많이 요구됩니다.

5.1.1 엔지니어링 관리자

많은 회사에서 훈련된 인사 관리자에게 엔지니어링팀의 운영을 맡깁니다. 소프트웨어 엔지니어링에는 거의 무지하더라도 말이죠. 하지만 구글은 엔지니어링을 아는 사람만이 소프트웨어 엔지니어링 관리자가 될 수 있도록 했습니다. 그러기 위해 소프트웨어 엔지니어 경험이 있는 관리자를 고용하거나 기존 소프트웨어 엔지니어를 관리자로 훈련시키곤 합니다(이 훈련에 관해서는 뒤에서 다시 이야기하겠습니다).

거시적인 측면에서 엔지니어링 관리자는 자신이 관리하는 팀의 구성원 모두(테크 리드도 포함)의 성과^{performance}, 생산성^{productivity}, 행복^{happiness}을 책임져야 합니다. 그와 동시에 팀에서 만드는 제품의 사업적 요구까지 충족시켜야 하죠. 하지만 사업적 요구와 개별 팀원의 요구가 항상 일치하는 것은 아니라서 이따금 관리자를 난처한 상황에 놓이게 합니다.

5.1.2 테크 리드

팀의 테크 리드는 당연히도 제품의 기술적인 면, 즉 기술과 관련한 결정과 선택, 아키텍처, 우선순위, 성능과 일반적인 프로젝트 관리를 책임집니다. 테크 리드는 팀 관리자의 직속일 때가 많고, 규모가 큰 팀일 경우엔 별도의 프로그램 관리자^{program manager}를 두어 프로젝트 관리를 지원토록 하기도 합니다. 테크 리드는 엔지니어링 관리자와 긴밀히 협조하여 맡겨진 제품을 개발하는 데 필요한 팀원을 확보하고 엔지니어들의 기술 스펙트럼과 기술 수준을 최대한 활용해 목표를 완수하게끔 이끌어야 합니다. 대부분의 테크 리드는 개인 기여자이기도 해서 때로는 직접 나서서 빠르게 일을 처리할지, 아니면 속도는 다소 더디더라도 다른 팀원에게 위임할지를 판단해야 합니다. 팀의 규모와 역량이 커질수록 위임하는 편이 나을 때가 많습니다.

5.1.3 테크 리드 매니저

엔지니어링 관리자가 기술적인 지식도 다양하게 알고 있어야 하는 소규모의 초기 팀에서는 기본적으로 테크 리드 매니저를 두는 경우가 많습니다. TLM은 인적, 기술적 요구를 혼자 관장하는 사람입니다. 그래서 주로 경력이 오래된 사람에게, 특히 최근까지 개인 기여자였던 사람에게 맡깁니다.

구글에서는 규모가 크고 잘 조직된 팀이라면 테크 리드와 엔지니어링 매니저를 각 1명씩, 총 두 명이 이끄는 것이 통례입니다. 완전히 번아웃$^{burn-out}$되지 않고서 두 역할을 동시에 수행하기란 너무도 어렵기 때문이죠. 그래서 각각에 집중하는 전문가를 독립적으로 두는 편이 낫습니다.

TLM 역할은 만만치 않아서 자신의 일, 위임, 사람 관리 사이에서 균형을 잡는 요령을 배워야 합니다. 그래서 백전노장 TLM으로부터 고차원적인 멘토링과 지원을 받아야 하는 게 보통이죠. (사실 구글은 이 주제로 다양한 수업을 제공하며 TLM 역할로 성장하는 과정을 정기적으로 조언해줄 선임 멘토를 찾으라고 권합니다.)

사례 연구: 권한 없이 영향 미치기

직속 직원에게 제품과 관련한 업무 지시를 내리는 것은 당연합니다. 하지만 관리 조직 밖의 사람에게, 심지어 제품 영역 밖의 사람들에게까지 영향력을 행사하여 여러분이 원하는 어떤 일을 하게끔 만드는 것은 매우 다른 차원의 이야기죠. 이를 '권한 없는 영향력'이라 하며 여러분이 개발할 수 있는 가장 강력한 리더십의 특징에 속합니다.

예를 들어 구글의 선임 엔지니어링 펠로우이자 구글 내에서 아마도 가장 유명한 직원인 제프 딘$^{Jeff\ Dean}$은 수년간 구글 엔지니어링팀 중 '일부'를 이끌어왔습니다. 하지만 제프가 내린 기술적 결정과 방향은 엔지니어링 조직 전체에, 아니 그 너머에까지 영향을 주었습니다(멋진 글쓰기 능력과 사외 강연도 한몫하였죠).

다른 예도 있습니다. 제가 데이터 해방 전선The Data Liberation Front이라고 부르는, 여섯 명 이하의 엔지니어로 구성된 작은 팀 이야기입니다. 이 팀은 구글 테이크아웃Google Takeout이라는 제품을 만들었고, 90개 이상의 다른 구글 제품들이 데이터를 외부로 내보내는 데 테이크아웃을 이용하는 성과를 이루었습니다. 경영진 차원에서 테이크아웃을 활용하라고 지시한 것도 아닌데 과연 어떻게 수백 명의 엔지니어가 사용하게끔 만들 수 있었을까요? 이 팀은 먼저 회사의 전략적 요구를 파악하고 그 요구가 회사의 사명과 우선순위와 어떻게 연관되는지 보여주었습니다. 그리고 소수의 엔지니어와 협력하여 다른 팀들이 테이크아웃을 빠르고 쉽게 통합할 수 있는 도구를 개발해 제공했기 때문입니다.

5.2 개인 기여자에서 리더로

공식적으로 임명되든 아니든 누군가는 운전석에 앉아야 제품이 어느 방향으로든 나아갈 수 있습니다. 만약 여러분이 동기부여가 확실하고 참을성이 부족한 유형이라면 바로 그 운전자가 여러분일 수 있습니다. 스스로는 팀 내 갈등을 해결하고 결정을 내리고 사람들을 조율하는 데 소질이 없다고 생각할지 모릅니다. 하지만 어쩌다 보니 리더가 되어 있는 상황은 아주 흔합니다. 리더가 될 의사가 전혀 없었더라도 말이죠. 그래서 이 고통을 '관리자염(炎)manageritis'이라고 하는 사람도 있습니다.

여러분 스스로 '난 절대 관리자는 되지 않을 거야'라고 맹세했더라도 경력이 쌓이다보면 어느 순간 리더의 위치에 올라서 있는 자신을 발견하게 될 것입니다. 주어진 역할을 성공적으로 완수한 사람일수록 더 그렇죠. 이 장의 나머지는 이런 상황이 닥쳤을 때 무엇을 해야 하는지를 이해하는 데 도움드릴 목적으로 썼습니다.

여러분에게 관리자가 되라고 설득할 의도는 없습니다. 그대신 최고의 리더가 겸손, 존중, 신뢰라는 원칙 하에서 팀을 지원하는 이유를 보여드리고자 합니다. 리더십의 장단점을 이해하느냐 못하느냐는 업무의 방향에 지대한 영향을 줍니다. 프로젝트라는 배를 그저 해류를 따라 표류하게 두지 않으려면 항해술을 익혀야 합니다. 그렇지 않으면 여러분 자신과 프로젝트 모두 모래톱에 박히게 될 것입니다.

5.2.1 두려워해야 할 건 오직... 전부다

사람들 대부분이 '관리자'라는 단어를 불쾌해 합니다. 이 이유 말고도 사람들이 관리자가 되기 싫어하는 이유가 몇 가지 더 있습니다. 소프트웨어 개발 분야에서 가장 큰 이유는 바로 코딩할 시간이 크게 줄어든다는 점입니다. 테크 리드가 되든 엔지니어링 관리자가 되든 마찬가지입니다. 이 주제는 이번 장 뒤에서 다시 논하기로 하고, 우선은 우리 대부분이 관리자가 되기 싫어하는 다른 이유들부터 살펴보겠습니다.

경력 대부분을 코딩하며 보낸 사람이라면 하루의 끝에서 작성한 코드, 설계 문서, 해결한 버그 더미 등을 가리키며 '이게 오늘 내가 한 일이야'라고 외칠 수 있습니다. 하지만 '관리' 일로 바삐 보낸 하루의 끝에서는 '오늘 한 일이 하나도 없군'이라고 생각하게 되는 경우가 허다합니다. 이는 마치 매일 사과를 선별하는 일을 수년간 해온 사람이 바나나 재배업으로 전업한 후 '오늘은 사과를 하나도 선별하지 못했군'이라고 푸념하는 꼴입니다. 바로 옆에는 바나나 나무들이 무럭무럭 자라고 있는데도 말이죠. 관리 업무를 수량화하기는 위젯 제작보다 까다로운 게 사실입니다. 하지만 관리를 통해 팀에 활기를 불어넣고 생산성을 높일 수 있습니다. 바나나를 재배하면서 사과를 세는 함정에 빠지지 마세요.[2]

대놓고 말하지는 않지만 관리자가 되지 않으려는 커다란 이유가 하나 더 있습니다. 이 이유는 유명한 '피터의 법칙Peter Principle; 혹은 피터의 원칙'에 뿌리를 두고 있죠. 피터의 법칙에 따르면 위계 조직에서 직원들은 '자신의 무능력이 드러나는 직급'까지 승진하는 경향이 있습니다.[3] 구글은 이 법칙을 피하기 위해 다음 직급으로 승진시키기 전에 현 수준 이상의 일을 일정 기간 맡겨봅니다. 대다수 사람은 자신의 일을 제대로 못하는, 혹은 사람 관리가 정말 꽝인 관리자[4]와 일해본 경험이 있을 것입니다. 평생을 안 좋은 관리자와만 일한 사람도 있고요. 경력 전체를 형편없는 관리자와만 일해왔다면 관리자를 꿈꾸기는 어려울 것입니다. 본인이 잘할 수 없을 것 같은 역할로 굳이 승진하고 싶어 하지 않는 게 인지상정이죠.

하지만 다음의 이유에서라면 테크 리드나 관리자가 되는 것도 고려해봄직 할 것입니다. 첫째,

---

2   관리 업무는 효과가 나타나기까지 보통 더 긴 시간을 인내해야 한다는 사실에도 익숙해져야 합니다.

3   옮긴이_ 교육학자인 로렌스 피터(Lauence J. Peter)가 내놓은 이론입니다. 이 법칙에 따르면 주어진 위치에서 뛰어난 성과를 내는 직원은 승진을 거듭하다가 더는 성과를 낼 수 없는 위치까지 올라선 후 멈추게 됩니다. 그래서 결국 조직 전체가 무능한 사람들로 채워지는 역설적인 상황에 처하는 것이죠. 조직의 보상과 승진 제도가 적절한지, 나아가 의도대로 시행되고 있는지를 돌아보게 해주는 이론입니다.

4   코드는 정말 잘짜지만 사람을 관리하거나 팀을 이끌 마음이 전혀 없는 엔지니어에게 억지로 관리자나 테크 리드 역할을 맡기면, 여러분은 형편없는 관리자를 얻는 대신 뛰어난 엔지니어를 잃게 됩니다. 나쁜 생각일뿐 아니라 능동적으로 회사에 피해를 주는 처사입니다. 회사가 승진 체계만을 이유로 직원을 억지로 관리자로 올리면 안 되는 예입니다.

여러분 자신의 경력 스펙트럼을 확장하는 길입니다. 여러분이 코딩에 아무리 능하더라도 혼자서 작성할 수 있는 코드 양에는 분명 한계가 있습니다. 훌륭한 엔지니어들로 꾸려진 팀 하나가 여러분의 리더십 아래 생산해내는 코드를 상상해보세요. 둘째, 여러분은 사실 천부적인 관리자일지도 모릅니다. 어쩔 수 없이 프로젝트를 이끌게 된 사람 중 많은 이가 실은 자신이 사람들을 지도하고, 도와주고, 팀을 보호하고, 회사의 요구를 채우는 데 매우 뛰어나다는 사실을 깨닫곤 합니다. 결국 누군가는 이끌어야 합니다. 여러분이 안 될 이유는 없죠.

5.2.2 섬기는 리더십

관리자들에게는 일종의 질병이 있는 듯 보입니다. 선임 관리자가 자신에게 했던 끔찍한 일들을 새까맣게 잊고, 자신도 어느덧 똑같은 식으로 사람들을 '관리'하게 되는 병입니다. 이 병의 증상에는 마이크로매니징, 저성과자 방치하기, 만만한 사람 고용하기 등이 있습니다. 적절히 치료해주지 않으면 팀 전체를 죽일 수 있는 질병이죠. 제가 구글에서 관리자 역할을 처음 맡았을 때 당시 엔지니어링 디렉터인 스티브 빈터^{Steve Vinter}는 '무엇보다도 관리하려는 충동을 이겨내야 해요'라는 아주 값진 조언을 해주었습니다. 새로 부임한 관리자는 직원들을 능동적으로 '관리'하려는 충동에 휩싸입니다. 그것이 관리자가 하는 일이잖아요? 하지만 그 결과는 보통 재앙으로 이어집니다.

'관리' 병을 치료하려면 '섬기는 리더십^{Servant Leadership}'을 자유롭게 응용할 수 있어야 합니다. 리더로서 여러분이 해야 할 가장 중요한 일은 팀을 떠받드는 것입니다. 마치 집사가 가정의 안녕과 건강을 챙기듯이요. 섬기는 리더로서 여러분은 겸손, 존중, 신뢰의 분위기를 조성하려 힘써야 합니다. 예컨대 팀원이 혼자서는 제거할 수 없는 관료적 장애물을 치워주고, 팀이 합의에 이르도록 도와주고, 누군가 늦게까지 야근할 때는 저녁을 사주는 일이 될 수도 있습니다. 섬기는 리더는 팀이 나아가는 길 앞의 균열을 메우고 필요할 때 조언해줍니다. 자신의 손을 더럽히는 데 주저하지 않습니다. 섬기는 리더가 행하는 '관리'는 오직 팀의 기술적, 사회적 건강 관리뿐입니다. 순수하게 기술적 건강에만 신경 쓰고 싶을 수도 있겠지만 사회적 건강도 못지 않게 중요합니다(하지만 관리하기는 훨씬 어려울 때가 많을 것입니다).

5.3 엔지니어링 관리자

그렇다면 현대적인 소프트웨어 회사가 관리자에게 실제로 기대하는 것은 무엇일까요? 컴퓨팅 시대 전에는 '관리'와 '노동'은 거의 적대적인 역할이었습니다. 관리자는 자신의 목적을 달성하기 위해서라면 주어진 모든 권력을 동원해 노동자들을 채찍질했습니다. 하지만 현대적인 소프트웨어 회사는 이렇게 일하지 않습니다.

5.3.1 관리자는 밥맛이야

구글 엔지니어링 관리자에게 주어진 주요 책임들을 이야기하기 앞서, 잠시 관리자의 역사를 되돌아보겠습니다. 오늘날의 뾰족 머리 관리자Pointy-haired Manager; 혹은 뾰족 머리 보스(Boss)[5]는 부분적으로는 군대 조직에서 처음 기인하여 지금으로부터 100년도 더 전인 산업 혁명 때 팽배해졌습니다. 공장들이 우후죽순 생겨났고 (보통은 숙련되지 못한) 노동자들을 고용해 기계를 돌렸습니다. 노동자들을 관리할 감독관이 필요해졌고 당시 노동자들은 (취직이 절실한) 다른 노동자로 쉽게 대체할 수 있었습니다. 그래서 관리자는 노동자들을 잘 대우해주거나 작업 환경을 개선해줄 필요를 거의 느끼지 못했습니다. 비인도적인 일이었지만, 어쨌든 노동자들이 단순 반복 작업만 수행하던 수년간은 이 방식이 잘 먹혔습니다.

마치 수레꾼이 노새를 대하듯 노동자를 대하는 관리자가 흔했습니다. 당근을 흔들어 동기를 주고 일을 못하면 채찍을 휘둘렀죠. 일하는 공간이 공장[6]에서 사무실로 바뀐 후에도 당근과 채찍 관리 방식은 살아남았습니다. 이직이 흔치 않던 20세기 중반까지도 노새 몰이꾼 같은 관리자가 활개했습니다.

당근과 채찍 방식은 비효율적이고, 창의적인 사람의 생산성을 떨어뜨린다는 연구는 수도 없습니다. 그럼에도 오늘날까지 일부 산업에서, 심지어 창의적 사고와 문제 해결을 요하는 산업에서조차 완전히 사라지지는 않았습니다. 예전에는 수년 경력의 조립라인 숙련자라도 신입을 단 며칠 교육시켜 대체할 수 있었을지 모릅니다. 하지만 대규모 코드베이스를 다루는 소프트웨어

---

5 옮긴이_ 스콧 애덤스(Scott Adams) 원작의 풍자 만화 〈딜버트(Dilbert)〉에 등장하는 상사(boss)의 별명입니다. 샐러리맨 딜버트의 관리자인 뾰족 머리 보스는 무능하고, 마이크로매니징에 눈치까지 없는 등 나쁜 관리자의 특징을 두루 갖춘 캐릭터입니다. 많은 직장인이 이 만화에 공감하게 한 일등공신이죠.

6 과학적 관리법(scientific management) 혹은 테일러리즘(Taylorism)에 대해 찾아보면 공장 노동자의 움직임 최적화에 관한 흥미로운 정보를 얻을 수 있습니다. 특히 노동자 사기에 미치는 영향 부분을 읽어보세요.

엔지니어는 새 인력이 원래 팀원만큼 속도를 내는 데 몇 달도 부족할 수 있습니다. 대체하기 쉬운 조립라인 근로자와 달리 소프트웨어 엔지니어에게는 생각하고 창조할 자양분과 시간과 공간이 필요합니다.

5.3.2 오늘날의 엔지니어링 관리자

여전히 우리 대부분은 '관리자'라는 용어를 사용하지만 사실 여러 면에서 시대에 뒤떨어진 이름입니다. 직책의 이름 자체가 갓 부임한 관리자들에게 자신의 평판을 '관리'하게 부추기죠. 관리자는 부모처럼 행동하게 되고[7] 그 반작용으로 직원들은 자연스럽게 아이처럼 반응하게 됩니다. 겸손, 존중, 신뢰의 틀에서 생각해보죠. 관리자가 직원들을 신뢰한다는 분명한 신호를 주면 직원들은 신뢰에 부응해야 한다는 긍정적인 압박을 느낍니다. 아주 간단하죠. 훌륭한 관리자는 팀이 나아갈 길을 다짐과 동시에 안전과 복지를 챙겨줍니다. 직원들의 요구까지 모두 만족시켜주면서 말이죠. 이번 장에서 기억해야 할 단 하나를 고르라면 바로 다음 문장입니다.

> 전통적인 관리자는 일을 '어떻게how' 처리할지를 고민하는 반면, 훌륭한 관리자는 '무슨what' 일을 처리할지를 고민합니다(그리고 어떻게는 팀을 믿고 맡깁니다).

몇 해 전 제리Jerry라는 엔지니어가 제 팀에 합류했습니다. 제리가 전 직장에서 함께 한 관리자는 매일 아침 9시부터 오후 5시까지 제리가 책상에 앉아 있기를 요구했다고 합니다. 그렇지 않으면 일을 충분히 안 한다고 생각한 것이죠(물론 우스운 가정입니다). 제리는 저와 일하게 된 첫날 오후 4:40분에 저를 찾아와 망설이듯 말을 꺼냈습니다. 미룰 수 없는 약속이 있어서 15분쯤 일찍 퇴근해야 한다고요. 저는 그를 한 번 쳐다보고는 살짝 웃으며 확실하게 말해줬죠. "제리 씨가 할 일만 제대로 해준다면 언제 퇴근하든 전 신경 쓰지 않아요." 제리는 몇 초간 멍하니 절 쳐다보다가 인사하고는 이내 사라졌습니다. 저는 제리를 어른처럼 대했고, 제리는 언제나 맡겨진 일을 해냈습니다. 전 제리가 책상에 앉아 있든 말든 신경 쓴 적도 없었고요. 만약 어느 직원이 일에 별 흥미가 없어서 보모 역할을 해줄 전통적인 관리자가 필요한 상황이라면 '그게' 진짜 문제인 것입니다.

---

7 자녀가 있으신가요? 그렇다면 자녀에게 무언가를 얘기하다가 문득 '이런! 내 어머니와 똑같은 말을 하고 있네'라는 생각이 스친 경험이 다들 있을 것입니다.

실패는 선택이다

팀원들이 안전하다고 느끼게 해주는 일 역시 팀을 촉진하는 좋은 방법입니다. 심리적 안전을 확보해주면 사람들은 더 큰 위험도 기꺼이 감수할 것입니다. 여러분이나 다른 팀원들로부터 안 좋은 소리 들을 걱정 없이 자신에게 더 진솔해지게 되죠. 위험이란 매혹적인 존재입니다. 사람들 대부분은 위험을 정확하게 평가하지 못하며, 회사들 대부분은 최선을 다해 위험을 회피하려 합니다. 그래서 보통은 작은 성공에 집중하는 보수적인 전략을 택합니다. 더 큰 위험에 맞서면 훨씬 큰 성공을 쟁취할 수도 있는데 말이죠. 구글에서는 이렇게 말합니다. '불가능한 목표에 도전하면 실패할 가능성은 그만큼 크다. 하지만 불가능에 도전해 실패하면 성공이 확실하리라 생각한 일을 성취했을 때보다 십중팔구 훨씬 큰 것을 얻는다.' 팀이 위험을 감수하는 문화를 조성하는 멋진 방법은 바로 실패해도 괜찮음을 알게 하는 것입니다.

그러니 이 사실을 분명하게 공표합시다. 실패해도 괜찮다! 사실 우리는 실패를 '많은 것을 아주 빠르게 배울 수 있는 기회'로 봅니다(똑같은 일에 계속 실패하는 건 논외입니다). 배움의 기회로 봐야지 손가락질하고 비난해서는 안 됩니다. 빠른 실패가 좋은 까닭은 잃을 게 많지 않기 때문입니다. 늦게 실패해도 값진 교훈을 얻겠지만 늦어지는 만큼 잃는 것(주로 엔지니어링 시간)이 많아지기에 고통도 비례해서 커집니다. 특히 실패의 파장이 고객에게까지 미친다면 정말 많은 것을 깨닫고 배울 것입니다. 하지만 가장 바람직하지 못한 실패 유형이죠. 앞서 이야기했다시피 구글에서는 중대한 프로덕션 실패가 있을 때마다 포스트모템을 수행합니다. 실패의 원인을 찾아 문서로 남기고 같은 일이 반복되지 않도록 일련의 예방 장치를 고안하는 것입니다. 누군가를 비난하거나 관료적인 책임을 물으려는 게 아닙니다. 오히려 문제의 핵심에 전력을 집중하여 모든 문제를 한 번에 해결하는 게 목적이죠. 매우 어렵지만 효과가 꽤 좋습니다(덤으로 카타르시스도 느낄 수 있고요).

개인의 성공과 실패는 조금 다른 문제입니다. 성공에 기여한 개인을 축하해주는 것은 좋지만 실패 시 비난할 누군가를 찾으려 해서는 안 됩니다. 팀을 와해시키고, 도전하는 문화에 찬물을 끼얹는 조치죠. 실패해도 괜찮지만 '팀으로서 함께' 실패하고, 실패로부터 배워야 합니다. 한편, 특정 개인이 이룬 성취는 팀이 보는 앞에서 칭찬해주세요. 하지만 실패한 개인에게는 '개인적으로' 따로 불러서 '건설적인' 비판을 해주세요.[8] 어떤 경우든 배울 기회로 삼고, 겸손, 존중, 신뢰라는 원칙 하에 행동하세요. 그러면 팀이 실패로부터 배우는 데 큰 도움이 될 것입니다.

---

8 개인을 공개적으로 비난하는 일은 (사람을 방어적으로 만들어서) 효과도 없을 뿐더러 필요하지도 않습니다. 심술궂고 잔인한 처사죠. 누군가 실패했다면 다른 팀원들은 이미 다 알고 있습니다. 긁어부스럼 만들지 말아주세요.

5.4 안티패턴

성공적인 테크 리드와 엔지니어링 관리자로 만들어주는 '디자인 패턴'들을 준비했습니다. 하지만 그보다 앞서, 따라 해서는 안 되는 패턴들부터 살펴보기로 합시다. 이 파괴적인 패턴들은 우리가 지금껏 겪어온 숱한 나쁜 관리자들에게서, 몇몇은 우리 자신에게서도 관찰됐습니다.

5.4.1 안티패턴: 만만한 사람 고용하기

여러분이 관리자이고 어떤 이유에서든 자리 보전이 여의치 않다고 느끼고 있다면 효과적인 해법이 하나 있습니다. 바로 여러분이 좌지우지할 수 있는 사람들을 고용해서 누구도 여러분의 권위와 위치를 위협하지 못하게 하는 것이죠. 여러분보다 부족하고 의욕이 적은 사람을 고용하거나 여러분보다 더 위태위태한 사람을 고용하면 됩니다. 그러면 팀 리더로서의 혹은 결정권자로서의 여러분의 위치는 공고해질 것입니다. 하지만 여러분이 직접 처리해야 할 일은 그만큼 늘어납니다. 마치 줄에 묶인 강아지처럼 여러분이 나서지 않으면 팀도 움직이지 않을 것입니다. 만만한 사람들로 팀을 꾸리면 여러분은 휴가를 떠나지도, 심지어 의자에서 엉덩이를 떼지도 못하게 됩니다. 당연히 팀의 생산성은 나락으로 떨어질 테고요. 하지만 확실한 건 직장을 잃을 걱정은 사라진다는 것이죠. 안 그런가요?

반대로 여러분보다 똑똑하고 여러분을 대체할 역량을 갖춘 사람을 적극적으로 뽑아야 합니다. 물론 매우 어려운 결정이죠. 실제로 그 사람들이 여러분의 위치를 시시때때로 위협할 테니까요 (여러분이 실수를 저지르면 지적해주기도 하고요). 하지만 이 사람들은 여러분에게 강렬한 자극과 함께 멋진 일들도 안겨줄 것입니다. 스스로 할 일을 찾고 확장하며, 일부는 스스로 팀을 이끌고 싶어 할 것입니다. 이를 여러분의 권위에 도전한다고 받아들여서는 안 됩니다. 반대로 팀을 하나 더 꾸릴 기회로 생각하세요. 혹은 새로운 가능성을 찾아보거나 단순히 마음 놓고 휴가를 떠날 때가 온 것일지 모르죠. 일이 잘 진행되고 있는지 매일같이 확인할 필요 없어요. 또한 여러분 자신이 배우고 성장할 멋진 기회일 수도 있습니다. 여러분보다 똑똑한 사람들로 주변을 채우면 자신의 전문성을 확장하는 데도 훨씬 유리합니다.

5.4.2 안티패턴: 저성과자 방치하기

제가 구글에서 관리자 경력을 쌓기 시작할 무렵의 이야기입니다. 팀원들에게 성과급 메일을 전달할 때가 왔고, 신이 나서 제 상급 관리자께 이렇게 말했습니다. "관리자라는 건 정말 좋군요!" 그러자 오랜 경력의 베테랑인 그 분이 한 마디 조언해줬습니다. "모든 치아를 공평하게 대해야 하지만, 때로는 치과의사가 되어야 한다네."

썩은 이 뽑기는 결코 즐거운 경험이 아닙니다. 우리는 멋진 리더를 많이 보았습니다. 강한 팀을 만들기 위해 할 수 있는 모든 옳은 일을 하죠. 그럼에도 팀은 실패하고 결국 해체되기도 합니다. 단 한두 명의 저성과자 때문에 말이죠. 소프트웨어 개발에서 사람이라는 요인이 가장 다루기 어렵다는 건 다들 이해할 것입니다. 그중에서도 기대를 충족해주지 못하는 사람을 다루는 게 가장 고난도 과제입니다. 적응할 시간이 부족했어서 혹은 충분히 열심히 하지 않아서 기대에 못 미친 사람도 있을 것입니다. 하지만 들인 시간과 노력에 상관없이 어떠한 수를 써도 맡겨진 임무를 완수하지 못하는 사람도 있습니다. 가장 곤란한 상황이죠.

'희망은 전략이 아니다.' 구글의 사이트 신뢰성 엔지니어링^{Site Reliability Engineering}(SRE) 팀의 좌우명입니다. 하지만 저성과자를 다룰 때만큼 희망이 전략적으로 많이 활용되는 사례도 없습니다. 대부분의 팀 리더는 이를 악물고 눈을 가린 채, 저성과자가 마법처럼 환골탈태하거나 알아서 어디론가 사라지기를 그저 '희망'합니다. 물론 정말로 그런 일이 일어날 가능성은 극히 희박하죠.

저성과자의 역량이 높아지기를 혹은 어디론가 떠나기를 희망하는 사이, 팀의 다른 고성과자들은 저성과자들을 밀고 당겨주느라 귀중한 에너지를 낭비하고 팀의 사기는 서서히 떨어져갑니다. 여러분이 못본 척 하더라도 저성과자의 존재는 팀원 모두가 알고 있습니다. 사실 팀은 누가 저성과자인지를 아주 '정확하게' 꿰뚫고 있습니다. 왜냐하면 저성과자를 업고 뛰는 당사자가 바로 그들이기 때문이죠.

저성과자를 방치하는 일은 새로운 고성과자가 팀에 합류하는 걸 막기도 하며, 그나마 있던 팀내 고성과자를 떠나게도 합니다. 그러다 보면 결국 스스로의 힘으로는 떠날 수 없는 저성과자로만 구성된 팀이 남게 됩니다. 마지막으로, 여러분이 저성과자를 팀에 붙들어둔다고 해서 그들에게 이로운 것도 아닙니다. 한 팀에서 잘 해내지 못하는 사람이라도 다른 팀에 가면 좋은 성과를 내는 경우도 많습니다.

저성과자 문제에 가능한 한 빠르게 대처하면 여러분은 팀원들을 돕는다는 본분에 더 충실할 수 있습니다. 저성과자에 적극적으로 대응하다 보면 의외로 작은 격려와 방향 제시가 필요했을 뿐인 경우도 많습니다. 너무 오래 지켜보기만 하면 그들과 팀의 관계가 걷잡을 수 없이 틀어져서 여러분이 도울 수 있는 길이 모두 막혀버릴 수도 있습니다.

저성과자를 지도하는 효과적인 방법에는 뭐가 있을까요? 사고로 다리를 다친 사람을 다시 일어서도록, 나아가 걷고 결국은 다른 팀원들과 함께 달리도록 도우려면 어떻게 해야 하는지 고민해보세요. 그러려면 짧은 기간의 마이크로매니징을 피하기는 어렵지만 전체적으로는 역시 겸손, 존중, 신뢰가 바탕이 되어야 합니다. 특히 존중이 중요합니다. 기간을 정하고 (가령 두 달 정도) 아주 구체적인 목표를 제시하세요. 작고 점진적이고 측정할 수 있는 목표여야 합니다. 그래야 작은 성공들을 많이 경험할 기회가 생기니까요. 그 팀원과 매주 만나서 진척 상황을 확인하고 다음 마일스톤에서 기대하는 바를 명확히 정의했는지, 그래서 성공과 실패를 바로 구분할 수 있는지 다시 확인하세요. 팀원이 잘 따라오지 못한다면 여러분과 상대 모두 긴 여정의 초기 단계에 들어섰다는 뜻입니다. 이 시점에 이르면 저성과자는 종종 미래가 보이지 않음을 인정하고 스스로 그만두거나 혹은 독하게 마음을 다지고 기대에 부응하기 위해 노력합니다. 어느 쪽이든 여러분은 저성과자와 직접 대면하여 중요하고 꼭 필요한 변화를 촉진하는 것입니다.

5.4.3 안티패턴: 사람 문제 무시하기

관리자는 크게 두 가지에 신경 써야 합니다. 사회적 문제와 기술적 문제죠. 구글의 관리자들은 일반적으로 기술 측면에 강점을 지니고 있습니다. 그리고 대부분의 관리자가 기술 업무를 수행하다가 승진하였기 때문에 사람의 문제는 소홀히 하는 경향이 있습니다. 개인 기여자였을 때와 다를 바 없이 모든 에너지를 팀이 마주한 기술적 문제에 집중하는 것이죠. 여러분이 대학생 때 들은 수업들 역시 기술에 관한 내용이었습니다. 하지만 이제 관리자가 되었습니다. 그러니 더는 위험을 감수하면서까지 사람이라는 요인을 무시해서는 안 됩니다.

먼저 사람 요인을 무시한 리더의 사례를 하나 말씀드리죠. 몇 년 전 제이크의 첫 아이가 태어났습니다. 제이크와 케이티는 이미 수년 동안 호흡을 맞춰온 동료입니다. 한 사무실에서도 일해봤고 원격으로도 일해봤죠. 그래서 아이가 태어나자 제이크는 재택근무를 시작했습니다. 제이크 부부에게는 물론 큰 도움이 되었고, 케이티 역시 제이크와의 원격 작업에 익숙했기 때문에 아무런 불편이 없었습니다. 생산성도 이전과 전혀 달라지지 않았죠. 하지만 새로운 관리자 파블로가 부임하면서 문제가 터졌습니다. 제이크가 한 주의 대부분을 집에서 일한다는 걸 알게 된 파블로는 화를 냈습니다. 생산성 차이도 없고 케이티도 아무 불평이 없음에도 제이크가 사무실로 출근하지 않는다는 걸 용납할 수 없었죠. 제이크는 파블로를 설득해보려 했습니다. 사무실에 나올 때와 다름없이 일을 잘 처리하고 있고, 제이크 부부에게는 재택근무가 훨씬 편하다고 말이죠. 하지만 파블로는 뜻을 굽히지 않았습니다. "이봐요. 누구는 아이가 없나요? 사무실로 나오세요." 말할 것도 없이 (평소 온화한 엔지니어인) 제이크는 몹시 화를 냈고, 파블로에 대한 존경심도 사라졌습니다.

파블로에게는 다른 길이 많았습니다. 아내와 더 많은 시간을 보내고 싶어 하는 제이크의 마음에 공감을 표하고, 개인 생산성과 팀에 영향이 없으니 잠시 동안 재택근무를 허락해주었다면 좋았을 것입니다. 혹은 일주일에 하루 이틀만 출근하도록 절충해볼 수도 있었겠죠. 어떤 결론에 이르든 그 과정에서 약간이라도 공감해줬다면 제이크는 훨씬 만족해했을 것입니다.

5.4.4 안티패턴: 만인의 친구 되기

처음 리더가 되는 경험은 대부분 자신이 속한 팀의 관리자나 테크 리드로 승진하면서 시작됩니다. 이렇게 역할이 바뀌더라도 팀원들과 쌓아온 그간의 우정을 잃고 싶어 하지 않는 게 인지상정이죠. 그래서 많은 리더가 우정을 지키고자 하는 일념에서 전보다 더 열심히 노력하곤 합니다. 하지만 그 노력이 오히려 우정을 깨버리는 재앙을 불러올 수 있습니다. 부드럽게 끌어주는 리딩과 우정을 혼동하지 마세요. 여러분의 손에는 팀원들의 경력을 좌지우지할 힘이 있기 때문에 인위적이고 낯선 여러분의 행동에서 팀원들은 오히려 압박을 느낄 수 있습니다.

팀과의 친밀한 우정 없이도 혹은 완고한 독불장군이 되지 않고서도 팀을 이끌고 합의를 끌어낼 수 있음을 기억하세요. 마찬가지로 기존의 우정을 잃지 않고도 냉철한 리더가 될 수 있습니다. 연구 결과, 팀과 점심을 함께 하는 것도 좋은 방법입니다. 팀원들을 불편하게 하지 않으면서 업무 외적인 대화를 나누며 사회적 유대를 유지하는 데 효과가 큽니다.

때로는 좋은 친구나 동료를 관리하는 역할을 맡기가 곤란할 수 있습니다. 예컨대 자기 관리가 안 되거나 열심히 일하지 않는 친구라면 굉장한 스트레스를 떠안게 될 것입니다. 가능한 한 이런 상황은 피하라고 권해드립니다. 하지만 어쩔 수 없다면 그 사람과의 관계에 특별한 주의를 기울이셔야 합니다.

5.4.5 안티패턴: 채용 기준 타협하기

'A급 인재는 A급 인재를 뽑고, B급 인재는 C급 인재를 뽑는다.' 스티브 잡스가 한 말입니다. 특히 사람을 시급히 채용해야 할 때 이 격언의 희생양이 되기 쉽습니다. 예컨대 팀원 '다섯 명'을 확충해야 할 때 구글 외의 회사에서 많이 본 방식은 다음과 같습니다. 먼저 공고를 내어 다수의 지원자를 받습니다. 그리고 그중 40~50명 정도를 인터뷰한 후 가장 나은 '다섯 명'을 뽑습니다. 설혹 채용 기준에 미달하더라도 말이죠.

평범한 수준의 팀을 꾸리는 가장 빠른 방법 중 하나죠.

적합한 사람을 찾는 데 드는 비용(리크루터 수당, 채용 광고 비용, 신중을 기하기 위한 레퍼런스 확인 등)은 애초에 뽑지 말았어야 할 직원을 관리하는 비용에 비하면 아무것도 아닙니다. 적합하지 못한 사람을 채용하면 팀 생산성 손실, 팀 스트레스, 직원 관리에 허비되는 시간, 마지막으로 해고 서류 작업과 스트레스 등의 비용을 치러야 합니다. 이마저도 물론 여러분이 해당 직원을 팀에 떠넘기고 방치하는 훨씬 큰 비용은 피하려 할 때를 가정한 이야기입니다. 만약 여러분에게 팀원 채용 시 발언권이 없고 채용된 사람들이 만족스럽지 못하다면 더 뛰어난 엔지니어를 뽑아달라고 필사적으로 싸워야 합니다. 그럼에도 평균 이하의 엔지니어들이 팀에 배속된다면 어쩌면 직장을 옮겨야 할 때일지도 모릅니다. 훌륭한 팀 구축에 필요한 자재가 없으니 여러분의 앞날은 정해졌다고 봐야 합니다.

5.4.6 안티패턴: 팀을 어린이처럼 대하기

여러분이 팀을 신뢰하지 못함을 보여주는 가장 대표적인 예가 팀원들을 어린이처럼 대하는 것입니다. 사람들은 자신을 대하는 방식대로 행동하는 경향이 있습니다. 그래서 팀원들을 어린이나 죄수처럼 대한다면 그들이 어린이나 죄수처럼 행동한다고 해서 놀라지 마세요. 구체적으로 어떻게 할 때 팀원들이 이렇게 행동할까요? 마이크로매니징을 하거나, 단순히 팀원들의 능력을 존중하지 않고 자신의 일에 책임질 기회를 주지 않으면 됩니다. 실제로 특정 팀원을 믿지 못해서 마이크로매니징할 수밖에 없는 상황이 고착화된다면 여러분이 채용을 잘못한 것입니다. 여러분의 목표가 '퇴사해서 아이와 함께 여생 즐기기'가 아니었다면 분명한 실패입니다. 믿을만한 사람을 뽑고 신뢰를 보여준다면 보통은 그들도 능력을 발휘할 것입니다(물론 앞서 이야기한 '적합한 사람을 뽑았다'라는 기본 전제를 지켰을 때의 이야기입니다).

이러한 믿음의 결과는 더 평범한 것, 예컨대 사무용품이나 컴퓨터용품에서도 나타납니다. 가령 구글은 직원들이 펜이나 메모지 등이 필요하면 자유롭게 가져갈 수 있는 사무용품 캐비닛을 비치해놓습니다. 기술 부서에서는 테크스톱Tech Stop이라는 일종의 작은 셀프서비스 전자용품점을 곳곳에 운영합니다. 테크스톱에는 다양한 컴퓨터 액세서리(파워 서플라이, 케이블, 마우스, USB 드라이브 등)가 비치되어 있어서 직원이 몇 개씩이든 자유롭게 가져갈 수 있습니다. 하지만 '구글 직원이라면 필요한 만큼만 가져갈 것이다'라는 믿음에 기초한 제도이기 때문에 우리는 '바르게 행동해야 한다'라는 책임을 느끼게 됩니다. 다른 회사에 다니는 사람에게 이 이야기를 하면 매우 놀라 하며, 구글은 직원들이 물품을 '훔쳐가서' 큰 비용을 치를 거라고 오판합니다. 물론 훔쳐가는 사람이 한 명도 없다고 장담할 순 없겠죠. 하지만 직원들이 어린이처럼 행동해서 오는 손해 혹은 값싼 사무용품을 사무적인 절차를 거쳐 구하는 데 허비하는 귀중한 시간을 생각해보세요. 당연히 펜이나 USB 케이블 몇 개의 비용보다 훨씬 비쌀 것입니다.

5.5 올바른 패턴

안티패턴을 살펴봤으니 이제 성공하는 리더십과 관리를 위한 올바른 패턴을 알아볼 차례입니다. 이번 절에는 구글에서의 우리 경험, 성공한 다른 리더들을 관찰할 결과, 무엇보다 우리의 리더십 멘토들로부터 배운 내용을 담았습니다. 이 패턴들은 우리가 성공적으로 시행한 패턴이자 우리가 따르는 리더들이 언제나 가장 높이 평가하는 패턴이기도 합니다.

5.5.1 자존심 버리기

2장에서 겸손, 존중, 신뢰를 처음 이야기할 때 이미 '자존심 버리기'에 관해 이야기했는데, 팀 리더에게는 특히 더 중요한 덕목입니다. 이 패턴을 흔히 현관 매트처럼 납작 엎드려 다른 이들이 밟고 지나다니게 하는 것이라고 오해하곤 합니다. 전혀 아닙니다. 물론 겸손한 자세로 다른 이들이 여러분의 장점을 활용하도록 하는 것도 좋습니다만, 겸손과 자신감 결여는 분명히 다릅니다. 자만에 차 있지 않더라도 자신감과 의견을 가질 수 있습니다. 어느 팀이든 자존심이 너무 강한 사람은 다루기 어렵습니다. 그 사람이 하필 리더라면 더욱 골치 아픈 일이 됩니다. 대신 여러분은 팀이라는 '집단'으로서의 자존심과 정체성을 강화해야 합니다.

신뢰는 '자존심 버리기'의 한 축입니다. 팀을 믿으세요. 팀원들의 능력과 기존에 이룬 성과들을 존중해야 한다는 뜻입니다. 새로 합류한 팀원이라도 마찬가지입니다.

팀을 마이크로매니징하지 않는다면 최전선에서 고군분투하는 실무자들이 여러분보다 세부사항을 잘 알고 있으리라고 확신할 수 있게 됩니다. 팀을 하나로 모으고 방향을 정하게 도와주는 건 여러분 몫입니다. 하지만 목표를 이루기 위해 부품을 조립하는 구체적인 방법은 현장에서 손발을 맞춰 일하는 사람들이 결정하는 게 훨씬 낫다는 뜻이죠. 그래야 팀원들에게 주인의식도 생기고 성공(혹은 실패)에 대한 책임감도 더 크게 느끼게 됩니다. 좋은 팀을 꾸렸고 일의 품질과 속도를 스스로 정하게 하세요. 그러면 여러분이 지키고 서서 당근과 채찍으로 끌고 갈 때보다 훨씬 나은 결실을 얻게 될 것입니다.

리더 역할이 처음인 사람은 대부분 모든 사안을 올바르게 결정하고, 모든 것을 알고, 모든 질문에 답해야 한다는 강박으로 스스로를 옭아맵니다. 장담하건대 여러분은 때론 잘못된 결정을 내릴 것이며 모든 문제의 답을 알고 있지도 못합니다. 그럼에도 스스로가 완벽한 듯 행동한다면 팀원들의 존경을 빠르게 잃어갈 것입니다. 그러다 보면 종국에는 리더라는 자리를 지키는 데 급급하게 됩니다. 개인 기여자 시절을 떠올려보세요. 여러분은 1km 밖에서도 문제를 직감할 수 있었습니다. 누군가 여러분이 내린 결정에 질문을 던진다면 감사해야 합니다. 질문자의 의도는 대게 그저 여러분을 더 잘 이해하려는 것임을 잊지 마세요. 질문하기를 장려한다면 여러분은 건설적인 비판이 이루어지는 더 나은 팀의 더 나은 리더가 될 가능성이 훨씬 커집니다. 여러분에게 훌륭하고 건설적인 비판을 해줄 사람을 찾기란 매우 어렵습니다. 특히 부하직원 중에서 찾기란 정말로 어렵습니다. 여러분이 팀으로서 이루려는 큰 그림을 잊지 마세요. 피드백을 수용하고 비판에 마음을 여세요. 자존심을 지키려는 충동을 이겨내야 합니다.

자존심 버리기의 마지막은 간단하지만 많은 엔지니어가 실천하지 못하는 일입니다. 바로 '실수했다면 사과하기'입니다. 말로만 '미안해요'라고 내뱉는 걸 말하는 게 아닙니다. 진심을 담아야 하죠. 여러분은 분명 실수를 할 것입니다. 스스로 인정하든 안 하든, 팀원들은 여러분이 실수한 것을 알게 됩니다. 팀원 누구도 여러분에게 말하지 않았더라도 이 사실은 변하지 않습니다(여러분에게는 아니더라도 자기들끼리는 분명 이야기할 것입니다). 사과한다고 돈이 드는 건 아니잖아요? 사람들은 무언가를 망쳤으면 사과할 줄 아는 리더를 존경합니다. 일반적인 상식과 달리 사과한다고 해서 여러분이 피해를 입는 건 없습니다. 오히려 존경을 얻죠. 왜냐하면 사과한다는 것은 여러분이 성숙하고 상황을 판단할 줄 알며 겸손하다는 증거로 받아들여지기 때문입니다(다시 한번 겸손, 존중, 신뢰를 되뇌이세요).

5.5.2 마음 다스리기

엔지니어로서 여러분은 회의적이고 냉소적인 시각을 키워왔을 텐데, 이런 시각이 팀을 이끌 때는 골칫거리가 될 수 있습니다. 순진하게 모든 사안을 긍정의 눈으로 바라보라는 소리가 아닙니다. 업무와 관련된 복잡한 세부 내용과 장애물들을 여러분이 인지하고 있음을 팀도 알게 하되 덜 회의적인 태도를 취하는 게 좋습니다. 더 많은 사람을 이끌수록 감정은 억누르고 평정심을 유지해야 합니다. 사람들은 의식적으로든 무의식적으로든 사소한 일 하나까지도 어떻게 행동하고 반응해야 할지에 관한 단서를 윗사람, 즉 여러분에게서 얻기 때문입니다.

그 효과를 눈으로 확인하는 간단한 방법을 알려드리죠. 회사의 조직도를 수많은 톱니바퀴가 맞물려 돌아가는 기계덩이라고 상상해보세요. 개인 기여자는 가장 아래 위치한, 이가 몇 개 없는 작은 바퀴입니다. 그 위에는 관리자 바퀴가 연이어서 더 상위 관리자 바퀴와 맞물려 있고, 가장 위에는 이가 수백 개나 되는 가장 큰 바퀴인 CEO가 자리합니다. 말단 관리자 바퀴가 한 바퀴 돌면 개인 기여자는 두세 바퀴가 돌 것입니다. 이런 식으로 CEO가 조금만 움직여도 예닐곱 단계 아래에 있는 불운한 사원 바퀴들은 정신없이 돌게 됩니다. 여러분이 바퀴 피라미드의 위로 올라설수록 똑같은 한 바퀴도 더 많은 바퀴를 더 빠르게 돌리는 것이죠. 의도했든 아니든 상관없습니다.

리더는 항상 무대 위에 있다고 생각하는 방법도 좋습니다. 여러분이 공식적인 리더의 위치에 있다면 주변 사람들이 여러분의 일거수일투족을 항시 두 눈 똑바로 뜨고 쳐다보고 있다는 뜻입니다. 회의를 주재하거나 발언할 때는 당연하고, 메일에 답장하느라 컴퓨터 앞에 앉아 있을 때도 마찬가지입니다. 여러분의 몸짓, 사소한 이야기에 돌아오는 반응, 점심식사를 하며 보내는 미묘한 신호들로부터 단서를 얻어갑니다. 그들이 읽은 것이 자신감일까요, 아니면 두려움일까요? 리더로서 여러분의 역할은 사람들을 고무시키는 것임을 명심하세요. 관찰은 하루 24시간 일주일 내내 이루어집니다. 아무리 사소한 것이라도 여러분이 내비치는 거의 모든 것이 무의식적으로 알려지고 팀에 전염됩니다.

구글에서 일찍부터 관리자를 해온 빌 코프란^{Bill Coughran}(엔지니어링 부문 부사장)은 평정심 유지 능력이 매우 탁월합니다. 무슨 일이 일어나도, 어떤 말도 안 되는 사건이 터져도, 아무리 큰 폭풍이 몰아쳐도 빌은 결코 당황하지 않을 것입니다. 빌은 그저 한 팔은 가슴에 올리고 다른 팔에는 턱을 괴고 (보통은 멘붕 상태로 찾아온 엔지니어에게) 문제가 정확히 무엇인지 묻습니다. 이런 태도는 상대를 진정시키고 문제를 해결하는 데 집중하게 도와주는 효과가 있습니다.

그래서 우리는 이런 농담을 하곤 했죠. "누군가 달려와 '외계인이 사무실 19곳을 침공했어요'라고 외치면 빌은 아마 '20곳이 아닌 19곳만 침공한 이유는 생각해봤나?'라고 되물을 걸!"

이 이야기로부터 마음을 다스리는 또 하나의 요령을 끄집어낼 수 있습니다. 바로 '질문하기'입니다. 팀원이 여러분에게 조언을 구한다는 것은 마침내 무언가를 해결해줄 기회가 찾아온 것입니다. 신나는 일이죠. 리더가 되기까지 수년 동안 몸에 익은대로 여러분은 곧장 문제 해결 모드로 전환할 것입니다. 하지만 '직접 해결하기'는 가장 마지막에 택해야 하는 전략입니다. 조언을 구하는 사람은 보통 '여러분이 나서서' 해결해주길 원하는 게 아닙니다. 스스로 문제를 해결하는 걸 도와주길 바라는 거죠. 스스로 해결하도록 이끄는 가장 쉬운 방법은 바로 '질문하기'입니다. 화만 키우고 도움 안 되는 매직 8볼[9]이 되라는 뜻이 아닙니다. 대신 겸손, 존중, 신뢰를 담아서 조언을 청한 사람이 자기 힘으로 문제를 해결하도록 도와주려 노력해야 합니다. 문제를 다시 정의하고 탐구해보도록 보조해주세요. 그러다 보면 보통은 답을 찾아냅니다. 여러분이 아닌, 질문자 스스로가 이끌어낸 그 사람의 답이란 점이 중요합니다.[10] 그러면 5.5.1절에서 말한 주인의식과 책임감이 더 커지는 효과도 생기죠. 여러분이 답을 알고 있든 아니든, 질문하기를 활용하면 거의 항상 질문자에게 깊은 인상을 심어줄 것입니다. 참 아리송하죠? 소크라테스가 여러분을 자랑스러워할 것입니다.

5.5.3 촉매자 되기

화학에서 촉매catalyst라 하면 그 자체는 반응에 직접 참여하지 않지만 다른 물질의 화학반응을 가속하는 물질입니다. 어떤 촉매는 마치 효소처럼 반응물들이 서로 가까이 붙도록 해줍니다. 용액 안에서 무작위로 튕겨 다니는 것보다 촉매가 서로를 가까이 끌어당겨주어 상호작용이 일어날 가능성이 커지는 것이죠. 이것이 여러분이 리더로서 해야 할 역할입니다. 여기서 좋은 소식 하나! 반응을 촉진할 방법은 아주 많습니다.

팀 리더가 하는 가장 일반적인 일은 합의를 이끌어내는 것입니다. 시작부터 끝까지 과정을 주

---

9   옮긴이_ 질문을 던지고 흔들면 적당한 답을 보여주는 장난감 공(ball)입니다. 마법의 수정구슬인데 한쪽 면에 숫자 8이 적혀 있다고 상상하시면 정확합니다. 정해진 몇 개의 답 중에서 무작위로 보여주는 것이지만 제법 그럴싸한 경우가 많아서 운세를 보거나 조언이 필요할 때 재미삼아 가지고 놉니다.

10 고무 오리 디버깅(Rubber Duck Debugging)도 참고. 옮긴이_ 『실용주의 프로그래머』(인사이트, 2022)에서 소개한 디버깅 기법입니다. 먼저 고무 오리 인형을 장만하고, 고무 오리에게 문제의 코드를 한줄 한줄 설명하다 보면 오리가 깨달음을 주곤 합니다. 자신의 생각을 정리하다 보면 해결책이 떠오르곤 하는 원리를 고무 오리라는 가상의 대화 상대를 촉매로 디버깅에 적용한 기법입니다.

도할 수도 있고 올바른 방향으로 가속이 붙도록 톡 밀어만 줄 수도 있습니다. 팀 합의 이루기는 비공식 리더가 자주 사용하는 리더십 스킬이기도 합니다. 실질적인 권한 없이도 이끌 수 있는 방법이기 때문이죠. 권한이 있다면 직접 지시하고 방향을 정해줄 수 있지만 합의를 끌어내는 것보다는 전반적으로 효과가 약합니다.[11] 일이 신속하게 진행되길 원하는 팀은 자발적으로 몇 가지 권한과 방향 정하기를 리더에게 전적으로 맡기기도 합니다. 독재처럼 보일 수 있지만 팀 이 자발적으로 정한 것이라면 이 역시 합의를 이끈 것이라 봐야 합니다.

5.5.4 장애물 치우기

해야 할 일이 무엇인지는 팀 내 합의를 이뤘지만 장애물에 막혀 꼼짝달싹 못하는 경우가 있습니다. 기술적인 문제일 때도, 조직 차원의 문제일 때도 있습니다. 어떤 경우든 팀이 다시 움직일 수 있도록 도와주는 것이 일반적인 리더십 기술입니다. 때로는 팀원 차원에서 극복하기 불가능한 장애물도 리더라면 손쉽게 걷어낼 수 있습니다. 그래서 여러분이 그런 장애물들을 치워줄 수 있고 또 기꺼이 그러길 원한다는 사실을 팀원 모두가 반드시 인지하도록 만들어야 합니다.

한 번은 어떤 팀이 법무팀과 함께 장애물 하나를 뛰어넘고자 몇 주를 씨름하고 있었습니다. 팀은 마침내 집단의 지혜를 모아 문제를 정리해서 관리자를 찾아갔습니다. 그런데 관리자는 채 두 시간도 걸리지 않아 간단히 해결해버리는 게 아닙니까. 허무하죠! 관리자는 그 문제를 논의하기에 딱 적합한 사람을 알고 있던 것입니다. 다른 한 팀은 필요한 서버 자원을 할당받지 못하고 있었습니다. 다행히 그 팀의 관리자는 다른 팀들과 협의하여 그날 오후에 바로 필요한 만큼의 서버를 확보해주었습니다. 또, 도저히 이해할 수 없게 동작하는 자바 코드 때문에 고생하던 엔지니어가 있었습니다. 그 팀의 관리자는 자바 전문가가 아니었지만, 대신 무엇이 원인인지를 정확히 아는 다른 엔지니어와 연결해줄 수 있었습니다.

이처럼 여러분 스스로가 모든 해법을 알고 있을 필요는 없습니다. 하지만 누가 해결해줄 수 있는지 알고 있다면 큰 도움이 되죠. 많은 경우 정확한 답을 알고 있기보다 올바른 사람을 알고 있을 때의 가치가 더 큽니다.

---

11 반드시 100% 합의될 때까지 기다리는 것 역시 해로울 수 있습니다. 아직 모든 사람이 다 동의하지 않더라도, 혹은 불확실한 게 약간 남았더라도 때로는 결정하고 일을 진행해야 합니다.

5.5.5 선생이자 멘토 되기

테크 리드로서 가장 실천하기 어려운 일을 뽑으라면 '내가 하면 20분이면 끝날 일을 세 시간씩 매달려 있는 주니어 팀원 지켜보기'를 빼놓을 수 없습니다. 스스로 배울 기회를 주는 일은 훌륭한 리더십에서 빠질 수 없는 요소이지만 특히 처음에는 매우 고통스럽습니다. 이 리더십 기술은 새로 합류하여 팀의 문화에 익숙해지고 적절한 책임 수준 및 팀이 활용하는 기술과 코드베이스를 공부하고 있는 팀원에게 매우 중요합니다. 훌륭한 멘토라면 성장하는 팀에 발맞춰 멘티가 배우는 데 쓰는 시간과 제품 개발에 기여하는 시간의 균형을 잘 잡아줘야 합니다.

관리자 역할과 마찬가지로 멘토 역할에 자원하는 사람도 흔치 않습니다. 그래서 보통은 팀 리더에게 신규 팀원의 멘토를 부탁할 때 멘토가 됩니다. 멘토가 되는 데 많은 정규 교육이나 준비가 필요하지는 않습니다. 기본적으로 다음 세 가지를 요구합니다. 팀의 프로세스와 체계에 대한 경험, 다른 이에게 무언가를 설명해주는 능력, 마지막으로 멘티에게 도움이 얼마나 필요한지를 측정하는 능력입니다. 이중 마지막이 가장 중요합니다. 멘티에게 최대한의 정보를 제공하는 게 좋다고 생각하나요? 하지만 설명이 과하거나 이야기를 끝도 없이 쏟아낸다면 멘티는 그냥 듣는 척만 하고 한 귀로 흘릴 것입니다.

5.5.6 명확한 목표 세우기

명확한 목표 세우기는 많은 리더가 곧잘 잊어먹곤 하는 패턴입니다. 팀이 한 방향으로 빠르게 전진하기를 원한다면 리더가 설정한 방향을 모든 팀원이 이해하고 동의해야 합니다. 제작 중인 제품을 큰 트럭이라고 상상해보세요. 팀원 개개인은 트럭 전면에 묶인 줄을 잡고 자신이 있는 쪽으로 끌어당기는 거죠. 여러분은 트럭을 북쪽으로 가능한 한 빠르게 끌고 가길 원합니다. 그렇다면 다른 방향으로 끌고 있는 팀원들을 그대로 놔둬서는 안 됩니다. 모두가 북쪽으로 끌어야 하죠. 여러분의 목표가 명확하다면 우선순위를 명확히 설정해놓고, 구체적으로 무엇을 택하고 무엇을 버려야 할지는 팀이 스스로 정하도록 적시에 도와야 합니다.

목표를 명확히 세우고 팀이 제품을 한 방향으로 끌게 하는 가장 쉬운 방법은 팀이 이루어야 할 임무를 구체적인 문장으로 적어놓는 것입니다. 사명mission statement이라고도 하죠. 팀이 방향과 목표를 정하도록 도왔다면 한 걸음 물러서서 더 많은 자율권을 준 뒤 모두가 올바르게 가고 있는지 주기적으로 확인하세요. 그러면 다른 리더십 업무에 신경 쓸 시간을 벌 수 있고, 또 팀의 효율도 극적으로 끌어올리게 됩니다. 물론 명확한 목표 없이도 팀은 성공할 수 있습니다. 하지만 개개인이 살짝씩 다른 방향으로 줄을 당기느라 엄청난 에너지를 낭비하게 됩니다. 여러분은 좌절하고 팀 생산성은 차츰 낮아지겠죠. 눈치 채는 게 늦을수록 방향을 바로잡기까지 더 많은 에너지를 투입해야 할 것입니다.

5.5.7 정직하기

여러분이 팀에 거짓말을 할 거라 의심하는 건 아닙니다. 단지 여러분은 종종 팀에 말 못 할 정보가 흘러들어오는 위치에 있기 때문에, 혹은 팀이 듣고 싶어 하지 않는 걸 말해야만 하는 위치에 있기에 '정직하라'라고 언급해둘 필요가 있습니다. 우리가 아는 어떤 관리자는 새 팀원에게 이렇게 말하더군요. "저는 거짓말은 하지 않을 거예요. 하지만 '말할 수 없다' 혹은 '잘 모르겠다'라고는 할 수 있어요."

팀원이 찾아와 여러분이 터놓을 수 없는 것에 대해 묻는다면 '답은 알지만 내 마음대로 얘기해줄 수는 없다' 정도로 답하는 것은 괜찮습니다. 더 흔한 예로, 팀원이 던진 질문에 답을 모른다면 그냥 '모른다'라고 이야기하면 됩니다. 너무도 당연한 이야기 같겠지만 '모른다'라는 말을 잘 하지 못하는 관리자가 정말 많습니다. 자신의 약점을 드러낸다거나 정보에 뒤쳐져 있다고 여겨질 거라는 생각에 두려운 거죠. 하지만 그저 여러분도 한 명의 인간임을 말해주는 것뿐입니다. 그 이상도 이하도 아닙니다.

말하기 곤란한 피드백을 주는 건... 네. 어렵습니다. 팀원이 사고를 쳤다거나 기대한 만큼 일을 해내지 못했음을 처음 이야기할 때는 극심한 스트레스를 받습니다. 대부분의 관리자용 교재에서는 어려운 피드백을 전할 때는 '칭찬 샌드위치compliment sandwich' 방식으로 충격을 완화하라고 가르칩니다. 칭찬 샌드위치란 다음과 같습니다.

> 당신은 팀의 탄탄한 구성원이자 가장 영리한 엔지니어 중 하나예요. 그래서인지 당신의 코드는 복잡하고 다른 팀원 누구도 이해하기가 거의 불가능하군요.[12] 하지만 당신의 잠재력이 크니 여기 쩌는 티셔츠를 하나 드리겠습니다.

이렇게 하면 물론 충격은 줄겠죠. 하지만 따가운 가시를 폭신한 솜털로 칭칭 감싸 놓는다면, 면

---

12 옮긴이_ 이 가운데 문장이 전달하려는 메시지입니다. 앞뒤로 칭찬을 덧댔다고 하여 '칭찬 샌드위치'라고 합니다.

담을 끝내고 나오는 사람 대부분은 그저 '좋아! 찌는 티셔츠가 생겼네'라고 생각하고 말 것입니다. 우리는 칭찬 샌드위치를 사용하지 말 것을 **강하게** 권합니다. 여러분이 필요 이상으로 가혹하고 잔인해야 한다고 생각하기 때문이 아닙니다. 겉에 둘러진 칭찬 때문에 핵심 메시지, 즉 실제로는 고쳐야 할 점을 지적한 것임을 제대로 인지하지 못하는 사람이 대부분이기 때문입니다. 여기서 다시 '존중'이 나설 차례입니다. 칭찬 샌드위치 없이 건설적인 비판을 전할 때는 상대방과 공감하고 따뜻하게 이야기해야 합니다. 상대가 비판을 듣자마자 방어적으로 변하지 않길 원한다면 친절과 공감이 아주 중요합니다.

몇 해 전, 제 동료는 다른 관리자가 도저히 같이 일할 수 없다고 평한 홉이라는 친구를 팀원으로 들였습니다. 이전 관리자는 홉이 피드백과 비판을 무시하고, 오히려 하지 말라는 일을 계속한다고 했습니다. 제 동료는 홉과 전 관리자가 참석하는 회의를 몇 차례 진행해보면서 관리자와 홉 사이를 관찰했습니다. 그리고 알아챘죠. 관리자가 칭찬 샌드위치를 과하게 사용하여 홉에게 아무런 생채기도 내지 못했던 것입니다. 제 동료는 홉을 자신의 팀으로 데려와서 앉혀놓고 새 팀에서 효과적으로 일하려면 고쳐야 할 점을 아주 분명하게 설명했습니다.

> 저는 홉 씨가 자각하지 못하고 있다고 확신하는데, 홉 씨의 행동 방식은 다른 사람을 소외시키고 화나게 하는 경향이 있어요. 그래서 제 팀의 일원으로서 더 효과적으로 일하려면 소통 기술을 개선해야 할 거 같아요. 저와 다른 팀원들도 최선을 다해 도와드릴 것입니다.

보다시피 아무런 칭찬도, 사탕발림도 없었습니다. 그렇다고 기분 상하게도 하지 않았습니다(이 점도 똑같이 중요합니다). 그저 홉이 이전 팀에서 보여준 모습을 바탕으로 사실을 이야기한 것이죠. 그리고는 짜잔! 단 몇 주 후(물론 추가 면담 포함) 홉의 성과는 놀랍도록 개선되었습니다. 홉에게 필요했던 것은 그저 명확한 피드백과 지시였던 것입니다.

직접적인 피드백이나 비판을 전할 때는 메시지를 정확하게 왜곡 없이 전달하는 게 핵심입니다. 상대가 방어 태세를 취하게 되면 자신이 무엇을 고쳐야 할지가 아니라, 역으로 여러분이 잘못한 점을 찾아 논쟁하려 들 것입니다.

제 동료 벤Ben은 한때 딘Dean이라는 엔지니어의 관리자였습니다. 딘은 자기 의견이 아주 강했고 매사에 다른 팀원들과 논쟁하곤 했습니다. 팀 전체에 주어진 임무처럼 큰 주제부터 위젯을 어디 배치할지 같은 작은 일까지 가리지 않았죠. 딘은 주제 불문하고 똑같은 신념과 맹렬한 태도로 논쟁했고, 어느 것 하나 그냥 지나치지 않았습니다. 그렇게 수개월이 지나고, 벤은 딘을 불러서 너무 전투적이라고 설명했습니다. 이때 만약 벤이 '딘, 바보같이 굴지 좀 말게'라고 말했다면 딘은 분명 벤의 말을 완전히 무시했을 것입니다. 하지만 벤은 어떻게 하면 딘이 자신의 행동이 다른 이들에게 부정적인 영향을 준다는 사실을 납득하게 할지 심사숙고한 후 다음과 같은 비유를 생각해냈습니다.

> 결정을 하나 내린다는 것은 기차가 마을을 관통하는 것과 같아요. 딘 씨가 열차를 가로막고 세우려 하면 열차가 느려질 뿐 아니라 기관사를 방해하게 될 거예요. 열차가 15분마다 한 대씩 오는데, 딘 씨가 매번 가로막는다면 열차를 멈추느라 딘 씨의 시간도 많이 허비되는 건 물론이고 어쩌면 기관사 중 누구 한 명은 화가 나서 딘 씨에게 달려들지도 몰라요. 그러니.. 몇몇 열차 앞을 막아서는 건 좋지만, 진짜 문제가 될 거라고 예상되는, 그래서 꼭 멈춰야 된다고 생각되는 열차만 선택해서 멈 춰줬으면 좋겠어요.

이처럼 벤은 실제 상황에 약간의 유머를 더해 분위기를 누그러뜨리고, 딘의 '열차 세우기'가 팀에 주는 영향과 이 일로 딘이 소비하는 에너지에 관해 논의하기에 더 수월하게 이끌었습니다.

5.5.8 행복한지 확인하기

리더로서 팀의 생산성을 장기적으로 더욱 끌어올리려면(이탈하는 팀원 줄이기 포함) 팀원들이 행복해하는지를 확인하는 데도 시간을 써야 합니다. 우리가 일해본 최고의 리더는 모두 반은 심리학자였습니다. 수시로 팀원들의 복지를 챙기고, 그들이 하는 일을 인정해주고, 일에 만족하는지 확인했죠. 한 테크 리드 매니저는 지저분하고 표 안 나는 일, 하지만 꼭 해야만 하는 일들을 스프레드시트에 정리한 다음 모든 팀원에게 고르게 분배되도록 관리했습니다. 또 다른 테크 리드 매니저는 팀이 일한 시간을 측정하여 이따금 대체 휴가를 주거나 팀 소풍을 보내주기도 했습니다. 번아웃과 피로 누적을 피하는 방법이었죠. 또 다른 리더는 팀원들과의 서먹함도 줄일 겸 일대일 면담을 하며 기술적인 이야기를 나누곤 했습니다. 그런 다음 업무를 수행하는 데 부족한 것은 없는지 일일이 챙겨주었죠. 친해진 다음에는 하는 일에 만족하는지, 다음 프로젝트로는 무얼 하고 싶은지 같은 이야기를 나눴습니다.

팀이 행복한지를 추적하는 간단한 방법을 하나 소개하겠습니다.[13] 팀원들과의 일대일 면담 마

---

13 구글은 Googlegeist라는 연례 직원 설문조사를 실시하여 다양한 시각에서 직원 행복을 평가합니다. 좋은 피드백을 주지만 결코 '간단하다'라고 할 수 없는 일입니다.

지막에 '뭐 필요한 거 없어요?'라고 묻는 것입니다. 간단한 질문이죠. 하지만 팀원들의 생산성과 행복 증진에 필요한 것을 갖춰주는 데 아주 효과적인 마무리 멘트입니다. 물론 정말 필요한 게 무엇인지를 자세히 알아보려면 신중하게 더 조사해봐야 할 수 있지만요. 이 질문을 일대일 면담 때마다 빼놓지 않고 던진다면 팀원들은 머릿속에 담아둘 것입니다. 그리고 모두의 업무를 개선해줄 일거리 목록을 준비해오는 사람도 하나둘 나타날 것입니다.

5.6 예상 못한 질문

구글로 출근한 지 얼마 되지 않았을 시점, 당시 CEO인 에릭 슈미트와의 첫 번째 면담 때였습니다. 에릭이 물었죠. "더 필요한 건 없고요?" 저는 난해한 질문들에 대비한 방어용 답변을 백만 개는 준비해뒀지만 이 질문은 전혀 예상하지 못했습니다. 그래서 놀라서 아무 말 못 하고 그저 쳐다보기만 했죠. 다음번에는 어땠을까요? 당연히 답할 걸 미리 준비해 갔습니다.

리더라면 회사 밖에서도 팀의 행복에 신경 써주는 게 좋습니다. 제 동료인 메카^{Mekka}는 행복지수를 물으며 일대일 면담을 시작합니다. 1~10 사이로 점수를 매기죠. 이 점수는 회사 안과 밖의 행복도를 논하는 기초 자료로 활용되기도 합니다. 직원들이 회사 밖 삶, 즉 개인의 삶이 따로 있음을 의식하지 못한다면 회사 일에 비현실적으로 긴 시간을 투입하기를 기대하기 쉽습니다. 그러다 보면 여러분을 향한 존경은 줄어들고, 심하면 팀원들이 번아웃될 것입니다. 팀원들의 사생활까지 파고들라는 이야기가 아닙니다. 그저 어떤 상황에 처해 있는지를 인지하고 있다면 특정 직원이 특정 기간에 왜 생산성이 평소보다 떨어지는지, 혹은 더 열심히 일하는지가 눈에 들어올 것입니다. 가정에 어려움이 있는 팀원을 배려해 약간의 여유를 주면 나중에 팀이 마감에 쫓겨 달려야 할 때 기꺼이 더 많은 시간을 희생해줄 것입니다.

경력 관리 챙겨주기도 팀원 행복 추적에 큰 비중을 차지합니다. 5년 후 무엇을 하고 싶은지를 물어본다면 팀원 대다수는 어깨를 으쓱하며 잘 대답하지 못합니다. 면담에 앞서 5년 후까지 생각하고 들어오는 사람은 거의 없죠. 하지만 십중팔구는 좋아할 만한 게 몇 가지 있습니다. 승진, 새로운 것 배우기, 의미 있는 제품/서비스 론칭, 똑똑한 사람들과 일하기 등등. 말로 표현하든 안 하든 대부분의 사람이 바라는 미래죠. 그래서 여러분도 일 잘하는 리더가 되려면 팀원들이 이 모든 걸 성취하게 할 방법을 고민하고, 또 이런 고민을 하고 있음을 팀원들이 알게 해야 합니다. 여기서 가장 중요한 것은 이러한 막연한 목표들을 구체적으로 명시해두는 것입니다. 그래야 진짜로 경력 관련 조언을 해줘야 할 시점이 왔을 때 팀원이 현재 처한 상황과 주어진 기회를 평가해볼 수 있는 실질적인 지표가 생깁니다.

행복도 추적은 단순히 경력을 모니터링하는 데서 그치지 않습니다. 각자에게 스스로를 성장시킬 기회를 만들어주고, 하는 일을 인정해주고, 그 여정에서 약간의 재미를 느끼게 해줘야 합니다.

5.7 그 외 조언과 요령

다음은 리더들에게 구글이 권장하는 그 외의 조언과 요령입니다.

위임하되, 곤란한 일은 직접 처리하자

개인 기여자에서 리더 역할로 이동할 때 가장 어려운 일 하나가 균형잡기입니다. 초기에는 모든 일을 스스로 처리하려 들 것입니다. 반대로 리더 역할을 오래 수행하다보면 아무것도 스스로 하려 들지 않게 되기 쉽습니다. 여러분이 이제 막 리더로 부임했다면 일거리를 팀원들에게 위임하려는 노력을 더 해야 할 가능성이 큽니다. 직접 처리할 때보다 훨씬 느리게 진척되더라도 말이죠. 이는 여러분 자신의 정신 건강을 온전히 유지하는 방법이자 팀원들에게 배움의 기회를 주는 방법입니다. 한편 팀을 이끈 지 제법 되었거나 새로운 팀을 이끌게 되었다면 이야기가 다릅니다. 이때는 오히려 여러분이 직접 일을 처리하는 게 팀원들의 존경을 이끌어내고 팀의 업무 속도를 높이는 가장 손쉬운 방법입니다. 특히 아무도 하려 들지 않는 지저분한 일을 떠맡으세요. 경력이 아무리 길고 많은 걸 성취했더라도 그것만으로는 여러분의 실력이 얼마나 뛰어난지 그리고 어려운 일이 닥쳤을 때 진짜로 뛰어들어 겸손하게 헌신할 사람인지는 팀원들이 알 수 없습니다.

여러분을 대신할 사람을 찾자

남은 평생을 지금과 똑같은 일만 계속하고 싶은 게 아니라면 여러분을 대신할 사람을 찾아야 합니다. 앞에서도 얘기하였듯 이 일은 채용 과정에서부터 시작됩니다. 여러분을 대신할 팀원을 원한다면 그럴만한 역량을 갖춘 사람을 채용해야 합니다. '당신보다 똑똑한 사람을 채용하라'라는 말로 귀결되죠. 적합한 팀원을 구했다면 그 사람에게 더 많은 책임을 질 기회를, 때때로 팀을 이끌어볼 기회를 줘야 합니다. 그러다 보면 여러분은 누가 팀을 이끌 재목

인지 혹은 누가 팀을 이끌고 싶어 하는지를 곧 판단할 수 있을 것입니다. 단, 뛰어난 개인 기여자로 남고 싶어 하는 사람도 있으며 이 역시 전혀 문제될 게 없다는 사실을 잊지 마세요. 우리는 수많은 회사가 가장 뛰어난 엔지니어를 (본인의 의사에 반하더라도) 관리직으로 내모는 모습에 어이없어하곤 합니다. 팀 최고의 엔지니어를 내쫓고 평균 이하의 관리자를 채용하는 것과 같은 행위니까요.

파도를 일으켜야 할 타이밍을 알자

여러분은 불가피하고 빈번하게 온몸의 모든 세포가 '무시하고 그냥 지켜봐'라고 소리치는 상황에 맞닥뜨리게 될 것입니다. 팀에 필요한 기술 수준을 갖추지 못한 엔지니어 때문일 수도 있고 사사건건 열차를 막아서는 사람 때문일 수도 있습니다. 혹은 의욕이 떨어져서 주 30시간밖에 일하지 않는 직원도 있을 수 있죠. 여러분은 '놔두면 곧 괜찮아질 거야'라고 속으로 말해봅니다. '저절로 풀리는 일도 있어'라며 자기합리화해봅니다. 이런 함정에 빠지지 마세요! 지금이 바로 직접 나서서 가장 거센 파도를 일으켜야 할 때입니다. 이런 문제가 저절로 해결될 가능성은 극히 희박합니다. 오히려 오래 끌수록 팀에 더 안 좋은 영향을 미치게 되고 불면증에 시달리는 밤만 늘어날 것입니다. 기다려봤자 운명의 시간이 늦어질 뿐이고 그 과정에서 막대한 피해를 입을 것입니다. 빨리 조치를 취하세요.

혼란으로부터 팀을 보호하자

리더 역할에 첫 발을 들여놓으면 팀 밖의 세상은 온통 혼돈과 불확실성으로 혹은 광기로 가득 차 있음을 가장 먼저 느끼게 될 것입니다. 개인 기여자일 때는 결코 보지 못했던 세상이죠. 1990년대, 제가 처음 관리자가 되었을 때 조직 차원에서 벌어지는 무질서와 뭐 하나 계획대로 돌아가는 게 없는 모습에 몸서리쳤습니다. 그래서 이 조용하던 회사에 갑자기 무슨 일이 벌어진 것인지 다른 관리자에게 물었죠. 어리숙했던 저에게 신경질적인 웃음과 함께 돌아온 대답은 이랬습니다. 회사는 원래부터 혼란스러웠다고, 다만 전임 관리자가 팀원들을 혼란으로부터 보호해주고 있었을 뿐이라고 말이죠.

팀에 공중 엄호를 해주자

회사 위쪽에서 무슨 일이 벌어지고 있는지를 팀이 알게 해주는 것도 물론 중요합니다. 하지만 수많은 불확실성과 팀 외부의 시시콜콜한 요구를 막아주는 일도 못지않게 중요합니다. 가능한 한 많은 정보를 팀과 공유하되 팀에 실제로 영향을 줄 가능성이 거의 없는 조직 차원의 광기로 팀 업무가 방해받지 않도록 해주세요.

팀이 잘하고 있다면 칭찬하자

많은 새내기 리더가 팀원들의 단점을 처리하는 데 익숙해져서 긍정적인 피드백을 필요한 만큼 자주 주지 못하곤 합니다. 누군가 일을 잘못 처리했을 때 알려주는 것처럼 잘 처리했을 때도 꼭 알려주세요. 기대 이상으로 잘 해냈다면 당사자는 물론 팀 전체에 알려주세요. 꼭이요!

마지막으로, 새로운 것을 시도하길 원하는 모험적인 팀원에게 최고의 리더가 자주 활용하는 기술이 있습니다.

실패해도 쉽게 되돌릴 수 있는 일에는 '해보세요'라고 말하자

마감일이 많이 남은 시점에 한 팀원이 찾아와서 생산성을 높여줄 새로운 도구나 라이브러리를 실험해볼 시간을 하루 이틀만 달라고 한다면 보통은 '그래요, 한번 해보세요'라며 허락할 것입니다. 반면 향후 10년은 지원해야 할 새로운 제품을 만들어보고 싶다는 말에는 선뜻 그러라고 이야기하기 어렵겠죠. 더 깊이 생각해보고 결정할 것입니다. 기술적인 결정이든 비기술적인 결정이든, 진짜로 훌륭한 리더는 어떤 일은 되돌릴 수 있고 어떤 일은 되돌리기가 생각만큼 쉽지 않은지를 판단해내는 감각이 뛰어납니다.

5.8 사람은 식물과 같다

제 부인은 여섯 남매 중 막내입니다. 장모님은 완전 제각각인 여섯 자녀를 키우는 정말 어려운 과업을 해내신거죠. 장모님께 비법을 묻자 아이들은 식물과 같다고 하시더군요. 누구는 선인장 같아서 물은 적게 햇볕은 많이 필요하고, 누구는 아프리카 제비꽃 같아서 산란광과 습한 토양이 필요하고, 또 누구는 토마토 같아서 비료만 조금 주면 알아서 무럭무럭 자란다고요. 물, 햇볕, 비료를 여섯 아이에게 똑같이 주면서 모두를 차별 없이 대한다고 주장할 수는 있지만, 그러면 실상 그 누구도 정말 필요한 것을 받지 못하고 자랄 가능성이 훨씬 크다고요.

팀원들도 마찬가지입니다. 누구에게는 더 많은 햇볕이, 다른 이에게는 더 많은 물 혹은 비료가 필요합니다. 누구에게 무엇이 필요한지 결정하고 제공하는 것이 리더로서 여러분이 해야 할 일입니다. 물론 팀에는 햇볕, 물, 비료가 아닌 동기부여motivation와 방향지시direction가 필요하죠.

정체되어 있는 팀원에게는 동기를 부여하고, 산만하거나 무얼 해야 할지 몰라하는 팀원에게는 더 강하게 지시해야 합니다. 물론 동기와 지시가 모두 필요한 '표류 중인' 사람도 있을 수 있고요. 이처럼 동기부여와 방향지시를 잘 버무려 활용하면 여러분 팀의 행복도와 생산성을 끌어올릴 수 있을 것입니다. 단, 여기서도 과유불급입니다. 동기나 지시가 필요 없는 사람이라면 오히려 여러분을 귀찮게 여길 것입니다.

방향지시는 명확한 편입니다. 수행해야 할 작업에 대한 기본적인 이해, 간단한 조직 관리 기술 약간, 전체 작업을 관리 가능한 단위로 쪼개는 능력 정도가 필요합니다. 이 도구들만 활용할 줄 알면 방향지시가 필요한 엔지니어에게 충분한 지침을 제공할 수 있을 것입니다. 반면 동기부여는 좀 복잡하니 자세히 설명하겠습니다.

5.8.1 내적 동기와 외적 동기

동기에는 금전적 보상처럼 바깥에서 기인하는 **외적 동기**extrinsic와 안에서부터 샘솟는 **내적 동기**intrinsic, 이렇게 두 가지가 있습니다. 다니엘 핑크는 저서 『DRIVE 드라이브: 창조적인 사람들을 움직이는 자발적 동기부여의 힘』(청림출판, 2011)에서 사람들을 가장 행복하고 생산적이게 만드는 비법은 현금 다발 안겨주기 같은 외적인 동기부여가 아니라고 말했습니다. 그보다는 내면으로부터의 동기를 북돋아줘야 한다고 합니다.[14] 다니엘이 주장하는 내적 동기부여 방법은 세 가지입니다. 바로 자율성, 숙련, 목적입니다.[15]

자율성autonomy(혹은 주도성)은 다른 사람의 마이크로매니징 없이 스스로 행동할 수 있는 것을 말합니다.[16] 자율적인 직원에게는 제품이 나아가야 할 대략적인 방향만 알려주면 어떻게 도달할지는 스스로 결정합니다(구글은 자율적인 엔지니어들을 채용하기 위해 노력합니다). 이렇

---

14 다니엘의 환상적인 TED 강연을 들어보세요. *https://bit.ly/3fxPP0u* 옮긴이_ 한글 자막도 입혀져 있습니다. 번역서에는 '자율성', '숙련', '목적'으로, 동영상 자막에는 '주도성', '전문성', '목적'으로 번역되어 있습니다.

15 임금은 충분히 받아서 돈이 스트레스 요인으로 작용하지 않는 사람들을 가정합니다.

16 마이크로매니징이 필요한 사람이 여러분 팀에는 없다고 가정하죠.

게 했을 때 동기부여가 더 잘 되는 이유는 다음과 같습니다. 첫째, 제품과의 관계가 더 끈끈해 집니다(제품을 만드는 방법을 아마도 여러분보다 더 잘 알 것입니다). 둘째, 제품에 대한 주인 의식이 커집니다. 제품 성공에 팀원들이 기여하는 비중이 커질수록 성공시키려는 의지도 커질 것입니다.

숙련mastery (혹은 전문성)의 기본적인 형태는 현재 기술 수준을 높이고 새로운 것을 배울 기회를 제공하는 것입니다. 숙련에 필요한 기회를 충분히 제공받은 사람들은 동기가 커지고, 때론 야 근도 불사합니다. 결과적으로 더 강한 팀을 만들어주죠.[17] 직원이 지니고 있는 기술들은 칼날 과 같습니다. 가장 날카로운 기술을 지닌 사람을 수억을 들여 팀에 충원해놓더라도 몇 년씩 날 을 갈지 않는다면 어떻게 될까요? 결국은 잘 들지 않는, 때로는 전혀 쓸모없는 뭉툭한 칼로 변 해 있을 것입니다. 그래서 구글은 칼날을 항상 예리하고 효율적이고 효과적이게 유지시키기 위 해 엔지니어들에게 새로운 것을 배우고 실력을 갈고닦을 기회를 충분히 제공합니다.

물론 아무 의미도 찾을 수 없는 일을 하고 있다면 제아무리 자율성과 숙련의 기회를 줘도 조금 의 동기부여조차 되지 못합니다. 일의 **목적**purpose을 제공해줘야 하는 이유죠. 많은 사람이 의미 가 아주 큰 제품을 만들고 있더라도 그 제품이 회사, 고객, 세상에 미치는 긍정적인 영향을 정 작 자신들은 받지 못할 수 있습니다. 심지어 영향력이 훨씬 작은 제품을 만드는 경우라도 여러 분은 팀원들의 노력에서 의미를 찾고 그 의미를 분명하게 인식시켜주는 형태로 동기를 부여할 수 있습니다. 자신이 하는 일의 목적을 인식하게 도와주면 훨씬 적극적이고 생산적으로 바뀔 것입니다.[18] 우리가 아는 어떤 관리자는 고객이 보내는 제품 피드백을 주의 깊게 살피다가('영 향력이 작은' 제품에 속했죠) '그 제품이 고객 개인 혹은 고객의 비즈니스에 도움을 줬다'라는 메시지를 보면 곧바로 해당 엔지니어링팀에 전달했습니다. 팀의 동기를 높이는 동시에 팀원들 에게 제품을 더 나은 방향으로 개선할 영감을 주는 조치이기도 했습니다.

---

17 팀이 강해지면 팀원들도 개개인의 가치도 커지고, 그래서 다른 회사나 팀에서도 탐내게 된다는 뜻입니다. 따라서 그들이 일에 만족하지 못한다면 여러분의 곁을 떠나기도 그만큼 쉬워집니다. 5.5.8절의 패턴을 참고하세요.

18 "과업 중요성의 의의: 직업 성과 효과, 관계 메커니즘, 경계 조건(The Significance of Task Significance: Job Performance Effects, Relational Mechanisms, and Boundary Conditions)", 응용심리학 저널(Journal of Applied Psychology), 93, No. 1 (2018), *http://bit.ly/task_significance* 옮긴이_ 과업 중요성(task significance)은 직무가 타인의 생활에 실질적인 영향을 미칠 수 있는 정도를 말합니다. 이때 타인이란 바로 옆의 동료일 수도, 내가 모르는 조직 밖의 사람일 수도 있습니다.

5.9 마치며

팀을 이끈다는 것은 소프트웨어 엔지니어가 되는 것과는 또 다른 일입니다. 그래서 훌륭한 소프트웨어 엔지니어라고 해서 좋은 관리자가 되는 게 아닙니다. 지극히 자연스러운 현상이죠. 그래서 현명한 조직은 개인 기여자용 진로와 관리자용 진로를 구분해 제공하기도 합니다. 관리자에게도 소프트웨어 엔지니어링 경험이 중요하지만 유능한 관리자에게 무엇보다 중요한 자질은 사회적 스킬임을 구글은 깨우쳤습니다. 좋은 관리자는 팀이 일을 스스로 잘하도록 돕고, 올바른 목표에 집중하게 하고, 조직 외부의 방해요소를 차단해줍니다. 겸손, 존중, 신뢰를 담아서 말이죠.

5.10 핵심 정리

- 전통적인 의미에서의 '관리'는 하지 마세요. 리더십, 영향력, 팀을 위한 봉사에 집중하세요.

- 가능하면 위임하세요. DIY^Do It Yourself 자제!

- 팀이 무엇에 집중하는지, 그리고 방향과 속도에 특히 신경 쓰세요.

CHAPTER 6

성장하는 조직 이끌기

앞서 5장에서 '개인 기여자'에서 팀의 리더로 전환한다는 것의 의미를 알아봤습니다. 팀 하나를 이끌게 되었다면 다음 순서로는 연관된 여러 팀을 이끄는 게 자연스러운 흐름입니다. 그래서 이번 장에서는 여러분이 엔지니어링 부문 리더로서의 길을 계속 걸어갈 때 도움되는 방법들을 살펴보겠습니다.

역할이 커져도 기존의 모범 사례들은 계속 유효합니다. 여러분은 똑같이 '섬기는 리더'여야 합니다. 다만 섬겨야 할 대상이 더 많아졌을 뿐이죠. 이 말은 곧 여러분이 풀어야 할 문제의 범위가 넓어지고 더 고차원적이 된다는 뜻입니다. 점차 '높은 수준'으로 올라가야 하는 것이죠. 기술적이거나 엔지니어링적인 세부 내용을 접할 일은 점점 줄어들어서 '깊게'보다는 '넓게' 살펴야 하는 위치가 됩니다. 한 단계 올라설 때마다 실망이 커질 것입니다. 구체적인 내용을 잊어버리는 자신이 서글퍼지고, 맡겨진 과제는 그동안 자랑스러워 한 엔지니어링 전문 지식과는 서서히 멀어질 것입니다. 그대신 주어진 역할을 훌륭히 해내려면 기술적 직관과는 다른, 엔지니어들을 올바른 방향으로 이끄는 능력이 그 어느 때보다도 중요해집니다.

이러한 변화 때문에 사기가 떨어지기도 합니다. 개인 기여자일 때보다 영향력이 훨씬 커졌음을 깨닫기 전까지는 말이죠. 만족스럽지만 달콤씁쓸한 깨달음일 것입니다. 그렇다면 (리더십의 기본은 이해하고 있다고 가정하고) 정말 훌륭한 리더로 성장하려면 무엇이 더 필요할까요? 이것이 바로 이번 장의 주제로, 우리는 이를 '3A 리더십'[1]이라고 부릅니다.

---

1   옮긴이_ 이어지는 '늘 결정하라(Always Be Deciding)', '늘 떠나라(Always Be Leaving)', '늘 확장하라(Always Be Scaling)'의 영어 첫 글자가 모두 'A'라서 3A라고 합니다.

6.1 늘 결정하라(Always Be Deciding)

여러 팀으로 구성된 팀을 관리한다고 함은 기존보다 높은 수준에서 더 많은 걸 결정해야 한다는 뜻입니다. 여러분의 역할은 특정한 엔지니어링 문제 해결이 아니라 거시적인 전략을 짜는 것이죠. 이 높이에서 여러분이 내리는 결정 대부분은 여러 전략 사이의 트레이드오프들을 정확히 찾아내는 일입니다.

6.1.1 비행기 일화

린제이 존스[2]는 연극 사운드 디자이너 겸 작곡가입니다. 미국 전역의 연극 제작사들을 찾아다니는 게 린제이의 일상이라 비행기 안에서 겪은 재미난 이야기가 한가득입니다. 그중 제가 가장 좋아하는 이야기를 들려드리죠.

> 새벽 6시였어. 모든 승객이 탑승을 마쳤고 출발 준비도 끝났지. 그런데 방송으로 기장이 '누군가 탱크에 연료를 4만 리터나 더 채워났다'라고 이야기하더라고. 지금껏 비행기를 제법 탔다고 생각했는데 이런 일이 가능한지는 그때 처음 알았지. 만약 자동차에 기름 4리터를 더 넣었다면 연료 탱크가 넘쳐흘렀지 않았을까?

> 어쨌든 기장은 두 가지 선택지를 제시했어. 하나는 트럭을 불러서 연료를 뽑아내게 하는 건데, 1시간 정도 걸린대. 다른 선택지는 승객 중 스무 명이 내려서 무게를 맞추는 거였지.

> 내리겠다는 사람이 있을 리 없겠지?

> 그러자 1등석 통로 건너편의 한 남자가 아주 화를 내더군. 마치 TV 드라마 〈M*A*S*H〉의 프랭크 번스[Frank Burns] 같던 남자는 몹시 분개하면서 누구 책임이냐며 고래고래 소리를 지르는 거야. 굉장한 볼거리였지. 영화 〈마르크스 형제[Marx Brothers]〉의 마거릿 더몬트[Margaret Dumont]를 보는 듯했어.

> 급기야 지갑을 꺼내더니 현금 다발을 흔들며 외치더라고. "전 진짜 중요한 미팅이 있어요. 누구든 비행기에서 내린다면 40달러씩 드리죠."

> 그제서야 사람들이 슬슬 일어서기 시작하더라. 20명이 40달러씩, 총 800달러를 받아들고 비행기에서 내렸지.

> 이제 준비가 다 됐으니 비행기를 띄울 차례잖아? 그런데 기장이 기내 방송으로 말하더군. 비행기

---

2   (린제이 존스 홈페이지) *http://lindsayjones.com*

의 컴퓨터 시스템이 동작을 안 하는데, 아무도 이유를 모르는데. 그래서 게이트로 다시 견인될 예정이라지 뭐야.

프랭크 번스를 닮은 남자는 졸도할 것처럼 보이더라. 진짜로 쓰러지는 줄 알았어. 저주하고 소리지르고... 다른 사람들은 그저 조용히 서로 눈치만 보고...

게이트로 돌아오자마자 그 남자는 다른 비행기를 요구했지. 게이트 승무원이 9:30 비행기가 있다고 했지만 너무 늦는다는 거야. "더 빨리 출발하는 비행기는 없어요?"

"저.. 8시 비행기가 있긴 한데, 좌석이 꽉 찼어요. 그리고 지금 문을 닫는 중이에요."

"꽉 찼다고요? 진짜로요? 비행기에 남는 좌석이 하나도 없다니 말이 돼요?"

그러자 게이트 승무원이 답했지. "그게요, 손님. 좌석에 여유가 있었는데 방금 전에 승객 20분이 갑자기 나타나서 남은 좌석을 다 사가셨어요. 비행기에 탑승할 때까지 계속 웃으시던데, 제가 본 승객 중 가장 행복해 보이더군요."

그리고 9:30분 비행기는 아주 조용했지.

이 이야기는 물론 트레이드오프에 관한 것입니다. 이 책의 대부분은 엔지니어링 시스템에서의 다양한 '기술적' 트레이드오프에 초점을 맞추고 있지만 트레이드오프는 '사람의 행동'에도 적용됩니다. 리더인 여러분은 팀이 매주 무엇을 해야 하는지 결정해야 합니다. 트레이드오프가 명확할 때도 있지만(이 작업을 선택하면 다른 작업은 지연되는...) 때로는 시간이 한참 지나서야 피해를 주는 예상치 못한 결과를 가져오기도 합니다. 앞의 이야기에서처럼 말이죠.

가장 높은 수준에서 보면 (단일 팀이든 더 큰 조직이든) 리더로서의 여러분 역할은 사람들을 움직여서 어렵고 모호한 문제들을 풀게 이끄는 것입니다. '모호하다'라는 것은 명확한 해법이 없거나 심지어 풀 수 없는 문제라는 뜻입니다. 어느 경우든 문제를 탐구하고 훑어보고 뜯어보면서 (바라건대) 통제할 수 있는 상태로 만들어야 합니다. 코드 작성을 벌목에 비유한다면, 리더의 역할은 '나무들 사이로 숲 전체를 보면서' 목표한 중요 나무까지로 가는 길을 찾아 엔지니어들을 안내해주는 것입니다. 이 과정은 세 단계로 나뉩니다. 먼저 '눈가리개'를 찾아내고, '트레이드오프'들을 파악한 다음, 해법을 '결정'하고 반복해야 합니다.

6.1.2 눈가리개 찾기

여러분에게는 처음이지만 이미 수많은 사람이 몇 년씩 씨름하던 문제인 경우가 종종 있습니다. 이 사람들은 한 문제에 너무 오래 빠져있다 보니 '눈가리개'가 시야를 가려서 더는 숲을 보지 못하게 되곤 합니다. 무언가가 눈앞을 가리고 있다는 사실 자체를 눈치 채지 못한 채 문제(혹은 해법)에 대한 가정들을 수없이 만들어내죠. '우린 항상 이렇게 해왔어요'라고 말하면서 현재 방식에 문제가 있을 수 있다고는 의심조차 못하는, 말 그대로 비판 능력을 상실해버리죠. 현상 유지를 정당화하기 위해 메커니즘을 억지스럽게 꼬아놓거나 합리화 논리를 만들어내기도 합니다. 이 부분이 깨끗한 눈을 가진 여러분에게 굉장히 유리한 지점입니다. 여러분은 눈가리개를 찾아낼 수 있고, 질문을 던질 수 있고, 그래서 새로운 전략을 모색할 수 있습니다. (물론 문제에 익숙하지 않다는 게 훌륭한 리더십의 조건은 아닙니다만, 종종 도움이 되곤 합니다.)

6.1.3 핵심 트레이드오프 파악하기

정의상 중요하고 모호한 문제에는 마법 같은 '은총알'이 없습니다. 세상이 끝날 때까지 어떤 상황에서든 옳은 답이란 없습니다. '특정 상황에서의 최선의 답'이 있을 뿐이며, 그마저도 거의 언제나 몇 가지 면에서는 절충을 해야 합니다. 모든 트레이드오프를 테이블 위에 올려놓고 모두에게 설명한 다음 어떻게 균형을 맞출지를 결정하도록 돕는 것이 여러분의 일입니다.

6.1.4 결정하고 반복하기

어떤 트레이드오프가 존재하고 어떻게 작용하는지를 이해하고 나면 여러분의 힘이 커집니다. 이 정보를 활용하여 가령 이번 달에 수행할 최선의 결정을 내릴 수 있게 되죠. 그리고 다음 달이 되면 트레이드오프들을 다시 평가하고 균형점도 새로 잡아야 할 것입니다. 반복적인 프로세스라는 말이죠. 이것이 바로 '늘 결정하라'라고 부르는 이유입니다.

여기에는 위험이 도사립니다. '트레이드오프의 지속적인 재조정'을 프로세스에 녹이지 않으면 팀은 완벽한 해법을 찾으려는 함정에 빠져 '분석 마비analysis paralysis' 상태에 놓이기 쉽습니다. 여러분은 팀이 반복에 익숙해지게 도와야 합니다. 예방법을 하나 알려드리죠. '이 결정대로 시도해보고 어떻게 되는지 지켜보죠. 상황을 봐서 다음 달에 변경 사항을 취소하고 다른 결정을 내릴 수도 있습니다'라며 위험을 낮추고 긴장을 줄여주세요. 이렇게 하면 팀원들은 계속해서 유연하게 사고하면서 자신들의 선택으로부터 배워갈 것입니다.

사례 연구: 웹 서버 '지연시간' 해결하기

여러 팀으로 이루어진 거대한 팀을 관리하게 되면 자연스럽게 단일 제품이 아닌 여러 제품으로 구성되는 라인업을 담당하게 됩니다. 혹은 여러 제품과 관련되는 폭넓은 문제를 관장하거나요. 구글에서도 좋은 예가 하나 있는데, 바로 구글의 가장 오래된 제품인 웹 검색[Web Search]입니다.

몇 해 동안 구글 엔지니어 수천 명이 검색 결과를 개선하기 위해, 즉 결과 페이지의 '품질'을 높이기 위해 셀 수 없는 문제를 풀어냈습니다. 하지만 품질 개선에는 생각하지 못한 부작용이 뒤따랐습니다. 검색 '속도'를 서서히 떨어뜨린 것이죠. 한때 구글 검색 결과에는 한 페이지에 웹사이트 링크 10개 정도만 보여주면 되었습니다. 하지만 10년 후에는 '품질'을 높인다는 가치 아래 수천 가지의 작은 변화들이 더해졌습니다. 결과 페이지는 점점 많은 것을 담게 되었죠. 이미지, 비디오, 위키백과에서 가져온 정보를 보여주는 별도 박스와 인터랙티브 UI 요소까지... 서버 관점에서는 정보 생성에 드는 노력이 훨씬 더 든다는 뜻이고, 네트워크로 전송해야 할 데이터가 늘고, 클라이언트(주로 스마트폰) 역시 훨씬 복잡해진 HTML과 데이터를 렌더링해야만 합니다. 10년 동안 네트워크와 컴퓨팅 성능 역시 눈부시게 발전했지만 검색 결과가 뜨는 속도는 조금씩 느려졌습니다. 달리 표현하면 지연시간[latency]이 길어졌습니다. 큰 문제가 아니라고 생각할지 모르지만 지연시간은 고객 참여와 사용 빈도에 직접적인 영향을 줍니다. 렌더링 시간이 10ms만 늘어도 가시적인 결과로 이어질 수 있습니다. 지연시간은 아주 서서히 증가했습니다. 어느 한 엔지니어링팀의 잘못이 아닌, 오랜 기간에 걸쳐 모두가 조금씩 조금씩 병을 키웠습니다. 그러다 특정 시점이 되면 누적된 총 지연시간이 몰고 온 악효과가 그동안 '품질' 향상으로 얻은 사용자 참여 개선 효과를 넘어서기 시작하는 거죠.

많은 리더가 이 문제로 골머리를 썩었지만 근본적으로 해결하는 데는 실패했습니다. 모두를 장님으로 만든 눈가리개 때문에 2~3년에 한 번씩 '코드 옐로[code yellow]'를 선언하고 모든 엔지니어가 코드를 최적화해 속도를 개선하는 것만이 유일한 길이라 여겨졌습니다.[3] 하지만 효과는 잠시 동안만 지속될 뿐, 지연시간은 겨우 한두 달이면 다시 길어지기 시작하여 금세 기존 수준으로 되돌아갔습니다.

그래서 무엇이 바뀌었을까요? 어느 시점에 이르자 우리는 한 걸음 물러서서 관망해보았습니다.

3　코드 옐로는 '중대한 문제를 해결하기 위한 긴급 해커톤'을 뜻하는 구글 용어입니다. 관련 팀들은 모두 하던 일을 멈추고, 선언된 긴급 상황이 해제될 때까지 문제 해결에 100% 전력투구해야 합니다.

그러자 모두를 장님으로 만든 눈가리개가 보이기 시작했습니다. 우리는 트레이드오프들을 처음부터 완전히 새로 평가했습니다. 그 결과 '품질'을 추구하려면 치러야 할 비용이 하나가 아니라 두 가지임을 알아냈습니다. 첫 번째는 사용자가 부담하는 비용으로, 보통은 품질을 높일수록 더 많은 데이터를 전송받게 되어 지연시간이 길어집니다. 두 번째는 구글이 부담하는 비용으로, 품질을 높일수록 데이터 생성에 더 많은 작업이 수반되므로 더 많은 서버 CPU 시간을 소모하게 됩니다('서빙 용량serving capacity'이라고 부릅니다). 품질과 서빙 용량의 트레이드오프를 고려하는 리더는 종종 있었지만, 여기에 지연시간까지 동등한 비중으로 감안해 계산하지는 못한 것입니다. 오래된 농담이 떠오르는 대목입니다. "좋게, 빠르게, 저렴하게 중 두 개만 선택해!" 이 상황을 [그림 6-1]로 간략히 묘사할 수 있습니다. 좋게(품질), 빠르게(지연시간), 저렴하게(용량) 사이의 삼각 트레이드오프입니다!

그림 6-1 웹 검색의 트레이드오프: 두 개만 선택하시오!

구글의 상황이 정확히 이 그림과 같았습니다. 세 특성 중 하나 혹은 두 개를 희생하여 다른 하나를 개선하기는 아주 쉽습니다. 예컨대 검색 결과에 데이터를 더 추가하여 품질을 높일 수 있습니다. 하지만 지연시간과 용량이 희생되겠죠. 서빙 클러스터의 트래픽 부하를 조정하여 지연시간과 용량을 직접 맞바꿀 수 있습니다. 클러스터에 질의를 더 많이 보낸다면 (CPU 사용률이 높아진다는 의미에서) 용량이 늘어납니다. 그러면 하드웨어에 더 많은 돈을 써야 하겠죠. 하지만 부하가 늘어나면 컴퓨터의 자원 경합이 심해져서 질의들의 평균 지연시간이 길어집니다. 그렇다고 고의로 클러스터의 트래픽을 줄이면 전제 서빙 용량은 줄지만 쿼리 하나하나는 더 빨라집니다.

이 이야기가 말하고자 하는 바는 무엇일까요? 숨겨진 트레이드오프를 찾아내어 '모든' 트레이드오프를 더 잘 이해하게 되면 새로운 방법을 시험해볼 수 있다는 것입니다. 지연시간을 우연히 발생하는 불가피한 부작용으로 받아들이는 게 아니라 다른 목표와 동등한 수준의 목표로 관리할 수 있게 된다는 말입니다.

그 결과 우리는 새로운 전략을 세울 수 있었습니다. 예컨대 구글의 데이터 과학자들은 어느 정도의 지연시간이 사용자 참여에 얼마나 영향을 주는지를 정확하게 측정할 수 있었습니다. 그리고 이를 기초로 당장의 사용자 참여 증가를 위한 품질 개선과 이로 인한 지연시간 증가가 장기적인 사용자 참여에 미치는 영향을 저울질할 수 있는 지표를 만들어냈습니다. 그 덕분에 제품 변경 방향을 데이터에 기초하여 결정할 수 있게 되었죠. 가령 품질은 높여주지만 지연시간이 길어지는 작은 변경의 진행 여부를 구체적인 수치를 보며 정할 수 있게 되었습니다. 구글은 품질, 지연시간, 용량 변화가 적절한 균형을 이루는지를 매월 반복해 돌아보면서 '늘 결정'하고 있습니다.

6.2 늘 떠나라(Always Be Leaving)

곧이곧대로 들으면 '늘 떠나라'는 말도 안 되는 조언이라고 생각될 것입니다. 훌륭한 리더가 떠나려 하는 이유가 무엇일까요? 사실 '늘 떠나라'는 구글의 전 엔지니어링 디렉터인 바트 메더라다$^{Bharat Mediratta}$의 유명한 말을 인용한 표현입니다. 바트의 진정한 뜻은 리더는 모호한 문제를 풀어줄 뿐 아니라 맡은 조직이 여러분 없이도 '스스로' 문제를 풀 수 있게 유도해야 한다는 것입니다. 그럴 수만 있다면 여러분은 새로운 문제 혹은 새로운 조직을 찾아 떠날 수 있게 됩니다. 여러분 덕분에 스스로 자생력을 갖추게 된 팀을 남겨두고 말이죠.

이 조언의 안티패턴은 물론 리더 스스로가 단일 장애점$^{single point of failure}$(SPOF)이 되는 상황입니다. 앞에서도 나왔는데, 구글에서는 이를 버스 지수(몇 명의 팀원이 버스에 치어서 일을 할 수 없게 될 때 프로젝트가 망하게 되는지를 나타내는 지수)라고 합니다.

물론 여기서의 버스는 비유입니다. 팀원이 아플 수도 있고, 다른 팀이나 회사로 떠날 수 있고, 먼 곳으로 이사 갈 수도 있습니다. 여러분이 단일 장애점인지를 확인해볼 수 있는 테스트가 있습니다. 여러분의 팀이 순조롭게 풀어가고 있는 난제 하나를 떠올려보세요. 이제 리더인 여러분이 어디론가 사라집니다. 팀이 여전히 순항할까요? 여러분 없이도 성공할까요? 더 간단한 테스트도 있습니다. 여러분이 일주일 이상 자리를 비웠던 마지막 휴가를 떠올려보세요. 휴가지에서도 대부분의 다른 리더처럼 수시로 이메일을 확인했나요? '왜' 그러셨나요? 여러분이 신경을 끄면 모든 게 망가질까 걱정됐나요? 그랬다면 여러분은 스스로를 단일 장애점으로 만든 것입니다. 그렇다면 고쳐야죠.

6.2.1 미션: '자율주행' 팀을 만들어라

바트의 말로 돌아와서, '성공적인 리더가 된다'라고 함은 어려운 문제를 스스로 해결할 수 있는 조직을 만든다는 의미입니다. 이런 조직이 되려면 강력한 리더들과 건실한 엔지니어링 프로세스와 긍정적이고 자기-영속적[4]인 문화를 갖춰야 합니다. 당연히 어려운 목표죠. 하지만 팀들의 팀을 이끈다는 것은 현란한 기술의 마법사가 된다기보다는 '사람들'을 조직하는 일에 가까운 게 사실입니다. 이런 형태의 자생력을 갖춘 조직으로 가꾸기 위해서는 세 가지가 필요합니다. 문제 공간problem space을 분할하고, 하위 문제를 위임하고, 필요에 따라 반복하는 것입니다.

6.2.2 문제 공간 분할하기

도전적인 문제는 일반적으로 난해한 하위 문제 여러 개로 구성되기 마련입니다. 그래서 팀들의 팀을 이끄는 리더들은 각각의 팀에 하위 문제 하나씩을 배정하곤 합니다. 이 방식에는 위험이 따릅니다. 하위 문제들은 시간이 지나면 변할 수 있는데 반해 팀은 경직된 경계에 갇혀 있어서 이 변화를 눈치 채기 어렵기 때문입니다. 그래서 가능하다면 조직의 구조를 느슨하게 관리하세요. 하위 팀들의 규모는 유동적이고, 팀원은 다른 하위 팀으로 옮길 수 있고, 상황이 변하면 할당된 문제를 바꿀 수도 있는 식으로요. '너무 경직된'과 '너무 유연한' 사이에서 아슬아슬한 외줄타기를 해야 합니다. 여러분 마음 한켠에는 하위 팀들이 명확한 임무와 목표를 가지고 구준하게 성취를 이루어나가길 바랄 것입니다. 하지만 사람들에게는 주변의 변화에 맞춰 방향을 전환하고 새로운 것을 시도해볼 자유가 필요합니다.

예: 구글 검색의 '지연시간 문제' 분할하기

검색 지연시간 문제를 면밀히 들여다보며 우리는 이 문제를 최소 두 개의 문제 공간으로 쪼갤 수 있음을 깨달았습니다. 지연의 '징후'를 찾는 작업과 지연의 '원인'을 찾는 작업으로 말이죠. 코드베이스를 손볼 최적화 인력을 여러 프로젝트에 추가 배치해야 한다는 사실은 명백했습니다. 하지만 단순히 속도에 치중하는 것만으로는 충분하지 않았죠. 최적화 인력과 별도로 수천 명의 엔지니어가 (일상 업무인) 검색 결과의 복잡도와 '품질'을 높이는 작업을 병행하고 있어서 성능을 개선한 코드를 반영해도 금세 원상복구되었기 때문입니다. 그래서 지연 요소가 애초부터 생겨나지 않게 하는 일에도 동시에 인력을 투입해야 했습니다. 우리는 측정 항목, 지연

---

4   옮긴이_ 외부 요인에 의지하지 않고 자기 스스로의 힘으로 영원히 지속된다는 뜻입니다.

시간 분석 도구, 개발자 교육과 문서 등에서 개선점을 찾아냈습니다. 이를 바탕으로 지연 원인 대응팀과 징후 대응팀을 동시에 가동하였고, 드디어 지연시간을 장기적이고 체계적으로 통제할 수 있게 되었습니다. (또한 이 팀들이 특정 해법이나 도구에 얽매이지 않고 '문제 자체'를 책임지고 해결해야 함을 알게 되었습니다.[5])

하위 문제를 다른 리더에게 위임하기

모든 관리 책에서 빼놓지 않고 이야기하는 주제가 '위임'입니다. 진부한 주제지만 다 이유가 있습니다. 바로 위임을 배우기란 '정말 어렵기' 때문이죠. 왜 어려울까요? 효율성과 성취 측면에서 우리의 본능에 정면으로 배치하기 때문입니다. 설상가상으로 이 어려움을 더욱 키워주는 격언도 있습니다. "무언가를 제대로 하고 싶다면 스스로 하라If you want something done right, do it yourself".

하지만 자율주행 조직을 일구는 게 여러분의 임무라는 데 동의한다면 가장 효과적인 교육 메커니즘은 바로 위임입니다. 자생력을 갖춘 리더들을 키워야 하며, 그들을 훈련시키는 가장 효과적인 방법은 두말할 것 없이 위임입니다. 과제를 던져준 후, 실패하고 다시 시도하고 또 도전하도록 놔두세요. '빠르게 실패하고 반복하라.' 실리콘 밸리에서 통용되는 격언입니다. 이 철학은 엔지니어링 설계는 물론 사람이 무언가를 학습하는 데도 똑같이 적용됩니다.

리더인 여러분의 앞접시에는 진행해야 할 중요한 과제들이 끊임없이 담겨집니다. 그 대부분은 여러분에게 그리 어려운 일은 아닐 것이고요. 상상해보죠. 열심히 메일을 확인해가며 문제들에 대응하던 중 장기 미해결 문제 하나가 다시 언급된 것을 발견합니다. 여러분이 직접 처리한다면 20분이면 될 것 같고요. 이런 상황에 놓인다면 잊지 말고 '이 문제를 처리할 수 있는 사람이 정말 나뿐일까?'라는 질문을 스스로에게 던져보세요.

물론 직접 처리하는 게 가장 효율적이겠죠. 하지만 다른 리더를 훈련시키는 데는 실패하게 됩니다. 자율주행 조직을 만들지 못하게 됩니다. 정말 시급한 문제가 아니라면 꾹 참고 다른 이에게 맡기세요. 일을 처리할 수는 있지만 여러분보다는 훨씬 오래 걸릴 누군가에게 말이죠. 그러고는 정 필요하다면 코치해주면 됩니다. 여러분은 다른 리더에게 성장할 기회를 마련해줘야 합니다. 그들은 '레벨업'하는 방법을 배우고 스스로 일을 완수해내야 하고요. 그리하여 업무 크리티컬 패스critical path상에서 여러분의 이름이 사라지게 해야 합니다.

....

5 옮긴이_ 해법이나 도구는 시간이 지나고 상황이 변하면 달라질 수 있는데, 팀이 여기에 얽매인다면 오히려 올바른 길로 가는 데 걸림돌이 될 수 있다는 뜻입니다. 175쪽 '팀 정체성 설정 시 주의점' 절을 참고하세요.

결론은 여러분은 리더들의 리더라는 본연의 목적을 잊지 말아야 한다는 것입니다. 여러분 자신이 어두운 숲 속에서 헤매고 있다면 여러분의 조직에 몹쓸 짓을 하는 것입니다. 매일 아침 출근하면 자신에게 '우리 팀원 중 아무도 할 수 없는 일 중에서 내가 할 수 있는 일은 무엇이 있을까?'라는 질문을 던져보세요.

괜찮은 답변이 많이 있습니다. 가령 여러분은 조직 정치로부터 팀을 보호할 수 있습니다. 팀원들을 격려해줄 수 있습니다. 팀원들의 사이는 돈독한지 관찰하면서 겸손, 존중, 신뢰의 문화를 일굴 수 있습니다. 여러분의 '상사와의 관계'를 잘 유지하는 일도 중요합니다. 더 윗분들에게 여러분의 조직이 하는 일을 이해시키고 회사의 지향점과 조화롭게 맞물려 돌아가도록 해야 합니다.

하지만 이 질문의 가장 일반적이고 중요한 답변은 '나는 나무들을 헤치고 숲을 볼 수 있다'입니다. 다르게 표현하면 여러분은 '고차원적인 전략'을 정의할 수 있습니다. 여러분의 전략은 전반적인 기술 방향뿐 아니라 조직 차원의 전략도 포괄해야 합니다. 모호한 문제를 어떻게 풀어갈지, 장기적으로 조직이 그 문제를 어떻게 관리해나갈지를 규정하는 청사진을 그리는 일이죠. 끊임없이 숲의 지도를 덧칠해가며 누구에게 어떤 나무를 베도록 시킬지를 정해야 합니다.

조율하고 반복하기

마침내 자생력을 갖춘 조직을 만들어냈다고 가정해봅시다. 여러분은 더 이상 단일 장애점이 아닙니다. 축하드려요! 그런데 이제부터는 무슨 일을 해야 할까요?

대답하기 전에 여러분은 스스로를 해방시켰다는 사실을 떠올리세요. '늘 떠나라'를 실천할 수 있는 자유가 주어진 것이죠. 기존 문제와 관련 있는, 하지만 새로운 문제에 도전해볼 수 있습니다. 나아가서 완전히 새로운 문제 영역을 다루는 전혀 다른 팀으로 옮길 수도 있죠. 이는 여러분이 훈련시킨 리더들이 한 단계 올라설 길을 터주는 일이기도 합니다. 새로움과의 조우는 개인이 번아웃되지 않도록 예방하는 데 효과적입니다.

'다음은 뭘 하지?'의 간단한 답은 바로 조직이 지속해서 건실함을 유지할 수 있도록 '지도해주기'입니다. 하지만 위기 상황이 아닌 한 지나치게 개입해서는 안 됩니다. 『Debugging Teams』(오라일리, 2016) 책에 신중하게 고려하여 개입하는 예가 나옵니다.

> 모든 기계를 속속들이 꿰고 있는 기계 마스터에 대한 이야기입니다. 마스터는 오래전에 일에서 손을 떼고 쉬고 있었습니다. 그런데 마스터가 다니던 회사에서 문제가 발생했고, 아무도 해결하지 못하자 마스터에게 도움을 청했죠. 마스터는 기계를 점검해보고 소리에 귀도 기울여보고 하더니 기

계 한쪽 면에 분필로 작게 'X' 표시를 했습니다. 그러고는 기술자를 불러서 표시한 부분의 벨트가 느슨해졌으니 수리해야 할 거라고 말하고는 떠났습니다. 기술자가 기계 커버를 열어 헐거워진 벨트를 조이니 기계는 원래대로 쌩쌩해졌습니다. 문제는 그다음입니다. 마스터가 천만 원짜리 청구서를 보낸 것이죠. 청구서를 본 CEO는 겨우 분필로 표시 하나 해주고 이렇게 큰돈을 요구하냐며 금액을 낮춰달라고 요청했습니다. 그러자 마스터는 새로운 청구서를 보내왔습니다.

- 분필로 표시한 비용: 1,000원
- 표시할 지점을 알려준 비용: 9,999,000원

이 이야기는 우리에게 '지혜'가 무엇인지 말해줍니다. 단 한 번의 신중한 개입으로 거대한 효과를 줄 수 있음을 보여주죠. 우리는 이 기술을 사람을 관리할 때 활용합니다. 우리는 팀을 커다란 비행선을 타고 목적지 방향으로 천천히 비행하는 것으로 상상합니다. 마이크로매니징하거나 끊임없이 경로를 수정해주는 대신 한 주의 대부분을 세심히 관찰하고 경청하는 데 씁니다. 한 주가 끝나갈 즈음 분필을 들고 수정할 정확한 위치를 살짝 표시해주는 거죠. 작지만 아주 중요한 '터치'로 경로를 조정해주는 것입니다.

관찰과 경청 95%, 절묘하고 시의적절한 개입 5%. 이것이 좋은 관리입니다. 부하 리더들의 말을 경청하고 보고서는 건너뛰세요. 고객과 대화하세요. 참고로 '고객'이라고 해서 꼭 최종 사용자는 아닙니다. 특히 엔지니어링 인프라를 개발하는 팀이라면 바로 옆의 동료들이 고객입니다. 보고서에 쓰여진 만족도 조사 결과만큼이나 현장에서 실제 고객이 만족해하느냐에 귀를 기울여야 합니다. 효과가 있는 것은 무엇이고 없는 것은 무엇입니까? 자율주행 비행선은 올바른 방향으로 나아가고 있나요? 여러분은 반복해서 지시를 내려줘야 하지만 사려 깊게, 그리고 최소한으로 자제해야 합니다. 경로 조정에 꼭 필요한 최소한으로요. 자칫 마이크로매니징으로 퇴행한다면 여러분은 다시 단일 장애점이 되는 것입니다. '늘 떠나라'는 매크로매니징macromanaging의 다른 이름입니다.

팀 정체성 설정 시 주의점

팀에는 일반적인 '문제'를 맡겨야 합니다. 그런데 우리는 특정 '제품'을 맡겨버리는 실수를 자주 범합니다. 제품은 문제에 대한 '해결책'입니다. 시간이 지나면 지금의 해결책은 다른 해결책으로, 제품은 더 나은 제품으로 바뀔 수 있습니다. 하지만 (잘 선정한) 문제는 영원합니다. 그래서 팀의 정체성을 특정 제품으로 못박는다면(가령 '우리는 깃 리포지터리를 관리하는 팀이에요') 마음 한켠에 불안감을 간직한 채 살아가야 합니다. 만약 미래에 상당 비중의 엔지니어들이 새로운 버전 관리 시스템으로 옮겨가고 싶어 한다면 어떻게 될까요? 깃 관리팀은 깃을 옹호하며 변화에 저항하려 들 것입니다. 조직 차원에서는 최선의 길이 아님에도 말이죠. 제품이 팀의 정체성이 되고 자신들의 가치와 동일시되어 눈을 가려버리는 것입니다. 이와 달리 팀에 '문제'를 할당했다면(가령 '우리는 회사에 버전 관리를 제공하는 팀이에요') 시대와 상황 변화에 맞게 얼마든지 다른 제품(해결책)을 실험해볼 수 있습니다.

6.3 늘 확장하라(Always Be Scaling)

많은 리더십 책에서 '확장scaling'을 팀의 규모와 영향력을 키우는 전략인 '효과 극대화' 맥락에서 이야기합니다. 이 책은 거기까지는 가지 않고 앞서 언급한 범주로 한정해 이야기합니다. 강력한 리더들이 포진한 자율주행 조직을 일구는 것 자체로 이미 성장과 성공으로 가는 훌륭한 비법인 셈이니까요.

대신 우리는 팀의 규모 확장을 '방어적인' 입장에서, 그리고 개인적인 관점에서 바라볼 것입니다. 리더로서 여러분에게 주어진 가장 값진 자원은 '자신의 제한된 시간, 집중력, 에너지'입니다. 스스로의 내면을 보호할 방법을 익히지 못한 채 팀의 책임과 영향력만 공격적으로 키워버리면 확장은 오히려 파멸로 가는 지름길로 돌변합니다. 그래서 이 책은 규모 확장 과정에서 여러분 자신도 함께 확장해가는 효과적인 방법을 이야기합니다.

6.3.1 성공 사이클

한 팀이 난제를 해결하는 사이클은 다음과 같습니다.

분석

문제가 주어지고 해결하기 위한 씨름을 시작합니다. 눈가리개를 식별해내고 모든 트레이드오프를 찾아 관리 방안을 합의합니다.

분투

팀이 준비가 덜 되었다고 생각하더라도 일에 착수합니다. 실패할 경우에도 대비해야 합니다. 실패하면 다시 시도하고 또 반복하죠. 이 시점에서 여러분의 역할은 마치 고양이 떼를 모는 것과 같습니다. 부하 리더들과 현장 전문가들이 의견을 개진하도록 분위기를 조성하고 경청하고 전반적인 전략을 고안해야 합니다. 처음에는 '진심이 아닐지라도' 듣는 척이라도 해야 합니다.[6]

견인

결국 팀은 문제를 정복하기 시작합니다. 여러분은 더 현명한 결정을 내리고 실제로 진전이 이루어집니다. 사기도 오르죠. 여러분은 때때로 트레이드오프를 조율해줄 뿐, 조직은 스스로 문제를 헤쳐나가기 시작합니다. 축하합니다!

보상

그리고 예상치 못한 일이 벌어집니다. 상사가 여러분을 불러 성공을 축하해줍니다. 그런데 보상으로 주어지는 게 단순히 칭찬만은 아님을 깨닫게 되죠. 내일부터 씨름해야 할 '전혀 새로운 문제'가 동봉되어 오는 것입니다. 그렇습니다. 성공의 보상은 더 많은 일과 더 많은 책임입니다. 처음 해결한 문제와 비슷하거나 연관된 문제인 경우가 많지만, 결코 더 쉬운 문제는 아닙니다.

이제 여러분은 곤경에 처합니다. 새로운 문제를 받아왔는데 (보통은) 인력 충원은 없습니다. 맡겨진 문제가 두 개가 되어버렸습니다. 원래의 문제도 여전히 관리가 필요하니 '절반'의 인력과 '절반'의 시간을 할애합니다. 결국 새로운 문제는 나머지 절반의 인력만으로 대응해야 합니다. 이 사이클의 마지막 단계를 '압축 단계compression stage'라고 부르는 이유입니다. 지금까지 하던 모든 작업을 절반 크기로 압축한다는 소리죠.

그래서 실제로 성공 사이클은 나선형에 더 가깝습니다(그림 6-2). 몇 달 몇 해에 걸쳐 조직은 점점 커질 것입니다. 새로운 문제를 정복하고 압축하는 방법을 찾아낸 다음 또 다른 문제를 배

---

6   이 시점에서는 가면 증후군이 시작되기 쉽습니다. 뭘 해야 할지 모르겠다고 느낄 때 유용하고 간단한 대처법이 있습니다. 해야 할 일을 정확히 아는 전문가가 한 명 있는데 잠시 휴가를 떠났고, 여러분이 잠시 그 사람인 척 연기한다고 생각하는 것입니다. 개인적인 이해득실을 잊고, 실패하고 배울 권한을 스스로에게 부여하는 멋진 방법입니다.

정받아 반복하는 식으로 말입니다. 운이 좋다면 인력을 충원할 수도 있지만 충원 속도가 확장 속도를 따라가지 못할 확률이 큽니다. 구글 창업자 중 일인인 래리 페이지라면 이 소용돌이를 '불편할 만큼 매혹적이다'라고 말했을 것 같군요.

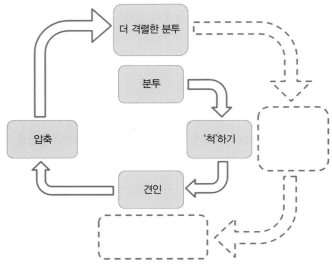

그림 6-2 성공 소용돌이

성공 사이클은 거북하지만 피할 수 없습니다. 관리하기는 어렵지만 여러 팀으로 구성된 팀으로 확장하려면 반드시 거쳐야 하는 과정입니다. 문제를 압축하려면 팀 효율을 극대화할 방법을 찾아야 하며, 동시에 '자신'의 시간과 집중력을 더 커진 책임 범위에 맞춰 확장하는 방법도 배워야 합니다.

6.3.2 중요한 일 vs 급한 일

리더가 되기 전 시절을 떠올려보세요. 속 편한 개인 기여자였을 때 말이죠. 프로그래머로서의 일상은 대체로 잔잔하고 고통이 덜했을 것입니다. 할 일 목록이 있고, 매일 규칙적으로 코딩하고 디버깅하여 목록에서 항목을 하나씩 없애나갑니다. 할 일들의 우선순위를 정하고 스케줄링하고 실행하면 됐습니다. 그리 복잡하지 않았습니다.

하지만 리더로 올라선 후에는 일이 어떻게 진행될지 예측하기 어려워져서 마치 소방관 같다고 느껴졌을 것입니다. 상황을 주도하는 능동형 일보다는 상황에 맞춰 대응하는 반응형 일의 비중이 커지기 때문입니다. 높은 자리로 올라설수록 이런 경향이 커집니다. 긴 코드 블록의 'finally'절이 되는 것이죠. 이메일, 채팅방, 회의 같은 모든 소통 경로로부터 서비스 거부^{Denial-of-Service} 공격이 들어와 여러분의 시간과 집중력을 고갈시키려들 것입니다. 실제로도 자칫하다가는 여러분에게 주어진 시간 100%가 반응형 모드로 허비됩니다. 사람들이 여러분을 향해 던지는 공(일거리, 이슈) 전부를 어느 것 하나 땅에 떨어뜨리지 않고 정신없이 받아내야 하는 것입니다.

수많은 책에서 이 주제를 다룹니다. '중요한^{important}' 일과 '급한^{urgent}' 일을 구별해야 한다라는 말을 흔히들 관리 분야의 명저자 스티븐 커비가 했다고 알려져 있는데, 사실 1954년 미국 대통령 아이젠하워의 다음 말에서 인용한 것입니다.

> 저에겐 두 가지 종류의 문제가 있습니다. 급한 문제와 중요한 문제. 급한 문제들은 중요하지 않고, 중요한 문제들은 절대 급하지 않습니다.

조급함은 리더인 여러분의 효율을 갉아먹는 가장 큰 적입니다. 스스로를 완전한 반응형 모드로 전환해버리면(거의 자동적으로 이렇게 됩니다) 삶 전체의 순간순간을 오로지 '급한' 일만 처리하면서 흘려보내게 됩니다. 멀리 보면 '중요'하지 않은 일들임에도 말이죠. 리더로서 여러분은 '나만이 할 수 있는 일'을 처리해야 함을 잊지 마세요. 가령 정글 속에서 길을 찾아내는 일 같은 것 말입니다. 높은 차원의 전략^{meta-strategy} 수립은 매우 중요하지만 시급한 경우는 잘 없습니다. 급한 메일을 처리하는 게 항상 더 쉽지요.

그렇다면 급한 일이 아니라 중요한 일에 더 몰두하려면 어떻게 해야 할까요? 몇 가지 효과적인 기술을 말씀드리겠습니다.

위임하자

급한 일 중 상당수는 조직 내의 다른 리더에게 위임할 수 있습니다. 사소한 일을 떠넘기려면 죄책감이 들 수도 있겠죠. 혹은 다른 리더가 처리하려면 시간이 더 걸리니 비효율적이라 생각할 수 있습니다. 하지만 그들을 훈련시키는 좋은 수단입니다. 그리고 여러분만이 처리할 수 있는 일에 집중할 시간을 벌게 됩니다.

따로 정기적으로 시간을 내자

정기적으로 2시간 이상씩 방해받지 않고 중요한(하지만 급하지 않은) 일을 처리하는 시간을 마련하세요. 이 시간에는 가령 팀 전략 수립, 부하 리더들의 경력 관리, 옆 팀과의 협업 계획 같은 일을 처리하세요.

나에게 효과가 있는 추적 시스템을 마련하자

작업에 우선순위를 매기고 진행 상황을 추적하는 방법은 다양합니다. '할 일 관리' 도구 같은 소프트웨어도 있고 '불렛 저널Bullet Journal'7 방법같이 종이와 펜을 이용할 수도 있습니다. 또는 구현 방식과는 무관한 방법들도 있습니다. 이 마지막 부류의 예로, 엔지니어링 관리자들은 데이비드 알렌이 『끝도 없는 일 깔끔하게 해치우기』(21세기북스, 2011)에서 설명한 GTDGetting Things Done 방법을 많이 활용합니다. GTD는 '받은 편지함 0건'을 유지하는 추상적인 알고리즘입니다. 제가 말씀드리려는 핵심은 다양한 방법을 시도해보고 자신에게 맞는 방법을 찾으라는 것입니다. 여러분에게 효과가 있는 방법이 있고 아닌 방법도 있겠지만, 확실하게 말씀드릴 수 있는 사실은 모니터에 붙여 놓는 '포스트잇'보다는 효과적인 방법을 찾아 활용해야 한다는 것입니다.

6.3.3 공 떨어뜨리기

얼핏 너무 급진적으로 들릴 수 있지만 여러분의 시간을 관리하는 요긴한 방법이 하나 더 있습니다. 수 년간 다듬질해온 엔지니어 시절 본능과는 많은 면에서 모순되는 방법이죠. 엔지니어 시절에는 세부사항에 집중했습니다. 할 일을 나열하고 점검 목록을 확인하고 꼼꼼하게, 시작한 작업을 완료했습니다. 버그 추적 시스템에 등록된 버그를 해결해 없애거나 받은 편지함을 0으로 만드는 게 기분 좋은 이유죠. 하지만 리더들의 리더인 여러분의 시간과 집중력은 쉼없이 공격받습니다. 아무리 노력해도 결국은 바닥에 떨어뜨리는 공이 생기고 맙니다. 감당하기에 너무 많은 공이 날아오니 도리가 없습니다. 공을 자꾸 놓치다 보면 주눅이 들어 죄책감에 빠지기 쉽습니다.

---

7 (불렛 저널 홈페이지) *https://bulletjournal.com* 옮긴이_ 한글로 '불렛 저널'을 검색하면 수많은 자료를 찾을 수 있습니다. 아날로그 다이어리를 좋아하시는 분께 추천합니다.

이쯤에서 한 걸음 물러나 상황을 냉정하게 관찰해보죠. 어차피 공 몇 개는 떨어뜨릴 수밖에 없다면 '실수로'보다는 '의도적으로' 떨어뜨리는 게 낫지 않을까요? 그렇게만 하면 최소한 어느 정도의 통제력은 유지할 수 있으니까요.

멋진 방법이 있습니다.

조직 컨설턴트이자 베스트셀러 『인생이 빛나는 정리의 마법』(더난출판사, 2012)의 저자인 곤도 마리에의 아이디어를 응용하는 것입니다. 곤도는 집안의 온갖 잡동사니를 효과적으로 정리하는 방법을 이야기했는데, 이 방법은 추상적인 잡동사니들을 정리하는 데도 유용합니다.

소지품들을 3층 선반에 정리한다고 생각해보세요. 가장 아래 칸에는 쓸모없는 20%를 모아둡니다. 말 그대로 앞으로는 사용할 일 없는 것이라 1순위로 버려질 물건들입니다. 중간 칸은 애매한 물건들을 위한 공간으로, 약 60%를 차지합니다. 중요할 수도 아닐 수도 있으며 이따금 사용합니다. 위 칸에는 매우 소중한 나머지 20%를 보관합니다. 항상 사용하고 애착하는 물건들을요. 곤도의 표현을 빌리자면 소지하고만 있어도 '기쁨'을 주는 그런 물건들입니다. 곤도의 책에 따르면 대부분의 사람이 인생을 잘못된 방식으로 허비합니다. 가장 아래의 20%를 버리는 데 시간을 다 쓰고는 여전히 너저분하다고 느끼는 것이죠. 곤도는 '진짜' 정리는 아래 칸 20%가 아니라 위 칸 20%에 무엇을 둘지를 골라내는 것이라고 주장합니다. 정말 중요한 물건만 추리고 나머지 80%를 버려야 합니다. 극단적으로 들리겠지만 꽤 효과적입니다. 이처럼 과하다 싶게 정리하고 나면 삶이 아주 자유로워지죠.

이 철학을 받은 편지함과 할 일 목록에 그대로 적용할 수 있습니다. 이 둘은 여러분에게 던져진 공들이 쌓여 있는 곳입니다. 자, 쌓인 공들을 세 그룹으로 나누세요. 아래 칸에는 급하지도 중요하지도 않아서 지우거나 무시할 20%의 공들을 담습니다. 중간 칸 60%에는 조금 급하거나 중요할 수도 있는 공들을 모아둡니다. 그리고 위 칸에는 아주 중요한 게 확실한 20%를 담습니다.

이제 상위 80%에 집중하면 될까요? 아닙니다. 여러분은 여전히 어마어마한 업무량에 압도되어 급하지만 중요하지 않은 일들을 처리하는 데 시간 대부분을 허비할 것입니다. 그러지 말고 상위 20%, 즉 여러분만이 할 수 있는 중요한 일들을 신중하게 골라낸 다음 오직 그 일들에만 집중하는 것입니다. 나머지 80%를 버릴 권한을 자신에게 부여하세요.

처음에는 말도 안 된다고 생각할지 모르지만 수많은 공을 이처럼 의도적으로 떨어뜨리다 보면 놀라운 사실 두 가지를 발견하게 됩니다. 첫째, 중간의 60%는 위임하지 않더라도 때때로 (어떻게 알았는지) 나서서 가져가는 중간 리더들이 나타납니다. 둘째, 중간 칸에 잘못 넣어둔 업무라도 '진짜' 중요한 것이라면 어떤 식으로든 다시 튀어올라 상위 20% 쪽으로 돌아옵니다. 여러분은 그저 '상위 20%에 들지 못한 일들은 알아서 잘 처리되거나 다시 위로 올라올 거야'라고 믿기만 하면 됩니다. 그러면 여러분은 정말 중요한 일에만 집중하게 되어 시간과 집중력을 확장할 수 있습니다. 이렇게 해야 커져가는 책임을 감당할 수 있습니다.

6.3.4 에너지 관리하기

지금까지 시간과 집중력 보호에 관해 이야기했습니다. 그런데 여러분 개인의 에너지 역시 이 방정식의 한 축을 차지합니다. 모든 확장은 소모적입니다. 이런 환경에서 열정과 긍정적 사고를 잃지 않으려면 어떻게 해야 할까요?

두 가지 대답을 들려드리죠. 첫째, 나이가 들어가면서 여러분의 지구력은 전반적으로 좋아집니다.[8] 사회에 첫 발을 내디뎠을 때를 생각해보면 하루에 8시간이나 사무실에서 일한다는 자체가 충격이었을 것입니다. 진이 빠져 멍한 채로 귀가하게 되죠. 하지만 마라톤 훈련과 마찬가지로 우리의 뇌와 몸은 세월이 흐르면서 점차 많은 체력을 축적합니다.

둘째, 리더들은 자신의 에너지를 점점 더 지능적으로 활용하는 방법을 배워갑니다. 집중력을 지속하는 어떠한 방법을 배운다는 뜻이죠. 전형적인 방법은 이렇습니다. 어떤 순간이든 남은 에너지 양을 인지하고 있다가 시의적절하게 특정한 방법으로 '충전'해주는 것입니다. 효과적인 에너지 관리 방법 몇 가지를 함께 살펴보죠.

진짜 휴가 떠나기

주말은 휴가가 아닙니다. 휴가라면 회사 일을 잊고 지낼 수 있는 시간이 최소 3일은 지속되어야 합니다. 그래서 실제로 충전되었다고 느끼려면 일주일은 필요합니다. 쉬는 중이라도 회사 메일과 채팅을 확인한다면 충전을 망쳐버립니다. 걱정이 회오리가 되어 머릿속을 휘저어놓습니다. 잠시나마 심리적으로 멀리 떠나와서 얻은 이점이 모두 날아가버립니다.[9] 휴가로 재충전하려면 일과 단절하는 훈련이 필요합니다. 물론 자율주행 조직을 일구어놓은 다음에야 가능한 이야기입니다.

---

8   옮긴이_ 육체적인 지구력보다는 정신적인 지구력을 말하는 것 같습니다. 평정심이 커지고 인내력이 좋아진다고 해석해도 좋겠습니다.

9   애초에 '휴가 중에는 일이 전혀 진척되지 않을 것이다'라는 가정하에 미리 계획을 세우고 준비해둬야 합니다. 휴가 직전과 직후에 열심히(혹은 영리하게) 일한다면 이 문제는 어느 정도 완화될 것입니다.

일과 쉽게 단절하기

일에서 신경을 끄려거든 업무용 랩톱은 회사에 두고 떠나세요. 휴대폰에 업무용 앱이 깔려 있다면 지우세요. 예컨대 회사에서 G 스위트(Gmail, Google 캘린더 등)를 사용한다면 안드로이드 폰의 '직장 프로필work profile' 기능이 아주 유용합니다. 직장 프로필을 활성화하면 업무용임을 나타내는 배지가 달린 앱들이 한 벌 더 생깁니다. 가령 Gmail 앱이 업무용과 개인용 두 개가 공존하는 것이죠. 그리고 버튼 터치 한 번으로 업무용 앱 전체를 단번에 비활성화할 수 있습니다. 비활성화된 앱들의 아이콘은 회색조로 바뀌고, 직장 프로필을 다시 활성화하기 전까지는 알림도 주지 않고 실행도 되지 않습니다.

진짜 주말 보내기

휴가만큼의 효과는 아니지만 주말도 조금이나마 활력을 되찾게 해줍니다. 다시 말하지만, 직장과 단절된 상태에서만 재충전이 이루어집니다. 금요일 저녁에 미련 없이 퇴근한 후 주말에는 오롯이 자신이 좋아하는 일만 하세요. 그런 다음 월요일 아침 사무실 문을 열고 들어서는 순간 일 모드로 다시 전환하는 거죠.

매일매일 휴식하기

자연적으로 인간의 뇌는 90분 주기로 운용됩니다.[10] 90분마다 돌아오는 이 기회를 의자에서 일어나 사무실 주변을 돌거나 10분 정도 산책하는 데 써보세요. 작은 휴식이라 작은 재충전밖에 되지 않지만, 스트레스를 크게 낮춰줘서 그다음 두 시간은 완전히 다른 기분으로 일할 수 있습니다.

스스로에게 정신 건강의 날을 가질 수 있는 권한 부여하기

때로는 이유 없이 안 좋은 날이 있습니다. 잠도 잘 잤고 잘 먹고 운동도 했는데, 어쨌든 그냥 저기압인 날이죠. 여러분이 리더라면 조직에 끔찍한 일입니다. 여러분이 내뿜는 어두운 기운이 주변 모두의 분위기를 가라앉게 하고 때로는 끔찍한 결정(보내서는 안 됐을 메일이나 지나치게 가혹한 판단 등)으로 이어지기도 합니다. 자신이 이런 상태임을 자각했다면 그냥 연차를 쓰고 귀가하기를 권합니다. 능동적으로 피해를 주기보다는 그날 하루는 아무것도 하

---

10 더 자세한 이야기는 기본 휴식 활동 주기(basic rest-activity cycle, BRAC)를 참고하세요. *https://en.wikipedia.org/wiki/Basic_rest-activity_cycle*

지 않는 게 차라리 낫습니다.

결국 에너지 관리는 시간 관리만큼이나 중요합니다. 둘 모두를 잘 통제할 수 있게 되면 책임을 확장하고 자생력을 갖춘 팀을 일구는 성공 사이클을 헤쳐나갈 준비가 된 것입니다.

6.4 마치며

리더의 성공에는 자연스럽게 더 많은 책임이 따라옵니다(좋은 일이고 자연스러운 일입니다). 그래서 신속하고 올바른 의사결정, 시의적절한 위임, 커져가는 책임을 관리하는 기술을 제대로 배우지 못한다면 종국에는 일에 압사될 것입니다. 완전무결한 결정을 내리고, 모든 것을 스스로 처리하고, 두 배로 열심히 일한다고 해서 훌륭한 리더가 아닙니다. 그대신 늘 결정하고, 늘 떠나고, 늘 확장하도록 노력하기 바랍니다.

6.5 핵심 정리

- 늘 결정하라! 모호한 문제들에 완벽한 정답은 없습니다. 상황에 적절한 '트레이드오프'를 찾고, 다시 반복해야 합니다.

- 늘 떠나라! 리더로서 여러분이 할 일은 (여러분이 부재중이라도) '시시각각' 변화하는 모호한 문제들을 스스로 해결해가는 조직을 일구는 것입니다.

- 늘 확장하라! 성공은 더 큰 책임으로 이어지므로 일이 '확장'되는 것에 대비하여 미리미리 관리를 해야 합니다. 그래야 개인의 시간, 집중력, 에너지라는 한정된 자원을 보호할 수 있습니다.

CHAPTER 7

엔지니어링 생산성 측정하기

구글은 데이터를 토대로 결정하는 데이터 주도data-driven 회사입니다. 그리고 제품과 설계에 관한 결정 대부분을 근거 데이터와 함께 백업해놓습니다. 올바른 지표를 사용하는 데이터 주도 의사결정 문화라도 단점이 없진 않지만, 대다수 결정을 객관적으로 내리게 됩니다. 물론 대체로 좋은 결과로 이어지고요. 하지만 사람과 관련해서는 데이터를 수집하고 분석하기가 만만치 않습니다. 구글은 특히 소프트웨어 엔지니어링 측면에서 엔지니어링 생산성 자체에 집중하는 전문가팀을 별도로 꾸려두면 회사 성장 과정에서 아주 중요하고 값진 통찰을 얻을 수 있음을 알아냈습니다.

7.1 엔지니어링 생산성을 측정하는 이유

사업이 번창하여 가령 기업용 앱 시장, 클라우드 시장, 모바일 시장 등으로 확장하려 한다고 해보죠. 사업을 키우기 위해 자연스럽게 엔지니어링 조직의 규모도 늘려갑니다. 그런데 조직이 두 배 커지면 소통 비용은 제곱으로 늘어납니다.[1] 사업을 확장하려면 충원을 피할 수 없는데, 그에 따른 소통 비용이 너무 가파르게 늘어나는 것이죠. 그래서 조직 덩치에 비례하게 사업을 키워갈 수는 없습니다.

---

1 『맨먼스 미신』(인사이트, 2015)

사업 확장 문제를 다르게 풀어볼 수도 있습니다. 개개인의 생산성을 높이는 것이죠. 조직 내 엔지니어들 각자의 생산성이 높아진다면 소통 비용 증가를 억제하면서 사업을 키울 수 있습니다.

구글은 새로운 사업으로 빠르게 확장해야만 했습니다. 엔지니어들이 더 생산적으로 일해야 했다는 뜻입니다. 그래서 엔지니어 생산성을 늘리려면 무엇이 필요한지 이해해야 했고, 회사의 엔지니어링 프로세스에서 비효율적인 부분을 찾아 고쳐야 했습니다. 그런 다음 이 개선 사이클을 필요한 만큼 반복했습니다. 이렇게 하여 커지는 수요에 맞춰 엔지니어링 조직을 확장할 수 있었습니다.

하지만 개선 사이클 자체를 만들고 관리하는 데도 인력이 투입됩니다. 매년 엔지니어 50명 치 노력을 투입하여 엔지니어링 조직의 생산성을 10명분만큼 개선하는 건 넌센스입니다. 그래서 소프트웨어 엔지니어링 생산성 개선과 더불어 개선 업무 자체의 효율까지 높이는 게 구글의 목표였습니다.

구글은 엔지니어링 생산성을 이해하기 위한 전담 연구팀을 꾸려 이 트레이드오프에 대응했습니다. 소프트웨어 엔지니어링 연구자와 일반 소프트웨어 엔지니어는 물론, 인지심리학과 행동경제학 같은 다양한 분야의 사회과학자들로 팀을 꾸렸습니다. 자칫 엔지니어가 생산한 소프트웨어 산출물 연구에 그칠 수 있던 팀에 사회과학자들이 합류하여 개인의 동기, 성과 보상 구조, 복잡한 작업 관리 전략같이 소프트웨어 개발에서의 인간적인 측면까지도 이해할 수 있게 되었죠. 이 팀의 목표는 엔지니어링 생산성을 측정하고 개선하는 데이터 주도 접근법을 만들어내는 것이었습니다.

이번 장에서는 이 연구팀이 맡은 바 목표를 달성한 방법을 되짚어봅니다. 우선 문제를 분류하는 일부터 시작합니다. 소프트웨어 개발에서 측정할 수 있는 요소는 많습니다. 그중 우리는 무엇을 측정해야 할까요? 프로젝트를 선정한 다음 연구팀이 프로세스에서 개선이 필요한 부분을 식별해낼 수 있는 의미 있는 지표를 찾아낸 방식을 알아보고, 마지막에는 구글이 생산성 개선에 이 지표를 어떻게 활용했는지를 볼 것입니다.

이번 장은 구글의 C++ 언어팀과 자바 언어팀이 제기한 구체적인 예를 가지고 진행할 것입니다. 바로 가독성입니다. 구글이 존재한 기간의 거의 대부분 동안 이 팀들이 구글의 가독성 프로세스를 관리해왔습니다(가독성 이야기는 3장 참고). 가독성 프로세스는 구글 창업 초기부터 도입되었습니다. 자동 포맷터(8장 참고)와 린터(9장 참고)가 널리 쓰이기 이전이죠. 가독성 프로세스는 그 자체로 비용이 많이 듭니다. 다른 엔지니어들이 작성한 코드를 검토하여 가독성을 승인하는 데 수백 명의 엔지니어가 투입됩니다. 그래서 일부 엔지니어는 이를 더 이상 필요 없는 꼰대 프로세스라고 생각하기도 하며, 실제로 점심 식탁에 가장 빈번히 올라오는 토론 주제이기도 합니다. C++과 자바 언어팀은 실제로 '가독성 프로세스에 이 정도 시간을 들이는 게 과연 합당한가?'라는 질문을 던지기도 했습니다.

7.2 선별: 측정할 가치가 있는가?

엔지니어들의 생산성을 측정할 방법을 정하기에 앞서 해당 지표가 측정할 가치가 있는지를 알아봐야 합니다. 측정 자체에도 비용이 많이 듭니다. 프로세스를 측정하고, 얻은 데이터를 분석하고, 분석 결과를 회사 전체에 공유해 알리는 데는 사람이 필요합니다. 뿐만 아니라, 측정 프로세스가 성가시다면 나머지 엔지니어링 조직들의 작업 속도를 늦추게 됩니다. 속도를 늦추지 않더라도 측정 프로세스가 개입하면서 엔지니어들의 작업 방식이 달라져서 원래의 작업 방식에 존재하던 근본적인 문제를 감춰버리는 상황도 발생할 수 있습니다. 그래서 현명하게 측정하고 평가해야 합니다. 단순히 추측에 맡기는 건 바라지 않지만, 그렇다고 의미 없는 측정을 하느라 시간과 자원을 낭비하지는 말아야 합니다.

구글은 각 팀이 생산성 측정을 해도 될지를 결정하는 데 도움되는 질문 목록을 마련했습니다. 먼저 구체적인 질문을 던져서 그들이 측정하고 싶은 것을 설명하도록 요청합니다. 우리는 사람들이 이 질문에 더 구체적으로 답할수록 측정 과정에서 얻는 것도 많아짐을 알게 되었습니다. 우리를 찾은 가독성팀의 질문은 '엔지니어들이 가독성 프로세스를 밟는 데 들이는 비용 이상의 가치를 회사가 얻고 있을까요?'와 같이 단순했습니다.

우리는 그 질문에 대해 다음 측면들을 고려해보라고 말씀드렸죠.

어떤 결과를 기대하고, 왜 그런가?

우리는 중립적인 척하고 싶지만 실제로는 그렇지 않습니다. 우리 모두는 어떤 일이 일어나야 하는지에 대한 선입견을 가지고 있습니다. 처음부터 이 사실을 인정하고 시작하면 무의식 속에서 의도한 결과를 억지로 만들어내는 실수를 막을 수 있습니다.

가독성팀에 이 질문을 던지자 자신들이 무엇을 기대하는지 확실하지 않다고 했습니다. 사람들이 한때는 가독성 프로세스는 들이는 비용만큼의 가치가 있다고 믿었지만, 자동 포맷터와 정적 분석 도구가 등장하자 아무도 확신하지 못하게 되었다고 하더군요. 그리고 이제는 가독성 프로세스가 사람들을 괴롭히는 악습처럼 작용한다는 믿음이 번지고 있었습니다. 엔지니어들에게 주는 혜택이 모두 사라진 건 아니지만(뒷받침하는 설문 데이터도 있었습니다) 그 혜택이 코드 작성자와 리뷰어가 투자한 시간만큼의 값어치를 하는지가 불분명했습니다.

데이터가 기대한 결과를 뒷받침한다면 어떤 조치를 취하겠는가?

이 질문의 의도는 간단합니다. 아무런 조치도 취하지 않을 거라면 측정을 해봐야 의미가 전혀 없습니다. 측정 결과에 상관없이 어차피 '현상 유지'할 계획인지를 주의해야 합니다.

가독성팀의 대답은 간명했습니다. 얻는 이점이 비용을 정당화할 만큼이라면 이 연구에 관한 설명과 결과 데이터를 가독성 제도 FAQ에 추가하고 홍보할 계획이었습니다.

부정적인 결과가 나온다면 적절한 조치를 취할 것인가?

이 질문을 던지는 이유는 부정적인 결과가 나와도 결정이 바뀌지 않는 경우가 흔하기 때문입니다. 부정적인 데이터를 압도하기 위해 또 다른 근거를 찾아 추가하곤 하죠. 이 역시 애초부터 측정을 할 가치가 없는 상황입니다. 이 질문은 우리가 착수하려던 연구 프로젝트 대부분을 중지시킨 주인공입니다. 결정권자들은 연구 결과를 알고는 싶어 하지만 다른 이유들을 들어서라도 이미 정해진 진로를 잘 틀지 않는다는 사실을 알아냈습니다.

하지만 가독성팀의 경우 확실한 답변을 받았습니다. 만약 비용이 이점보다 크거나 이점 자체가 크지 않다면 가독성 프로세스를 폐지하겠다고 했죠. 프로그래밍 언어마다 포맷터와 정적 분석 도구의 성숙도가 다르기 때문에 이 평가는 언어별로 구분해 진행했습니다.

결과에 따른 조치는 누가 결정하고, 언제 수행하는가?

이 질문의 목적은 측정 의뢰자가 조치를 취할 권한이 있는지를(혹은 권한자를 대신에 직접 수행할 사람인지를) 확인하는 것입니다. 소프트웨어 프로세스를 측정하는 궁극적인 목적은 사업적인 결정을 내리는 데 도움을 주기 위함입니다. 그래서 결정을 내릴 사람이 누구이고 또 그에게 확신을 주려면 어떤 형태의 데이터가 필요한지를 이해해야 합니다. 연구를 잘하려면 다양한 방식을 동원해야 하지만(구조화된 인터뷰부터 로그 통계 분석에 이르는 모든 것) 결정권자는 그 모든 데이터가 나오기까지 기다릴 여유가 없을지도 모릅니다. 그렇다면 결정권자를 직접 만나보는 게 최선입니다. 결정권자를 만나서 설문 결과나 로그 데이터를 신뢰하는지, 복잡한 통계 분석에 익숙한지, 인터뷰에서 공감되는 이야기가 나오면 결정에 큰 영향을 주는지[2] 등을 확인해야 합니다. 결정권자가 결과의 형태를 신뢰하지 않는다면 이 역시 프로세스를 측정할 필요가 없습니다.

가독성 사례에서는 프로그래밍 언어별 결정권자가 명확했습니다. 자바팀과 C++팀이 우리에게 먼저 연락을 취했고 다른 언어팀들은 그 결과를 지켜보기로 했습니다.[3] 결정권자들은 행복도와 배움 측면에서는 엔지니어들의 자체 평가를 신뢰했지만, 속도와 코드 품질 평가 로그 데이터로부터 뽑아낸 '명확한 숫자'도 보고 싶어 했습니다. 필요한 지표를 뽑아내려면 정성적 분석과 정량적 분석이 모두 필요하다는 뜻이었죠. 다행히 절대적인 기한은 없었습니다. 하지만 몇 달 후에 내부 콘퍼런스가 있었고, 연구 결과를 기초로 프로세스를 수정하려면 이때 발표하는 게 좋을 것 같아서 콘퍼런스 전에 끝마치기로 했습니다.

이상의 질문들을 던져보면 측정해볼 가치가 없는 경우가 꽤나 많다는 사실을 알게 됩니다. 괜찮습니다. 어떤 도구나 프로세스가 생산성에 미치는 영향을 측정하지 말아야 할 합당한 이유는 많습니다. 예를 들어보죠.

당장 프로세스/도구를 변경할 여유가 없다.

프로세스나 도구 변경을 시도할 만한 시간적 혹은 재정적 여유가 없을 수 있습니다. 예를 들어 더 빠른 빌드 도구로 교체한다면 매주 몇 시간씩 절약할 수 있지만, 모든 엔지니어가 교체를 완료할 때까지 개발이 일시 중단되는 상황입니다. 그런데 중요한 마일스톤이 코앞이라면 잠시의 중단도 감당하기 어려울 것입니다. 엔지니어링 트레이드오프는 진공 상태에서 단독으로 평가되지 않습니다. 지금과 같은 예에서는 도구 교체 조치가 합당한지를 제대로 파악하려면 여러 관점에서 맥락 전체를 넓게 고려해야 합니다.

----

2   현재 우리 IT 업계는 선례(anecdata)를 경계하고 '데이터 기반'으로 판단하려 합니다. 하지만 선례의 힘은 무척 강하여 쉽게 사라지지 않습니다. 선례는 숫자 데이터가 주지 못하는 맥락과 서사를 제공하며 개인의 경험을 반영하기 때문에 다른 이들의 공감을 이끌어내는 깊이 있는 설명을 제공합니다. 우리 연구자들은 선례를 의사결정에 활용하지 않습니다. 하지만 현상을 깊이 이해하고 정량 데이터에 맥락 정보를 더하기 위해 구조화된 인터뷰와 사례 연구 같은 기법을 활용하고 권장합니다.

3   자바와 C++ 모두 지원 도구의 수준이 매우 높았습니다. 코드 포맷터와 정적 검사 도구 모두 상당히 성숙하여 흔한 실수를 많이 잡아주었습니다. 둘 다 내부 투자도 꽤 받았고요. 파이썬 등 다른 언어팀도 이 연구 결과에 관심은 있었지만, 연구 결과가 자바와 C++에서 가독성 프로세스를 없애서 얻는 이점을 분명하게 보여주지 못한다면 파이썬팀 역시 가독성 프로세스를 없애서 얻을 게 없다는 건 자명했습니다.

어떤 결과가 나오든 곧 다른 요인에 의해 의미가 없어질 것이다.

조직 개편을 앞두고 소프트웨어 프로세스를 측정하는 상황이 여기 해당합니다. 폐기한 제품의 기술 부채를 평가하는 일도 마찬가지입니다.

또한 결정권자의 생각이 확고하다면 여러분은 그의 믿음을 바꿀 만큼의 충분한 증거를 제공하기 어려울 것입니다. 그래서 청중을 잘 파악해야 합니다. 구글에서도 자신의 과거 경험 때문에 신념을 바꾸지 않는 사람들을 가끔 마주합니다. 자체 평가를 믿지 않아서 설문 데이터는 절대 신뢰하지 않는 이해관계자도 보았습니다. 모수가 작음에도 설득력 있는 설명이 담긴 인터뷰 자료가 판단에 결정적인 영향을 준 이해관계자도 보았고요. 어떤 경우든 우리는 여러 방식으로 얻은 데이터를 종합하여 진실에 다가서고자 합니다. 하지만 이해관계자가 해당 문제와 맞지 않는 특정 방식만을 신뢰한다면 고생해서 데이터를 모을 이유가 없습니다.

측정 결과를 이미 확정된 계획을 뒷받침하는 용도로만 쓴다.

우리가 구글에서 소프트웨어 프로세스를 측정하지 말라고 권하는 가장 흔한 상황일 것입니다. 다양한 이유로 결정은 이미 내려놓고는 거기서 파생되는 여러 이점 중 하나로 프로세스 개선도 있는 경우가 많습니다. 실제로 릴리스 도구팀이 릴리스 워크플로 체계 변경 계획을 미리 확정해두고 변경 시의 프로세스 개선 효과를 측정해달라고 요청한 적이 있습니다. 현재 상태보다 나쁘지는 않을 게 분명했지만, 개선 정도가 어느 정도일지를 궁금해했습니다. '개선 정도가 작더라도 어쨌든 일은 계획대로 진행할 건가요?'라고 묻자 '네'라는 답이 돌아왔습니다. 생산성 개선도 분명 하나의 목적이긴 했습니다. 하지만 거대한 변경에 따라오는 부수 효과 정도였습니다. 변경의 주된 목적은 릴리스 도구의 성능과 효율 개선, 그리고 유지보수 부담 줄이기였습니다.

측정할 수 있는 지표들이 문제를 평가하기에 충분히 정확하지 않으며, 다른 요인들 때문에 혼탁해질 우려가 크다.

단순히 필요한 지표를 측정할 수 없는 경우가 있습니다(적절한 지표 찾기는 다음 절에서 설명합니다). 이럴 때는 비록 정확도는 떨어지더라도 코드 라인 수 같은 다른 지표들을 측정해볼 수 있습니다. 하지만 이런 지표들로부터 얻은 결론은 결과에 영향을 주지 못할 것입니다. 지표가 이해관계자의 믿음을 뒷받침한다면 정확한 측정인지는 신경 쓰지 않고 예정된 계획을 밀고 나가겠죠. 반대로 믿음을 뒷받침하지 못할 때는 지표의 정확성이 떨어진다는 이유로 (앞서의 결과와 마찬가지로) 원래 계획대로 일을 진행시킬 것입니다.

소프트웨어 프로세스 측정에 성공했다고 해서 가설이 옳다거나 틀렸다는 게 증명되는 건 아닙니다(여기에서 성공이란 이해관계자가 결정을 내리는 데 필요한 데이터를 제공했다는 뜻입니다). 이해관계자가 측정 결과를 활용하지 않으면 측정 프로젝트는 무조건 실패한 것입니다. 그러니 소프트웨어 프로세스 측정은 결과 데이터가 구체적인 결정에 영향을 줄 경우에만 진행해야 합니다. 가독성팀의 경우 명확한 결정이 준비되어 있었습니다. 지표가 프로세스를 유지하는게 이득이라고 말해준다면 그 결과를 공표할 것이고, 그렇지 않다면 프로세스를 폐지할 생각이었죠. 더 중요한 요인도 있었습니다. 바로 가독성팀은 이러한 결정을 내릴 권한을 본인들이 가지고 있었다는 점입니다.

7.3 GSM 프레임워크: 목표와 신호를 뒷받침하는 의미 있는 지표 선정하기

소프트웨어 프로세스를 측정하기로 정했다면 이용할 지표를 선정해야 합니다. 물론 코드 라인수는 거론할 가치가 없습니다.[4] 그렇다면 실제로 의미가 있는 엔지니어링 생산성 지표는 어떻게 측정할 수 있을까요?

구글은 지표를 만들 때 GSM이라는 프레임워크를 씁니다. GSM은 목표^{goal}/신호^{signal}/지표^{metric}의 약자입니다.

- **목표**는 측정자가 원하는 최종 결과입니다. 측정을 통해 이해하고 싶은 내용을 고차원의 어휘로 표현하되 특정한 측정 방식을 명시해서는 안 됩니다.
- **신호**는 원하는 최종 결과를 이루었는지 판단하는 방법입니다. 우리가 측정하고 싶어 하는 것이지만 신호 자체는 측정하지 못할 수도 있습니다.

....

4 "거기서 조금만 더 나가면 '한 달에 작성한 코드 라인 수(LOC)'를 가지고 '프로그래머 생산성'을 측정하게 됩니다. LOC를 사용하면 엔지니어들이 무미건조한 코드를 쏟아내기 시작하므로 치러야 할 비용이 무척 큽니다. LOC가 순수한 비즈니스 관점에서조차 얼마나 어리석은 측정 단위인지는 오늘 이야기할 주제가 아닙니다. 오늘의 제 요점은, LOC를 세고 싶다면 라인 수를 '생산된 라인'이 아니라 '허비한 라인'이라는 개념으로 받아들여야 한다는 것입니다. 현재의 통념은 너무 어리석어서 잘못된 측면을 바라보고 있습니다." 에츠허르 데이크스트라(Edsger Dijkstra)의 강의 〈the cruelty of really teaching computing science〉(EWD 1036)에서 발췌

- **지표**는 신호를 대변합니다. 우리가 실제로 측정하는 대상이죠. 이상적인 측정법은 아닐 수 있으나 충분히 가깝다고 믿는 것이어야 합니다.

GSM 프레임워크는 지표를 만들 때 유용한 지침이 되어줍니다. 첫째, 가장 먼저 목표를 세우고, 신호를 정한 다음, 마지막으로 지표를 만드는 순서 덕분에 가로등 효과를 없애줍니다. **가로등 효과**streetlight effect란 '가로등 아래에서 열쇠 찾기'라고 풀어서 표현할 수 있습니다. 보이는 곳만 봐서는 정작 열쇠가 떨어진 곳은 살펴보지도 못할 수 있다는 뜻입니다. 가령 진짜 필요한 지표인지와 관계없이 쉽게 구할 수 있고 측정하기 쉬운 지표를 사용하는 게 바로 가로등 효과의 예입니다. GSM은 손쉽게 이용할 수 있는 지표가 아니라 목표를 이루는 데 실제로 도움이 되는 지표가 무엇인지를 생각해보게 이끌어줍니다.

둘째, GSM은 실제로 결과를 측정하기 앞서 원칙에 입각하여 적절한 지표들을 선정하게 해줌으로써 지표 크리프metrics creep와 지표 편향metrics bias을 예방해줍니다. 원칙 없이 지표들을 선정했고 측정 결과가 이해관계자의 기대를 충족시키지 못했다고 상상해보세요. 이런 상황에 맞닥뜨리면 우리는 이해관계자가 원하는 결과를 내어주리라 기대되는 다른 지표들을 사용하고 싶은 유혹에 흔들립니다. 애초에 어떤 원칙을 정해두고 선택한 지표들이 아니었으니 다른 지표로 대체하더라도 딱히 틀렸다고 할만한 근거도 없죠. 이와 달리 GSM은 '목표를 측정할 수 있는 능력'을 기준으로 지표를 선정하게 해줍니다. 이해관계자는 GSM하에 선택된 지표들이 원래 목표와 관련이 깊으며 결과를 측정하기 위한 최선의 지표들이라는 데 쉽게 동의할 것입니다.

마지막으로, GSM은 측정이 되는 영역과 그렇지 않은 영역을 알려줍니다. GSM을 따른다면 먼저 모든 목표를 나열한 다음 각 목표를 포착할 수 있는 신호들을 찾아냅니다. 이제부터 이야기할 예에서도 볼 수 있겠지만, 모든 신호가 다 측정할 수 있는 것은 아닙니다. 그리고 측정할 수 없더라도 괜찮습니다. 최소한 측정할 수 없는 것이 무엇인지는 알 수 있으니까요. 누락된 지표가 무엇인지 알게 되니, 새로운 지표를 만들어야 할지 아니면 측정 자체를 그만두는 게 나을지를 판단해볼 수 있습니다.

중요한 것은 **추적 가능성**traceability을 잃지 않는 것입니다. 각각의 지표로부터 관련한 신호를 찾아낼 수 있고, 나아가 그 신호가 대변하는 목표에까지 거슬러 추적할 수 있어야 합니다. 그래야만 어떤 지표가 무엇을 측정하고 왜 측정하는지를 알 수 있습니다.

7.4 목표(goal)

목표는 원하는 속성을 설명하되 어떠한 지표도 명시해서는 안 됩니다. 따라서 목표 자체는 측정이 불가능합니다. 하지만 목표 목록을 잘 정의하면 신호와 지표 선정 단계로 들어서기 앞서 모든 이해관계자의 동의를 얻어낼 수 있습니다.

GSM의 효과를 보려면 가장 먼저 측정할 목표 목록을 올바로 작성해야 합니다. 간단해 보이죠? 각각의 팀이 자신들의 목표를 잘 알고 있을 테니까요. 하지만 우리가 실제로 연구해본 결과 생산성에 영향을 주는 트레이드오프들을 다 감안하지 못해서 측정 결과가 잘못된 길로 인도하는 사례가 많았습니다.

가독성 예로 돌아와서, 만약 가독성팀이 코드 품질 개선이라는 원래 목표를 잊고 가독성 프로세스를 빠르고 쉽게 만드는 데 집중한다고 가정해보죠. 그래서 리뷰 프로세스를 통과하는 데 걸리는 시간과 엔지니어들이 프로세스에 얼마나 만족하는지를 추적해 측정하려 합니다. 한 팀원이 다음을 제안합니다.

> "제가 리뷰 속도를 진짜 빠르게 만들 수 있습니다. 코드 리뷰를 아예 안 하면 됩니다."

물론 극단적인 예지만 대부분 팀은 중요한 트레이드오프를 잊은 채 측정을 하곤 합니다. 속도를 높이는 데 집중하느라 품질 측정을 놓치는 식이죠(혹은 반대). 이런 사태를 방지하기 위해 구글은 생산성을 다섯 개의 요소로 나눴습니다. 이 다섯 요소 사이에는 서로 트레이드오프가 일어납니다. 그리고 우리는 생산성을 높이고자 하는 팀들에게 모든 요소 각각에 대한 목표를 정하라고 안내합니다. 특정 요소를 개선하느라 실수로 다른 요소를 희생하는 일을 막기 위함이죠. 다섯 요소를 기억하기 쉽도록 이름도 지었습니다. 바로 '퀀츠(QUANTS)'입니다.[5]

코드 품질(*Quality of the code*)

작성된 코드의 품질은 어떤가? 회귀 버그를 예방하기에 충분한 테스트 케이스가 갖춰졌는가? 아키텍처는 위험과 변경을 받아들일 수 있을 만큼 유연한가?

엔지니어들의 몰입도(*Attention from engineers*)

엔지니어들은 얼마나 자주 몰입 상태에서 깨어나는가? 알림은 엔지니어의 주의력이 얼마나

---

5   옮긴이_ 퀀츠는 '금융 시장 분석가' 혹은 '주식 투자 상담가'를 뜻하는 퀀트(quant)의 복수형입니다.

흐트리는가? 도구는 엔지니어들이 작업 맥락을 전환하는 데 도움을 주는가?

지적 복잡성(*Intellectual complexity*)

작업을 완료하는 데 인지 부하가 얼마나 걸리는가? 해결해야 할 문제에 내재된 복잡성은 어느 정도인가? 엔지니어들이 불필요한 복잡성을 처리해야 하는가?

박자와 속도(*Tempo and velocity*)

엔지니어들이 작업을 얼마나 빨리 완수할 수 있는가? 릴리스를 얼마나 빨리 밀어낼 수 있나? 주어진 시간에 얼마나 많은 작업을 완료하는가?

만족도(*Satisfaction*)

엔지니어가 도구에 얼마나 만족하는가? 도구가 엔지니어에게 필요한 기능을 얼마나 잘 지원하는가? 엔지니어들이 주어진 업무와 완성한 제품에 얼마나 만족하는가? 엔지니어들이 번아웃되지는 않는가?

가독성 예로 돌아와서, 생산성 연구팀은 가독성팀에게 이 지침을 따라 가독성 프로세스의 생산성 목표들을 기술해보라고 요청했습니다. 다음은 가독성팀이 작성한 목표입니다.

코드 품질

가독성 프로세스를 거친 엔지니어는 품질이 더 좋은 코드를 작성한다. 가독성 프로세스를 통해 코드 일관성이 높아진다. 가독성 프로세스는 건실한 코드 문화에 기여한다.

엔지니어들의 몰입도

가독성은 몰입과 관련이 없다. [6]

지적 복잡성

가독성 프로세스를 거친 엔지니어는 구들의 코드베이스와 최선의 코딩 모범 사례를 배우고, 프로세스 중에는 멘토링을 받는다.

---

6   모든 엔지니어링 생산성 문제가 다섯 가지 트레이드오프 영역(QUANTS) 모두와 관련된 것은 아닙니다.

박자와 속도

가독성 프로세스를 거친 엔지니어는 일을 더 빠르고 효율적으로 완료한다.

만족도

엔지니어는 가독성 프로세스의 이점을 확인하고 프로세스 참여를 긍정적으로 생각한다.

7.5 신호(signal)

신호는 목표 달성 여부를 알 수 있는 방법입니다. 모든 신호를 측정할 수 있는 것은 아니지만 지금 단계에서는 괜찮습니다. 신호와 목표가 1:1 관계는 아니니까요. 모든 목표에는 신호가 최소 하나는 필요합니다. 달리 표현하면 둘 이상일 수 있습니다. 어떤 목표들은 같은 신호를 공유하기도 합니다. [표 7-1]은 가독성 프로세스 측정에 쓰인 목표와 신호의 예입니다.

표 7-1 신호와 목표

목표	신호
가독성 프로세스를 거친 엔지니어는 품질이 더 좋은 코드를 작성한다.	가독성 승인을 얻은 엔지니어가 작성한 코드가 그렇지 않은 엔지니어가 작성한 코드보다 품질이 좋다. 가독성 프로세스가 코드 품질에 긍정적인 영향을 준다.
가독성 프로세스를 거친 엔지니어는 구글 코드베이스와 코딩 모범 사례를 익히게 된다.	엔지니어가 가독성 프로세스로부터 배운 것이 있다고 보고한다.
가독성 프로세스를 거치는 동안 엔지니어는 멘토링을 받는다.	엔지니어가 가독성 프로세스 동안 리뷰어 역할을 해준 숙련된 구글 엔지니어와의 소통이 긍정적이었다고 보고한다.
가독성 프로세스를 거친 엔지니어는 작업을 더 빠르고 효율적으로 완수한다.	가독성 승인을 얻은 엔지니어는 그렇지 않은 엔지니어보다 더 생산적이라고 스스로 여긴다. 가독성 승인을 얻은 엔지니어가 작성한 변경은 그렇지 않은 엔지니어가 작성한 변경보다 리뷰가 더 빨리 끝난다.
엔지니어들이 가독성 프로세스의 이점을 확인하고 프로세스 참여를 긍정적으로 생각한다.	엔지니어들이 가독성 프로세스가 가치 있다고 생각한다.

7.6 지표(Metric)

지표는 신호를 측정하는 방법의 최종 형태입니다. 신호 자체가 아니라 측정 가능한 프록시^{proxy:} ^{대리자}입니다. 대리하는 개념이다 보니 신호를 완벽하게 측정해내지는 못할 수 있습니다. 그래서 어떤 신호는 마치 삼각측량하듯 여러 개의 지표를 종합하여 정확도를 높이기도 합니다.

예를 들어 가독성 프로세스를 거친 엔지니어들의 코드 리뷰가 빨라졌는지를 측정하기 위해 설문과 로그 데이터를 조합해 사용할 수 있을 것입니다. 두 지표 모두 완벽한 진실을 알려주지는 못합니다(인간의 인식에는 오류가 스며들기 쉽습니다. 또한 로그 지표는 전체 그림을 담아내지 못할 수 있습니다. 가령 엔지니어가 로그에 기록된 시간을 온전히 리뷰에 쏟지 못했거나 변경된 코드의 양이나 복잡도처럼 '시간'이라는 개념에 담지 못하는 복합적인 요인이 있을 수 있습니다). 하지만 지표들이 서로 다른 결과를 보여준다면 그중 하나는 잘못되었을 수 있으니 더 연구해보라는 신호로 해석할 수 있습니다. 반대로 모든 지표가 같은 방향을 가리킨다면 측정 결과가 진실에 가깝다는 확신을 더 굳힐 수 있겠지요.

한편, 애초에 측정 불가능한 신호라면 연관 지표가 하나도 없을 것입니다. 코드 품질 측정을 예로 생각해보죠. 학계에서 다양한 품질 기준을 제안하고는 있지만 그중 어느 것도 진정한 품질을 대표하지는 못합니다. 가독성 프로세스에서는 빈약한 지표에 기대 판단하는 안과 당장은 측정할 방법이 없음을 인정하는 안 중 선택해야 했습니다. 결국 우리는 엔지니어들에게 코드 품질을 스스로 평가하라고만 요청하고 정량적인 측정은 포기했습니다.

GSM 프레임워크는 소프트웨어 프로세스를 측정하는 이유와 실제 측정 방법을 명확히 이어주는 훌륭한 수단입니다. 하지만 선택된 지표들은 여전히 전체 이야기를 전달하지 못할 수 있습니다. 요구되는 신호를 잡아내지 못할지도 모르기 때문이죠. 구글은 정성적인 데이터를 사용하여 지표를 검증하고 의도한 신호를 포착해내는지 확인합니다.

7.7 데이터로 지표 검증하기

개별 엔지니어의 빌드 지연시간 평균을 측정하는 지표를 만든 적이 있습니다. 빌드로 인한 지연시간에 대해 엔지니어들이 느끼는 '일상 경험^{typical experience}'을 포착하는 게 목표였죠. 우리는

'경험표집법 Experience Sampling Method(ESM)'을 사용했습니다.[7] 이런 부류의 연구는 일에 집중하고 있는 엔지니어의 흐름을 끊고 질문을 던지는 식으로 이루어집니다. 우리는 엔지니어가 빌드를 실행하는지를 포착하여 빌드 지연시간에 관한 느낌과 기대하는 바에 관한 작은 설문지를 자동으로 전송했습니다. 하지만 드물게 자신은 빌드한 적이 없다고 응답하는 엔지니어들이 나타났습니다. 범인은 자동화 도구였습니다. 자동화 도구가 알아서 빌드를 실행했고, 엔지니어는 중단 없이, 즉 빌드로 인한 지연시간 없이 일에 매진하던 중이었습니다. 이 경우는 '일상 경험'에 포함될 수 없었기에 지표를 수정하여 이러한 빌드를 제외시켰습니다.[8]

정량적 지표가 유용한 이유는 우리에게 힘과 확장성을 주기 때문입니다. 엔지니어들의 경험을 회사 전반에 걸쳐 오랜 기간 측정할 수 있어서 결과를 신뢰할 수 있습니다. 하지만 맥락 정보나 설명이 빠져 있습니다. 정량적 지표는 엔지니어가 왜 구식 도구를 사용하기로 했는지, 왜 표준 프로세스를 우회하여 비정상적인 워크플로를 따랐는지 같은 설명을 해주지 못합니다. 오직 정성적 연구만이 이런 정보를 제공해주며 정성적 연구를 통해 얻은 맥락 정보를 통해서만 프로세스를 개선하기 위해 취해야 할 다음 단계가 무엇인지를 말해줄 수 있습니다.

[표 7-2]의 신호들을 생각해보죠. 각각의 신호를 측정할 수 있는 지표를 고민해보세요. 어떤 신호는 분석 도구와 코드 로그로 측정할 수 있지만 어떤 지표는 엔지니어들에게 직접 물어볼 수밖에 없을 것입니다. 완벽하게 측정하는 게 불가능한 지표도 있습니다. 이런 조건에서 어떻게 하면 진정한 코드 품질을 측정할 수 있을까요?

최종적으로 우리는 세 가지 지표를 조합하여 가독성 프로세스가 생산성에 미치는 영향을 평가했습니다. 첫째, 가독성 프로세스에 특화된 설문조사를 수행했습니다. 이 설문은 프로세스를 갓 끝마친 엔지니어를 대상으로 수행하여 프로세스에 관한 즉각적인 피드백을 얻을 수 있었습니다. 즉각적이라는 점에서 회상 편향recall bias[9]을 피하는 데 효과적이지만 최신 편향recency bias[10]과 표본 편향sampling bias[11]이 나타날 수 있습니다. 둘째, 가독성과 직접 관련은 없는 대신 가독성

---

7   옮긴이_ 경험표집법은 일상 생활 중 특정한 사건을 경험한 직후에 '즉각적인 응답'을 요구하는 연구 방법입니다. 시간이 흐른 뒤 물어보면 기억이 왜곡되거나, 감정 상태가 변해 다르게 평가하거나, 내용을 요약 혹은 단순화하는 등의 문제가 발생합니다. 하지만 경험표집법은 '즉각적인 응답'을 요구하기 때문에 이런 문제가 적습니다. 의학, 노인학, 심리학, 마케팅 등 다양한 분야에서 활용됩니다.

8   정량적 지표와 정성적 지표가 가리키는 결과가 다른 경우가 흔히 있었는데, 정량적 지표가 기대한 결과를 포착해내지 못했기 때문이었습니다.

9   회상 편향은 기억상의 편향입니다. 사람은 특별히 관심 있거나 실망했던 사건을 회상할 가능성이 더 높습니다.

10   최신 편향 역시 기억상의 편향으로, 사람은 가장 최근 경험을 떠올릴 가능성이 높습니다.

11   표본 편향은 표본이 특정 유형에 집중되는 것을 말합니다. 지금 예에서는 프로세스를 완료한 사람만을 대상으로 설문하므로 완료하지 못한 사람의 이야기는 들을 수 없게 됩니다.

프로세스가 영향을 줄 것이라 기대되는 지표들을 추적하기 위해 분기별로 대규모 설문조사를 수행했습니다. 마지막으로, 개발자 도구를 활용하여 엔지니어들이 특정 작업을 완료하는 데 걸리는 시간을 알려주는 정밀한 로그 지표를 이용했습니다.[12] [표 7-2]에 모든 지표와 각 지표에 연결된 신호/목표를 정리했습니다.

표 7-2 목표, 신호, 지표

퀀츠(QUANTS)	목표	신호	지표
코드 품질 (**Qu**ality of the code)	가독성 프로세스를 거친 엔지니어는 품질이 더 좋은 코드를 작성한다.	가독성 승인을 받은 엔지니어가 작성한 코드가 그렇지 않은 엔지니어가 작성한 코드보다 품질이 좋다.	분기별 설문: 자신의 코드 품질에 만족한다고 응답한 엔지니어의 비율
		가독성 프로세스가 코드 품질에 긍정적인 영향을 준다.	가독성 설문: 가독성 리뷰가 코드 품질에 영향이 없거나 부정적인 영향을 준다고 응답한 엔지니어의 비율
			가독성 설문: 가독성 프로세스 참여가 소속 팀의 코드 품질을 개선한다고 응답한 엔지니어의 비율
	가독성 프로세스를 거친 엔지니어는 더 일관된 코드를 작성한다.	가독성 프로세스의 일부로, 엔지니어는 가독성 리뷰어의 코드 리뷰로부터 일관된 피드백과 가르침을 받는다.	가독성 설문: 가독성 리뷰어의 조언과 가독성 기준이 일관되지 않다고 응답한 엔지니어의 비율
	가독성 프로세스를 거친 엔지니어는 건전한 코드 문화에 기여한다.	가독성 승인을 받은 엔지니어는 코드 리뷰 때 코딩 스타일과 가독성 문제 관련 조언을 규칙적으로 해준다.	가독성 설문: 코드 리뷰 때 코딩 스타일과 가독성 문제 관련 조언을 규칙적으로 받는다고 응답한 엔지니어의 비율
엔지니어들의 관심 (**A**ttention from engineers)	해당 없음	해당 없음	해당 없음
지적 복잡성 (**In**tellectual)	가독성 프로세스를 거친 엔지니어는 구글 코드베이스와 코딩 모범 사례를 익히게 된다.	엔지니어가 가독성 프로세스에서 학습한 내용을 보고한다.	가독성 설문: 네 가지 관련 주제에 대해 배웠다고 응답한 엔지니어의 비율

....

12 이 지표를 엔지니어별 평가에 활용하거나 심지어 고성과자/저성과자 식별에 이용하고 싶은 유혹에 빠질 수 있습니다. 하지만 이렇게 하면 역효과만 날 뿐입니다. 생산성 지표를 성과 평가에 사용하려 들면 엔지니어들이 지표를 손쉽게 조작해버릴 것이기 때문이죠. 그러면 이 지표는 조직 전반의 생산성 측정과 개선에는 더 이상 활용할 수 없게 됩니다.

			가독성 설문: 전문 지식을 배운다는 점이 가독성 프로세스의 강점이라고 응답한 엔지니어의 비율
	가독성 프로세스를 거치는 동안 엔지니어는 멘토링을 받는다.	가독성 프로세스 동안 리뷰어 역할을 해준 숙련된 구글 엔지니어와의 교류가 긍정적이었다고 보고한다.	가독성 설문: 가독성 리뷰와 함께 일하는 경험이 가독성 프로세스의 강점이라고 응답한 엔지니어의 비율
박자와 속도 (**T**empo/ velocity)	가독성 프로세스를 거친 엔지니어는 생산성이 더 높다.	가독성 승인을 얻은 엔지니어는 그렇지 않은 엔지니어보다 더 생산적이라고 여긴다.	분기별 설문: 자신의 생산성이 높아졌다고 응답한 엔지니어의 비율
		가독성 프로세스를 완수한 엔지니어는 자신의 엔지니어링 속도가 빨라졌다고 보고한다.	가독성 설문: 가독성 프로세스를 거치지 않으면 팀의 엔지니어링 속도가 느려진다고 응답한 엔지니어의 비율
		가독성 승인자가 작성한 변경 목록(CL)은 아닌 자가 작성한 CL보다 검토 시간이 짧다.	로그 데이터: 가독성 승인자와 아닌 자가 작성한 CL들의 리뷰 시간 중간값(median)
		가독성 승인자가 작성한 CL은 아닌 자가 작성한 CL보다 코드 리뷰를 통해 원하는 방향으로 유도하기가 수월하다.	로그 데이터: 가독성 승인자와 아닌 자가 작성한 CL들의 평균 유도 시간
		가독성 승인자가 작성한 CL은 아닌 자가 작성한 CL보다 코드 리뷰 통과 시간이 짧다.	로그 데이터: 가독성 승인자와 아닌 자가 작성한 CL들의 평균 서브밋 시간[13]
		가독성 프로세스는 엔지니어링 속도에 부정적인 영향을 주지 않는다.	가독성 설문: 가독성 프로세스가 작업 속도에 부정적인 영향을 주었다고 응답한 엔지니어의 비율
			가독성 설문: 가독성 리뷰어가 신속하게 응답했다고 응답한 엔지니어의 비율
			가독성 설문: 리뷰의 적시성이 가독성 프로세스의 강점이라고 응답한 엔지니어의 비율

---

13 리뷰어_ 구글에서 서브밋(submit)은 변경 목록이 코드베이스에 통합되는 단계입니다. 깃허브에서라면 풀 리퀘스트(pull request) 병합(merge)에 해당합니다.

만족도 (Satisfaction)	엔지니어는 가독성 프로세스의 이점을 깨닫고 프로세스 참여에 긍정적이다.	엔지니어들이 가독성 프로세스가 전반적으로 긍정적인 경험이었다고 여긴다.	가독성 설문: 가독성 프로세스가 전반적으로 긍정적이었다고 응답한 엔지니어의 비율
		엔지니어들이 가독성 프로세스가 가치 있다고 생각한다.	가독성 설문: 가독성 프로세스가 가치 있다고 응답한 엔지니어의 비율
			가독성 설문: 가독성 리뷰의 품질이 가독성 프로세스의 강점이라고 응답한 리뷰어의 비율
			가독성 설문: 철저함이 가독성 프로세스의 강점이라고 응답한 엔지니어의 비율
		엔지니어는 가독성 프로세스가 실망스럽지 않다고 생각한다.	가독성 설문: 가독성 프로세스가 불확실하고, 불명확하고, 느리고, 실망스럽다고 응답한 엔지니어의 비율
			분기별 설문: 자신의 엔지니어링 속도에 만족한다고 응답한 엔지니어의 비율

7.8 조치를 취하고 결과 추적하기

이번 장의 목표를 다시 떠올려봅시다. 우리는 무언가 조치를 취해서 생산성을 끌어올리길 원했습니다. 구글의 생산성 연구팀은 주어진 주제로 연구를 마친 뒤에는 언제나 개선을 멈추지 않고 지속하는 방법을 담은 '추천 할 일 목록'을 제공했습니다. 예를 들어 개발 도구에 새로운 기능을 추가하는 일부터 도구의 지연시간 단축, 문서 보강, 낡은 프로세스 제거, 심지어 성과 보상 제도의 구조를 바꾸라는 제안도 있었습니다. 가장 이상적인 방식은 도구 개선입니다. 도구의 지원 없이 엔지니어들에게 업무 프로세스나 사고방식을 바꾸라고 요구하는 것은 좋지 않습니다. 올바른 데이터와 도구를 제공한다면 엔지니어들 스스로 합리적인 트레이드오프를 찾아낼 것입니다.

가독성 프로세스의 경우, 연구 결과 프로세스가 전반적으로 가치 있음을 보여줬습니다. 가독성 프로세스를 완수한 엔지니어들은 프로세스에 만족해했고 배운 게 많다고 느꼈습니다. 로그 데이터도 완수자들의 코드 리뷰와 서브밋 속도가 빨라졌고 필요한 리뷰어 수도 적어졌다는 사실을 뒷받침했습니다. 여기서 그치지 않고, 연구 과정에서 프로세스를 더 빠르고 즐겁게 바꿔줄 개선안도 찾아낼 수 있었습니다. 언어팀들은 연구팀의 추천안을 채택하여 도구와 프로세스를 더 빠르고 투명하게 개선하여 엔지니어들이 더 즐겁게 개발할 수 있도록 했습니다.

7.9 마치며

구글은 엔지니어링 생산성 전문가로 구성된 팀을 두는 것이 소프트웨어 엔지니어링의 다양한 측면에서 아주 유익하다는 사실을 깨달았습니다. 개별 팀들이 자신만의 방식으로 생산성 개선에 힘쓰는 대신, 하나의 팀이 복잡한 문제들의 해법에 대해 여러 방면에서 집중적으로 연구하는 것이죠. '사람에 의한' 요인들은 기본적으로 측정하기가 매우 어렵습니다. 엔지니어링 프로세스 변경으로 인한 트레이드오프의 상당수는 정확하게 측정하기 어렵고 종종 의도치 않은 결과로 이어지기도 합니다. 따라서 주어진 데이터를 정확하게 이해하는 것이 매우 중요합니다. 생산성 연구팀은 항상 데이터 중심으로 판단하면서 주관적인 편향을 제거하는 걸 목표로 삼아야 합니다.

7.10 핵심 정리

- 생산성 측정에 앞서 결과가 긍정적이든 부정적이든 실행 가능한 조치로 이어지는지 확인해야 합니다. 결과를 보고도 취할 수 있는 조치가 아무것도 없다면 측정할 가치가 없습니다.

- GSM 프레임워크를 활용하여 의미 있는 지표를 선택해야 합니다. 좋은 지표라면 측정하려는 신호를 잘 대표하며, 연관된 목표까지 추적해 올라갈 수 있습니다.

- 지표는 생산성의 모든 측면(QUANTS)을 다루도록 선택해야 합니다. 그래야 기껏 개선한 생산성 요인(예: 개발자 속도)이 결국은 다른 요인(예: 코드 품질)을 희생한 대가로 얻어지는 우를 방지할 수 있습니다.

- 정성적 지표도 지표입니다. 엔지니어의 믿음(생각)을 장기간에 걸쳐 추적하는 설문 메커니즘을 고려해보세요. 정성적 지표가 나타내는 결과가 정량적 지표와 일치해야 합니다. 그렇지 않다면 잘못된 정량적 지표일 가능성이 큽니다.

- 개발자 워크플로와 보상 제도에 영향을 주는 제안을 찾아내는 걸 목표로 삼아야 합니다. 추가 훈련이나 문서화를 추천해야 하는 경우도 있지만, 개발자의 습관을 고쳐줘야 실질적인 변화로 이어져 정착될 가능성이 큽니다.

프로세스

Part III

프로세스

8장 스타일 가이드와 규칙

9장 코드 리뷰

10장 문서자료

11장 테스트 개요

12장 단위 테스트

13장 테스트 대역

14장 더 큰 테스트

15장 폐기

스타일 가이드와 규칙

대부분의 엔지니어링 조직에는 내부 코드베이스를 관리하는 **규칙**^rule이 있습니다. 예컨대 소스 파일을 저장하는 위치, 코드 포맷팅, 명명 방식, 패턴, 예외와 스레드 사용법 등을 규정합니다. 그래서 소프트웨어 엔지니어 대부분은 조직에서 허용하는 정책 범위 안에서 코드를 작성합니다. 구글 역시 구글 나름의 스타일 가이드를 활용해 코드베이스를 관리합니다.

규칙은 곧 법입니다. 제안이나 권장사항이 아닌, 엄격하고 꼭 지켜야 하는 법입니다. 코드 전반에서 따라야 하는 강제사항이라서 꼭 필요하여 승인된 경우를 제외하고는 무시할 수 없습니다. 한편 **지침**^guidance은 권장사항과 모범 사례를 말합니다. 따르면 편이 이득이라서 어지간하면 따르라고 권하지만, 규칙과 달리 다소 변형해 적용해도 괜찮습니다.

구글은 코딩할 때 따라야 하는 혹은 하지 말아야 하는 규칙을 모아서 **프로그래밍 스타일 가이드**^programming style guide로 정리해 표준으로 삼았습니다. '스타일'이라는 단어 때문에 코드 형식(포맷팅)만을 다룬다고 오해할 수 있지만, 사실은 그 이상입니다. 스타일 가이드는 구글의 코드를 지배하는 종합적인 규약 모음집입니다. 그렇다고 너무 엄격하지는 않습니다. 가령 '합리적인 선에서 가능한 한 서술적인 이름을 사용하라'[1] 처럼 스스로 고민해 판단하도록 합니다. 엔지니어들이 스스로 책임져야 할 규칙들을 모두 담아둔 원천 역할을 하는 것이죠.

---

1   (구글 Objective-C 스타일 가이드 중 Naming절) *https://oreil.ly/xDNAn*

구글은 스타일 가이드를 프로그래밍 언어별로 관리합니다.[2] 크게 보면 모든 가이드의 목표가 비슷합니다. 코드의 '지속 가능성'을 높이도록 이끄는 것이죠. 하지만 다루는 범위, 문서 길이, 내용 등에서는 차이가 많습니다. 지속해서 커가는 구글의 코드 리포지터리 안에서 각각의 프로그래밍 언어에는 자신만의 장점, 특성, 우선순위가 있고 도입된 배경도 제각각입니다. 언어별 가이드를 독립적으로 관리하는 게 훨씬 실용적인 이유입니다. 어떤 스타일 가이드는 이름짓기와 포맷팅처럼 중요한 몇 가지에만 집중하여 아주 간결합니다. 다트, R, 셀 가이드가 대표적이죠. 다른 가이드들은 언어별 특징을 포함하여 상세한 내용까지 다뤄서 꽤나 긴 문서가 되었습니다. C++, 파이썬, 자바 가이드가 여기 속합니다. 어떤 가이드는 구글 외부 세계와 범용적으로 사용하는 데 초점을 두었습니다. 가령 Go 스타일 가이드는 외부에서 통용되는 규약집[3]에 몇 가지 규칙만 추가해 사용합니다. 반대로 밖에서 쓰이는 규약과 완전히 다른 규칙을 적용하는 언어도 있습니다. 특히 C++는 구글 밖에서는 널리 쓰이는 기능인 예외 처리를 허용하지 않습니다.

구글의 스타일 가이드끼리도 차이가 크기 때문에 '스타일 가이드는 이런 내용을 담아야 한다'라고 정의하기는 어렵습니다. 구글의 스타일 가이드에 담긴 결정들은 구글 코드베이스를 지속 가능하게 관리하기 위한 규칙들입니다. 다른 조직의 코드베이스는 본질적으로 다른 요구를 충족시켜야 할 수 있으니 그에 합당한 규칙들로 꾸려져야 할 것입니다. 이번 장에서는 구글의 C++, 파이썬, 자바 스타일 가이드를 중심으로 구글이 규칙과 지침을 만들어내는 원칙과 과정을 이야기하겠습니다.

8.1 규칙이 필요한 이유

그래서 우리는 왜 규칙이 필요할까요? 규칙을 관리하는 목표는 '좋은' 행동을 장려하고 '나쁜' 행동을 억제하기 위함입니다. '좋은'과 '나쁜'의 해석은 조직마다 차이가 있습니다. 관심사가 다르기 때문이죠. 좋음과 나쁨은 주관적이고 무엇이 필요하냐에 따라 달라집니다. 어떤 조직에서는 메모리 사용량을 줄이거나 런타임 성능을 높여줄 가능성이 큰 사용 패턴을 장려하는 걸 '좋

2   공개 버전을 *https://google.github.io/styleguide*에서 찾아볼 수 있습니다. 이번 장에서는 이곳에 공개된 예를 많이 인용할 것입니다.

3   (Effective Go 홈페이지) *https://oreil.ly/RHrvP*

다'라고 여길 것입니다. 또 다른 조직에서는 최신 언어 기능을 활용하는 쪽을 '좋다'라고 생각할 수 있습니다. 일관성을 최우선으로 하여 기존 패턴과 다른 모든 것을 '나쁘다'라고 간주하는 조직도 있음직하죠. 그래서 가장 먼저 조직이 추구하는 가치를 파악해야 합니다. 무엇을 장려하거나 억제할지를 규정하는 규칙과 지침은 그 가치를 기준으로 정해집니다.

확립된 규칙과 지침은 조직이 커지더라도 일관되게 통용되는 공통의 코딩 어휘가 되어줍니다. 어휘가 통일되면 엔지니어들은 코드를 표현하는 '형식'보다 코드에 담을 '내용'에 집중할 수 있습니다. 공통 어휘를 형성하면 엔지니어들은 무의식적으로도 '좋은' 코드를 작성하는 경향이 생깁니다. 이처럼 규칙은 일상의 개발 패턴을 조직이 원하는 방향으로 슬쩍 밀어주는 역할로 폭넓게 활용됩니다.

8.2 규칙 만들기

규칙 모음을 정의할 때 반드시 던져야 하는 질문은 '무슨 규칙이 필요하지?'가 아니라 '어떤 목표를 이루려 하지?'입니다. 목표에 집중하면 규칙이 따라옵니다. 목표를 이루기 위한 규칙들을 찾다 보면 자연스럽게 유용한 규칙들을 모을 수 있습니다. 코딩 법전과도 같은 스타일 가이드를 정의할 때 구글도 '스타일 가이드를 무엇으로 채워야 하지?'라고 묻지 않습니다. 오히려 '왜 이 내용이 스타일 가이드에 들어가야 하지?'라고 묻습니다. 그런데 코딩을 규제하는 규칙 모음을 만들어서 조직이 얻는 것은 무엇일까요?

8.2.1 기본 원칙 안내

배경 이야기부터 시작하겠습니다. 구글은 엔지니어만 3만 명이 넘고, 그 숫자 만큼이나 엔지니어들의 기술 수준과 배경 역시 다양합니다. 수십 년을 더 존재할 가능성이 큰 20억 라인 이상의 코드베이스에 매일 약 6만 건의 코드가 서브밋됩니다. 그래서 구글에 필요한 규칙 모음은 다른 대부분 조직과는 다른 가치에 최적화되어 있습니다. 하지만 어느 정도는 모든 조직에 필요한 가치이기도 합니다. 바로 '규모와 시간 양쪽 측면에서 탄력적인 엔지니어링 환경이 지속되도록 하는 것'입니다.

이런 배경에서 우리 규칙들의 목표는 개발 환경의 복잡도를 관리하고 엔지니어들의 생산성을 희생하지 않는 선에서 코드베이스를 관리 가능하게끔 유지하는 것입니다. 여기서 트레이드오프가 발생합니다. 이 목적을 달성하는 데 도움되는 규칙 중 상당수가 엔지니어들의 자유를 제한합니다. 유연성이 다소 희생되어 불쾌해하는 사람도 있을 것입니다. 하지만 권위 있는 표준은 일관성을 높여주고 의견 대립을 줄여주므로 혜택이 더 큽니다.

이러한 관점에서 우리는 규칙을 만들 때 염두에 두어야 하는 중요한 원칙들을 찾아냈습니다.

- 규칙의 양을 최소화합니다.
- 코드를 읽는 사람에게 맞춥니다.
- 일관되어야 합니다.
- 오류가 나기 쉽거나 예상치 못한 동작을 유발하는 구조를 피합니다.
- 꼭 필요하다면 실용성을 생각해 예외를 허용합니다.

규칙의 양을 최소화한다

모든 걸 다 스타일 가이드에 욱여넣어서는 안 됩니다. 조직 내 모든 엔지니어가 새로운 규칙들을 익히고 적응하는 데는 비용이 듭니다. 규칙이 너무 많다면[4] 엔지니어들이 다 기억하지도 못할 것이고 새로 합류한 엔지니어가 적응하기도 어렵습니다. 규칙이 많아지면 규칙 모음을 관리하기도 어렵고 그만큼 비용도 커집니다.

그래서 구글은 너무 자명한 규칙은 의도적으로 배제합니다. 스타일 가이드가 법전처럼 해석되길 원치 않습니다. 무언가를 불허한다고 명시하지 않았다고 해서 허용한다는 뜻이 아닙니다. 예를 들어 C++ 스타일 가이드에는 goto 사용에 관한 규칙이 없습니다. C++ 프로그래머들은 이미 goto를 금기시하기 때문에 불필요한 낭비를 없앤 것입니다. 한두 엔지니어만의 잘못 때문에 새로운 규칙을 만들어버리면 다른 사람들에게 정신적 부담을 주게 됩니다. 그러면 조직 규모를 확장할 수 없습니다.

읽는 사람에게 맞춘다

규칙 만들기의 두 번째 원칙은 코드 작성자보다 읽는 사람에 최적화하기입니다. 코드는 작성되

---

4   이때 도구 지원이 중요해집니다. '너무 많다'의 기준은 단순히 규칙의 수가 아니라 엔지니어가 기억해야 하는 수입니다. 예를 들어 clang 형식이 쓰이기 이전 엔지니어들은 수많은 포맷팅 규칙을 외우고 있어야 했습니다. 이 규칙들은 여전히 존재하지만 이제는 도구의 지원 덕에 준수 비용이 극적으로 낮아졌습니다. 우리는 누군가가 다수의 포맷팅 규칙을 추가하더라도 아무도 신경 쓰지 않는 경지에 도달했습니다. 도구가 우리 대신 그 일을 해주기 때문입니다.

는 횟수보다 읽히는 횟수가 더 많으며 시간이 지날수록 차이가 벌어집니다. 따라서 읽기 난해한 것보다 타이핑하기 지루한 편이 낫습니다. 예를 들어 파이썬의 조건부 표현은 if문보다 짧아서 코드 작성자에게 더 편합니다. 하지만 읽는 사람이 이해하기에는 어려워서 구글은 조건부 표현을 사용하지 못하게 했습니다.[5] 구글은 '쓰기에 간편한'보다 '읽기에 간단한' 쪽에 가치를 둡니다. 트레이드오프를 한 것이죠. 엔지니어들은 변수와 타입 이름을 서술식으로 더 길게 짓고 반복해서 타이핑하기로 선택했습니다. 앞으로 그 코드를 읽을 모든 이에게 더 읽기 좋은 코드를 선물하기 위해 당장의 불편함을 감내하기로 한 것입니다.

독자 중심주의의 일환으로 구글은 엔지니어가 의도한 행위를 분명하게 알려주는 증거를 코드에 남기라고 요구합니다. 코드가 하려는 일이 무엇인지를 읽는 사람이 즉시 알 수 있기를 원하는 것이죠. 예를 들어 자바, 자바스크립트, C++ 스타일 가이드는 슈퍼클래스의 메서드를 오버라이드하는 메서드에는 오버라이드 어노테이션이나 키워드를 반드시 사용하도록 했습니다. 설계 의도를 소스 코드에 명시하지 않으면 읽는 사람이 파악해내야 해서 그 코드를 활용해야 하는 모든 이에게 추가적인 부담을 떠안깁니다.

행위가 헷갈리거나 오해할 수 있는 상황에서는 의도한 행위를 알려주는 근거가 더욱 중요해집니다. C++에서는 코드 일부만 봐서는 포인터의 소유권을 파악하기가 어려울 때가 있습니다. 익숙하지 않은 함수에 포인터가 전달됐다면 엔지니어는 혼란에 빠집니다. 포인터 소유권이 호출한 쪽에 있나? 아니면 함수에 넘겨진 것인가? 함수가 반환된 후에도 이 포인터를 계속 사용할 수 있나? 아니면 데이터가 삭제되었을 수도 있나? 이 문제를 피하기 위해 구글의 C++ 스타일 가이드는 소유권을 넘길 목적이라면 std::unique_ptr[6]을 사용하라고 권합니다. unique_ptr은 포인터의 소유권을 관리하려는 목적의 구조로, 포인터 복사본이 하나만 존재하도록 해줍니다. 함수가 unique_ptr을 인수로 받고 포인터의 소유권을 가져가길 원한다면 호출자는 소유권을 이전한다는 의도를 명시해야 합니다. 다음의 두 코드를 비교해보세요.

```
// Foo*를 받는 함수. 전달받은 포인터의 소유권이
// 누구에게 있는지를 알 수 없다.
void TakeFoo(Foo* arg);

// 함수 호출이 끝난 후 소유권을 누가 가지게 될지에 대해
// 코드를 읽는 이에게 아무런 정보도 주지 않는다.
```

---

5   (구글 파이썬 스타일 가이드) Conditional Expressions. *https://oreil.ly/ftyvG*
6   (구글 C++ 스타일 가이드) Ownership and Smart Pointers. *https://oreil.ly/h0lFE*

```
Foo* my_foo(NewFoo());
TakeFoo(my_foo);
```

두 번째 코드입니다.

```
// Function that takes a std::unique_ptr<Foo>를 받는 함수
void TakeFoo(std::unique_ptr<Foo> arg);

// 함수를 호출하면 소유권이 이전되고
// 함수 반환 후에는 unique_ptr을 더 이상 사용할 수 없음을 명확하게 알려준다.
std::unique_ptr<Foo> my_foo(FooFactory());
TakeFoo(std::move(my_foo));
```

스타일 가이드의 규칙을 준수한다면 소유권 이전 여부를 명시한 근거가 모든 호출 지점에 자연스럽게 드러납니다. 적소에 배치된 이 표식 덕에 코드를 읽는 이는 함수 호출의 동작 방식을 일일이 파악해내지 않아도 됩니다. 상호작용 방식을 추론하기에 충분한 정보를 API 자체에 녹인 것이죠. 이처럼 호출 지점에 동작 방식을 명확히 문서화함으로써 코드 일부만 보더라도 읽고 이해할 수 있게 했습니다. 우리 목적은 '현 위치에서 추론하기'입니다. 무슨 말인고 하니, 다른 코드를 찾아보거나 참조할 필요 없이, 함수의 구현부를 들여다보지 않고도 호출 지점에서 무슨 일이 벌어지는지를 명확히 이해할 수 있도록 하는 것입니다.

주석과 관련한 규칙 대부분도 읽는 이를 위해 적소에 증거를 남기라는 이 목표를 뒷받침하도록 설계되었습니다. 문서화 주석(해당 파일, 클래스, 함수의 앞에 추가되는 블록 주석)은 뒤따르는 코드의 설계나 의도를 설명합니다. 구현 주석(코드 자체에 산재하는 주석)은 뻔하지 않은 선택을 한 이유를 해명하거나 주의할 점을 알려주고, 까다로운 부분의 로직을 설명하고, 중요한 부분을 강조합니다. 구글의 스타일 가이드에는 두 유형의 주석 모두에 관한 규칙이 존재하여 다른 엔지니어가 코드를 읽을 때 참고할 설명을 제공합니다.

일관되어야 한다

코드베이스의 일관성을 바라보는 시각은 구글이 지역별 연구소에 적용하는 철학과 비슷합니다. 구글의 거대하고 분산된 엔지니어링 인력 구조 때문에 하나의 팀이 여러 개의 작은 팀으로 나뉘어 각지에 흩어져 있는 경우가 흔합니다. 그래서 구글 직원들은 수시로 다른 지점으로 외근을 갑니다. 각 지점은 해당 지역의 풍미와 개성을 반영해 꾸미지만, 일하는 데 필요한 모든

시스템은 의도적으로 동일하게 관리합니다. 가령 외근 나온 구글 직원의 출입카드는 어느 리더기에서든 다 읽힙니다. 모든 구글 기기는 와이파이에 곧바로 접속되고 회의실의 화상회의 설정 인터페이스도 모두 똑같습니다. 사소한 설정 때문에 시간을 허비하는 일을 없앤 것이죠. 어느 곳이든 똑같기 때문에 연구소를 옮겨 다니며 업무를 보기가 아주 쉽습니다.

마찬가지의 노력을 코드에도 기울입니다. 코드가 일관되게 작성되어 있다면 엔지니어들은 익숙지 않은 부분을 살펴볼 일이 생겨도 상당히 빠르게 작업을 이어갈 수 있습니다. 로컬 프로젝트라면 고유한 개성이 허용되지만, 그 프로젝트에서 사용하는 도구, 기법, 라이브러리는 모두 똑같으며, 그 모든 게 그냥 동작합니다.

일관성이 안겨주는 이점

기종이 다른 사원증 리더기나 화상 회의 인터페이스도 허용하지 않는다고 하니 제약이 과하다고 생각이 드나요? 하지만 일관성이 주는 이점은 우리가 잃게 되는 자유의 가치보다 훨씬 큽니다. 코드에서도 마찬가지입니다. 때로는 일관성이 구속처럼 느껴지기도 합니다. 하지만 더 많은 엔지니어가 더 많은 일을 적은 노력으로 수행할 수 있게 됩니다.[7]

코드베이스의 스타일과 기준이 일관되면 코드를 작성하는 엔지니어와 읽는 이들은 '어떻게' 표현하느냐가 아닌 '무엇을' 수행하느냐에 집중할 수 있습니다. 대체로 코드가 일관되면 코드가 의미 단위로 잘 구분되어 전문가가 분석하기가 쉬워집니다. 문제를 해결하기 위한 인터페이스가 똑같고 코드 형식도 일관되면 전문가는 단번에 어디가 중요한지 찾아내어 일이 어떻게 이루어지는지 알아낼 수 있습니다. 코드를 모듈화하거나 중복을 찾기도 쉽습니다. 이러한 이유로 우리는 일관된 명명 규칙, 일관된 공통 패턴 사용, 일관된 포매팅과 구조를 유지하는 데 많은 신경을 씁니다. 또한 일이 한 방식으로만 수행되도록 보장하기 위해 겉보기에는 사소해 보이는 문제를 한 가지로만 쓰게끔 통일한 규칙도 많습니다. 예를 들어 들여쓰기에 사용할 공백 수나 한 줄의 최대 길이에도 제한을 걸어뒀습니다.[8] 여기에서 값진 부분은 우리가 제한한 특정 수치가 아니라 '단 하나의 답'만 사용한다는 일관성입니다.

----

7 15개 지점을 돌며 실제로 비교해준 하이럼 라이트의 노고에 감사합니다.

8 자바 스타일 가이드의 다음 항목들을 참고하세요.
  4.2 Block indentation: +2 spaces — *https://bit.ly/3oI9jo0*
  Spaces vs. Tabs — *https://bit.ly/3mKIWNa*
  4.4 Column limit: 100 — *https://bit.ly/2Jx463j*
  Line Length — *https://bit.ly/32lX8on*

일관성은 규모를 확장하기 쉽게 도와줍니다. 조직 확장에는 도구 활용이 핵심이며 코드가 일관되면 코드를 이해하고 수정하고 생성하는 도구를 더 쉽게 만들 수 있습니다. 모든 사람이 각자의 방식으로 코드를 작성한다면 균일성에 의존하는 도구의 이점을 제대로 누릴 수 없습니다. 예를 들어 누락된 임포트문을 추가하거나 쓰이지 않는 임포트문을 제거하는 도구가 있더라도 프로젝트마다 임포트문 정렬 방식이 다르다면 제대로 작동하지 않는 프로젝트도 생길 수 있습니다. 모두가 같은 컴포넌트를 사용하고 모두가 똑같은 규칙을 따라 코드를 구성한다면 수많은 관리 작업을 자동화해주는 도구를 제작할 수 있을 것입니다. 똑같은 기능을 각 팀의 색깔에 맞춰 다르게 수행해야 한다면 통일된 도구를 제작해 얻는 이점을 누리기 어렵습니다.

심지어 인력을 늘리는 데도 도움이 됩니다. 조직이 성장하면서 같은 코드베이스를 공유하는 엔지니어의 수도 늘어납니다. 모든 사람이 참여하는 코드를 가능한 한 일관성 있게 관리하면 엔지니어들이 새로운 팀으로 옮겨 적응하는 시간이 단축됩니다. 그 결과 조직의 필요에 맞게 인력을 유연하게 재배치할 수 있는 역량이 커집니다. 조직이 성장하면 사이트 신뢰성 엔지니어(SRE), 라이브러리 엔지니어, 코드 관리인^{code janitor} 등 서로 다른 역할의 사람들이 여러분의 코드를 함께 사용하게 됩니다. 구글에서는 이런 역할의 엔지니어들은 동시에 여러 프로젝트에 관여하기도 합니다. 특정 프로젝트에 익숙하지 않은 엔지니어가 그 프로젝트의 코드를 살피고 수정할 수 있다는 뜻입니다. 코드베이스 전체가 일관되다면 이럴 때 일의 효율이 높아집니다.

시간 관점에서도 탄력성을 보장합니다. 시간이 흐르면서 엔지니어 일부가 프로젝트를 떠나고 새로운 인력이 합류할 것입니다. 코드 소유권이 옮겨가고 프로젝트가 합쳐지거나 나뉩니다. 코드베이스가 일관되도록 노력하면 이러한 전환 비용이 낮아지고 코드와 엔지니어 모두 거의 제약 없이 재배치될 수 있습니다. 결국 장기적으로 봤을 때 유지보수 프로세스가 간소화됩니다.

규모가 커지면서...

수년 전, 구글의 C++ 스타일 가이드는 오래된 코드와의 일관성을 해치는 규칙은 웬만해서는 만들지 않겠다며 다음과 같이 약속했습니다.

> "때로는 합리적인 근거를 들어 특정 스타일 규칙을 변경하자는 제안이 들어오지만, 그럼에도 우리는 기존의 일관성을 지키기 위해 현재의 규칙들을 견지할 것입니다."

코드베이스가 지금보다 작고 낡은 방식의 코드가 별로 없던 시절에는 괜찮은 선택이었습니다.

하지만 코드베이스가 커지고 먼지가 쌓이면서 기존 코드와의 일관성은 우선순위에서 밀려났습니다. 적어도 C++ 스타일 가이드를 관리하던 중재자들 사이에서는 인식이 달라졌습니다. 그리하여 C++ 코드베이스 전체가 완전히 일관되는 일은 다시는 없을 것이며, 심지어 그것을 목표로 삼지도 않겠다고 공표했습니다.

현시점의 모범 사례에 맞게 낡은 규칙들을 수정하고 그동안 작성한 코드 전체를 새 규칙에 맞게 수정하는 일은 너무 큰 부담이었습니다. 구글의 대규모 변경Large Scale Change용 도구와 프로세스를 적용하면 거의 모든 코드를 새로운 패턴과 문법에 맞게 고쳐서 최신 스타일로 탈바꿈시킬 수 있습니다(22장 참고). 하지만 이 메커니즘도 완벽하지는 않습니다. 코드베이스가 커지면 이전 코드 전부가 새로운 모범 사례를 준수할 수 있을지 확신할 수 없습니다. 완벽한 일관성을 추구하기에는 얻는 것보다 비용이 큰 단계에 도달한 것입니다.

표준 정하기

구글은 일관성 중에서도 대체로 사내에서의 일관성을 더 중요하게 생각합니다. 때로는 세계적으로 통용되는 규약이 만들어지기 전에 조직 내부 규약이 만들어지기도 합니다. 이런 경우라면 우리는 일관성에 위계를 둡니다. '일관되게 하라'를 지켜야 하는 범위는 작게 시작해서 점차 확장됩니다. 파일 하나에서의 일관성이 팀의 규약보다 우선하며, 팀의 규약이 프로젝트보다, 나아가 전체 코드베이스보다 우선합니다. 사실 스타일 가이드들에는 과학적이고 기술적인 선택보다 지역적인 규약에 따르라고 명시한 규칙이 제법 많습니다.[9] 해당 영역에서의 일관성을 더 중요하게 생각하기 때문입니다.

하지만 조직 내 규약을 만들어 고수하는 것만으로는 충분하지 않을 때가 있습니다. 때로는 외부 커뮤니티에서 정착된 표준도 고려해야 합니다.

---

9 예: Use of const. *https://oreil.ly/p6RLR*

일반적으로는 규약은 바깥세상과 일관되게 잡는 편이 유리합니다. 작고 독립적이고 수명이 짧은 코드라면 별 차이가 없을 것입니다. 이럴 때는 다른 회사나 다른 프로젝트에서 어떻게 작성하든 내부의 일관성이 훨씬 중요합니다. 반면 수명이 길고 확장될 가능성이 큰 코드라면 언젠가 외부 코드와 상호작용하고 심지어 바깥세상으로 나가 생을 마감할 수도 있습니다. 그래서 길게 보면 널리 쓰이는 표준을 따르는 게 유리합니다.

오류를 내기 쉽거나 예상과 다르게 동작할 여지가 있는 구조는 피하자

구글의 스타일 가이드는 예상과 다르게 동작할 여지가 있거나 정확한 동작을 예측하기 까다로운 구조는 사용하지 않도록 제한합니다. 복잡한 기능에는 언뜻 봐서는 지나칠 수 있는 미묘한 함정이 숨어 있는 경우가 많습니다. 따라서 정확하게 이해하지 못한 채 사용하면 그 복잡성 때문에 오용하여 버그를 유발하기 쉽습니다. 심지어 정확히 이해하고 사용했다고 해도 나중에 합류한 팀원이나 유지보수를 맡은 엔지니어도 같은 수준으로 이해할지는 보장할 수 없습니다.

이러한 이유로 구글의 파이썬 스타일 가이드는 리플렉션 등의 몇 가지 고급 기능을 사용하지

---

10 구글이 파이썬을 기반으로 만든 빌드용 설정 언어입니다. *https://oreil.ly/o7aY9*

11 스타라크로 작성된 BUILD 파일은 buildifier 도구를 이용해 표준 코드 스타일은 적용할 수 있습니다. *https://github.com/bazelbuild/buildtools*

못하게 제한합니다.[12] 파이썬의 리플렉션 함수인 hasattr()과 getattr()은 사용자가 문자열을 이용하여 객체의 속성에 접근할 수 있게 해줍니다. 예를 들어 다음 예제는 문제될 게 없어 보일 것입니다.

```
if hasattr(my_object, 'foo'):
    some_var = getattr(my_object, 'foo')
```

하지만 다음 상황을 생각해보세요.

some_file.py:

```
A_CONSTANT = [
    'foo',
    'bar',
    'baz',
]
```

other_file.py:

```
values = []
for field in some_file.A_CONSTANT:
    values.append(getattr(my_object, field))
```

'other_file.py'의 코드만 보고 foo, bar, baz라는 필드에 접근한다는 사실을 알 수 있을까요? 코드를 읽는 이는 명확한 증거를 찾을 수 없습니다. 어떤 문자열이 쓰였는지를 바로 알 수 없으므로 객체에서 어떤 속성을 읽어가는지도 쉽게 검증할 수 없습니다. 만약 문자열을 A_CONSTANT가 아닌 원격 프로시저 호출(RPC)이나 다른 데이터 저장소로부터 가져왔다면 어땠을까요? 이처럼 읽기 어려운 코드는 단순히 메시지(문자열) 확인만 잘못해도 눈치 채기 매우 어려운 중요한 보안 결함을 낳을 수 있습니다. 코드를 테스트하거나 검증하기도 어렵습니다.

파이썬은 동적인 언어라서 이런 식의 프로그래밍이 가능하지만, 사실 hasattr()과 getattr()이 유용하게 쓰이는 상황은 매우 드뭅니다. 대부분의 경우에는 코드를 읽기 어렵게 하고 버그가 꼬이게 할 뿐이죠.

----

12 (구글 파이썬 스타일 가이드) Power Features. *https://oreil.ly/ooqIr*

이런 고급 기능들은 기능을 잘 이해하고 활용하는 전문가에게는 이상적인 해법일 수 있지만 일반적으로는 이해하기 더 어렵고 널리 쓰이지 않습니다. 구글은 코드베이스가 특정 전문가의 전유물이 아닌 모든 엔지니어의 작업 공간이 되길 원합니다. 초보 소프트웨어 엔지니어를 위한 것이기도 하지만 사이트 신뢰성 엔지니어(SRE)에게도 유리합니다. 프로덕션 서비스에 장애가 생기면 SRE는 의심이 가는 코드라면 어디든 살펴봐야 합니다. 능숙하게 다루지 못하는 언어로 작성된 코드도 예외는 아니죠. 그래서 구글은 이해하기 쉽고 유지보수하기 쉬운 명료하고 직관적인 코드를 추구합니다.

실용적 측면을 인정하자

시인이자 사상가인 랠프 월도 에머슨이 『자기신뢰Self-Reliance』(1841)라는 산문집에서 이런 말을 했습니다. '어리석게 일관성만 고집한다면 편협한 홉고블린과 다를 바 없습니다.'[13] 구글이 일관되고 단순한 코드베이스를 추구한다고 해서 그 외의 모든 것을 맹목적으로 무시하기를 원하지는 않습니다. 스타일 가이드의 규칙들에 때로는 예외가 필요하다는 것을 잘 알고 있습니다. 따라서 꼭 필요하다면 최적화나 실용성을 위해 예외를 허용합니다.

성능도 고려 대상입니다. 일관성과 가독성을 희생해서라도 성능을 끌어올려야 할 때가 있습니다. 예를 들어 구글 C++ 스타일 가이드는 예외 처리를 허용하지 않지만 적절한 상황에서는 noexcept 지정자를 사용하도록 허용합니다.[14] noexcept는 예외 처리 관련 컴파일러 최적화가 수행되도록 해주는 지정자입니다.

상호운용성도 중요합니다. 구글이 만들지 않은 외부 코드와 연동되도록 설계된 코드는 대상 코드와 잘 어우러지게 작성해야 더 효율적일 수 있습니다. 예컨대 구글 C++ 스타일 가이드의 기본 명명 규칙은 카멜 케이스CamelCase이지만 표준 라이브러리 기능을 모방하는 기능에 한해서는 스네이크 케이스snake_case 이름을 허용합니다.[15] 또한 일부 윈도우 플랫폼 기능을 활용하려면 어쩔 수 없이 다중 구현 상속도 허용합니다.[16] 물론 그 외의 C++ 코드에서는 엄격히 제한하는 기

---

13 (랠프 월도 에머슨 기념 홈페이지) *https://oreil.ly/bRFg2*

14 (구글 C++ 스타일 가이드) noexcept. *https://oreil.ly/EAgN-*

15 (구글 C++ 스타일 가이드) Exceptions to Naming Rules. *https://oreil.ly/AiTjH*
예를 들어 구글의 오픈 소스 라이브러리인 Abseil에서는 표준 타입으로 교체되는 목적으로 설계된 타입들에는 스네이크 케이스 이름을 사용합니다. 실제 예가 궁금하면 *https://github.com/abseil/abseil-cpp/blob/master/absl/utility/utility.h* 파일을 살펴보세요. 이 파일에는 C++ 14 표준 타입들을 C++ 11과 호환되도록 구현해두었습니다. 따라서 구글이 권장하는 카멜 케이스 형식 대신 C++ 표준 형식인 스네이크 케이스 이름을 사용했습니다.

16 (구글 C++ 스타일 가이드) Windows Code. *https://oreil.ly/xCrwV*

능입니다. 또한 자바와 자바스크립트 스타일 가이드에서는 빌드 과정에서 자동 생성된 코드는 가이드의 규칙을 적용받지 않는다고 명시해놨습니다.[17] 프로젝트의 통제권 밖에 있는 외부 컴포넌트와 자주 인터페이스하거나 의존하기 때문입니다. 일관성은 매우 중요하지만 융통성이 없어서는 안 됩니다.

8.2.2 스타일 가이드

그렇다면 언어 스타일 가이드에는 어떤 내용이 들어가야 할까요? 모든 스타일 가이드 규칙은 세 범주로 나눌 수 있습니다.

- 위험을 피하기 위한 규칙
- 모범 사례를 적용하기 위한 규칙
- 일관성을 보장하기 위한 규칙

위험 회피하기

기본적으로 구글의 스타일 가이드에는 기술적인 이유 때문에 반드시 써야 하거나 쓰면 안 되는 언어 특성들에 관한 규칙들이 담겨 있습니다. 예를 들어 정적 멤버와 변수, 람다식, 예외 처리, 스레드와 접근 제어, 클래스 상속 등의 사용법을 설명하는 규칙이 담겨 있습니다. 어떤 언어 특성은 사용하고 어떤 구조는 피해야 하는지를 설명하는 규칙들이죠. 우리는 특정 목적으로 사용될 수 있는 표준 어휘 유형을 끄집어냅니다. 특히 사용하기 어렵거나 올바르게 사용하기가 까다로운 기능에 관한 우리의 판단을 담습니다. 어떤 언어 기능은 직관적이지 않거나 올바르게 사용하려면 아주 세심한 데까지 주의해야 해서 미묘한 버그를 유발하기 때문이죠. 가이드에 담긴 판단 각각에는 우리가 결론에 이르기까지 고려한 장점과 단점, 그리고 어디에 무게를 두었는지도 설명되어 있습니다. 이러한 결정의 대부분은 세월이 흘러도 관리 가능한 코드를 작성하는 데 우선순위를 두어 내려졌습니다.

모범 사례 강제하기

구글 스타일 가이드에는 코드 작성 시 모범 사례를 반드시 따르도록 강제하는 규칙도 담겨 있

---

17 (구글 자바스크립트 스타일 가이드) Generated code: mostly exempt. *https://oreil.ly/rGmA2*

습니다. 이런 규칙들은 코드베이스를 건실하고 관리 가능하게 지켜줍니다. 예를 들어 코드 작성자가 주석을 어디에 어떻게 작성해야 하는지를 명시하죠.[18] 주석 관련 규칙들은 주석을 작성하는 일반적인 규약을 다루며, 코드 안에 설명을 반드시 남겨야 하는 상황도 알려줍니다. 예를 들어 작성자의 의도가 코드 자체에 명확하게 드러나지 않는 경우에는 의도를 주석으로 남겨야 합니다. switch문에서의 fall-through, 빈 catch 블록, 템플릿 메타프로그래밍 같은 경우가 여기 해당합니다. 콘텐츠가 읽는 사람이 기대하는 순서로 배치되도록 하기 위해 소스 파일의 구조도 규칙으로 상세하게 정의했습니다. 패키지, 클래스, 함수, 변수 등의 이름을 짓는 규칙도 있습니다. 이 규칙들의 목적은 모두 엔지니어가 보다 건실하고 지속 가능한 코드를 생산하는 습관을 몸에 익히도록 하는 것입니다.

구글 스타일 가이드에서 요구하는 모범 사례 중 일부는 소스 코드의 가독성을 높이도록 설계되었습니다. 포맷팅 규칙 상당수가 이 범주에 속합니다. 구글 스타일 가이드는 가독성을 개선하기 위해 수직과 수평 공백을 언제 어떻게 사용하는지 명시합니다. 한 줄의 최대 길이와 괄호 정렬 방식도 다룹니다. 언어에 따라서는 자동 포맷팅 도구를 사용하게도 합니다. 예컨대 Go 언어에는 gofmt를, 다트 언어에는 dartfmt를 사용하게 하죠. 포맷팅 요구사항을 자세하게 나열하거나 특정 도구를 반드시 사용하도록 하는 경우 모두 지향점은 같습니다. 포맷팅 규칙들을 일관되게 적용하여 코드 전체의 가독성을 높이는 것입니다.

구글 스타일 가이드는 새롭거나 아직 널리 이해되지 못한 언어 기능을 제한하기도 합니다. 엔지니어 전반이 해당 기능을 제대로 습득할 때까지 선제적으로 방어선을 치는 것이죠. 동시에 업계에서 해당 기능이 어떻게 활용되는지 관찰하며 모범 사례가 만들어지기를 기다리는 효과도 있습니다. 새로운 기능들은 등장 초기에는 올바른 사용 가이드를 만들기 어려울 때가 있습니다. 한편 기능이 업계에 퍼져가면서 신기능을 활용해보고 싶어 하는 엔지니어들이 예시 코드를 들고 와서 스타일 가이드 중재자들과 논의를 시작할 것입니다. '제약을 걸어둘 당시 고려하지 못한 유용한 쓰임이 있으니 기능을 사용할 수 있게 허용해달라'면서 말이죠. 이렇게 접수된 면제 요청들을 관찰하다 보면 해당 기능이 어떻게 사용되고 있는지 파악할 수 있고, 차츰 나쁜 사용 패턴과 좋은 패턴을 구분하기에 충분한 예가 쌓일 것입니다. 이 단계에 이르면 기존 규칙을 돌아보며 신기능을 활용할 수 있는 범위를 넓혀줄 수 있을 것입니다.

....
18 언어별로 주석 작성 규칙을 정의해뒀습니다.
　C++용: *https://google.github.io/styleguide/cppguide.html#Comments*
　파이썬용: *http://google.github.io/styleguide/pyguide#38-comments-and-docstrings*
　자바용: *https://google.github.io/styleguide/javaguide.html#s7-javadoc*

일관성 구축하기

구글 스타일 가이드에는 사소한 문제를 다루는 규칙도 아주 많습니다. 이런 규칙들의 목적은 단순히 결정을 내리고 그 결정을 문서로 남기는 것입니다. 이 범주의 규칙 중 상당수는 기술적으로는 별다른 영향이 없습니다. 예컨대 명명 규칙, 들여쓰기 공백 수, 임포트문 순서 같은 것은 어떤 선택을 하든 명확하고 가시적인 차이가 없는 게 보통입니다. 기술 커뮤니티에서 논쟁이 끊이지 않는 이유가 바로 이런 특성 때문일 것입니다.[19] 대신 구글은 하나를 선택함으로써 끝없는 논쟁에서 벗어나 더 중요한 일로 시선을 돌릴 수 있게 했습니다. 구글 엔지니어들은 공백을 두 개 쓰냐 네 개 쓰냐로 시간을 낭비하지 않습니다. 이 범주의 규칙들은 우리가 '무엇'을 선택했냐가 아니라 '선택을 했다'는 사실에 의의가 있습니다.

....
19 파킨슨이 주장한 사소함의 법칙(law of triviality)의 좋은 예입니다. 사소함의 법칙은 중요한 사안을 고민하는 데는 아주 적은 시간만 들이면서 사소한 일에는 필요 이상의 시간과 노력을 들이는 현상을 말합니다.

그 외...

구글 스타일 가이드에는 없는 것도 많습니다. 구글은 코드베이스의 건실성에 영향을 가장 크게 주는 규칙들에 집중하려 노력합니다. 확실한 모범 사례 중에도 이 가이드들에서 언급하지 않는 것도 있습니다. 예컨대 '너무 똑똑하게 짜지 말자', '코드베이스를 포크하지 말자', '바퀴를 다시 발명하지 말자' 같은 기본적인 엔지니어링 조언들은 포함하지 않았습니다. 구글 스타일 가이드 같은 문서만으로 초심자를 소프트웨어 엔지니어링 숙련자 수준까지 끌어올릴 수는 없습니다. 그래서 일부러 모든 것을 집어넣지는 않았습니다.

8.3 규칙 수정하기

구글의 스타일 가이드는 고정불변이 아닙니다. 세월이 흐르면 기존 결정이 내려질 당시와는 내부 사정이 달라지고 결정에 영향을 준 요인들도 변할 수 있습니다. 때로는 재평가가 필요할 정도로 여건이 달라지기도 합니다. 예컨대 언어의 버전이 오르면 새로 소개된 기능과 이디엄을 허용할지 혹은 불허할지를 정하는 규칙을 추가하고 싶을지 모릅니다. 만약 엔지니어들이 특정 규칙을 우회하는 데 에너지를 쓰고 있다면 그 규칙에 기대했던 트레이드오프를 재검토해야 할 것입니다. 규칙을 쉽게 적용할 수 있도록 도와주는 도구가 너무 복잡해지고 관리하기 부담된다면 해당 규칙 자체가 쓸모 없어져서 다시 검토해야 할지 모른다는 신호입니다. 모든 규칙을 유용하고 최신 상태로 유지하려면 업데이트가 필요한 규칙이 무엇인지를 적시에 알아챌 수 있어야 합니다.

구글 스타일 가이드의 규칙에는 각각의 결정을 뒷받침하는 근거를 명시해뒀습니다. 규칙을 추가할 때는 장단점과 잠재적인 파장을 분석하고, 결정을 실행하는 데 수반되는 변경량이 구글 규모에서 무리가 없는지 검증하는 데 많은 시간을 씁니다. 구글 스타일 가이드의 항목 대부분에는 이러한 고려 사항, 결정 과정에서 중요하게 생각한 장점과 단점, 최종 결론에 다다른 근거가 담겨 있습니다. 구글은 모든 규칙에 대해 이 논의 과정을 상세히 설명하고자 노력합니다.

각 결정에 이른 근거를 문서로 남겨두면 규칙을 변경해야 할 때가 언제인지를 알아내기 쉬워진다는 이점이 있습니다. 시간이 흐르고 여건이 달라지면 과거에는 옳았던 결정이 현재는 최선이 아니게 될 수 있습니다. 결정에 영향을 준 요인들이 명확하게 기록되어 있다면 그 요인들 중 하나 이상이 변했는지 여부가 바로 규칙을 다시 평가해야 한다는 신호가 되어 줍니다.

사례 연구: 카멜 케이스 명명법

구글은 파이썬 스타일 가이드를 처음 정의할 때 메서드 이름에 스네이크 케이스 대신 카멜 케이스를 쓰기로 했습니다. 한편 파이썬 공식 스타일 가이드인 PEP 8[20]과 대부분의 파이썬 커뮤니티가 스네이크 케이스를 사용했습니다. 하지만 당시 구글에서는 주로 C++ 개발자가 C++ 코드베이스 위에서 동작하는 스크립팅 계층용으로 파이썬을 이용하고 있었습니다. 그래서 파이썬 코드에 정의된 타입 중 상당수가 그저 밑단의 C++ 타입을 감싼 것이었고, 구글의 C++ 코드에서 쓰던 명명법은 카멜 케이스였습니다. 그래서 언어 간 일관성이 더 중요하다고 판단했습니다.

그러다 시간이 흐르면서 독립적인 파이썬 애플리케이션들을 개발하고 지원하기 시작했습니다. 파이썬을 스크립팅 계층용으로 쓰는 C++ 엔지니어 수보다 순수 파이썬 프로젝트를 진행하는 파이썬 엔지니어의 수가 훨씬 많아진 것이죠. 그러자 순수 파이썬 엔지니어들은 계속해서 불편함을 토로했습니다. 내부 코드에서는 구글 표준을 따라야 했지만 외부 코드를 참조할 때마다 구글과는 다른 표준에 맞춰줘야 했기 때문입니다. 또한 새로 고용한 파이썬 개발자가 내부 코드베이스와 규범에 적응하는 데도 방해가 되었습니다.

파이썬 프로젝트의 수가 늘면서 구글의 코드가 외부 파이썬 프로젝트와 연동되는 빈도가 더 많아졌습니다. 일부 프로젝트에서는 서드파티 파이썬 라이브러리를 통합해 사용했는데, 자연스럽게 구글 표준인 카멜 케이스와 외부에서 선호하는 스네이크 케이스가 혼재하는 코드가 만들어졌습니다. 나아가 구글은 몇몇 파이썬 프로젝트를 오픈 소스로 공개하기 시작했습니다. 구글의 방식을 따르지 않는 외부 커뮤니티와 함께 프로젝트를 관리하느라 일이 더 복잡해졌고, 외부 커뮤니티는 구글의 방식에 낯설어하고 이상하다며 경계하였습니다.

결국 이 문제는 논의 테이블에 올려졌고, 비용(다른 구글 코드와의 일관성을 잃고 기존 방식에 익숙해진 구글 직원들을 다시 교육하는 비용)과 이점(다른 파이썬 코드와의 일관성을 확보하고 서드파티 라이브러리를 사용하느라 이미 기존 규칙에 어긋나 있던 코드를 수용하는 이점)을 놓고 토론한 끝에 파이썬 스타일 가이드의 규칙을 수정하기로 결론냈습니다. 드디어 스네이크 케이스를 허용하는 대신, 하나의 파일 안에서는 일관되어야 한다는 제한과 함께 기존 코드에는 면책권을 주었습니다. 또한 프로젝트별로 가장 적합한 방식을 선택할 수 있게 했습니다.

---

20 (PEP 8 – Style Guide for Python Code) *https://oreil.ly/Z9AA7*

8.3.1 프로세스

구글이 추구하는 긴 수명과 확장 가능성을 감안하여 우리는 변경해야 할 게 있는지를 찾아내고 갱신하는 프로세스를 수립했습니다. 구글의 스타일 가이드 수정 프로세스는 해법을 중심으로 돌아갑니다. 스타일 가이드 수정 제안의 형식은 이 관점에서 만들어졌습니다. 먼저 현재 문제를 찾아내 설명한 다음 해법을 보여줍니다. 이 프로세스에서 말하는 '문제'는 잠재적인 가능성을 이야기하는 가상의 예가 아닙니다. 현존하는 구글 코드에서 발견된 패턴으로 입증해야 합니다. 구글 스타일 가이드에 담긴 기존 결정에는 상세한 근거가 서술되어 있습니다. 따라서 문제가 주어지면 현시점에서는 다른 결론에 도달할 수 있는지를 다시 평가해볼 수 있습니다.

규칙이 수정되어야 할 시점을 알아차리기에는 스타일 가이드에 입각해 코드를 작성하는 엔지니어들의 커뮤니티가 가장 유리할 것입니다. 실제로 구글에서는 스타일 가이드 수정 대부분이 커뮤니티에서의 토론으로부터 출발합니다. 모든 엔지니어가 질문을 던지거나 수정을 제안할 수 있는데, 보통은 스타일 가이드 관련 토론 전용의 언어별 메일링 리스트에서 시작됩니다.

스타일 가이드 수정 제안은 수정할 문구까지 구체적으로 명시된 완벽한 형태일 수도 있고 특정 규칙을 따르기가 어렵다는 모호한 질문에서 시작할 수도 있습니다. 어쨌든 던져진 아이디어는 커뮤니티에서 논의되고 다른 언어 사용자들로부터도 피드백을 받습니다. 어떤 제안은 커뮤니티의 합의를 이끌어내는 데 실패합니다. 필요 없다거나 너무 모호하다거나 실익이 없다는 이유에서죠. 어떤 제안은 긍정적인 피드백을 얻습니다. 있는 그대로 혹은 몇 가지 개선안을 더해 기존 안보다 장점이 크다는 공감을 얻습니다. 이처럼 커뮤니티의 검토를 거친 제안은 최종 승인 단계로 넘어갑니다.

8.3.2 스타일 중재자

구글의 스타일 가이드들은 언어별로 소유자가 따로 있어서 최종 결정과 승인을 책임집니다. 이 소유자들을 스타일 중재자^{style arbiter}라고 부릅니다. 프로그래밍 언어별로 경험 많은 전문가 그룹이 스타일 가이드를 소유하고 결정권자 역할을 합니다. 스타일 중재자는 해당 언어용 라이브러리팀의 선임자이거나 관련 언어 경험이 풍부한 오랜 구글 직원인 경우가 많습니다.

스타일 가이드 수정 여부는 제안된 수정에 따르는 엔지니어링 측면의 트레이드오프를 논의하여 결정하며, 중재자는 스타일 가이드가 지향하는 목표에 입각하여 판단합니다. 개인의 취향이 아닌 트레이드오프가 기준이 되는 것이죠. 현재 C++ 스타일 중재자 그룹의 멤버는 4명입니다. 다수결이 되려면 인원이 홀수여야 유리한데 왜 짝수인 걸까요? 스타일 가이드 수정은 투표가 아니라 합의로 이루어지기 때문입니다. 개인 취향은 무시하고 모든 걸 트레이드오프 평가에 기초해 판단하는 구글의 의사결정 프로세스를 생각해보면 바로 이해될 것입니다. 4명서 충분히 잘 운영하고 있습니다.

8.3.3 예외

스타일 가이드의 규칙은 법과 같지만 일부 규칙은 예외를 허용합니다. 규칙들은 대체로 더 범용적으로 쓰일 수 있게 설계됩니다. 따라서 특정 상황에서는 일부 규칙을 적용하지 않아도 되게끔 예외를 허용하는 게 이득일 때도 있습니다. 이런 일이 생기면 스타일 중재자들과 협의하여 해당 규칙을 면제하는 편이 정말 나은지를 결정합니다.

예외 허용은 가볍게 이루어지지 않습니다. 예를 들어 구글 C++ 스타일 가이드는 매크로 API를 사용하는 경우 API 이름에 해당 프로젝트만의 고유한 접두어를 반드시 붙이라고 안내합니다. C++가 매크로를 처리하는 방식 때문인데, 매크로 API들은 전역 이름공간에 놓이게 되므로 이름 충돌을 피하려면 헤더 파일에서 익스포트되는 모든 매크로가 전역적으로 고유한 이름을 사용해야 하는 것이죠. 구글의 C++ 스타일 가이드는 진짜로 전역적으로 쓰이는 유틸리티 매크로 일부에 예외를 인정해놓았습니다. 하지만 만약 매크로 이름이 너무 길다거나 프로젝트 일관성을 맞추기 위해서 등, 단순히 특정 스타일을 선호한다는 이유로 면제를 요청한다면 받아들여지지 않을 것입니다. 여기에서는 코드베이스의 무결성이 프로젝트의 일관성보다 중요합니다.

규칙을 따르기보다 예외를 인정하는 쪽이 이득이라고 판단될 때만 예외를 허용합니다. 구글 C++ 스타일 가이드는 암묵적 형변환을 불허합니다. 단일 인수 생성자도 불허하죠. 하지만 다른 타입을 투명하게 감쌀 목적으로 설계된 타입들은 래퍼 타입에서도 내부 데이터가 정확하게 표현되므로 암묵적 형변환을 허용할 이유가 충분합니다. 이런 경우라면 암묵적 형변환 불허 규칙에서 면제될 수 있습니다. 만약 합당한 면제 사례가 많아진다면 규칙을 다시 고민하여 더 명확하게 가다듬거나 수정해야 한다는 신호일 수 있습니다. 하지만 이 규칙의 경우에는 여전히 규칙 자체는 유지하는 편이 좋다고 결정되었습니다. 면제 요청 중 많은 수가 실제로는 투명한 래퍼 타입이 아니거나 래퍼 타입 자체가 필요 없는 경우였기 때문입니다.

8.4 지침

규칙과 더불어, 구글은 다양한 형태의 프로그래밍 지침^{guidance}도 관리합니다. 지침에는 복잡한 주제에 관한 길고 깊은 논의부터 권장하는 모범 사례에 관한 짧고 집중적인 조언까지 다양합니다.

지침이란 구글의 엔지니어링 경험에서 선별한 지혜이자 과거로부터 배운 교훈들로부터 추린 모범 사례들을 문서로 남긴 것입니다. 지침은 주로 사람들이 자주 실수하는 것 혹은 아직 익숙지 않은 새로운 주제라서 혼란스러워하는 것들에 집중합니다. 규칙이 '반드시^{must}' 지켜야 하는 것이라면 지침은 '되도록^{should}' 따라야 하는 것입니다.

구글이 관리하는 지침의 예로는 주요 언어들의 입문서^{primer}가 있습니다. 스타일 가이드가 언어의 어느 기능은 허용하고 불허하는지를 정하는 규범이라면, 입문서는 가이드가 권장하는 기능을 자세하게 설명합니다. 다루는 범위가 매우 넓어서 해당 언어를 처음 접하는 엔지니어가 구글에서 개발하는 데 참고해야 할 거의 모든 주제를 다룹니다. 각 주제의 모든 측면을 세세하게 파고들진 않지만 권장하는 사용법을 알려줍니다. 특정 기능을 실무에서 어떻게 적용해야 하는지를 궁금해하는 엔지니어에게 던져줄 수 있는 참고서를 만드는 것이 입문서의 목표입니다.

몇 해 전, 우리는 일반적인 조언과 구글에 특화된 조언이 뒤섞인 C++ 팁을 다룬 '금주의 팁' 시리즈를 배포한 적이 있습니다. (객체 수명, 복사와 move 시멘틱, 인수 종속 조회^{argument-dependent lookup}(ADL)같이) 난해한 주제부터 (코드베이스에 적용된 C++ 11 기능들이나 string_view, optional, variant처럼 미리 적용된 C++ 17 타입들처럼) 새로운 기능들, 그리고 (지시자를 사용하지 말라는 상기나 암묵적 불리언 변환을 주의하라는 경고 등) 올바른 코딩 습관을 위해 독려해야 할 주제를 다뤘습니다. 스타일 가이드에 담지 못한 실제 현장의 프로그래밍 이슈를 담게 되면서 시리즈의 양이 점점 늘어났습니다. 이 조언들은 스타일 가이드의 규칙과 달리 규범이 아니었습니다. 문자 그대로 조언이었죠. 하지만 추상적인 예시가 아니라 실제로 목격된 패턴에서 뽑아낸 조언이라서 실무에서 광범위하고 즉각적으로 적용할 수 있었기 때문에 대부분의 '평범한 조언'들과 차별화되었습니다. 이 팁들은 좁은 주제를 상대적으로 짧게 다뤘습니다. 하나를 읽는 데 몇 분이면 충분했죠. '금주의 팁' 시리즈는 매우 성공적이었고, 코드 리뷰와 기술 논의 때 수없이 참조되었습니다.[21]

---

21 선별된 아주 유명한 팁들을 다음 주소에서 보실 수 있습니다. *https://abseil.io/tips*

새로 입사한 소프트웨어 엔지니어들은 보통 자신이 사용할 프로그래밍 언어에 대해 잘 알고 있습니다. 하지만 그 언어가 구글 내에서 어떻게 사용되는지는 잘 모른 채 프로젝트에 투입되죠. 이 차이를 매워주기 위해 구글은 구글에서 주로 쓰는 언어별로 '〈언어 이름〉@Google 101'이라는 수업을 운영합니다. 전일 교육으로 진행되는 이 수업들은 구글 코드베이스에서 각 언어들을 어떻게 다르게 사용하는지를 중점적으로 교육합니다. 가장 많이 쓰이는 라이브러리, 이디엄, 사내 기본 설정, 커스텀 도구 사용법도 알려줍니다. 특히 구글에 막 입사한 C++ 엔지니어라면 좋은 엔지니어가 되는 팁뿐 아니라 좋은 구글 코드베이스 엔지니어가 되는 방법을 배우게 됩니다.

구글의 설정에 문외한인 사람을 빠르게 실전 투입할 수 있도록 가르치는 교육 외에도, 코드베이스 깊숙한 곳에서 필요한 정보를 찾고자 하는 엔지니어가 그때그때 참고할 수 있는 자료도 구축하고 있습니다. 이런 자료는 형태는 물론 다루는 언어도 다양합니다. 구글이 내부적으로 관리하는 유용한 참고 자료로는 다음과 같은 것들이 있습니다.

- 올바로 구현하기 어려운 주제에 관한 언어별 조언(예: 동시성과 해싱)
- 언어의 최신 버전에서 소개된 새로운 기능의 상세 설명과 구글 코드베이스에 적용하는 방법에 관한 조언
- 구글 라이브러리가 제공하는 중요한 추상 개념과 데이터 구조 목록. 이미 만들어둔 구조를 새로 만드는 일을 방지해주고 '필요한 게 있는데 우리 라이브러리에서 이걸 뭐라고 부르는지 모르겠어'와 같은 질문에 답해줍니다.

8.5 규칙 적용하기

규칙을 정해도 적용하지 않으면 의미가 없습니다. 규칙을 강제하는 방법으로는 교육과 훈련을 통한 사회적인 방법과 도구를 이용한 기술적인 방법이 있습니다. 구글은 규칙들이 요구하는 수많은 모범 사례를 숙달하게끔 도와주는 다양한 정규 교육을 운영합니다. 또한 참고 문서들이 낡은 규칙을 담고 있지 않도록 업데이트하는 데도 자원을 투자합니다. 엔지니어들이 규칙을 인지하고 이해하도록 하기 위해 구글의 훈련 프로그램의 중심에는 코드 리뷰가 자리합니다. 실제로 가독성 프로세스는 구글의 개발 환경에 낯설어하는 엔지니어에게 코드 리뷰를 통해 멘토링해줌으로써 스타일 가이드가 요구하는 습관과 패턴을 체화시켜줍니다(가독성 프로세스에 관한 상세 설명은 3장 참고). 가독성 프로세스는 구글의 규칙이 모든 프로젝트에 적용되도록 보

증하는 중요한 축입니다.

엔지니어들이 규칙을 배우고 규칙에 맞는 코드를 작성하게 하려면 어느 정도의 훈련을 피할 수 없지만, 규칙이 실제로 지켜지는지를 확인하는 데는 사람보다는 되도록 자동화 도구를 활용합니다.

도구를 활용하여 규칙이 자동으로 반영되게 하면 시간이 흐르거나 조직이 커져도 몇몇 규칙이 실수로 누락되거나 잊혀지는 일을 방지할 수 있습니다. 새로 합류한 엔지니어가 규칙 모두를 숙지하는 데는 시간이 걸립니다. 또한 시간이 흐르면 규칙 자체가 변경되기도 하여, 소통을 아무리 잘해도 모든 엔지니어가 가장 최신의 규칙 전부를 숙지하고 있기는 현실적으로 어렵습니다. 프로젝트가 커지고 새로운 기능이 추가되면서 전에는 해당사항이 없던 규칙을 적용해야 할 수도 있습니다. 규칙 준수 여부를 엔지니어가 확인하려면 기억과 문서에 의존해야 하는데, 둘 다 허점이 많은 방법입니다. 반면 규칙이 변경될 때마다 도구들에 잘 반영해두기만 하면 모든 프로젝트의 모든 엔지니어가 규칙들을 잘 준수하는지를 알 수 있습니다.

또한 도구를 활용하면 규칙을 미묘하게 다르게 해석하거나 적용하는 일을 최소한으로 줄여줍니다. 규칙 준수 확인용 스크립트나 도구를 작성할 때 구글은 단 하나의 변치 않는 정의를 만들고 가능한 모든 입력값을 동원해서 검증합니다. 엔지니어들이 자의적으로 해석할 여지를 남겨두지 않는 것이죠. 모든 인간은 세상을 어느 정도 편향되게 바라보기 마련입니다. 나쁜 결과로 이어지지는 않더라도, 무의식적이든 아니든 크고 작은 편견 때문에 대상을 바라보는 시각이 달라집니다. 따라서 엔지니어에게만 맡겨두면 규칙을 해석하고 적용하는 방식이 일관되지 못하고, 그에 따라 규칙을 얼마나 균일하고 올바르게 적용하느냐가 엔지니어마다 달라집니다. 더 많은 것을 도구에 위임할수록 사람에 의한 편향이 끼어들 여지가 줄어듭니다.

도구를 활용하면 조직이 커져도 걱정 없습니다. 전문가로 구성된 팀 하나에서만 도구를 관리해주면 회사의 다른 모두가 사용할 수 있습니다. 회사가 두 배로 커져도 모든 규칙을 전사에 적용하는 비용은 거의 그대로입니다.

하지만 도구를 활용하더라도 모든 규칙을 강제로 적용하기는 불가능할 수 있습니다. 때로는 사람이 판단해야만 하는 규칙도 있기 때문입니다. 예를 들어 C++ 스타일 가이드에는 '복잡한 템플릿 메타프로그래밍을 피하라', '너무 뻔하거나 중요하지 않은 타입은 군이 이름을 짓지 말고 auto를 허용하라(타입 이름이 가독성에 도움이 안 되는 경우를 말함)', '상속보다 되도록 컴포지션을 활용하라' 같은 규칙이 있습니다. 자바 스타일 가이드에는 '클래스의 멤버와 초기화 블록 나열 순서에는 정답이 없다. 클래스마다 순서가 다를 수 있다', '예외를 catch한 후 아무 일도 하지 않는 것은 대부분의 경우에 옳지 않다', 'Object.finalize()를 오버라이드해야 할 상황은 극히 드물다' 같은 규칙이 있고요. 이 모든 규칙에는 판단이 필요한데, 도구만으로는 (적어도 아직까지는) 할 수 없습니다.

한편 기술보다는 사회적 문제를 다루는 규칙도 있으며 사회적 문제를 기술적 시각으로 해결하려 드는 것은 현명하지 않습니다. 이 범주에 속하는 규칙 중 많은 수는 자세한 내용을 정확하게 기술하기가 어려워서 도구를 써서 잡아내려면 아주 복잡하고 비용이 많이 듭니다. 이런 규칙을 적용하는 일은 사람에 맡겨두는 게 나을 수 있습니다. '변경되는 코드의 크기(예: 영향받는 파일의 수와 수정되는 라인 수)를 작게 하라'라는 규칙을 예를 들어봅시다. 이때 '작다'라는 판단은 엔지니어가 보고 쉽게 내릴 수 있으므로 리뷰로 처리하는 게 더 빠르고 철저하게 시행할 수 있습니다. 작은 변경이라면 그 잠재적인 영향과 효과를 비교적 쉽게 예측할 수 있어서 버그가 생겨날 가능성도 낮습니다. 하지만 '작다'의 정의가 다소 모호합니다. 가령 똑같은 한 라인을 파일 수백 개에서 수정하는 일은 실제로는 검토하기 쉬운 변경일 수 있습니다. 반대로 단 20라인짜리 수정도 부수효과를 동반한 복잡한 로직이라면 '작다'고 평가하기는 어려울 것입니다. 크기를 측정하는 방법에는 여러 가지가 있으며 그중에는 주관적인 방법도 있습니다. 특히 변경의 복잡성은 정말 주관적인 영역입니다. 변경 제안이 설정된 최대 라인 수를 초과한다는 이유로 자동 거부하는 도구가 구글에 없는 이유입니다. 리뷰어들은 변경이 너무 크다고 판단되면 되돌려보낼 수 있습니다. 이런 유형의 규칙들은 코드를 승인하고 리뷰하는 엔지니어들의 재량에 맡깁니다. 하지만 기술적 문제를 다루는 규칙이라면 가능한 한 기술적으로 자동 집행되게 하는 걸 선호합니다.

8.5.1 오류 검사기

언어 사용법과 관련한 규칙들의 상당수는 정적 분석 도구로 강제할 수 있습니다. 실제로 2018년 중반에 구글의 C++ 라이브러리 개발자 몇 명이 비공식적으로 조사한 바에 따르면 구글 C++ 스타일 가이드의 규칙 중 90%는 자동으로 검증할 수 있다고 합니다. 오류 검사 도구들은 주어진 코드가 일련의 규칙과 패턴에 완벽히 일치하는지를 검증합니다. 이런 도구를 활용하면 코드 작성자는 적용해야 할 규칙을 모두 숙지해야 하는 부담을 덜 수 있습니다. 코드 분석기를 개발 워크플로에 긴밀하게 통합하면 엔지니어는 도구가 알려주는 위반 사항만 살펴보고 고치면 됩니다. 더욱이 높은 확률로, 어떻게 고쳐야 할지도 함께 제시해주니 규칙을 준수하는 비용을 크게 낮출 수 있습니다. 소스 코드에 폐기 예정^{deprecated} 태그가 붙어 있는 함수를 사용하는 코드를 찾아 경고하면서 동시에 대체 API를 알려주는 도구를 이용하면 폐기 예정 API를 사용하는 코드가 새로 추가되는 문제는 하룻밤이면 사라집니다(폐기 프로세스는 15장 참고). 규칙을 따르기가 어렵지 않다면 엔지니어들이 기꺼이 따라와줄 것입니다.

구글은 C++용으로는 clang-tidy[22]를 이용하고 자바용으로는 Error Prone[23]을 이용해 규칙이 자동으로 적용되게 했습니다. 구글의 방식에 관한 자세한 이야기는 20장을 참고하세요.

구글이 사용하는 도구들은 우리가 정의한 규칙을 지원하도록 설계되고 다듬어졌습니다. 구글에서는 규칙 준수 검사 도구 대부분을 반드시 사용하도록 했습니다. 모두가 규칙들을 준수해야 하므로 모두가 검사 도구를 사용해야 하는 것이죠. 하지만 다소 유연하게 적용할 수 있는 모범 사례인 경우에는 프로젝트의 필요에 맞게 검사 항목에서 제외할 수 있는 선택지도 제공합니다.

8.5.2 코드 포맷터

구글은 코드의 형식을 일관되게 관리하기 위해 자동 스타일 검사기와 포맷터를 적극 이용합니다. 그래서 한 라인의 길이로 몇 글자가 적당할지는 더 이상 논의거리가 되지 않습니다.[24] 이런 일은 그저 스타일 검사기에 맡기고 엔지니어들은 로직 구현에 집중하면 되는 것이죠. 매번 똑같은 스타일로 포맷이 맞춰지니 코드 리뷰 때 살펴볼 거리도 크게 줄어듭니다. 사소한 스타일 문제를 찾고 체크해놓고 수정하는 데 허비되던 검토 시간이 말끔히 사라집니다.

구글의 거대한 코드베이스를 관리하면서 우리는 코드 포맷팅을 사람이 할 때와 자동화 도구가 할 때의 결과를 관찰할 수 있었습니다. 당연히 도구가 하는 쪽이 평균적으로 훨씬 뛰어났습니다. 때로는 전문적인 도메인 지식이 필요한 지점도 있습니다. 예를 들어 행렬 포맷팅에는 일반적으로 범용 포맷팅 도구보다 사람이 뛰어납니다. 이런 특이 상황을 제외하고는 도구가 잘못 포맷팅하는 일은 거의 없습니다.

구글은 **프리서브밋 검사**^{presubmit check; 서브밋 직전 검사}로 포맷터를 반드시 사용하게 합니다. 코드를 리포지터리로 서브밋(제출)하기 전에 빌드 인프라의 서비스가 포맷터를 수행하여 서브밋할 코

---

22 (Clang-Tidy 사용 가이드) *https://oreil.ly/dDHtI*

23 (Error Prone 깃허브) *https://oreil.ly/d7wkw*

24 토론을 하려면 최소 두 명의 엔지니어가 시간을 써야 합니다. 3만 명이 넘는 구글 엔지니어 조직 곳곳에서 이 토론이 벌어진다고 상상해보세요. '한 라인에 몇 자가 적당하지?'라는 사소한 주제마저 엄청난 비용을 초래하는 초대형 이슈가 됩니다.

드와 차이가 있는지 비교하는 것이죠. 차이가 있다면 해당 서브밋은 거부되며, 이때 거부 메시지에 코드 포맷터 사용법 안내가 포함되어 전달됩니다. 구글 코드 대부분은 이런 프리서브밋 검사를 받습니다. C++에는 clang-format[25]을 사용하고, 파이썬에는 YAPF[26]를 래핑한 도구를, Go에는 gofmt[27], Dart에는 dartfmt, BUILD 파일에는 buildifier[28]를 사용합니다.

사례 연구: gofmt

사미 아즈마니^{Sameer Ajmani}

구글은 2009년 11월 10일에 Go 프로그래밍 언어를 오픈 소스로 공개했습니다. 그 후 Go는 서비스, 도구, 클라우드 인프라, 그 외 다양한 오픈 소스 소프트웨어 개발에 사용되는 언어로 성장했습니다.[29]

구글은 Go 코드용 표준 코드 스타일이 필요함을 처음부터 알고 있었습니다. 오픈 소스로 공개한 뒤로는 표준 스타일을 수정하기가 거의 불가능하다는 사실도 물론 잘 알았고요. 그래서 초기 릴리스 때부터 Go용 표준 포맷팅 도구인 gofmt와 함께 배포했습니다.

동기

코드 리뷰는 대표적인 소프트웨어 엔지니어링 모범 사례입니다. 하지만 코드 스타일을 가지고 너무 오래 갑론을박하는 모습을 우리 주변에서 흔히 볼 수 있습니다. 이런 시간 낭비를 없애는 데는 표준 스타일 하나면 충분합니다(비록 모두를 만족시키진 못할지라도 말이죠).[30]

그래서 구글은 스타일을 표준화하여 (문제가 생겼을 때를 대비한 diff를 떠놓지 않고도) Go 코드를 자동으로 업데이트해주는 도구를 만들 수 있는 기틀을 마련했습니다.

---

25 (ClangFormat 설명서) *https://oreil.ly/AbP3F*

26 (YAPF 깃허브) *https://github.com/google/yapf*

27 (gofmt 설명서) *https://golang.org/cmd/gofmt*

28 (buildifier 깃허브) *https://oreil.ly/-wyGx*

29 2018년 12월 기준으로 Go는 깃허브에서 풀 리퀘스트가 네 번째로 많은 언어가 되었습니다.

30 로버트 그리스머(Robert Griesemer)는 2015년 발표에서 'gofmt의 문화적 진화(The Cultural Evolution of gofmt)'는 gofmt의 동기와 설계, gofmt가 Go와 그 외 언어들에 미친 영향을 상세히 다뤘습니다. *https://oreil.ly/GTJRd*

기계(도구)가 편집한 코드와 사람이 편집한 코드를 구분할 수 없게 한 것이죠.[31]

예를 들어 2012년 Go 1.0이 발표되기 몇 달 전, Go팀은 gofix라는 도구를 사용하여 1.0 전에 작성된 코드들을 1.0 버전의 문법과 라이브러리에 맞게 자동 업데이트하였습니다. gofmt 덕분에 gofix가 생성한 diff에는 중요한 부분만, 즉 새로운 문법과 API를 사용하기 위해 변경해야 할 내용만이 담겨 있었습니다(다른 충돌은 일어나지 않았다는 뜻입니다). 덕분에 프로그래머들은 gofix가 생성해준 변경 내용을 검토하면서 달라진 부분을 익히기가 더 쉬웠습니다.

영향

Go 프로그래머는 '모든' Go 코드가 gofmt로 포맷팅되어 있다고 기대합니다. gofmt는 따로 설정할 게 없고 동작 방식이 바뀌는 일도 드뭅니다. 그리고 Go 언어용의 모든 주요 편집기와 IDE는 gofmt를 사용하거나 자체적으로 gofmt의 기능을 지원합니다. 즉, 현존하는 거의 모든 Go 코드의 스타일이 일치한다고 봐도 틀리지 않습니다. 처음에는 Go 사용자들이 표준을 강제하는데 불만을 표하기도 했습니다. 하지만 지금은 Go 언어를 좋아하는 이유로 자주 손꼽히는 요인 중 하나가 바로 gofmt가 되었습니다. 처음 접하는 Go 코드를 보더라도 최소한 코딩 스타일은 친숙하기 때문이죠.

수천 개의 오픈 소스 패키지들이 Go 코드를 읽고 씁니다.[32] 모든 편집기와 IDE가 Go 표준 스타일을 준수하기 때문에 Go 도구들은 명령줄command line을 통해 개발자들이 자신의 환경과 워크플로로 이식하거나 통합하기가 쉽습니다.

보강

2012년부터 구글은 새로운 표준 포맷터인 buildifer를 이용해서 모든 BUILD 파일에도 자동 포맷팅을 적용하기로 결정했습니다. BUILD 파일에는 구글의 빌드 시스템인 Blaze를 사용해 구글 소프트웨어를 빌드하기 위한 규칙이 담겨 있습니다. BUILD 포맷을 표준화한 덕분에 BUILD 파일도 자동으로 수정해주는 도구를 만들 수 있었습니다. Go 도구들이 Go 파일을 자동으로 수정하듯이 말이죠.

---

31 2009년, 러스 콕스(Russ Cox)는 gofmt가 원래부터 코드 자동 변경을 염두해둔 도구라고 이야기했습니다. "소스 코드 조작 도구에는 아주 강력한 기능이 많지만, 그중 많은 기능이 그저 누군가 사용해주기만을 기다리고 있습니다. 'gofmt 스타일'을 받아들이는 것은 이 기능들을 활용할 수 있는 길로 가는 중요한 디딤돌입니다." *https://oreil.ly/IqX_J*

32 Go의 AST(*https://godoc.org/go/ast*)와 format(*https://godoc.org/go/format*) 패키지를 가져다 쓰는 프로젝트만 해도 각각 수천 개씩입니다.

당시 구글의 BUILD 파일은 20만 개 정도였으며 매주 천 개씩 새로 추가되었습니다. 이 BUILD 파일 모두의 포맷을 다시 잡는 데는 엔지니어 한 명이 6주 정도가 걸렸습니다. 대규모 변경을 지원하는 구글의 인프라 덕분에 유사한 노력이 빠르게 가속화되었습니다(22장 참고).

8.6 마치며

모든 조직에는, 특히 구글의 엔지니어링 조직처럼 큰 조직이라면 코드베이스의 복잡성을 관리하여 감당할 수 있는 수준으로 유지하는 데 규칙이 큰 도움이 됩니다. 모두가 함께 사용하는 규칙 모음은 엔지니어링 프로세스에 기준을 잡아주어 코드베이스를 계속 확장하고 성장할 수 있게 해줍니다. 그 결과 코드베이스와 조직 모두 오랜 기간 살아 숨 쉴 수 있게 됩니다.

8.7 핵심 정리

- 규칙과 지침의 목표는 시간과 확장 관점에서의 탄력성을 높이는 것이어야 합니다.

- 상황이 변하면 규칙도 달라져야 하니 규칙이 만들어진 근거 데이터를 알고 있어야 합니다.

- 모든 것을 규칙으로 강제해서는 안 됩니다.

- 일관성이 핵심입니다.

- 가능한 한 규칙들이 자동으로 적용되도록 해야 합니다.

CHAPTER 9

코드 리뷰

코드 리뷰는 작성자 이외의 사람이 코드를 검토하는 프로세스로, 주로 코드를 코드베이스에 반영하기 전에 수행합니다. 정의는 단순하지만 소프트웨어 업계에서 실행되는 모습은 매우 다채롭습니다. 어떤 조직은 코드베이스 전체의 변경 검토를 전담하는 게이트키퍼 그룹을 두기도 합니다. 또 다른 조직은 몇 개의 작은 팀을 두어 팀별로 검토하는 수준을 달리 진행합니다. 그리고 구글에서는 모든 코드 변경을 커밋 전에 검토하도록 강제하는 동시에 리뷰 프로세스를 시작하고 변경을 검토할 책임을 모든 엔지니어에게 부과합니다.

코드 리뷰를 효과적으로 하려면 일반적으로 절차와 지원 도구를 잘 활용해야 합니다. 구글은 자체 개발한 코드 리뷰 도구를 이용하며, 이름은 Critique^{크리틱}입니다.[1] 우리말로는 '비평' 혹은 '평론'이라는 뜻의 단어입니다. Critique은 아주 중요한 도구라서 19장에서 따로 자세히 설명하기로 하고, 이번 장에서는 특정 도구가 아닌 코드 리뷰 프로세스에 집중하겠습니다. 코드 리뷰 프로세스는 Critique이 태어나기 전부터 체계가 잡혀 있었고 여러분이 어떤 코드 리뷰 도구를 활용하든 유익한 아이디어를 제공할 것이기 때문입니다.

코드 리뷰는 '버그가 코드베이스로 침투하기 전에 잡아낸다'처럼 확실하고 쉽게 납득되는 이점을 제공합니다.[2] 하지만 미묘한 이점들도 따라옵니다. 구글은 코드 리뷰를 전방위적으로 강도 높게 수행하기 때문에 이런 미묘한 이점들을 많이 알아낼 수 있었습니다. 한 예로 심리적인 이점들은 시간이 흐르고 조직 규모가 커지면 조직 전반에 커다란 혜택으로 돌아옵니다.

---

1   주로 오픈 소스 프로젝트용으로 활용되는 깃 코드 리뷰에는 Gerrit도 이용합니다. 하지만 일반적으로는 Critique을 주로 활용합니다.

2   『코드 컴플리트 2』(위키북스, 2020)

9.1 코드 리뷰 흐름

코드 리뷰는 소프트웨어 개발 단계 곳곳에서 이루어질 수 있습니다. 구글에서는 변경을 코드베이스에 커밋하기 전에 수행합니다. 이 단계를 프리커밋 리뷰precommit review; 커밋 직전 리뷰라고 합니다. 코드 리뷰의 최종 목표는 다른 엔지니어로부터 해당 변경을 적용해도 된다는 합의를 이끌어내는 것입니다. 합의한 엔지니어는 '좋아 보임looks good to me'이라는 뜻의 LGTM이라는 태그를 달아 의사를 표현합니다. 구글에서는 이 LGTM이 (뒤에 설명할 다른 '필수 항목'들과 함께) 변경을 커밋하는 데 요구되는 필수 항목입니다.[3]

구글은 코드 리뷰를 보통 다음 절차대로 진행합니다.

1. 작성자가 자신의 작업 공간에서 코드베이스에 적용할 변경사항을 작성합니다. 그런 다음 변경의 스냅샷을 만듭니다. 여기서 스냅샷이란 코드 리뷰 도구에 업로드할 코드 패치와 관련된 설명입니다. 이 변경으로 현재 코드베이스와의 diff를 떠서 코드가 어떻게 달라졌는지를 평가합니다.

2. 작성자는 초기 패치를 사용하여 자동 리뷰 의견을 받거나 스스로 리뷰를 해봅니다. 변경 내용이 만족스럽다면 한 명 이상의 리뷰어에게 메일을 보내 리뷰를 요청합니다. 메일을 받은 리뷰어들에게 스냅샷을 보고 리뷰 의견을 달라는 뜻입니다.

3. 리뷰어들은 코드 리뷰 도구에서 변경을 열고 해당 diff에 댓글로 의견을 남깁니다. 작성자에게 해결해야 할 문제를 던져주거나, 단순히 유용한 정보를 제공해주기도 합니다.

4. 작성자는 피드백을 기초로 변경을 수정하고 새로운 스냅샷을 업로드한 후 리뷰어들에게 회신합니다. 3~4단계는 여러 차례 반복될 수 있습니다.

5. 리뷰어들이 변경 내용에 모두 만족하면 LGTM 태그를 달아줍니다. 보통은 모든 리뷰어가 LGTM을 달아주는 게 관례지만 원칙적으로는 한 개만 얻어도 됩니다.

---

3 리뷰어_ 리뷰 승인의 조건을 표현하는 용어에 다소 약한 뉘앙스를 주는 'looks good to me'라는 표현이 사용된 것이 의아하게 느껴질 수도 있습니다. 'to me'는 각자가 자기가 맡은 영역에만 한정해서 리뷰한다는 의미에서, 그리고 'looks good'은 코드의 완벽한 품질보다는 개선을 중시하는 구글의 문화에서 비롯된 것이라고 볼 수 있습니다. 참고로 구글 코드 리뷰의 중요한 대원칙은 '코드가 완벽하지 않더라도 전체적인 품질을 높이는 상태에 도달했다면 리뷰어는 그 코드를 승인하는 방향으로 검토한다'입니다. 구글 코드 리뷰의 원칙들에 대해서는 다음 글을 함께 참고하기 바랍니다. *https://google.github.io/eng-practices/review/*

6. 변경에 LGTM이 달리고 모든 댓글을 해결하고 변경이 승인되면 작성자는 코드베이스에 커밋할 수 있습니다. 승인과 관련해서는 다음 절에서 설명하겠습니다.

이 프로세스는 이번 장 뒷부분에서 더 자세히 알아보겠습니다.

코드는 부채다

우리는 코드가 그 자체로 부채임을 인정하고 잊지 말아야 합니다. 없어서는 안 될 부채이긴 하겠으나 존재만으로 어느 순간 누군가가 유지보수해야 할 대상이 되어버립니다. 마치 비행기의 연료처럼 비행기를 띄우려면 반드시 필요하지만, 그 자체가 하중을 늘려 부담으로 작용하죠.

새로운 기능이 필요한 상황은 아주 흔합니다. 하지만 개발을 시작하기 앞서 정말 새로운 기능이 맞는지를 주의 깊게 살펴야 합니다. 중복 코드는 작성하는 시간 자체도 낭비지만, 사실 그 코드가 아예 존재하지 않을 때보다 관리 비용이 날이 갈수록 더 늘어나곤 합니다. 수정하기 쉽게 짜인 코드라도 이곳저곳에 중복해 존재하면 수정 비용이 커지는 건 너무 당연합니다. 코드 전체를 새로 짜는 일은 흔치 않아서 '밑바닥부터 만들고 있다면 분명 잘못하고 있는 거야'라는 말도 있습니다.

라이브러리나 유틸리티 코드는 특히 더 그렇습니다. 구글 정도의 규모라면 코드베이스 어딘가에 누군가가 비슷한 코드를 이미 작성해놓았을 가능성이 큽니다. 그래서 17장에서 이야기할 도구들로 이런 유틸리티 코드를 찾아내어 코드를 중복해 작성하는 일을 막곤 합니다. 이상적으로는 중복 확인이 먼저 이루어져야 합니다. 그리고 무엇이 되었든 새로운 걸 설계할 때는 코드 작성 전에 관련 그룹과 대화를 나눠봐야 합니다.

물론 새로운 프로젝트를 진행하고 새로운 기술을 도입하고 새로운 컴포넌트가 필요할 때가 있습니다. 그럼에도 코드 리뷰는 전에 내린 설계를 번복하거나 재논의하는 자리여서는 안 됩니다. 설계를 결정하는 데는 보통 시간이 걸립니다. 새로운 설계 후보를 수차례 제안하고 API 리뷰 회의에서 토론하고 프로토타입을 만들어보기도 하죠. 전혀 새로운 코드를 리뷰하는 일이 뜬금없이 생겨서는 안 되듯이, 코드 리뷰 과정 자체를 기존 결정을 다시 논의할 기회로 보아서는 안 됩니다.

9.2 코드 리뷰 @ 구글

지금까지 전형적인 코드 리뷰 프로세스가 어떻게 동작하는지를 이야기했습니다. 하지만 악마는 디테일에 있다고들 하죠. 그래서 이번 절에서는 구글에서 코드 리뷰를 어떻게 진행하는지 간략히 살펴보고, 구글의 방식이 시간과 규모 측면에서 확장하기 용이한 이유를 알아보겠습니다.

구글에서는 어떤 변경이든 '승인'을 얻으려면 세 가지 측면에서의 리뷰를 통과해야 합니다.

- 첫째, 다른 엔지니어로부터 정확성^{correctness}과 이해 용이성^{comprehension}을 평가받습니다. 즉, 작성자가 의도한 작업을 코드가 적절하게 수행하는지를 봅니다. 필수는 아니지만 이 평가는 팀원이 해주는 경우가 많습니다. 이 항목은 동료 리뷰어가 코드가 충분히 괜찮아 보인다는 뜻으로 설정하는 LGTM 허가 플래그에 반영됩니다.

- 둘째, 변경되는 코드 영역을 관리하는 코드 소유자^{code owner}로부터 변경 코드가 적절하다는 (그리고 특정 디렉터리에 체크인해도 좋다는) 승인을 받습니다. 변경 작성자가 코드 소유자라면 이 승인은 묵시적으로 받은 게 됩니다. 구글의 코드베이스는 트리 구조로 되어 있고, 디렉터리별 소유자들이 계층적으로 할당되어 있습니다(16장 참고). 그리고 소유자는 자신이 맡은 디렉터리의 문지기 역할을 합니다. 변경은 아무 엔지니어나 제안할 수 있고 LGTM도 제안자 외의 모든 엔지니어가 달 수 있습니다. 하지만 코드베이스에 변경을 반영하려면 해당 디렉터리 소유자의 승인이 반드시 필요합니다. 소유자 역할은 테크 리드나 해당 영역의 기술 전문가가 맡습니다. 소유권을 얼마나 넓게 혹은 좁게 배정할지는 각 팀이 결정합니다.

- 셋째, 누군가로부터 '가독성'[4] 승인을 받습니다. 즉, 변경 코드가 해당 언어의 스타일과 모범 사례를 잘 따르고 조직에서 기대하는 방식으로 작성되었는지를 검사받습니다. 변경 작성자가 가독성 인증자라면 가독성 승인 역시 묵시적으로 이루어집니다. 가독성 검토를 해줄 엔지니어는 해당 언어 가독성 인증자 풀에서 선정합니다.

변경 하나 반영하기 위해 이렇게까지 통제하는 게 너무 과하게 보일 수 있고, 때로는 정말 과한 것도 사실입니다. 하지만 대부분의 리뷰는 세 역할을 모두 수행할 수 있는 사람 한 명이 처리하기 때문에 이 절차들이 빠르게 진행됩니다. 특히 변경 작성자가 해당 코드의 소유자이자 가독성 인증자라면 LGTM을 달아줄 엔지니어만 추가로 찾으면 됩니다. 작성자가 이미 가독성 기준에 맞는 코드로 리뷰를 요청하니 LGTM 역시 빠르게 얻을 가능성이 높아집니다.

---

4 구글에서는 '가독성'이 단순히 이해 용이성만을 뜻하지 않습니다. 다른 엔지니어들이 유지보수 가능하도록 코드 스타일과 모범 사례 준수 여부까지를 포함하죠. 자세한 내용은 3장을 참고하세요.

이러한 방식으로 코드 리뷰 프로세스는 상당히 유연하게 운영됩니다. 예를 들어 프로젝트의 소유자이자 해당 언어의 가독성 인증자인 테크 리드라면 LGTM을 평가해줄 엔지니어 한 명만 더 있으면 코드를 서브밋할 수 있습니다. 이런 권한이 없는 인턴사원도 가독성 인증을 받은 코드 소유자의 허가만 얻으면 서브밋할 수 있습니다. 세 가지 승인 조건은 어떤 형태로 조합되든 상관없습니다. 한편, 작성자는 원한다면 변경에 태그를 달아서 리뷰어 모두로부터 LGTM을 받고 싶다고 요청할 수도 있습니다.

실제로 승인을 두 개 이상 얻어야 하는 코드 리뷰 대부분은 두 단계로 진행됩니다. 먼저 동료 엔지니어로부터 LGTM을 받고, 그다음으로 해당 코드 소유자와 가독성 인증자에게 승인을 요청합니다. 이 방식은 참여하는 두 역할의 사람들이 각기 다른 측면에 집중해 리뷰하도록 해주어 시간을 절약해줍니다. 첫 번째 리뷰어인 동료 엔지니어는 코드가 정확한지와 변경된 코드가 유효한지에 집중합니다. 이어서 코드 소유자는 한 줄 한 줄 상세히 살펴보는 대신(이 일은 앞 단계에서 끝났으므로) 자신이 맡은 코드베이스에 적합한 변경인지에 집중합니다. 승인자는 동료 리뷰어와는 다른 관점에서 코드를 살펴보는 것입니다. 소유자 입장에서는 누군가가 자신이 맡은 프로젝트/디렉터리에 코드를 밀어 넣으려 하는 것이므로 자연스럽게 다음과 같은 고민을 한번 더 하게 해주는 것이죠. '이 코드는 유지보수하기 쉬운가?', '내게 기술 부채를 안겨주나?', '우리 팀원 중에 이 코드를 유지보수해줄 전문가가 있나?'

세 가지 역할 모두를 한 사람이 처리할 수 있음에도 모든 코드 리뷰를 이런 사람들이 도맡아 수행하지 않는 이유는 무엇일까요? 바로 확장성 때문입니다. 역할을 셋으로 나눔으로써 코드 리뷰 프로세스가 더 유연해지는 것입니다. 여러분이 동료 한 명과 함께 유틸리티 라이브러리에 새 함수를 추가하고 있다고 상상해보세요. 그리고 다른 팀원에게 그 코드가 정확하고 이해하기 쉬운지 검토해달라고 요청합니다. 몇 번의 논의가 오간 뒤(아마 며칠 정도 걸리겠죠) 리뷰어가 만족하는 수준이 되어 LGTM을 받습니다. 그럼 이제 라이브러리 소유자로부터 변경 승인을 얻어내는 일만 남습니다(라이브러리 소유자라면 보통 가독성 인증자입니다).[5]

---

5   옮긴이_ 역할이 구분되어 있지 않았다면 LGTM을 받기까지의 과정에도 라이브러리 소유자가 참여해야 합니다. 그래서 결국 소유자의 시간을 많이 잡아먹고 소유자가 병목이 될 가능성이 커집니다.

소유권

하이럼 라이트

전용 리포지터리를 이용하는 작은 팀에서는 팀원 누구나 리포지터리 어디든 접근할 수 있도록 하는 게 일반적입니다. 함께 일하는 엔지니어 모두와 잘 알고 지내며 프로젝트에 쓰이는 모든 기술의 전문가가 될 수 있을 정도로 기술 스펙트럼이 넓지 않습니다. 규모가 작은만큼 오류가 나더라도 파급력도 제한적입니다.

팀이 커지면서 이 방식으로는 더 이상 지탱하기 어려워집니다. 그래서 리포지터리를 여러 개로 쪼개거나 전문 지식을 갖추고 리포지터리의 각 부분을 책임져줄 사람을 명시하는 방식으로 전환합니다. 구글에서는 후자에서 말하는 지식과 책임을 **소유권**ownership이라 부르고, 소유권을 행사하는 사람을 **소유자**owner라고 합니다. 단순히 해당 영역의 소스 코드가 소유자의 것이라는 뜻이 아니라 회사가 추구하는 가치가 지켜지도록 관리한다는 의미의 소유입니다(용어를 다시 정하라고 한다면 담당자steward[6]가 더 적절하지 않나 생각합니다).

리포지터리에는 OWNERS 파일을 담고 있는 디렉터리들이 있고, 이 파일을 열어보면 해당 디렉터리의 소유자 이름이 나열되어 있습니다(한 디렉터리의 소유자는 자동으로 모든 하위 디렉터리도 소유하게 됩니다). 혹은 다른 OWNERS 파일들을 가리키는 참조나 외부 접근 제어 목록이 들어 있기도 한데, 따라 가보면 결국은 소유자들과 연결됩니다. 하위 디렉터리들에는 별도의 OWNERS 파일이 있을 수 있고 계층적으로 추가되는 관계입니다. 즉, 특정 디렉터리의 소유자는 그 디렉터리 자체와 모든 상위 디렉터리의 OWNERS 파일들에 기록된 모두입니다. OWNERS 파일에 몇 명을 추가하느냐는 팀의 자유입니다. 하지만 되도록 적은 인원으로 제한하여 책임이 명확히 드러나도록 하라고 권합니다.

구글에서 코드 소유권은 코드 커밋을 승인해줄 사람을 알리는 목적이지만, 여기서 끝은 아닙니다. 소유자에는 권한뿐 아니라 몇 가지 책임이 함께 부과됩니다. 예를 들어 소유자는 담당 코드들을 본인이 잘 이해하고 있거나 잘 이해하고 있는 사람을 찾아낼 줄 알아야 합니다. 새로 합류한 팀원에게 소유권을 부여하는 기준은 팀마다 다를 수 있습니다. 하지만 소유권을 통과 의례처럼 사용하는 것은 바람직하지 않습니다. 또한 팀을 떠난 사람은 가능한 한 빨리 소유권을 넘겨주는 게 좋습니다.

---

6 옮긴이_ 영어 원문의 steward는 '다른 사람을 위해 재산이나 기타 일을 관리하는 사람'을 뜻합니다. 승무원, 집사 등으로 번역되기도 하나 지금 맥락에서 적절한 용어가 아닌 듯 하여 '담당자'로 옮겼습니다.

이런 분산된 소유권 구조가 이 책에서 소개하는 다양한 운영 방식의 토대가 됩니다. 예를 들어 루트 OWNERS 파일에 기록된 사람들은 대규모 변경(22장 참고)을 책임지는 전역 승인자 역할을 맡을 수 있습니다. 작은 팀들을 방해할 필요 없이 말이죠. 이처럼 OWNERS 파일은 일종의 안내장처럼 작용하여 사람이나 도구가 특정 코드의 책임자를 찾기 쉽게 해줍니다. 디렉터리 구조를 타고 올라가 보면 알 수 있지요. 새로운 프로젝트를 만들 때도 소유권 정보를 다른 곳에 따로 등록할 필요 없이 OWNERS 파일만 만들어주면 충분합니다.

이처럼 소유권 메커니즘은 단순하지만 강력하고 지난 20년 넘게 잘 확장되어 지금까지 활용하고 있습니다. 현재 수만 명의 구글 엔지니어가 수십억 라인의 코드를 단일 리포지터리에서 효율적으로 관리할 수 있는 비결 중 하나입니다.

9.3 코드 리뷰의 이점

소프트웨어 업계에서 코드 리뷰가 필요하다는 데는 논란의 여지가 없지만 구체적인 모습은 아주 제각각입니다. 많은 (아마도 대부분의) 다른 회사와 오픈 소스 프로젝트도 나름의 코드 리뷰 프로세스를 갖추고 있고 코드베이스에 새로운 코드를 추가할 때 수행하는 타당성 검사^{sanity} $_{check}$만큼이나 중요하게 생각할 것입니다. 소프트웨어 엔지니어들도 코드 리뷰가 주는 확실한 이점들에 공감합니다. 물론 모든 경우에 적용된다고 생각하지는 않겠지만요. 그리고 구글은 코드 리뷰 프로세스를 대부분의 타 회사들보다 더 철저하고 광범위하게 운영합니다.

다른 많은 소프트웨어 회사와 마찬가지로 구글의 문화는 엔지니어들에게 폭넓은 자유를 허락합니다. 신기술에 신속하게 대응해야 하는 역동적인 회사에 엄격한 프로세스는 적합하지 않으며 창의적인 직업에 관료적인 규칙들은 해가 된다고 생각하죠. 하지만 코드 리뷰는 구글의 소프트웨어 엔지니어 모두가 반드시 따라야 하는 몇 안 되는 전사적인 프로세스입니다. 구글은 아무리 작더라도 코드베이스를 수정하는 거의 모든 변경에 코드 리뷰를 요구합니다.[7] 이러한 강제적인 규제는 비용을 유발하고 엔지니어링 속도에도 영향을 줍니다. 코드베이스에 새로운 코드를 추가하는 속도를 늦추고 필요한 변경을 제때 반영하기 어렵게 할 수도 있습니다(코드

---

7   일부 문서화나 설정 변경에는 코드 리뷰가 필요 없을 수 있지만, 그래도 리뷰를 받는 편이 여전히 바람직합니다.

리뷰 프로세스를 엄격하게 적용하는 조직에서 엔지니어들이 흔히 토로하는 불만들이죠). 그럼에도 구글이 프로세스를 강제하는 까닭은 무엇일까요? 우리는 왜 이 방식이 장기적 안목에서 더 이득이라고 믿을까요?

잘 설계된 코드 리뷰 프로세스와 코드 리뷰를 중요하게 다루는 문화가 주는 대표적인 이점은 다음과 같습니다.

- 코드가 정확한지 확인해줍니다.
- 변경된 코드를 다른 엔지니어도 잘 이해합니다.
- 코드베이스가 일관되게 관리됩니다.
- 팀이 소유권(주인의식)을 더 강하게 느낍니다.
- 지식이 공유됩니다.
- 코드 리뷰 자체의 기록이 남습니다.

이 이점들 중 다수는 소프트웨어 조직이 오래 존속하는 데 꼭 필요하며 코드 작성자뿐 아니라 리뷰어들에게도 도움이 됩니다. 이제부터 각 항목을 더 자세히 들여다보겠습니다.

9.3.1 코드 정확성

리뷰어는 일차적으로 변경된 코드의 '정확성'을 확인해주며, 코드 리뷰가 주는 가장 확실한 이점입니다. 변화를 주시하는 시선이 하나 더 있다는 사실은 변경이 의도대로 이루어지도록 하는 데 도움을 줍니다. 리뷰어는 일반적으로 해당 변경에 적합한 테스트가 갖춰졌는지, 설계는 적절한지, 정확하게 동작하고 효율적인지를 살핍니다. 또한 정확성 검사는 변경이 코드베이스에 버그를 심지 않도록 걸러주는 역할도 합니다.

많은 연구에서 코드 리뷰가 소프트웨어 버그를 예방하는 효과가 있다고 이야기합니다. IBM의 한 연구에서는 결함을 프로세스 초반에 잡아낼수록 (당연하게도) 나중에 발견해 고칠 때보다 시간이 덜 든다고 합니다.[8] 코드 리뷰에 들이는 시간은 테스트, 디버그, 회귀 테스트에 투입되는 시간을 줄여줍니다. 물론 코드 리뷰 프로세스 자체를 단순화하여 가볍게 유지해야만 합니

---

8 (논문) "Advances in Software Inspection." IEEE Transactions on Software Engineering, SE-12(7): 744-751, July 1986. 소프트웨어 개발 프로세스에서 강력한 도구와 자동화 테스트가 아주 중요해지기 전에 수행한 연구지만 그 결과는 지금까지도 여전히 유효해 보입니다.

다. 사실 이게 핵심입니다. 프로세스가 무겁거나 확장하기 어렵다면 코드 리뷰를 지속할 수 없습니다.[9] 프로세스를 가볍게 유지해주는 모범 사례 몇 가지를 9.4절에서 살펴보겠습니다.

정확성 평가가 주관적으로 흘러가지 않도록 하기 위해 일반적으로 변경 작성자가 선택한 방식을 존중해줍니다. 설계 측면에서든 기능 측면에서든 마찬가지입니다. 리뷰어는 자신이 선호한다는 이유로 다른 안을 주장해서는 안 됩니다. 물론 리뷰어가 대안을 제시하는 건 가능하지만 이해하기 더 쉽거나(예컨대 덜 복잡하거나) 기능을 개선하는(예컨대 더 효율적인) 대안일 경우에만 그리 해야 합니다. 구글은 새로운 코드가 '완벽하다'고 합의될 때까지 기다리지 않고 코드베이스를 개선한다고 인정되면 변경을 승인하도록 안내합니다. 코드 리뷰의 속도를 높이는 수단 중 하나입니다.

도구가 발달하면서 요즘은 정적 분석이나 자동화 테스트 등을 활용해 많은 정확성 검사를 자동으로 수행합니다. 물론 사람이 하는 검사를 완벽하게 대신할 날은 오지 않을 것입니다(자세한 이야기는 20장을 참고하세요). 그럼에도 도구는 코드 정확성 검사에서 사람의 역할을 확실하게 줄여줬습니다.

도구의 힘은 커졌지만 초기 코드 리뷰 프로세스에서 결함을 찾는 일은 여전히 '원점 회귀'[shift left] 전략에 필수입니다. 원점 회귀란 문제를 가능한 한 일찍 찾아 해결함으로써 결함으로 인한 비용을 최소로 낮추는 전략입니다. 코드 리뷰는 소프트웨어 개발에서 결함에 대처하는 여러 방어 수단 중 한 축입니다. 하지만 만능 치트키도 아니고 정확성을 검사하는 유일한 수단도 물론 아닙니다. 따라서 코드 리뷰가 '완벽'할 필요까지는 없습니다.

놀랍게도 코드 정확성 검사는 구글이 코드 리뷰 프로세스에 기대하는 최우선 이점이 아닙니다. 코드 정확성 검사는 일반적으로 해당 변경이 의도대로 작동함을 보장해줍니다. 하지만 더 중요한 이점이 있습니다. 바로 새로운 코드가 이해하기 쉽고 세월이 흘러 코드베이스가 커져도 여전히 의미가 통할 것이라는 점입니다. 이러한 측면을 평가하려면 단순히 코드가 논리적으로 '정확하다'거나 이해되는지만 살피는 것으로는 부족합니다.

---

9 (논문) Rigby, Peter C. and Christian Bird. 2013. "Convergent software peer review practices." ESEC/FSE 2013: Proceedings of the 2013 9th Joint Meeting on Foundations of Software Engineering, August 2013: 202–212. *https://dl.acm.org/doi/10.1145/2491411.2491444*

9.3.2 코드 이해 용이성

코드 리뷰는 일반적으로 작성자 외의 누군가가 변경을 살펴볼 수 있는 첫 번째 기회입니다. 이러한 관점에서 리뷰어는 최고의 엔지니어라도 혼자서는 할 수 없는 일을 해줄 수 있습니다. 바로 작성자의 관점에 치우치지 않은 피드백을 제공하는 일입니다. 코드 리뷰는 주어진 변경이 수많은 다른 사람에게도 쉽게 이해되는지를 평가하는 첫 번째 시험대입니다. 코드는 작성되는 횟수보다 읽히는 횟수가 몇 배는 많으므로 이해하기 쉽게 작성하는 게 매우 중요합니다.

그래서 작성자와 관점이 다른 리뷰어를 특히 제안된 변경을 사용하거나 유지보수해야 할 리뷰어를 물색해보는 것도 좋습니다. 리뷰어는 작성자가 선택한 설계를 존중해야 합니다. 하지만 그와 별개로, 코드가 잘 이해되지 않으면 '고객은 항상 옳다'는 관점에서 질문을 던져보는 건 좋습니다. 리뷰어의 의문 하나하나는 시간이 지날수록 가치가 몇 배는 커질 것이므로 질문을 하는 게 맞다고 생각합니다. 비판이 있다고 해서 작성자가 기존 접근법이나 로직을 꼭 바꿔야 하는 건 아닙니다. 다만 설명을 더 명확하게 해야 할 필요는 있을 것입니다.

코드의 정확성과 이해 용이성 검토는 다른 엔지니어가 LGTM을 주기 위해 평가하는 주요 기준이며, LGTM은 코드 리뷰를 승인하기 위한 필수 항목입니다. 한 리뷰어가 변경에 LGTM을 주었다는 것은 해당 코드가 의도한 일을 정확히 수행하면서 이해하기도 쉽다는 뜻입니다. 하지만 구글은 여기에 그치지 않고 지속해서 유지 가능한 코드인지까지 검토해달라고 요구합니다. 따라서 필요하면 또 다른 승인을 거치도록 합니다.

9.3.3 코드 일관성

규모가 커지면 여러분이 작성한 코드를 결국은 다른 사람이 이용하게 되고 다른 사람이 유지보수하게 될 것입니다. 여러분이 낳은 코드를 수많은 사람이 읽고 이해해야 한다는 뜻입니다. 여러분이 다른 프로젝트로 이동하고 나서는 (자동화 도구도 포함해) 다른 이들이 여러분 코드를 리팩터링해야 할 수도 있습니다. 따라서 코드는 일정한 표준을 따라야 하며 그래야 조직 안에서 이해되고 유지보수될 수 있습니다. 너무 복잡해져서도 안 됩니다. 코드가 단순해야 다른 이들이 이해하기 쉽고 유지보수하기도 쉽습니다. 리뷰어는 코드 리뷰 과정에서 주어진 코드가 코드베이스의 표준을 얼마나 잘 따르는가를 평가할 수 있습니다. 따라서 리뷰를 통해 코드가 건실함[health]을 보장해야 합니다.

코드 리뷰 중 LGTM을 받은 상태(코드가 정확하고 이해하기 쉬움)와 가독성 승인을 분리한 이유는 유지보수성 때문입니다. 가독성 승인은 오직 해당 프로그래밍 언어의 코드 가독성 훈련 프로세스를 이수한 사람만이 할 수 있습니다. 예를 들어 자바 코드는 '자바 가독성 인증'을 받은 엔지니어만이 승인할 수 있습니다.

가독성 승인자의 임무는 주어진 코드가 다음 사항들을 잘 만족하는지를 검토하는 것입니다.

- 해당 프로그래밍 언어의 모범 사례들을 잘 따라야 합니다.
- 구글 코드 리포지터리에서 같은 언어로 작성된 다른 코드들과 일관되어야 합니다.
- 필요 이상으로 복잡하지 않아야 합니다.

코드는 일관되고 단순해야지 사람들이 쉽게 이해할 수 있고 리팩터링 도구가 더 쉽게 다룰 수 있습니다. 다시 말해 더 탄력 있는 코드가 됩니다. 코드베이스의 모든 코드가 같은 패턴을 따른 다면 리팩터링 도구를 제작하기도 쉽습니다.

코드 작성은 단 한 번일지라도 앞으로 수십, 수백, 심지어 수천 번은 읽힐 것입니다. 따라서 코드베이스 전체의 코드를 일관되게 관리하면 모든 엔지니어의 이해도가 향상되고, 심지어 코드 리뷰 프로세스에도 긍정적인 영향을 줍니다. 그래서 때로는 일관성을 위해 기능성을 희생해야 할 때도 있습니다. 가독성 리뷰어가 기능적으로는 다소 부족하더라도 이해하기 쉬운 덜 복잡한 코드를 선호할 수도 있기 때문입니다.

코드베이스가 일관되면 다른 팀의 프로젝트 코드도 한결 수월하게 리뷰할 수 있습니다. 엔지니어들은 이따금 다른 팀의 코드 리뷰에 초대받습니다. 해당 분야의 전문가를 찾아 리뷰를 부탁하는 경우죠. 이때 이미 다른 코드들과 일관되게 작성되어 있다는 걸 알면 리뷰어는 곧바로 정확성과 이해 용이성에 집중할 수 있습니다.

9.3.4 심리적, 문화적 이점

코드 리뷰는 문화적으로도 중요한 이점을 제공합니다. 소프트웨어 엔지니어에게 코드는 '자신의 것'이 아니라 협업을 통해 만들어지는 '조직의 공동 소유물'임을 인식시켜주는 효과입니다. 미묘할지 모르지만 그래도 중요한 심리적인 이점이죠. 코드 리뷰를 하지 않는다면 대다수 엔지니어가 자연스럽게 각자의 취향대로 소프트웨어를 설계하게 됩니다. 코드 리뷰는 작성자가 다른 사람의 피드백을 받아들이고, 또 더 큰 이익을 위해 적절히 타협하도록 이끌어줍니다.

자신의 솜씨를 뽐내고 싶고 비판받는 자리에 자신의 코드를 내어놓고 싶어 하지 않는 것이 사람의 본성입니다. 자신의 코드에 대한 비판적 피드백이 달갑지 않은 것 역시 당연합니다. 코드 리뷰는 이럴 때 자칫 감정적으로 번질 수 있는 논쟁을 건전하게 만들어줍니다. 코드 리뷰가 제대로 작동한다면 작성자가 당연하게 여기던 가정이 틀릴 수 있음을 사전에 규정된 중립적인 방식으로 지적할 수 있습니다. 코드 리뷰와 같은 중재 제도가 갖춰지지 않은 상황에서 작성자가 부탁하지 않았는데 비판이 들어오면 비록 사소한 비판이라도 감정적으로 번질 우려가 있습니다. 코드 리뷰 프로세스는 리뷰어들에게 비판적으로 검토해달라고 만든 제도입니다(그래서 구글의 코드 리뷰 도구의 이름이 'Critique^{비평, 평론}'입니다). 따라서 리뷰어들이 주어진 역할대로 비판한다고 해서 비난하면 안 되는 것이죠. 코드 리뷰 프로세스 자체가 '나쁜 경찰' 역할을 맡아주는 덕분에 리뷰어는 여전히 '좋은 경찰'로 남을 수 있습니다.

물론 이러한 심리적 중재 장치 없이도 비판을 무리 없이 수용하는 엔지니어도 많습니다. 하지만 코드 리뷰 프로세스로 비판이 주는 거부감을 줄여주면 팀에서 기대하는 바를 대다수 엔지니어에게 더 부드럽게 전달할 수 있습니다. 구글에 혹은 팀에 새로 합류한 많은 엔지니어가 코드 리뷰에 겁을 냅니다. 비판적인 리뷰를 받게 되면 업무 평가가 나빠지지는 않을까 하는 우려 때문입니다. 하지만 점차 많은 엔지니어가 코드 리뷰 요청을 보내면서 비판을 예상하고, 오히려 값진 조언과 질문을 받을 수 있어 유용하다고 생각하게 변할 것입니다(물론 때때로 시간이 걸리는 건 사실입니다).

코드 리뷰가 선물하는 또 다른 심리적 이점은 검증입니다. 가장 뛰어난 엔지니어조차 가면 증후군을 겪거나 자기비판이 너무 심할 수 있습니다. 코드 리뷰는 그들의 작업 결과를 검증하고 인정해주는 효과가 있습니다. 리뷰 과정에서 종종 아이디어를 교환하고 지식을 공유하게 되어(다음 절에서 이야기합니다) 리뷰어와 작성자 모두에게 이롭습니다. 엔지니어의 도메인 지식이 깊어질수록 한 단계 더 성장시키는 긍정적인 피드백을 주기가 어려워질 때가 많아집니다. 이럴 때 코드 리뷰 프로세스가 필요한 메커니즘을 제공할 수 있습니다.

코드 리뷰를 필수라고 못박으면 작성자들에게 자신의 코드를 한번 더 들여다보게 하는 효과가 생깁니다. 완벽주의자가 아닌 소프트웨어 엔지니어도 많습니다. 대부분의 엔지니어는 '완벽하지만 개발에 너무 오래 걸리는' 코드보다 '제 역할을 하는' 코드가 낫다고 이야기할 것입니다. 코드 리뷰라는 장치가 없다면 우리 중 많은 수가 자연스럽게 절차를 무시하려 들 것입니다. 사소한 결함은 나중에 해결하겠다는 안이함으로 말이죠. 가령 '단위 테스트가 충분하지 않은 건 인정해. 하지만 나중에 할 거야'라고 말하는 모습을 보게 됩니다. 코드 리뷰는 변경을 제출하기 전에 이런 문제들을 스스로 해결하게끔 해줍니다. 리뷰 요청에 필요한 항목들을 점검하다 보면 준비가 충분한지를 엔지니어 스스로 다시 살펴보게 하는 심리적인 효과가 있죠. 요청 직전의 이 짧은 시간이 자신이 변경한 것을 다시 훑어보고 혹시나 빠진 건 없는지 확인하기에 가장 완벽한 시간입니다.

9.3.5 지식 공유

코드 리뷰의 이점 중 정말 중요하지만 제대로 인정받지 못하는 것이 하나 있으니, 바로 지식 공유입니다. 대부분의 작성자는 분야 전문가를 리뷰어로 선정합니다. 적어도 해당 분야에 식견이 넓은 사람에게 리뷰를 부탁하죠. 리뷰 프로세스는 제안, 신기술 소개, 조언을 통해 리뷰어가 변경 작성자에게 도메인 지식을 전파하도록 이끌어줍니다. (리뷰어는 작성자를 도와줄 생각으로 가볍게 FYI 주석을 남길 수 있습니다. FYI는 '참고로(for your information)'라는 뜻입니다.) 이렇게 성장하여 한 분야에 아주 능숙해진 작성자는 그 영역의 소유자가 되기도 하며, 향후에 다른 엔지니어들을 위한 차세대 리뷰어가 되어줄 것입니다.

코드 리뷰 중 피드백을 주고받는 과정에서 그 변경이 특정 방식을 선택한 이유를 물어볼 수 있습니다. 정보가 교환되며 지식 공유를 촉진시킵니다. 실제로 많은 코드 리뷰에서 양방향 정보 교환이 이루어집니다. 작성자는 물론 리뷰어도 새로운 기술이나 패턴을 배울 수 있다는 뜻이죠. 구글에서는 코드 리뷰 도구 자체에서 리뷰어가 코드를 편집해 제안할 수도 있습니다.

엔지니어가 메일을 걸러 읽는 일은 많아도 코드 리뷰 요청에 응답하지 않는 경우는 거의 없습니다. 리뷰를 통한 지식 공유는 지역, 국가, 프로젝트 경계에 구애받지 않고 코드베이스 구석구석의 모든 엔지니어에게 빠르게 전파됩니다. 코드 리뷰야말로 지식을 퍼뜨리기에 완벽한 기회입니다. 곧바로 적용할 수 있는 지식을 적시에 전달해주기 때문입니다(구글에서는 다른 엔지니어와의 첫 만남이 코드 리뷰를 통해서일 때가 많습니다).

구글 엔지니어들이 코드 리뷰에 쏟아부은 시간으로 유추해보면 축적된 지식의 양이 엄청남을 알 수 있습니다. 구글 엔지니어의 최우선 과제는 물론 프로그래밍이지만 자기 시간의 상당 비중을 코드 리뷰에 씁니다. 코드 리뷰 프로세스는 소프트웨어 엔지니어들이 서로 교류하며 코딩 기법 정보를 교환하는 주된 수단으로 자리 잡았습니다. 코드 리뷰는 (특히 대규모 변경과 같은 리팩터링을 통해) 새로운 패턴을 알리는 자리로도 자주 활용됩니다.

더욱이 모든 변경이 결국 코드베이스에 쌓이므로 코드 리뷰는 코드베이스의 변경 이력을 기록하는 역할도 합니다. 구글에서는 엔지니어라면 누구나 코드베이스를 살펴보면서 특정 패턴이 도입된 시기와 당시의 코드 리뷰에서 어떤 질문이 오고 갔는지 확인할 수 있습니다. 따라서 원작자와 당시 리뷰어들에 그치지 않고 시간을 뛰어넘어 훨씬 많은 엔지니어에까지 지혜를 전달해줍니다.

9.4 코드 리뷰 모범 사례

코드 리뷰는 조직에 마찰과 일정 지연을 초래할 수 있습니다. 이런 문제 대다수는 사실 코드 리뷰 자체보다는 리뷰를 구체적으로 어떻게 수행하느냐에 기인합니다. 코드 리뷰로부터 투자한 시간만큼의 가치를 뽑아내려면 수많은 모범 사례를 알고 적용해야 합니다. 구글도 코드 리뷰 프로세스를 매끄럽게 운영하려면 예외일 수 없죠. 대다수 모범 사례는 코드 리뷰를 무리 없이 확장할 수 있도록 프로세스를 날렵하게 유지하는 게 중요하다고 강조해줍니다.

9.4.1 공손하고 전문가답게

2부에서 이야기했듯이 구글은 신뢰와 존중 문화를 조성하기 위해 심혈을 기울입니다. 이 문화는 구글이 코드 리뷰를 수행하는 방식에까지 영향을 줍니다. 예를 들어 코드 이해 용이성 요건을 충족시키려면 단 한 명의 엔지니어만 LGTM이라고 선언해줘도 충분합니다. 하지만 리뷰하는 엔지니어들은 해당 변경이 이번 한 번의 리뷰만 통과하면 코드베이스에 반영될 수 있음을 잘 알고 있습니다. 절대 가볍게 보고 LGTM을 남발하지 않는다는 뜻입니다. 그래서 가장 뛰어난 엔지니어들에게도 코드 리뷰는 긴장되는 일입니다. 어떤 피드백과 비평이라도 전문가답게 건네는 일이 그래서 중요합니다.

일반적으로 리뷰어들은 작성자가 선택한 방식을 존중하고 오직 그 방식에 결함이 있을 때만 대안을 제시해야 합니다. 작성자가 다른 대안 중 특별히 더 우수한 게 없음을 설명할 수 있다면 리뷰어들은 작성자의 취향을 받아들여야 합니다. 작성자가 선택한 방식에서 결함을 찾게 되면 (작성자와 리뷰어 모두!) 배움의 기회로 생각하면 됩니다. 모든 논평은 철저하게 전문적이어야 합니다. 리뷰어는 작성자의 방식에 대해 성급히 결론짓지 않게 주의해야 합니다. 그 방식이 잘못되었다고 가정하기 전에 그렇게 처리하게 된 이유가 무엇인지부터 물어보는 게 좋습니다.

리뷰어는 신속하게 피드백해야 합니다. 구글에서는 코드 리뷰 피드백이 24시간 내에 올 거라 기대합니다. 그 안에 피드백하지 못할 것 같은 리뷰어는 '변경을 확인은 했고, 최대한 조속히 검토해보겠다'라고 응답해주는 게 좋습니다(또 그럴 거라고 기대합니다). 너무 단편적인 피드백은 삼가야 합니다. 리뷰를 요청했는데 이것 조금 저것 조금 식으로 피드백하는 것만큼 작성자를 짜증 나게 하는 일도 없습니다.

리뷰어에게 전문가다움을 기대하는 만큼 작성자에게도 전문가다움이 요구됩니다. '나'와 '나의 코드'를 동일시하지 말고, 내가 제안한 변경은 혼자의 것이 아닌 팀의 소유임을 잊지 마세요. 코드가 코드베이스에 반영되는 순간부터 더 이상 내 것이 아닙니다. 그 어떤 경우에도 말이죠. 여러분이 선택한 방식에 대해 제기된 질문들에 흥분하지 말고 왜 그렇게 처리했는지 설명할 준비를 미리 해둬야 합니다. 코드를 이해하기 쉽고 유지보수가 쉽게 만드는 일도 작성자의 책임임을 기억하세요.

또 하나 중요한 것이, 코드 리뷰 과정에서 리뷰어가 단 댓글은 모두 할일^{TODO item}로 취급해야 합니다. 댓글을 의문 없이 수용할 필요는 없지만, 적어도 고민은 해봐야 합니다. 동의하지 않는 댓글이라면 리뷰어에게 그 사실과 이유를 알려주세요. 그리고 양측 모두 대안을 제시할 기회를 준 다음에야 완료 처리해야 합니다. 리뷰어의 의견과 다르지만 토론을 매끄럽게 이어나가고 싶을 때 유효한 방법이 하나 있습니다. 대안을 제시하고 리뷰어에게 한번 더 살펴봐달라고 부탁하는 것이죠. 코드 리뷰는 작성자와 리뷰어 모두에게 배움의 기회임을 기억하세요. 이 점만 잊지 않으면 어떤 의견 충돌도 감정싸움으로 번지지 않을 것입니다.

같은 이유로, 여러분이 소유한 코드베이스를 외부의 누군가가 변경하려는 경우에도 제안자의 견해에 수용적인 자세로 응해야 합니다. 제안된 변경이 코드베이스를 개선해주는 한 여러분은 '마땅히 개선해야 할 점을 제안해줘서 감사합니다'라며 제안자에게 감사를 표해줘야 합니다.

9.4.2 작게 변경하기

코드 리뷰 프로세스를 날렵하게 가져가기 위해 가장 중요한 모범 사례를 여쭤보면 저는 변경을 작게 만들라고 답할 것입니다. 리뷰어에게나 작성자에게나 코드 리뷰는 단 하나의 문제만을 다루는 게 가장 이상적입니다. 구글은 거대한 변경을 지양하며, 리뷰어는 큰 변경에 대해서는 거부할 권한이 있습니다. 변경이 크면 리뷰하는 데도 그만큼 시간이 걸리니 작은 변경은 작성자가 기다려야 하는 시간을 줄여주는 효과도 있습니다. 작은 변경은 소프트웨어 개발 프로세스에도 보탬이 됩니다. 변경량이 적다면 버그가 생겼을 때 살펴볼 코드도 그만큼 적어지기 때문입니다.

그럼에도 커다란 기능을 새로 도입할 때는 작은 변경들로 대응하기가 어렵습니다. 작게 나눠진 변경들은 하나씩 소화하기에는 쉽지만 전체 그림 안에서 종합적으로 검토하기는 더 어렵습니다. 그래서 구글에도 변경을 작게 관리하는 걸 좋아하지 않는 엔지니어가 없지 않습니다. 커다란 변경을 관리하는 기법도 물론 있습니다(별도 브랜치에서 개발 후 병합하는 방식으로 HEAD 브랜치와의 diff를 기반으로 변경을 관리함). 하지만 감당해야 할 부담이 그만큼 늘어나는 걸 피할 순 없습니다. 그러니 프로세스를 작은 변경에 적합하게끔 최적화하는 동시에 가끔 일어나는 큰 변경도 수용할 수 있게 하면 좋을 것입니다.

'작은' 변경이라 하면 일반적으로 변경되는 코드가 약 200줄 이하라는 뜻입니다. 작은 변경은 리뷰어의 부담을 줄여줍니다. 큰 변경과 달리 리뷰받기를 기다리는 변경들이 처리되지 못하고 쌓여가는 일이 줄어든다는 점도 중요합니다. 구글에서는 대부분의 변경에 대한 리뷰가 하루 내에 완료되리라 기대합니다(리뷰 과정 전체가 아니라 초기 피드백이 하루 안에 와야 한다는 뜻입니다).[10] 구글에서 만들어지는 변경의 35%는 파일 하나에서 이루어집니다. 리뷰어에게 쉬우면 코드베이스를 빠르게 수정할 수 있고 작성자에게도 이롭습니다. 작성자는 리뷰가 빠르게 이루어지길 원합니다. 예컨대 광범위한 리뷰에 일주일이 소요된다면 후속 변경들도 늦어집니다. 또한 초기의 작은 리뷰는 잘못된 길로 너무 멀리까지 갔다가 되돌아오는 비용도 크게 낮춰줍니다.

구글에서는 코드 리뷰가 대부분 작게 이루어지기 때문에 거의 모든 변경이 단 한 사람으로부터만 리뷰를 받습니다. 이렇게 하지 않으면(공통 코드베이스를 수정하는 모든 변경에 팀 전체가

---

10 Caitlin Sadowski, Emma Söderberg, Luke Church, Michal Sipko, and Alberto Bacchelli, "모던 코드 리뷰: 구글의 사례 연구(Modern code review: a case study at Google)"

달려들면) 프로세스 자체를 확장할 방법이 없습니다. 코드 리뷰를 작게 실행함으로써 확장성을 잃지 않는 것이죠. 하나의 변경에 여러 명이 댓글을 다는 일이 드물지는 않습니다(대부분의 코드 리뷰 요청은 특정 팀원 한 명에게 보내지만, 이때 관련된 다른 팀들에도 참조(CC)로 전달합니다.) 단, 1차 리뷰어는 여전히 LGTM을 받길 원하는 사람이 선정되며, 그 사람으로부터만 LGTM을 받으면 충분합니다. 다른 댓글들은 중요한 댓글일지라도 선택사항입니다.

변경이 작다면 '승인'을 책임지는 리뷰어들도 승인 여부를 더 신속하게 판단할 수 있습니다. 앞서 리뷰한 사람이 제 역할을 착실히 했는지 빠르게 훑어본 다음, 해당 변경이 코드베이스를 건실하게 개선해주며 오래도록 유지보수하기에 문제가 없는지에만 집중해 판단하면 됩니다.

9.4.3 변경 설명 잘쓰기

변경 설명의 첫 줄은 어떤 종류의 변경인지를 잘 요약해야 합니다. 첫 번째 줄은 정말 중요한 자리입니다. 코드 리뷰 도구가 읽어가서 마치 이메일의 제목처럼 이용하기 때문입니다. 또한 Code Search 도구도 변경 이력을 표시할 때 각 변경의 첫 줄을 보여줍니다(17장 참고). 그래서 첫 줄이 중요합니다.

첫 줄이 변경 전체를 요약해주지만, 구체적으로 무엇을 왜 변경하는지 알려주는 자세한 설명 역시 필요합니다. 변경 설명에 달랑 '버그 수정'이라고만 적어놓으면 리뷰어는 물론이고 나중에 변경 이력을 살펴보는 사람들에게도 아무런 도움이 못 됩니다. 연관된 수정 여러 개를 포함한 변경이라면 그 모두를 간략하게 열거합니다. 설명은 해당 변경의 이력이며 Code Search 같은 도구를 이용하면 코드베이스에 가해진 모든 변경에 대해 누가 어느 라인을 작성했는지 찾아낼 수 있습니다. 디버깅할 때 변경 이력을 자세히 파헤쳐보면 원인이 튀어나올 때가 자주 있습니다.

변경 설명 외에도 변경에 자세한 설명을 덧붙일 방법이 있습니다. 공개 API 설명에서 내부 구현 방식까지 드러내는 건 옳지 않지만 코드 안에는 설명을 달아줘야 합니다. 만약 리뷰어가 코드를 이해하지 못한다면 비록 올바르게 동작하는 코드일지라도 구조를 개선하거나 주석을 더 잘 달아놔야 한다는 신호일 수 있습니다. 코드 리뷰를 거치면서 처음 코드와 달라지는 점은 변경 설명과 코드 주석에도 반영해야 합니다. 코드 리뷰는 지금 당장만이 아니라 후대를 위해 현재 하고 있는 일을 기록하는 행위입니다.

9.4.4 리뷰어는 최소한으로

구글에서 이루어지는 대부분의 코드 리뷰는 정확히 한 명의 리뷰어만으로 진행됩니다. 9.2절에서 이야기했듯이 구글은 변경 승인에 필요한 세 가지 역할(LGTM, 소유자 승인, 가독성 승인)을 단 한 사람이 모두 수행할 수 있게 허용하여 코드 리뷰 프로세스가 구글 정도의 규모에서도 잘 운영되게끔 확장할 수 있었습니다.

소프트웨어 업계 차원에서는 물론 엔지니어 개개인도 다른 영역의 엔지니어들로부터 더 많은 피드백을 받아보려는 (그리고 그들 모두가 동의해주길 바라는) 경향이 있습니다. 하지만 리뷰어가 한 명 추가될 때마다 새로운 시각이 한 스푼씩 더해지며, 결국 수확 체감diminishing returns으로 이어집니다. 우리는 첫 번째 LGTM이 가장 중요하며, 두 번째부터는 크게 신경 쓸 만큼의 가치가 없다는 걸 발견했습니다. 리뷰어를 추가해서 얻는 가치보다 비용이 훨씬 빠르게 증가하여 금세 역전됩니다.

구글의 코드 리뷰 프로세스는 엔지니어들이 일을 올바르게 처리할 것이라는 신뢰를 바탕으로 최적화되었습니다. 때에 따라서는 여럿이 검토하는 게 나은 변경도 있습니다. 하지만 이 경우 리뷰어들은 서로 다른 관점에서 바라보도록 역할을 조율한 후 진행해야 합니다.

9.4.5 가능한 한 자동화하기

코드 리뷰는 사람이 주도하는 프로세스라서 사람이 주는 피드백이 중요합니다. 하지만 프로세스 중 자동화할 수 있는 요소가 있다면 자동화하세요. 기계적인 작업을 찾아서 도구에 맡기면 투자한 만큼 거두게 될 것입니다. 구글에서는 작성자가 원할 경우 코드 리뷰 도구를 사용하여 코드를 버전 관리 시스템에 자동으로 제출하고 동기화할 수 있습니다(주로 아주 간단한 변경에 사용합니다).

자동화 측면에서 지난 몇 년간 이루어진 가장 중요한 진보는 정적 검사 자동화였습니다(20장 참고). 구글에서는 테스트, 린터, 포맷터를 작성자가 직접 수행할 필요가 없습니다. 거의 모든 코드 리뷰 도구가 소위 프리서브밋presubmit 과정에서 자동으로 수행되기 때문입니다. 변경이 제출되기 전에 프리서브밋 프로세스에서 다양한 검사를 수행합니다. 그리고 문제가 검출되면 변경을 거부하고, 리뷰 요청이 리뷰어에게 전달되지 않게 차단하고, 작성자에게 코드 수정 후 다시 제출하라고 알려줍니다. 이와 같은 자동화는 코드 리뷰 프로세스에 도움됨은 물론이고 리뷰어가 포맷팅보다 더 중요한 문제에 집중하도록 도와줍니다.

9.5 코드 리뷰 유형

코드 리뷰에도 여러 가지가 있습니다. 그리고 코드 리뷰 유형에 따라 리뷰 프로세스의 어느 측면에 더 집중해야 하는지가 달라집니다. 구글에서의 코드 변경은 보통 다음의 네 가지 분류에 속합니다(때로는 겹치기도 합니다).

- 그린필드 리뷰와 새로운 기능 개발
- 동작 변경, 개선, 최적화
- 버그 수정과 롤백
- 리팩터링과 대규모 변경

9.5.1 그린필드 코드 리뷰

그린필드 리뷰greenfield review[11]는 완전히 새로운 코드를 대상으로 하는 가장 드문 유형의 코드 리뷰입니다. 그린필드 리뷰는 대상 코드가 오랜 기간 존속될 수 있는지를 평가하기에 가장 중요한 기회입니다. 코드는 시간이 흐르고 프로젝트 규모가 커져 초기에 내린 가정들이 변해도 여전히 유지보수하기 쉬워야 합니다. 9.1절 마지막 상자글에서 이야기했듯이 코드는 부채입니다. 따라서 완전히 새로운 코드가 단순히 또 하나의 대안 제시에 머물러서는 안 됩니다. 실제 문제를 해결해주는 코드여야 하죠. 구글에서는 보통 새로운 코드나 프로젝트에는 코드 리뷰와 별개로 설계 리뷰를 강도 높게 진행합니다. 따라서 코드 리뷰는 이미 결정된 설계에 관해서 왈가왈부하는 시간이 아닙니다(같은 이유에서 대안 설계를 제시하는 자리도 아닙니다).

코드가 지속 가능함을 보장하려면 API가 합의된 설계에 부합하고 테스트도 완벽히 이루어졌는지를 그린필드 리뷰에서 확인해야 합니다. 따라서 설계 문서도 함께 검토하기도 하고, 공개된 모든 API에 단위 테스트가 존재해야 하며, 이 테스트들은 코드의 가정이 달라지면 실패해야 합니다(11장 참고). 또한 코드를 책임질 알맞은 소유자가 배정되어야 하고(그래서 새로운 프로

---

11 옮긴이_ 아무런 기반 시설이나 기초 작업 없이 잡초만 무성한 허허벌판에서 시작하는 공사에 빗대어 '그린필드'라고 부릅니다.

젝트의 첫 번째 리뷰에서는 디렉터리에 OWNERS 파일이 제대로 존재하는지 확인합니다), 주석도 충분해야 하고, 필요하면 보충 문서도 제공해야 합니다. 프로젝트를 회사의 지속적 통합 시스템에 포함시킬지를 논의하기도 합니다(23장 참고).

9.5.2 동작 변경, 개선, 최적화

구글에서 이루어지는 대부분의 변경은 코드베이스 안의 기존 코드를 수정한다고 볼 수 있습니다. API 수정, 기존 구현 개선, 성능 최적화 등이 이루어지죠. 대부분 소프트웨어 엔지니어들에게 가장 필요한 변경들입니다.

이 경우에도 그린필드 리뷰의 지침이 그대로 적용됩니다. 꼭 필요한 변경인지, 코드베이스를 개선하는지를 살펴야 합니다. 가장 바람직한 변경의 멋진 예로 '삭제'를 많이 거론합니다. 죽은 코드나 낡은 코드 제거는 코드베이스를 전반적으로 건실하게 만드는 아주 멋진 방법입니다.

API의 동작을 수정할 때는 변경된 동작에 맞게 관련 테스트도 함께 수정해야 합니다. 동작 변경 없이 구현 방식만 개선한 경우라면 지속적 통합 시스템을 거쳐서 기존 테스트들이 모두 통과하는지 봐야 합니다. 최적화 역시 기존 테스트들에 영향을 주지 말아야 하며, 추가로 성능 벤치마크 결과를 리뷰어에게 제시해야 할 것입니다. 그래서 최적화를 하려면 벤치마크 테스트를 미리 준비해두는 게 좋습니다.

9.5.3 버그 수정과 롤백

소프트웨어에는 버그가 있을 것이고 버그를 잡으려면 코드베이스를 변경해야 합니다. 이때 버그를 수정하면서 (기능 변경 등) 다른 문제까지 묶어 처리하고픈 마음을 꾹 눌러야 합니다. 여러 주제가 섞이면 리뷰할 게 많아지는 건 둘째 치고, 회귀 테스트나 롤백roll back을 훨씬 어렵게 만듭니다. 버그 수정은 온전히 그 버그를 잡는 데만 집중합시다. 물론 관련 테스트도 함께 수정하여 버그가 재발할 시 알려주도록 해야 합니다.

버그 수정 시 테스트도 보강해야 할 가능성이 큽니다. 버그가 새로 발견된 이유는 기존 테스트들이 충분하지 못했거나 특정 가정이 어긋났기 때문입니다. 관련 단위 테스트에 업데이트가 필요한지 확인해서 업데이트를 요청하는 것 역시 버그 수정 변경의 리뷰어가 챙겨야 할 중요한 일입니다.

구글처럼 코드베이스가 거대하면 변경한 코드가 테스트들이 지금까지 잡아내지 못했거나 테스트되지 않은 코드를 사용해서 오류가 나는 일이 종종 생깁니다. 이럴 때 구글은 영향받은 다운스트림 고객들이 해당 변경을 롤백시킬 수 있게 합니다. 롤백은 변경이 반영되기 전 상태로 코드를 되돌리도록 구성한 또 하나의 '변경'입니다. 잘 이용하던 상태로 돌아가는 것뿐이라 롤백 변경은 보통 수 초면 만들 수 있지만, 그래도 코드 리뷰는 필요합니다.

또한 잠재적으로 롤백을 유발할 수 있는 모든 변경은 가능한 한 작고 원자적이어야 합니다. 그래야 혹시라도 있을 롤백으로 인해 해당 코드를 사용하던 다른 모듈이나 프로젝트들이 망가지는 문제를 막을 수 있습니다. 이런 종류의 문제는 해결하기가 상당히 까다롭죠. 구글은 조직이 매우 거대하고 거의 모든 코드를 모노리포에서 투명하게 관리하기 때문에 코드를 새로 추가하면 얼마 지나지 않아 누군가 이용하기 시작합니다. 따라서 롤백은 그 사이에 코드를 이용하기 시작한 엔지니어들의 작업에 지장을 주게 됩니다. 작은 변경은 원자적이라서, 또 빠르게 리뷰할 수 있어서 이런 피해를 줄여줍니다.

9.5.4 리팩터링과 대규모 변경

구글에서는 많은 변경이 자동으로 생성됩니다. 변경의 작성자가 사람이 아니라 기계라는 뜻입니다. 대규모 변경large-scale change (LSC) 프로세스에 관해서는 22장에서 더 이야기하겠지만, 기계(도구)가 생성한 변경도 리뷰가 필요합니다. 위험성이 낮다고 생각되는 변경은 해당 코드에 관한 전권을 가진 리뷰어가 맡아서 처리합니다. 하지만 위험도가 높거나 도메인 전문가가 필요한 변경들은 다른 엔지니어들도 리뷰에 참여합니다.

일차적으로, 자동 생성된 변경이라도 리뷰어가 정확성과 적용 가능성을 확인합니다. 여느 코드 리뷰와 다르지 않습니다. 하지만 댓글을 다는 건 지양하라고 안내합니다. 또한 기반 도구나 변경들을 생성한 LSC 자체에는 신경 쓰지 말고 리뷰어 자신의 코드와 관련된 문제만 신경 쓰라고 안내합니다. 검토하는 특정 변경은 기계가 만들었지만, 그 변경을 생성한 전체 과정은 이미 검토가 끝난 후라서 개별 팀이 전체 프로세스를 거부할 수는 없기 때문입니다. 이런 방식이 아니면 조직 차원의 대규모 변경을 수행할 수 없을 것입니다. 기반 도구나 프로세스에 대해 제기할 문제가 있는 리뷰어는 LSC 감독 그룹에 연락하여 자세한 정보를 얻을 수 있습니다.

또한 자동 변경의 리뷰어들에게 수정 범위를 확대하지 않기를 권합니다. 팀원이 작성한 변경을 리뷰할 때는 작성자에게 변경과 관련하여 추가적인 요청을 해도 이상하지 않을 때가 많습니다. 변경을 작게 유지하라는 앞서의 조언에만 부합하면 됩니다. 하지만 도구가 자동 생성한 변경이라면 그 도구를 운영하는 엔지니어는 수백 개의 변경을 동시에 처리해야 할 수 있습니다. 따라서 댓글이나 질문이 단 몇 %의 변경에만 달리더라도 도구를 지속해서 개선하려는 의욕을 위축시킬 수 있습니다.

9.6 마치며

코드 리뷰는 구글에서 가장 중요하고 핵심적인 프로세스에 속합니다. 코드 리뷰는 엔지니어들을 이어주는 매개체이자, 테스트, 정적 분석, 지속적 통합 등 거의 모든 다른 프로세스가 엮여 있는 최우선 개발 워크플로입니다. 코드 리뷰 프로세스는 확장이 매끄럽게 이루어져야 합니다. 따라서 작은 변경, 빠른 피드백과 반복 같은 모범 사례가 엄격히 지켜져야 합니다. 그래야 개발자의 만족도와 생산 속도가 유지됩니다.

9.7 핵심 정리

- 코드베이스 전반의 정확성, 이해 용이성, 일관성 보장 등 코드 리뷰가 주는 이점이 많습니다.
- 여러분의 가정에 대해 항시 다른 사람의 검토를 받도록 하고, 코드를 읽는 사람에게 최적화합니다.
- 전문가다움을 지키면서 중요한 피드백을 받을 기회를 제공하세요.
- 코드 리뷰는 지식을 조직 전체에 공유하는 데도 중요한 역할을 합니다.
- 코드 리뷰 프로세스를 확장하려면 자동화가 아주 중요합니다.
- 코드 리뷰 자체가 변경 이력이 되어줍니다.

CHAPTER 10

문서자료

대부분의 엔지니어가 코드를 작성하고, 이용하고, 유지보수하며 토로하는 대표적인 불만이 양질의 문서자료가 부족하다는 점입니다. '이 메서드에는 어떤 부수효과가 있지?', '단계 3에서 오류가 나는데?', '이 약어는 뭘 줄여놓은 걸까?', '이 문서는 최신 내용을 담고 있나?' 모든 소프트웨어 엔지니어가 자신의 경력 내내 문서자료의 품질과 양이 아주 부족하다고 토로해왔으며, 구글의 소프트웨어 엔지니어라고 해서 다르지 않았습니다.

테크니컬 라이터^{technical writer}와 프로젝트 매니저가 도움을 줄 순 있지만, 현실적으로 대부분의 문서자료는 소프트웨어 엔지니어 스스로가 작성해야 합니다. 따라서 엔지니어가 문서화를 효과적으로 할 수 있도록 도와주는 적절한 도구와 보상이 필요합니다. 엔지니어들이 양질의 문서자료를 더 쉽게 작성하도록 하는 비결은 무엇일까요? 바로 현재 개발 워크플로에 긴밀하게 통합되고 조직의 성장에 발맞춰 확장되는 프로세스와 도구입니다.

전반적으로 2010년대 후반의 엔지니어링 문서자료 실태는 1980년대 후반의 소프트웨어 테스트의 상황과 비슷합니다. 문서자료 개선에 더 힘써야 한다는 사실은 모두가 알지만 조직 차원에서는 문서자료가 선물하는 핵심 이점이 무엇인지 이해하지 못하고 있는 것입니다. 그래도 서서히 나아지고는 있습니다. 구글에서 문서자료를 개선하고자 해본 시도 중 가장 성공적이었던 **방법은 문서자료를 코드처럼 취급**하여 엔지니어링 워크플로에 통합하는 것이었습니다. 그 결과 엔지니어들이 간단한 문서자료를 작성하고 유지보수하는 일이 한결 수월해졌습니다.

10.1 문서자료란?

이번 장에서 말하는 **문서자료**documentation[1]란 엔지니어가 작업을 끝마치기 위해 작성해야 하는 모든 부수적인 텍스트를 의미합니다. 별도로 작성한 문서뿐 아니라 코드 주석까지 포함된다는 뜻입니다(사실 구글에서 엔지니어가 작성하는 문서자료 대부분은 코드 주석입니다). 이 외에도 다양한 형태의 엔지니어링 문서자료가 있으며, 자세한 건 10.5절에서 알아보겠습니다.

10.2 문서자료가 필요한 이유

양질의 문서자료는 엔지니어링 조직에 커다란 축복입니다. 코드와 API가 이해하기 더 쉬워지고 실수가 줄어듭니다. 프로젝트팀들은 자신들의 설계 목표와 팀의 목표가 활자로 명확하게 적혀있을 때 역량을 더 집중하게 됩니다. 수동으로 해야 하는 일은 절차가 잘 기술되어 있어야 쉬워집니다. 새로운 인력을 팀이나 코드베이스에 안착시키는 데 드는 노력 역시 프로세스가 잘 기술되어 있다면 훨씬 줄어듭니다.

하지만 문서자료가 주는 혜택은 주로 후임자들에게 돌아가므로 작성자에게는 즉각적인 이득이 없는 경우가 많습니다. 혜택이 작성자에게 곧바로 돌아오는 테스트와 달리 문서자료는 일반적으로 선제적인 투자에 해당하며 작성자에게는 나중까지도 명확한 혜택이 돌아가지 않기도 합니다(테스트에 관해서는 11장에서 살펴봅니다). 하지만 테스트에 대한 투자와 마찬가지로 문서자료에 들인 노력도 날이 갈수록 가치가 커집니다. 문서자료는 단 한 번만 작성하면 되지만[2] 결국 수백 번, 수천 번 읽히게 됩니다. 초기 비용은 미래의 모든 독자에게 혜택으로 돌아갑니다. 문서자료의 혜택은 시간에 비례해 커지고, 해당 코드를 조직의 구석구석까지 퍼뜨리기 위해서는 없어서는 안 되는 요소로 작용합니다. 예를 들어 다음과 같은 질문들에 답을 제시해주죠.

- 이 설계를 택한 이유가 뭐지?
- 코드를 왜 이런 식으로 구현했을까?

---

1 옮긴이_ 코드와 독립적인 일반적인 의미의 '문서' 혹은 기록으로 남기는 행위로서의 '문서화'와 명확하게 구분하기 위해 '문서자료'로 옮겼습니다.
2 물론 때때로 유지보수하고 개정해야 합니다.

- (예컨대 2년 후 자신의 코드를 살펴보며) '내가' 왜 이렇게 구현했지?

문서자료의 이런 혜택에도 불구하고 엔지니어들이 '덜 중요하게' 생각하는 이유는 무엇일까요? 앞에서도 말했듯이 혜택이 (특히 작성자에게) 즉각적으로 돌아오지 않는 이유가 큽니다. 그리고 다른 이유들도 있습니다.

- 많은 엔지니어가 글쓰기를 프로그래밍과는 별개의 기술로 봅니다. 이 책은 이 시각이 잘못되었음을 보여줄 것입니다. 설혹 다르다 해도 글쓰기는 소프트웨어 엔지니어링에 반드시 필요한 기술입니다.
- 글쓰기에 자신 없어하는 엔지니어도 있습니다. 하지만 영어에 꼭 유창해야만 양질의 문서자료를 작성할 수 있는 건 아닙니다.[3] 한 걸음 뒤에서 사용자의 관점으로 바라볼 줄만 알면 됩니다.
- 문서자료는 도구 지원이나 개발 워크플로 통합 측면에서 아직 많이 부족하기 때문에 작성하기가 상대적으로 더 어렵습니다.
- 문서자료가 기존 코드를 유지보수하기 더 쉽게 해준다고 생각하기보다는 유지보수할 대상이 하나 더 늘어난다고 생각합니다.

모든 엔지니어링팀에 테크니컬 라이터가 필요하지는 않습니다(테크니컬 라이터가 있다고 해서 다 해결되는 것도 아니고요). 결국은 엔지니어들 스스로가 문서자료의 거의 대부분을 작성하게 된다는 뜻입니다. 따라서 엔지니어에게 테크니컬 라이터가 되라고 몰아세우지 말고, 대신 문서자료를 보다 쉽게 작성할 수 있도록 도와주는 방법을 생각해야 합니다. 조직은 어느 시점이 되면 문서화에 얼마나 많은 노력을 기울일지를 결정해야 합니다.

문서자료는 다양한 부류의 사람에게 혜택을 줍니다. 심지어 작성자에게도 다음과 같은 혜택이 돌아옵니다.

- API를 가다듬는 데 도움을 줍니다. API 문서화는 API가 가치가 있는지를 알아내는 가장 확실한 방법 중 하나입니다. 문서화를 하다 보면 자연스럽게 자신의 설계를 되돌아보게 됩니다. API를 말끔히 설명하거나 정의할 수 없다면 설계가 미흡했을 가능성이 큽니다.
- 유지보수를 위한 로드맵과 과거 이력을 제공합니다. 코딩에서 꼼수는 무조건 피해야 하지만, 어쩔 수 없다면 주석이라도 잘 달아둬야 합니다. 잘만 작성해두면 2년 전 코드에서 문제점을 찾아야 하는 경우 큰 도움이 될 것입니다.
- 코드를 더 전문적이고 매력 있어 보이게 합니다. 개발자들은 무의식적으로 문서화가 잘되어 있는 API를 더 잘 설계된 API라고 여깁니다. 항상 그런 것은 아니지만 일반적으로 상관성이 높습니다. 겉치레로 들

---

3 현 시점에서 영어가 프로그래머들에게 가장 주요한 언어이고 프로그래머용 기술 문서 대부분이 영어로 쓰여 있습니다.

릴 수도 있을 텐데, 그렇지 않습니다. 문서화가 잘되어 있는 제품은 유지관리가 잘되고 있는 제품일 확률이 높기 때문이죠.

- 이용자들의 질문이 줄어듭니다. 아마도 작성자에게 돌아오는 가장 크게 와닿고 시간이 갈수록 더 커지는 혜택일 것입니다. 만약 다른 이에게 두 번 이상 똑같은 설명을 하고 있는 자신을 발견한다면 그 내용을 문서화하는 게 좋습니다.

물론 더 큰 혜택은 문서자료를 읽는 이들에게 돌아갑니다. 구글의 C++ 스타일 가이드는 '읽는 이에게 최적화하라'[4]라고 이야기합니다. 이 격언은 코드뿐 아니라 코드 주석이나 API를 설명하는 문서자료에도 똑같이 적용됩니다. 테스트와 마찬가지로 문서를 잘 작성하는 데 쏟은 노력은 시간이 지날수록 배가 되어 돌아옵니다. 문서자료는 세월이 흐를수록 더 중요해지며, 특히 핵심 코드를 잘 문서화해두면 조직이 커질수록 지대한 기여를 합니다.

10.3 문서자료는 코드와 같다

프로그래밍 언어 하나를 주력으로 사용하는 소프트웨어 엔지니어들도 업무에 따라서는 다른 언어를 사용하는 경우가 많습니다. 예컨대 명령줄command line에서의 작업은 셸 스크립트나 파이썬으로 처리하고, 백엔드 코드는 C++로, 미들웨어 코드는 자바로 작성하는 식이죠. 고대 그리스 전사가 창, 장검, 단검을 모두 소지하고 다니다가 상황에 적합한 무기를 꺼내 쓰듯, 소프트웨어 엔지니어들도 여러 언어를 도구상자에 넣어두고 문제를 가장 잘 해결해줄 언어를 꺼내 쓰는 것입니다.

문서자료도 다를 게 없습니다. 문서자료도 하나의 도구이자 특정 작업을 완수하기 위해 사용하는 또 하나의 언어(보통은 영어)인 것입니다. 문서 쓰기는 코드 작성과 크게 다르지 않습니다. 프로그래밍 언어처럼 규칙이 있고, 구문 규정이 있고, 스타일도 있습니다. 코드와 마찬가지로 일관되어야 하고, 명확해야 하고, 이해를 방해하는 오류를 피해야 합니다. 기술 문서를 작성할 때도 문법은 중요합니다. 하지만 단지 규칙이 필요해서가 아닙니다. 설명하는 문체를 표준화하고 혼동 요소를 없애서 독자가 헷갈리지 않게 하기 위함입니다. 구글에서는 이러한 이유 때문

---

4   《구글 C++ 스타일 가이드》 *https://oreil.ly/zCsPc*

에 코드 주석도 프로그래밍 언어별로 표준 스타일을 정해뒀습니다.[5]

코드처럼 문서에도 소유자가 있습니다. 소유자가 없는 문서는 점점 낡아져서 유지보수하기 어려워집니다. 반대로 소유권이 명확하면 문서자료 업데이트를 버그 추적 시스템과 코드 리뷰 도구 같은 기존 개발 워크플로에 통합하기 수월합니다. 물론 소유자가 다른 문서끼리는 내용이 상충할 수 있습니다. 이런 경우라면 표준 문서를 하나 지정하는 게 좋습니다. 표준 문서를 정하고 다른 관련 문서들을 통합하거나 폐기 대상으로 지정하는 것이죠.

구글에서 널리 사용되는 'go/ 링크'가 이 프로세스를 더 쉽게 만들어줍니다. 보통은 go/ 링크로 바로 찾을 수 있는 문서를 표준 문서로 취급합니다. 혹은 소스 코드와 관련 문서를 한쌍으로 묶어서 버전 관리 시스템에 함께 등록해두는 방법도 어느 문서가 표준인지를 알리는 데 효과적입니다.

문서자료는 소스 코드와 밀접하게 연관된 경우가 많으므로 가능한 한 코드처럼 다뤄야 합니다. 다시 말해 문서자료를 다음과 같이 취급해야 합니다.

- 꼭 따라야 하는 내부 정책과 규칙이 있어야 합니다.
- 버전 관리 시스템에 등록해 관리해야 합니다.
- 관리 책임자를 명시해야 합니다.
- 변경 시 (문서자료가 설명하는 코드와 함께) 리뷰를 거쳐야 합니다.
- 코드상의 버그를 추적하듯 문제를 추적해야 합니다.
- 주기적으로 평가(혹은 테스트)를 받아야 합니다.
- 가능하다면 정확성이나 최신 정보 반영 여부 등을 측정해야 합니다(아쉽게도 아직은 도구들이 충분히 뒷받침해주지 못합니다).

문서화를 소프트웨어 개발에 꼭 필요한 작업으로 여기는 엔지니어가 늘어날수록 초기 작성 비용은 줄고 장기적인 혜택은 커질 것입니다. 또한 문서자료를 더 쉽게 작성할 수 있다면 초기 비용도 줄어들 것입니다.

5 　옮긴이_ 문서자료도 코드처럼 다루라 하면서 프로그래밍 언어용 스타일 가이드만 제공하면 살짝 아쉽겠죠? 그래서 구글은 문서자료용 스타일 가이드도 마련하여 구글 관련 개발자 문서자료들이 명확하고 일관되게 작성되도록 하고 있습니다.
  - Google developer documentation style guide. *https://developers.google.com/style*

사례 연구: 구글 위키

구글이 지금보다 훨씬 작고 날렵했던 시절에는 테크니컬 라이터가 몇 명 되지 않았습니다. 당시 가장 쉬운 정보 공유 수단은 바로 GooWiki라는 사내 위키였습니다. 처음에는 합리적인 선택으로 보였습니다. 모든 엔지니어가 하나의 문서자료를 공유하며 누구나 갱신할 수 있었습니다.

하지만 구글이 커지면서 위키 방식은 한계에 부딪혔습니다. 문서 관리를 책임질 소유자가 없어서 많은 페이지가 오래된 정보를 그대로 담고 있었습니다.[6] 새로운 페이지를 추가하는 프로세스도 명확하게 규정되어 있지 않다 보니 중복된 페이지들이 나타났습니다. GooWiki는 수평적인 이름 체계를 사용해서 수많은 정보를 계층적으로 정리하는 데 어려움을 겪었습니다. 한때는 구글의 프로덕션 컴퓨트 환경인 Borg 설정법을 담은 페이지가 (세는 기준에 따라) 7개에서 10개나 되었습니다. 그중 단 몇 개만이 제대로 유지보수되고 있었고, 대부분은 특정 권한이 있고 몇 가지 가정을 충족하는 팀만을 위한 안내였습니다.

시간이 흘렀고, 또 다른 문제가 불거졌습니다. 틀린 내용을 바로잡아줄 사람들이 사라지는 현상이 점점 심해진 것입니다. 새로운 사용자가 위키에서 이상한 점을 발견해도 확인해줄 사람도, 어디에 보고해야 하는지도 불분명했습니다. 적혀있는 대로 해서는 동작하지 않으니 무언가 잘못됐음은 알 수 있었지만 직접 고칠만한 지식은 없었습니다. 반면, 바로잡아줄 수 있는 사람들은 더는 해당 페이지의 내용을 참조할 일이 없었습니다. 구글의 성장과 반대로 문서자료의 품질은 점점 나빠졌고 개발자 설문에서 개발자들의 가장 큰 불만으로 꼽히기에 이르렀습니다.

우리는 특단의 조치를 내렸습니다. 중요한 문서자료를 소스 코드와 똑같이 변경을 추적하도록 한 것입니다. 문서자료들에 소유자를 지정하고, 소스 트리상의 위치도 표준으로 정하고, 오류를 식별하고 수정하는 프로세스도 확립했습니다. 그러자 문서자료의 품질이 놀랄 만큼 개선되었습니다. 또한 문서자료 작성과 유지보수를 마치 코드를 작성하고 유지보수한다는 시각으로 바라보기 시작했습니다. 문서자료의 오류는 버그 추적 시스템을 통해 보고했습니다. 문서자료의 내용 갱신은 코드 리뷰 프로세스에 태워 처리했습니다. 그러자 엔지니어들이 문서를 스스로 수정하거나 코드 변경 때와 똑같이 변경을 만들어 담당 테크니컬 라이터(일반적으로 해당 문서의 소유자)에게 보내기 시작했습니다.

문서를 버전 관리 시스템으로 옮기는 아이디어는 처음에는 논란이 많았습니다. 많은 엔지니어가 GooWiki를 버리면 정보를 자유롭게 올리지 못하고 (리뷰, 소유자 설정 등) 문서화하는 장벽이

---

6 GooWiki를 폐기하기로 한 시점에는 약 90%의 문서가 최근 몇 달 동안 아무도 읽거나 갱신하지 않은 채였습니다.

높아져서 문서자료 품질이 오히려 떨어질 것이라며 우려했습니다. 하지만 그렇지 않았고, 오히려 개선되었습니다.

마크다운을 표준 문서 서식 언어로 도입한 것도 효과가 있었습니다. HTML이나 CSS를 공부하지 않고도 문서를 더 쉽게 편집할 수 있었기 때문입니다. 나아가 구글은 문서자료를 코드 안에 삽입해주는 자체 프레임워크인 g3doc[7]을 개발해 적용했습니다. 이 프레임워크는 엔지니어가 소스 코드와 관련 문서를 한 화면에서 바로 옆에 놓고 볼 수 있게 해주었습니다. 그 결과 문서자료의 품질이 한층 더 높아졌습니다. 현재는 엔지니어들이 코드와 관련 문서자료를 하나의 변경으로 묶어 갱신할 수도 있습니다(더 널리 채택되도록 여전히 노력 중입니다).

과거(위키)와 비교했을 때 가장 큰 차이는 문서자료를 코드와 비슷한 방식으로 유지보수한다는 점입니다. 엔지니어들이 문서자료 내용 중의 오류(버그)를 보고하고, 변경 목록에 문서자료에서 수정할 내용도 포함시키고, 리뷰어에게 변경을 보내고 등등... 새로운 프로세스를 만들지 않고 기존 개발자 워크플로에 녹인 것 역시 주효했습니다.

10.4 독자를 알자

엔지니어들이 문서자료를 작성하며 범하는 가장 중요한 실수는 자신만을 위해 쓴다는 것입니다. 자연스러운 행동이고 자신을 위해 기록을 남기는 것도 분명 가치가 있습니다. 언젠가 오래전에 작성해둔 코드를 살펴보며 원래 의도가 뭐였는지 알아내야 할 수 있으니까요. 자신만을 위해 쓰게 되면 특정한 가정들이 녹아들기 쉽지만, 다행히 여러분이 작성한 글을 읽는 사람의 기술 배경은 여러분과 거의 비슷할 수 있습니다.

하지만 실제로는 그 문서자료의 독자는 사내의 모든 엔지니어와 외부 개발자까지 상당히 다양할 수 있습니다. 따라서 비중이 작은 부류의 독자층이라 해도 절대 숫자는 클 수 있습니다. 조직 규모가 커질수록 문서자료 속의 실수가 더욱 두드러지고 숨어 있는 가정들이 맞지 않는 일이 많아질 것입니다.

---

7 (유튜브 동영상) Documentation, Disrupted: How Two Technical Writers Changed Google Engineering Culture. *https://oreil.ly/YjrTD*

그래서 문서자료를 작성하기 전에 만족시켜야 할 독자가 누구인지를 공식적으로든 비공식적으로든 알아내야 합니다. 설계 문서라면 의사결정권자들을 설득해야 하겠지요. 튜토리얼이라면 여러분의 코드베이스에 익숙하지 않은 사람들을 위해 매우 명확한 지시를 내려줘야 할 것입니다. API라면 전문가든 초보자든 상관없이 API 사용자 모두를 위해 완벽하고 정확한 참고 정보를 제공해야 할 것입니다. 항상 주요 독자가 누구인지 알아내고 그 독자를 향해 글을 써야 합니다.

좋은 문서자료라 해서 완벽할 필요는 없습니다. 글을 훨씬 잘 쓰는 사람이 필요하다고 생각하는 엔지니어가 많지만, 그다지 동의하지 않습니다. 정말 그렇다면 문서자료를 작성할 수 있는 소프트웨어 엔지니어는 몇 명 남지 않을 것입니다. 테스트와 같이 엔지니어들이 지켜야 할 프로세스를 설명하는 글을 쓴다고 생각해보세요. 독자가 기대하는 어투와 스타일을 생각해 그대로 써보세요. 읽을 수 있다면 쓸 수도 있습니다. 독자는 여러분이 한 때 서 있던 위치에 서 있습니다. 단지 여러분이 지금 알고 있는 새로운 도메인 지식이 없는 상태죠. 따라서 여러분이 꼭 훌륭한 작가일 필요까지는 없습니다. 독자에게는 그저 지금 현재의 여러분처럼 해당 도메인에 익숙한 누군가가 필요할 뿐입니다(그리고 여러분이 도메인을 떠나지 않는 한 문서자료는 계속해서 개선할 수 있습니다).

10.4.1 독자 유형

도메인 지식을 독자의 눈높이에 맞는 기술 수준으로 써야 한다고 했습니다. 하지만 그 독자란 정확히 누구일까요? 다음 중 어느 기준으로 보느냐에 따라 여러 성격의 독자가 있을 수 있습니다.

- **경험 수준**: 전문 프로그래머, 혹은 프로그래밍 언어조차 낯선 초보 엔지니어
- **도메인 지식**: 팀원, 혹은 최종 API 정도에만 친숙한 사내의 다른 엔지니어
- **목적**: 여러분이 제공하는 API를 사용해 특정 작업을 수행하거나 급히 정보를 얻어내야 하는 최종 사용자, 혹은 아무에게도 유지보수를 맡기고 싶지 않을 만큼 꼬여 있는 특정 구현마저 기꺼이 책임지려 하는 소프트웨어 전문가

독자에 따라 글을 쓰는 스타일을 달리해야 할 때도 있지만 대부분의 경우에는 가능한 한 모든 독자에게 적합한 방식으로 쓰는 것이 하나의 요령입니다. 실제로 복잡한 주제 하나를 전문가와 초보자 모두에게 설명해야 할 때가 드물지 않습니다. 도메인 지식이 풍부한 전문가에 맞춰 세

세한 이야기를 생략하면 초보자는 혼란스러울 것입니다. 반대로 초보자 눈높이에 맞춰 모든 것을 자세히 설명한다면 전문가는 지루하고 짜증 날 것입니다.

확실히 문서 작성의 핵심은 균형을 잘 잡는 것입니다. 치트키는 없습니다. 하지만 우리는 오랜 경험에서 문서를 '짧게' 쓰는 게 유리하다는 사실을 알아냈습니다. 복잡한 주제라면 익숙하지 않은 사람을 위해 충분히 설명하되 전문가를 짜증 나게 해서는 안 됩니다. 문서를 짧게 쓰려면 때로는 모든 정보를 담아 길게 쓴 다음 간명하게 편집하고 중복된 정보를 삭제하는 과정을 거쳐야 합니다. 지루한 작업 같겠지만 여기에 들이는 비용이 여러분의 문서자료를 읽는 모든 이에게 혜택으로 돌아간다는 사실을 잊지 마세요. 프랑스 과학자이자 철학자인 블레즈 파스칼^{Blaise Pascal}은 '시간이 더 있었다면 편지가 보다 짧아졌을 거예요'라고 말했습니다. 문서를 짧고 명확하게 관리한다면 전문가와 초보자 모두를 만족시킬 수 있습니다.

한편, 사용자가 문서자료를 접하게 되는 방식에 따라서도 독자를 구분해볼 수 있습니다.

- **탐색자**^{seeker} : 자신이 원하는 것을 정확히 알고, 읽고 있는 문서자료가 원하는 정보를 담고 있는지를 알고 싶어 하는 엔지니어입니다. 이런 독자에게는 일관성이 핵심입니다. 탐색자용 문서서료를 작성한다면 (가령 코드 주석을 생각해보죠) 비슷한 포맷을 일관되게 적용하는 게 좋습니다. 그러면 독자가 빠르게 훑으며 자신이 찾는 내용이 맞는지 판단하기 편할 것입니다.

- **배회자**^{stumbler} : 무엇을 원하는지를 정확하게 알지 못하는 사람입니다. 아마도 맡겨진 기능을 어떻게 구현해야 할지에 대해 어슴푸레한 아이디어만 가지고 있을 것입니다. 이런 독자에게는 명료한 글이 효과적입니다. 가령 각 파일의 맨 위에 개요나 소개 절을 두어 파일에 담겨 있는 코드의 목적을 설명해주세요. 어떤 독자에게 적합하지 '않은' 문서인지를 알려주는 것도 유용합니다. 실제로 구글 문서 중 상당수는 가령 'TL;DR: 구글의 C++ 컴파일러가 궁금한 게 아니라면 더 읽을 필요 없습니다'와 같이 'TL;DR문'[8]으로 시작합니다.

마지막으로 고객(예: API 사용자)이냐 제공자(예: 프로젝트 팀원)이냐도 중요한 독자 구분 기준입니다. 가능하다면 각각의 독자를 위한 문서를 구분해주는 게 좋습니다. 구현과 관련한 자세한 내용은 코드를 유지보수해야 하는 팀원에게는 중요하지만 최종 사용자는 알 필요가 없는 정보입니다. 엔지니어들은 종종 특정한 설계를 선택한 이유를 라이브러리의 API 설명에 적어놓곤 합니다. 하지만 이런 내용은 설계 문서 같은 특정한 문서에서 다루는 게 바람직합니다. 최대한 양보해도 코드 안의 상세 구현 설명에서 다루는 게 좋습니다.

---

8   옮긴이_ TL;DR은 'too long; didn't read(너무 길어서 읽지 않았다)'의 약자입니다. '핵심 정리'라는 의미로 많이 쓰입니다.

10.5 문서자료 유형

엔지니어는 개발 과정에서 설계 문서, 코드 주석, How-to 문서, 프로젝트 페이지 등 다양한 문서자료를 작성합니다. 이 모두가 '문서자료'에 해당하지만, 중요한 것은 종류가 다름을 알고 서로 '섞이지 않게' 하는 것입니다. 하나의 문서는 일반적으로 하나의 목적에 집중해야 합니다. 하나의 API가 두 가지 일을 하면 안 되듯 하나의 문서에서 여러 가지 일을 하려 해서는 안 됩니다. 그 대신 더 논리적인 조각으로 나눠야 합니다. 소프트웨어 엔지니어가 자주 작성하게 되는 주요 문서의 종류는 다음과 같습니다.

- 참조용 문서자료(코드 주석 포함)
- 설계 문서
- 튜토리얼
- 개념 설명 문서자료
- 랜딩 페이지

구글 초창기의 팀들은 흔히 수많은 링크(상당수가 깨지거나 오래된 정보를 가리켰지만), 시스템 동작 방식을 설명하는 개념 정보, API 참조 등의 모든 정보가 뒤섞여 있는 위키 페이지를 이용했습니다. 이 문서들은 목적이 하나가 아니어서 많은 문제를 일으켰습니다. 또한 너무 길어서 다 읽어본 사람이 없을 정도였습니다(어떤 페이지는 수십 페이지를 스크롤해야 했습니다). 이런 방식 말고 각각의 문서가 하나의 목적에만 충실하게 작성해야 합니다. 해당 문서에 넣기에 적절치 않아 보이는 내용이 있다면 아마도 그 목적에 더 적합한 문서가 따로 있거나, 혹은 새로 만들어야 한다는 신호입니다.

10.5.1 참조용 문서자료

참조용 문서자료는 엔지니어가 작성해야 할 문서자료 중 가장 흔한 형태입니다. 실제로 거의 매일 작성해야 합니다. 참조용 문서자료는 코드베이스에 속한 코드의 사용법을 설명하는 문서 모두를 일컫습니다. 가장 대표적인 예인 코드 주석은 엔지니어들이 반드시 유지보수해줘야 할 대상이기도 하죠. 코드 주석은 크게 API 주석과 구현 주석으로 나뉩니다. API 주석에서는 구체적인 구현 방법이나 설계 결정사항은 언급할 필요 없습니다. 또한 사용자가 작성자만큼이나 API에 대해 잘 안다고 가정해서는 절대 안 됩니다. 반면 구현 주석에서는 읽는 이가 도메인 지식을 상당히 갖추고 있다고 가정해도 됩니다. 단, 너무 많은 걸 기대하지 않도록 주의할 필요는 있습니다. 팀에 새로운 팀원이 합류할 수도 있고 작성자 본인이 다른 팀으로 떠나갈 수도 있으니 구현 주석도 체계적으로 작성해두는 편이 안전합니다.

코드와는 별도로 존재하는 문서도 포함해서 대부분의 참조용 문서자료는 코드베이스 안의 주석을 기초로 작성됩니다(그리고 그렇게 해야 합니다. 즉, 참조용 문서자료들은 가능한 한 하나의 소스로부터 파생되어야 합니다). 이런 취지에서 자바, 파이썬, Go 같은 언어는 참조용 문서자료를 쉽게 만들어주는 특별한 주석 프레임워크를 제공합니다. 많이들 알고 계시는 Javadoc, PyDoc, GoDoc이 이런 도구들이죠. C++는 비록 표준 도구는 없지만 헤더(.h 파일)와 구현(.cc 파일)이 구분되어 있으므로 헤더 파일에 API 설명을 작성해두면 좋습니다.

구글도 C++ 헤더 파일을 API 설명 문서를 작성해두는 용도로 활용합니다. 자바, 파이썬, Go 언어에서는 다른 참조용 문서자료들도 소스 코드에 직접 임베드됩니다. 구글의 코드 검색 브라우저인 Code Search(17장 참고)가 워낙 기능이 훌륭해서 참조용 문서자료를 별도로 제공해봐야 얻는 이득이 거의 없기 때문입니다. Code Search를 이용하면 원하는 코드를 찾기도 쉽지만 찾은 코드의 정의를 검색 결과 상단에 바로 보여줍니다. 이처럼 문서자료를 코드 정의와 함께 두면 문서자료를 찾고 유지보수하기도 더 쉽습니다.

우리 모두는 API를 잘 문서화하려면 코드 주석이 반드시 필요하다는 걸 알고 있습니다. 하지만 '좋은' 주석이란 정확히 무엇일까요? 10.4.1절에서 참조용 문서자료의 주요 독자로 탐색자와 배회자를 꼽았습니다. 탐색자는 자신이 원하는 걸 알지만 배회자는 그렇지 못합니다. 탐색자에게는 코드베이스의 주석들이 일관되느냐가 중요합니다. 일관되게 작성되어 있어야 API를 빠르게 훑어보면서 원하는 것을 쉽게 찾아갈 수 있습니다. 한편 배회자에게는 API의 용도를 분명하게 알려주는 게 중요합니다. 이런 내용은 주로 파일 헤더의 최상단에 적습니다. 이제부터 몇 가지 코드 주석들을 살펴볼 것입니다. C++를 기준으로 좋은 코드 주석 작성법을 알아볼 텐데, 구글에서는 다른 언어에도 비슷한 규칙을 적용합니다.

파일 주석

구글에서는 거의 모든 코드 파일에 파일 주석이 적혀있어야 합니다(유틸리티 파일 하나만 담고 있는 경우 등 일부 헤더 파일만 예외입니다). 파일 주석은 다음과 같은 형태로 시작해야 합니다.

```
// -------------------------------------------------------------------------
// str_cat.h
// -------------------------------------------------------------------------
//
// This header file contains functions for efficiently concatenating and appending
// strings: StrCat() and StrAppend(). Most of the work within these routines is
// actually handled through use of a special AlphaNum type, which was designed
// to be used as a parameter type that efficiently manages conversion to
// strings and avoids copies in the above operations.
...
```

일반적으로 파일 주석에서는 파일에 담겨 있는 내용을 요약해줘야 합니다. 해당 코드의 주요 쓰임새와 어떤 독자(앞의 예시는 문자열을 연결하길 원하는 개발자)를 의도하고 만든 코드인지를 명시하는 것이죠. 한두 문단으로 간결하게 설명할 수 없는 API라면 충분히 사려 깊게 설계되지 않은 API일 수 있다는 신호입니다. 이런 경우라면 API를 여러 조각으로 쪼개는 방안을 고려해보는 게 좋습니다.

클래스 주석

현대적 언어들은 대부분 객체지향을 지원합니다. 따라서 클래스 주석은 코드베이스에서 사용되는 API 객체들을 정의하는 중요한 주석입니다. 구글에서는 모든 공개 클래스(와 구조체)는 클래스 주석을 담고 있어야 합니다. 클래스 주석에서는 해당 클래스(와 구조체)의 목적과 주요 메서드들을 설명합니다. 클래스 주석은 보통 '객체'임을 부각하기 위해 클래스 자신을 문장의 주어로 두고 어떻게 동작하는지를 설명하는 형태로 작성합니다. 예를 들어 "Foo 클래스는 x, y, z 속성을 가지며, A라는 기능을 제공하고, 다음과 같이 B라는 측면을 지니고 있습니다"처럼 작성합니다.

클래스 주석은 일반적으로 다음과 같은 형태로 시작해야 합니다.

```
// -------------------------------------------------------------------------
// AlphaNum
// -------------------------------------------------------------------------
//
// The AlphaNum class acts as the main parameter type for StrCat() and
// StrAppend(), providing efficient conversion of numeric, boolean, and
// hexadecimal values (through the Hex type) into strings.
```

함수 주석

구글에서는 자유 함수free function[9]나 클래스의 공개public 메서드에는 무조건 함수(메서드)가 '무슨 일을 하는지'를 설명하는 함수 주석이 있어야 합니다. 함수 주석은 함수가 무슨 동작을 하고 무엇을 반환하는지를 설명하며, '능동성'을 부각하기 위해 동사로 시작해야 합니다.

함수 주석은 일반적으로 다음과 같은 형태로 시작해야 합니다.

```
// StrCat()
//
// Merges the given strings or numbers, using no delimiter(s),
// returning the merged result as a string.
...
```

이처럼 함수 주석을 선언적인 동사[10]로 시작하면 헤더 파일 전체에 일관성이 생깁니다. 탐색자는 API 설명의 첫 동사만으로 원하는 기능이 맞는지를 빠르게 파악할 수 있습니다(예: Merges, Deletes, Creates 등).

함수 주석에서 'Returns', 'Throws' 같은 다양한 보일러플레이트(상용구)를 요구하는 경우도 있습니다. 하지만 우리는 이런 상용구가 꼭 필요하다는 근거를 찾지 못했습니다. 실제로 인위적으로 섹션을 구분하지 않고 하나의 문장으로 표현하는 게 더 명확한 경우가 많습니다. 다음 예를 보시죠.

```
// Creates a new record for a customer with the given name and address,
// and returns the record ID, or throws `DuplicateEntryError` if a
// record with that name already exists.
int AddCustomer(string name, string address);
```

사후조건, 매개변수, 반환값, 예외 상황이 하나의 문장에 자연스럽게 녹아 있는 모습이 보기 좋습니다. 실제로 서로 독립적이지 않기 때문이죠. 각각을 상용구 섹션에서 구분해 적는다면 장황하고 반복적이게 되어 (모두가 동의하진 않겠지만) 명확성이 오히려 떨어질 것입니다.

---

9 옮긴이_ C++에서 자유 함수(free function)란 클래스나 구조체에 속하지 않은 함수(non member function)을 뜻합니다. 소속된 굴레가 없다는 의미에서 '자유'롭다고 이해하면 좋을 거 같습니다.

10 옮긴이_ 여기서 '선언적'이라 함은 'X는 y와 같은 기능을 수행한다' 형태로 자신이 제공하는 기능이나 역할을 선언한다는 뜻입니다. 이때 주어 X는 주석이 달린 대상이라서 생략하며, 따라서 시작하는 동사는 3인칭 서술형이 됩니다. 즉, Create가 아니라 Creates가 되어야 합니다.

10.5.2 설계 문서

구글의 팀 대부분은 중요한 프로젝트에 착수하기 전에 설계 문서부터 승인받아야 합니다. 소프트웨어 엔지니어들은 일반적으로 팀에서 승인한 특정 템플릿을 이용해서 설계 문서 초안을 작성합니다. 이 문서들은 협업하기 좋게 만들어져 있어서 구글 문서^{Google Docs}로 공유되곤 합니다. 어떤 팀은 설계 문서를 논의하는 별도의 팀 미팅을 주관하며, 이 미팅에서 전문가와 함께 세부사항을 논의하고 평가를 받습니다. 어떤 면에서는 이러한 설계 논의를 코딩 시작 전에 진행하는 코드 리뷰로 볼 수도 있습니다.

설계 문서 작성은 엔지니어가 새 시스템을 배포하기 전에 첫 번째로 수행해야 하는 일입니다. 따라서 다양한 문제를 고려해보기에 적절한 시간입니다. 구글의 표준 설계 문서 템플릿들은 엔지니어가 보안, 국제화, 스토리지 요구사항, 개인정보 보호 등 다양한 측면을 고려해보도록 유도합니다. 그리고 대부분의 경우 각 도메인의 전문가들이 검토해줍니다.

좋은 설계 문서라면 설계의 목표와 구현 전략을 설명하고 설계상의 핵심 선택들과 관련한 트레이드오프를 명시해야 합니다. 즉, 설계 목표를 제시하고 대안이 될 수 있는 설계들의 장점과 단점까지 함께 기술해줘야 합니다.

승인된 설계 문서를 단순히 기록용으로 캐비닛 귀퉁이에 모셔두어서는 안 됩니다. 프로젝트가 목표를 성공적으로 완수했는지를 평가하는 기초 자료로 활용해야 합니다. 대부분의 팀은 설계 문서를 언제든 다시 꺼내볼 수 있도록 지정된 위치에 보관합니다. 제품을 론칭하기 전에 제품이 내세우는 목표와 설계 문서에 적혀 있는 목표가 일치하는지 확인해보면 좋습니다(일치하지 않는다면 문서나 제품을 적절히 수정해주세요).

10.5.3 튜토리얼

새로운 팀에 합류한 엔지니어라면 누구라도 가능한 한 빠르게 개발 속도를 끌어올리고 싶어 할 것입니다. 그래서 프로젝트 환경을 새로 구축하는 과정을 담은 튜토리얼이 아주 중요합니다. 'Hello World'는 모든 팀원이 올바른 첫 발을 내딛는 데 가장 좋은 방법 중 하나죠. 코드든 문서든 마찬가지입니다. 그래서 프로젝트라면 마땅히 아무런 사전지식 없는 엔지니어라도 '실제로' 무언가를 동작시켜볼 수 있는 'Hello World' 문서가 꼭 필요합니다.

튜토리얼이 아직 없다면 새로운 튜토리얼을 쓰기에 가장 적합한 시점은 누군가가 팀에 새로 합류했을 때입니다(튜토리얼이 이미 있다면 기존 튜토리얼에서 문제점을 찾기에 가장 적합한 시점이기도 하죠). 가벼운 텍스트 편집기를 열어두고 튜토리얼을 따라 하면서 여러분이 수행해야 하는 모든 것을 적어보세요. 도메인 지식이나 특별한 설정 제약은 없다고 가정하시고요. 이런 식으로 튜토리얼을 따라 해보면 어느 단계에서 어떤 실수를 왜 했는지를 알 수 있을 것입니다. 이 정보를 활용해 튜토리얼을 더 명확하게 다듬으세요. 중요한 것은 여러분이 수행해야 했던 모든 일을 적는 것입니다. 어떠한 사전 설정, 권한, 도메인 지식도 가정하지 마세요. 무언가가 먼저 설정되어 있다고 가정했다면 튜토리얼 앞부분의 사전 요구사항 절에 명시하세요.

대부분의 튜토리얼은 전체 과정을 여러 단계로 나눠 독자가 순서대로 수행하도록 안내합니다. 이런 경우라면 각 단계에 명확한 번호를 붙여야 합니다. 독자에게 집중한 튜토리얼이라면(예: 외부 개발자용 문서) 독자가 수행해야 하는 모든 단계 각각에 번호를 붙이세요. 단, 독자의 행위에 대응하는 시스템 동작에는 번호를 달지 않습니다. 다시 강조하지만, '모든' 단계 하나하나에 고유한 번호를 붙여주는 게 중요합니다.

예: 나쁜 튜토리얼

1. *http://example.com* 서버에서 패키지를 다운로드합니다.

2. 셸 스크립트를 홈 디렉터리에 복사합니다.

3. 셸 스크립트를 실행합니다.

4. 이제 foobar 시스템이 인증 시스템과 통신할 것입니다.

5. 인증이 완료되면 foobar가 'baz'라는 새 데이터베이스를 실행시킬 것입니다.

6. 명령줄에서 SQL 명령으로 'baz'가 실행되는지 확인해보세요.

7. CREATE DATABASE my_foobar_db;를 입력합니다.

이 절차에서 4단계와 5단계는 서버에서 이루어집니다. 독자가 무언가를 해야 하는지가 불분명하기 때문에(실제로 할 일은 없습니다) 이러한 부수효과는 3단계에서 부연하는 게 타당합니다. 또한 6단계와 7단계가 서로 다른 일을 하는 건지도 불분명합니다(실제로는 같은 일입니다). 독자가 한 번에 수행하는 작업은 하나의 단계에서 설명하여 각 단계에서 할 일을 헷갈리지 않도록 해야 합니다. 또한 독자가 눈으로 확인할 수 있는 입력이나 출력이 있다면 별도의 줄에 명시해주는 게 좋습니다(보통 고정폭의 굵은 글꼴로 표기합니다).

예: '개선된' 튜토리얼

1. *http://example.com* 서버에서 패키지를 다운로드합니다.

   ```
   $ curl -I http://example.com
   ```

2. 셸 스크립트를 홈 디렉터리에 복사합니다.

   ```
   $ cp foobar.sh ~
   ```

3. 홈 디렉터리에서 셸 스크립트를 실행합니다.

   ```
   $ cd ~; foobar.sh
   ```

   이제 foobar 시스템이 인증 시스템과 통신할 것입니다. 인증이 완료되면 foobar가 'baz'라는 새 데이터베이스를 구동한 다음 사용자가 명령을 입력할 수 있는 셸을 띄울 것입니다.

4. 명령줄에서 다음 SQL 명령을 실행하여 'baz'가 제대로 동작하는지 확인합니다.

   ```
   baz:$ CREATE DATABASE my_foobar_db;
   ```

모든 단계에서 독자가 특정한 일을 수행해야 한다는 데 주목하세요. 한편, 독자가 아닌 다른 측면(예: 서버의 수명주기)에 초점을 둔 튜토리얼이라면 그 관점에 맞게 번호를 부여해야 합니다(예: 서버가 수행하는 작업에 부여).

10.5.4 개념 설명 문서

어떤 코드는 코드 주석 같은 참조용 문서자료만으로는 부족하여 깊이 있는 설명을 곁들여야 합니다. 이럴 때는 대체로 해당 API나 시스템의 개요를 알려주는 개념 문서를 첨부합니다. 대표적인 예로는 유명 라이브러리의 소개 문서나 서버가 관리하는 데이터의 수명 주기 설명 문서 등을 들 수 있습니다. 개념 문서는 참조 문서자료들을 대체하기보다는 보강하는 역할입니다. 때로는 정보 일부가 중복되기도 하지만 더 명확하게 설명하기 위해 의도적으로 그렇게 합니다.

참조 문서자료와 달리 개념 문서는 벌어질 수 있는 모든 상황을 다 설명하지 않아도 됩니다. 개념을 더 명확하게 전달하는 게 목적이라서 정확성을 다소 희생할 수 있다는 뜻입니다. 이 문서들의 핵심 목표는 독자를 이해시키는 것입니다.

'개념' 문서는 작성하기가 가장 어려운 문서자료입니다. 그래서 소프트웨어 엔지니어들이 가장 기피하는 문서이기도 합니다. 개념 문서를 쓰다 보면 소스 코드에 직접 삽입할 수 없어 아쉬울 때가 많습니다. 소스 코드에는 이런 문서를 삽입할 표준적인 위치가 없기 때문이죠. 어떤 API는 대상 범위가 넓습니다. 이런 경우라면 파일 주석 부분이 해당 API의 '개념'을 설명하기에 적합한 위치일 것입니다. 하지만 다른 API나 다른 모듈과 연계돼 작동하는 API도 있습니다. 이처럼 복잡하게 얽힌 동작이라면 개념 문서를 별도로 만드는 게 낫습니다. 코드 주석을 문서자료계의 단위 테스트에 비유한다면, 개념 문서는 통합 테스트에 해당합니다.

API 범위가 명확하더라도 개념 설명을 별도 문서로 작성하는 게 나을 때도 많습니다. 예를 들어 Abseil 라이브러리의 StrFormat API는 숙달하려면 사용자가 많은 개념을 이해해야 합니다. 그래서 구글은 포맷 개념 문서[11]를 정리해 내외부 모두에 공개했습니다.

개념 문서는 전문가에서 초보자까지 많은 독자에게 유익해야 합니다. 그리고 명확성이 중요하므로 다소 완전하지 않거나(완전한 문서 역할은 참조 문서자료가 담당합니다) 때로는 정확성을 희생하곤 합니다. 개념 문서를 의도적으로 부정확하게 쓴다는 게 아닙니다. 단지 드문 쓰임새보다는 일반적인 쓰임에 중점을 두거나, 부수효과는 참조 문서자료에서 다루니 생략할 수 있다는 뜻입니다.

10.5.5 랜딩 페이지

대부분의 엔지니어는 팀에 속해 있고 대부분의 팀은 인트라넷에서 '팀 페이지'를 운영할 것입니다. 팀 페이지들은 대부분 좀 어수선합니다. 랜딩 페이지(첫 화면)에는 흥미를 끄는 링크들이 보일 것이고, '먼저 읽어보세요read this first'라는 제목의 문서도 한둘이 아닐 것입니다. 팀원용 정보와 고객용 정보가 섞여 있기도 할 것입니다. 이 문서들은 처음 만들어졌을 때는 유용했겠지만 빠르게 흑화합니다. 관리하기가 번거롭다 보니 결국 낡은 정보로 뒤덮여서 용감하거나 절망에 빠진 사람만이 내용을 갱신하려 들 것입니다.

---

11 (Abseil의 API 문서 중 absl::StrFormat()) *https://oreil.ly/TMwSj*

이런 문서들은 위협적으로 보이지만 다행히 수정하기는 쉽습니다. 랜딩 페이지의 목적을 명확히 인식하고 자세한 정보는 모두 다른 페이지를 가리키는 링크로 대체하면 됩니다. 랜딩 페이지가 교통경찰 이상의 일을 한다면 제 역할을 못하고 있다는 신호입니다. 예컨대 독립된 설정 문서를 가지고 있다면 랜딩 페이지에는 그 문서의 링크만 제공하면 됩니다. 랜딩 페이지에 링크가 너무 많다면(한 페이지가 여러 화면으로 스크롤되어서는 안 됩니다) 절을 구분해서 페이지를 분류별로 분할하는 게 좋습니다.

잘못 구성된 랜딩 페이지들은 서로 다른 두 가지 역할을 수행합니다. 하나는 해당 팀 제품의 고객이나 API 사용자를 위한 'goto' 페이지 역할이고, 다른 하나는 팀의 홈페이지 역할입니다. 절대 두 역할을 한 페이지에서 수행하려 들지 마세요. 별도의 내부용 '팀 페이지'를 만들어서 랜딩 페이지에서 분리하세요. 팀원들이 알아야 하는 내용은 고객이 알아야 하는 것과 아주 많이 다릅니다.

10.6 문서자료 리뷰

구글은 모든 코드가 리뷰를 받게 하며, 엔지니어들이 코드 리뷰 프로세스를 잘 이해하고 따라줍니다. 일반적으로 문서자료 역시 리뷰를 거쳐야 합니다(코드 리뷰만큼 널리 시행되고 있지는 못합니다). 내 문서자료가 제대로 동작하는지 '테스트'하고 싶다면 리뷰해줄 사람을 섭외해야 합니다.

기술 문서 리뷰에 효과적인 방식은 크게 세 가지입니다. 각각은 다음과 같이 서로 다른 측면을 중점적으로 살핍니다.

- **'정확성'** 확인용 기술 리뷰: 주로 해당 주제 전문가가 수행하며, 팀 동료인 경우가 많습니다. 코드 리뷰 과정에서 함께 다루곤 합니다.
- **'명확성'** 확인용 독자 리뷰: 주로 도메인을 잘 모르는 사람이 수행합니다. 팀에 새로 합류한 동료나 해당 API의 고객일 것입니다.
- **'일관성'** 확인용 작문 리뷰: 주로 테크니컬 라이터나 자원자가 수행합니다.

물론 때로는 명확히 구분하기 어렵지만, 만약 문서를 널리 퍼뜨리거나 외부에 공개해야 한다면 더 많은 방식의 리뷰를 받고 싶어질 것입니다(이 책도 비슷한 리뷰 프로세스를 거쳤습니다).

어떤 문서든 앞의 세 가지 리뷰로 효과를 볼 수 있습니다. 달리 표현하면, 단 한 명뿐이라도 여러분의 글을 봐주는 게 낫습니다. 또한 모든 리뷰를 정식 프로세스를 밟아 진행할 필요도 없습니다.

중요한 점은 문서화가 엔지니어링 워크플로에 녹아 있다면 문서자료의 품질이 점차 개선된다는 사실입니다. 현재 구글에서는 문서 대부분이 독자 리뷰를 받도록 합니다. 언젠가는 해당 코드를 독자(고객/사용자)가 사용할 것이므로 담당 엔지니어에게 해당 제품이 어쩔 때 작동하지 않는지를 버그 리포트나 다른 형태의 피드백을 통해 알려주기 위해서입니다.

사례 연구: 개발자 가이드

앞에서 이야기했듯이 거의 모든 엔지니어링 문서자료를 공유 위키로 관리하는 데는 한계가 있었습니다. 중요한 문서자료인데도 소유권이 불분명했고, 내용이 중복되고, 정보가 낡아가고, 버그나 기타 문제를 제기하기도 어려웠습니다.

그런데 이런 문제들이 피해 가는 문서도 있었습니다. 대표적인 예가 구글의 C++ 스타일 가이드입니다. 이 가이드는 선별된 선임 엔지니어(스타일 중재자) 그룹에서 소유권을 갖고 관리했습니다. 암묵적이었지만 누군가가 소유하고 관리했기 때문에 항시 좋은 상태를 유지할 수 있었던 것이죠. 또한 모두에게 표준으로 인식되어 짝퉁 스타일 가이드가 생겨나지 않았기 때문이기도 합니다.

역시 앞에서 설명했는데, 소스 코드에 직접 서술된 문서자료는 표준 문서를 쉽게 만들 수 있는 원동력입니다. 소스 코드와 함께 살아가는 문서자료가 활용성이 가장 높은 게 보통입니다. 구글은 API별로 g3doc 디렉터리를 두어 문서들을 담아둡니다(마크다운으로 작성된 파일들로, Code Search 브라우저로 검색해 내용을 확인할 수 있습니다).

소스 코드와 함께 제공되는 문서자료라면 소유권도 자동으로 정해져서 코드와 '한 몸'처럼 인식됩니다. 하지만 소스 코드와 함께 두고 싶어도 위치가 마땅찮은 문서자료도 있습니다. 예컨대 구글 직원용 'C++ 개발자 가이드'는 어느 소스 코드와 함께 보관해야 할까요? 이런 정보를 두기에 가장 적합한 단 하나의 'C++' 디렉터리란 없을 것입니다. 이런 경우(혹은 API 경계를 넘나드는 정보인 경우) 소스 코드와는 독립된 저장소를 두어 모아두면 좋습니다.

이 과정에서 연관된 기존 문서들을 탐색 구조와 룩앤필look and feel이 표준화된 하나의 문서로 통폐합하는 경우도 많습니다. 이런 문서들을 소위 '개발자 가이드'라 부르며, 소스 코드와 마찬가지로

전용 문서 저장소를 활용해 버전을 관리합니다. 그리고 API별이 아닌 주제별로 분류해 저장합니다.

한편 개발자 가이드들은 테크니컬 라이터가 관리하는 경우도 많습니다. API 경계를 넘나드는 주제를 일관되게 설명하는 데는 이들이 더 뛰어나기 때문입니다.

시간이 흐르면서 이 개발자 가이드들이 표준이 되었습니다. 표준이 확립된 후로는 경쟁 문서나 보충 문서의 작성자들도 표준을 수용하여 자신의 문서는 폐기하고 표준 문서를 보강하는 데 힘을 보탰습니다. 결과적으로 C++ 스타일 가이드는 『C++ 개발자 가이드』에 편입되었습니다.

문서들이 더 포괄적이고 권위를 얻게 되면서 품질도 덩달아 좋아졌습니다. 문서에서 오류를 찾은 엔지니어들이 이를 보고하기 시작했습니다. 누군가가 관리하고 있음을 알았기 때문입니다. 또한 문서들의 버전이 관리되고 소유자가 분명했기 때문에 변경 목록을 정리해 담당 테크니컬 라이터에게 직접 전달하기 시작했습니다.

go/ 링크(3장 참고)의 도입으로 사실상 대부분의 문서는 해당 주제의 표준으로 자리잡기가 더 수월해졌습니다. 예를 들어 'go/cpp'로 검색하면 돌아오는 문서가 바로 『C++ 개발자 가이드』입니다. 검색 기능(go/ 링크)이 개선되고 흩어져 있던 여러 문서가 공통의 문서 세트로 통합되자 표준 문서들의 권위가 날이 갈수록 커지고 견고해졌습니다.

10.7 문서화 철학

주목하세요! 이번 절은 '구글은 이렇게 한다'라기보다는 기술 문서 작성 모범 사례와 개인 의견에 가깝습니다. 소프트웨어 엔지니어가 이 개념들을 이해하면 기술 문서를 더 쉽게 작성하는 데 도움이 되리라 믿습니다. 하지만 반드시 알아야 하는 것은 아닙니다.

10.7.1 누가, 무엇을, 언제, 어디서, 왜

대부분의 기술 문서자료는 '어떻게HOW'에 대한 답을 제시합니다. 이건 어떻게 동작하죠? 이 API를 사용해 프로그래밍하려면 어떻게 해야 하죠? 이 서버는 어떻게 설정하죠? 그 결과 소프트웨어 엔지니어들이 다른 질문들(누가^{WHO}, 무엇을^{WHAT}, 언제^{WHEN}, 어디서^{WHERE}, 왜^{WHY})은 잊은 채 모든 문서에서 '어떻게'만 생각하는 경향이 생겼습니다. 물론 나머지 질문들이 대체로는 '어떻게' 만큼 중요하지 않은 것도 사실입니다(단, 설계 문서에서는 '왜' 역시 '어떻게'만큼 중요합니다). 하지만 기술 문서자료들의 틀을 제대로 구성해놓지 않으면 혼란스러운 문서가 되곤 합니다. 그러니 어떤 문서든 처음 두 문단이 끝나기 전에 다음 질문들에 답하도록 시도해보세요.

- **'누가'**는 앞에서 한번 이야기했습니다. 바로 독자죠. 하지만 대상 독자가 누구인지를 문서 안에서 명확하게 밝혀줘야 할 때도 있습니다. 예컨대 'Secret Wizard 프로젝트에 새로 합류한 엔지니어를 위한 문서입니다'처럼 말이죠.
- **'무엇'**은 문서의 목적을 알려줍니다. '이 문서는 Frobber 서버를 테스트 환경에서 구동하기 위해 설계된 튜토리얼입니다'처럼 말이죠. 때로는 '무엇'을 작성하는 것만으로 문서를 적절하게 구성하는 데 도움이 됩니다. 예를 들어 '무엇'과 연관이 없는 정보가 적혀 있다면 해당 내용을 별도 문서로 옮기라는 신호입니다.
- **'언제'**는 문서가 생성되고, 리뷰되고, 갱신된 날짜를 말합니다. 소스 코드에 임베드된 문서자료는 날짜 정보가 묵시적으로 들어갑니다. 다른 형태의 문서자료들도 게시^{publishisng}될 때 이 정보가 자동으로 추가되기도 합니다. 만약 자동화된 시스템이 없다면 문서 자체에 작성일(혹은 최종 갱신일)을 기입해주세요.
- **'어디에'**는 문서가 존재해야 할 장소를 말해주며, 역시 묵시적으로 결정되는 경우가 많습니다. 보통 설정^{preference}과 관련된 정보는 버전 관리 시스템으로, 이상적으로는 '문서자료가 설명하는 소스 코드와 함께' 관리합니다. 그 외 목적의 정보는 다른 포맷의 문서를 이용하죠. 예를 들어 구글에서는 특히 설계와 관련한 문제는 구글 문서^{Google Docs}를 애용합니다. 협업하기 편하기 때문입니다. 하지만 어느 시점부터 공유 문서의 주 용도는 '논의'보다는 '안정된 버전 기록' 쪽으로 치우치기 시작합니다. 그 시점이 되면 더 안정적이고, 소유권도 명확하고, 버전 관리도 잘 되는 다른 시스템으로 옮기는 게 좋습니다.
- **'왜'**는 문서의 목적을 설정합니다. 문서를 읽은 독자가 무엇을 얻어가기를 바라는지를 요약합니다. 경험상 '왜'는 문서의 소개^{introduction} 부분에 명시하는 게 좋습니다. 그러면 마지막에 요약을 작성할 때 '왜'를 기초로 원래 기대한 바를 달성했는지를 확인하고 달성하도록 보강할 수 있습니다.

10.7.2 시작, 중간, 끝

모든 문서는(사실 하나의 문서를 구성하는 각 부분들 역시) 시작, 중간, 끝이 있습니다. 너무 당연하게도 대부분의 문서에는 최소 이 세 부분이 포함되어야 합니다. 절 하나로 구성된 문서라면 단 하나의 이야기만 하게 되는데, 실제로 단 하나의 이야기만 하는 문서는 굉장히 드뭅니다. 문서에 절을 추가하는 걸 두려워하지 마세요. 절들은 내용 흐름을 논리적 조각으로 나눠주고 독자에게 문서가 다루는 내용의 로드맵을 제시해줍니다.

심지어 가장 단순한 문서라도 보통은 둘 이상의 이야기를 담고 있습니다. 구글의 유명한 〈금주의 C++ 팁〉은 대체로 매우 짧고 단 하나의 작은 조언을 담으려 노력했습니다. 하지만 이 문서에서조차 절을 나누는 게 도움이 되었죠. 일반적으로 처음 절에서는 문제를 보여주고, 가운데 절에서는 추천하는 해법을 설명하고, 결론 절에서는 핵심을 요약했습니다. 만약 절이 달랑 하나뿐인 문서를 건네면 핵심을 파악하는 데 애를 먹는 독자가 생길 것입니다.

대부분의 엔지니어는 중복을 꺼립니다(좋은 일이죠). 하지만 문서자료에서는 중복이 때론 유용합니다. 핵심이 텍스트 더미에 묻혀 있다면 기억하거나 찾아내기 어려울 수 있습니다. 너무 일찍 부각하면 이어지는 맥락 정보들을 놓칠 수 있습니다. 일반적인 해법은 각 절의 도입 단락에서 핵심을 요약해 알려준 후, 해당 절의 나머지에서 구체적으로 사례를 설명하는 방법입니다. 이 방식에서는 독자가 중요 내용을 이해하는 데 중복이 도움을 줍니다.

10.7.3 좋은 문서자료의 특징

일반적으로 좋은 문서자료들은 세 가지 특징을 보입니다. 바로 완전성^{completeness}, 정확성^{accuracy}, 명확성^{clarity}입니다. 하지만 하나의 문서에 세 특징을 모두 담기는 어렵습니다. 예컨대 문서를 더 '완벽하게' 만들려다 보면 명확성이 떨어지기 쉽습니다. 가능한 API 활용법을 모두 담으려 하면 숲이 거대해져 길을 찾기 어려워지는 식이죠. 소스 코드의 경우, 일어날 수 있는 모든 상황을 완벽하고 정확하게 작성하면(그리고 부수효과까지 빠짐없이 설명하면) 명확성에 영향을 줍니다. 다른 문서에서도 복잡한 주제를 명확하게 설명하려다 보면 정확성이 떨어질 수 있습니다. 이런 이유에서 가령 개념 문서라면 드물게 발생하는 부수효과는 일부러 언급하지 않기도 합니다. 개념 문서의 목적은 의도한 모든 행위를 융통성 없이 소개하는 게 아니라 독자가 API 사용법에 익숙해지게 해주는 것이기 때문입니다.

결국 '좋은 문서'란 의도한 역할을 잘 수행하는 문서라고 할 수 있습니다. 따라서 문서 하나에 둘 이상의 역할을 맡기는 일은 거의 없습니다. 각각의 문서(혹은 문서 종류)는 무엇에 집중할지를 정하고 그에 맞게 작성되어야 합니다. 개념 문서를 작성하나요? 그렇다면 API의 모든 측면을 전부 다룰 필요는 없습니다. 참조 문서를 작성하나요? 그렇다면 완전한, 하지만 명확성은 다소 떨어지는 문서가 적합할 것입니다. 랜딩 페이지를 작성하나요? 그렇다면 구성에 집중하고 논의사항은 최소가 되도록 관리하세요. 이 모든 것이 품질에 영향을 줍니다(물론 정확하게 측정하기는 어려운 게 사실입니다).

문서의 품질을 빠르게 개선하는 방법은 무엇일까요? 독자가 필요로 하는 게 무엇인지에 집중하는 것입니다. 그리고 적은 것이 나을 때가 많습니다. 예를 들어, 엔지니어들은 API 문서에 설계 결정이나 상세 구현 내용까지 설명하는 실수를 자주 합니다. 인터페이스와 구현을 분리해야 잘 설계된 API이듯, API 문서에서 설계 결정을 논하는 것은 피해야 합니다. 독자가 알아야 할 정보가 아닙니다. 대신 설계 결정은 설계 문서 같은 해당 목적에 특화된 문서에 적어주세요.

10.7.4 문서 폐기하기

오래된 코드와 마찬가지로 오래된 문서도 문제를 일으키곤 합니다. 세월이 흐르면서 문서도 낡고 쓸모없어지다가 종종 버려집니다. 문서를 버리는 일은 되도록 생기지 않도록 노력해야 합니다. 하지만 문서가 본래의 목적을 더 이상 수행할 수 없다면 폐기하거나 '폐기 대상'으로 표시해 줘야 합니다(그리고 할 수 있다면 최신 정보의 위치를 알려주세요). 내 소유가 아니더라도 '이 문서는 더 이상 유효하지 않아요' 같은 댓글을 남겨주세요. 아무런 표식 없이 마치 여전히 유효한 문서처럼 돌아다니는 것보다 훨씬 낫습니다.

구글에서는 문서자료에 '신선도 보증 기간freshness date'을 붙여두곤 합니다. 문서에 마지막으로 리뷰한 날짜를 기록해두면 이 메타데이터를 활용하여 가령 3개월 동안 갱신되지 않을 시 알림 메일을 보내는 식입니다. 문서를 관리하는 데 가장 큰 골칫거리는 유지보수입니다. 신선도 보증 기간은 (그리고 문서의 오류도 버그처럼 추적하면) 이 골칫거리를 해결하는 데 효과적입니다. 다음은 신선도 보증 기간 정보의 예입니다.

```
<!--*
# Document freshness: For more information, see go/fresh-source.
freshness: { owner: `username` reviewed: '2019-02-27' }
*-->
```

이런 문서의 소유자는 문서가 상하지 않게끔 신경 쓸 것입니다. 버전 관리되는 문서라면 갱신 시 코드 리뷰를 거칩니다. 문서를 수시로 점검할 수 있는 저렴한 방법인 셈이죠. 구글에서는 문서 자체에 '마지막 리뷰어: …' 식으로 신선도 보증 기간 정보와 함께 문서 소유자도 기재하도록 하니 채택률이 높아졌습니다.

10.8 테크니컬 라이터가 필요한 순간

구글이 아직 젊고 빠르게 성장하던 시기에는 소프트웨어 엔지니어링 테크니컬 라이터가 부족했습니다(지금도 마찬가지입니다). 그리고 중요하다고 생각되는 프로젝트에는 팀에 정말 필요한지와 상관없이 테크니컬 라이터를 배정하는 경향이 있었습니다. 그렇게 한 밑바탕에는 테크니컬 라이터가 팀의 문서 작성과 관리 부담을 덜어줘서 프로젝트의 속도를 높여주리라는 기대가 깔려 있었습니다. 결국은 잘못된 가정으로 판명났습니다.

구글은 엔지니어링팀 대다수가 팀에 필요한 문서자료를 스스로 완벽하게 작성할 수 있음을 깨달았습니다. 다른 이의 도움이 필요한 경우는 오직 팀원 외 독자를 위한 문서를 작성할 때뿐이었습니다. 외부 독자용 문서 작성은 어렵기 때문이죠. 팀 안에서는 피드백 루프가 아주 기민하고, 도메인 지식과 가정도 명확하며, 무엇을 요구하는지도 더 분명합니다. 물론 문법이나 구조 잡기 측면에서는 테크니컬 라이터가 더 뛰어난 경우가 많습니다. 하지만 희소하고 특화된 자원인 테크니컬 라이터를 팀 하나를 지원하는 데 투입하는 건 최선이 아니었습니다. 확장성이 낮기 때문이죠. 실제로도 조직을 잘못된 방향으로 이끌었습니다. 중요하다고 인정받은 프로젝트의 소프트웨어 엔지니어들은 문서를 작성할 필요가 없어졌습니다. 그리고 엔지니어들을 문서 작성에서 멀어지게 함으로써 기대하던 효과와 반대의 결과가 나왔습니다.

테크니컬 라이터는 희소하기 때문에 소프트웨어 엔지니어들이 일반적인 업무로 취급하지 않는 일에 집중해야 합니다. 예컨대 API 경계를 넘나드는 문서 작성이 여기 속합니다. Foo 프로젝트팀은 Foo 프로젝트에 필요한 문서자료가 무엇인지를 명확하게 알고 있을 것입니다. 하지만 Bar 프로젝트에 무엇이 필요한지는 잘 모를 가능성이 크죠. 테크니컬 라이터는 도메인에 익숙하지 않은 사람을 더 잘 대변할 수 있습니다. 그래서 테크니컬 라이터의 핵심 역할 하나가 바로 프로젝트가 어디에 유용한가에 관한 팀 내 가정에 의문을 품어보는 것입니다. 많은 혹은 대부분의 소프트웨어 엔지니어링 테크니컬 라이터가 이러한 특정 유형의 API 문서자료에 집중하는 이유가 여기 있습니다.

10.9 마치며

구글은 지난 10년 동안 문서자료 품질 개선 측면에서 큰 진전을 이루었습니다. 하지만 솔직히 구글에서조차 문서자료를 가장 중요한 요소로 취급하지는 않습니다. 테스트와 비교해보죠. 테스트도 한때 크게 관심받지 못했지만 코드를 아무리 적게 수정해도 테스트가 필요하다는 인식이 꾸준히 퍼져왔습니다. 테스트 도구 역시 견고하며 다양해졌으며 이제는 엔지니어링 워크플로의 구석구석에 통합되어 돌아갑니다. 문서자료는 아직 이런 수준까지 뿌리내리지 못했습니다.

솔직히 문서자료를 테스트와 같은 수준으로 취급해야 한다고 믿지는 않습니다. 테스트(단위 테스트)는 원자적으로 만들 수 있고 규정된 형태와 기능을 따르게 할 수 있습니다. 그에 반해 문서는 대부분의 경우 그렇지 못합니다. 테스트는 자동화할 수 있지만 문서화는 그럴 여지가 더 적습니다. 문서에는 필연적으로 주관이 개입됩니다. 문서의 품질은 작성자가 아닌 독자에 의해 평가됩니다. 그것도 작성 시점과 다른 미래의 어느 시점에 이루어지죠. 그럼에도 문서자료가 중요하다는 인식이 퍼지고 문서 작성 프로세스 역시 개선되고 있습니다. 우리 저자들의 생각으로는 구글의 문서자료 품질은 대부분의 다른 소프트웨어 엔지니어링 조직보다 우수합니다.

엔지니어링 문서자료의 품질을 개선하려면 엔지니어들과 전체 엔지니어링 조직이 '내가 곧 문제이자 해결책임'을 깨우쳐야 합니다. 문서에서 손을 놓고 포기하지 말고, 양질의 문서자료를 생산하는 일 역시 내게 맡겨진 과업이며 장기적으로 시간과 노력을 절약해준다는 사실을 깨달아야 합니다. 수개월 이상 존속할 것 같은 코드라면 따로 시간을 내어 잘 문서화하기 바랍니다. 그러면 다른 사람들에게는 물론 여러분이 자신의 코드를 유지보수하는 데도 이로울 것입니다.

10.10 핵심 정리

- 문서자료는 시간이 흐르고 조직 규모가 커질수록 더 중요해집니다.
- 문서자료 변경도 기존 개발자 워크플로에 통합되어야 합니다.
- 하나의 문서는 하나의 목적에 집중해야 합니다.
- 문서자료는 자신이 아니라 독자를 위해 써야 합니다.

CHAPTER 11

테스트 개요

테스트는 처음부터 프로그래밍과 함께였습니다. 여러분도 첫 프로그램을 작성하고 나서 분명 샘플 데이터를 입력하여 코드가 제대로 동작하는지 살펴보았을 것입니다. 하지만 오랫동안 소프트웨어를 테스트하는 프로세스는 크게 개선되지 못했습니다. 대부분 수동으로 이루어졌고 오류가 나기 쉬운 프로세스였죠. 하지만 2000년대 초부터 소프트웨어 업계는 덩치가 커진 소프트웨어 시스템의 복잡도에 대응하기 위해 테스트 방식을 극적으로 진화시켰습니다. 그 진화의 중심에는 개발자가 주도하는 테스트와 자동 테스트가 있었습니다.

자동 테스트automated test는 버그가 몰래 숨어들어 고객을 놀라게 하는 사태를 막아줍니다. 개발 주기에서 버그를 발견하는 시기가 늦어질수록 고치는 비용이 커집니다. 많은 경우 기하급수적으로 커지죠.[1] 하지만 '버그 잡기'는 테스트를 하는 여러 이유 중 하나일 뿐입니다. 예를 들어 '소프트웨어가 변화할 수 있도록 지원'하는 역할 역시 버그 잡기에 못지않게 중요합니다. 새로운 기능을 추가하거나, 코드가 더 건실해지도록 리팩터링하거나, 대규모 재설계를 진행하는 상황에서 자동 테스트는 실수를 빠르게 잡아주므로 안심하고 소프트웨어를 변경할 수 있게 해줍니다.

반복 주기가 짧은 회사는 변화하는 기술, 시장 상황, 고객 취향을 더 빠르게 받아들일 수 있습니다. 테스트 체계가 잘 갖춰져 있다면 변화를 두려워할 이유가 없습니다. 따라서 테스트 체계

---

1   (블로그 글) 'Defect Prevention: Reducing Costs and Enhancing Quality' 참고. *https://oreil.ly/27R87*

를 소프트웨어 개발의 핵심 역량으로 취급할 수 있습니다. 시스템을 더 많이 더 빠르게 변경하고 싶다면 더 빠르게 테스트하는 방법을 모색해야 합니다.

한편, 테스트를 작성하는 행위가 시스템의 설계도 개선해줍니다. 테스트는 시스템 코드의 첫 번째 고객이라는 자격으로 여러분이 선택한 설계에 관해 많은 이야기를 해줍니다. 데이터베이스에 너무 강하게 묶여 있는지, 이 API가 필수 유스케이스를 지원하는지, 시스템이 극단적인 상황들에 잘 대처하는지 등을 확인할 수 있죠. 자동 테스트를 작성하면 이런 문제를 개발 주기의 초반에 잡아내게 됩니다. 그 결과 모듈화가 더 잘되어 미래의 변화에 훨씬 유연한 소프트웨어가 만들어집니다.

다행히 소프트웨어 테스트가 중요하다는 인식이 퍼지면서 테스트를 주제로 하는 문헌이 많이 쏟아졌습니다. 하지만 어떻게 해야 테스트를 잘할 수 있는지는 여전히 많은 이에게 의문으로 남아 있습니다. 구글도 오랫동안 연구했지만, 테스트 프로세스를 회사 전체에 안정적으로 확장하는 데는 여전히 어려움을 겪고 있습니다. 이번 장에서는 구글이 배운 교훈을 소개하며 이 이야기를 계속 이어가보겠습니다.

11.1 테스트를 작성하는 이유

테스트를 최대한 활용하는 방법을 이해하고자 가장 근본적인 이야기부터 시작하겠습니다. 우리가 '자동 테스트'라고 하는 것의 정체는 정확히 무엇일까요? 가장 단순한 테스트는 다음 요소들로 정의할 수 있습니다.

- 테스트하려는 단 하나의 행위(주로 메서드나 API)
- 특정한 입력(API에 전달하려는 값)
- 관측 가능한 출력 혹은 동작
- 통제된 조건(하나의 격리된 프로세스 등)

이런 테스트를 실행한다면 여러분은 시스템에 특정 값을 입력하고, 출력 결과를 확인하여, 시스템이 기대한 대로 동작한 것인지를 판단하게 될 것입니다. 그리고 간단한 테스트가 수백에서 수천 개 모이면(**테스트 스위트**$^{test\ suite}$) 제품이 전체적으로 의도한 설계대로 잘 작동하는지, 혹은 언제 그렇지 못한 지를 이야기할 수 있게 됩니다(테스트에서는 후자가 더 중요합니다).

테스트 스위트를 건실하게 만들고 유지하는 데는 많은 노력이 듭니다. 코드베이스의 덩치에 비례하여 테스트 스위트도 커집니다. 그 과정에서 테스트 결과가 일관되지 못하거나 느려지는 문제가 나타나기도 합니다. 이러한 문제를 해결하지 못하면 테스트 스위트의 존폐가 위태로워집니다. 테스트는 엔지니어에게 신뢰를 줄 때만 가치가 있다는 사실을 잊지 마세요. 테스트가 생산성을 떨어뜨리고 고칠 게 계속 나오거나 결과를 믿을 수 없다면 엔지니어들은 더 이상 테스트를 신뢰하지 않고 우회 방법을 찾으려 할 것입니다. 나쁜 테스트 스위트는 테스트가 아예 없는 것만 못합니다.

테스트는 좋은 제품을 빠르게 만들 수 있게 해줄 뿐 아니라 우리 삶에서 중요한 제품과 서비스의 안전을 보장하는 데도 점점 핵심적인 역할을 하고 있습니다. 소프트웨어는 우리 삶에 점점 더 깊이 파고들고 있습니다. 소프트웨어 결함은 단순히 짜증을 일으키는 수준을 넘어서 막대한 금전적 손실을 낳고 심하면 목숨을 앗아가기까지 하기 때문입니다.[2]

구글은 문제가 터진 후에야 테스트를 고민해서는 안 된다고 결론지었습니다. 구글은 소프트웨어를 개발할 때 품질과 테스트를 절대로 소홀히 하지 않습니다. 품질이 떨어지는 제품이나 서비스를 만들면 필연적으로 나쁜 결과를 초래한다는 사실을 때로는 아주 큰 대가를 치르며 배웠기 때문입니다. 그 결과 구글은 테스트를 엔지니어링 문화의 중심에 두고 있습니다.

11.1.1 구글 웹 서버 이야기

구글 초창기에는 엔지니어 주도 테스트는 크게 중요하게 여기지 않았습니다. 똑똑한 엔지니어들이 소프트웨어를 알아서 올바르게 만들어줄 것이라 기대한 것이죠. 대규모 통합 테스트를 수행하는 시스템도 일부 있었지만 대부분은 미개척지였습니다. 그중 최악의 상황을 겪은 제품은 바로 구글 웹 서버^{Google Web Server}(GWS)였습니다.

GWS는 구글 검색 쿼리를 제공하는 웹 서버로, 구글 검색에 있어서는 마치 공항의 관제 시스템만큼 중요했습니다. 2005년, 이 프로젝트의 규모와 복잡성이 커지면서 생산성이 급격히 떨어졌습니다. 릴리스 때마다 버그가 넘쳐났고 다음 릴리스까지의 기간도 점점 길어졌습니다. 서비스를 수정해야 할 때면 팀원들은 불안해 했고 프로덕션 환경에서만 기능들이 작동하지 않는 일도 잦았습니다(한때는 프로덕션에 추가된 기능의 80% 이상이 사용자에게까지 영향을 주는 버

---

2 (위키백과) 'Failure at Dhahran' 참고. *https://oreil.ly/lh07Z*

그를 담고 있어서 롤백해야만 했습니다).

이 문제들을 해결하고자 GWS의 테크 리드(TL)는 엔지니어 주도의 자동 테스트를 정책 차원에서 도입하기로 했습니다. 이 정책의 일환으로 모든 코드 변경에는 지속해서 실행할 수 있는 테스트가 반드시 딸려 있어야 했습니다. 정책 도입 1년 만에 긴급하게 코드를 수정해 배포하는 건수가 '절반'으로 줄었습니다. 반영된 변경 개수 기록을 매 분기 갈아치우는 와중에 달성한 수치입니다. 전례 없는 성장과 변경에서도 테스트는 구글에서 가장 중요한 프로젝트 중 하나인 GWS의 생산성과 자신감을 높여줬습니다. 오늘날 GWS는 수만 개의 테스트를 보유하고 있으며, 고객이 인식할 수 있는 버그의 수를 상대적으로 낮게 억제하면서 거의 매일 릴리스되고 있습니다.

GWS의 변화는 구글의 테스트 문화를 격변시키는 분수령이 되었습니다. 모두가 테스트의 이점을 목격하면서 다른 팀들도 비슷한 전략을 도입하기 시작한 것입니다.

GWS 경험에서 우리가 배운 핵심은 제품 결함 해결을 프로그래머의 능력에만 의존해서는 안 된다는 사실이었습니다. 개별 엔지니어가 버그를 심는 빈도는 아주 낮더라도 프로젝트가 커져 팀원이 많아지면 결함 목록은 계속 길어질 것입니다. 한 달에 버그를 단 하나밖에 만들지 않는 뛰어난 엔지니어 100명으로 구성된 팀을 상상해보죠. 훌륭한 엔지니어로만 구성된 이 팀도 매일(근무일 기준) 5개의 버그를 양산합니다. 설상가상으로, 엔지니어의 시야는 보고된 버그와 주변 코드에 집중되기 때문에 특히 복잡한 시스템에서는 버그를 고치는 과정에서 다른 버그를 만들어 넣곤 합니다.

최고의 팀은 팀원들의 집단 지성을 팀 전체의 이익으로 환원하는 방법을 찾아냅니다. 바로 자동 테스트가 하는 일이죠. 개별 엔지니어가 작성한 테스트는 팀이 공유하는 자원 풀에 추가됩니다. 따라서 팀원 모두가 공유된 테스트를 수행하고 결함을 찾아낼 수 있습니다. 디버깅에 의존하는 방식과 비교해보세요. 디버깅 방식에서는 버그가 발생할 때마다 엔지니어가 디버거를 실행해 문제를 분석해내야 합니다. 둘 사이의 엔지니어링 비용 차이는 하늘과 땅만큼 벌어지며, 이것이 바로 GWS를 정상 궤도로 복귀시킬 수 있게 한 근본적인 이유입니다.

11.1.2 오늘날의 개발 속도에 맞는 테스트

소프트웨어 시스템은 계속해서 더 커지고 복잡해지고 있습니다. 구글의 앱이나 서비스라면 코드가 보통 수천에서 수백만 줄에 달합니다. 또한 수백 개의 라이브러리나 프레임워크를 사용하며, 신뢰할 수 없는 네트워크를 통해서 설정이 제각각인 수많은(그리고 점점 가짓수가 늘어나는) 플랫폼에 배포해야만 합니다. 더 나아가 하루에도 몇 번씩 새로운 버전을 릴리스해야 하죠. 일 년에 고작 한두 번만 업데이트되던 과거의 소프트웨어 세상과는 완전 딴판입니다.

대부분의 소프트웨어는 기능과 지원 플랫폼이 너무 폭증해서 사람이 모든 행위를 수동으로 검증할 수 있는 한계를 아득히 넘어섰습니다. 항공편, 영화 상영 시간, 유사 이미지, 웹 검색 등 구글 검색의 모든 기능을 수동으로 테스트한다고 생각해보세요(그림 11-1). 할만하다고요? 그렇다면 구글 검색이 지원해야 하는 모든 언어, 국가, 기기별로 일일이 수행하는 모습을 상상해보세요. 접근성과 보안 점검도 잊으면 안 되죠. 이처럼 모든 기능을 사람이 조작하여 제품 품질을 확인하는 방식은 확장이 불가능합니다. 그래서 테스트에서의 해법은 단 하나, 바로 '자동화'뿐입니다.

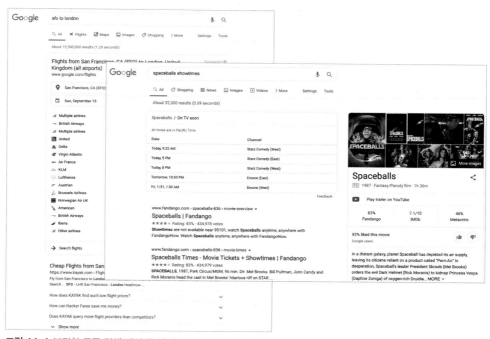

그림 11-1 복잡한 구글 검색 예시 두 가지

11.1.3 작성하고, 수행하고, 조치하라

가장 순수한 형태의 자동 테스트는 '테스트 작성', '테스트 수행', '실패한 테스트에 대한 조치', 이렇게 세 가지 활동으로 이루어집니다. 자동 테스트는 적은 양의 코드로 구성됩니다. 보통은 테스트 대상 시스템의 일부를 호출하는 함수나 메서드 하나로 만들어지죠. 테스트 코드는 환경을 원하는 모습으로 설정하고, (보통은 이미 알고 있는 데이터를 입력하여) 시스템을 호출하고, 결과를 검증합니다. 하나의 코드 실행 경로만 확인하는 아주 작은 테스트도 있고 모바일 운영체제나 웹 브라우저 같은 전체 시스템이 필요한 커다란 테스트도 있습니다.

[코드 11-1]은 자바에서 프레임워크나 테스트 라이브러리를 사용하지 않는 간단한 테스트의 예입니다. 실전에서 테스트 스위트를 작성하는 방법과는 다르지만 모든 자동 테스트의 핵심은 아주 단순한 이 예시와 매우 비슷합니다.

코드 11-1 테스트 예

```java
// Calculator 클래스가 결과가 음수인 계산을 제대로 처리하는지 확인한다.
public void main(String[] args) {
    Calculator calculator = new Calculator();
    int expectedResult = -3;
    int actualResult = calculator.subtract(2, 5); // 2에서 5를 뺀다.
    assert(expectedResult == actualResult);
}
```

전문 소프트웨어 테스터들이 시스템의 새 버전이 나올 때마다 모든 기능을 열심히 시험하며 검수하던 과거의 품질보증quality assurance(QA) 프로세스와 달리, 오늘날의 개발자들은 자신의 코드를 검사하는 자동 테스트를 작성하고 수행하는 데 능동적이고 핵심적인 역할을 합니다. QA 조직이 중요한 역할을 하는 회사에서조차 개발자가 테스트를 작성하는 게 흔한 시대가 됐습니다. 오늘날 시스템의 규모와 배포 속도를 따라잡으려면 모든 엔지니어가 테스트도 함께 개발해야만 합니다.

물론 테스트를 작성하는 것과 **좋은 테스트**를 작성하는 것은 별개입니다. 수만 명의 엔지니어에게 좋은 테스트를 작성하도록 가르치기는 정말 어렵습니다. 우리가 구글에서 배운 '좋은 테스트 작성법'은 이어지는 3개 장(12~14장)에서 살펴보겠습니다.

테스트 작성은 테스트 자동화 프로세스의 첫 번째 단계일 뿐입니다. 테스트를 작성한 후에는 작성한 테스트를 실행해야 합니다. 수시로요. 자동 테스트의 핵심은 같은 동작을 끊임없이 반복하는 데 있습니다. 사람은 무언가 잘못됐을 때만 개입합니다. 지속적 통합continuous integration (CI)과 테스트는 23장에서 설명합니다. 절차에 맞춰 수동으로 진행하던 과거의 테스트에서 벗어나 테스트 절차까지 '실행 가능한 코드'로 작성해두면 코드가 변경될 때마다, 즉 하루에 수천 번도 더 돌려볼 수 있습니다. 사람과 달리 기계는 결코 지치거나 지루해하지 않으니까요.

테스트를 코드로 작성하면 다양한 환경에서 수행할 수 있도록 테스트들을 '모듈화'하기도 좋습니다. 예를 들어 파이어폭스에서 실행하던 Gmail 기능 테스트는 브라우저가 크롬으로 바뀐다고 해서 달라질 게 없습니다. 두 시스템에 맞춰 설정 정보만 테스트에 제공하면 됩니다. 마찬가지로 한국어로 된 UI 테스트에도 영어 UI용 테스트들을 그대로 재활용할 수 있습니다.[3]

개발이 한창인 제품이나 서비스라면 필연적으로 테스트 실패를 겪습니다. 테스트 프로세스가 얼마나 효과적이냐는 이러한 테스트 실패를 어떻게 처리하느냐에 달려 있습니다. 실패하는 테스트가 해결되지 못하고 빠르게 쌓여간다면 테스트에 투자한 노력이 허사가 되니, 그렇게 되지 않도록 하는 게 중요합니다. 예를 들어 테스트가 실패하면 수 분 내로 해결하도록 하는 팀이라면 제품과 테스트를 더 신뢰하며 오류를 빠르게 퇴치할 수 있습니다. 그만큼 테스트로부터 얻는 것도 많아집니다.

요약하면, 건실한 자동 테스트 문화에서는 모두가 테스트를 작성하고 공유하도록 장려합니다. 테스트들을 정기적으로 실행합니다. 마지막이자 가장 중요한 것으로, 테스트가 실패하면 바로바로 조치하도록 권장해야 테스트 프로세스를 신뢰하고 계속 이어갈 수 있습니다.

11.1.4 테스트 코드가 주는 혜택

테스트 문화가 확실하게 뿌리 내린 조직을 경험해보지 못한 개발자는 테스트를 작성하면 생산성과 속도가 높아진다고는 생각하기 어려울 것입니다. 오히려 반대로 생각할 가능성도 크죠. 어쨌든 처음에는 기능 구현에 드는 시간만큼을 혹은 그 이상을 테스트 작성에 써야 하니까요. 하지만 구글은 테스트에 투자하는 게 개발자 생산성 향상시키는 중요한 이유를 몇 가지 발견했습니다.

---

3 브라우저와 언어가 달라도 올바르게 동작하도록 하는 것은 별개의 이야기입니다. 하지만 이상적으로는 최종 사용자가 얻는 경험은 모두에게 똑같아야 합니다.

디버깅 감소

쉽게 예상할 수 있듯, 테스트를 거친 후 서브밋되는 코드는 통상적으로 결함이 적습니다. 여기서 중요한 사실은 결함 대부분이 서브밋 전에 고쳐지기 때문에 그 코드의 존속 기간 전체로 봤을 때 결함이 줄어든다는 점입니다. 구글의 경우 각각의 코드 조각은 수명이 다하는 날까지 수십 번 수정됩니다. 다른 팀이 수정할 수도, 심지어 자동 코드 유지보수 시스템이 수정할 수도 있습니다. 그래서 테스트를 한 번 작성해두면 프로젝트가 살아 있는 내내 값비싼 결함을 예방해주고 짜증 나는 디버깅에서 해방시켜주는 식으로 지속해서 혜택을 줍니다. 프로젝트 자체 혹은 프로젝트가 의존하는 다른 코드가 변경되어 테스트가 실패한다면 테스트 인프라가 곧바로 인지해내어, 프로덕션 환경으로 릴리스되기 전에 정상 상태로 되돌릴 수 있습니다.

자신 있게 변경

모든 소프트웨어는 변경됩니다. 좋은 테스트들로 무장한 팀은 자신감을 가지고 변경들을 리뷰하고 수용할 수 있습니다. 테스트들이 프로젝트의 주요 기능들을 끊임없이 검증해주는 덕분입니다. 이런 프로젝트에서는 자연스럽게 리팩터링을 권장합니다. 행위가 달라지지 않는 변경, 즉 리팩터링은 (이상적으로는) 기존 테스트를 수정할 필요조차 없습니다.

더 나은 문서자료

소프트웨어 문서자료는 신뢰할 수 없는 것으로 악명이 높습니다. 요구사항 내용이 낡았거나 극단적인 상황은 누락하는 등, 문서자료는 해당 코드를 잘 대변하지 못하는 일이 다반사입니다. 한편 한 번에 하나의 행위만 집중해 검증하는 명확한 테스트는 마치 실행 가능한 문서와 같습니다. 코드가 특정 상황에서 어떻게 동작하는지 궁금하다면 그 상황을 검증하는 테스트를 보면 됩니다. 나아가, 요구사항이 변경되어 새로운 코드가 기존 테스트를 통과하지 못한다면 그 '문서자료(테스트)'가 이제 낡았음을 분명히 알 수 있습니다. 테스트는 명확하고 간결해야지만 문서자료로서의 역할을 훌륭히 수행할 수 있으니 명심하세요.

더 단순한 리뷰

구글에서는 최소 한 명의 다른 엔지니어가 리뷰한 코드만이 서브밋될 수 있습니다(9장 참고). 이때 정확성, 극단 상황, 오류 상황 등 다양한 측면에서 코드를 검사해주는 테스트가 준비되어 있다면 리뷰어가 변경된 코드가 제대로 작동하는지를 검증하는 시간을 크게 줄여줍니다. 각각의 상황을 머릿속에서 일일이 그려보는 대신 해당 테스트를 수행해 통과하는지만 보면 되기 때문입니다.

사려 깊은 설계

새로 작성한 코드의 테스트를 작성하는 일은 실질적으로 해당 코드의 API가 잘 설계되었는지를 시험하는 행위입니다. 테스트하기 어려운 코드는 너무 많은 역할을 짊어지거나 의존성을 관리하기 어렵게 짜여졌기 때문일 가능성이 큽니다. 잘 설계된 코드라면 자고로 모듈화가 잘 되어 있어야 합니다. 말하자면 다른 코드와 강하게 결합되지 않고 특정 역할에 집중해야 합니다. 설계 문제를 조기에 바로잡는다면 훗날 수정할 때 고생을 덜 합니다.

고품질의 릴리스를 빠르게

건실한 자동 테스트 스위트를 갖춘 팀은 새로운 버전을 릴리스하며 불안에 떨지 않습니다. 구글에서는 많은 프로젝트가 매일같이 새로운 버전을 프로덕션 환경으로 릴리스합니다. 수천 명의 엔지니어가 참여하고 코드 변경도 매일 수천 번 일어나는 큰 프로젝트들도 똑같습니다. 자동 테스트 없이는 상상할 수 없는 풍경입니다.

11.2 테스트 스위트 설계하기

오늘날 구글은 규모가 엄청나며 이런 대규모 조직을 운영할 수 있게 하는 토대를 오래전에 마련했습니다. 해가 갈수록 코드베이스는 커져만 갔고, 그 과정에서 테스트 스위트를 설계하고 실행하는 올바른 방식을 배워나갔습니다. 때로는 실수도 하고 뒤늦게 수습하는 일도 많았습니다.

우리가 초기에 배운 교훈이 하나 있습니다. 엔지니어들은 커다란 '시스템 규모'의 테스트를 작성하는 편을 선호하지만, 이러한 테스트는 작은 테스트와 비교하여 느리고 신뢰도가 낮고 디버깅하기도 어렵다는 사실입니다. 시스템 규모의 테스트를 디버깅하느라 지친 엔지니어들은 스스로 이런 질문을 던지곤 했습니다. '한 번에 하나의 서버만 테스트하지 못하는 이유는 뭘까?', 또는 '한 번에 서버 전체를 테스트할 이유가 있나? 더 작은 모듈을 개별적으로 테스트할 수도 있잖아?' 결국 고통을 줄이고자 하는 욕구가 엔지니어들을 점점 더 작은 테스트를 작성하도록 이끌었습니다. 그러면서 더 작은 테스트가 더 빠르고, 안정적이고, 평균적으로 고통이 적다는 걸 깨우쳤죠.

하지만 '작다'는 것의 정확한 의미를 찾기까지는 회사 차원에서의 많은 논의가 필요했습니다. '작다는 건 단위 테스트를 뜻할까?', '그렇다면 통합 테스트에서 '작다'는 무슨 의미일까?' 등의 논의 끝에 우리는 모든 테스트 케이스에는 두 가지 독립된 요소가 있다는 결론에 이르렀습니다. 바로 크기와 범위입니다. **크기**^{size}는 테스트 케이스 하나를 실행하는 데 필요한 자원을 뜻합니다. 메모리, 프로세스, 시간 등이죠. 한편 **범위**^{scope}는 검증하려는 특정한 코드 경로$^{code\ path}$를 뜻합니다. 어떤 코드를 단순히 실행했다고 해서 그 코드가 기대대로 동작하는지 검증했다고 볼 수는 없습니다. 크기와 범위는 서로 연관되어 있지만 분명 다른 개념입니다.

11.2.1 테스트 크기

구글에서는 모든 테스트를 크기 기준으로 분류하며, 엔지니어들에게 주어진 기능 조각을 검사하는 가능한 한 작은 테스트를 작성하라고 독려합니다. 테스트의 크기를 가늠하는 기준은 코드 줄 수가 아닙니다. 대신 어떻게 동작하고, 무엇을 하고, 얼마나 많은 자원을 소비하는지로 평가합니다. 사실 우리가 작은 테스트, 중간 크기 테스트, 큰 테스트를 구분한 정의가 테스트 인프라에 직접 녹아 있는 경우도 있습니다. 쉽게 설명하면 이렇습니다. 작은 테스트는 프로세스 하나에서 동작하고, 중간 크기 테스트는 기기 하나에서, 큰 테스트는 자원을 원하는 만큼 사용해 동작합니다.[4]

---

4   구글에서 실제로 사용하는 구분은 작은(small), 중간 크기(medium), 큰(large), 거대(enormous) 테스트까지 총 네 가지입니다. 이중 '큰'과 '거대'의 차이는 미묘하고, 기술적인 기준보다는 역사적인 배경이 깔려 있습니다. 그래서 이 책에서 큰 테스트에 관한 설명은 대부분 실제로는 구글의 거대 테스트에 해당합니다.

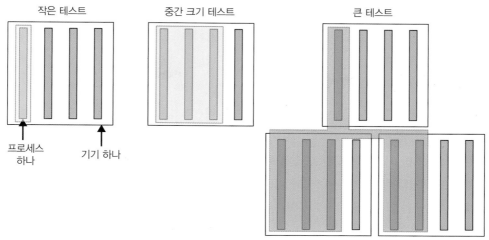

그림 11-2 테스트 크기

구글은 전통적인 용어인 '단위 테스트'와 '통합 테스트' 대신 이 정의를 사용합니다. 우리가 테스트 스위트에 바라는 품질은 바로 속도와 결정성이기 때문입니다(테스트하는 범위와는 무관합니다). 실제로 범위와 상관없이 작은 테스트는 더 많은 인프라나 자원을 사용하는 테스트보다 거의 항상 더 빠르고 더 결정적입니다. 또한 작은 테스트가 되기 위한 제약들 덕에 테스트를 더 빠르고 결정적이게 만들기도 훨씬 쉽습니다. 테스트가 커질수록 이 제약들 중 상당수가 완화됩니다. 예를 들어 중간 크기 테스트는 더 유연하지만 비결정적일 위험이 커집니다. 그래서 큰 테스트는 가장 복잡하고 검증하기 어려운 시나리오에만 제한적으로 활용합니다. 그럼 테스트 크기별로 정확히 어떤 제약이 있는지 자세히 알아보겠습니다.

작은 테스트

세 가지 테스트 중 작은 테스트는 제약이 가장 엄격합니다. 가장 중요한 제약은 바로 테스트가 단 하나의 프로세스에서 실행되어야 한다는 것입니다. 프로그래밍 언어에 따라서는 이 제약을 하나의 '스레드'로까지 좁히는 경우가 많습니다. 즉, 테스트도 테스트 대상 코드와 같은 프로세스에서 실행되어야 한다는 뜻입니다. 서버를 두고 독립된 테스트 프로세스에 연결해 수행하는 방식도 허용되지 않습니다. 또한 데이터베이스와 같은 제3의 프로그램을 수행해서도 안 됩니다.

작은 테스트에 요구되는 중요한 제약은 이 외에도 더 있습니다. 작은 테스트는 sleep, I/O 연산[5] 같은 블로킹 호출을 사용해서는 안 됩니다. 네트워크와 디스크에도 접근할 수 없다는 뜻입니다. 그래서 블로킹 호출을 수반하는 대상을 검사하는 테스트 코드는 테스트 대역을 사용해야 합니다. 테스트 대역$^{test\ double}$은 강한 의존성을 가벼운 인프로세스$^{in-process}$ 의존성으로 대체해주는 수단입니다(자세한 내용은 13장 참고).

이러한 제약들의 목적은 테스트를 느려지게 하거나 비결정적으로 만드는 주요 원인들로부터 작은 테스트를 떼어 놓는 것입니다. 하나의 프로세스에서 실행되고 블로킹 호출을 전혀 하지 않는 테스트라면 CPU가 수행할 수 있는 최고 속도로 실행됩니다. 이런 테스트라면 실수로 느리게 혹은 비결정적으로 만들기가 오히려 어렵습니다(물론 불가능하지는 않습니다). 작은 테스트를 속박하는 이 제약들이 엔지니어가 자신의 발등을 찍는 실수를 막아주는 보호막 역할을 해주는 것입니다.

제약이 너무 과하다고 느껴진다면 작은 테스트 케이스 수백 개로 이루어진 스위트가 하루 종일 실행되는 환경을 생각해보세요. 그중 **불규칙한 테스트**$^{flaky\ test}$[6]가 단 몇 개만 있어도 원인을 찾아 헤매느라 생산성이 급격하게 떨어질 것입니다. 구글 규모에서는 이런 문제 하나가 테스트 인프라 전체를 중단시킬 수도 있습니다.

구글은 테스트하는 범위와 상관없이 가능하면 언제나 작은 테스트를 작성하라고 권합니다. 전체 테스트 스위트를 빠르고 안정되게 만들어주기 때문이죠. 작은 테스트와 단위 테스트의 차이는 12장에서 더 자세하게 설명합니다.

중간 크기 테스트

작은 테스트에 부가된 제약들을 그대로 따르기는 어렵지만 매우 유용한 테스트도 있습니다. 그래서 다음 단계로 중간 크기 테스트가 있습니다. 중간 크기 테스트는 여러 프로세스와 스레드를 활용할 수 있고, 로컬 호스트로의 네트워크 호출 같은 블로킹 호출도 이용할 수 있습니다. 단, 외부 시스템과의 통신은 여전히 불허합니다. 말하자면 단 한 대의 기기에서 수행되어야 합니다.

여러 프로세스를 사용할 수 있게 되면서 할 수 있는 일이 크게 늘어납니다. 예를 들어 데이터베

---

5 이 정책에는 다소의 융통성이 있습니다. 인메모리 파일시스템을 사용한다면 파일시스템에 접근할 수 있습니다.

6 flaky는 '유별나게 행동하는', '괴짜의'라는 뜻입니다. 〈Flaky Tests at Google and How We Mitigate Them〉 참고. *https://oreil.ly/NxC4A*

이스 인스턴스를 실행할 수 있게 되어 테스트 대상 코드를 더 현실적인 설정 하에서 검증할 수 있습니다. 또한 웹 UI와 서버 코드의 조합도 테스트할 수 있습니다. 예컨대 웹 앱 테스트에 웹드라이버^{WebDriver}[7] 같은 도구를 이용할 수 있게 됩니다. 웹드라이버는 실제 브라우저를 실행시킨 후 테스트 프로세스에서 원격으로 조작하도록 해주는 도구입니다.

불행히도 유연성이 커지면 반대급부로 테스트는 느려지고 비결정적이 될 가능성이 높아집니다. 여러 프로세스에 걸쳐 있거나 블로킹 호출을 하기 시작하면 운영체제나 서드파티 프로세스에 의존하게 됩니다. 외부 요인이 개입되므로 성능과 결정성을 온전히 우리 스스로가 보장할 수 없다는 뜻입니다. 중간 크기 테스트는 원격 기기로의 네트워크 호출을 불허함으로써 여전히 어느 정도의 보호막은 유지하고 있습니다. 원격 호출은 대부분의 시스템에서 속도를 떨어뜨리고 비결정성을 높이는 가장 독보적인 원흉입니다. 이처럼 안정 장치가 완벽하지 않으므로 중간 크기 테스트를 작성하는 엔지니어는 작은 테스트를 작성할 때보다 훨씬 주의해야 합니다.

큰 테스트

마지막은 큰 테스트입니다. 큰 테스트는 중간 크기 테스트를 구속하던 로컬 호스트 제약에서 해방되어, 테스트와 대상 시스템이 여러 대의 기기를 활용할 수 있게 됩니다. 예를 들어 원격 클러스터에서 구동 중인 시스템을 테스트할 수 있습니다.

이번에도 더 유연해지는 만큼 위험도 늘어납니다. 여러 기기에 걸쳐 있는 시스템을 네트워크로 연결해 다루게 되면서 단일 기기에서 구동할 때보다 느려지거나 비결정성이 커질 가능성이 훨씬 높아집니다. 그래서 구글은 큰 테스트를 몇 가지 용도에 한정해서 활용합니다. 하나는 전체 시스템의 종단간^{end-to-end} 테스트입니다. 종단간 테스트는 코드 조각이 아닌 설정을 검증하는 게 주된 목적입니다. 또 다른 예로는 테스트 대역을 사용하는 게 불가능한 레거시 컴포넌트를 테스트할 때입니다. 큰 테스트를 활용하는 예는 14장에 더 준비해뒀습니다. 구글은 큰 테스트를 작은 테스트나 중간 크기 테스트와 분리하여, 빌드나 릴리스 때만 수행되도록 하여 개발 워크플로에 영향을 주지 않도록 합니다.

---

7 (Selenium WebDriver 홈페이지) *https://oreil.ly/W27Uf*

테스트 크기와 무관한 공통 특성

모든 테스트는 밀폐^{hermetic}되어야 합니다. 즉, 셋업^{setup}, 실행^{execute}, 테어다운^{tear down}하는 데 필요한 모든 정보를 담고 있어야 합니다. 또한 테스트 수행 순서 같은 외부 환경에 관해서는 가능한 한 아무것도 가정하지 않아야 합니다. 예를 들어 공유 데이터베이스에 의존해서는 안 됩니다.

이런 제약 때문에 더 큰 테스트를 작성하기가 더 어려워지지만, 그럼에도 테스트 각각을 격리하려는 노력을 멈추면 안 됩니다.

테스트는 확인하려는 행위를 수행하는 데 필요한 정보'만'을 포함해야 합니다. 테스트가 깔끔하고 간결하면 테스트가 의도대로 동작하는지를 검증해야 하는 리뷰어의 어깨를 가볍게 해줍니다. 깔끔한 코드는 테스트 실패 원인을 진단하는 데도 도움이 됩니다. 테스트는 무엇을 검사하는지가 명확해야 합니다. 테스트 자체를 검사해주는 테스트는 따로 없으므로 정확성이라는 중요한 검사는 사람이 직접 해야 합니다. 따라서 테스트에서는 조건문이나 순환문 같은 제어문을 쓰지 않는 게 좋습니다.[8] 복잡한 테스트일수록 버그가 숨어들 가능성이 커지며, 실패 원인을 찾기도 어려워집니다.

테스트는 오직 실패했을 때만 다시 들여다본다는 사실을 기억하세요. 지금껏 한 번도 들여다본 적 없는 테스트가 어느날 실패하여 바로잡아야 한다고 생각해보세요. 다행히 아주 직관적으로 짜여 있다면 그 테스트를 작성한 누군가에게 감사한 마음이 들 것입니다. 코드는 작성되는 수보다 읽히는 횟수가 훨씬 많습니다. 그러니 테스트 코드도 누군가 읽었을 때 부끄럽지 않도록 작성하세요.

실제 상황에서의 테스트 크기

테스트 크기를 명확히 정의한 덕분에 구글은 규칙을 실무에 적용할 수 있는 도구들을 만들 수 있었습니다. 또한 그 도구들 덕에 속도, 자원 활용도, 안정성을 확실히 보장하면서 테스트의 규모를 키울 수 있었죠. 이 정의들을 어느 정도까지 적용하는지는 언어마다 다릅니다. 예를 들어 자바 테스트들은 사용자 정의 보안 관리자를 사용해 수행하는데, '작은 테스트'라고 태깅된 테스트가 네트워크 연결 같은 금지된 동작을 시도하면 실패로 처리합니다.

11.2.2 테스트 범위

구글은 테스트 크기를 많이 강조하지만 테스트 범위도 중요하게 생각합니다. **테스트 범위**[test scope]란 주어진 테스트가 얼마나 많은 코드를 검증하느냐를 말합니다. (보통 단위 테스트[unit test]라고 하는) **좁은 범위 테스트**[narrow-scoped test]는 독립된 클래스나 메서드같이 코드베이스 중 작은

---

8 (화장실에서도 테스트) Don't Put Logic in Tests. *https://oreil.ly/fQSuk*

일부 로직을 검증하도록 설계됩니다. (보통 통합 테스트^{integration test}라고 하는) **중간 범위 테스트**^{medium-scoped test}는 적은 수의 컴포넌트들 사이의 상호작용을 검증하도록 설계됩니다. 가령 서버와 데이터베이스의 상호작용을 검증합니다. (보통 기능 테스트^{functional test}, 종단간 테스트^{end-to-end test}, 시스템 테스트^{system test} 등으로 불리는) **넓은 범위 테스트**^{large-scoped test}는 시스템의 서로 다른 부분들 사이의 상호작용, 혹은 클래스나 메서드 하나만 실행할 때는 괜찮다가 여럿을 조합해 실행하면 나타나는 예기치 못한 동작을 검증하도록 설계됩니다.

단위 테스트의 범위가 좁다고 할 때는 '실행'되는 코드가 아니라 '검증'되는 코드의 양이 기준입니다. 하나의 클래스가 다른 여러 클래스를 의존하거나 참조하는 경우는 흔하며, 대상 클래스를 테스트하는 과정에서 자연스럽게 의존하는 코드도 호출하게 됩니다. 일부 다른 테스트 전략[9]에서는 가짜 객체^{fake object}나 모의 객체^{mock object} 같은 테스트 대역을 많이 활용하여 테스트 대상 시스템 바깥 코드가 실행되는 일을 피하기도 합니다. 하지만 구글은 딱히 실행할 수 없는 상황이 아니라면 실제 의존성을 끊지 않는 편을 선호합니다. 이 주제는 13장에서 더 깊이 논의합니다.

좁은 범위 테스트는 작은 테스트가 되고 더 넓은 범위 테스트들은 중간 크기나 큰 테스트가 되는 것이 일반적입니다. 하지만 꼭 그렇지는 않습니다. 예를 들어 데이터베이스와 파일시스템 같은 프로세스 외부 의존성을 모두 테스트 대역으로 대체한다고 해보죠. 그러면 파싱, 요청 유효성 검사, 비즈니스 로직을 모두 포함하는 서버의 테스트도 작을 수 있습니다. 비슷하게, 메서드 하나를 검사하는 좁은 범위 테스트라도 중간 크기여야만 할 수 있습니다. 예를 들어 최신 웹 프레임워크들은 HTML과 자바스크립트를 묶어 배포되는 경우가 많습니다. 그래서 날짜 선택기 같은 UI 요소의 경우 실행 경로 하나만 테스트하려 해도 반드시 브라우저까지 실행해야 합니다.

구글은 되도록 작은 테스트를 추구하며, 마찬가지로 좁은 범위 테스트를 추구합니다. 실제로 구글은 [그림 11-3]과 같이 비즈니스 로직 대부분을 검증하는 좁은 범위의 단위 테스트가 80%, 둘 이상의 구성요소 간 상호작용을 검증하는 중간 범위의 통합 테스트가 15%, 전체 시스템을 검증하는 종단간 테스트가 5% 정도가 되도록 합니다.

---

9 (블로그 글) Classical and Mockist Testing. *https://oreil.ly/Lj-t3*

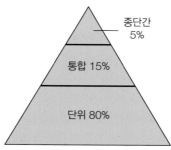

그림 11-3 마이크 콘^{Mike Cohn}의 테스트 피라미드(구글 버전).[10] 비율은 테스트 케이스 숫자이며 팀마다 조금씩 다를 수 있다.

단위 테스트는 빠르고 안정적이며 범위를 극적으로 좁혀줘서 클래스나 함수가 제공하는 동작들을 적은 노력으로도 모두 식별하게 해줍니다. 기초를 아주 튼튼하게 다져주죠. 또한 실패 시 원인을 빠르게 진단할 수 있습니다. 하지만 주의해야 할 안티패턴이 두 가지 있습니다. 바로 [그림 11-4]의 '아이스크림 콘'과 '모래시계'입니다.

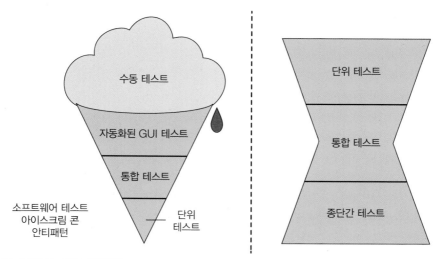

그림 11-4 테스트 스위트 안티패턴

아이스크림 콘^{ice cream cone}에서는 엔지니어들이 종단간 테스트를 많이 작성하고 통합 테스트나 단위 테스트는 훨씬 적게 작성합니다. 이런 테스트 스위트는 일반적으로 느리고 신뢰할 수 없으

---

10 『경험과 사례로 풀어낸 성공하는 애자일』(인사이트, 2012)

며 고치기도 어렵습니다. 프로토타입에서 시작하여 급하게 프로덕션으로 이전하느라 테스트 부채를 미처 해결하지 못한 프로젝트에서 자주 나타나는 안티패턴입니다.

모래시계^{hourglass}는 종단간 테스트와 단위 테스트는 많지만 통합 테스트가 적습니다. 모래시계는 아이스크림 콘만큼 나쁘지는 않습니다. 하지만 중간 범위 테스트였다면 더 빠르고 쉽게 해결했을 문제들은 종단간 테스트로 막아내고 있습니다. 모래시계 패턴은 구성요소들이 강하게 커플링되어 각각의 인스턴스를 독립적으로 만들어낼 수 없을 때 나타납니다.

구글이 추천하는 테스트 구성 비율(그림 11-3)은 엔지니어링 생산성과 제품 신뢰도라는 두 가지 핵심 목표를 고려해 정한 것입니다. 풍부한 단위 테스트는 개발 초기에 빠르게 신뢰도를 높여줍니다. 더 큰 테스트들의 역할은 제품이 제 모습을 갖춰감에 따른 온전성 검사입니다(버그를 잡기 위한 주된 수단으로 바라봐서는 안 됩니다).

물론 여러분은 구성 비율을 다르게 가져가길 원할 수 있습니다. 통합 테스트 비율을 늘리면 테스트 스위트의 전체 수행 시간은 길어지지만 구성요소 사이의 문제를 더 많이 잡아낼 수 있을 것입니다. 단위 테스트 비율을 늘리면 테스트 스위트가 매우 빠르게 완료되고 일반적인 로직 버그를 많이 잡아낼 것입니다. 하지만 단위 테스트는 서로 다른 팀에서 만든 두 시스템의 연동[11] 같은 구성요소 간 상호작용은 검증할 수 없습니다. 따라서 다양한 크기와 범위의 테스트가 시스템 아키텍처와 조직의 현실에 맞게끔 조화롭게 혼합되어 있다면 좋은 테스트 스위트라고 할 수 있습니다.

11.2.3 비욘세 규칙

새로 합류한 직원들을 지도하다 보면 어떤 행위나 속성을 테스트해야 하냐는 질문을 자주 받습니다. 간단한 대답은 '깨뜨려보고 싶은 모든 것을 테스트하라'입니다. 다르게 표현해보죠. 시스템이 특정 행위를 올바로 수행하는지 확신하고 싶다면 그 행위를 검증하는 자동 테스트를 작성하는 것만이 유일한 선택지입니다. 여기에는 성능, 행위 정확성, 접근성, 보안처럼 의심해볼 수 있는 모든 것이 다 포함됩니다. '시스템이 실패에 대처하는 방법'처럼 덜 명확한 속성도 마찬가지입니다.

우리는 이 일반적인 철학에 '비욘세 규칙'이라는 이름을 붙였습니다. 짧게 풀어보면 '네가 좋아

---

11 (위키백과) Mars Climate Orbiter. *https://oreil.ly/mALqH*

했다면 (CI) 테스트를 준비해뒀어야지'라는 뜻입니다(1.2.2절 참고). 비욘세 규칙은 전체 코드베이스의 변경을 책임지는 인프라팀이 자주 활용합니다. 가령 인프라가 수정되어 A팀의 제품이 제대로 동작하지 않는 일이 벌어졌다고 해보죠. 이 경우 A팀이 작성하여 CI에 등록해둔 테스트를 모두 통과했다면, 이 문제를 수정하고 문제를 검증하는 테스트를 추가할 책임은 전적으로 A팀에 있습니다(변경을 진행한 인프라팀이 아닙니다).

의도적으로 실패 상황을 만드는 테스트

실패는 시스템이 고려해야 하는 가장 중요한 상황 중 하나입니다. 언젠가는 실패가 찾아옵니다. 하지만 시스템이 재난에 잘 대응하는지를 보기 위해 실제로 재난이 일어날 때까지 기다리는 것은 어리석습니다. 실패할 때까지 기다리는 대신 흔한 유형의 실패 상황을 시뮬레이션하는 자동 테스트를 작성하세요. 단위 테스트에서라면 예외나 에러를 시뮬레이션해볼 수 있고, 통합 테스트나 종단간 테스트에서라면 원격 프로시저 호출(RPC) 오류를 주입하거나 지연시간을 늘려볼 수 있습니다. 카오스 엔지니어링chaos engineering[12] 같은 기법을 활용하면 실제 프로덕션 네트워크에 영향을 주는 훨씬 더 큰 중단 사태도 시뮬레이션할 수 있습니다. 신뢰할 수 있는 시스템이라면 부정적인 조건을 예측하고 대응 방식을 통제할 수 있어야 합니다.

11.2.4 코드 커버리지

코드 커버리지는 어느 테스트가 기능 코드의 어느 라인을 실행하는지를 측정하는 수단입니다. 100라인짜리 코드가 있고 테스트가 90라인을 실행했다면 코드 커버리지는 90%입니다.[13] 코드 커버리지는 테스트 품질을 파악하는 표준 지표로 간주되기도 하는데, 조금 안타까운 일입니다. 적은 수의 테스트만으로 상당량의 라인을 실행하면서도 의미 있는 동작은 거의 돌려보지 않을 수 있기 때문입니다. 또한 코드 커버리지는 호출된 라인 수만 셀 뿐, 실행 결과로 어떤 일이 벌어졌는지는 고려하지 않기 때문입니다(큰 테스트는 커버리지 인플레이션을 일으키므로 커버리지는 작은 테스트에서만 측정하길 권합니다).

---

12 (위키백과) 카오스 엔지니어링. *https://oreil.ly/i004F*
13 라인 수 외에 경로나 브랜치 등 코드 커버리지에는 몇 가지가 더 있으며 각각이 의미하는 바가 다릅니다. 지금은 간단히 라인 수 기준 커버리지를 예로 들겠습니다.

더 큰 문제는 여느 지표와 마찬가지로 커버리지 자체가 목표가 되기 쉽다는 현실입니다. 많은 팀이 코드 커버리지 목표를 세워두곤 합니다(가령 80%). 처음에는 매우 합리적으로 들립니다. 확실히 여러분은 적어도 그 정도의 커버리지는 달성하길 원할 것입니다. 하지만 현실의 많은 엔지니어들은 목표 수치를 최소치가 아닌 최대치로 취급합니다. 곧 80%에서 더 올라가지 못하게 되는 것이죠. 목표 수치를 이미 달성했으니 자발적으로 그 이상을 해야 할 동기가 부족하기 때문입니다.

테스트 스위트의 품질을 높이는 더 나은 방안은 무엇일까요? 바로 검사해야 할 행위에 집중하는 것입니다. 고객이 이용할 모든 기능이 제대로 동작한다고 확신하나요? 의존하는 외부 시스템이나 모듈에 파괴적인 변경breaking change이 일어났을, 즉 호환성이 깨졌을 때 바로 인지하고 대응할 수 있을까요? 작성해둔 테스트는 안정적이고 믿을만한가요? 이런 질문들이 테스트 스위트의 전체적인 모습을 더 잘 대변해줍니다. 제품과 팀마다 모두 다를 것입니다. 어떤 제품은 하드웨어와 밀접하여 테스트하기 어려운 기능이 있고, 어떤 제품은 대량의 데이터를 다룰 것입니다. 단 하나의 수치로 '테스트가 충분히 갖춰졌나?'라는 질문에 답하려 들면 수많은 맥락을 놓치게 되고 유용하지도 않을 것입니다. 코드 커버리지는 테스트되지 않은 코드가 어디인지는 알려줄 수 있지만, 시스템이 얼마나 제대로 테스트되었느냐를 판가름하는 지표로는 적합하지 않습니다.

11.3 구글 규모의 테스트

지금까지 이야기한 가이드만으로 거의 모든 크기의 코드베이스에 대응할 수 있습니다. 하지만 잠시 시간을 내어 매우 거대한 코드베이스를 다루는 구글이 무엇을 더 배웠는지 살펴보겠습니다. 구글이 테스트하는 방식을 이해하려면 구글의 개발 환경이 어떤지를 먼저 이해해야 합니다. 그중 가장 중요한 것은 구글은 모든 코드를 모노리포monorepo[14], 즉 하나의 리포지터리에서 관리한다는 사실입니다. 구글이 운영하는 모든 제품과 서비스의 거의 모든 코드가 한 곳에 담겨 있습니다. 20억 라인이 넘는 코드가 말이죠.

구글의 코드베이스에서는 매주 약 2천 5백만 라인이 변경됩니다. 그중 절반 가량은 수만 명에

---

14 여러 프로젝트의 코드를 하나의 리포지터리에서 관리하는 소프트웨어 개발 전략을 말합니다. *https://oreil.ly/qSihi*

이르는 엔지니어들의 손가락에서 시작되며, 나머지는 자동화 시스템이 변경합니다. 후자는 주로 설정 갱신이나 대규모 변경(22장)에서 기인합니다. 이러한 변경의 대부분은 해당 프로젝트 '외부'에서 촉발됩니다. 구글은 엔지니어가 코드를 마음껏 재사용할 수 있도록 제약을 거의 두지 않기 때문입니다.

코드베이스를 열어두면 코드베이스를 모두가 함께 책임지는 공동 소유 의식이 싹틉니다. 자신이 사용하는 제품이나 서비스에서 버그가 발견되면 불평만 늘어놓는 대신 직접 수정할 수 있다는 점에서(물론 소유자가 승인해야 합니다) 개방적인 운영은 정말 멋진 것 같습니다. 실제로 구글에서는 다른 이가 소유한 코드를 변경해 함께 개선하는 일이 흔합니다.

구글의 또 다른 독특한 점으로, 리포지터리 브랜치를 사용하는 팀이 거의 없습니다. 모든 변경이 리포지터리 헤드^{head}에 직접 커밋되어 변경 즉시 모두가 볼 수 있습니다. 나아가 모든 소프트웨어는 테스트 인프라가 검증한 가장 최신 커밋까지 반영해 빌드됩니다. 제품이나 서비스를 빌드할 때 필요한 외부 모듈들도 대부분 이미 빌드된 바이너리를 가져다 쓰지 않고 소스 코드로부터 새로 빌드합니다. 구글은 이런 규모의 테스트를 지속적 통합^{continuous integration}(CI) 시스템을 이용해 수행합니다. 그리고 구글의 지속적 통합 시스템 중심에는 테스트 자동화 플랫폼인 TAP^{Test Automated Platform}이 자리잡고 있습니다.

> **NOTE_** TAP과 CI 철학에 관한 자세한 이야기는 23장을 참고하세요.

구글의 규모와 모노리포 정책, 혹은 구글이 제공하는 제품 수를 생각해보면 엔지니어링 환경이 상당히 복잡함을 짐작할 수 있을 것입니다. 매주 수백만 라인이 변경되고, 수십억 개의 테스트 케이스가 수행되고, 수만 개의 바이너리가 빌드되고, 수백 개의 제품의 업데이트됩니다. 이제부터 이 복잡한 이야기를 조금 더 풀어보겠습니다.

11.3.1 대규모 테스트 스위트의 함정

코드베이스가 커가다 보면 기존 코드를 변경하는 일을 피할 수 없습니다. 그런데 자동 테스트가 엉망으로 작성되어 있다면 이럴 때 코드를 변경하기 어렵습니다. 특히 깨지기 쉬운 테스트^{brittle test}, 즉 예상 결과를 너무 세세하게 표현하거나 광범위하고 복잡한 상용구가 덕지덕지한 테스트가 우리를 가로막습니다. 이처럼 품질 낮은 테스트는 심지어 해당 테스트와 관련 없는 코드가 변경되어도 실패할 수 있습니다.

겨우 다섯 줄 고쳤을 뿐인데 관련도 없는 테스트 수십 개가 실패하는 광경을 목격해봤다면 깨지기 쉬운 테스트가 변경에 얼마나 강렬하게 저항하는지를 느꼈을 것입니다. 날이 갈수록 '리팩터링해서 코드베이스가 항상 건실하도록 챙겨보자'라는 팀원의 목소리가 수그러들 것입니다. 이어지는 12~14장에서는 테스트를 강건하게 하고 품질을 높이는 전략들을 소개합니다.

깨지기 쉬운 테스트를 만드는 주범으로 모의 객체 오용을 들 수 있습니다. 구글의 코드베이스는 한때 모의 객체 프레임워크를 오용하여 큰 난리를 치러서 '다시는 모의 객체를 쓰지 않겠어!'라고 선언한 엔지니어들도 생겨났습니다. 이건 좀 극단적인 반응이긴 하지만, 어쨌든 모의 객체의 한계를 이해해두면 잘못 사용하는 일이 많이 줄어들 것입니다.

> **NOTE_** 모의 객체를 효과적으로 사용하는 방법은 13장을 참고하세요.

깨지기 쉬운 테스트로 인한 저항 외에도 테스트 스위트가 커지면 수행 시간이 길어진다는 점도 문제입니다. 느려질수록 수행 빈도는 자연스럽게 줄어들 것이고, 테스트의 가치는 그만큼 작아집니다. 그래서 구글은 테스트 스위트의 속도를 높이는 다양한 기법을 활용합니다. 병렬 실행과 빠른 하드웨어 이용 등이죠. 하지만 느린 테스트 케이스의 수가 늘어나면 이런 기법들도 힘을 쓰지 못합니다.

테스트가 느려지는 원인은 다양합니다. 예를 들어 거대한 대상 시스템의 상당 부분을 가동해야 하거나, 에뮬레이터를 띄워야 하거나, 데이터를 대량으로 처리해야 하거나, 다른 시스템과 동기화하느라 대기해야 할 수 있습니다. 초기에는 빨랐던 테스트도 시스템이 커가면서 느려질 수 있습니다. 예를 들어 다른 시스템 하나의 응답을 기다리느라 5초를 소비하던 통합 테스트가 몇 년 후에는 십여 개의 서비스에 의존할 정도로 커져서 5분씩 잡아먹게 되기도 합니다.

sleep()과 setTimeout() 같은 함수를 필요 없이 호출하느라 느려지기도 합니다. 비결정적인 행위의 결과를 확인해야 할 때 고민하기 귀찮으면 자주 쓰는 함수들이죠. 처음에는 테스트 몇 개에서 0.5초씩 기다리게 하는 것이 문제가 될까 싶을 것입니다. 하지만 많이 쓰이는 유틸리티에서 이런 '기다렸다 검사하기' 전략을 쓰기 시작하면 부지불식간에 유휴 시간이 몇 분까지 늘어 있을 것입니다. 이 방식보다는 수 마이크로초 정도의 짧은 주기로 상태가 달라졌는지를 폴링하는 전략이 낫습니다. 폴링과 타임아웃을 결합하여 테스트 대상이 주어진 시간 안에 기대하는 상태로 변하지 않으면 테스트를 실패하게 하면 됩니다.

테스트 스위트가 비결정적이고 느려지면 생산성을 갉아먹습니다. 테스트가 느려지자 구글에서는 테스트를 전혀 실행하지 않고 서브밋하는 식으로 문제를 회피하는 엔지니어가 생기곤 했습니다. 명백히 위험한 관행이라서 절대 권장하지 않습니다. 하지만 테스트 스위트가 득보다 실이 많다면 엔지니어들은 결국 테스트를 실행하지 않고서라도 구현 작업을 끝마칠 수 있는 방법을 찾으려 할 것입니다.

거대한 테스트 스위트를 잘 관리하는 비결은 바로 테스트를 존중하는 문화입니다. 엔지니어들이 테스트에 관심을 갖도록 장려하세요. 마치 훌륭한 기능을 출시했을 때와 똑같이 테스트를 견고하게 만든 엔지니어에게 보상해주세요. 적절한 성능 목표를 설정하고, 느리거나 중요하지 않은 테스트들은 리팩터링하세요. 기본적으로 테스트도 제품 코드처럼 다뤄야 합니다. 간단한 코드 변경에도 시간이 제법 소요된다면 테스트를 더 견고하게 만드는 데 노력을 기울이세요.

문화를 가꾸는 일과 더불어 린터linter를 개발하거나 문서자료를 보강하는 등, 안 좋은 테스트를 만드는 실수를 줄여주는 테스트 인프라에도 투자해야 합니다. 지원해야 할 프레임워크와 도구의 수를 줄여서 투자대비 효율을 높이세요.[15] 테스트 관리 비용을 낮추는 데 투자하지 않는다면 종국에는 엔지니어들이 테스트가 전혀 가치 없다고 결론내게 될 것입니다.

11.4 구글의 테스트 역사

지금까지 구글이 테스트를 다루는 방식을 이야기했으니, 지금부터는 이러한 결론에 도달한 과정을 알아보겠습니다. 앞에서 이야기했듯이 구글 엔지니어들도 처음부터 자동 테스트의 가치를 받아들이지는 못했습니다. 실제로 2005년까지도 테스트는 체계가 갖춰지지 않았습니다. 오히려 호기심 충족에 더 가까운 업무였습니다. 그마저도 대부분은 수동으로 실행했고요. 하지만 2005~2006년 사이에 테스트 혁명이 이루어지면서 소프트웨어 엔지니어링을 대하는 자세도 바뀌었습니다. 그때의 울림이 오늘날까지도 구글의 정신에 자리 잡고 있습니다.

---

15 구글에는 내부에서 쓰는 프로그래밍 언어마다 표준 테스트 프레임워크와 표준 모의 객체/스텁 라이브러리가 하나씩 있습니다. 그리고 코드베이스 전체에 대해 모든 언어별 테스트 대부분을 수행하는 일련의 인프라를 구축했습니다.

이번 장을 시작하며 이야기한 GWS 프로젝트에서의 경험이 촉매 역할을 했습니다. 자동 테스트가 얼마나 강력한지를 분명하게 일깨워줬죠. 2005년에 GWS를 개선하면서 깨우친 관행이 회사 전체로 퍼지기 시작했습니다. 활용할 수 있는 도구는 빈약했습니다. 하지만 소위 테스팅 그룹릿^{Testing Grouplet}이라 불린 자원봉사단이 적극적으로 상황을 개선해줬습니다.

자동 테스트를 전사적으로 뿌리내리게 한 원동력은 세 가지였습니다. 주인공은 바로 '오리엔테이션 수업', '테스트 인증 프로그램', '화장실에서도 테스트'입니다. 이 각각은 완전히 다른 방식으로 영향을 주면서 상승효과를 일으켜 구글의 엔지니어링 문화 전체를 재편했습니다.

11.4.1 오리엔테이션 수업

구글의 초기 엔지니어 상당수가 테스트를 기피했습니다. 하지만 자동 테스트 선구자들은 회사의 성장 속도를 기초로 앞으로 합류할 엔지니어의 수가 기존 엔지니어의 수를 넘어설 날이 얼마 남지 않았음을 알고 있었습니다. 그래서 새로 합류하는 직원 모두에게 다가설 방법만 있다면 회사 문화를 바꾸는 데 아주 효과적일 거라고 판단했습니다. 다행히도 모든 신규 엔지니어가 반드시 거쳐야 하는 제도가 하나 있었습니다. 바로 입사 오리엔테이션입니다.

구글 초기에는 오리엔테이션 프로그램의 대부분이 의료 혜택이나 구글 검색의 작동 방식 같은 주제를 다뤘습니다. 하지만 2005년을 시작으로 자동 테스트의 가치를 이야기하는 한 시간짜리 수업이 추가되었습니다.[16] 이 수업에서는 생산성 향상, 더 나은 문서자료, 리팩터링 지원 등 테스트의 다양한 이점을 다뤘습니다. 물론 좋은 테스트를 작성하는 방법도 이야기했죠. 신규 엔지니어 대부분이 이 수업을 통해 이러한 정보를 처음 접했습니다. 가장 중요한 사실은 모든 아이디어가 마치 구글 표준 관행인 것처럼 교육했다는 것입니다. 그래서 신규 입사자들은 자신이 이 아이디어를 기존 팀들에 전파시키기 위한 트로이목마로 이용되고 있다는 사실을 전혀 눈치채지 못했습니다.

오리엔테이션을 마친 엔지니어들은 팀에 배정되어 배운 대로 테스트를 작성하기 시작했고, 그렇지 않은 팀원들에게 질문을 던지곤 했습니다. 그 후 겨우 1~2년 만에 오리엔테이션을 거친 엔지니어 수가 기존 엔지니어의 수를 넘어섰습니다. 결과는 해피 엔딩일까요? 그렇습니다. 올

---

16 이 수업은 계속 발전하여 오늘까지 이어질 만큼 성공적이었습니다. 실제로 구글 역사상 가장 오랜 기간 지속되는 오리엔테이션 수업 중 하나입니다.

바른 토대 위에서 새로 시작하는 프로젝트가 많아졌습니다.

테스트는 이제 소프트웨어 업계에 널리 퍼져 있어서 새로 입사하는 엔지니어 대부분이 자동 테스트가 구글 문화에도 잘 자리 잡고 있으리라 기대합니다. 그럼에도 오리엔테이션 수업은 계속 이루어지며 신규 엔지니어들이 바깥에서 배워온 테스트 지식과 경험을 구글 규모의 크고 복잡한 코드베이스에서도 잘 응용할 수 있도록 디딤돌 역할을 해줍니다.

11.4.2 테스트 인증

초기에는 크고 복잡한 프로젝트들이 좋은 테스트 문화를 뿌리내리는 데 방해가 되었습니다. 어떤 프로젝트는 코드 품질이 너무 떨어져서 테스트하기가 거의 불가능했죠. 그래서 프로젝트들을 한 걸음 앞으로 내딛게 하기 위해 테스팅 그룹릿은 **테스트 인증**test certified이라는 인증 프로그램을 만들었습니다. 테스트 인증의 목적은 각 팀이 자신의 테스트 프로세스 수준(성숙도)을 알게 하고 (더 핵심은) 한 단계 올라서기 위한 지침을 제공하는 것이었습니다.

이 프로그램은 총 5개 레벨level로 구성되며, 해당 레벨로 인정받는 데 필요한 구체적인 조건을 정의했습니다. 또한 분기별로 프로젝트를 되돌아보고 계획을 조정하는 구글 문화에 잘 들어맞도록 한 분기(세 달) 안에 승급이 가능하도록 설계했습니다.

테스트 인증 레벨1이 되려면 가장 기본이 되는 조건 몇 가지를 충족해야 합니다. 구체적으로는 지속적 빌드 구축, 코드 커버리지 추적, 모든 테스트를 작은/중간 크기/큰 테스트로 구분, 불규칙한 테스트 식별(꼭 수정할 필요는 없음), 바로 실행할 수 있는(반드시 포괄적일 필요는 없음) 빠른 테스트 스위트 마련입니다. 레벨이 높아질수록 '실패하는 테스트가 없어야 릴리스 가능'이나 '비결정적인 테스트 모두 제거'같이 더 어려운 조건이 추가됩니다. 레벨5가 되려면 모든 테스트를 자동화하고, 모든 커밋 전에 빠른 테스트 스위트가 수행되도록 하고, 비결정성을 완전히 제거하고, 모든 행위를 테스트해야 합니다. 마지막으로 사내 대시보드에서 모든 팀의 현재 레벨을 보여주어서 은근히 분위기를 부추겼죠. 곧 모든 팀이 앞다투어 높은 레벨로 올라서고자 경쟁하기 시작했습니다.

2015년에 자동화된 방식(pH라고 하며 11.4.4절에서 자세히 다룸)으로 대체될 때까지, 테스트 인증 프로그램은 1,500개 이상의 프로젝트에서 테스트 문화 개선에 이바지했습니다.

11.4.3 화장실에서도 테스트

테스팅 그룹릿이 구글의 테스트 문화 개선을 위해 취한 모든 활동 중 **화장실에서도 테스트**^{Testing} ^{on the Toilet}(TotT)만큼 참신한 건 없을 것입니다. TotT의 목표는 아주 간단했습니다. 회사 전반의 테스트에 대한 인식을 적극적으로 높이는 것이었죠. 문제는 구글의 엔지니어들이 세계 곳곳에 흩어져 있다는 점이었습니다. 이들 모두에게 테스트를 알리는 최선의 방법을 찾아야 했습니다.

테스팅 그룹릿은 정기적인 이메일 뉴스레터를 고려했습니다. 하지만 구글 직원이라면 이미 메일의 홍수 속에 살고 있었기 때문에 관심 가지고 챙겨볼 직원은 거의 없을 것 같았습니다. 브레인스토밍을 시작했고, 누군가 화장실 변기 앞에 전단지를 붙여두자는 아이디어를 농담처럼 툭 던졌습니다. 아주 기발한 아이디어였습니다. 화장실은 어쨌든 직원 모두가 매일 최소 한 번은 들르는 장소였으니까요. 실제로 농담이었든 아니든, 이 아이디어는 바로 시도해볼 수 있을 만큼 간단하기까지 했습니다.

2006년 4월, 파이썬 테스트 개선법을 알려주는 짧은 글이 구글 화장실의 칸칸마다 붙게 되었습니다. 지원자 몇 명이 첫 번째 포스트를 붙이는 수고를 맡아주었습니다. 반응은 극과극이었습니다. 개인 공간을 침범했다며 강하게 항의하는 메일이 메일링 리스트를 가득 매웠습니다. 하지만 TotT 제작자들은 만족했습니다. 불만을 토로하는 사람들도 어쨌든 테스트에 관해 이야기하고 있었으니까요.

결국 초기의 소란은 가라앉았고 TotT는 빠르게 구글의 대표적인 문화로 자리 잡았습니다. 현재까지 세계에 퍼져 있는 구글 엔지니어들은 테스트에서 상상할 수 있는 거의 모든 측면을 다루는 수백 편의 TotT를 제작했습니다(테스트 외의 기술 주제도 다양하게 다뤘습니다). 많은 이가 새로운 에피소드를 손꼽아 기다리며, 심지어 자신이 포스트를 대신 붙여주겠다고 자원하는 이도 많이 생겼습니다. 우리는 에피소드 하나가 한 페이지를 절대 넘지 않도록 제한하여 제작자가 가장 중요하고 실행 가능한 조언에 집중하도록 유도했습니다. 자고로 좋은 에피소드란 글을 읽고 자리로 돌아간 엔지니어가 즉시 시도해볼 수 있어야 하니까요.

사적인 공간에 게재된 이 작은 메시지들이 역설적이게도 회사 외부에까지 커다란 반향을 몰고 왔습니다. 구글을 방문한 손님들이 화장실에 갔다가 이 흥미로운 포스트를 보고는 구글 직원들은 항시 코드만 생각하는 것 같다며 재미난 대화를 이어갔습니다. 또한 TotT 에피소드들은 TotT 원작자들이 일찍이 예상했듯이 훌륭한 블로그 글로 이어졌습니다. 또한 TotT를 살짝 수정한 버전을 공개적으로 게시[17]하기 시작하면서 구글의 경험을 업계 전체와 공유하는 데도 기여했습니다.

농담에서 시작했지만 TotT는 테스팅 그룹릿이 시작한 모든 테스트 관련 활동 중 가장 오래 시행되고 영향력도 가장 컸습니다.

11.4.4 오늘날의 테스트 문화

구글의 테스트 문화는 2005년부터 먼 길을 걸어왔습니다. 신규 입사자 오리엔테이션에서는 여전히 테스트를 가르칩니다. 거의 매주 새로운 TotT가 배포되는 것도 똑같습니다. 하지만 테스트가 개발자의 일상 워크플로에 전보다 깊이 스며들었습니다.

구글에서는 코드를 변경할 때마다 코드 리뷰를 거쳐야 합니다. 그리고 모든 변경에는 테스트 코드가 포함되어 있어야 하죠. 리뷰어는 품질과 정확성 모두를 검토하며, 단지 테스트가 누락되어 있다는 이유만으로도 변경을 거부할 수 있습니다.

엔지니어링 생산성팀 중 하나에서 최근 테스트 인증 프로그램을 대체하고자 프로젝트 건실성$^{Project\ Health}$(pH)이란 개념을 내놓았습니다. pH는 테스트 커버리지와 테스트 지연시간같이 프로젝트의 건실성을 측정할 수 있는 지표 수십 가지를 지속해서 수집하고 종합하여 하나의 값으로 내어줍니다. 1이 가장 안 좋고 5가 가장 좋습니다. pH-1 프로젝트는 팀에서 해결해야 할 문제가 있다는 뜻이 됩니다. 또한 지속적 빌드를 수행하는 거의 모든 팀은 pH 점수를 자동으로 받을 수 있도록 인프라에 녹여놨습니다.

시간이 흐르면서 테스트는 구글 엔지니어링 문화의 필수 요소로 자리 잡았습니다. 우리는 회사의 모든 엔지니어에게 테스트의 가치를 더 확실히 심어주는 방법을 무수히 가지고 있습니다. 훈련, 은근한 부추김, 멘토링, 약간의 선의의 경쟁 등을 잘 버무려서 '테스트는 우리 모두의 일이다'라는 생각을 아무도 의심하지 않도록 만들어냈습니다.

그런데 우리가 처음부터 테스트를 작성하라고 강제하지 않은 이유는 무엇일까요?

테스팅 그룹릿은 한때 고위 경영진에게 테스트를 강제해달라고 부탁할까도 고민했습니다. 하지만 곧 그러지 않기로 했습니다. 코드 개발 방식을 강제하는 것은 구글 문화에 심하게 반하였

---

17 (구글 테스팅 블로그) *https://oreil.ly/86Nho*

기 때문에 강제로 시켰다면 오히려 테스트가 뿌리내리는 시기를 늦췄을 것입니다. 우리는 훌륭한 생각은 반드시 퍼져 나갈 것임을 굳게 믿었습니다. 그래서 테스트가 훌륭한 아이디어임을 입증하는 데 초점을 맞췄습니다.

엔지니어들이 자신의 의지로 테스트를 작성한다는 것은 테스트가 이롭다는 생각을 완전히 받아들였다는 뜻입니다. 또한 올바른 일이므로 아무도 강요하지 않더라도 계속할 가능성이 크다는 의미이기도 합니다.

11.5 자동 테스트의 한계

모든 종류의 테스트를 다 자동화할 수는 없습니다. 예컨대 검색 결과의 품질을 테스트하려면 사람의 판단이 개입되어야 합니다. 구글은 실제로 쿼리를 날리고 결과에 관한 느낌을 기록하는 검색 품질 평가자Search Quality Raters라는 연구를 내부적으로 수행합니다. 비슷한 예로, 음성이나 영상에서 느껴지는 미묘한 차이는 자동 테스트로 잡아내기 어렵습니다. 그래서 전화나 영상 통화 시스템의 성능을 평가할 때는 종종 사람에게 판단을 맡깁니다.

창의력이 필요한 분야에서도 인간이 더 뛰어날 수 있습니다. 예를 들어 복잡한 보안 취약점을 찾는 일은 자동 시스템보다 사람이 더 뛰어난 영역입니다. 사람이 특정 결점을 발견하고 이해한 다음에는 자동 보안 검사 시스템[18]에 테스트를 추가해 지속해서 수행하고 확장합니다.

이를 더 일반화한 용어가 탐색적 테스팅입니다. **탐색적 테스팅**exploratory testing은 기본적으로 창의력을 요구하는 작업으로, 검사 대상을 마치 고장내야 할 퍼즐로 취급합니다. 의외의 데이터를 입력하거나 예상치 못한 절차로 조작하여 망가뜨리려 시도하죠. 그래서 처음에는 무슨 문제를 찾아내야 하는지조차 알지 못합니다. 대신 일반적으로 간과되던 코드 실행 경로에서 시작합니다. 혹은 정상적이지 않았던 응답을 조사하며 점진적으로 문제를 알아가기도 합니다. 보안 취약점 찾기 때와 마찬가지로, 탐색적 테스팅으로 문제를 발견하는 즉시 자동 테스트를 추가하여 문제가 재발하지 않도록 예방해야 합니다.

이렇게 파악한 문제의 행위들을 자동 테스트에 맡겨놓으면 몸값이 비싼 인간 테스터들은 지루한 반복 작업에서 벗어나 인간이 가장 잘할 수 있는 영역에 집중할 수 있습니다.

---

18 구글은 클라우드 보안 스캐너(Cloud Security Scanner)라는 시스템을 이용합니다. *https://oreil.ly/6_W_q*

11.6 마치며

개발자 주도 자동 테스트는 구글에서 가장 혁신적인 소프트웨어 엔지니어링 관행 중 하나였습니다. 이 덕분에 구글은 더 큰 팀을 구성해 더 큰 시스템을 생각보다 빠르게 구축해냈습니다. 점점 빨라지는 기술 변화 속도를 따라잡는 데도 도움을 주었습니다. 지난 15년 동안 구글은 엔지니어링 문화를 성공적으로 변화시켜 테스트를 표준 문화로 끌어올렸습니다. 이 여정이 시작된 이래로 회사는 거의 100배나 커졌지만 품질과 테스트에 대한 우리의 약속은 그 어느 때보다 견고합니다.

이번 장의 목적은 구글이 테스트를 어떻게 생각하는지 알려드리는 것이었습니다. 그리고 이어지는 3개 장에서는 바람직하고 안정적이고 신뢰할 수 있는 테스트를 작성한다는 말의 의미를 더 잘 이해하는 데 도움되는 핵심 주제 몇 가지를 더 깊이 논할 것입니다. 12장에서는 구글에서 가장 흔한 테스트 유형인 단위 테스트란 무엇이고, 왜 해야 하고, 어떻게 하는지를 다룹니다. 13장에서는 가짜 객체, 스텁, 상호작용 테스트 같은 기술을 활용해 테스트 대역을 효과적으로 사용하는 법을 이야기합니다. 마지막으로 14장에서는 구글의 서비스들과 같이 더 크고 복잡한 시스템을 테스트할 때의 주의점과 요령을 설명합니다.

다음의 3개 장을 읽고 나면 여러분은 구글이 사용하는 테스트 전략은 무엇이고 (더 중요하게는) 그 전략들을 왜 사용하는지를 훨씬 깊고 명확하게 이해할 수 있을 것입니다.

11.7 핵심 정리

- 자동 테스트는 소프트웨어를 변경할 수 있게 해주는 토대입니다.

- 테스트를 확장하려면 반드시 자동화해야 합니다.

- 테스트 커버리지를 건실하게 유지하려면 균형 잡힌 테스트 스위트가 필요합니다.

- "네가 좋아했다면 테스트를 준비해뒀어야지."

- 조직의 테스트 문화를 바꾸는 데는 시간이 걸립니다.

CHAPTER 12

단위 테스트

이전 장에서는 구글이 테스트를 분류하는 두 가지 주요 축인 크기와 범위를 소개했습니다. 복습해볼까요? '크기^size'는 테스트가 소비하는 자원과 수행할 수 있는 작업을 뜻하며, '범위^scope'는 테스트가 검증하고자 하는 코드의 양을 의미합니다. 테스트 크기의 정의는 명확하지만 범위는 다소 모호한 면이 있습니다. 구글에서 말하는 **단위 테스트**^unit test는 단일 클래스나 메서드처럼 범위가 상대적으로 좁은 테스트를 뜻합니다. 단위 테스트는 일반적으로 크기가 작지만 반드시 그런 것은 아닙니다.

테스트의 가장 중요한 목적은 물론 버그 예방입니다. 그다음으로 중요한 목적을 꼽자면 엔지니어의 생산성 개선입니다. 범위가 더 넓은 테스트들과 비교하여 단위 테스트는 생산성을 끌어올리는 훌륭한 수단이 될 수 있는 특성을 많이 지니고 있습니다.

- 구글의 테스트 크기 정의에 따르면 단위 테스트는 대체로 작은 테스트에 속합니다. 작은 테스트는 빠르고 결정적이어서 개발자들이 수시로 수행하며 피드백을 즉각 얻을 수 있습니다.

- 단위 테스트는 대체로 대상 코드와 동시에 작성할 수 있을 만큼 작성하기 쉽습니다. 따라서 엔지니어들은 커다란 시스템을 설정하거나 이해할 필요 없이 작성 중인 코드를 검증하는 데 집중할 수 있습니다.

- 빠르게 작성할 수 있으므로 테스트 커버리지를 높이기 좋습니다. 커버리지가 높다면 엔지니어들은 기존 동작을 망가뜨리지 않으리라는 확신 속에서 코드를 변경할 수 있습니다.

- 각각의 테스트는 개념적으로 간단하고 시스템의 특정 부분에 집중하므로 실패 시 원인을 파악하기 쉽습니다.

- 대상 시스템의 사용법과 의도한 동작 방식을 알려주는 문서자료 혹은 예제 코드 역할을 해줍니다.

단위 테스트는 장점이 많아서 구글에서 작성하는 테스트 대부분을 차지합니다. 경험상 구글은 단위 테스트를 80%, 그 외 범위가 더 넓은 테스트를 20% 비중으로 작성하도록 장려합니다. 작성하기도 쉽고 금방 결과를 알 수 있으므로 엔지니어들은 단위 테스트를 엄청나게 '많이' 실행하게 됩니다. 실제로 엔지니어 한 명이 매일 직간접적으로 단위 테스트 수천 개를 수행하는 일은 아주 흔합니다.

단위 테스트는 엔지니어의 일상에서 비중이 크기 때문에 구글은 '테스트 유지보수성test maintainability'을 상당히 중시합니다. 유지보수하기 쉬운 테스트는 '그냥 작동하는just work' 테스트를 말합니다. 즉, 한 번 작성해두면 실패하지 않는 한 엔지니어가 신경 쓸 필요 없고, 혹 실패한다면 원인을 바로 알 수 있는 진짜 버그를 찾았다는 뜻입니다. 이번 장은 유지보수성이란 무엇인지와 높은 유지보수성을 달성하는 기법들에 많은 분량을 할애할 것입니다.

12.1 유지보수하기 쉬워야 한다

시나리오를 하나 준비했습니다.

> "현우는 제품에 간단한 기능 하나를 추가하고 싶어 합니다. 코드 10줄 정도면 충분하여 순식간에 구현할 수 있습니다. 그런데 변경사항을 체크인하려 하자 자동 테스트 시스템이 오류 보고서를 화면 가득 보내왔습니다. 현우는 실패한 테스트들을 하나씩 해결하느라 남은 하루를 다 허비했습니다. 그런데 테스트가 진짜로 버그를 찾은 것은 아니었습니다. 그럼에도 잔뜩 실패한 이유는 기존 테스트들이 코드의 내부 구조가 특정한 형태일 것이라고 가정했기 때문이었습니다. 결국 테스트들을 수정해야 했는데, 그중 많은 수는 무엇을 검증하려는지가 한눈에 들어오지 않았습니다. 게다가 이번 문제를 해결하고자 현우가 끼워 넣은 코드 때문에 나중에 이 테스트를 들여다볼 사람에게는 로직을 이해하기가 더 어려워졌습니다. 결국 금방 끝나야 했을 작업 하나 때문에 현우는 며칠을 허비하여 생산성과 사기가 크게 떨어졌습니다."

이 시나리오에서 테스트는 원래 의도와는 정반대의 효과를 냈습니다. 대상 코드의 품질을 의미 있게 높여주지도 못하면서 생산성을 갉아먹었습니다. 이 시나리오는 우리 주변에서 흔히 목격되며 구글 엔지니어들도 매일같이 씨름하는 문제입니다. 만병통치약은 없습니다. 하지만 구글의 엔지니어들은 이 문제를 줄여주는 다양한 패턴과 관행을 발굴하여 공유하고 권장해왔습니다.

앞의 시나리오에서 문제의 원인은 현우가 아니었습니다. 문제를 피하기 위해 할 수 있는 일도 없었습니다. 질 나쁜 테스트는 체크인되기 전에 수정돼야 합니다. 그렇지 않으면 미래의 엔지니어들을 방해할 것입니다. 현우가 겪은 문제는 두 가지로 간추릴 수 있습니다. 첫째, 버그도 없고 자신의 검증 대상과 관련 없는 변경 때문에 실패하는 '깨지기 쉬운brittle' 테스트들이 도사리고 있었습니다. 둘째, 무엇이 잘못되어 실패했는지, 어떻게 고쳐야 하는지를 파악하기 어려운 '불명확한unclear' 테스트들이었습니다. 애초에 무슨 기능을 어떻게 검사하려고 했는지조차 이해하기 쉽지 않았습니다.

12.2 깨지기 쉬운 테스트 예방하기

방금 정의한 것처럼 **깨지기 쉬운 테스트**란 실제로는 버그가 없음에도, 심지어 검증 대상 코드와는 관련조차 없는 변경 때문에 실패하는 테스트를 말합니다.[1] 이러한 테스트는 엔지니어가 진단하고 수정해야 합니다. 엔지니어가 몇 없는 작은 코드베이스에서라면 코드를 변경할 때마다 테스트 몇 개씩 손보는 게 크게 부담되지 않을 수 있습니다. 하지만 테스트 스위트의 덩치는 빠르게 불어날 것입니다. 따라서 근본적인 개선 없이 깨지기 쉬운 테스트를 계속 양산한다면 개발팀은 테스트를 유지보수하느라 점점 더 많은 시간을 허비해야 합니다. 코드가 변경될 때마다 엔지니어가 수동으로 테스트를 손봐줘야 한다면 '자동화된 테스트 스위트'라고 부르기도 민망할 것입니다.

코드베이스가 작더라도 깨지기 쉬운 테스트들은 골칫거리지만 구글 정도 되는 규모라면 말로 형용하기 어려운 고통을 안겨줄 것입니다. 구글에서는 개개인의 엔지니어가 하루에 수천 개의 테스트를 돌리는 게 일상입니다. 대규모 변경(22장 참고)이라면 한 번에 수십만 개의 테스트가 동원되기도 하죠. 이런 규모에서는 아주 적은 비율의 테스트에만 영향을 주더라도 엄청난 양의 엔지니어링 시간을 낭비하게 합니다. 구글도 테스트 스위트가 얼마나 깨지기 쉬운가는 팀마다 제각각이지만 테스트가 변경에 영향을 덜 받도록 해주는 관례와 패턴들을 찾아낼 수 있었습니다.

---

1   불규칙한 테스트(flaky test)와는 조금 다릅니다. 불규칙한 테스트는 대상 코드에 아무런 변경이 없음에도 무작위로 실패합니다.

12.2.1 변하지 않는 테스트로 만들기 위해 노력하자

깨지기 쉬운 테스트를 피하는 패턴을 이야기하기에 앞서 한 가지 질문에 답해봐야 합니다. 테스트를 처음 작성한 후 얼마나 자주 변경할 거라 예상하나요? 기존 테스트를 갱신하느라 허비한 시간은 모두 더 가치 있는 작업에 쏟을 수도 있던 시간입니다. 따라서 이상적인 테스트라면 변하지 않아야 합니다. 한 번 작성한 후로는 대상 시스템의 요구사항이 바뀌지 않는 한 절대 수정할 일이 없어야 합니다.

현실에서는 어떨까요? 우리는 엔지니어가 제품 코드를 변경하는 유형을 생각해보고, 그 유형별로 테스트가 어떻게 대응해야 하는지를 따져봐야 합니다. 기본적인 변경 유형 네 가지는 다음과 같습니다.

순수 리팩터링

외부 인터페이스는 놔두고 내부만 리팩터링한다면 테스트는 변경되지 않아야 합니다. 성능 최적화, 코드 가독성 개선 등이 여기 속합니다. 이 경우 테스트의 역할은 리팩터링 후에도 시스템의 행위가 달라지지 않았음을 보장하는 것입니다. 리팩터링 과정에서 테스트를 변경해야 한다면 원인은 둘 중 하나입니다. 첫 번째는 시스템의 행위가 달라졌다는 뜻입니다. 순수 리팩터링이 아니었던 것이죠. 두 번째는 테스트의 추상화 수준이 적절하지 않다는 뜻입니다. 테스트가 대상의 세부 구현 방식에 지나치게 의존하고 있었다는 이야기입니다. 구글은 대규모 변경(22장 참고)을 순수 리팩터링 용도로 자주 수행하고 있습니다.

새로운 기능 추가

새로운 기능이나 행위를 추가할 때는 기존 행위들에 영향을 주지 않아야 합니다. 새 기능을 검증할 테스트를 새로 작성해야 하며, 기존 테스트들은 변경되지 않아야 합니다. 새로운 기능을 추가했는데 기존 테스트를 변경해야 한다면 해당 테스트가 검증하는 기능에 의도치 않은 영향을 주었거나 테스트 자체에 문제가 있다는 뜻입니다.

버그 수정

버그 수정은 새로운 기능 추가와 비슷합니다. 버그가 존재한다는 것은 기존 테스트 스위트에 빠진 게 있다는 신호입니다. 따라서 버그 수정과 동시에 바로 그 누락됐던 테스트를 추가해야 합니다. 버그 수정 때도 통상적으로 기존 테스트들은 변경되지 않아야 합니다.

행위 변경

시스템의 기존 행위를 변경하는 경우로, 기존 테스트 역시 변경되어야 합니다. 앞의 세 경우보다 일반적으로 비용이 더 드는 변경입니다. 시스템 사용자들은 현재 행위에 의존하고 있을 것입니다. 따라서 행위를 변경하려면 혼란에 빠지거나 업무가 중단되는 사용자가 없도록 조치해줘야 합니다. 이 경우 테스트를 변경한다는 것은 시스템이 한 약속을 '의도적으로' 변경한다는 뜻입니다(앞의 세 유형에서는 '의도치 않게' 변경한 것이었습니다). 저수준 라이브러리라면 사용자의 시스템을 망가트릴 일이 없도록, 애초부터 행위를 변경할 일이 없게끔 설계하는 데 엄청난 노력을 기울입니다.

요점은 리팩터링, 새 기능 추가, 버그 수정 시에는 기존 테스트를 손볼 일이 없어야 한다는 것입니다. 이 원칙을 이해하고 잘 지키면 대규모 시스템을 다룰 수 있습니다. 즉, 시스템을 확장할 때는 기존 테스트들을 일일이 손보는 게 아니라 확장한 부분과 관련된 소수의 테스트만 새로 작성하면 됩니다.

기존 테스트를 수정해야 하는 경우는 시스템의 행위가 달라지는 파괴적인 변경이 일어날 때뿐입니다. 그리고 이런 상황에서의 테스트 갱신 비용은 모든 사용자의 코드를 갱신하는 비용보다 대체로 저렴합니다.

12.2.2 공개 API를 이용해 테스트하자

목표를 이해했으니, 요구사항이 변하지 않는 한 테스트를 수정할 필요 없게 해주는 묘책들로 눈을 돌려보죠. 이중 가장 중요한 묘책은 '테스트도 시스템을 다른 사용자 코드와 똑같은 방식으로 호출하기'입니다. 내부 구현을 위한 코드가 아닌 공개 API를 호출하면 됩니다.[2] 즉, 테스트가 시스템을 사용자와 똑같은 방식으로 사용하는 것입니다. 그렇다면 정의상 테스트가 실패하면 사용자도 똑같은 문제를 겪습니다. 테스트가 사용자에게 유용한 예제 코드와 문서자료가 되어준다는 보너스도 얻을 수 있습니다.

[코드 12-1]은 은행 거래transaction를 검증하고 데이터베이스에 저장하는 코드입니다.

----

2   (화장실에서도 테스트) Prefer Testing Public APIs Over Implementation—Detail Classes. *https://oreil.ly/ijat0*
    옮긴이_ 예를 들어 똑같이 public으로 지정된 메서드라도 자잘한 다른 공개 API를 구현하다가 파생된 메서드일 수도 있습니다. 이런 메서드는 비록 public이라도 내부 구현에 해당하므로 직접 테스트할 필요 없습니다. 다른 공개 API를 테스트하는 과정에서 간접적으로 테스트되어야 합니다.

코드 12-1 은행 거래 API

```java
public void processTransaction(Transaction transaction) {
  if (isValid(transaction)) {
    saveToDatabase(transaction);
  }
}

private boolean isValid(Transaction t) {
  return t.getAmount() < t.getSender().getBalance();
}

private void saveToDatabase(Transaction t) {
  String s = t.getSender() + "," + t.getRecipient() + "," + t.getAmount();
  database.put(t.getId(), s);
}

public void setAccountBalance(String accountName, int balance) {
  // 잔고를 데이터베이스에 직접 기록한다.
}

public void getAccountBalance(String accountName) {
  // 계좌 잔고를 확인하기 위해 데이터베이스로부터 거래 정보를 읽어온다.
}
```

이 코드를 테스트하라고 하면 private 접근 제한자를 제거한 다음 [코드 12–2]처럼 구현 로직을 직접 테스트하고 싶은 유혹에 빠질 것입니다.

코드 12-2 거래 API의 구현을 바로 검증하는 경솔한 테스트

```java
@Test
public void emptyAccountShouldNotBeValid() {
  assertThat(processor.isValid(newTransaction().setSender(EMPTY_ACCOUNT)))
      .isFalse();
}

@Test
public void shouldSaveSerializedData() {
  processor.saveToDatabase(newTransaction()
      .setId(123)
      .setSender("me")
      .setRecipient("you")
```

```
        .setAmount(100));
    assertThat(database.get(123)).isEqualTo("me,you,100");
}
```

이 테스트는 거래 시스템을 실제 사용자와는 매우 다른 방식으로 사용합니다. 시스템 내부로 파고들어 가서 공개되지 않은 메서드를 호출하고 있죠. 결과적으로 이 테스트는 깨지기 쉬워집니다. 가령 내부 메서드의 이름을 바꾸거나 일부 로직을 도우미 클래스helper class로 빼내거나 직렬화 포맷을 바꾸는 등, 리팩터링만 했다 하면 거의 매번 실패할 것입니다. 시스템 사용자에게는 보이지도 않는 변경임에도 말이죠.

한편, 공개 API만 사용[3]해서도 같은 수준의 테스트 커버리지를 달성할 수 있습니다. [코드 12-3]을 보시죠.

코드 12-3 공개 API로 테스트

```
@Test
public void shouldTransferFunds() {
    processor.setAccountBalance("me", 150);
    processor.setAccountBalance("you", 20);

    processor.processTransaction(newTransaction()
        .setSender("me")
        .setRecipient("you")
        .setAmount(100));

    assertThat(processor.getAccountBalance("me")).isEqualTo(50);
    assertThat(processor.getAccountBalance("you")).isEqualTo(120);
}

@Test
public void shouldNotPerformInvalidTransactions() {
    processor.setAccountBalance("me", 50);
    processor.setAccountBalance("you", 20);

    processor.processTransaction(newTransaction()
        .setSender("me")
        .setRecipient("you")
        .setAmount(100));
```

---

3   공개 API를 정문(front door)에 빗대어 '정문 우선 원칙을 따르라(Use the front door first principle)'라고 말하기도 합니다.

```
    assertThat(processor.getAccountBalance("me")).isEqualTo(50);
    assertThat(processor.getAccountBalance("you")).isEqualTo(20);
}
```

공개 API만 이용하는 테스트라면 정의상 대상 시스템을 사용자와 똑같은 방식으로 사용합니다. 더 현실적이고 잘 깨지지 않습니다. 시스템이 명시한 규약을 따르기 때문이죠. 이런 테스트가 깨진다면 다른 사용자도 같은 문제를 겪고 있다는 신호입니다. 명시된 규약만을 검증한다면 시스템의 내부는 얼마든지 리팩터링해도 괜찮습니다. 테스트 수정 같은 지루한 일은 신경 쓰지 않아도 되고요.

그런데 어디까지가 '공개 API'이냐가 항상 명확한 것은 아니며, 이는 단위 테스트에서 말하는 '단위'가 무엇이냐를 규정하는 핵심적인 질문으로 이어집니다. 단위는 개별 함수처럼 작은 것을 가리킬 수도 있고 서로 관련된 여러 패키지나 모듈의 묶음처럼 넓을 걸 지칭할 수도 있습니다. 이런 맥락에서 '공개 API'란 이런 단위의 코드 소유자가 서드파티에 노출한 API를 뜻합니다. 일부 프로그래밍 언어에서 말하는 가시성^{visibility}과는 다를 수 있습니다. 자바를 예로 들면, 어떤 public 클래스는 단지 같은 단위에 속하는 다른 패키지에서 사용할 용도일 뿐, 단위 외부에서의 접근까지 허용할 의도는 아닐 수 있습니다. 파이썬은 언어 차원에서 가시성을 지정하는 수단을 제공하지 않으며(대신 비공개 메서드는 이름을 밑줄로 시작하는 등의 규약을 정해 따르곤 합니다) Bazel[4] 빌드 시스템은 프로그래밍 언어가 공개라고 선언한 API라 해도 접근 허용 여부를 추가로 제한할 수 있습니다.

단위의 범위를 잘 정해서 어디까지가 공개 API인가를 정하는 일에 과학적인 정답은 없습니다. 그래도 다행히 쓸만한 경험법칙은 있습니다.

- 소수의 다른 클래스를 보조하는 용도가 다인 메서드나 클래스(예: 도우미 클래스)라면 독립된 단위로 생각하지 않는 게 좋습니다. 따라서 이런 메서드나 클래스는 직접 테스트하지 말고 이들이 보조하는 클래스를 통해 우회적으로 테스트해야 합니다.

- 소유자의 통제 없이 누구든 접근할 수 있게 설계된 패키지나 클래스라면 거의 예외 없이 직접 테스트해야 하는 단위로 취급해야 합니다. 이때도 테스트는 사용자와 똑같은 방식으로 접근하는 것입니다.

- 소유자만이 접근할 수 있지만 다방면으로 유용한 기능을 제공하도록 설계된 패키지나 클래스(예: 지원 라이브러리) 역시 직접 테스트해야 하는 단위로 봐야 합니다. 이 경우 지원 라이브러리의 코드를 라이

---

4 (Bazel 홈페이지) *https://bazel.build*

브러리 자체용 테스트와 라이브러리 사용자용 테스트 모두에서 검사한다는 점에서 다소 중복이 생길 수 있습니다. 하지만 유익한 중복입니다. 라이브러리 사용자(와 그 테스트) 중 하나가 사라지면 라이브러리의 테스트 커버리지가 낮아질 수 있기 때문입니다.

구글에서의 경험에 비춰보면 공개 API를 호출해 테스트하는 편이 내부 구현을 직접 테스트하는 것보다 나음을 이해하지 못하는 엔지니어도 종종 있습니다. 그래서 설득을 해야 했죠. 엔지니어 입장에서는 방금 작성한 코드를 바로 테스트하는 편이 그 코드가 시스템 전체에 어떤 영향을 주는지까지 파악하는 것보다 훨씬 쉽기 때문에 처음에는 거부감이 들 수 있습니다. 그럼에도 이 관행은 계속 장려할 가치가 충분했습니다. 이 투자를 초기에 하지 않으면 그 후 여러 번에 걸쳐 보수해줘야 하기 때문입니다. 공개 API로 테스트한다고 해서 깨지기 쉬운 테스트가 완벽하게 사라지는 것은 물론 아닙니다. 하지만 시스템의 유의미한 변경이 있을 때만 테스트가 실패하도록 만드는 방법 중 여러분이 할 수 있는 가장 효과적인 수단입니다.

12.2.3 상호작용이 아니라 상태를 테스트하자

테스트가 내부 구현에 의존하는 대표적인 유형이 또 있습니다. 이 유형은 테스트가 어떤 메서드를 호출하느냐가 아니라 호출 결과를 어떻게 검증하느냐와 관련됩니다. 시스템이 기대한 대로 동작하는지 검증하는 방법은 크게 두 가지입니다. 첫 번째는 **상태 테스트**state test로, 메서드 호출 후 시스템 자체를 관찰합니다. 두 번째는 **상호작용 테스트**interaction test로, 호출을 처리하는 과정에서 시스템이 다른 모듈(시스템)들과 협력하여 기대한 일련의 동작을 수행하는지를 확인합니다.[5] 많은 테스트가 상태와 상호작용 검증을 혼용할 것입니다.

대체로 상호작용 테스트는 상태 테스트보다 깨지기 쉽습니다. 이유는 공개 메서드 테스트보다 비공개 메서드 테스트가 깨지기 쉬운 이유와 같습니다. 우리가 진짜로 원하는 것은 결과가 '무엇what'이냐지만, 상호작용 테스트는 결과에 도달하기까지 시스템이 '어떻게how' 작동하냐를 확인하려 듭니다. [코드 12-4]는 테스트 대역(13장)을 활용해서 시스템이 데이터베이스와 어떻게 상호작용하는지를 검사하는 모습을 보여줍니다.

---

5 (화장실에서도 테스트) Testing State vs. Testing Interactions. *https://oreil.ly/3S8AL*

코드 12-4 상호작용 테스트(깨지기 쉽다)

```
@Test
public void shouldWriteToDatabase() {
  accounts.createUser("foobar");
  verify(database).put("foobar");  // 데이터베이스의 put() 메서드가 호출됐는지 확인
}
```

이 테스트는 데이터베이스의 특정 API가 호출되었는지를 검증합니다. 하지만 설계 의도와 다르게 판단할 수 있는 시나리오가 두 가지 떠오르는군요.

- 시스템에 버그가 있어서 레코드가 쓰인 직후 삭제돼도 테스트는 성공할 것입니다(실패해야 하는 상황입니다).
- 시스템을 리팩터링하여 같은 기능을 다른 API를 호출해 수행하도록 바꿨다면 이 테스트는 실패합니다(성공해야 하는 상황입니다).

이와 달리 시스템의 상태를 직접 확인했다면 테스트가 깨질 염려가 크게 줄어듭니다. [코드 12-5]로 확인해보겠습니다.

코드 12-5 상태를 확인하는 테스트

```
@Test
public void shouldCreateUsers() {
  accounts.createUser("foobar");
  assertThat(accounts.getUser("foobar")).isNotNull();
}
```

보다시피 이 테스트는 우리가 무엇에 관심이 있는지를 더 정확하게 표현합니다. 바로 기능 호출 후에 시스템이 어떤 상태에 놓이는가죠.

이처럼 잠재적으로 문제가 될 수 있는 상호작용 테스트가 만들어지는 가장 큰 원인은 바로 모의 객체 프레임워크^{mocking framework}에 지나치게 의존하기 때문입니다. 모의 객체 프레임워크를 이용하면 테스트 대역을 쉽게 만들 수 있고, 테스트 대역은 자신을 향한 모든 호출을 기록하고 검증할 수 있게 해줍니다. 이런 편리함은 엔지니어에게 깨지기 쉬운 상호작용 테스트를 만들도록 유혹합니다. 그래서 우리는 진짜 객체가 빠르고 결정적이라면 테스트 대역을 지양하고 진짜 객체를 사용해야 합니다.

12.3 명확한 테스트 작성하기

깨지기 쉬운 요소를 완전히 제거했더라도 언젠가는 테스트가 실패할 것입니다. 실패란 좋은 것입니다. 테스트 실패는 엔지니어에게 유용한 신호를 주며 단위 테스트의 존재 가치를 증명하는 가장 주요한 수단 중 하나입니다.

테스트가 실패하는 이유는 크게 두 가지입니다.[6]

- 대상 시스템에 문제가 있거나 불완전합니다. 테스트는 정확히 이 문제를 잡아낼 목적으로 설계된 것입니다. 실패 이유가 이것이라면 버그를 고치라는 경고로 보면 됩니다.

- 테스트 자체에 결함이 있을 수 있습니다. 이 경우는 대상 시스템에는 아무런 문제가 없습니다. 기존 테스트가 이런 이유로 실패했다면 깨지기 쉬운 테스트라는 뜻입니다. 앞 절에서 깨지기 쉬운 테스트를 피하는 요령을 설명했지만 완전히 제거하기는 거의 불가능합니다.

테스트가 실패하면 엔지니어는 가장 먼저 실패한 이유가 앞의 두 부류 중 어디에 속하는지를 파악한 후 실제 문제를 조사해야 합니다. 이 일을 얼마나 빠르게 마치느냐는 테스트의 **명확성**clarity에 달렸습니다. **명확한 테스트**라 함은 존재 이유와 실패 원인을 엔지니어가 곧바로 알아차릴 수 있는 테스트를 말합니다. 실패 원인이 불분명하거나 애초에 왜 만들어진 테스트인지 알아내기 어렵다면 명확하다고 할 수 없습니다. 명확한 테스트는 대상 시스템의 문서자료 역할을 해주고 새로운 테스트를 작성하기 쉽게 도와주는 토대가 되어주는 등의 이점도 제공합니다.

테스트 명확성은 시간이 흐를수록 더욱 중요해집니다. 테스트는 작성자가 팀을 떠난 후에도 계속 이용될 가능성이 큽니다. 하지만 고객들로부터 새로운 요구사항이 들어오거나, 문제 영역에 대한 팀의 이해도가 높아져서 더 나은 구현 방식을 찾을 수도 있습니다. 작성자가 팀을 떠난 지

---

6   테스트가 불규칙하게 실패하는 이유도 이 두 가지입니다. 즉, 대상 시스템에 비결정적인 결함이 있거나 테스트 자체에 결함이 있어서, 통과해야 할 상황에서도 이따금 실패하는 것입니다.

오래인 수년 전 테스트가 갑자기 실패하고, 들여다봐도 무엇을 검사하려 했는지, 어떻게 고쳐야 하는지 알 수 없는 난감한 이야기가 꼭 남의 이야기만은 아니라는 것입니다. 제품 코드가 명확하지 않은 문제와는 또 다릅니다. 대체로 제품 코드는 해당 코드를 제거했을 때 어디에 문제가 생기는지나 호출 관계 등을 파헤쳐보면 비교적 쉽게 목적을 알아낼 수 있습니다. 반면 불명확한 테스트는 목적을 결코 알아내지 못할 가능성도 큽니다. 테스트를 제거해도 테스트 커버리지만 미세하게 낮아질 뿐 아무것도 달라지지 않을 테니까요.

최악의 경우 해법을 찾지 못한 엔지니어가 불명확한 테스트들을 걷어내버릴 것입니다. 그러면 테스트 커버리지에 구멍이 생기는 것도 문제지만, 그 테스트들은 아마도 탄생해서 생을 마칠 때까지 아무런 가치도 만들어내지 못했을 거라는 뜻이 됩니다.

테스트 스위트를 확장하고 시간이 지나도 유용하길 바란다면 테스트 하나하나가 최대한 명확해야 합니다. 그런 뜻에서 이번 절은 테스트를 명확하게 해주는 기술과 사고법을 다뤄보겠습니다.

12.3.1 완전하고 간결하게 만들자

완전성과 간결성은 테스트를 명확하게 만드는 데 도움되는 거시적인 특성입니다.[7] **완전한 테스트**complete test란 결과에 도달하기까지의 논리를 읽는 이가 이해하는 데 필요한 모든 정보를 본문에 담고 있는 테스트를 말합니다. **간결한 테스트**concise test란 코드가 산만하지 않고, 관련 없는 정보는 포함하지 않은 테스트입니다. [코드 12-6]은 두 특성 중 어느 것도 갖추지 못한 안 좋은 테스트의 예입니다.

코드 12-6 불완전하고 산만한 테스트

```
@Test
public void shouldPerformAddition() {
  Calculator calculator = new Calculator(new RoundingStrategy(),
      "unused", ENABLE_COSINE_FEATURE, 0.01, calculusEngine, false);
  int result = calculator.calculate(newTestCalculation());
  assertThat(result).isEqualTo(5); // 이 숫자는 뭘 뜻하지?
}
```

---

7   (화장실에서도 테스트) What Makes a Good Test? *https://oreil.ly/lqwyG*

이 테스트에서 Calculator() 생성자는 관련 없는 정보를 잔뜩 받고 있으며, 정작 중요한 부분은 도우미 메서드인 newTestCalculation() 안에 숨겨져 있습니다. 여기도 도우미 메서드의 입력 값의 의미가 명확하게 드러나도록 고쳐주면 완전성이 개선될 것이고, 다른 도우미 메서드를 이용하여 계산기 생성과 관련 없는 내용을 숨겨주면 더 간결해질 것입니다. [코드 12-7]을 보시죠.

코드 12-7 완전하고 간결한 테스트

```java
@Test
public void shouldPerformAddition() {
  Calculator calculator = new Calculator();
  int result = calculator.calculate(newCalculation(2, Operation.PLUS, 3));
  assertThat(result).isEqualTo(5);
}
```

나중에 논의할 아이디어들 중 특히 코드 공유는 완전성과 간결성을 높여줄 것입니다. 또한 테스트를 더 명확하게 만들 수 있다면 DRY^{Don't Repeat Yourself} 원칙을 거스르는 게 나을 때도 많습니다. 기억하세요! '테스트 본문에는 테스트를 이해하는 데 필요한 정보를 모두 담아야 하며, 그와 동시에 눈을 어지럽히거나 관련 없는 정보는 담지 않아야 합니다.'

12.3.2 메서드가 아니라 행위를 테스트하자

많은 엔지니어가 본능적으로 테스트의 구조를 대상 코드의 구조와 일치시키려고 합니다. 제품 코드의 메서드 하나에 테스트 메서드도 하나씩 두는 식으로요. 이 방식은 처음에는 편리하지만 시간이 지날수록 문제를 일으킵니다. 대상 메서드가 복잡해질수록 테스트도 함께 복잡해져서 실패해도 원인을 파악하기 어려워지기 때문이죠. 거래 결과를 화면에 보여주는 [코드 12-8]을 예로 생각해보죠.

코드 12-8 거래 처리 코드

```java
public void displayTransactionResults(User user, Transaction transaction) {
  ui.showMessage(transaction.getItemName() + "을(를) 구입하셨습니다.");
  if (user.getBalance() < LOW_BALANCE_THRESHOLD) {
    ui.showMessage("경고: 잔고가 부족합니다!");
  }
}
```

보다시피 이 메서드는 최대 두 가지 메시지를 출력합니다. 그리고 이런 코드가 있다면 테스트 하나에서 두 메시지를 모두 검증하려 시도하는 모습을 흔히 찾아볼 수 있습니다. [코드 12-9] 가 그런 예입니다.

코드 12-9 메서드 중심 테스트

```
@Test
public void testDisplayTransactionResults() {
    transactionProcessor.displayTransactionResults(
        newUserWithBalance(
            LOW_BALANCE_THRESHOLD.plus(dollars(2))),
        new Transaction("물품", dollars(3)));

    assertThat(ui.getText()).contains("물품을(를) 구입하셨습니다.");
    assertThat(ui.getText()).contains("잔고가 부족합니다!");
}
```

이 테스트는 아마도 처음에는 첫 번째 메시지만을 검사했을 것입니다. 그러다 나중에 두 번째 메시지까지 검사하도록 확장했겠지요(12.2.1절에서 이야기한 '변하지 않는 테스트'라는 아이디어에 맞지 않음). 이 확장은 나쁜 선례가 될 것입니다. 대상 메서드가 더 복잡해지고 더 많은 기능을 구현한다면 이 단위 테스트 역시 계속 복잡해지고 커져서 다루기가 점점 까다로워질 테니까요.

메서드 하나의 전반을 검사하다 보면 자연스럽게 불명확한 테스트로 이어진다는 게 문제입니다. 메서드 하나가 몇 가지 일을 하는 경우도 종종 있으며 까다롭고 예외적인 상황도 포함할 수 있기 때문이죠. 다행히 더 나은 방법이 있습니다. 테스트를 메서드별로 작성하지 말고 행위별로 작성하는 방법입니다.[8] 여기서 **행위**behavior란 특정 상태에서 특정한 일련의 입력을 받았을 때 시스템이 보장하는 '반응'을 뜻합니다.[9] 행위를 때로는 given/when/then을 써서 표현하기도 합니다.[10] 예컨대 '(given) 은행 잔고가 빈 상태에서, (when) 돈을 인출하려 하면, (then) 거래를 거부한다'라고 표현하는 식이죠. 메서드와 행위는 다대다 관계입니다. 사소하지 않은 메서드 대부분은 여러 가지 행위를 담당하며, 어떤 행위는 여러 메서드를 연계해야 완성됩니

---

8 (화장실에서도 테스트) Test Behaviors, Not Methods(*https://bit.ly/3tkRcHP*)와 INTRODUCING BDD(*https://dannorth.net/introducing-bdd*) 참고

9 제품 관점에서의 기능(feature)은 행위의 모음이라 할 수 있습니다.

10 (블로그 글) GivenWhenThen, *https://martinfowler.com/bliki/GivenWhenThen.html*

다. [코드 12-10]은 앞서의 메서드 중심 테스트를 행위 주도 테스트로 다시 작성해본 모습입니다.

코드 12-10 행위 주도 테스트

```java
@Test
public void displayTransactionResults_showsItemName() {
  transactionProcessor.displayTransactionResults(
      new User(), new Transaction("물품"));
  assertThat(ui.getText()).contains("물품을(를) 구입하셨습니다.");
}

@Test
public void displayTransactionResults_showsLowBalanceWarning() {
  transactionProcessor.displayTransactionResults(
      newUserWithBalance(
          LOW_BALANCE_THRESHOLD.plus(dollars(2))),
      new Transaction("물품", dollars(3)));
  assertThat(ui.getText()).contains("잔고가 부족합니다!");
}
```

테스트를 쪼개느라 코드가 늘어났습니다. 하지만 각 테스트가 훨씬 명확하게 되었으니 결과적으로 그 이상의 값어치를 한 것입니다.[11] 행위 주도 테스트는 대체로 메서드 중심 테스트보다 명확합니다. 이유는 세 가지 정도 들 수 있습니다. 첫째, 자연어에 더 가깝게 읽히기 때문에 힘들여 분석하지 않아도 자연스럽게 이해할 수 있습니다. 둘째, 테스트 각각이 더 좁은 범위를 검사하기 때문에 원인과 결과가 더 분명하게 드러납니다.[12] 셋째, 각 테스트가 짧고 서술적이어서 이미 검사한 기능이 무엇인지 더 쉽게 확인할 수 있습니다. 그래서 기존 테스트 메서드들이 다루지 않은 또 다른 명확한 테스트 메서드를 추가하도록 엔지니어를 이끌어줍니다.

테스트의 구조는 행위가 부각되도록 구성하자

대상 메서드가 아닌 행위와 연결해 생각하기 시작하면 테스트의 구조 역시 크게 달라집니다. 모든 행위는 given, when, then이라는 세 요소로 구성됨을 기억해주세요. 'given' 요소에는 시스템의 설정을 정의합니다. 'when' 요소에는 시스템이 수행할 작업을 정의하며, 마지막

---

11 (화장실에서도 테스트) Keep Tests Focused. *https://oreil.ly/hcoon*
12 (화장실에서도 테스트) Keep Cause and Effect Clear. *https://oreil.ly/dAd3k*

'then' 요소에서는 결과를 검증합니다.[13] 이 요소들이 명확히 드러나는 구조라면 최고로 명명백백한 테스트라고 할 수 있습니다. 그래서 Cucumber[14]와 Spock[15]처럼 given/when/then을 직접 지원하는 테스트 프레임워크까지 생겨났습니다. 다음은 Cucumber 홈페이지에서 가져온 예시 그림입니다.

```
# Comment
@tag
Feature: Eating too many cucumbers may not be good for you

  Eating too much of anything may not be good for you.

  Scenario: Eating a few is no problem
    Given Alice is hungry
    When she eats 3 cucumbers
    Then she will be full
```

다른 언어에서는 [코드 12-11]처럼 빈 줄과 주석을 적절히 이용하면 됩니다.

코드 12-11 잘 구조화된 테스트

```java
@Test
public void transferFundsShouldMoveMoneyBetweenAccounts() {
  // Given: 두 개의 계좌. 각각의 잔고는 $150와 $20
  Account account1 = newAccountWithBalance(usd(150));
  Account account2 = newAccountWithBalance(usd(20));

  // When: 첫 번째 계좌에서 두 번째 계좌로 $100 이체
  bank.transferFunds(account1, account2, usd(100));

  // Then: 각 계좌 잔고에 이체 결과가 반영됨
  assertThat(account1.getBalance()).isEqualTo(usd(50));
  assertThat(account2.getBalance()).isEqualTo(usd(120));
}
```

간단한 테스트라면 이 정도로 상세하게 설명할 필요는 없습니다. 사실 대부분의 경우 주석은 생략하고 각 요소 사이를 빈 줄로 구분해주는 것으로 충분합니다. 하지만 더 복잡한 테스트라면 주석을 명확하게 달아주는 편이 이해하기 쉽습니다. 이 패턴으로 작성된 테스트는 코드를

---

13 이 세 요소를 'arrange', 'act', 'assert'로 부르기도 합니다.

14 (Cucumber 홈페이지) *https://cucumber.io*

15 (Spock 프레임워크 홈페이지) *http://spockframework.org*

세 단계 깊이로 점차 자세하게 파악할 수 있습니다.

1. 먼저 테스트 메서드의 이름(다음 절에서 더 설명함)을 보고 검사하려는 행위를 간략하게 파악할 수 있습니다.

2. 메서드 이름으로 충분하지 않다면 행위를 형식화해 설명한 given/when/then 주석을 읽습니다.

3. 마지막으로, 주석의 설명이 실제 코드로는 정확히 어떻게 표현됐는지 살펴볼 수 있습니다.

이 패턴을 무너뜨리는 가장 큰 원흉은 대상 시스템을 호출하는 코드 사이사이에 추가되는 단정문assertion입니다. 예를 들어 when 블록 중간에 단정문이 추가되면 단정한 것이 테스트의 중간 과정인지 최종 예상 결과인지 구분하기가 어려워집니다.

여러 단계로 진행되는 작업을 단계별로 검증하고 싶을 때는 when과 then 블록을 교대로 정의하는 방법도 있습니다. 또한 긴 블록은 쪼갠 후 '그리고(and)' 접속사로 연결해주면 더 잘 읽힙니다. [코드 12-12]는 제법 복잡한 행위 주도 테스트의 예입니다.

코드 12-12 when/then 블록을 교대로 배치한 테스트

```
@Test
public void shouldTimeOutConnections() {
  // Given: 사용자는 두 명
  User user1 = newUser();
  User user2 = newUser();

  // And: 빈 연결 풀(타임아웃은 10분)
  Pool pool = newPool(Duration.minutes(10));

  // When: 두 사용자 모두 풀에 연결
  pool.connect(user1);
  pool.connect(user2);

  // Then: 풀의 연결 수는 2임
  assertThat(pool.getConnections()).hasSize(2);

  // When: 20분 경과
  clock.advance(Duration.minutes(20));

  // Then: 풀의 연결 수는 0임
```

```
        assertThat(pool.getConnections()).isEmpty();

        // And: 두 사용자 모두 연결이 끊어졌음
        assertThat(user1.isConnected()).isFalse();
        assertThat(user2.isConnected()).isFalse();
    }
```

이런 테스트를 작성할 때는 동시에 여러 행위를 검사하는 실수를 범하지 않도록 주의해야 합니다. 테스트 각각은 단 하나의 행위만 다뤄야 하며, 따라서 절대다수의 단위 테스트에는 when 과 then 블록이 하나씩이면 충분합니다.

테스트 이름은 검사하는 행위에 어울리게 짓자

메서드 중심 테스트들의 이름은 대체로 대상 메서드의 이름을 따서 짓습니다(updateBalance 메서드를 검사하는 테스트라면 testUpdateBalance가 되는 식입니다). 반면, 행위 주도 테스트에서는 이름 짓기가 더 자유롭기 때문에 더 의미 있는 정보를 담을 수 있습니다. 테스트의 이름은 매우 중요합니다. 실패 보고서에 테스트 이름만 덩그러니 표시되는 경우도 많기 때문에 문제가 무엇인지 설명해줄 단서가 이름뿐일 수 있습니다. 테스트의 의도를 표현하는 가장 간단한 방법이기도 하고요.

테스트의 이름은 검사하려는 행위를 요약해 보여줘야 합니다. 시스템이 수행하는 동작과 예상 결과를 모두 담아야 좋은 이름입니다.[16] 때로는 시스템의 상태나 사전 조건(환경) 같은 추가 정보까지 담기도 합니다. 프로그래밍 언어나 프레임워크에 따라 테스트를 중첩시키거나 이름을 문자열로 지을 수 있게 해줘서 유용한 이름을 짓는 데 도움을 주기도 합니다. [코드 12-13] 은 자스민[jasmine][17]을 사용한 예입니다.

코드 12-13 이름 중첩 패턴의 예

```javascript
describe("곱셈", function() {
  describe("양수 사용", function() {
    var positiveNumber = 10;
    it("양수와 곱한 결과는 양수", function() {
      expect(positiveNumber * 10).toBeGreaterThan(0);
```

---

16 (화장실에서도 테스트) Writing Descriptive Test Names. *https://oreil.ly/8eqqv*

17 자스민 깃허브 리포지터리. *https://jasmine.github.io*

```
    });
    it("음수와 곱한 결과는 음수", function() {
      expect(positiveNumber * -10).toBeLessThan(0);
    });
  });
  describe("음수 사용", function() {
    var negativeNumber = -10;
    it("양수와 곱한 결과는 음수", function() {
      expect(negativeNumber * 10).toBeLessThan(0);
    });
    it("음수와 곱한 결과는 양수", function() {
      expect(negativeNumber * -10).toBeGreaterThan(0);
    });
  });
});
```

다른 언어였다면 이 모든 정보를 메서드 이름에 녹였어야 할 텐데, 그러면 [코드 12-14]처럼 되었을 것입니다.

코드 12-14 메서드 이름에 전부 녹이는 예

```
multiplyingTwoPositiveNumbersShouldReturnAPositiveNumber
multiply_postiveAndNegative_returnsNegative
divide_byZero_throwsException
```

제품에 들어갈 코드였다면 추천하지 않을 상세한 이름입니다. 하지만 용도가 다릅니다. 우리는 이 메서드들을 호출하는 코드를 작성할 일이 없습니다. 대신 이 이름들은 주로 보고서에 담겨 사람에게 전달될 것입니다. 사람이 읽게 될 이름이므로 상세해도 괜찮습니다.

같은 테스트 클래스 안에서만 일관적이라면 다양한 방식의 이름 짓기 전략을 사용해도 괜찮습니다. 좋은 전략이 떠오르지 않으면 'should'로 시작하는 이름을 사용해보세요. 이 전략에 대상 클래스의 이름을 곁들이면 테스트 이름을 문장으로 표현할 수 있습니다. 예를 들어 대상 클래스가 BankAccount이고 테스트 이름이 shouldNotAllowWithdrawalsWhenBalanceIsEmpty라면 'BankAccount should not allow withdrawals when balance is empty(은행 계좌는 잔고가 0일 때 인출을 허용해서는 안 된다)'라는 문장이 됩니다. 그래서 잘 작성된 테스트 스위트의 테스트 메서드 이름들을 보면 대상 시스템이 어떤 행위를 구현하고 있는지 쉽게 파악할 수 있습니다. 또한 각 테스트가 하나의 행위에 집중하도록 도와줍니다. 예컨대 테스트 이름에 'and'가 들어간다면 아마도 여러 가지 행위를 검사하고 있을 가능성이 큽니다. 정말 그렇다면 테스트를 쪼개야 합니다.

12.3.3 테스트에 논리를 넣지 말자

테스트가 명확하면 검토하기도 쉽습니다. 살짝만 들여다봐도 일을 올바르게 처리하는지 바로 알 수 있죠. 이 점은 테스트 코드이기에 가능한 측면도 있습니다. 프로덕션 코드는 다양한 입력을 처리할 수 있도록 일반화시켜야 하지만 테스트 하나는 몇 가지 제한된 입력만 취급하면 되기 때문입니다. 제품 코드는 복잡하기 때문에 이를 검증하기 위해 테스트를 작성합니다. 테스트 코드에는 이런 사치가 필요 없습니다. 테스트를 검증하는 테스트를 작성해봐야 할 것 같은 느낌이 든다면 무언가 잘못된 것입니다!

복잡성은 대체로 '논리logic'라는 형태로 나타납니다. 논리는 프로그래밍 언어에서 명령형 요소 (연산자, 반복문, 조건문 등)를 이용해 표현합니다. 논리가 포함된 코드의 결과를 예측하려면 약간의 정신노동을 거쳐야 합니다. 코드를 그냥 훑는 것만으로는 부족하죠. 더욱이 테스트에서는 논리가 조금만 들어가도 추론하기가 어려워집니다. 예시를 준비했습니다. [코드 12-15]의 테스트가 일을 정확히 처리하고 있는 것 같나요?[18]

코드 12-15 논리가 버그를 감추는 예

```java
@Test
public void shouldNavigateToAlbumsPage() {
  String baseUrl = "http://photos.google.com/";
  Navigator nav = new Navigator(baseUrl);
  nav.goToAlbumPage();
  assertThat(nav.getCurrentUrl()).isEqualTo(baseUrl + "/albums");
}
```

여기에 논리는 많지 않습니다. 그저 단 한 번! 마지막 줄에서 문자열을 연결하고 있을 뿐입니다. 하지만 이 작은 논리를 없애는 즉시 감춰져 있던 버그가 '짜잔!' 하고 나타납니다. [코드 12-16]을 보시죠.

....
18 (화장실에서도 테스트) Don't Put Logic in Tests. *https://oreil.ly/yJDqh*

```
@Test
public void shouldNavigateToPhotosPage() {
  Navigator nav = new Navigator("http://photos.google.com/");
  nav.goToPhotosPage();
  assertThat(nav.getCurrentUrl())
      .isEqualTo("http://photos.google.com//albums"); // 이런!
}
```

전체 문자열을 적어주자 URL에 슬래시(/)를 두 번 썼음이 바로 드러났습니다. 제품 코드에서도 같은 실수를 했다면 이 테스트로는 버그를 잡아낼 수 없을 것입니다. 비록 기본 URL이 두 번 중복됐지만 더 서술적이고 의미 있는 테스트를 얻었다고 생각하면 아주 저렴한 비용이죠 (12.4절 참고).

단순한 문자열 연결에서도 버그를 잡아내기 쉽지 않은데 반복문이나 조건문처럼 더 복잡한 로직이 들어갔다면 말할 것도 없겠죠. 교훈은 분명합니다. 테스트 코드에서는 스마트한 로직보다 직설적인 코드를 고집해야 합니다. 또한 더 서술적이고 의미 있는 테스트를 만들기 위한 약간의 중복은 허용하는 것이 좋습니다. 중복과 코드 공유에 관해서는 12.4절에서 다시 논의하겠습니다.

12.3.4 실패 메시지를 명확하게 작성하자

명확성을 높이기 위한 마지막 주제는 테스트를 작성하는 방법이 아닌, 테스트가 실패했을 때 엔지니어가 받아보게 되는 메시지에 관한 것입니다. 실전에서는 테스트 실패 보고서나 로그에 찍힌 메시지 한 줄만으로 문제의 원인을 찾아내야 할 때가 많습니다. 정작 그 메시지를 뿌린 테스트조차 주어지지 않은 채로 말이죠. 잘 작성된 실패 메시지라면 테스트의 이름과 거의 동일한 정보를 담고 있어야 합니다. 즉, '원하는 결과', '실제 결과', '이때 건네진 매개변수의 값'을 명확히 알려줘야 합니다. 다음은 좋지 않은 메시지의 예입니다.

```
Test failed: account is closed
```

테스트가 실패한 이유는 계정이 닫혀 있기 때문일까요, 아니면 계정이 닫혀 있기를 기대했는데 그렇지 않았기 때문일까요? 좋은 실패 메시지라면 기대한 상태와 실제 상태를 명확히 구분해주고 결과가 만들어진 맥락 정보도 더 제공해야 합니다.

```
Expected an account in state CLOSED, but got account:
    <{name: "my-account", state: "OPEN"}
```

좋은 라이브러리를 사용하면 실패 메시지를 쓸모 있게 작성하기가 더 쉬워집니다. [코드 12-17]의 자바 테스트에서 사용한 단정문들을 살펴보시죠. 첫 번째 단정문은 전통적인 JUnit 단정문이고, 두 번째는 구글이 개발한 단정문 라이브러리인 Truth[19]를 사용했습니다.

코드 12-17 Truth 라이브러리를 이용한 단정문 작성

```
Set<String> colors = ImmutableSet.of("red", "green", "blue");
assertTrue(colors.contains("orange"));  // JUnit
assertThat(colors).contains("orange");  // Truth
```

첫 번째 단정문은 Boolean 값 하나만 받기 때문에 'expected 〈true〉 but was 〈false〉' 형태의 일반화된 오류 메시지만 출력해줍니다. 맥락 정보가 충분치 않아서 살짝 아쉽군요. 한편 두 번째 단정문은 단정할 대상을 구분해서 받기 때문에 'AssertionError: 〈[red, green, blue]〉 should have contained 〈orange〉.' 형태의 훨씬 유용한 오류 메시지를 생성해줍니다.[20]

모든 프로그래밍 언어에서 이러한 혜택을 누릴 수는 없지만 수동으로라도 중요한 정보를 실패 메시지에 추가할 수는 있어야 합니다. 예를 들어 Go 언어에서는 테스트 단정문을 관례적으로 [코드 12-18]처럼 작성합니다.

코드 12-18 Go 언어의 테스트 단정문

```
result := Add(2, 3)
if result != 5 {
  t.Errorf("Add(2, 3) = %v, want %v", result, 5)
}
```

19 Truth 홈페이지. *https://truth.dev*
20 (화장실에서도 테스트) Truth: a fluent assertion framework. *https://oreil.ly/RFUEN*

12.4 테스트와 코드 공유: DRY가 아니라 DAMP!

테스트를 명확하고 잘 깨지지 않게 해주는 마지막 요인은 코드 공유^{code sharing}라는 주제와 관련이 있습니다. 대부분의 소프트웨어는 '반복하지 말라^{Don't Repeat Yourself}'라는 뜻의 DRY 원칙을 숭배합니다. DRY는 개념들을 각각 독립된 하나의 장소에서 구현하여 코드 중복을 최소로 줄이면 유지보수하기 더 쉽다고 말합니다. 이 원칙대로 프로그래밍하면, 특히 기능을 변경해야 할 때 단 한 곳의 코드만 수정하면 끝이므로 아주 유용합니다. 물론 이렇게 모아두면 참조에 참조를 따라가야 실제 로직을 구현한 코드를 찾아 분석할 수 있기 때문에 코드 명확성이 떨어진다는 단점도 생깁니다.

보통의 제품 코드에서는 코드 변경과 관리를 쉽게 해준다는 장점에 비하면 사소한 단점입니다. 하지만 테스트 코드에서는 사정이 조금 다릅니다. 좋은 테스트는 안정적이고, 대상 시스템의 행위가 변경되면 실패하도록 설계됩니다. 따라서 테스트 코드에서는 DRY가 주는 혜택이 그리 크지 않습니다. 그와 동시에 테스트는 복잡해지면 손해가 막심합니다. 제품 코드라면 더 복잡해져도 제대로 동작한다고 보장해주는 테스트 스위트가 있어서 괜찮지만, 테스트를 보호해줄 수단은 존재하지 않습니다. 따라서 테스트는 정확성을 스스로가 보장하지 못하면 버그가 생길 위험이 커집니다. 다시 말하지만, 테스트가 복잡해져서 테스트를 검증할 테스트가 필요하다고 느껴지기 시작하면 무언가 잘못된 것입니다.

DRY를 고집하는 대신 테스트 코드는 DAMP가 되도록 노력해야 합니다.[21] DAMP는 '서술적이고 의미 있는 문구^{Descriptive And Meaningful Phrase}'를 뜻합니다. 단순하고 명료하게만 만들어준다면 테스트에서 다소의 중복은 괜찮습니다. [코드 12-19]는 DRY에 너무 집착한 테스트의 예입니다.

코드 12-19 DRY에 너무 집착한 테스트

```
@Test
public void shouldAllowMultipleUsers() {
  List<User> users = createUsers(false, false);
  Forum forum = createForumAndRegisterUsers(users);
  validateForumAndUsers(forum, users);
}

@Test
```

----

21 (블로그 글) DRY code, DAMP DSLs. *https://oreil.ly/5VPs2*

```java
public void shouldNotAllowBannedUsers() {
  List<User> users = createUsers(true);
  Forum forum = createForumAndRegisterUsers(users);
  validateForumAndUsers(forum, users);
}

// 훨씬 많은 테스트들 생략...

private static List<User> createUsers(boolean... banned) {
  List<User> users = new ArrayList<>();
  for (boolean isBanned : banned) {
    users.add(newUser()
        .setState(isBanned ? State.BANNED : State.NORMAL)
        .build());
  }
  return users;
}

private static Forum createForumAndRegisterUsers(List<User> users) {
  Forum forum = new Forum();
  for (User user : users) {
    try {
      forum.register(user);
    } catch(BannedUserException ignored) {}
  }
  return forum;
}

private static void validateForumAndUsers(Forum forum, List<User> users) {
  assertThat(forum.isReachable()).isTrue();
  for (User user : users) {
    assertThat(forum.hasRegisteredUser(user))
        .isEqualTo(user.getState() == State.BANNED);
  }
}
```

앞에서 설명한 명확성 이야기에 비춰보면 이 코드의 문제는 분명합니다. 첫째, 테스트 본문은 매우 간결하지만 완전하지는 못합니다. 세부 정보는 도우미 메서드 안에 숨겨져 있고, 그 안쪽은 화면을 스크롤해야만 볼 수 있습니다. 게다가 도우미 메서드도 로직들로 가득 차 있어서 무슨 일을 하는지가 한눈에 들어오지 않습니다(여러분은 버그를 찾으셨나요? 버그가 있습니다!). 이 테스트를 DAMP 방식으로 다시 작성하면 훨씬 명확해집니다. [코드 12-20]처럼요.

```java
@Test
public void shouldAllowMultipleUsers() {
  User user1 = newUser().setState(State.NORMAL).build();
  User user2 = newUser().setState(State.NORMAL).build();

  Forum forum = new Forum();
  forum.register(user1);
  forum.register(user2);

  assertThat(forum.hasRegisteredUser(user1)).isTrue();
  assertThat(forum.hasRegisteredUser(user2)).isTrue();
}

@Test
public void shouldNotRegisterBannedUsers() {
  User user = newUser().setState(State.BANNED).build();

  Forum forum = new Forum();
  try {
    forum.register(user);
  } catch(BannedUserException ignored) {}

  assertThat(forum.hasRegisteredUser(user)).isFalse();
}
```

중복된 코드도 보이고 테스트 본문도 더 길어졌습니다만, 그만한 가치가 있습니다. 테스트 각각이 훨씬 더 의미 있어졌고 테스트 본문만 봐도 전체를 이해할 수 있게 되었기 때문이죠. 이 코드를 읽는 이들은 각 테스트가 의도한 작업을 제대로 수행하고 있으며 숨겨진 버그도 없으리라 확신할 것입니다.

DAMP가 DRY를 대체하지는 않습니다. 보완해주는 개념입니다. 도우미 메서드와 테스트 인프라는 테스트를 더 명확하게 만드는 데 여전히 도움을 줄 수 있습니다. 가령 본문 코드를 더 간결하게 해주고 검사하려는 행위와 관련 없이 반복되는 세세한 단계들을 추상화해줄 수 있습니다. 여기서 핵심은 테스트에서의 리팩터링은 반복을 줄이는 게 아니라 더 서술적이고 의미 있게 하는 방향으로 이루어져야 한다는 점입니다. 그럼 이번 절의 나머지에서는 코드를 여러 테스트가 공유하는 일반적인 패턴들을 살펴보겠습니다.

12.4.1 공유 값

일련의 공유 값^{shared value}을 정의한 후 여러 테스트에서 다양하게 조합해 사용하는 경우가 많습니다. [코드 12-21]도 그러한 테스트입니다.

코드 12-21 이름이 모호한 공유 값

```java
private static final Account ACCOUNT_1 = Account.newBuilder()
    .setState(AccountState.OPEN).setBalance(50).build();

private static final Account ACCOUNT_2 = Account.newBuilder()
    .setState(AccountState.CLOSED).setBalance(0).build();

private static final Item ITEM = Item.newBuilder()
    .setName("치즈버거").setPrice(100).build();

// 수백 줄의 다른 테스트들...

@Test
public void canBuyItem_returnsFalseForClosedAccounts() {
  assertThat(store.canBuyItem(ITEM, ACCOUNT_1)).isFalse();
}

@Test
public void canBuyItem_returnsFalseWhenBalanceInsufficient() {
  assertThat(store.canBuyItem(ITEM, ACCOUNT_2)).isFalse();
}
```

이 전략으로 테스트들을 아주 간결하게 만들 수 있습니다. 하지만 테스트 스위트가 커질수록 문제가 됩니다. 첫째, 각 테스트에서 왜 그 값을 선택했는지를 이해하기 어렵습니다. [코드 12-21]에서는 다행히 테스트 이름을 보고 테스트 시나리오를 알아낼 수 있습니다. 하지만 ACCOUNT_1이 뭐고, ACCOUNT_2가 지금 시나리오에 적합한 것인지 확인하려면 여전히 파일 위쪽까지 스크롤해봐야 합니다. 이름을 CLOSED_ACCOUNT와 ACCOUNT_WITH_ LOW_BALANCE처럼 더 서술적으로 짓는다면 약간 도움이 되지만, 이 값들의 세부 정보를 알기에는 여전히 어렵습니다. 비록 테스트에 필요한 값을 정확히 설명하지 못하더라도 값을 재사용하기 쉽기 때문에 많은 엔지니어가 이 방식에 이끌리곤 합니다.

필요한 값들을 테스트마다 일일이 준비하려면 장황하고 귀찮기 때문에 엔지니어들은 상수를 정의해 공유하고 싶은 유혹에 빠집니다. 기뻐하세요! 더 나은 방법이 있습니다. [코드 12–22] 처럼 도우미 메서드를 이용해 데이터를 구성하는 방법이죠.[22] 테스트 작성자가 필요한 값들만 명시해 도우미 메서드에 요청하면 그 외 값들에는 적절한 기본값을 설정해 돌려줍니다.[23] 이름 있는 매개변수[named parameter]를 지원하는 언어라면 이 구조를 만드는 게 어렵지 않습니다. 그렇지 않은 언어라면 빌더 패턴을 활용해 이름 있는 매개변수의 동작을 흉내 낼 수 있습니다 (AutoValue[24] 같은 도구가 도움이 될 것입니다).

코드 12-22 도우미 메서드를 사용해 값을 공유하는 예

```
# 도우미 메서드는 각 매개변수에 임의의 기본값을 정의하여 생성자를 래핑합니다.
def newContact(
    firstName="Grace", lastName="Hopper", phoneNumber="555-123-4567"):
  return Contact(firstName, lastName, phoneNumber)

# 테스트는 필요한 매개변수의 값만 설정하여 도우미를 호출합니다.
def test_fullNameShouldCombineFirstAndLastNames(self):
  def contact = newContact(firstName="에이다", lastName="러브레이스")
  self.assertEqual(contact.fullName(), "에이다 러브레이스")

// 자바처럼 이름 있는 매개변수를 지원하지 않는 언어에서는 생성 중인 값을 표현하는
// 가변 '빌더' 객체를 반환하는 식으로 이름 있는 매개변수를 흉내낼 수 있습니다.
private static Contact.Builder newContact() {
  return Contact.newBuilder()
    .setFirstName("그레이스")
    .setLastName("호퍼")
    .setPhoneNumber("555-123-4567");
}

// 테스트는 빌더의 메서드들을 호출하여 필요한 매개변수만 덮어쓴 다음
// build()를 호출하여 최종 값을 얻습니다.
@Test
public void fullNameShouldCombineFirstAndLastNames() {
  Contact contact = newContact()
      .setFirstName("에이다")
      .setLastName("러브레이스")
      .build();
```

---

22 (화장실에서도 테스트) Cleanly Create Test Data. *https://oreil.ly/Jc4VJ*

23 값을 명시하지 않은 필드에 채울 기본값에 약간의 무작위성을 주면 더 유용할 때가 많습니다. 실수로 서로 다른 두 인스턴스가 동치라고 판단하는 일을 막아주며, 엔지니어가 기본값을 가정하고 하드코딩하기가 더 어려워집니다.

24 AutoValue 깃허브 리포지터리. *https://oreil.ly/cVYK6*

```
    assertThat(contact.getFullName()).isEqualTo("에이다 러브레이스");
  }
```

이처럼 도우미 메서드를 이용하면 불필요한 정보로 오염되거나 다른 테스트와 충돌할 염려 없이 정확히 필요한 값들만 생성해 사용할 수 있습니다.

12.4.2 공유 셋업

설정이나 초기화 로직을 통해서도 테스트가 코드를 공유할 때와 비슷한 일이 벌어집니다. 많은 테스트 프레임워크가 하나의 테스트 스위트에 속한 테스트 각각을 수행하기 직전에 실행되는 메서드를 정의할 수 있게 해줍니다. 이를 흔히 셋업^{setup} 메서드라고 합니다. 제대로만 활용한다면 테스트들을 더 깔끔하고 명확하게 정리해주죠. 지루하고 검증할 행위와는 크게 관련 없는 초기화 로직이 반복되는 걸 없애주기 때문입니다. 하지만 잘못 사용하면 중요한 세부 정보를 셋업 메서드 속으로 숨겨버려서 테스트가 완벽해지지 못하게 막습니다.

셋업 메서드는 대상 객체와 협력 객체^{collaborator}들을 생성하는 데 매우 유용합니다. 스위트 안의 테스트 대다수가 이런 객체들을 생성하는 데 쓰인 인수들에는 관심이 없고(어떤 인수를 넣어 생성한 객체인지에는 관심 없고) 테스트를 수행한 후에도 객체들의 상태가 전혀 변하지 않는다면 매우 유용한 방법입니다. 테스트 대역이 반환값으로 스텁을 내어주게 할 때도 똑같은 아이디어를 적용할 수 있습니다. 테스트 대역 관련해서는 13장에서 더 자세히 이야기합니다.

한편, 셋업 메서드가 이용한 특정 값에 의존하는 테스트가 생겨나기 시작하면 악몽이 시작될 수 있습니다. 예를 들어 [코드 12-23]의 테스트는 '도널드 커누스'라는 문자열이 어디서 왔는지를 읽는 이가 찾아내야 하므로 완벽하지 않아 보입니다.

코드 12-23 셋업 메서드에서 사용한 값에 의존

```
  private UserStore userStore;

  @Before
  public void setUp() {
    nameService = new NameService();
    nameService.set("user1", "도널드 커누스");
    userStore = new UserStore(nameService);
  }
```

```
// 수십 개의 다른 테스트들...

@Test
public void shouldReturnNameFromService() {
  UserDetails user = userStore.get("user1");
  assertThat(user.getName()).isEqualTo("도널드 커누스");
}
```

이처럼 특정 값을 요구하는 테스트라면 그 값을 직접 기술해줘야 합니다. 필요하다면 셋업 메서드가 정의한 기본값을 덮어써야 하죠. 그러면 [코드 12-24]처럼 반복되는 코드가 살짝 늘어나지만 더 서술적이고 의미 있는 테스트로 재탄생합니다.

코드 12-24 셋업 메서드에서 사용한 값을 덮어씀

```
private NameService nameService;
private UserStore userStore;

@Before
public void setUp() {
  nameService = new NameService();
  nameService.set("user1", "도널드 커누스");
  userStore = new UserStore(nameService);
}

@Test
public void shouldReturnNameFromService() {
  nameService.set("user1", "마거릿 해밀턴");
  UserDetails user = userStore.get("user1");
  assertThat(user.getName()).isEqualTo("마거릿 해밀턴");
}
```

12.4.3 공유 도우미 메서드와 공유 검증 메서드

도우미 메서드도 테스트들이 코드를 공유하는 흔한 예입니다. 앞에서 우리는 도우미 메서드를 이용하면 테스트용 값을 생성하는 코드가 간결해진다고 이야기했습니다. 도우미 메서드를 제대로 활용한 예였습니다. 하지만 다른 용도로 사용하면 위험할 수도 있습니다.

우리는 여러 테스트에서 똑같은 일련의 단정문들을 반복할 때, 이를 도우미 메서드로 옮겨 호출하는 모습을 자주 보았습니다. 모든 테스트가 마지막에 도우미 메서드를 호출하는 극단적인 모습도 상상해볼 수 있습니다. 아주 위험한 습관입니다. 이런 식으로 해서는 테스트를 행위 주도적으로 만들기가 어렵습니다. 테스트 각각의 의도를 추론해내기가 훨씬 어렵기 때문입니다. 그리고 버그가 하나 발생하면 여러 테스트가 동시다발로 실패할 때가 많아서 살펴봐야 할 범위를 좁혀내기가 쉽지 않습니다.

하지만 하나의 목적에 집중하는 검증 메서드^{validation method}는 여전히 유용합니다. 잘 만들어진 검증용 도우미 메서드는 여러 조건을 확인하는 게 아니라 입력에 대한 단 하나의 '개념적 사실'만을 검증합니다. 개념적으로는 단순하지만 그 개념을 검사하는 로직이 복잡한 경우라면 특히 큰 도움이 됩니다. 예를 들어 검증 로직에 반복문이나 조건문이 들어가서 테스트 메서드의 명확성을 떨어뜨리는 경우라면 검사 로직이 복잡하다고 말할 수 있습니다. 가령 [코드 12-25]의 도우미 메서드는 계정 접근 권한과 관련한 여러 테스트에서 유용하게 쓰일 것입니다.

코드 12-25 개념적으로 단순한 테스트

```
private void assertUserHasAccessToAccount(User user, Account account) {
  for (long userId : account.getUsersWithAccess()) {
    if (user.getId() == userId) {
      return;
    }
  }
  fail(user.getName() + " cannot access " + account.getName());
}
```

12.4.4 테스트 인프라 정의하기

지금까지 이야기한 기법들은 하나의 클래스나 스위트에 속한 메서드들 사이에서의 코드 공유에 해당했습니다. 그런데 가끔은 다른 테스트 스위트와도 코드를 공유하면 유용할 때가 있습니다. 구글은 이런 종류의 코드를 **테스트 인프라**^{test infrastructure}라고 부릅니다. 테스트 인프라는 주로 통합 테스트나 종단간^{end-to-end} 테스트 때 빛을 발합니다. 그리고 신중하게 설계한다면 특정 상황에서는 단위 테스트를 작성하는 데도 큰 도움을 줍니다.

테스트 인프라는 단일 테스트 스위트 안에서의 코드 공유보다 훨씬 신중하게 접근해야 합니다. 테스트 인프라는 많은 곳에서 호출되는 만큼 이에 의존하는 코드가 많습니다. 그래서 동작이 달라지면 다른 코드들이 깨지기 때문에 변경하기도 어렵습니다. 달리 말하면, 일반적인 테스트 코드보다는 제품 코드와 비슷한 특성을 보인다는 뜻입니다. 엔지니어들은 각자 맡은 기능을 테스트하면서 공통 테스트 인프라까지 변경할 필요가 없습니다. 그래서 테스트 인프라는 독립된 제품 대우를 해줘야 하며, 마땅히 자신을 검사해줄 '자체 테스트들을 갖추고 있어야' 합니다.

물론 대부분의 테스트 인프라는 JUnit[25]처럼 잘 알려진 서드파티 라이브러리 형태로 제공될 것입니다. 이런 류의 라이브러리는 엄청나게 많기 때문에 가능하면 조기에 전사 표준 인프라를 정하는 게 유리합니다. 예를 들어 구글은 이미 수년 전에 모키토Mockito를 표준 모의 객체 프레임워크로 정하고, 새로운 자바 테스트는 반드시 이 프레임워크만 사용하도록 했습니다. 당시 다른 프레임워크에 익숙했던 사람들이 아쉬운 소리를 했지만, 지금 되돌아보면 구글의 테스트들을 더 이해하기 쉽고 잘 어우러져 실행되게 만든 좋은 조치였다고 생각합니다.

12.5 마치며

단위 테스트는 예기치 못한 변경에도 시스템이 오래도록 잘 구동되게끔 보증하기 위해 소프트웨어 엔지니어가 할 수 있는 가장 강력한 도구에 속합니다. 하지만 강력한 힘에는 무거운 책임이 따릅니다. 단위 테스트를 생각 없이 만들면 시스템에 대한 확신을 키워주는 건 고사하고, 시스템을 유지보수하거나 변경하기가 훨씬 어려워집니다.

구글의 단위 테스트도 완벽과는 거리가 멉니다. 하지만 이번 장에서 설명한 관행들을 잘 따르는 테스트는 그렇지 않은 테스트들보다 확실히 훨씬 유용했습니다. 이 관행들이 여러분의 테스트 품질 향상에도 부디 도움이 되길 바랍니다.

---

25 (JUnit 홈페이지) *https://junit.org*

12.6 핵심 정리

- 변하지 않는 테스트를 만들기 위해 노력하세요.

- 공개 API를 통해 테스트하세요.

- 상호작용이 아닌, 상태를 테스트하세요.

- 테스트를 완전하고 명확하게 만드세요.

- 메서드가 아닌, 행위를 테스트하세요.

- 행위가 부각되게끔 테스트를 구성하세요.

- 테스트 이름은 검사하는 행위가 잘 드러나게 지으세요.

- 테스트에 로직을 넣지 마세요.

- 실패 메시지를 명확하게 작성하세요.

- 테스트들이 코드를 공유할 때는 DRY보다 DAMP를 우선하세요.

CHAPTER 13

테스트 대역

단위 테스트는 개발자의 생산성을 높여주고 코드의 결함을 줄여주는 핵심 도구입니다. 단순한 코드라면 단위 테스트 작성이 전혀 부담되지 않습니다. 하지만 대상 코드가 복잡해질수록 테스트를 작성하기도 어려워집니다.

외부 서버에 요청을 보내고 응답을 받아 데이터베이스에 저장하는 함수를 검증한다고 해보죠. 약간 노력해서 테스트 몇 개만 작성하면 충분할 것입니다. 하지만 이런 테스트를 수백~수천 개 작성한다면 어떨까요? 전체를 한 번 수행하는 데만 몇 시간씩 걸리고 예기치 못한 네트워크 실패나 테스트들끼리 데이터를 덮어쓰는 등의 일이 발생하여 테스트 스위트가 불규칙적으로 실패하기 시작할 것입니다.

이런 상황이라면 테스트 대역이 아주 유용합니다. **테스트 대역**test double[1]은 실제 구현 대신 사용할 수 있는 객체나 함수를 말합니다. 영화를 찍을 때 위험한 장면에서는 주연 배우 대신 스턴트맨이나 스턴트우먼이 연기해주는 것과 비슷합니다. 테스트 대역을 사용하는 것을 '목킹한다mocking'라고도 하지만 이번 장에서는 이 용어는 피하겠습니다. 목mock은 테스트 대역 중 한 형태인 모의 객체를 지칭할 때도 쓰기 때문입니다.

아마도 가장 직관적인 유형의 테스트 대역은 실제와 비슷하게 동작하되 더 간단하게 구현한 객체일 것입니다. 인메모리 데이터베이스가 대표적이죠. 다른 형태의 대역으로는 시스템의 특정 세부 정보를 검증할 수 있습니다. 예를 들어 드물게 일어나는 오류 조건을 일부러 만들어내거

---

1   (블로그 글) Test Double. *https://oreil.ly/vbpiU*

나 아주 무거운 함수를 실제로는 실행하지 않으면서도 호출이 되는지를 보장하는 등의 일을 할 수 있습니다.

앞선 두 개 장에서는 '작은 테스트'의 개념을 소개하고, 작은 테스트가 테스트 스위트의 대부분을 차지해야 하는 이유를 설명했습니다. 하지만 제품 코드는 때로는 여러 프로세스나 기기를 연동시켜야 하기 때문에 작은 테스트로는 검증하지 못하는 영역이 존재합니다. 테스트 대역은 실제 구현보다 훨씬 가벼워서 이럴 때마저도 빠르고 안정적인 작은 테스트로 대응할 수 있게 도와줍니다.

13.1 테스트 대역이 소프트웨어 개발에 미치는 영향

테스트 대역을 사용하면 소프트웨어 개발 시 절충이 필요한 복잡한 문제가 몇 가지 딸려 옵니다. 이번 절에서 소개하는 개념들은 이번 장 전반에서 계속해서 더 깊게 논의할 것입니다.

테스트 용이성(testability)

테스트 대역을 사용하려면 코드베이스가 테스트하기 쉽도록 설계되어 있어야 합니다. 그래야 테스트에서 실제 구현을 테스트 대역으로 교체할 수 있습니다. 예컨대 데이터베이스를 호출하는 코드라면 실제 데이터베이스 대신 테스트 대역을 사용해도 괜찮을 만큼 유연해야 합니다. 테스트를 염두에 두지 않고 설계된 코드라면 상당히 많이 리팩터링해야 할 것입니다.

적용 가능성(applicability)

테스트 대역을 제대로 활용하면 엔지니어링 속도가 크게 개선되겠지만, 잘못 사용하면 오히려 깨지기 쉽고 복잡하고 효율도 나쁜 테스트로 전락합니다. 특히 커다란 코드베이스 곳곳에서 테스트 대역을 잘못 사용한다면 이러한 단점이 배가되어 엔지니어 생산성을 크게 떨어뜨립니다. 실제로 테스트 대역을 활용하기에 적절하지 않은 경우가 많으니 되도록 실제 구현을 이용하시길 권해드립니다.

충실성(fidelity)

충실성은 테스트 대역이 실제 구현의 행위와 얼마나 유사하냐를 말합니다. 테스트 대역이 실제 구현과 전혀 다르게 동작한다면 그 대역을 이용한 테스트들은 별다른 가치를 만들어내지 못하겠지요. 예컨대 대역이 입력 데이터를 무시하고 항상 똑같은 결과만 반환한다면 그리 유용하지 못할 것입니다. 한편 100% 충실한 것 역시 현실적이지 않습니다. 테스트에 활용하려면 대역은 일반적으로 실제보다 훨씬 단순해야 합니다. 많은 상황에서 완벽하게 충실하지 못한 대역만으로도 테스트는 충분한 효과를 얻습니다. 테스트 대역을 사용하는 단위 테스트들만으로 채우지 못하는 부분은 실제 구현을 이용하는 더 큰 범위의 테스트로 보완해줘야 합니다.

13.2 테스트 대역 @ 구글

구글이 테스트 대역을 도입하여 생산성과 소프트웨어 품질을 높인 예는 수없이 많지만, 잘못 활용하여 역효과를 낸 예도 못지않게 많습니다. 이러한 경험들이 쌓여 구글은 테스트 대역을 올바르게 사용하는 관례를 발전시켰습니다. 초기에는 당연히 테스트 대역의 효과적 활용법에 대한 지침이 거의 없었습니다. 하지만 많은 팀의 코드베이스에서 공통된 패턴이 발견되고 안티 패턴도 밝혀지면서 모범 사례로 발전해왔습니다.

구글이 어렵게 깨우친 교훈 하나는 테스트 대역을 쉽게 만들어주는 모의 객체 프레임워크를 과용하면 위험하다는 것입니다(모의 객체 프레임워크에 관해서는 이번 장 뒤에서 자세히 이야기합니다). 구글이 모의 객체 프레임워크를 처음 도입했을 시기에는 정말이지 만능 요술램프처럼 보였습니다. 의존하는 다른 모듈들에 신경 쓰지 않고 원하는 코드 조각에 집중하는 테스트를 매우 쉽게 만들 수 있었죠. 이런 테스트를 셀 수 없이 양산하며 몇 해가 지나자 커다란 대가를 치르게 되었습니다. 테스트를 작성하기는 쉽지만 버그는 잘 찾아내지 못했고 끊임없이 보수해야 했죠. 그래서 우리는 방향을 틀었습니다. 오늘날에는 많은 엔지니어가 모의 객체 프레임워크를 피하고 실제에 더 가까운 테스트를 작성합니다.

이번 장에서 설명하는 관행들은 구글 전반에서 받아들여지고는 있지만 실제 어떻게 적용되는지는 팀마다 많이 다릅니다. 이렇게 차이가 나는 데는 몇 가지 이유가 있습니다. 첫째, 모든 엔지니어가 이 관행들에 익숙하지는 않습니다. 둘째, 기존 코드베이스가 관행을 따르기에 적합하지 않게 작성되어 있기도 합니다. 마지막으로 어떤 팀은 장기적인 영향을 생각하지 않고 단기적으로 가장 쉬운 방법을 선택하기도 합니다.

13.3 기본 개념

효과적인 테스트 대역 사용법을 이야기하기 앞서 알아둬야 할 개념들이 있습니다. 곧이어 다룰 모범 사례들의 토대가 될 개념들이니 잘 따라와 주시기 바랍니다.

13.3.1 테스트 대역 예

신용카드 결제를 지원하는 전자상거래 사이트가 있다고 해보죠. 다음은 이 사이트의 핵심 코드 어딘가에서 가져온 코드입니다.

코드 13-1 신용카드 서비스

```
class PaymentProcessor {
  private CreditCardService creditCardService;
  ...
  boolean makePayment(CreditCard creditCard, Money amount) {
    if (creditCard.isExpired()) { return false; }
    boolean success =
        creditCardService.chargeCreditCard(creditCard, amount);
    return success;
  }
}
```

테스트에서 실제 신용카드 서비스를 이용하는 건 어불성설이지만(테스트할 때마다 거래 수수료가 발생할 것입니다!) 테스트 대역에게 실제 시스템의 행위를 '흉내' 내도록 할 수 있습니다. [코드 13-2]는 아주 간단한 테스트 대역의 예입니다.

코드 13-2 기초적인 테스트 대역

```
class TestDoubleCreditCardService implements CreditCardService {
  @Override
  public boolean chargeCreditCard(CreditCard creditCard, Money amount) {
    return true;
  }
}
```

비록 그리 유용해 보이지는 않는 대역이지만 이를 활용하면 makePayment() 메서드의 로직 일부를 검증해볼 수 있습니다. 예컨대 [코드 13-3]처럼 이 메서드가 만료된 신용카드를 올바르게 처리해주는지 검사할 수 있습니다. 이때의 코드 로직은 실제 신용카드 서비스에 접근하지 않기 때문이죠.

코드 13-3 테스트 대역 적용

```
@Test public void cardIsExpired_returnFalse() {
  boolean success = paymentProcessor.makePayment(EXPIRED_CARD, AMOUNT);
  assertThat(success).isFalse();
}
```

이후로는 더 복잡한 상황에서의 테스트 대역 활용법을 보여드리겠습니다.

13.3.2 이어주기

단위 테스트를 고려해 짜인 코드를 우리는 **테스트하기 쉽다**testable라고 말합니다.[2] 그리고 **이어주기**seam[3]란 제품 코드 차원에서 테스트 대역을 활용할 수 있는 길을 터줘서 테스트하기 쉽게끔 만들어주는 걸 뜻합니다. 프로덕션 환경에서 이용하는 의존 대상을 다른 대상으로 교체할 수 있도록 해주면 됩니다.

대표적인 이어주기 기술로는 **의존성 주입**dependency injection(DI)[4]이 있습니다. 의존성 주입을 활용하는 클래스는 필요한 클래스(의존성)를 내부에서 직접 생성하지 않고 외부에서 건네받습니

---

2 (블로그 글) Writing Testable Code. *https://oreil.ly/yssV2*

3 (블로그 글) Testing Effectively With Legacy Code. *https://oreil.ly/pFSFf*

4 (위키백과) Dependency injection. *https://oreil.ly/og9p9*

다. 덕분에 테스트는 이 클래스의 의존성을 원하는 다른 객체로 대체할 수 있는 것입니다.

[코드 13-4]는 의존성 주입의 예입니다. 보다시피 생성자에서 CreditCardService의 인스턴스를 직접 생성하지 않고, 대신 인수로 건네받습니다.

코드 13-4 의존성 주입

```
class PaymentProcessor {
  private CreditCardService creditCardService;

  PaymentProcessor(CreditCardService creditCardService) {
    this.creditCardService = creditCardService;
  }
  ...
}
```

따라서 적절한 CreditCardService 인스턴스를 생성할 책임은 생성자를 호출하는 측에 주어집니다. 제품 코드에서는 외부 서버와 통신하는 CreditCardService 구현을 건네겠지만, 테스트에서는 [코드 13-5]처럼 테스트 대역을 넘길 수 있게 되죠.

코드 13-5 테스트 대역 건네기

```
PaymentProcessor paymentProcessor =
    new PaymentProcessor(new TestDoubleCreditCardService());
```

나아가 자동 의존성 주입 프레임워크를 이용하면 테스트 작성자가 생성자를 직접 지정하는 수고를 덜 수 있습니다. 자바 프로젝트의 경우 구글은 Guice[5]와 Dagger[6]라는 자동 의존성 주입 프레임워크를 주로 사용합니다.

파이썬과 자바스크립트 같은 동적 타입 언어에서는 개별 함수나 메서드를 동적으로 교체하는 게 가능합니다. 따라서 이런 언어에서는 의존성 주입의 중요도가 낮습니다. 이 능력을 활용하면 실제 구현 중에서 당장 활용할 수 없는 함수나 메서드만 테스트가 덮어쓸 수 있기 때문입니다.

----

5 (Guice 깃허브) *https://github.com/google/guice*
6 (Dagger 홈페이지) *https://google.github.io/dagger*

테스트하기 쉬운 코드를 작성하려면 선행적인 투자가 필요합니다. 시간이 지날수록 코드베이스를 수정하기가 점점 어려워지기 때문에 생애주기의 초기에 투자하는 게 매우 중요합니다. 테스트를 염두에 두지 않고 작성된 코드를 검증하려면 대체로 리팩터링부터 하거나 심지어 다시 작성해야 할 수도 있습니다.

13.3.3 모의 객체 프레임워크

모의 객체 프레임워크^{mocking framework}는 테스트 대역을 쉽게 만들어주는 소프트웨어 라이브러리입니다. 즉, 객체를 대역으로 대체할 수 있게 해주죠. 여기서 **모의 객체**^{mock}는 구체적인 동작 방식을 테스트가 지정할 수 있는 테스트 대역을 말합니다. 모의 객체 프레임워크를 사용하면 테스트 대역이 필요할 때마다 새로운 클래스를 정의하지 않아도 되므로 자질구레한 보일러플레이트 코드를 줄일 수 있습니다.

[코드 13-6]은 자바용 모의 객체 프레임워크인 Mockito[7]를 사용하는 모습을 보여줍니다. Mockito에게 CreditCardService용 테스트 대역을 생성하고 특정한 값을 반환하도록 지시했습니다.

코드 13-6 모의 객체 프레임워크

```
class PaymentProcessorTest {
  ...
  PaymentProcessor paymentProcessor;

  // 단 한 줄로 CreditCardService의 테스트 대역을 생성
  @Mock CreditCardService mockCreditCardService;
  @Before public void setUp() {
    // 대상 시스템에 테스트 대역을 건넴
    paymentProcessor = new PaymentProcessor(mockCreditCardService);
  }
  @Test public void chargeCreditCardFails_returnFalse() {
    // 테스트 대역에 특정한 행위를 지시함: 정확하게는 chargeCreditCard() 메서드를
    // 호출하면 무조건 false를 반환하도록 했습니다. 메서드 인수로 any()를 지정했는데,
    // 이는 입력으로 무엇이 들어오든 상관하지 말라는 의미입니다.
    when(mockCreditCardService.chargeCreditCard(any(), any())
```

---

[7] (Mockito 홈페이지) *https://site.mockito.org*

```
        .thenReturn(false);
    boolean success = paymentProcessor.makePayment(CREDIT_CARD, AMOUNT);
    assertThat(success).isFalse();
  }
}
```

업계에서 많이 쓰이는 프로그래밍 언어라면 대부분 모의 객체 프레임워크가 존재합니다. 구글은 자바에는 Mockito를, C++에는 Googletest의 googlemock 컴포넌트[8]를, 파이썬에는 unittest.mock[9]을 사용합니다.

모의 객체 프레임워크 덕분에 테스트 대역을 손쉽게 사용할 수 있지만 과용하면 코드베이스를 유지보수하기 어렵게 된다는 게 심각한 부작용입니다. 이 문제는 이번 장의 뒤에서 다룹니다.

13.4 테스트 대역 활용 기법

대표적인 테스트 대역 활용 기법은 세 가지입니다. 이번 절에서는 그 기법들을 간략히 소개하고 차이점도 알아보겠습니다. 그런 다음 13.6~13.8절에서 각 기법을 효과적으로 적용하는 방법을 더 깊게 이야기할 것입니다.

각 기법의 차이를 잘 알고 있어야 테스트 대역이 필요할 때 가장 적합한 하나를 선택해 활용할 수 있습니다.

13.4.1 속이기(가짜 객체)

가짜 객체fake object[10]는 제품 코드로는 적합하지 않지만 실제 구현과 비슷하게 동작하도록 가볍게 구현한 대역입니다. 인메모리 데이터베이스가 좋은 예입니다.

---

8 (Googletest 깃허브) *https://github.com/google/googletest*
9 (unittest.mock 공식 문서) *https://oreil.ly/clzvH*
10 (블로그 글) Fake Object 패턴. *https://oreil.ly/rymnI*

```
// 가짜 객체는 빠르고 쉽게 만들 수 있습니다.
AuthorizationService fakeAuthorizationService =
    new FakeAuthorizationService();
AccessManager accessManager = new AccessManager(fakeAuthorizationService):

// 모르는 사용자의 ID로는 접근을 불허합니다.
assertFalse(accessManager.userHasAccess(USER_ID));

// 사용자 ID를 인증 서비스에 등록한 다음에는 접근을 허용합니다.
fakeAuthorizationService.addAuthorizedUser(new User(USER_ID));
assertThat(accessManager.userHasAccess(USER_ID)).isTrue();
```

테스트 대역이 필요할 때 가짜 객체가 멋진 해결사가 되어줄 수 있습니다. 하지만 주의할 점도 있죠. 적절한 가짜 객체가 아직 없다면 새로 작성해야 하는데, 실제 객체의 현재는 물론 '미래의 행위까지도 비슷하게 흉내 내야' 하기 때문에 결코 쉽게 생각할 문제가 아닙니다.

13.4.2 뭉개기(스텁)

스텁[stub][11]은 원래는 없던 행위를 부여하는 과정을 말합니다. 예컨대 대상 함수가 반환할 값을 지정한다고 하면, 이를 '반환값을 뭉갠다(스텁한다)'라고 말합니다.[12]

[코드 13–8]은 스텁 과정을 보여주는 예입니다. Mockito 프레임워크가 제공하는 when(...). thenReturn(...) 메서드로 lookupUser() 메서드가 어떻게 동작해야 하는지를 정해주고 있습니다.

코드 13-8 스텁

```
// 모의 객체 프레임워크로 생성한 테스트 대역을 건넵니다.
AccessManager accessManager = new AccessManager(mockAuthorizationService):

// USER_ID에 해당하는 사용자를 찾지 못하면(null을 반환하면) 접근을 불허합니다.
when(mockAuthorizationService.lookupUser(USER_ID)).thenReturn(null);
```

---

11 (블로그 글) Test Stub 패턴. *https://oreil.ly/gmShS*
12 옮긴이_ 스텁(stub)은 우리말로 (쓰다 남은 물건의) 토막, 꽁초, 비벼 끄다 등의 뜻도 있는데, 여기서는 '뭉개다'란 뜻이 가장 어울리는 것 같습니다. 원래의 동작을 무시하고(뭉개고) 테스트가 지정한 동작을 수행하도록 하는 모습을 빗댄 용어입니다.

```
assertThat(accessManager.userHasAccess(USER_ID)).isFalse();

// null이 아니면 접근을 허용합니다.
when(mockAuthorizationService.lookupUser(USER_ID)).thenReturn(USER);
assertThat(accessManager.userHasAccess(USER_ID)).isTrue();
```

스텁은 보통 모의 객체 프레임워크를 이용해 수행합니다. 만약 모의 객체 프레임워크가 없었다면 원하는 값을 반환하도록 하드코딩한 클래스들을 직접 생성하느라 상당량의 보일러플레이트 코드를 작성해야 했을 것입니다.

스텁은 빠르고 쉽게 적용할 수 있는 기술이지만 한계가 있습니다. 한계에 관해서는 13.7.1절에서 이야기하겠습니다.

13.4.3 상호작용 테스트하기

상호작용 테스트interaction test[13]란 대상 함수를 실제로 호출하지 않고도 그 함수가 '어떻게' 호출되는지를 검증하는 기법입니다. 함수가 올바른 방식으로 호출되지 않으면 실패하는 테스트가 있을 수 있습니다. 예를 들어 함수가 전혀 호출되지 않거나, 너무 많이 호출되거나, 잘못된 인수와 함께 호출된다면 실패해야 하는 경우가 있습니다.

[코드 13-9]는 상호작용 테스트의 모습으로, Mockito 프레임워크가 제공하는 verify(...) 메서드를 이용하여 lookupUser()가 기대한 방식대로 호출되는지를 검사합니다.

코드 13-9 상호작용 테스트

```
// 모의 객체 프레임워크로 생성한 테스트 대역을 건넵니다.
AccessManager accessManager = new AccessManager(mockAuthorizationService);
accessManager.userHasAccess(USER_ID);

// accessManager.userHasAccess(USER_ID)가
// mockAuthorizationService.lookupUser(USER_ID)를 호출하지 않았다면
// 테스트 실패입니다.
verify(mockAuthorizationService).lookupUser(USER_ID);
```

---

13 (블로그 글) Behavior Verification 패턴. *https://oreil.ly/zGfFn*

스텁과 비슷하게 상호작용 테스트에도 주로 모의 객체 프레임워크를 활용합니다. 모의 객체 프레임워크가 없었다면 함수가 몇 번 호출되고 어떤 인수를 받았는지를 추적하는 새로운 클래스를 직접 작성해야 했을 것입니다.

상호작용 테스트도 모의 객체mock라고 부르기도 합니다.[14] 하지만 스텁과 상호작용 테스트 모두에 활용할 수 있는 모의 객체 프레임워크와 이름이 헷갈리기 때문에 이번 장에서는 이 용어는 쓰지 않겠습니다.

13.8절에서 이야기할 텐데, 상호작용 테스트가 유용한 상황도 있지만 과용하면 테스트들이 깨지기 쉽게 변할 수 있으니 되도록 사용하지 않는 게 좋습니다.

13.5 실제 구현

테스트 대역은 아주 값진 테스트 도구지만 구글은 가능하다면 대상 시스템이 의존하는 실제 구현을 사용합니다. 즉, 제품 코드가 사용하는 것과 똑같은 구현체를 사용합니다. 코드가 프로덕션 환경에서와 동일하게 동작해야 테스트 충실성이 높아지는데, 실제 구현을 이용하면 자연스럽게 그렇게 됩니다.

구글이 실제 구현을 선호하게 되기까지는 시간이 걸렸습니다. 그 전에는 모의 객체 프레임워크를 과용했고, 그러다 보니 테스트 결과와 실제 구현의 동작이 달라지는 일이 반복되었습니다. 리팩터링하기도 점점 어려워졌고요. 자세한 이야기는 잠시 후에 들려드리겠습니다.

실제 구현을 선호하는 테스트 방식을 **고전적 테스트**classical test라고 하며, 반대로 모의 객체 프레임워크를 선호하는 테스트 방식은 **모의 객체 중심주의 테스트**mockist test라고 합니다.[15] (초기 모의 객체 프레임워크들의 창시자들[16]을 포함하여) 소프트웨어 업계에는 모의 객체를 예찬하는 사람도 있지만 구글은 모의 객체 중심주의는 확장하기 어렵다고 결론지었습니다. 모의 객체 중심주의에서는 엔지니어들이 대상 시스템을 엄격한 지침[17]에 따라 설계해야 합니다. 하지만 구글의 엔지니어 대부분은 고전적인 테스트에 더 적합한 방식으로 코드를 작성해왔습니다.

---

14 (용어 정리) Mocks, Fakes, Stubs and Dummies. *https://oreil.ly/IfMoR*

15 (블로그 글) Mocks Aren't Stubs. *https://oreil.ly/OWw7h*

16 (블로그 글) A Brief History of Mock Objects. *https://oreil.ly/_QWy7*

17 (논문) Mock Roles, not Objects. *http://jmock.org/oopsla2004.pdf*

13.5.1 격리보다 현실성을 우선하자

의존하는 실제 구현을 이용하면 테스트 대상이 더 실제와 가까워집니다. 문자 그대로 테스트가 실제 구현의 코드를 실행할 것이기 때문입니다. 반대로 대역을 활용하는 테스트는 시스템을 의존 대상들로부터 격리시키므로 아무리 실행해도 시스템이 실제 의존하는 코드들은 실행되지 않습니다.

구글은 현실적인 테스트를 선호합니다. 대상 시스템이 올바르게 동작한다는 확신을 높여주기 때문이죠. 단위 테스트들이 테스트 대역에 너무 의존한다면 엔지니어가 통합 테스트를 추가로 수행해보거나 수동으로 직접 동작시켜봐야 같은 수준의 확신이 생길 것입니다. 이러한 추가 작업은 개발 속도를 늦춥니다. 그뿐만 아니라 추가 작업에 시간이 너무 들 것 같아서 엔지니어들이 그냥 무시하기로 한다면 버그가 숨어들 위험이 커집니다.

클래스가 사용하는 모든 의존성을 테스트 대역으로 대체한다는 것은 대상 시스템을 테스트 작성자가 임의로 제공한 구현들로 에워싼다는 뜻입니다. 하지만 좋은 테스트라면 어떤 구현을 사용하든 상관없어야 합니다. 좋은 테스트는 구현이 어떻게 구성되었느냐의 관점이 아니라 검사할 API를 중심으로 작성되어야 합니다.

실제 구현을 이용한 테스트는 실제 구현에 버그가 있다면 실패할 것입니다. 좋은 일이죠! 여러분의 코드가 프로덕션 환경에서 제대로 동작하지 않을 것이라는 신호이니, 이런 상황에서는 누구라도 테스트가 실패하길 바랄 것입니다. 때로는 실제 구현에 존재하는 버그 하나가 여러 테스트를 연쇄적으로 실패하게 만들기도 합니다. 같은 실제 구현을 이용하는 다른 테스트들도 실패할 테니까요. 하지만 지속적 통합 시스템처럼 좋은 개발 도구들을 활용한다면 실패의 원인이 되는 변경을 추적해내기가 대체로 어렵지 않을 것입니다.

사례 연구: @DoNotMock 애너테이션

구글은 @DoNotMock 애너테이션을 만들어야 했을 만큼 한때 모의 객체 프레임워크에 지나치게 의존했습니다. @DoNotMock은 정적 분석 도구인 ErrorProne[18]에서 제공하는 기능으로, API 소유자가 '더 나은 대안이 있으니 이 타입은 모의 객체를 사용하면 안 됩니다'라고 선언하는 용도의 애너테이션입니다.

누군가 모의 객체 프레임워크를 사용하여 @DoNotMock이 달려 있는 클래스나 인터페이스의 인스턴스를 만들려 시도하면 [코드 13-10]과 같이 에러가 발생하면서 '실제 구현이나 가짜 객체를 이용하라'라는 안내 메시지를 출력합니다. 이 애너테이션은 있는 그대로 사용해도 좋을 만큼 단순한 값 객체와 잘 설계된 가짜 객체가 제공되는 API에 주로 이용됩니다.

코드 13-10 @DoNotMock 애너테이션

```
@DoNotMock("모의 객체 대신 SimpleQuery.create()를 이용하세요.")
public abstract class Query {
  public abstract String getQueryValue();
}
```

API 소유자가 왜 이런 것까지 신경 써야 할까요? 간단히 말해 모의 객체를 쓰면 나중에 API를 변경하기가 더 어렵기 때문입니다. 13.7절과 13.8절에서 더 이야기하겠지만, 뭉개기(스텁)나 상호작용 테스트를 위해 모의 객체 프레임워크를 사용할 때마다 해당 API의 행위를 구현한 코드가 한 벌씩 더 생겨나는 꼴이 됩니다.

API 소유자가 API를 변경하고 보니 구글 코드베이스 전반에 수천에서 수만 개의 모의 객체가 발견된 경우도 있습니다. 테스트 대역들은 변경된 API 규약과 다르게 동작할 가능성이 매우 높습니다. 예컨대 null을 반환할 수 없게 고쳤지만 기존 모의 객체들은 여전히 null을 반환할 수 있겠지요. 모두가 실제 구현이나 가짜 객체를 이용했다면 API 소유자는 결함이 있는 수천의 테스트를 고치지 않고도 구현을 변경할 수 있었을 것입니다.

---

18 ErrorProne 깃허브. *https://github.com/google/error-prone*

13.5.2 실제 구현을 사용할지 결정하기

빠르고 결정적이고 의존성 구조가 간단하다면 실제 구현을 사용하는 게 좋습니다. 예컨대 **값 객체**^{value object}[19]라면 실제 구현을 사용해야 합니다. 금액, 날짜, 주소, 혹은 리스트나 맵 같은 컬렉션 클래스가 대표적인 값 객체입니다.

이보다 복잡한 코드라면 실제 구현을 사용하는 게 비현실적일 때가 많습니다. 얻는 게 있으면 잃는 것도 있기 마련이므로 언제 실제 구현을 사용해야 하는가에 대한 정답은 없을 것입니다. 따라서 이제부터 이야기할 고려사항들을 염두에 두고 판단하시기 바랍니다.

실행 시간

속도는 단위 테스트에서 가장 중요한 특징 중 하나입니다. 단위 테스트는 개발 과정 내내 아주 빈번하게 실행되면서 코드에 문제가 생기면 빠르게 알려주는 게 주된 목적입니다. 그래서 실제 구현의 수행 시간이 오래 걸릴 때는 테스트 대역이 유용할 수 있습니다.

그런데 어느 정도 느려야 너무 느린 것일까요? 단위 테스트 하나당 1밀리초씩만 느려지게 할 뿐이라면 너무 느리다고 생각할 사람은 거의 없을 것입니다. 하지만 10밀리초나 100밀리초, 아니 1초씩 느려지게 한다면 어떨까요?

정답은 없습니다. 지연되는 시간이 생산성을 얼마나 떨어뜨리는지는 엔지니어마다 다르게 느낄 것이고 실제 구현을 이용하는 테스트의 개수에 따라서도 다를 것입니다(테스트가 5개뿐이라면 1초씩 지연돼도 괜찮을 수 있지만 500개라면 전혀 다른 이야기겠죠). 애매한 수준이라면 그냥 실제 구현을 사용하는 게 좋습니다. 그러다 너무 느려졌다고 생각되는 때가 오면 테스트 대역을 투입하면 됩니다.

테스트 병렬화도 실행 시간을 줄이는 데 효과적입니다. 구글은 테스트 스위트 안의 테스트들을 쪼개 여러 서버에서 병렬로 실행하기 쉽게 해주는 인프라를 갖추고 있습니다. CPU를 더 써야 하지만 개발 시간을 크게 단축해줍니다. 이 주제는 18장에서 더 이야기하겠습니다.

잊지 말아야 할 트레이드오프가 하나 남았습니다. 실제 구현을 이용하면 빌드도 오래 걸린다는 사실이죠. 테스트를 위해 실제 구현은 물론 그 구현이 참조하는 코드들까지 빌드해야 하기 때

---

19 (위키백과) *https://oreil.ly/UZiXP*

문이죠. 빌드 도구인 Bazel[20]은 변경되지 않은 코드는 이전 빌드 결과를 캐시해주는데, 이처럼 확장성이 뛰어난 빌드 시스템을 이용하면 도움이 될 것입니다.

결정성

같은 버전의 시스템을 대상으로 실행하면 언제든 똑같은 결과를 내어주는 테스트를 **결정적**deterministic[21]인 테스트라고 합니다. 항상 성공하거나 항상 (같은 이유로) 실패해야 한다는 뜻입니다. 반대로 대상 시스템은 그대로인데 결과가 달라지는 테스트를 **비결정적**nondeterministic[22]이라고 합니다.

테스트에서 비결정성은 불규칙한 결과로 이어집니다.[23] 대상 시스템이 변치 않았음에도 이따금 실패할 수 있습니다. 테스트 자체가 문제일 수 있지만, 대상 시스템이 사용하는 다른 코드(의존성)가 원흉일 수도 있습니다. 11장에서 이야기했듯이 불규칙한 정도가 심해지면 엔지니어들은 테스트를 믿지 못하고 외면하기 시작합니다. 결국 테스트 스위트의 존재 의미가 약해집니다. 다행히 실제 구현을 사용해도 결과가 거의 일정하다면 엔지니어들에게 크게 방해되지 않으니 그대로 유지하면 됩니다. 하지만 결과가 자주 튄다면 테스트 대역 투입을 고려할 때가 온 것입니다. 실제 구현에 문제가 있는 경우라면 원래 설계 의도대로 일관되게 동작하는 테스트 대역이 오히려 테스트의 충실성을 높여줄 수 있습니다.

실제 구현은 테스트 대역보다 훨씬 복잡할 수 있어서 비결정적일 여지가 더 많습니다. 예컨대 실제 구현에서 멀티스레드를 이용하고 스레드 수행 순서가 대상 시스템의 결과에 영향을 준다면 테스트가 가끔씩 실패할 수 있습니다.

밀폐되지 않은, 즉 테스트가 통제할 수 없는 외부 서비스에 의존하는 코드[24]는 비결정성의 주범으로 꼽힙니다. 예컨대 HTTP 서버로부터 웹 페이지를 읽어 내용을 확인하는 테스트는 서버가 과부하 상태이거나 웹 페이지의 내용이 변하면 실패할 것입니다. 이럴 때 테스트 대역을 사용하면 외부 서버에 더 이상 의존하지 않게 할 수 있습니다. 대역을 사용하지 못하는 상황이라면 서버의 밀폐된 인스턴스, 즉 테스트가 생애주기를 통제할 수 있는 인스턴스를 이용하는 대

---

20 (Bazel 홈페이지) *https://bazel.build/*
21 (위키백과) Deterministic algorithm. *https://oreil.ly/brxJl*
22 (위키백과) Nondeterministic algorithm. *https://oreil.ly/5pG0f*
23 (블로그 글) Eradicating Non-Determinism in Tests. *https://oreil.ly/710FU*
24 (블로그 글) Hermetic Servers. *https://oreil.ly/aes__*

안도 있습니다. 밀폐된 인스턴스에 관해서는 14장에서 더 자세히 이야기합니다.

시스템 클록을 읽어 계산에 반영하는 코드도 비결정성의 흔한 예입니다. 이럴 때는 시스템 클록 대신 특정 시간이 하드코딩된 테스트 대역을 이용하면 좋습니다.

의존성 생성

실제 구현을 이용하려면 의존 대상들도 모두 생성해야 합니다. 예컨대 객체를 하나 생성하려면 의존성 트리에 등장하는 모든 객체가 필요합니다. 처음 객체가 의존하는 모든 객체가 필요하고, 또 그 객체들 각각이 의존하는 모든 객체가 필요하고가 반복되는 식입니다. 이에 반해 테스트 대역은 대체로 다른 객체를 별로 사용하지 않습니다. 따라서 생성하기가 훨씬 쉽습니다.

극단적인 예로 객체를 다음과 같이 생성하는 테스트가 있다고 해보죠.

```
Foo foo = new Foo(new A(new B(new C())), new D()), new E(), ..., new Z());
```

객체 각각을 생성하는 방법을 결정하는 데만도 시간이 꽤 걸릴 것입니다. 설상가상으로 이 객체들 중 단 하나의 생성자 시그니처만 바뀌어도 테스트까지 함께 수정해야 합니다. 유지보수할 일이 끊이지 않겠지요.

이쯤 되면 훨씬 간단하게 만들 수 있는 테스트 대역이 간절할 것입니다. 예컨대 Mockito 모의 객체 프레임워크를 이용한다면 다음처럼 단 한 줄로 대역을 생성할 수 있습니다.

```
@Mock Foo mockFoo;
```

이처럼 테스트 대역은 생성하기가 훨씬 쉽지만, 앞 절에서 이야기했듯이 보통은 실제 구현을 이용할 때의 장점이 훨씬 큽니다. 사실 테스트 대역에는 무시무시한 단점들이 도사리고 있지요 (이어지는 절들에서 하나씩 이야기하겠습니다). 따라서 실제 구현이냐 대역이냐를 결정할 때는 트레이드오프를 잘 따져봐야 합니다.

제품 코드가 팩터리 메서드나 자동 의존성 주입을 지원한다면 테스트에서도 똑같이 이용하는 게 가장 좋습니다. 이처럼 객체 생성 코드를 테스트에서도 이용할 수 있게 하려면 제품 코드 자체만 생각하여 하드코딩하지 말고, 대역으로 대체할 수 있도록 미리부터 유연하게 만들어놔야 합니다.

13.6 속이기(가짜 객체)

실제 구현을 이용할 수 없을 때는 가짜 객체fake object가 최선일 경우가 많습니다. 가짜 객체는 실제 구현과 비슷하게 동작하기 때문에 다른 테스트 대역들보다 우선적으로 활용됩니다. 대상 시스템은 자신이 이용하는 것이 실제 구현인지 가짜 객체인지 구분할 수 없어야 합니다. [코드 13-11]은 가짜 파일시스템입니다.

코드 13-11 가짜 파일시스템

```
// FileSystem 인터페이스를 구현하는 가짜 객체입니다
// 실제 구현도 같은 인터페이스를 이용합니다.
public class FakeFileSystem implements FileSystem {
  // 파일 이름과 파일 내용의 매핑 정보를 저장합니다.
  // 테스트에서 디스크 I/O를 하지 않도록 파일들을 메모리에 저장합니다.
  private Map<String, String> files = new HashMap<>();
  @Override
  public void writeFile(String fileName, String contents) {
    // 파일 이름과 해당 파일의 내용을 맵에 추가합니다.
    files.add(fileName, contents);
  }
  @Override
  public String readFile(String fileName) {
    String contents = files.get(fileName);
    // 실제 구현은 파일을 찾을 수 없을 때 예외를 던집니다.
    // 따라서 가짜 객체에서도 같은 예외를 던져줍니다.
    if (contents == null) { throw new FileNotFoundException(fileName); }
    return contents;
  }
}
```

13.6.1 가짜 객체가 중요한 이유

가짜 객체는 테스트를 도와주는 강력한 도구입니다. 빠른 것은 물론 실제 객체를 사용할 때의 단점을 제거한 채 테스트를 효과적으로 수행할 수 있게 해주죠.

가짜 객체 하나로도 API 테스트 경험이 극적으로 좋아집니다. 이를 모든 종류의 API까지 확장한다면 소프트웨어 조직 전반의 엔지니어링 속도를 크게 끌어올려줄 것입니다.

반대로, 가짜 객체를 거의 활용하지 않는 소프트웨어 조직에서는 엔지니어들이 실제 구현을 사용하느라 분투할 것이고, 결국은 느리고 불규칙한 테스트를 낳아 엔지니어링 속도가 느려질 것입니다. 물론 스텁과 상호작용 테스트 같은 다른 테스트 대역을 활용할 수도 있습니다. 하지만 이 둘은 테스트를 불명확하고 깨지기 쉽고 효과도 떨어지게 만들 가능성이 큽니다. 이에 관해서는 13.7절과 13.8절에서 이야기하겠습니다.

13.6.2 가짜 객체를 작성해야 할 때

가짜 객체는 실제 구현과 비슷하게 동작하기 때문에 만들려면 노력도 더 들고 도메인 지식도 더 필요합니다. 실제 객체의 행위가 변경될 때마다 발맞춰서 갱신해야 하므로 유지보수도 신경 써야 합니다. 이런 이유로 가짜 객체 작성과 유지보수는 실제 구현을 담당하는 팀이 맡아야 합니다.

팀에서 가짜 객체를 만들지 판단하려면 유지보수까지 포함한 비용과 가짜 객체를 사용해서 얻는 생산성 향상 정도를 잘 저울질해야 합니다. 사용할 사람이 많지 않다면 굳이 시간을 들일 이유는 없겠지요. 하지만 사용자가 수백 명이라면 생산성이 높아지는 경험을 할 수 있을 것입니다.

유지보수할 가짜 객체 수를 줄이려면 우선 테스트에서 진짜 객체를 사용하지 못하게 만드는 근본 원인을 찾습니다. 그런 다음 해당 코드만 가짜 객체로 만드세요. 예컨대 테스트에서 데이터베이스를 사용할 수 없다면 데이터베이스 API를 호출하는 클래스 각각이 아니라 데이터베이스 API 자체만 가짜 객체로 만드는 식입니다.

가짜 객체를 프로그래밍 언어별로 준비해야 할 때도 유지보수가 부담될 것입니다. 어떤 서비스의 클라이언트 측 라이브러리를 언어별로 제공하는 경우가 예가 될 수 있겠네요. 이런 경우라면 클라이언트 라이브러리 각각이 아니라 가짜 '서비스'를 제공하는 것도 방법입니다. 이렇게 하면 테스트가 다른 프로세스와 통신해야 하므로 가짜 객체들을 모두 메모리에 생성하는 방식보다 무겁긴 합니다. 그렇더라도 테스트들이 여전히 충분히 빠르게 실행된다면 감내할 만한 절충안일 것입니다.

13.6.3 가짜 객체의 충실성

가짜 객체를 활용하는 핵심 이유는 '충실성'에 있을 것입니다. 여기서 충실성이란 가짜 객체가 실제 구현의 행위를 얼마나 비슷하게 흉내 내느냐를 말합니다. 실제 구현과 다르게 동작한다면 가짜 객체를 이용하는 테스트들은 쓸모가 없어집니다. 테스트에 통과하더라도 프로덕션 환경에서 실제 구현을 이용하는 시스템은 제대로 동작하지 않을 것입니다.

100% 충실하게 만들기는 어렵습니다. 어떤 점에서든 실제 구현으로 테스트하기에는 무리가 있었기 때문에 가짜 객체를 사용했을 것입니다. 예를 들어 가짜 데이터베이스는 모든 것을 메모리에 저장하기 때문에 실제 구현이 물리적인 스토리지 시스템을 제대로 활용하는지는 검사할 방법이 없습니다.

그럼에도 가짜 객체는 실제 구현의 API 명세에 가능한 한 충실해야 합니다. API를 통해 어떤 데이터를 건네든 가짜 객체는 실제 구현과 동일한 결과를 돌려주고 상태 변화도 똑같이 시뮬레이션해야 합니다. 예를 들어 database.save(itemId)라는 API가 있습니다. 실제 구현에서 이 메서드는 주어진 ID가 아직 존재하지 않았다면 저장에 성공하고, 이미 존재하는 ID라면 에러를 냅니다. 그렇다면 가짜 객체도 각 상황에서 똑같이 동작해야 합니다.

가짜 객체는 실제 구현에 완벽히 충실해야 하지만 해당 테스트의 관점에서만 그렇게 해주면 충분합니다. 예를 들어 해시 API의 가짜 객체라면 입력값에 대해 실제 구현과 완벽히 똑같은 해시값을 반환할 필요는 없습니다. 대부분의 테스트는 해시값이 특정한 값인가까지는 신경 쓰지 않고 고유하기만 하면 만족하기 때문입니다. 이 해시 API의 명세가 특정 입력에 특정한 값을 반환한다고 명시하고 있지 않는 한 실제 구현에 100% 충실하지 않더라도 가짜 객체 역시 API 명세를 만족하는 것입니다.

지연시간과 자원 소비 역시 충실성 100%가 적용되지 않는 흔한 예입니다. 하지만 이러한 제약 조건 자체가 검증 대상인 테스트(예: 함수 호출의 지연시간을 검증하는 성능 테스트)라면 가짜 객체를 사용할 수 없습니다. 따라서 실제 구현을 이용하는 등의 다른 방법을 고민해야 합니다.

대부분의 테스트에서 관심 없는 행위(예: 특이 상황에서의 에러 처리)는 가짜 객체가 100% 충실하지 않아도 괜찮습니다. 이런 경우라면 오히려 빠르게 실패해주는 게 가짜 객체의 미덕입니다. 예컨대 지원하지 않는 코드 패스가 실행된다면 에러를 던져서 테스트 작성자에게 해당 상황에서는 이 객체를 사용할 수 없음을 알려주면 좋습니다.

13.6.4 가짜 객체도 테스트해야

실제 구현의 API 명세를 만족하는지 확인하려면 가짜 객체에도 '고유한' 테스트가 딸려 있어야 합니다. 초기에는 올바르게 작동하던 가짜 객체라도 세월이 흘러 실제 구현이 변경되면 실제 동작과 달라지게 됩니다. 자체 테스트로 이런 사태를 막아줘야 합니다.

가짜 객체용 테스트를 작성하는 요령을 하나 말씀드리겠습니다. 바로 실제 구현과 가짜 객체 둘 다를 대상으로 하는 공개 인터페이스 검증 테스트를 작성하는 것입니다(소위 **계약(명세) 테스트**contract test[25]라고 합니다). 실제 구현을 검증할 때는 더 느려질 테지만, 오직 가짜 객체의 소유자만 실행하는 테스트이니 그리 문제되지 않습니다.

13.6.5 가짜 객체를 이용할 수 없다면

사용할 수 있는 가짜 객체가 없다면 어떻게 해야 할까요? 가장 먼저 API 소유자에게 하나 만들 어달라고 부탁해보세요. 하지만 소유자가 가짜 객체라는 개념을 잘 모르거나 가짜 객체를 만들 어서 얻을 이득이 별로 없다고 생각할 수 있습니다.

API 소유자가 가짜 객체를 만들 생각이 없거나 만들 수 없다면 여러분이 직접 작성하는 방법 도 있습니다. 먼저 해당 API를 감싸는 클래스를 하나 만들어서 모든 API 호출이 이 클래스를 거쳐 이루어지게 합니다. 그런 다음 인터페이스는 똑같지만 실제 API를 이용하지는 않는 클래 스를 한 벌 더 준비합니다. 이 클래스가 바로 가짜 객체입니다. 이렇게 하면 나에게 필요한 일 부 API만 지원하면 되므로 API 전체를 지원하는 가짜 객체를 만드는 것보다 훨씬 수월합니다. 구글에서는 급한 엔지니어가 직접 가짜 객체를 만든 후 API 소유자에게 제공하여 다른 팀들과 혜택을 나누기도 합니다.

마지막으로 여러분은 (이번 장의 앞에서 이야기한 실제 구현의 트레이드오프를 감내하며) 실 제 구현을 사용하거나, 아니면 (뒤에서 곧 이야기할 트레이드오프를 감내하며) 다른 테스트 대역 기법을 이용할 수도 있습니다.

최적화 관점에서 가짜 객체를 이용할 때도 있습니다. 실제 구현을 사용하는 테스트들 때문에 전체적으로 너무 느려졌다면 가짜 객체를 투입하여 더 빠르게 만드는 것이죠. 하지만 속도 향

---

25 (블로그 글) ContractTest. *https://oreil.ly/yuVlX*

상으로 얻는 혜택이 가짜 객체를 만들고 관리하는 비용보다 크지 않다면 실제 구현을 계속 사용하는 게 낫습니다.

13.7 뭉개기(스텁)

스텁을 이용한 뭉개기는 원래는 없는 행위를 테스트가 함수에 덧씌우는 방법입니다. 테스트에서 실제 구현을 대체할 수 있는 쉽고 빠른 방법이죠. [코드 13-12]는 스텁을 이용해서 신용카드 서버의 응답을 시뮬레이션하는 예입니다.

코드 13-12 응답을 시뮬레이션하기 위해 스텁 사용

```
@Test public void getTransactionCount() {
    transactionCounter = new TransactionCounter(mockCreditCardServer);
    // 스텁을 이용해 트랜잭션 3개를 반환합니다.
    when(mockCreditCardServer.getTransactions()).thenReturn(
        newList(TRANSACTION_1, TRANSACTION_2, TRANSACTION_3));
    assertThat(transactionCounter.getTransactionCount()).isEqualTo(3);
}
```

13.7.1 스텁 과용의 위험성

스텁은 적용하기 쉬워서 실제 구현을 이용하기가 여의치 않을 때마다 엔지니어들을 유혹합니다. 하지만 스텁을 과용하면 테스트를 유지보수할 일이 늘어나서 오히려 생산성을 갉아먹곤 합니다.

불명확해진다

스텁을 이용하려면 대상 함수에 행위를 덧씌우는 코드를 추가로 작성해야 합니다. 이 추가 코드는 읽는 이의 눈을 어지럽혀서 테스트의 의도를 파악하기 어렵게 합니다. 특히 대상 시스템이 어떻게 동작하는지 잘 모르는 사람에게는 이해하기 어려운 코드가 만들어질 것입니다.

만약 특정 함수를 스텁으로 뭉갠 이유를 이해하기 위해 실제 시스템의 코드를 살펴보는 일이

일어나고 있다면 스텁이 적합하지 않다는 결정적인 신호입니다.

깨지기 쉬워진다

스텁을 이용하면 대상 시스템의 내부 구현 방식이 테스트에 드러납니다. 제품의 내부가 다르게 구현되면 테스트 코드도 함께 수정해야 한다는 뜻이죠. 좋은 테스트라면 사용자에게 영향을 주는 공개 API가 아닌 한, 내부가 어떻게 달라지든 영향받지 않아야 합니다.

테스트 효과가 감소한다

스텁으로 원래 행위를 뭉개버리면 해당 함수가 실제 구현과 똑같이 동작하는지 보장할 방법이 사라집니다. 예를 들어 다음 코드는 add() 메서드가 지켜야 할 명세 일부를 하드코딩하여 1과 2를 건네면 무조건 3을 반환하게 했습니다.

```
when(stubCalculator.add(1, 2)).thenReturn(3);
```

실제 구현의 명세에 의존하는 시스템이라면 스텁을 사용하지 않는 게 좋습니다. 명세의 세부사항을 스텁이 복제해야만 하는데, 그 명세가 올바른지(예컨대 뭉개진 함수가 실제 구현에 충실한지)는 보장할 방법이 없기 때문입니다.

또한 스텁을 이용하면 상태를 저장할 방법이 사라져서 대상 시스템의 특성 일부를 테스트하기 어려울 수 있습니다. 예를 들어 실제 구현이나 가짜 객체를 이용한다면 database.save(item)으로 저장한 상품 정보를 database.get(item.id())를 호출해 어렵지 않게 다시 꺼내올 수 있을 것입니다. 실제 구현과 가짜 객체 모두 내부 상태를 관리하기 때문이죠. 하지만 스텁에서는 불가능합니다.

스텁을 과용한 예

[코드 13-13]은 스텁을 과용하는 테스트의 모습을 보여줍니다.

코드 13-13 스텁을 과용하는 예

```
@Test public void creditCardIsCharged() {
    // 모의 객체 프레임워크로 생성한 테스트 대역을 건넵니다.
    paymentProcessor =
```

```
    new PaymentProcessor(mockCreditCardServer, mockTransactionProcessor);
  // 테스트 대역들이 함수를 스텁하여 뭉갭니다.
  when(mockCreditCardServer.isServerAvailable()).thenReturn(true);
  when(mockTransactionProcessor.beginTransaction()).thenReturn(transaction);
  when(mockCreditCardServer.initTransaction(transaction)).thenReturn(true);
  when(mockCreditCardServer.pay(transaction, creditCard, 500))
      .thenReturn(false);
  when(mockTransactionProcessor.endTransaction()).thenReturn(true);
  // 대상 시스템을 호출합니다.
  paymentProcessor.processPayment(creditCard, Money.dollars(500));
  // pay() 메서드가 거래 내역을 실제로 전달했는지는 확인할 방법이 없습니다.
  // 검증할 수 있는 것은 그저 pay() 메서드가 호출되었다는 사실뿐입니다.
  verify(mockCreditCardServer).pay(transaction, creditCard, 500);
}
```

같은 테스트를 스텁 없이 다시 작성하면 [코드 13-14]처럼 될 것입니다. 테스트가 얼마나 간결해졌는지 비교해보세요. 트랜잭션이 처리되는 자세한 과정도 테스트 코드에서 사라졌습니다. 처리 방법은 신용카드 서버가 알고 있으니 특별히 설정할 게 없습니다.

코드 13-14 스텁을 사용하지 않도록 리팩터링

```
@Test public void creditCardIsCharged() {
  paymentProcessor =
      new PaymentProcessor(creditCardServer, transactionProcessor);
  // 대상 시스템을 호출합니다.
  paymentProcessor.processPayment(creditCard, Money.dollars(500));
  // 신용카드 서버의 상태를 조회하여 지불 결과가 잘 반영됐는지 확인합니다.
  assertThat(creditCardServer.getMostRecentCharge(creditCard))
      .isEqualTo(500);
}
```

물론 테스트가 외부의 신용카드 서버와 실제로 통신하는 건 원치 않을 테니 신용카드 서버는 가짜 객체로 대체하는 게 좋습니다. 가짜 객체를 이용할 수 없는 상황이라면, 대안으로 실제 구현이 테스트용으로 밀폐시킨 신용카드 서버와 통신하게 할 수 있습니다. 물론 가짜 객체보다는 테스트 속도가 느려질 것입니다(밀폐된 서버는 14장을 참고하세요).

13.7.2 스텁이 적합한 경우

스텁은 실제 구현을 포괄적으로 대체하기보다는 특정 함수가 특정 값을 반환하도록 하여 대상 시스템을 원하는 상태로 변경하려 할 때 제격입니다. 예컨대 [코드 13-12]에서는 대상 시스템이 빈 거래 목록을 반환하지 않아야 했습니다. 실제 구현이나 가짜 객체로는 원하는 반환값을 얻거나 특정 오류를 일으키기가 불가능할 수 있습니다. 하지만 스텁으로는 함수의 동작을 테스트 코드에서 정의할 수 있으므로, 이럴 때 쉽게 원하는 결과를 얻을 수 있습니다.

목적이 분명하게 드러나게 하려면 스텁된 함수 하나하나가 단정문들과 직접적인 연관이 있어야 합니다. 그래서 테스트들은 대체로 적은 수의 함수만 스텁으로 대체합니다. 스텁된 함수가 많을수록 테스트의 의도는 희미해질 것입니다. 스텁이 많이 눈에 띄는 것만으로도 스텁을 과용했다는 신호일 수 있습니다. 혹은 대상 시스템이 너무 복잡하니 리팩터링하라는 신호일 수도 있습니다.

스텁을 활용하기 괜찮은 상황일지라도 되도록 실제 구현이나 가짜 객체를 이용하라고 권하겠습니다. 이 둘은 시시콜콜한 구현 방식까지 노출하지 않으며, 코드가 훨씬 간결해지기 때문에 테스트 자체에 오류가 숨어들 가능성이 적습니다. 하지만 테스트가 지나치게 복잡해지지 않을 정도로 제한적으로만 사용한다면 스텁도 충분히 활용할 수 있는 기술입니다.

13.8 상호작용 테스트하기

상호작용 테스트interaction test는 대상 함수의 구현을 '호출하지 않으면서' 그 함수가 어떻게 호출되는지를 검증하는 기법입니다.

모의 객체 프레임워크를 활용하면 상호작용 테스트를 어렵지 않게 수행할 수 있습니다. 하지만 테스트를 가치 있고, 잘 읽히고, 변경하기 쉽게끔 관리하려면 꼭 필요할 때만 적용하는 것이 좋습니다.

13.8.1 상호작용 테스트보다 상태 테스트를 우선하자

상호작용 테스트보다는 되도록 상태 테스트[26]를 이용하는 게 좋습니다.

상태 테스트state test란 대상 시스템을 호출하여 올바른 값을 반환하는지, 혹은 대상 시스템의 상태가 올바르게 변경되었는지를 검증하는 테스트를 말합니다. [코드 13-15]에 예를 준비했습니다.

코드 13-15 상태 테스트

```
@Test public void sortNumbers() {
    NumberSorter numberSorter = new NumberSorter(quicksort, bubbleSort);
    // 대상 시스템을 호출합니다.
    List sortedList = numberSorter.sortNumbers(newList(3, 1, 2));
    // 반환된 리스트가 정렬되어 있는지 검증합니다.
    // 결과가 올바르다면 어떤 정렬 알고리즘을 이용했는지는 상관 없습니다.
    assertThat(sortedList).isEqualTo(newList(1, 2, 3));
}
```

[코드 13-16]에서는 비슷한 시나리오를 상호작용 테스트로 수행해봤습니다. 여기서는 반환값이 정렬되어 있는지를 테스트가 확인할 방법이 없었습니다. 테스트 대역은 숫자를 정렬하는 방법을 모르기 때문입니다. 그래서 검증할 수 있는 기능은 대상 시스템이 '정렬을 시도했다'라는 사실뿐입니다.

코드 13-16 상호작용 테스트

```
@Test public void sortNumbers_quicksortIsUsed() {
    // 모의 객체 프레임워크로 생성한 테스트 대역을 건넵니다.
    NumberSorter numberSorter =
        new NumberSorter(mockQuicksort, mockBubbleSort);

    // 대상 시스템을 호출합니다.
    numberSorter.sortNumbers(newList(3, 1, 2));

    // numberSorter.sortNumbers()가 퀵소트를 이용했는지 검증합니다.
    // mockQuicksort.sort()가 호출되지 않거나(예: mockBubbleSort를 대신 호출)
    // 잘못된 인수를 건네 호출한다면 테스트가 실패할 것입니다.
```

---

26 (블로그 글) State Verification. *https://oreil.ly/k3hSR*

```
    verify(mockQuicksort).sort(newList(3, 1, 2));
  }
```

구글은 오랜 경험을 통해 상태 테스트에 집중해야 훗날 제품과 테스트를 확장할 때 훨씬 유리하다는 사실을 깨달았습니다. 깨지기 쉬운 테스트가 줄어들고 나중에 테스트를 변경하거나 유지보수하기가 쉬워집니다.

상호작용 테스트의 가장 큰 문제는 대상 시스템이 특정 함수가 호출되었는지만 알려줄 뿐, 올바르게 작동하는지는 말해주지 못한다는 점입니다. 그래서 해당 코드가 올바르게 동작한다고 '가정하고 넘어가야' 하죠. 예컨대 'database.save(item)'이 호출되면 상품 정보가 데이터베이스에 잘 저장될 거야'라고 믿어야 합니다. 이와 달리 상태 테스트는 가정이 실제로 이루어졌는지까지 검증해주므로 더 유익합니다. 예컨대 데이터베이스에 상품 정보를 저장했다면 데이터베이스에 질의하여 해당 상품 정보가 실제로 존재하는지까지 검증합니다.

상호작용 테스트의 두 번째 문제는 대상 시스템의 상세 구현 방식을 활용한다는 점입니다. 다시 말해 특정 함수가 호출되는지 검증하려면 대상 시스템이 그 함수를 호출할 것임을 테스트가 알아야 합니다. 스텁에서도 문제가 되었듯이 제품 코드의 구현 방식이 바뀌면 테스트가 깨질 수 있습니다. 그래서 어떤 구글 직원들은 상호작용 테스트를 **변경 검출 테스트**change-detector test[27]라고 부르곤 합니다. 코드를 변경만 했다 하면 비록 대상 시스템의 행위는 달라지지 않았음에도 실패한다는 이유에서죠.

13.8.2 상호작용 테스트가 적합한 경우

물론 상호작용 테스트가 필요한 경우가 있습니다.

- 실제 구현이나 가짜 객체를 이용할 수 없어서(실제 구현은 너무 느리고 가짜 객체는 존재하지 않아서) 상태 테스트가 불가능한 경우. 이럴 때는 대비책으로 상호작용 테스트를 하여 특정 함수가 호출되는지 검증할 수 있습니다. 이상적인 건 아니지만 대상 시스템이 기대한 대로 동작한다는 확신을 어느 정도는 얻을 수 있습니다.

- 함수 호출 횟수나 호출 순서가 달라지면 기대와 다르게 동작하는 경우. 상태 테스트로는 검증하기 어려운 상황이므로 상호작용 테스트가 제 역할을 할 수 있습니다. 예를 들어 데이터베이스 호출 횟수를 줄

---

27 (화장실에서도 테스트) Change-Detector Tests Considered Harmful: *https://oreil.ly/zkMDu*

여주는 캐시 기능을 검증하려 한다면 데이터베이스가 특정 횟수 이하로 호출되는지를 확인하면 됩니다. Mockito를 이용한다면 대략 다음과 같은 코드가 만들어지겠네요.

```
verify(databaseReader, atMostOnce()).selectRecords();
```

상호작용 테스트는 상태 테스트를 완전히 대체하지 못합니다. 따라서 단위 테스트에서 상태 테스트를 수행할 수 없다면 상호작용 테스트를 추가하는 대신 더 큰 범위의 테스트 스위트에서 상태 테스트를 수행하여 보완하는 게 좋습니다. 예를 들어 데이터베이스를 검증하는 단위 테스트에서 상호작용 테스트를 수행하고 있다면 통합 테스트 단에서 실제 데이터베이스를 대상으로 한 상태 테스트로 해결할 수 있는지 확인해보세요. 더 큰 범위의 테스트는 위험을 완화하는 중요한 전략입니다(14장 참고).

13.8.3 상호작용 테스트 모범 사례

상호작용 테스트를 수행할 때 다음의 관례들을 따르면 지금까지 이야기한 단점들을 줄일 수 있습니다.

상태 변경 함수일 경우에만 상호작용 테스트를 우선 고려하자

시스템이 의존 객체의 함수를 호출하면 다음의 두 경우 중 하나가 일어납니다.

상태 변경

함수가 대상 시스템 바깥세상에 부수효과를 남깁니다(예: sendEmail(), saveRecord(), logAccess() 등).

상태 유지

부수효과가 없는 함수입니다. 시스템 바깥에 대한 정보를 반환하지만 변하는 건 아무것도 없습니다(예: getUser(), findResults(), readFile() 등).

일반적으로 상호작용 테스트는 상태 변경 함수에 한해서만 수행해야 합니다. 대상 시스템은 상태 유지 함수가 반환하는 값을 여러분도 확인할 수 있는 다른 작업을 하는 데 이용할 것입니다. 따라서 상태 유지 함수의 상호작용 테스트는 다른 테스트와 중복될 가능성이 큽니다. 상호작용

자체에는 부수효과가 없으므로 정확성 측면에서 중요한 요소가 아닙니다.

상태 유지 함수의 상호작용을 테스트한다면 상호작용 방식이 바뀔 때마다 테스트도 수정해야 합니다. 단정문 수도 늘어서 어느 단정문이 코드 정확성 보장과 관련된 단정문인지 구분하기 어려워집니다. 달리 표현하면 테스트 코드를 읽고 이해하기 어려워집니다. 이와 대조적으로 상태를 변경하는 상호작용이라면 '여러분의 코드가 다른 어딘가의 상태를 변경한다'라는 유의미한 일을 한다는 뜻입니다.

[코드 13-17]은 상태 변경 함수와 상태 유지 함수 모두를 테스트하고 있습니다.

코드 13-17 상태 변경과 상태 유지 상호작용

```
@Test public void grantUserPermission() {
  UserAuthorizer userAuthorizer =
      new UserAuthorizer(mockUserService, mockPermissionDatabase);
  when(mockPermissionService.getPermission(FAKE_USER)).thenReturn(EMPTY);

  // 대상 시스템을 호출합니다.
  userAuthorizer.grantPermission(USER_ACCESS);

  // addPermission()은 상태 변경 함수입니다.
  // 따라서 호출 여부를 검증하는 상호작용 테스트를 하기에 적합합니다.
  verify(mockPermissionDatabase).addPermission(FAKE_USER, USER_ACCESS);

  // getPermission()은 상태 유지 함수이므로 다음 코드는 불필요합니다.
  // 참고로, 네 번째 줄에서 getPermission()을 스텁으로 대체했는데
  // 이는 상호작용 테스트가 필요 없을 거라는 단서입니다.
  verify(mockPermissionDatabase).getPermission(FAKE_USER);
}
```

너무 상세한 테스트는 피하자

12장에서 메서드보다 행위를 테스트하는 게 좋다고 이야기했습니다. 이 말은 테스트 하나가 여러 행위를 검증하려 시도하는 것보다 대상 메서드나 클래스가 제공하는 행위 하나만을 검증하는 데 집중해야 한다는 뜻입니다.

상호작용 테스트에서도 같은 원칙을 견지해야 합니다. 즉, 어떤 함수들이 어떤 인수들을 받아 호출되는지를 너무 세세하게 검증하지 않는 게 좋습니다. 그래야 테스트가 더 명확하고 간결해

집니다. 나아가 각 테스트의 범위를 벗어난 행위로 인한 변경의 영향을 덜 받으므로 함수 호출
방식이 달라진다고 실패하는 테스트의 수도 줄어듭니다.

[코드 13-18]에 과하게 상세한 테스트를 준비해봤습니다. 테스트의 목적은 환영 프롬프트에
사용자 이름이 들어 있는지를 검증하는 것입니다. 하지만 이와 관련 없는 행위가 달라져도 실
패할 것입니다.

코드 13-18 과하게 상세한 상호작용 테스트

```
@Test public void displayGreeting_renderUserName() {
  when(mockUserService.getUserName()).thenReturn("Fake User");
  userGreeter.displayGreeting(); // 대상 시스템을 호출합니다.

  // setText()에 건네는 인수 중 하나라도 바뀌면 테스트가 실패할 것입니다.
  verify(userPrompt).setText("Fake User", "Good morning!", "Version 2.1");

  // setIcon() 호출은 이 테스트와 관련 없는 부수적인 동작일 뿐이지만
  // 호출되지 않으면 테스트는 실패합니다.
  verify(userPrompt).setIcon(IMAGE_SUNSHINE);
}
```

[코드 13-19]는 관련 있는 인수와 함수만을 신중하게 선택한 상호작용 테스트입니다. 검증하
려는 행위들을 각각의 테스트로 나누었고, 각 테스트는 자신이 맡은 행위를 검증하는 데 꼭 필
요한 정보만을 확인하고 있습니다.

코드 13-19 적당하게 상세한 상호작용 테스트

```
@Test public void displayGreeting_renderUserName() {
  when(mockUserService.getUserName()).thenReturn("Fake User");
  userGreeter.displayGreeting(); // 대상 시스템을 호출합니다.
  verify(userPrompter).setText(eq("Fake User"), any(), any());
}

@Test public void displayGreeting_timeIsMorning_useMorningSettings() {
  setTimeOfDay(TIME_MORNING);
  userGreeter.displayGreeting(); // 대상 시스템을 호출합니다.
  verify(userPrompt).setText(any(), eq("Good morning!"), any());
  verify(userPrompt).setIcon(IMAGE_SUNSHINE);
}
```

13.9 마치며

이번 장에서는 테스트 대역을 활용하면 대상 코드를 포괄적으로 검증하고 테스트 속도를 높여 줘서 엔지니어링 속도에 아주 중요하다는 걸 알게 되었습니다. 하지만 잘못 사용하면 테스트 를 불분명하고, 깨지기 쉽고, 덜 효과적으로 만들어서 오히려 생산성을 크게 떨어뜨리기도 합니다. 그래서 엔지니어는 테스트 대역을 효과적으로 적용하는 모범 사례를 반드시 이해해야 합니다.

실제 구현을 이용할지 테스트 대역을 쓸지, 혹은 어떤 테스트 대역 기법을 사용할지에 대한 정답은 없을 때가 많습니다. 그래서 엔지니어는 각각의 장단을 고려하고 절충하여 상황에 가장 적합한 방식을 택해야 합니다.

테스트 대역은 테스트에서 사용하기 어려운 의존성 문제를 멋지게 우회하게 도와줍니다. 하지만 제품 코드에 대한 확신을 극대화하려면 어느 지점에서는 실제 의존성을 적용하여 테스트해 보고 싶어질 것입니다. 이 주제는 바로 다음 장에서 다룹니다. 더 구체적으로는 느린 속도나 비결정적인 특성 때문에 단위 테스트에서 사용하기에 적합하지 않은, 그런 의존성을 사용하는 더 큰 범위의 테스트를 이야기합니다.

13.10 핵심 정리

- 테스트 대역보다는 되도록 실제 구현을 사용해야 합니다.
- 테스트에서 실제 구현을 사용할 수 없을 때는 가짜 객체가 최선일 때가 많습니다.
- 스텁을 과용하면 테스트가 불명확해지고 깨지기 쉬워집니다.
- 상호작용 테스트는 되도록 피하는 게 좋습니다. 상호작용 테스트는 대상 시스템의 상세 구현 방식을 노출하기 때문에 테스트를 깨지기 쉽게 만듭니다.

CHAPTER 14

더 큰 테스트

지난 3개 장에서는 구글에서 테스트 문화가 확립된 과정을 되돌아보면서 작은 단위 테스트가 어떻게 개발자 워크플로의 핵심 요소로 자리 잡았는지를 알아보았습니다. 그렇다면 다른 테스트들은 어떨까요? 사실 구글은 더 큰 테스트[1]를 많이 활용하고 있으며, 더 큰 테스트들도 건실한 소프트웨어 엔지니어링에 필요한 위험 완화 전략에서 중요한 역할을 합니다. 하지만 이 테스트들이 자원 낭비가 아닌 값진 자산이 되게끔 하려면 또 다른 난관을 극복해야 합니다. 이번 장에서는 '더 큰 테스트'란 무엇인지, 구글은 언제 수행하는지, 이 테스트들이 세월이 흘러도 효과를 유지하게끔 해주는 모범 사례는 무엇인지 알아보겠습니다.

14.1 더 큰 테스트란?

11.2절에서 우리는 구글이 테스트의 크기size를 구분 짓는 기준을 이야기했습니다. 작은 테스트는 단일 스레드나 단일 프로세스만 사용할 수 있고, 중간 크기 테스트는 단일 기기만 사용하도록 제한됩니다. 테스트가 커질수록 이런 제약이 하나씩 풀립니다. 구글은 테스트 범위scope라는 개념을 사용합니다. 단위 테스트는 당연히 통합 테스트보다 범위가 작습니다. (종단간 테스트

1 　옮긴이_ 이번 장에서 말하는 '더 큰' 테스트란 11장에서 이야기한 중간 크기 테스트와 큰 테스트를 포괄하는 뜻으로 주로 쓰이지만, 맥락에 따라 비교 대상보다 크다는 의미로도 쓰입니다.

혹은 시스템 테스트라고 하는) 범위가 가장 큰 테스트는 대체로 의존하는 외부 모듈을 직접 이용하며 테스트 대역은 거의 쓰지 않습니다.

더 큰 테스트들은 작은 테스트와 많은 면에서 다릅니다. 따라야 하는 제약도 다릅니다. 다음은 더 큰 테스트의 특성입니다.

- 느릴 수 있습니다. 구글에서 대규모 테스트의 기본 타임아웃 값은 15분이나 1시간입니다. 심지어 몇 시간이나 며칠이 걸리는 테스트도 만들어 활용합니다.
- 밀폐되지 않을 수 있습니다. 대규모 테스트는 다른 테스트나 최종 사용자와 자원 및 트래픽을 공유하기도 합니다.
- 비결정적일 수 있습니다. 예컨대 밀폐되지 않은 대규모 테스트라면 다른 테스트나 사용자 상태에 영향을 받을 수 있어서 완벽히 결정적이라고 보장하기가 거의 불가능합니다.

이런 단점들에도 불구하고 더 큰 테스트를 이용하는 이유는 무엇일까요? 여러분이 코드를 작성하는 과정을 곰곰이 복기해보세요. 여러분이 작성한 프로그램이 정확하게 동작하는지를 어떻게 확인하나요? 그때그때 단위 테스트를 작성해 수행할 수도 있습니다만 실제 바이너리를 직접 돌려보고 조작해볼 때도 분명 있을 것입니다. 또한, 코드를 다른 사람에게 공유해주면 그들은 여러분의 코드를 어떻게 테스트하나요? 여러분이 만들어둔 단위 테스트를 실행하나요, 아니면 바이너리를 직접 사용해보나요?

업그레이드 후에도 여러분의 코드가 계속 잘 작동하는지는 또 어떻게 알 수 있을까요? 구글 지도 API를 사용하는 사이트를 만들었는데 새 버전의 API가 나왔다고 가정해보죠. 아마도 단위 테스트들은 호환성 문제가 있는지 확인하는 데 그다지 도움이 안 될 것입니다. 단위 테스트보다는 직접 사이트에 들어가서 동작하지 않는 기능이 있는지 하나씩 수행해봐야 할 것입니다.

단위 테스트는 개별 함수, 객체, 모듈에 대한 확신을 심어줍니다. 반면 더 큰 테스트들은 시스템 '전체'가 의도대로 동작한다는 확신을 더해주는 역할을 합니다. 또한 이들을 자동화해두면 (수동 테스트와 달리) 다양하게 확장할 수 있습니다.

14.1.1 충실성

더 큰 테스트가 존재하는 첫 번째 이유는 바로 충실성을 높이기 위함입니다. **충실성**^{fidelity}이란 테스트가 대상의 실제 행위를 얼마나 충실하게 반영했느냐를 나타내는 속성입니다.

환경 관점에서 바라보면 충실성을 쉽게 이해할 수 있습니다. [그림 14-1]의 왼쪽 끝에 보이는 단위 테스트는 대상 코드의 작은 일부와 테스트 하나를 실행 가능한 단위로 묶어놓은 개념입니다. 단위 테스트가 대상 코드를 검증해주는 건 분명하지만 프로덕션 환경에서와는 매우 다르게 동작할 것입니다. 오른쪽 끝의 프로덕션은 당연히 테스트 충실성이 가장 높은 환경입니다. 이 양극단 사이에는 다양한 선택지가 존재합니다. 그리고 더 큰 테스트의 핵심은 이 사이에서 가장 적합한 지점을 찾아내는 것입니다. 충실성이 높아질수록 비용이 커져서 (특히 프로덕션의 경우) 테스트 실패 시 입는 손해도 크기 때문입니다.

그림 14-1 테스트 크기와 충실성

테스트의 내용이 실제를 얼마나 잘 반영하는지도 측정할 수 있습니다. 많은 경우 테스트 데이터가 현실과 동떨어져서 공들여 만든 수많은 대규모 테스트가 엔지니어들에게 외면받곤 합니다. 프로덕션 환경에서 수집한 데이터라면 실제를 훨씬 잘 반영할 것입니다. 하지만 제품을 론 칭하기 전에는 현실적인 테스트 트래픽을 만들어내기가 쉽지 않습니다. '시드 데이터$^{seed\ data}$'는 한쪽으로 편향될 수 있어서 특히 인공지능 분야에서는 큰 문제입니다. 단위 테스트용 데이터는 대부분 수작업으로 만들어집니다. 그래서 다루는 사례가 몇 안 되고 제작자의 편견이 반영되기 쉽습니다. 이처럼 데이터에서 누락되어 다루지 못한 시나리오가 테스트의 충실성 하락으로 이어집니다.

14.1.2 단위 테스트가 손 대기 어려운 영역

작은 테스트가 해낼 수 없는 영역이라면 자연스럽게 더 큰 테스트가 필요합니다. 이번 절에서는 단위 테스트로는 위험 요인을 충분히 해소하기 어려운 대표적인 영역 다섯 가지를 짚어보겠습니다.

1) 부정확한 테스트 대역

보통 단위 테스트 하나는 클래스나 모듈 하나를 테스트합니다. 이때 13장에서 이야기했듯이 무겁고 테스트하기 어려운 의존성을 제거하는 용도로 테스트 대역을 많이 씁니다. 하지만 이렇게 하면 실제와 대역의 동작이 일치하지 않을 가능성이 생깁니다.

구글에서는 거의 모든 단위 테스트를 테스트 대상을 작성한 엔지니어가 직접 작성합니다. 단위 테스트에 대역이 필요하고 그 대역으로 모의 객체를 사용한다면, 모의 객체를 만들고 의도된 행위를 정의하는 사람은 단위 테스트 작성자 본인입니다. 하지만 이 엔지니어가 실제 의존 대상까지 담당하는 경우는 많지 않습니다. 즉, 의존 대상의 실제 동작을 잘못 이해하고 있을 수 있습니다. 테스트 대상과 의존 대상은 합의된 약속에 따라 합을 맞춰 동작합니다. 만약 엔지니어가 이 약속을 오해한다면 약속 자체가 의미가 없어집니다.

더욱이 모의 객체는 부실합니다. 모의 객체에 의존하는 단위 테스트는 실제 의존 대상의 구현자에게는 보이지 않습니다. 따라서 실제 구현이 수정될 때 테스트와 테스트 대상 코드도 함께 수정되어야 한다는 신호를 주지 못합니다.

13장에서 이야기했듯이 각 팀에서 담당 서비스의 가짜 객체를 제공한다면 이러한 우려는 상당 부분 사라집니다.

2) 설정 문제

단위 테스트는 주어진 바이너리 내의 코드를 다룹니다. 하지만 일반적으로 이 바이너리는 단독으로 실행될 수 없습니다. 배포 설정이나 시작 스크립트 같은 게 필요할 때가 많죠. 최종 사용자용 프로덕션 인스턴스에서는 자체적인 설정 파일이나 설정 데이터베이스를 이용하곤 합니다.

설정 파일에 문제가 있거나, 혹은 데이터베이스에 정의된 상태와 다르게 테스트한 후 프로덕션에 배포하면 사용자에게 심각한 문제를 일으킬 수 있습니다. 단위 테스트만으로는 이러한 호환성 문제를 검증할 수 없습니다.[2] 설정도 코드처럼 버전 관리를 해야 하는 이유가 여기 있습니다. 이렇게 하면 설정 변경도 버그의 원인으로 관리할 수 있어서 통제 안 되던 외부 위험에서 벗어날 수 있고 더 큰 테스트에 포함시킬 수도 있기 때문입니다.

구글의 경우 심각한 서비스 장애를 일으키는 가장 주된 원인이 바로 설정 변경입니다. 관리 성과가 좋지 못했고 가장 당혹스러운 버그들로 이어진 게 바로 설정이었습니다. 예컨대 2013년에는 한 번도 테스트하지 않은 잘못된 네트워크 설정을 푸시하여 구글 서비스가 전 세계적으로

---

2 더 자세한 정보는 23.1.2절의 '지속적 배포'와 25장을 참고하세요.

먹통이 되기도 했습니다. 설정은 프로그래밍 언어가 아닌 설정 전용 언어로 작성되는 게 보통입니다. 또한 바이너리보다 빠르게 프로덕션 환경에 배포되며 테스트하기는 더 어려울 때가 많습니다. 이러한 문제들이 모여 실패할 가능성을 키웁니다. 하지만 적어도 이 사례에서는 설정정보를 버전 관리하고 있어서 신속하게 원인을 찾아 피해를 줄일 수 있었습니다.

3) 과부하 시 나타나는 문제

구글에서 단위 테스트는 작고 빨라야 합니다. 구글의 표준 테스트 실행 인프라에 적합해야 하고 개발자 워크플로에 매끄럽게 융화되어 자주 실행되어야 하기 때문입니다. 하지만 성능, 부하, 스트레스 테스트는 바이너리에 상당한 양의 트래픽을 일으키므로 통상적인 단위 테스트 모델에 녹이기 어렵습니다. 여기서 우리가 말하는 상당한 양이란 진짜로 큰, 때로는 초당 수천에서 (광고나 실시간 입찰 시스템[3] 등은) 수백만 번의 쿼리를 뜻합니다.

4) 예기치 못한 동작, 입력, 부작용

단위 테스트의 범위는 작성자의 상상력에 갇히게 됩니다. 달리 말하면, 작성자가 예상할 수 있는 행위와 입력에 한해서 테스트되기 쉽습니다. 하지만 사용자들은 엔지니어가 예상하지 못한 문제를 찾아내는 경우가 아주 많습니다. 예상치 못한 행위를 테스트하는 다른 기술이 필요하다는 방증이죠.

여기서 하이럼의 법칙[4]이 중요해집니다. 우리가 약속된 모든 기능을 100% 테스트하더라도, 실제 사용자들은 명시된 약속뿐 아니라 눈에 보이는 모든 것을 자유롭게 이용해볼 수 있습니다. 단위 테스트만으로는 공개 API에 명시되지 않은 행위까지 모두 확인할 가능성이 극히 낮습니다.

5) 창발적 행위[5]와 '진공 효과'

단위 테스트가 다루는 범위는 제한적이며(테스트 대역을 많이 사용하면 특히 더), 이 범위 밖의 행위가 바뀌는 건 알아챌 수 없습니다. 또한 단위 테스트는 빠르고 안정적이게끔 설계하기 때문에 실제로 의존하는 바이너리 혹은 현실 세계의 네트워크와 데이터에 연결했을 때 발생할 수 있는 혼돈은 의도적으로 배제합니다. 그래서 마치 이론 물리학 문제를 푸는 것과 비슷합니

---

3   (논문) From 0.5 Million to 2.5 Million: Efficiently Scaling up Real-Time Bidding. *https://oreil.ly/brV5-*
4   (하이럼의 법칙 홈페이지) *http://hyrumslaw.com*
5   옮긴이_ 전혀 예기치 않은 새로운 행동 양식이 갑자기 나타나는 것을 말합니다.

다. 혼돈으로 가득한 현실과는 동떨어진 '진공 상태를 가정'하고 문제를 푸는 것이죠. 그러면 속도와 안정성은 매우 뛰어나지만 특정 범주의 결함들은 놓치기 쉽습니다.

14.1.3 더 큰 테스트를 만들지 않는 이유

앞선 장들에서는 다음과 같은 개발자 친화적 테스트의 특징을 많이 이야기했습니다.

높은 신뢰성

결과가 불규칙하면 안 되며 유용한 성공/실패 신호를 제공해야 합니다.

빠른 속도

개발자 워크플로를 방해하지 않을 정도로 빨라야 합니다.

높은 확장성

구글은 변경되는 코드에 영향을 받는 모든 테스트를 서브밋 직전과 직후에 효율적으로 실행할 수 있어야 합니다.

좋은 단위 테스트라면 이상의 특징을 모두 갖춰야 합니다. 반면 더 큰 테스트에서는 하나도 갖추지 못하는 경우도 생깁니다. 예를 들어 더 큰 테스트는 작은 단위 테스트보다 더 많은 인프라를 이용하기 때문에 결과가 비결정적일 때가 많습니다. 보통은 설정과 실행 시간 측면 모두에서 훨씬 오래 걸립니다. 자원을 많이 쓰고 시간이 오래 걸려 확장하기가 쉽지 않고, 격리되지 않은 환경에서 실행될 때가 많아서 테스트들이 서로 충돌하기도 합니다.

더 큰 테스트가 극복해야 할 과제가 두 가지 더 있습니다.

첫 번째는 소유권 문제입니다. 단위 테스트는 누가 소유자인지가 명확합니다. 테스트가 검증하는 단위를 소유한 엔지니어와 팀이 테스트도 소유하죠. 반면 더 큰 테스트는 다수의 단위에 걸쳐 있으므로 관련된 소유자 역시 많습니다. 그래서 시간이 흐를수록 소유권이 더 모호해집니다. 유지보수는 누가 책임지고, 테스트가 실패하면 누가 문제를 진단해야 할까요? 소유권이 명확하지 않다면 테스트는 서서히 부패할 것입니다.

두 번째 과제는 표준화 혹은 표준화 부족입니다. 단위 테스트와 달리 더 큰 테스트는 작성하고 실행하고 디버깅하기 위한 인프라와 프로세스가 부실합니다. 더 큰 테스트를 수행하는 방식은 시스템 아키텍처에 따라 달라지므로 테스트 유형이 다양합니다. 예를 들어 구글 광고, 구글 검색 백엔드, 구글 드라이브의 A/B 차이 회귀 테스트를 빌드하고 수행하는 방식은 모두 제각각입니다. 이 제품들은 서로 다른 플랫폼을 이용하고, 언어, 인프라, 라이브러리, 테스트 프레임워크 역시 모두 다릅니다.

이러한 표준화 부족이 미치는 영향은 상당히 큽니다. 더 큰 테스트는 실행 방식이 너무 다양하여 대규모 변경 중에는 수행하지 않을 때가 빈번합니다(22장 참고). 이 모든 테스트를 수행하는 표준화된 방식이 없으므로 자연스럽게 인프라의 지원을 받지 못합니다. 대규모 변경을 진행하는 사람들이 연관된 팀들의 테스트 모두의 수행 방법을 파악하도록 하는 방식은 확장성이 떨어집니다. 더 큰 테스트는 팀마다 구현 방식이 다르기 때문에 이 팀들의 제품을 통합해 테스트하려면 먼저 호환되지 않는 인프라들부터 통합해야 합니다. 이처럼 표준화가 잘 이뤄지지 않아서 신규 직원에게, 혹은 훨씬 숙련된 엔지니어에게조차 단일한 테스트 방식을 가르칠 수 없습니다. 영리하게 관리하지 못하면 이 상황이 계속 고착되고, 더 큰 테스트가 필요한 이유를 이해시키는 데 방해가 됩니다.

14.2 더 큰 테스트 @ 구글

11장에서 구글 초기의 테스트 역사를 설명하면서 구글 웹 서버(GWS)가 2003년에 자동화 테스트를 의무화한 방법과 이 사건의 분수령이 된 순간을 이야기했습니다. 하지만 실은 그 전부터 자동화 테스트를 사용해왔는데, 일반적으로 진짜 큰 규모로 테스트를 수행했습니다. 예컨대 2001년에는 AdWords의 제품 시나리오를 검증하기 위한 종단간 테스트를 작성했습니다. 2002년에는 구글 검색의 인덱싱 코드의 '회귀 테스트'도 비슷한 방식으로 작성하고, AdWords용 테스트의 변형 버전을 아직 공표하기 전인 AdSense에도 적용했습니다.

2002년에는 다른 '더 큰' 테스트 패턴도 존재했습니다. 구글 검색의 프런트엔드 품질 보증은 수동 검증에 크게 의존했습니다. 종단간 테스트 시나리오의 수동 버전에 해당했죠. 한편 Gmail은 고유한 '로컬 데모' 환경이 존재했습니다만, 이 역시 로컬 환경에서 수동으로 테스트하는 데 필요한 테스트 계정들과 메일 데이터를 생성하여 Gmail의 종단간 시나리오를 테스트할 수 있게 해주는 스크립트였습니다.

우리의 첫 지속적 빌드 프레임워크인 C/J Build가 론칭될 시점에는 단위 테스트와 그 외 테스트를 구분하지 않았습니다. 하지만 둘을 구분하게 되는 중요한 진전이 있었습니다.

첫째, 구글은 테스트 피라미드[6]를 장려했습니다. 즉, 대다수 테스트가 단위 테스트가 되길 원하여 단위 테스트에 집중했습니다.

둘째, 훗날 C/J Build를 대신하여 TAP을 공식 지속적 빌드 시스템으로 도입하였는데, TAP은 특정한 조건을 충족하는 테스트인 경우에만 C/J Build를 대체할 수 있었습니다. 요구 조건은 '사내 빌드/테스트 클러스터에서 제한된 시간 안에 완료'되며 '변경 요청 한 번으로 구축할 수 있는 밀폐된 테스트'였습니다. 대부분의 단위 테스트는 이 요건을 충족했지만 더 큰 테스트들은 대부분 그렇지 못했습니다.

하지만 이 요건을 만족하는 테스트들만으로는 부족했습니다. 여전히 다른 테스트도 수행하면서 커버리지 차이를 메워야 했죠. 그래서 C/J Build는 또 다른 시스템으로 대체될 때까지 수년 동안 이러한 테스트들을 수행하는 데 계속 이용되었습니다.

14.2.1 더 큰 테스트와 수명

구글은 20년 이상 운영되는 소프트웨어를 개발해왔기 때문에 이 책 전반에서 우리는 시간(기대 수명)이 소프트웨어 엔지니어링에 미치는 영향을 살펴보고 있습니다. 그렇다면 더 큰 테스트들은 시간이라는 관점에서는 어떤 영향을 줄까요? 어떤 활동은 코드의 기대 수명이 길수록 더 가치를 발하며, 테스트란 기대 수명에 상관없이 의미가 있는 활동입니다. 하지만 어떤 테스트가 가장 적합한지는 코드의 기대 수명에 따라 달라집니다.

앞서 이야기했듯이 단위 테스트는 기대 수명이 몇 시간 이상만 되면 충분히 가치가 있습니다. 작은 스크립트처럼 수명이 몇 분 수준이라면 수동 테스트가 가장 일반적이며, 이때 테스트 대상은 보통 로컬에서 실행됩니다. 특히 일회성 스크립트, 시연, 실험을 위한 경우라면 테스트 대상이 실행되는 로컬 환경이 곧 프로덕션 환경일 것입니다. 수명이 더 길어지더라도 수동 테스

6　　옮긴이_ '테스트 피라미드'는 이 그림처럼 테스트를 크게 세 부류로 나눕니다. 아래로 갈수록 적용하기 쉽고, 작성하고 관리하는 비용이 적어서 많이 만들어 이용합니다.

트가 사라지진 않습니다만, 프로덕션 인스턴스가 (로컬이 아닌) 클라우드에서 호스팅되는 경우가 많아지기 때문에 테스트 대상이 테스트와 떨어지게 됩니다.

나머지 더 큰 테스트들 모두 수명이 더 긴 소프트웨어에 유용합니다. 하지만 수명이 길어질수록 주 관심사가 테스트의 유지보수로 옮겨갑니다.

시간이 주는 이 영향 때문에 [그림 14-2]와 같은 '아이스크림 콘'이라는 테스트 안티패턴이 생겨났을 것입니다(11장에서도 한 번 봤습니다).

그림 14-2 아이스크림 콘 테스트 안티패턴

개발 초기에 코드가 몇 분 정도만 쓰이고 사라질 거라 판단하여 수동 테스트에 의존하면 수동 테스트들이 누적되어 초기 테스트 포트폴리오 전체를 지배하게 됩니다.

흔한 예를 생각해보죠. 간단한 스크립트나 앱을 만들고 수동으로 테스트합니다. 기능을 하나씩 추가하지만 여전히 수동으로 테스트합니다. 이 프로토타입이 결국은 제대로 된 기능을 수행하며 다른 사람들에게 공유됩니다. 하지만 여전히 자동화된 테스트는 없는 채입니다.

더 안 좋은 예로, 처음에 구현한 방식 때문에 코드가 단위 테스트를 하기 어렵게 짜여 있다면 자동화할 수 있는 테스트는 오직 종단간 테스트뿐입니다. 이를 가리켜 우리는 "단 며칠 만에 실수로 '레거시 코드'를 만들었다"라고 이야기합니다.

건강한 상태를 오래 유지하는 '핵심'은 개발 시작 후 며칠 안으로 단위 테스트를 만들어 테스트 피라미드를 쌓기 시작하는 것입니다. 그런 다음 수동으로 수행하던 종단간 테스트를 자동화된 통합 테스트로 대체해 피라미드 위층으로 올립니다. 구글은 코드를 서브밋하려면 '반드시' 단위 테스트를 포함하도록 규정하여 해결했습니다. 오랫동안 코드를 건강하게 유지하려면 단위 테스트와 수동 테스트 사이의 간극을 매우는 데 소홀해서는 안 됩니다.

14.2.2 구글 규모에서의 더 큰 테스트

규모가 큰 소프트웨어라면 더 큰 테스트가 그만큼 더 필요하고 유용합니다. 하지만 아쉽게도 작성하고 수행하고 관리하고 디버깅하는 복잡도는 규모가 커질수록 함께 (단위 테스트보다 훨씬 가파르게) 증가합니다.

마이크로서비스 또는 독립된 서버들의 조합으로 이루어진 시스템의 상호 연결 관계를 그래프로 표현할 수 있습니다. 그래프의 노드 수를 N이라고 해보죠. 새로운 노드가 하나 추가될 때마다 그 노드를 통하는 고유한 실행 경로의 수는 N을 곱한 만큼 증가합니다.

[그림 14-3]과 같은 테스트 대상(SUT)이 있다고 해보죠. 사용자, 소셜 그래프, 소셜 스트림, 광고 등이 혼합된 사회 관계망 서비스용 시스템입니다. 광고주가 광고를 올리면 소셜 스트림에 적절히 녹아듭니다. SUT 하나가 사용자 그룹 2개, UI 2개, 데이터베이스 3개, 인덱스 파이프라인 1개, 서버 6개로 구성되며, 에지가 총 14개인 그래프를 그립니다. 가능한 모든 조합의 종단간 테스트를 하려면 벌써부터 머리가 지끈거립니다. 그런데 여기에 사진과 이미지, 기계학습을 이용한 사진 분석 등의 기능에 필요한 서비스, 파이프라인, 데이터베이스를 더 추가한다고 상상해보세요.

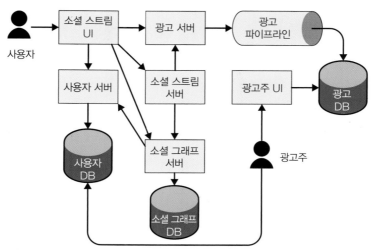

그림 14-3 꽤 작은 SUT의 예: 광고를 포함한 사회 관계망 서비스

종단간 테스트가 필요한 개별 시나리오의 수는 SUT의 구조에 따라 기하급수적으로 혹은 조합의 수만큼 늘어나므로 이런 식의 성장은 확장하는 데 한계가 분명합니다. 따라서 시스템의 성장에 맞춰 더 큰 테스트들도 지속해서 관리할 수 있으려면 새로운 전략을 모색해야 합니다.

하지만 서비스 규모를 이만큼 키우기 위해 구성요소의 수를 늘려놓았기 때문에 더 큰 테스트들을 통해 얻는 가치 역시 커집니다. 그리고 이 가치에는 충실성이 큰 영향을 줍니다. N 계층 서비스로 확장하는데, 만약 서비스 대역들의 충실성이 낮다면 $(1-\varepsilon)$ 모두를 조합해놓았을 때 버그가 발생할 가능성은 N의 제곱이 됩니다. [그림 14-3]의 SUT를 다시 보시죠. 여기서 사용자 서버와 광고 서버를 테스트 대역으로 대체하고, 이때 대역들의 충실성이 가령 10%밖에 안 된다면 버그가 생길 가능성은 99%나 됩니다 $(1 - (0.1 \times 0.1))$. 충실성 낮은 대역을 단 2개만 썼을 뿐인데 말이죠.

따라서 더 큰 테스트들은 원하는 규모에서 잘 작동하면서도 충실성이 상당히 높게 구현하는 게 관건입니다.

TIP_ 가능한 한 작은 테스트

통합 테스트라 하더라도 가능한 한 작을수록 좋습니다. 초거대 테스트 하나보다 거대한 테스트 여러 개가 낫다는 말입니다. 그리고 테스트 범위는 SUT의 범위와 관련이 높기 때문에 SUT를 더 작게 만드는 방법을 찾으면 테스트를 더 작게 만드는 데 유리합니다.

여러 개의 내부 시스템이 관여하는 기능을 테스트하면서 테스트 크기를 작게 만드는 좋은 전략으로 '연쇄 테스트chain test'라는 방법이 있습니다. [그림 14-4]에서 보듯, 기능 전체를 아우르기보다는 작은 통합 테스트들로 나눠 연결하는 것입니다. 이때 앞 단계의 테스트 결과를 리포지터리에 저장한 다음, 그다음 단계 테스트의 입력으로 사용합니다.

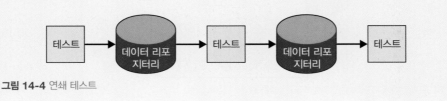

그림 14-4 연쇄 테스트

14.3 큰 테스트의 구조

큰 테스트들은 작은 테스트의 제약조건에 구속받지 않아서 어떤 형태로든 만들 수 있지만, 그래도 대부분은 공통된 패턴을 따릅니다. 다음은 큰 테스트를 진행하는 일반적 흐름입니다.

1. 테스트 대상 시스템 확보

2. 필요한 테스트 데이터 준비

3. 대상 시스템을 이용해 동작 수행

4. 행위 검증

14.3.1 테스트 대상 시스템

대규모 테스트의 핵심은 앞에서도 언급한 테스트 대상 시스템system under test (SUT)입니다(그림 14-5). 일반적인 단위 테스트는 클래스 하나나 모듈 하나에 집중합니다. 그뿐만 아니라 테스트 코드와 테스트 대상 코드가 같은 프로세스(자바의 경우 같은 자바 가상 머신)에서 실행됩니다. 반면 대규모 테스트에서의 SUT는 대체로 사정이 많이 달라서 (항상은 아니지만) 하나 이상의 독립된 프로세스에서 수행됩니다.

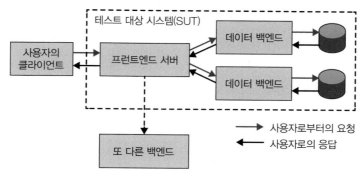

그림 14-5 테스트 대상 시스템의 예

구글에는 아주 다양한 형태의 SUT가 존재하며, SUT의 범위가 대규모 테스트 자체의 범위를 규정하는 주된 요소입니다(SUT가 클수록 더 큰 테스트가 됨). SUT의 형태는 주로 다음 두 요소에 의해 결정됩니다.

밀폐성

SUT는 현재 테스트하려는 기능과 관련 없는 구성요소를 사용하거나 상호작용하지 못해야 합니다. 밀폐성이 높은 SUT는 동시성 문제나 불규칙한 인프라로부터 영향을 적게 받습니다.

충실성

SUT는 테스트 중인 프로덕션 시스템을 충실히 반영해야 합니다. 충실성이 높은 SUT는 프로덕션 버전과 유사한 바이너리로 구성됩니다(비슷한 설정, 비슷한 인프라, 비슷한 토폴로지).

그런데 이 두 요소가 충돌할 때가 많습니다. 다음의 SUT 형태들에서 어떻게 충돌하는지 확인해보세요.

단일 프로세스 SUT

(프로덕션 시스템에서는 여러 독립 프로세스로 구동되더라도) SUT 전체가 하나의 바이너리로 패키징되고, 나아가 테스트 코드까지 함께 패키징됩니다. 이러한 테스트–SUT 조합

형태에서 모든 것이 단일 스레드로 실행된다면 '작은' 테스트가 될 수 있습니다. 하지만 충실성 측면에서는 프로덕션의 토폴로지나 설정과 거리가 가장 먼 테스트가 될 것입니다.

단일 머신 SUT

SUT는 (프로덕션과 똑같이) 하나 이상의 독립 바이너리로 구성되며, 테스트도 별도의 바이너리로 만들어집니다. 하지만 모두가 하나의 머신에서 구동합니다. 구글에서 '중간 크기' 테스트라고 하는 형태입니다. 이상적으로는 SUT 바이너리를 비록 로컬에서 실행하더라도 충실성을 높이기 위해 프로덕션 실행 설정을 그대로 사용합니다.

다중 머신 SUT

(클라우드에 배포된 프로덕션과 비슷하게) SUT를 여러 머신에 분산시킵니다. 단일 머신 SUT보다 충실성이 높지만, 테스트 규모가 커지면서 여러 머신과 그 사이를 잇는 네트워크가 불안정성을 키워 테스트에 예기치 못한 영향을 줄 가능성이 커집니다.

공유 환경(스테이징과 프로덕션)

SUT를 독립적으로 실행하는 대신 테스트에서 공유 환경을 직접 사용합니다. 이미 운용 중인 공유 환경에 얹히는 것이라서 추가 비용이 가장 적게 듭니다. 하지만 공유 환경을 함께 이용 중인 다른 엔지니어들과 충돌할 수 있으므로 테스트만을 위해 임의로 변경할 수 없고 정상적인 배포 워크플로를 따라 코드가 해당 환경에 배포될 때까지 기다려야 합니다. 또한 프로덕션 환경일 경우 최종 사용자에게 영향을 줄 위험이 있습니다.

하이브리드

어떤 SUT는 혼합된 형태를 띱니다. SUT의 구성요소 중 일부는 독립적으로 실행하고, 다른 일부는 공유 환경에서 가동 중인 서비스와 상호작용하는 식입니다. 예컨대 테스트할 대상 기능은 직접 실행하지만 백엔드가 공유되고 있을 수 있습니다. 구글처럼 빠르게 확장되는 회사는 상호 연결된 서비스가 매우 많아서 모든 서비스 각각을 여러 벌 복사하여 실행하는 것이 사실상 불가능합니다. 그래서 어느 정도의 하이브리드화는 피할 수 없습니다.

밀폐된 SUT의 이점

큰 테스트에서 SUT는 테스트 신뢰성을 떨어뜨리고 피드백 시간을 늘리는 주범이 될 수 있습니다. 예를 들어 프로덕션 환경에서의 테스트는 실제 운영 중인 시스템을 이용합니다. 앞서 이야기했듯이 환경을 따로 구축해야 하는 부담이 없어서 애용되는 방식이지만 테스트 코드가 프로덕션 환경에 배포될 때까지 대기해야 합니다. 즉, 환경에 릴리스되는 시점을 테스트 수행자가 직접 통제하지 못합니다. SUT가 너무 늦게 준비된다는 뜻입니다.

가장 흔한 대안으로는 거대한 공유 스테이징 환경을 만들고 테스트를 그 안에서 실행하는 방법이 있습니다. 이 방식은 주로 릴리스 승격 프로세스의 일환으로 진행되지만, 테스트용 코드가 공유 환경에 반영된 후에야 테스트할 수 있다는 한계는 여전합니다.

또 다른 안으로, 엔지니어가 스테이징 환경에서 사용할 수 있는 시간을 '예약'해두고 그 시간 동안은 계류 중인 코드를 배포하고 테스트를 실행해볼 수 있도록 하는 팀도 있습니다. 하지만 엔지니어 수나 서비스 수가 늘어나면 지속하기 어려운 방법입니다. 환경 자체, 사용자 수, 사용자들 사이의 충돌 가능성이 모두 급속도로 커지기 때문입니다.

다음 단계는 클라우드에서 격리된 영역을 만들어내거나 머신을 밀폐할 수 있는 환경을 구축하고 그 안에 SUT를 배포하는 방법입니다. 이러한 환경이 갖춰지면 충돌 걱정이나 시간 예약 없이 코드를 릴리스할 수 있습니다.

사례 연구: 프로덕션 환경에서 테스트 시 위험한 점과 Webdriver Torso

프로덕션 환경에서의 테스트는 위험하다고 이야기했습니다. 'Webdriver Torso 사건'이라고, 이에 관한 재미난 에피소드가 하나 있습니다. 구글은 유튜브가 영상을 올바르게 렌더링하는지 확인할 방법이 필요했습니다. 그래서 테스트 영상을 생성/업로드한 다음 업로드된 영상의 품질을 검증하는 자동 스크립트를 작성했습니다. 이 테스트는 Webdriver Torso라는 구글 소유 유튜브 채널에서 수행하였습니다. 그런데 Webdriver Torso는 다른 대다수 채널과 똑같이 공개된 채널이었다는 게 예기치 못한 결과를 낳았습니다.

유명한 잡지인 『와이어드^{Wired}』는 Webdriver Torso가 신비로운 채널이라며 관련 이야기를 기사로 실었고[7], 곧이어 각종 미디어에 퍼지며 수많은 사람이 미스터리를 풀겠다며 달려들었습니다.

---

7 『와이어드』 기사. *https://oreil.ly/1KxVn*

그리고 마침내 한 블로거가 모든 것이 구글과 관련되어 있음을 밝혀냈죠.[8] 사건은 결국 구글이 공식 입장문을 내고 재미난 이스터 에그 등을 공개하며 잘 마무리되었습니다. 하지만 프로덕션 환경에 심어 놓은 테스트 데이터를 최종 사용자가 발견할 가능성을 항상 염두에 두고 대비해야 한다는 교훈을 남겼습니다.[9]

문제 경계에서 SUT 크기 줄이기

테스트를 하다 보면 웬만해서는 피해야 할 고통스러운 경계가 존재합니다. 프런트엔드와 백엔드가 만나는 경계가 대표적이죠. 이 경계를 포괄하는 테스트는 되도록 피해야 합니다. 사용자 인터페이스(UI) 테스트는 신뢰하기 어렵고 비용도 많이 들기로 악명이 자자하기 때문이죠.

- UI는 룩앤필look-and-feel 차원에서 달라지는 경우가 잦아서, 실제 동작은 완전 그대로임에도 UI 테스트를 깨지기 쉽게 만듭니다.
- UI는 주로 비동기 방식으로 반응하기 때문에 테스트하기 어렵습니다.

서비스 UI를 백엔드까지 포함시켜 종단간으로 테스트해보는 것도 분명 의미는 있습니다. 하지만 이런 테스트는 유지보수 비용이 너무 큽니다. 이때 만약 백엔드가 공개 API를 제공한다면 테스트를 UI/API 경계에서 나누고, 종단간 테스트는 공개 API를 이용해 수행하는 편이 훨씬 쉽습니다. UI가 웹 브라우저든 CLI든 데스크톱 혹은 모바일 앱이든 모두 마찬가지입니다.

또 다른 경계로 서드파티 의존성을 들 수 있습니다. 서드파티 시스템은 대체로 테스트를 위한 공유 환경을 따로 제공하지 않을 것입니다. 또한 서드파티로 보내는 트래픽에 비용이 매겨지는 경우도 있어서(API 호출 수나 주고받은 데이터 양에 과금하는 서비스) 실제 서드파티 API를 직접 사용하는 자동 테스트는 권장하지 않습니다. 그래서 서드파티 의존성은 테스트를 분할하는 중요한 경계가 되어줍니다.

이러한 문제를 해결하는 예를 준비해봤습니다. 앞서 본 [그림 14-5]의 거대한 SUT에 몇 가지 변화를 주어 다음의 [그림 14-6]처럼 작게 만들어봤습니다. 독립된 데이터베이스 서버를 인메모리 데이터베이스로 교체하고 SUT 바깥의 백엔드 서버를 테스트 대역으로 교체했습니다. 이 정도 SUT면 단일 머신에서 구동하기에 더 적합할 것입니다.

----

8   『워싱턴포스트』 기사. *https://oreil.ly/ko_kV*
9   옮긴이_ 'Webdriver Torso' 키워드로 구글링해보면 이스터 에그도 찾고, 사람들이 왜 신비로워했는지 자세히 알 수 있습니다.

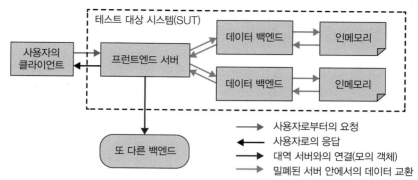

그림 14-6 크기를 줄인 SUT

핵심은 충실성과 비용/신뢰성 사이에서의 균형점과 합리적인 경계를 찾아내는 데 있습니다. 바이너리 몇 개와 테스트를 묶어 하나의 머신에서 실행할 수 있고, 그 머신이 엔지니어가 매일같이 컴파일, 링크, 단위 테스트하는 바로 그 머신이라면 엔지니어를 위한 가장 편리하고 안정적인 '통합' 테스트가 갖춰지는 것입니다.

기록/재생 프록시

앞서 13장에서는 테스트 대역을 중심으로 테스트하기 난해한 의존성을 대상 클래스에서 떼어내는 방법을 살펴봤습니다. 그런데 모의 객체와 스텁, 똑같은 API를 제공하는 가짜 서버와 프로세스를 이용하면 서버나 프로세스 전체를 대신하는 대역도 만들 수 있습니다. 그러나 이때 테스트 대역이 원래의 대상과 완전히 똑같이 동작한다는 보장은 없습니다.

SUT가 의존하지만 보조적인 서비스라면 테스트 대역으로 대체할 수 있습니다. 하지만 이 대역이 원래 의존 대상의 실제 동작을 그대로 반영하는지는 어떻게 알 수 있을까요? 구글 외부에서는 고객 주도 계약consumer-driven contract[10] 테스트용 프레임워크를 활용하는 사례가 늘고 있습니다. 고객과 서비스 제공자 모두가 지켜야 할 계약(명세)을 정의하고, 이 계약을 토대로 자동화된 테스트를 만들어내는 방식입니다. 구체적으로, 고객이 서비스의 모의 객체를 정의하며 이때 어떤 입력을 주면 어떤 결과를 받게 되는지를 명시합니다. 그런 다음 실제 서비스는 이 입력/결과 쌍을 실제 테스트에 활용하여 기대한 결과를 반환하는지를 검증합니다. 고객 주도 계약 테스트

---

10 (블로그 글) 고객 주도 계약. *https://oreil.ly/RADVJ*

용 도구로는 Pact Contract Testing[11]과 Spring Cloud Contracts[12]가 유명합니다. 하지만 구글은 프로토콜 버퍼protocol buffer를 광범위하게 쓰고 있어서 이 두 도구를 사용하지 않습니다.

구글은 조금 다르게 접근합니다. 가장 많이 쓰는 방식은 (공개 API가 있다면) 더 큰 테스트를 실행해 외부 서비스들과의 트래픽을 기록record해뒀다가, 이 트래픽을 더 작은 테스트를 수행할 때 재생replay하는 것입니다.[13] 더 큰 테스트 혹은 '기록 모드Record Mode' 테스트를 포스트서브밋(서브밋 직후) 테스트로 항시 수행하여 트래픽 로그를 생성하고(테스트 통과 시에만 로그 생성), 더 작은 테스트 혹은 '재생 모드Replay Mode' 테스트를 개발 시 혹은 프리서브밋(서브밋 직전) 테스트로 활용합니다.

기록/재생 방식에서 흥미로운 점은 비결정성을 없애기 위해 매칭기matcher를 이용하여 요청을 보고 기대하는 응답과 연결시킨다는 것입니다. 스텁이나 모의 객체를 사용할 때 인수를 보고 결과 행위를 결정하는 방식과 매우 비슷합니다.

새로운 테스트를 추가할 때 혹은 클라이언트의 행위가 크게 달라지면 어떻게 될까요? 기록해둔 트래픽과 요청이 더 이상 일치하지 않을 것이므로 재생 모드 테스트가 실패할 것입니다. 이 경우 기록 모드 테스트를 엔지니어가 따로 수행하여 새로운 트래픽을 생성해야 합니다. 따라서 기록 모드 테스트를 수행하기 쉽고 빠르고 안정되게 만드는 일 역시 중요합니다.

14.3.2 테스트 데이터

테스트에는 데이터가 필요하고, 대규모 테스트라면 두 가지 데이터가 필요합니다.

시드 데이터

테스트 개시 시점의 SUT 상태를 반영하여 SUT를 사전 초기화해주는 데이터

테스트 트래픽

테스트 수행 과정에서 SUT로 보내는 데이터

----

11 (Pact 홈페이지) Pact Contract Testing. *https://docs.pact.io*

12 (Spring 홈페이지) Spring Cloud Contracts. *https://oreil.ly/szQ4j*

13 (rpcreplay 깃허브) *https://oreil.ly/-wvYi*

SUT가 독립적으로 실행되고 크기 때문에 SUT의 상태를 테스트 전에 초기화해두는 작업은 대체로 단위 테스트에서 수행하는 셋업^{setup}보다 훨씬 복잡합니다. 다음은 그 예입니다.

도메인 데이터

어떤 데이터베이스는 환경 구성용 데이터가 테이블들에 미리 채워져 있어야 합니다. 실제 서비스에서 이런 데이터베이스를 이용한다면 적절한 도메인 데이터 없이는 테스트를 제대로 시작할 수 없을 것입니다.

현실적인 기준선

현실적인 SUT가 되려면 품질과 양적 측면 모두에서 현실적인 데이터셋이 기본으로 갖춰져 있어야 할 것입니다. 예컨대 소셜 미디어의 거대 테스트라면 사전에 현실적인 소셜 그래프가 구축되어 있어야 합니다. 다시 말해, 현실적인 프로필을 갖춘 사용자가 충분히 많아야 하고, 동시에 사용자들 사이의 관계 역시 충분히 맺어져 있어야 의미 있는 테스트를 진행할 수 있습니다.

데이터 기록 API

데이터를 기록하는 API가 복잡할 수 있습니다. 테스트에서 데이터 리포지터리에 직접 쓸 수도 있지만, 이렇게 하면 실제 바이너리가 데이터를 기록할 때 수행하는 트리거나 검사 로직이 수행되지 않습니다.

데이터는 다음과 같이 다양한 방식으로 생성할 수 있습니다.

손수 가공한 데이터

작은 테스트에서처럼 더 큰 테스트용 데이터도 사람이 손수 만들 수 있습니다. 하지만 덩치 큰 SUT를 구성하는 여러 서비스에 필요한 데이터를 모두 준비하려면 작업량이 상당할 것입니다. 그리고 테스트 규모가 커질수록 점점 심해질 것입니다.

복사한 데이터

(주로 프로덕션 시스템으로부터) 데이터를 복사해 쓸 수 있습니다. 예컨대 실제 운영 중인 지도 서비스의 데이터를 복사하여 기준으로 삼아 변경 사항을 테스트할 수 있습니다.

샘플링한 데이터

운영 중인 서비스에서 복사한 데이터는 너무 거대하여 테스트 목적으로는 적합하지 않을 수 있습니다. 대신 표본을 추출해 사용하면 테스트 시간이 단축되고 분석하기도 쉬워집니다. 테스트 커버리지를 극대화할 수 있는 최소한의 데이터만 추출해내는 기술을 '스마트 샘플링smart sampling'이라 합니다.

14.3.3 검증

SUT가 구동되고 트래픽이 보내졌다면 제대로 작동했는지 검증해야 합니다. 다음과 같이 검증 방식도 여러 가지입니다.

수동 검증

사람이 SUT와 직접 상호작용하며 올바르게 동작하는지 확인하는 걸 말합니다. 바이너리를 로컬에서 사용해볼 때와 마찬가지죠. 이 방식은 테스트 계획에 정의된 조치대로 일관되게 회귀 테스트를 수행하거나, 혹은 색다른 상호작용 시나리오를 찾아 잠재된 새로운 결함을 찾는 탐색적 테스팅 용도로 쓰입니다.

수동 회귀 테스트는 선형으로 확장되지 않는다는 점을 기억해야 합니다. 시스템이 커지면 확인해야 할 시나리오는 그보다 훨씬 빠르게 증가하므로 더 많은 인력과 시간을 투입해야 합니다.

단정문

단위 테스트처럼, 시스템이 의도된 대로 동작하는지 명확히 검사하는 검증 방식입니다. 예를 들어 구글 검색에서 'xyzzy'를 검색하는 통합 테스트라면 다음과 같은 단정문을 수행할 것입니다.[14]

```
assertThat(response.Contains("Colossal Cave"))
```

---

14 옮긴이_ 〈Colossal Cave〉는 1970~1980년대에 인기를 끈 텍스트 어드벤처 게임이며, 'xyzzy'는 이 게임에서 사용한 순간이동 명령입니다. *https://bit.ly/3j0Aie6*

A/B 비교

A/B 테스트는 두 벌의 SUT를 구동시켜 똑같은 데이터를 보낸 다음 결과를 비교하는 검증 방식입니다. 일반적으로 의도된 행위가 사전에 명확하게 정의되어 있지 않아서 사람이 직접 차이를 살펴 의도된 변경인지를 확인해야 합니다.

14.4 더 큰 테스트 유형

앞 절에서 살펴본 SUT, 데이터, 검증 방법들을 조합하면 다양한 형태의 큰 테스트를 만들어낼 수 있습니다. 유형별로 어떤 위험을 완화해주는지, 작성·유지·디버그에 드는 노력은 어느 정도인지, 실행 비용 얼마나 되는지 등의 특성이 달라집니다.

다음 목록은 구글에서 사용하는 큰 테스트의 종류입니다.

- 하나 이상의 바이너리에 대한 기능 테스트
- 브라우저와 기기 테스트
- 성능, 부하, 스트레스 테스트
- 배포 설정 테스트
- 탐색적 테스팅
- A/B 차이(회귀) 테스트
- 사용자 인수 테스트(UAT)
- 프로버와 카나리 분석
- 재해 복구와 카오스 엔지니어링
- 사용자 평가

테스트 종류가 많은 만큼 가능한 조합도 많습니다. 그렇다면 어떤 테스트를 언제 수행할지를 어떻게 관리할까요? 구글은 소프트웨어 설계의 일환으로 테스트 계획의 초안도 작성합니다. 그리고 이 계획의 핵심은 어떤 테스트가 필요하고 각각의 테스트를 얼마나 많이 수행해야 하는지에 관한 개략적인 전략 확립입니다. 테스트 전략은 주요한 위험 요소를 찾고, 찾아낸 위험 요소들을 완화해주는 테스트 방식을 정하는 것입니다.

구글에는 '테스트 엔지니어'라는 특별한 엔지니어링 역할이 있습니다. 그리고 훌륭한 테스트 엔지니어에게 기대하는 역할이 바로 우리 제품에 적합한 테스트 전략의 윤곽 그리기입니다.

14.4.1 하나 혹은 상호작용하는 둘 이상의 바이너리 기능 테스트

다음은 이런 유형의 테스트가 지니는 특성입니다.

- SUT: 밀폐된 단일 머신 혹은 격리된 클라우드에 배포
- 데이터: 수동 생성
- 검증 방식: 단정문

지금까지 살펴본 바와 같이 단위 테스트는 실제 코드와는 다르게 패키징된다는 이유만으로도 복잡한 시스템을 충실히 검증하기에는 적합하지 못합니다. 대다수 기능 테스트 시나리오가 대상 바이너리와 상호작용하는 방식은 클래스들 사이에서 이루어지는 상호작용과는 다릅니다. 따라서 기능 테스트는 독립된 SUT를 대상으로 수행되어야 합니다. 자연스럽게 표준화가 더 잘되어야 하며 규모도 더 커질 수밖에 없습니다.

여러 바이너리가 상호작용하는 기능이라면 바이너리가 하나일 때보다 테스트하기가 훨씬 복잡한 게 당연합니다. 대표적인 예로 서비스 각각을 독립된 바이너리로 배포하는 마이크로서비스 환경을 생각해볼 수 있습니다. 이 경우의 기능 테스트라면 관련된 바이너리를 모두 포함한 SUT를 구동시키고 오픈 API를 통해 바이너리 사이의 실제 상호작용을 검증할 것입니다.

14.4.2 브라우저와 기기 테스트

웹 UI나 모바일 애플리케이션 테스트 역시 하나 이상의 바이너리와 상호작용하는 기능 테스트의 한 형태입니다. 기반 코드는 단위 테스트로 검증할 수 있지만, 최종 사용자에게는 공개 API가 애플리케이션 자체일 수 있습니다. 서드파티 입장이 되어 프런트엔드를 통해 애플리케이션을 이용하는 테스트는 커버리지를 높여주는 또 다른 수단이 되어줍니다.

14.4.3 성능, 부하, 스트레스 테스트

다음은 이런 유형의 테스트가 지니는 특성입니다.

- SUT: 격리된 클라우드에 배포

- 데이터: 수동 생성 혹은 프로덕션 환경에서 복사

- 검증 방식: 차이 비교(성능 지표)

성능, 부하, 스트레스 테스트를 작은 단위로 진행할 수도 있지만, 때로는 외부 API를 써서 동시다발적인 트래픽을 감당할 수 있는지 확인해야 합니다. 그래서 정의상 주로 바이너리 검증용에 쓰이는 다중 스레드 테스트라 할 수 있습니다. 하지만 버전업 시 성능 저하는 없는지, 그래서 시스템이 목표한 최대 트래픽을 감당할 수 있는지를 확인하는 데 필수적인 테스트입니다.

부하 테스트의 규모가 커질수록 입력 데이터의 범위도 늘어나서, 결국은 버그를 일으킬 정도의 부하를 생성해내기가 어려워집니다. 부하의 스트레스 처리는 시스템에서 '매우 시급한' 능력입니다. 이 복잡한 동작은 시스템의 개별 구성요소가 아니라 전체와 관련이 있습니다. 따라서 가능한 한 프로덕션과 비슷한 환경에서 수행되어야 하죠. 각 SUT에 프로덕션 시스템과 비슷한 자원을 할애하지 않으면 프로덕션 토폴로지에서 발생하는 노이즈noise를 완화하기가 어렵습니다.

배치 토폴로지를 수정하여 성능 테스트에서의 노이즈를 제거하려는 연구가 있습니다. **배치 토폴로지**deployment topology란 다양한 바이너리가 컴퓨터 네트워크에 배치되는 형태를 말합니다. 바이너리를 구동하는 컴퓨터는 성능 특성에 영향을 줍니다. 따라서 기준 버전은 고성능 컴퓨터에서(혹은 고성능 네트워크에서) 수행하고, 새로운 버전은 느린 컴퓨터에서 수행하여 비교한다면 성능이 낮아진 것처럼 보일 것입니다. 그래서 두 버전 모두 동일한 컴퓨터에서 수행해야 합니다. 하나의 기기에서 두 버전 모두를 테스트할 수 없는 상황이라면 테스트를 여러 번 수행하여 최댓값과 최솟값을 제거해 보정하는 방법도 있습니다.

14.4.4 배포 설정 테스트

다음은 이런 유형의 테스트가 지니는 특성입니다.

- SUT: 밀폐된 단일 머신 혹은 격리된 클라우드에 배포

- 데이터: 없음

- 검증 방식: 단정문(비정상 종료는 하지 않음)

결함의 원인이 소스 코드가 아니라 데이터 파일, 데이터베이스, 옵션 등의 설정에 있는 경우도 많습니다. SUT가 구동될 때 이러한 설정들을 읽어 반영하므로 더 큰 테스트에서는 SUT와 설정 파일을 통합해 테스트해야 합니다.

이는 사실 추가 데이터나 검증이 많이 필요 없는 **스모크 테스트**smoke test[15]에 해당합니다. SUT가 제대로 구동되면 테스트 통과이고, 그렇지 않으면 실패입니다.

14.4.5 탐색적 테스팅

다음은 이런 유형의 테스트가 지니는 특성입니다.

- SUT: 프로덕션 혹은 공유 스테이징 환경에 배포
- 데이터: 프로덕션에서 수집 혹은 알려진 테스트 시나리오 데이터
- 검증 방식: 수동

탐색적 테스팅exploratory testing[16]는 새로운 사용자 시나리오를 시도해가며 의문스러운 동작을 찾는 수동 테스트를 말합니다. 미리 정의해둔 순서대로 동작을 반복하며 잘 작동하던 기능에서 문제가 생겼는지 찾는 회귀 테스트와는 다릅니다. 훈련된 사용자나 테스터가 공개 API를 이용해서 제품을 구동해보는데, 이때 시스템을 관통하는 새로운 실행 경로path로 시험해보며 예상이나 직관과 다르게 동작하는지 혹은 보안 취약점은 없는지를 찾습니다.

탐색적 테스팅는 새로운 시스템은 물론 이미 서비스 중인 시스템에서도 예상치 못한 동작과 부작용을 발견해낼 수 있어 유용합니다. 테스터에게 새로운 실행 경로를 시도해보게 하여 테스트 커버리지를 높이고, 버그를 찾게 되면 해당 경로를 자동화된 기능 테스트로 만들어 활용합니다. 이런 면에서 기능 통합 테스트의 **퍼즈 테스트**fuzz test[17]와 비슷합니다.

한계

수동 테스트는 선형으로 확장되지 않습니다. 다시 말해 수동 테스트를 수행하려면 사람이 시간

---

15 옮긴이_ 새로운 하드웨어 보드에 전원을 넣어 연기가 나는지를 보는 테스트입니다. 연기가 나면 바로 전원을 내리고 더 이상 아무런 테스트도 진행하면 안 되겠죠. 즉, 본격적인 테스트에 앞서 테스트를 진행해도 되는 상황인지를 확인해보는 용도의 테스트인 것입니다.

16 James A. Whittaker, 『Exploratory Software Testing: Tips, Tricks, Tours, and Techniques to Guide Test Design』 (Addison-Wesley Professional, 2009)

17 옮긴이_ 정상적이지 않은 혹은 무작위의 데이터를 입력해 수행하는 테스트를 말합니다.

을 써야 합니다. 그러니 탐색적 테스팅에서 발견한 모든 결함은 자동 테스트로 만들어서 다음 번에는 사람이 수행하지 않도록 해야 합니다.

버그 파티

구글은 탐색적 테스팅에 주로 **버그 파티**[18]를 활용합니다. 엔지니어는 물론 관련된 모든 사람 (관리자, 제품 관리자, 테스트 엔지니어 등 제품에 익숙한 사람이면 누구든)이 모여 제품을 수동으로 테스트합니다. 버그 파티마다 집중적으로 살펴볼 영역이나 시작점을 미리 정해둘 수 있습니다. 하지만 기본 목표는 다양한 상호작용을 충분히 일으켜서 의심스러운 동작이나 확실한 버그를 찾아 기록하는 것입니다.

14.4.6 A/B 차이 회귀 테스트

다음은 이런 유형의 테스트가 지니는 특성입니다.

- SUT: 두 개의 격리된 클라우드에 배포
- 데이터: 대체로 프로덕션 환경에서 복사한 혹은 샘플링한 데이터
- 검증 방식: A/B 차이 비교

단위 테스트는 작은 코드 영역에서의 예상 동작 경로를 검사합니다. 하지만 출시된 제품에 잠재된 결함 중 많은 수는 예측하는 게 불가능합니다. 더욱이 하이럼의 법칙이 말해주듯, 공개 API는 제공자가 안내하는 대로만 쓰이는 게 아닙니다. 이상의 두 가지 이유로 A/B 차이 테스트는 자연스럽게 구글에서 가장 즐겨 쓰는 테스트가 되었습니다. A/B 테스트라는 개념은 1998년까지 거슬러 올라가며, 구글에서는 광고, 검색, 지도를 시작으로 2001년부터 대다수 제품에서 활용해왔습니다.

A/B 차이 테스트는 구버전 제품과 신버전 제품의 공개 API로 트래픽을 보내 둘의 반응이 어떻게 다른지를 비교합니다(특히 마이그레이션 시 활용). 모든 차이는 기대한 반응과 기대하지 않은 반응(회귀)으로 구분합니다. 이때 SUT는 두 벌이 필요합니다. 하나는 기준이 되는 바이

---

18 옮긴이_ 원어는 bug bash이며, bash는 '맹공', '강타', '파티' 등의 뜻으로 쓰입니다. bug bash가 다양한 테스트를 집중적으로 한다는 측면도 있지만 '관련인 모두가 모여 함께 테스트한다'는 점이 더 중요하고 연상하기 쉬울 것이라 생각하여 '버그 파티'로 옮겼습니다. Bug bash. *https://en.wikipedia.org/wiki/Bug_bash*

너리들로 구성되고, 다른 한 벌은 변화를 준 바이너리들로 구성됩니다. 그리고 제3의 바이너리가 트래픽을 보내고 결과를 비교하는 역할을 합니다.

변형된 A/B 테스트도 있습니다. 예를 들어 (시스템을 자기 자신과 비교하는) A–A 테스트는 비결정적인 동작과 노이즈 등의 일관되지 않은 동작을 찾는 데 활용합니다. 또한 A/B 테스트의 결과 중 A 혹은 B 자체의 불규칙한 동작 때문에 발생한 차이를 식별해내는 데도 씁니다.

구글에서는 최종 프로덕션 버전과 베이스라인 버전에 더하여, 대기 중인 변경들도 미리 반영한 버전까지 총 3가지를 비교하는 A–B–C 테스트도 활용합니다. 이 테스트는 즉각 반영하려는 변경의 영향뿐 아니라 다음 버전에 반영할 변경까지의 누적된 영향을 한눈에 쉽게 볼 수 있게 해줍니다.

A/B 차이 테스트는 출시된 시스템에서 예상치 못한 부작용을 찾아낼 수 있는 저렴하면서도 자동화 가능한 방법입니다.

한계

A/B 차이 테스트에서는 다음 난관들을 잘 극복해야 합니다.

인가

누군가는 어떤 유의미한 차이가 생겼는지를 알아챌 만큼 결과를 이해할 수 있어야 합니다. 일반적인 테스트와 달리 발견된 차이가 좋은 것인지 나쁜 것인지(혹은 기준 버전의 결과가 맞는 것인지) 명확하지 않기 때문에 테스트 중간에 종종 사람이 개입해야 합니다.

노이즈

예상치 못한 노이즈로 인한 차이가 결과에 더해진다면 또다시 사람이 직접 조사해봐야 합니다. 노이즈들은 반드시 찾아 제거해야 하며 훌륭한 A/B 차이 테스트를 구축하는 데 커다란 걸림돌로 작용합니다.

커버리지

충분히 의미 있는 트래픽을 생성하기가 어려울 수 있습니다. 특이 케이스를 찾아낼 수 있는 시나리오를 만들어주는 테스트 데이터가 필요한데, 이런 데이터를 수동으로 관리하기란 쉽지 않습니다.

설정(setup)

SUT 하나도 설정하고 관리하기가 만만치 않습니다. 한 번에 다룰 SUT가 두 개라면 두 배로 복잡해지며 특히 SUT들이 공유하는 인프라가 있다면 더욱 골치입니다.

14.4.7 사용자 인수 테스트(UAT)

다음은 이런 유형의 테스트가 지니는 특성입니다.

- SUT: 밀폐된 단일 머신 혹은 격리된 클라우드에 배포
- 데이터: 수동 생성
- 검증 방식: 단정문

대상 코드의 작성자가 테스트 코드까지 짠다는 점은 단위 테스트의 주요한 특징입니다. 그래서 제품이 의도하는 기능을 엔지니어가 잘못 이해한다면 제품 코드뿐 아니라 단위 테스트에도 고스란히 반영될 우려가 매우 큽니다. 이런 단위 테스트라면 코드가 '의도한 대로 동작하는가'가 아니라 '구현한 대로 동작하는가'를 확인해줄 뿐입니다.

특정한 최종 고객 혹은 고객의 대리인(고객 대표단이나 제품 관리자 등)이 있는 경우, **사용자 인수 테스트**user acceptance testing(UAT)는 공개 API를 통해 제품을 조작하면서 특정 사용자 여정user journey[19]이 의도한 대로 이루어지는지를 보장하는 테스트입니다. 소위 '실행 가능한 명세'라 하여, 사용자에게 친숙한 언어로 UAT를 쉽게 작성하고 읽을 수 있도록 해주는 테스트 프레임워크도 다수 존재합니다(Cucumber, RSpec 등).

사실 구글은 자동화된 UAT를 잘 활용하지 않으며, 명세 언어 역시 많이 쓰지 않습니다. 역사적으로 구글의 제품 상당수는 소프트웨어 엔지니어들이 자신들에게 필요해서 만들어냈습니다. 소스 코드를 읽는 데 막힘이 없는 사람들이 고객이므로 실행 가능한 명세 언어라는 개념이 끼어들 자리가 마땅치 않았습니다.

---

19 옮긴이_ 사용자 경험(UX) 설계와 관련한 용어로, 사용자가 제품이나 서비스를 이용할 때의 경험을 뜻합니다. 사용자가 각 단계에서 무엇을 볼 수 있고 무엇을 할 수 있는지에 초점을 두어 특정 작업을 완수하기까지 과정(workflow)을 거시적으로 기술해줍니다. 고객 여정(customer journey)이라고도 합니다. https://oreil.ly/l0a0q

14.4.8 프로버와 카나리 분석

다음은 이런 유형의 테스트가 지니는 특성입니다.

- SUT: 프로덕션에 배포
- 데이터: 프로덕션에서 수집
- 검증 방식: 단정문과 (지표상의) A/B 차이

프로버와 카나리 분석은 프로덕션 환경 자체가 건강함을 보장하는 수단입니다. 이러한 측면에서 프로덕션 모니터링의 한 유형이지만, 구조적으로는 다른 큰 테스트들과 매우 비슷합니다.

프로버Prober; 탐사 장치. 무인 우주 탐사선는 프로덕션 환경을 대상으로 단정문을 수행하는 기능 테스트입니다. 대체로 이러한 테스트는 심지어 시간이 흘러 프로덕션 데이터가 변경되어도 단정문이 지켜지는, 즉 잘 알려지고 결정적인 읽기 전용 동작이 검증 대상입니다. 예컨대 *www.google.com*에 접속하여 검색을 시도하고 (결과의 내용은 신경 쓰지 않고) 결과가 반환되는지만 확인합니다. 이런 면에서는 프로덕션 시스템을 스모크 테스트한다고도 볼 수 있지만 잘 운영되던 서비스가 갑자기 다운되는 등의 심각한 문제를 발생 즉시 알려줍니다.

카나리 분석canary analysis도 비슷한데, 다만 신버전을 프로덕션 환경에 언제 배포할지가 주된 관심사라는 점이 다릅니다. 프로덕션 서비스 중 일부를 새로운 버전(카나리아)으로 조금씩 대체해가면서 신버전과 기존 버전 모두를 대상으로 프로버를 수행합니다. 그리고 각 버전들에서 얻은 상태 지표를 비교하여 문제가 발생하지 않는지 확인할 수 있습니다.[20]

프로버는 서비스 중인 시스템 모두에 수행해야 합니다. 신버전을 일부 기기에만 배포하는 단계 (카나리 단계)가 프로덕션 배포 프로세스에 존재한다면 해당 단계에서는 카나리 분석을 수행해야 합니다.

한계

프로덕션 환경에서 이루어지므로 문제가 포착됐다는 것은 이미 최종 사용자에게 영향을 주고 있음을 뜻합니다.

---

20 옮긴이_ 카나리 분석이라는 이름은 과거 탄광에서 카나리아 새를 유독가스 누출 지표로 사용한 데서 유래했습니다. 유독가스가 누출되면 카나리아가 사람보다 먼저 죽기 때문에 이를 보고 사람들은 무사히 탈출할 수 있었습니다. 전체 시스템 중 일부만 신버전(카나리아)으로 대체하여, 혹시 신버전에서 문제가 생기더라도 대다수의 기존 시스템(광부)이 서비스를 무사히 지탱해준다는 점이 비슷합니다.

프로버가 만약 값을 변경하는 동작(쓰기)을 수행하면 프로덕션의 상태가 달라질 것입니다. 그 결과는 '비결정적인 동작과 단정문 실패', '다음번 쓰기 시 실패', '사용자에게 영향을 주는 부수 효과' 중 하나로 귀결됩니다.

14.4.9 재해 복구와 카오스 엔지니어링

다음은 이런 유형의 테스트가 지니는 특성입니다.

- SUT: 프로덕션에 배포
- 데이터: 프로덕션에서 수집 혹은 사용자가 제작(결함 주입)
- 검증 방식: 수동 및 (지표상의) A/B 차이

재해 복구와 카오스 엔지니어링은 시스템이 예기치 못한 변경이나 실패에도 얼마나 굳건히 대응하는가를 확인하는 테스트입니다.

지난 수년 동안 구글은 매년 DiRT^{Disaster Recovery Testing}[21]라는 재해 복구 테스트 워 게임을 운영해 왔습니다. 이 게임 기간에는 구글 인프라에 거의 전 지구적 재난 규모의 결함이 주입됩니다. 데이터센터 화재부터 악의적인 공격까지 모든 것을 시뮬레이션하죠. 기억에 남는 사례로, 지진이 일어나서 마운틴 뷰에 있는 구글 본사가 그 외 모든 구글 인프라에서 완전히 격리된 상황을 시뮬레이션하기도 했습니다. 이런 식으로 단지 기술적인 단점뿐 아니라 핵심 의사결정권자 모두와의 연락이 끊긴 상황에서 회사를 운영하는 데는 무엇이 부족한가까지 확인할 수 있었습니다.[22]

DiRT 테스트를 하려면 전사적으로 많은 부분을 조율해야 합니다. 반면 카오스 엔지니어링은 기술 인프라에 대한 '지속적 테스트'에 가깝습니다. 넷플릭스에 의해 유명해진[23] **카오스 엔지니어링**^{chaos testing}은 시스템에 꾸준히 결함을 심어서 무슨 일이 벌어지는지 관찰하는 테스트입니다. 어떤 결함은 꽤나 심각할 수도 있지만, 카오스 테스트 도구는 대부분의 경우 수습할 수 없는 지경에 이르기 전에 기능을 복원하도록 설계되었습니다. 카오스 엔지니어링의 목표는 자신들의

---

21 (블로그 글) Weathering the Unexpected. *https://oreil.ly/17ffL*
22 이 테스트 동안 거의 모두가 아무런 일도 할 수 없었습니다. 그래서 많은 사람이 일을 포기하고 카페에 몰려들었고, 결국 카페에 DDoS 공격을 하는 꼴이 되었습니다.
23 (블로그 글) Chaos Engineering. *https://oreil.ly/BCwdM*

시스템이 안정적이고 신뢰할 수 있다는 담당 팀의 가정을 깨줘서 시스템에 복원력이 갖춰지도록 돕는 것입니다. 오늘날 구글의 팀들은 Catzilla라는 자체 제작 시스템을 이용해서 매주 수천 번의 카오스 테스트를 수행합니다.

이런 부류의 결함 테스트와 부정적 테스트를 수행하려면 운영 중인 시스템이 (이론적으로라도) 테스트를 견딜 수 있는 내결함성^{fault tolerance}을 갖추고 있어야 합니다. 혹은 테스트 자체의 비용과 위험을 감내할 수 있는 시스템에 적합합니다.

한계

프로덕션 환경에서 이루어지므로 문제가 포착됐다는 것은 이미 최종 사용자에게 영향을 주고 있음을 뜻합니다.

DiRT는 비용이 상당히 들기 때문에 구글도 일정을 잘 조율해서 드물게 수행합니다. 이러한 수준으로 운영이 중단된다면 테스트 기간 동안 실제로 회사 차원에서 커다란 고통이 따르고 직원들의 생산성도 떨어집니다.

14.4.10 사용자 평가

다음은 이런 유형의 테스트가 지니는 특성입니다.

- SUT: 프로덕션에 배포
- 데이터: 프로덕션에서 수집
- 검증 방식: 수동 및 (지표상의) A/B 차이

프로덕션에서 수행하는 테스트로는 사용자가 서비스를 어떻게 이용하는지에 관한 많은 데이터를 수집할 수 있습니다. 다음과 같이 준비 중인 기능의 예상 반응과 우려사항 관련 지표를 수집하는 방법이 몇 가지 있으며, 사용자 인수 테스트(UAT)의 대안이 될 수 있습니다.

개밥 주기(dogfooding, 사내 시험 적용)

공개 대상을 제한하는 식으로 프로덕션 환경에서 일부 사용자가 새로운 기능을 맛보도록 할 수 있습니다. 구글은 종종 직원들을 대상으로 진행하는데, 실제 프로덕션 환경에서 전달되는 아주 값진 피드백을 얻게 됩니다.

실험(experimentation)

새로운 기능을 일부 사용자에게 제공하되 그 사실을 알리지 않고 진행합니다. 그런 다음 원하는 지표를 기준으로 실험집단과 통제집단을 비교합니다. 예컨대 우리는 유튜브에서 ('싫어요' 수를 보여주지 않는 형태로) '좋아요' 메커니즘을 변경하는 실험을 수행했었는데, 사용자 중 일부만 달라진 인터페이스를 볼 수 있었습니다.

실험은 구글에 매우 중대한 테스트 수단입니다.[24] 애드워즈 광고의 배경을 바꾸는 실험 이야기는 구글에 입사하면 가장 처음 듣는 이야기 중 하나입니다. 이 실험에서 구글은 통제집단에 비해 실험집단의 광고 클릭 수가 크게 증가했다는 사실을 알아냈습니다.

평가자 감정

변화된 결과를 인간 평가자[rater]들에게 보여주고 어느 것이 나은지와 왜 그런지를 선택하게 합니다. 이 피드백은 해당 변경이 긍정적인지, 중립적인지, 부정적인지를 결정하는 데 쓰입니다. 예컨대 구글은 검색 질의에 평가자 감정을 많이 수행해왔습니다. 때로는 이 평가 데이터가 검색 알고리즘을 변경할지 결정하는 데 도움을 주었죠. 평가자 감정은 비결정적인 시스템, 예를 들어 명백한 정답 없이 더 좋거나 나쁜 개념만 존재하는 머신러닝 시스템에 매우 중요합니다.

14.5 큰 테스트와 개발자 워크플로

지금까지 큰 테스트를 '왜', '언제', '얼마나' 해야 하는지를 이야기했습니다. 하지만 '누가' 해야 하는지는 빠져 있었죠. 대규모 테스트는 누가 작성할까요? 테스트를 수행하고 문제를 분석하는 사람은 누구일까요? 테스트의 소유자는 누구고 시스템이 문제 상황을 견뎌내게 만드는 책임은 누구에게 있을까요?

표준 단위 테스트 인프라를 활용하지는 못하더라도 큰 테스트 역시 개발자 워크플로에 통합하는 일은 여전히 매우 중요합니다. 한 가지 묘안은 서브밋 전과 후에 자동 수행되는 메커니즘 갖

---

24 (논문) Overlapping Experiment Infrastructure: More, Better, Faster Experimentation. *https://oreil.ly/0AvqF*

추기입니다. 단위 테스트용과는 다른 메커니즘이라도 상관없습니다.

구글에서도 큰 테스트 상당수가 지속적 빌드 시스템인 TAP을 활용하지 못합니다. 큰 테스트는 영구적이지 않고, 심하게 불규칙하며, 많은 경우 자원을 너무 많이 씁니다. 하지만 이 테스트들이 계속 정상 수행되도록 유지해야 합니다. 그렇지 않으면 아무런 신호도 보내주지 않고 분류하기도 너무 어려운 문제를 일으킵니다.

그다음 할 일은 포스트서브밋 단계에서 큰 테스트들을 자동 수행하는 별도의 지속적 빌드를 갖추는 것입니다. 구글은 또한 이 테스트들을 프리서브밋 때에도 수행하도록 독려합니다. 그래야 작성자에게 직접 피드백이 가기 때문이죠.

사람에 의한 평가가 개입되는 A/B 차이 테스트 역시 개발자 워크플로에 녹일 수 있습니다. 프리서브밋 테스트인 경우 변경을 승인하기 전에 코드 리뷰 시 UI의 차이를 확인해게끔 요구할 수 있습니다. 구글은 이러한 프리서브밋 테스트의 일환으로, 제출된 코드에 명시적으로 승인받지 않은 UI 변경이 포함되어 있다면 자동으로 버그가 등록되고 릴리스가 중단되게 했습니다.

너무 거대하고 고통스러운 프리서브밋 테스트는 개발자들이 매우 곤혹스러워합니다. 이런 테스트는 포스트서브밋 방식으로 수행하고 릴리스 프로세스에도 포함시켜 또 실행합니다. 프리서브밋 방식을 포기할 때의 단점은 결함이 모노리포까지 배포될 수 있고, 그렇게 되면 문제를 일으킨 변경을 찾아내어 롤백해야 한다는 것입니다. 그래서 '개발자의 고통과 늦어지는 변경 반영 시간'과 '지속적 빌드의 신뢰성' 사이에서 절충점을 찾아야 합니다.

14.5.1 큰 테스트 작성하기

큰 테스트의 구조는 표준화가 제법 잘 되어 있지만 실제로 구현하는 데는 여전히 어려움이 많습니다. 특히 팀에 막 합류한 사람에게는 더욱 어렵죠.

큰 테스트를 작성할 때 가장 좋은 방법은 명확한 라이브러리, 문서자료, 예시 코드를 참조하는 것입니다. 단위 테스트는 프로그래밍 언어 수준에서 지원하여 작성하기가 쉽습니다(JUnit도 한때는 어렵다고 인식되었지만 지금은 주류로 자리 잡았습니다). 구글은 단위 테스트에서 쓰는 단정문 라이브러리를 기능 통합 테스트에서도 씁니다. 하지만 SUT와의 상호작용, A/B 테스트, 테스트용 시드 데이터 생성, 테스트 워크플로 조직 등에 필요한 라이브러리들도 시간을 들여 따로 구축해왔습니다.

더 큰 테스트를 관리하려면 투입되는 시간과 자원 모든 면에서 비용이 많이 듭니다. 물론 정도의 차이는 있죠. A/B 차이 테스트가 인기인 이유 하나는 검증 단계 관리에 사람이 신경을 덜써도 되기 때문입니다. 비슷하게, 프로덕션 SUT들로 바로 테스트하면 격리된 밀폐 SUT를 따로 운영할 때보다 비용이 절약됩니다.

하지만 비용은 전체적으로 봐야 합니다. 차이를 수동으로 일치시키거나 프로덕션 환경에서 바로 테스트할 때의 위험 비용이 절약한 비용보다 크면 다 아무 의미 없습니다.

14.5.2 큰 테스트 수행하기

앞에서 구글의 더 큰 테스트들이 TAP을 활용하지 못하는 이유를 이야기했고, 이런 테스트들을 위해 또 다른 지속적 빌드와 프리서브밋 테스트를 이용한다고 했습니다. 그래서 구글 엔지니어들은 이러한 비표준 테스트를 실행하고 반복하는 방법을 조기에 찾아내야 합니다.

가능하다면 우리는 더 큰 테스트들을 엔지니어에게 친숙한 방식으로 수행하려 노력합니다. 구글의 프리서브밋 인프라는 비표준 테스트와 TAP 테스트 모두에서 쓸 수 있는 공통 API를 제공합니다. 코드 리뷰 인프라 역시 두 테스트의 결과를 모아 함께 보여줍니다. 하지만 많은 큰 테스트가 맞춤형으로 수행되어야 하므로 필요하면 실행 방법을 기술한 문서자료가 따로 필요하여, 익숙하지 않은 엔지니어들을 좌절시킬 것입니다.

테스트 속도 개선하기

엔지니어들은 느린 테스트를 기다려주지 않습니다. 테스트가 느릴수록 엔지니어가 테스트를 수행하는 빈도가 줄어들어서, 실패하는 테스트가 나와도 수정되어 성공으로 바뀌기까지의 시간이 길어집니다.

테스트의 속도를 높이는 가장 좋은 방법은 테스트 범위를 줄이거나 더 작은 테스트로 나눠 병렬로 수행하는 것이죠. 하지만 더 큰 테스트의 속도를 높이는 다른 묘수도 많습니다.

안이한 테스트에서는 비결정적인 동작의 결과를 기다리기 위해 sleep() 함수로 일정 시간을 기다리기도 하는데, 더 큰 테스트에서는 꽤 흔하게 이용하는 방식입니다. 하지만 더 큰 테스트는 스레드를 맘껏 사용할 수 있으며, 실제 서비스의 API 이용자들은 기다리는 시간이 되도록 짧기를 바랍니다. 따라서 테스트도 실제 이용자와 동일하게 작성하는 게 가장 좋습니다.

몇 가지 방법을 소개합니다.

- 마이크로초 단위로 상태 변화를 폴링^{polling}하면서 원하는 작업이 완료됐는지 확인합니다. 타임아웃을 두어 테스트가 일정 시간 후 다음 단계로 안전하게 넘어갈 수 있도록 해주는 게 좋습니다.
- 이벤트 핸들러를 구현합니다.
- 이벤트 완료를 알려주는 알림 시스템에 등록^{subscribe}합니다.

sleep()과 타임아웃에 의존하는 테스트는 때마침 시스템에 과부하가 걸리면 줄줄이 실패하게 됩니다. 그러면 이 테스트들을 더 자주 수행해야 해서 부하가 더 커지는 악순환이 시작됩니다.

내부 시스템 타임아웃과 지연 낮추기

프로덕션 시스템의 설정은 일반적으로 분산 시스템에 배포된다고 가정하고 만들지만 각 SUT는 하나의 기기(혹은 같은 지역에 국한된 하나의 클러스터)에 배포될 수도 있습니다. 그래서 프로덕션 코드가 타임아웃 값을 하드코딩하여 사용하거나 (특히) sleep()을 사용한다면 테스트를 수행할 때는 타임아웃 값을 줄일 수 있게 수정해야 합니다.

테스트 빌드 시간 최적화

구글은 모노리포를 활용하므로 큰 테스트에 관여하는 모듈 전부를 다시 빌드하여 테스트의 입력으로 제공합니다. 하지만 큰 테스트라고 해서 모두 이렇게까지 할 필요는 없습니다. 테스트가 SUT의 일부 핵심 구성요소를 검증하는 데 집중한다고 해보죠. 그러면 이 요소들이 의존하는 다른 바이너리들은 최신 코드로 매번 새로 빌드하기보다는 이미 빌드되어 있는 안정된 버전을 사용하는 게 낫습니다. 구글의 빌드 시스템은 모노리포가 기본 가정이라 이 방식을 지원하기가 쉽지 않습니다. 하지만 프로덕션 시스템은 모듈별로 다른 버전을 배포해 운영하므로 이 방식이 현실을 더 잘 반영한다고 말할 수 있습니다.

불규칙한 결과에서 벗어나기

불규칙한 결과는 단위 테스트에서도 당연히 나쁘지만 더 큰 테스트에서 나타난다면 테스트 자체를 활용하기 어렵게 합니다. 담당 팀은 불규칙성을 제거하는 업무의 우선순위를 높여 대응해야 합니다. 하지만 어떻게 해야 제거할 수 있을까요?

불규칙성을 최소화하려면 가장 먼저 테스트 범위를 줄여야 합니다. 밀폐된 SUT라면 다중 사용자 문제 혹은 프로덕션 환경이나 공유 스테이징 환경에서 벌어지는 실제 불규칙성 문제를 걱정하지 않아도 됩니다. 기기 한 대만으로 구동되는 밀폐된 SUT라면 분산된 SUT에서 벌어지는 네트워크 문제나 배포 불규칙성 문제도 사라질 것입니다. 나아가 테스트를 어떻게 설계하고 구현하느냐도 영향을 주며 다른 기술을 활용해도 도움이 됩니다.

때에 따라서는 테스트 속도와 불규칙한 결과 사이에서 절충점을 찾아야 합니다. 테스트를 반응형이나 이벤트 드리븐 방식으로 만들면 속도도 높이고 불규칙성도 없앨 수 있습니다. 일정 시간 sleep()을 하려면 타임아웃 시간을 관리해야 하는데, 타임아웃 값은 테스트 코드에 적혀 있을 것입니다. 시스템이 비결정적이라면 내부 시스템의 타임아웃 값을 키우면 불규칙성이 줄고, 반대로 타임아웃 값을 줄이면 불규칙성은 커질 것입니다. 여기서 핵심은 시스템이 최종 사용자가 감내할 수 있는 수준(예: '우리의 최대 허용 타임아웃은 n초입니다')에서 동작하면서 불규칙한 테스트도 제대로 수행되도록 하는 절충점을 찾는 것입니다.

내부 시스템 타임아웃이 초래하는 더 큰 문제가 있습니다. 바로 타임아웃 초과 시 분류하기 어려운 오류가 발생한다는 점입니다. 프로덕션 시스템은 잠재적인 내부 시스템 오류를 매끄럽게 처리하여 치명적인 장애가 생겨도 최종 사용자에는 영향을 주지 못하게 막아야 합니다. 예를 들어 구글은 광고 시스템이 시간 안에 응답하지 못하면 (500 에러 대신) 그저 광고를 게시하지 않습니다. 하지만 테스트 수행자에게는 광고 제공 코드에 문제가 있어서 불규칙하게 동작한다고 비칠 뿐입니다. 이 경우 어떤 장애인지를 명확히 알려주도록 하고, 즉 타임아웃 때문에 불규칙하게 발생한 일시적인 문제인지 아니면 진짜로 코드에 문제가 있는 것인지 확실히 구분해 알려줘야 합니다. 또한 테스트에서 내부 타임아웃 값을 쉽게 조정할 수 있는 방법도 제공해야 합니다.

이해되는 테스트 만들기

테스트 엔지니어가 이해할 수 없는 결과를 낳는 테스트는 개발자 워크플로에 통합하기가 특히 더 어렵습니다. 심지어 단위 테스트도 때로는 결과가 헷갈릴 수 있습니다. 예컨대 다른 사람이 변경한 코드가 내 테스트를 실패하게 만들었는데, 그 사람의 코딩 방식이 내게 익숙하지 않다면 실패 이유를 이해하기가 쉽지 않죠. 더 큰 테스트에서라면 해결하기 불가능한 혼란을 일으키기도 합니다. 단정문을 사용하는 테스트라면 성공/실패 여부를 명확히 알려줘야 하며, 실패의 원인을 쉽게 분류해낼 수 있도록 의미 있는 오류 메시지를 출력해줘야 합니다. A/B 차이 테스트처럼 사람이 판단해야 하는 테스트라면 특별한 처리가 필요합니다. 그렇지 않으면 프리서브밋 테스트에서 무시하고 건너뛸 위험이 있습니다.

실전에서는 어떻게 대처하면 될까요? 다음은 큰 테스트에서 실패를 잘 처리하는 요령입니다.

무엇이 실패했는지 명확히 알려주자

최악의 시나리오는 '단정문에 실패했습니다'라는 메시지와 스택 추적만 달랑 출력하는 것입니다. 우리는 테스트 수행자가 해당 코드에 익숙하지 않을 것에 대비하여 'test_ReturnsOneFullPageOfSearchResultsForAPopularQuery에서 검색 결과 10개를 예상했으나 1개만 반환됨'처럼 맥락 정보를 제공해야 합니다. 성능 테스트나 A/B 차이 테스트라면 결과에서 무엇을 측정해야 하는지와 동작이 의심되는 이유를 명확히 설명해줘야 합니다.

최소한의 노력으로 근본 원인을 찾을 수 있도록 하자

호출 체인이 여러 프로세스 경계를 넘나들 수 있기 때문에 스택 추적은 더 큰 테스트에는 유용하지 못합니다. 대신 호출 체인을 추적할 수 있도록 해주거나 범위를 좁힐 수 있는 자동화에 투자해야 하죠. 테스트는 이런 효과가 있는 산출물을 만들어내야 합니다. 예를 들어 구글이 사용하는 Dapper[25]는 각 호출에 ID를 부여하고 RPC 호출 체인에서 해당 호출에 의해 수행된 모든 호출을 매핑해주는 프레임워크입니다. Dapper를 이용하면 특정 요청 ID와 연관된 모든 로그를 어렵지 않게 추적할 수 있습니다.

지원 정보 및 연락처 정보를 제공하자

테스트 소유자와 지원 책임자에게 쉽게 연락할 수 있도록 하여 테스트 수행자가 필요할 때 도움을 청할 수 있어야 합니다.

14.5.3 큰 테스트의 소유권

더 큰 테스트에는 반드시 소유자가 문서로 기록되어 있어야 합니다. 여기서 소유자란 테스트가 변경될 때 검토해주고 테스트가 실패했을 때 지원해줄 수 있는 사람을 뜻합니다. 소유권이 불분명하면 다음과 같은 희생을 치르게 됩니다.

---

25 (논문) Dapper, a Large-Scale Distributed Systems Tracing Infrastructure. *https://oreil.ly/FXzbv*

- 기여자가 테스트를 수정하거나 개선하기가 더 어려워집니다.
- 테스트 실패 시 해결되기까지 더 오래 걸립니다.

그러다가 테스트는 결국 망가져버리죠.

특정 프로젝트의 구성요소들을 검증하는 통합 테스트라면 소유권은 프로젝트 리드가 맡아야 합니다. 기능에 중점을 둔 테스트(여러 서비스에 걸친 비즈니스 기능을 검증하는 테스트)라면 해당 기능의 소유자^{feature owner}가 테스트도 소유해야 합니다. 이때 기능 소유자는 해당 기능의 종단간 구현을 책임지는 소프트웨어 엔지니어일 수도 있고, 제품 관리자 혹은 해당 비즈니스 시나리오를 소유한 테스트 엔지니어일 수도 있습니다. 소유자가 누구든 테스트의 전반적인 건실성을 보장하고 유지보수를 지원하고 보상을 줄 수 있는 권한을 모두 갖춘 사람이어야 합니다.

소유권 정보가 잘 구조화되어 기록되어 있다면 테스트 소유자를 중심으로 자동화 시스템을 구축할 수 있습니다. 다음은 구글에서 사용하는 방법입니다.

일반적인 코드 소유권

대다수 더 큰 테스트는 독립 실행형 코드 형태로 만들어지며, 코드베이스상의 약속한 특정 위치에 둡니다. 이 경우 모노리포에 이미 존재하는 OWNERS 정보(9장 참고)를 이용하여 해당 테스트 코드의 소유자가 테스트의 소유자임을 자동으로 알 수 있습니다.

테스트별 애너테이션

테스트 클래스나 모듈 하나에 테스트 메서드가 여러 개인 경우가 있는데, 이때 각 테스트 메서드를 책임지는 기능 소유자는 다를 수 있습니다. 이런 경우 각 언어에 맞는 애너테이션을 이용하여 각 메서드의 테스트 소유자를 명시합니다. 그러면 테스트 메서드 실패 시 누구에게 연락해야 할지를 바로 알 수 있습니다.

14.6 마치며

종합적인 테스트 스위트라면 대상 시스템에 충실해야 하고, 그러려면 단위 테스트가 다루기 어려운 문제를 검증해주는 더 큰 테스트가 필요합니다. 이런 테스트는 필연적으로 더 복잡하고 더 느립니다. 따라서 소유자 관리, 유지보수, 적시에 수행되고 있는지(가령 프로덕션에 배포하기 전) 등에도 더 신경 써야 하죠. 더 큰 테스트라고 해도 (충실성을 유지하면서) 되도록 작게 만들어서 개발자 워크플로에 부드럽게 녹여야 한다는 원칙은 변하지 않습니다. 시스템의 위험 요소를 찾아내는 종합적인 테스트 전략과 이를 뒷받침하는 더 큰 테스트는 대부분의 소프트웨어 프로젝트에 반드시 필요합니다.

14.7 핵심 정리

- 더 큰 테스트는 단위 테스트가 다루지 못하는 문제를 책임집니다.

- 더 큰 테스트는 테스트 대상 시스템, 데이터, 동작, 검증으로 구성됩니다.

- 위험을 식별해주는 테스트 전략과 그 위험을 완화해줄 더 큰 테스트까지 포함해야 좋은 설계입니다.

- 더 큰 테스트가 개발자 워크플로에 마찰 없이 녹아들도록 관리하려면 더 많이 노력해야 합니다.

CHAPTER 15

폐기

> 저는 마감일이 좋아요. 사람들이 정신없이 뛰어다니며 내는 펄럭펄럭 소리가 듣기 좋더라고요.
>
> 더글라스 아담스

모든 시스템이 나이를 먹습니다. 소프트웨어는 디지털 자산이라서 물리적인 비트^{bit}들 자체가 늙지는 않습니다만 새로운 기술, 라이브러리, 기법, 언어 등이 등장하면서 주변 환경이 끊임없이 변하기 때문에 기존의 시스템은 서서히 구식이 되어 갑니다. 그래서 오래된 시스템을 유지하려면 관리하는 데 지속해서 비용이 들어가고 난해한 옛 기술에 대한 전문지식이 필요합니다. 또한 기존에 의존하던 낡은 생태계에서 떼어내 새로운 환경으로 이주^{migration}시키려면 일반적으로 처리해야 할 작업도 늘어나죠. 그래도 낡은 시스템을 언제까지고 끌고 다니기보다는 차라리 완전히 떼어내는 편이 나을 때가 많습니다. 하지만 아직 운영 중인 낡은 시스템의 수가 많아서 현실적으로는 결코 쉬운 일이 아닐 것입니다. 우리는 이주를 순차적으로 진행하여 궁극적으로는 낡은 시스템을 완전히 걷어내는 과정을 **폐기**^{deprecation}라 합니다.

폐기는 시스템 관리에 세월을 고민해야 하는, 그래서 엄밀하게 말하면 프로그래밍보다는 소프트웨어 엔지니어링 원칙에 속하는 또 다른 주제입니다. 장기간 운영되는 소프트웨어 생태계에서는 폐기 계획을 세우고 올바로 실행해야 합니다. 그러면 시스템을 운영하고 업그레이드하는 과정에서 수많은 중복 투자와 복잡성을 줄여줍니다. 결국은 자원을 아끼고 개발 속도를 높여주죠. 반면 제대로 폐기시키지 못하면 시스템을 방치할 때보다 더 큰 비용을 치를 수 있습니다. 폐기시키는 데는 추가 노력이 들지만 시스템 설계 단계에서부터 계획을 세워두면 훨씬 수월하게 진행할 수 있습니다. 폐기 작업은 개별 함수 호출부터 전체 소프트웨어 스택까지 시스템에 광범위하게 영향을 줍니다. 그래서 이어지는 설명이 헷갈리지 않도록 여기서는 코드 수준에서의 폐기에 집중함을 미리 밝힙니다.

이 책에서 이야기한 대부분의 다른 주제와 달리 구글은 소프트웨어 시스템을 가장 매끄럽게 폐기시켜 제거하는 방법을 지금도 배워나가는 중입니다. 이번 장에서는 그동안 구글이 내부에서 많이 사용하던 거대한 시스템을 폐기시키면서 얻은 교훈을 공유하겠습니다. 예상대로 될 때도 있고 아닐 때도 있습니다. 하지만 낡은 시스템 제거는 소프트웨어 업계에서 일반적이고, 어렵고, 또 계속 진화하는 주제입니다.

이번 장은 최종 사용자용 제품이 아닌 기술적인 시스템을 폐기시키는 데 집중하겠습니다. 물론 공개 API는 하나의 제품으로 볼 수 있고, 내부용 API라 해도 스스로를 최종 사용자라고 생각하는 소비자가 있기 때문에 이 구분은 다소 자의적이긴 합니다. 여기서 다룰 많은 원칙이 공개 제품을 폐기시키는 데도 적용됩니다. 하지만 '시스템 소유자가 공개 여부를 통제할 수 있는' 낡은 시스템을 폐기시키는 기술적이고 정책적인 측면을 논할 것입니다.

15.1 폐기시키는 이유

이번 논의는 '코드는 자산이 아니라 부채다'라는 기본 전제에서 시작합니다. 코드가 자산이라면 낡은 시스템의 비중을 줄이고 제거할 이유가 어디 있겠습니까? 코드에는 비용이 따라옵니다. 비용 일부는 시스템을 구축하는 과정에서 발생하지만, 사실 대부분은 구축 후 생이 끝날 때까지 유지보수하는 데서 발생합니다. 시스템을 운용하는 데 드는 운영 자원, 그리고 주변 생태계의 진화에 발맞춰 코드베이스를 업데이트하는 노력 등 비용이 계속 투입된다는 사실은 낡아가는 시스템을 계속 운영할지 아니면 슬슬 폐기시킬지를 놓고 손익을 저울질해봐야 함을 뜻합니다.

시스템이 오래됐다고 해서 무조건 폐기시켜야 하는 건 아닙니다. 몇 해에 걸쳐 정교하게 다듬어져서 자신의 영역에서 독보적인 소프트웨어가 될 수도 있습니다. 대표적으로 조판 소프트웨어인 LaTeX은 수십 년 동안 성숙하여 이제는 거의 변경할 게 없어졌습니다(물론 여전히 조금씩 변화하긴 합니다). '옛 것=구식'이라는 등식이 꼭 성립하는 건 아니라는 좋은 예입니다.

폐기는 시대에 뒤처졌음을 보여줄 수 있고 비슷한 기능의 대체재가 존재하는 시스템에 적합합니다. 신식 시스템은 자원을 더 효율적으로 쓰고, 보안도 뛰어나고, 지속 가능성이 높은 구조를 갖췄을 수 있습니다. 그저 버그만 잡은 시스템일 수도 있고요. 같은 일에 신식과 구식 시스템을 모두 활용하는 것도 당장은 크게 문제없어 보일지 모릅니다. 하지만 날이 갈수록 두 가지 시스템을 같이 유지보수하는 비용은 눈덩이처럼 불어날 것입니다. 새 시스템을 사용해야 하는 사용자들도 여전히 옛 시스템에서 완전히 자유롭지 못할 것입니다.

두 시스템은 아마도 정보를 교류해야 해서 복잡한 변환 코드가 필요할 것입니다. 둘 모두 버전업을 계속하며 서로를 의존하게 되어 다른 하나를 떼어내기가 점점 어려워질 것입니다. 이 상황이 오래 지속되면 신식 시스템의 개선 작업마저도 지연시키는 결과를 초래합니다. 구형 시스템과의 호환성을 계속 유지해야 하기 때문이죠. 이쯤 되면 낡은 시스템을 걷어내고 신식 시스템을 더 빠르게 진화시키는 편이 이득일 것입니다.

앞에서 '코드는 자산이 아니라 부채다'라고 주장했습니다. 이 주장이 사실이라면 우리는 왜 수십 년을 생존할 소프트웨어 시스템을 구축하는 가장 효과적인 방법을 논하는 데 이 책의 대부분을 할애했을까요? 대차대조표에서 부채 쪽에 기록될 코드를 만들어내는 데 왜 이리도 공을 들일까요?

코드 '자체'는 가치를 창출하지 않습니다. 가치를 만들어내는 건 바로 '기능'입니다. 사용자의 요구에 부합하는 기능은 자산입니다. 이 기능을 구현하는 코드는 그저 목적지로 가기 위한 수단인 것이죠. 똑같은 기능을 하는 두 코드가 있습니다. 하나는 이해하기 쉽게 짜여서 유지보수도 문제가 없는 한 줄짜리이고, 다른 하나는 1만 줄이나 되는 난해한 스파게티 코드입니다. 우리는 전자를 선호합니다. 코드 자체는 비용을 낳기 때문에 기능이 같다면 코드 자체는 단순할수록 좋습니다.

따라서 우리는 얼마나 많은 코드를 작성하느냐나 코드베이스가 얼마나 큰가가 아니라, 단위 코드당 얼마나 많은 기능을 제공하느냐에 집중하여 이 지표를 극대화해야 합니다. 더 많은 기능을 제공하길 기대하면서 코드의 양만 늘려서는 안 됩니다. 오히려 지나친 코드나 더 이상 필요 없는 시스템들을 제거해야 하죠. 이때 필요한 것이 바로 폐기 정책과 절차입니다.

폐기가 유용하긴 하지만, 구글에서 우리는 한 조직이 동시에 진행할 수 있는 폐기 작업의 양에는 한계가 있음을 배웠습니다. 폐기를 진행하는 팀과 그 팀의 고객 측면 모두에서 한계가 있습니다. 예를 들어보죠. 우리 모두는 말끔한 도로를 선호합니다. 그렇다고 어느 날 갑자기 국토교

통부에서 모든 도로를 봉쇄하고 동시에 새로 포장하기 시작한다면 어떨까요? 모든 도로를 다 포장할 때까지 누구도 아무 데도 갈 수 없습니다. 대신 적정한 수의 도로에 집중해 순서대로 진행한다면 다른 곳의 교통을 방해하지 않으면서 빠르게 일을 끝낼 수 있습니다. 폐기도 마찬가지입니다. 폐기 대상을 신중하게 선택한 다음, 집중해서 빠르게 완료하는 게 중요합니다.

15.2 폐기는 왜 그리 어려운가?

이 책 곳곳에서 하이럼의 법칙을 언급했습니다. 이 법칙은 폐기에도 어김없이 영향을 줄 만큼 중요합니다. 하이럼의 법칙에 의해 시스템은 사용자 수가 늘수록 설계자가 예상하지 못한, 전에 본 적 없는 방식으로 이용될 가능성이 커져서 폐기 작업을 그만큼 어렵게 만듭니다. 사용자가 발견한 새로운 사용법은 '되니깐 쓰는 것'이지 시스템이 '보장하는 동작'이 아닙니다. 이런 맥락에서 보면 시스템 하나를 제거한다는 것은 돌이킬 수 없는 변경이 될 수 있습니다. 단순히 동작하는 방식이 바뀌는 게 아니라 완전히 사라집니다. 이런 급진적인 변경은 '되니깐 쓰는' 기능과 함께 이를 잘 활용하던 수많은 사용자까지 한꺼번에 떼어내버릴 것입니다.

더 복잡한 문제로 넘어가보죠. 일반적으로 같은 (혹은 더 나은) 기능을 제공하는 새로운 시스템이 준비된 다음에야 폐기를 고려하게 됩니다. 새로운 시스템은 아마도 더 좋을 것이며, 동시에 분명히 '다를' 것입니다. 낡은 시스템과 완벽히 같다면 (운영팀 입장에서는 몰라도) 기존 사용자에게는 이주하는 의미가 전혀 없을 테니까요. 그래서 두 시스템의 기능이 일대일로 일치하는 일은 드물며, 옛 시스템의 쓰임 하나하나를 새로운 시스템을 기준으로 새로 확인해봐야 합니다.

또한 옛 시스템을 향한 애착이 의외의 저항으로 나타날 수 있습니다. 특히 옛 시스템 구축에 참여한 사람이라면 애착이 클 것입니다. 구글에서도 정책적으로 옛 코드를 제거하려 할 때 변화를 거부하는 움직임이 나타나곤 합니다. '난 이 코드가 좋아!' 같은 형태의 저항에 종종 맞닥뜨리죠. 엔지니어들에게 그들이 몇 년을 쏟아 구축한 무언가를 걷어내라고 설득하기란 말처럼 쉽지 않습니다. 공감할 수 있는 반응이지만, 궁극적으로는 스스로에게 피해가 돌아옵니다. 시스템이 낡으면 조직에 비용을 발생시키므로 제거해야 합니다. 기존 코드를 제거하려는 데서 오는 거부감을 완화해주는 방책으로, 구글은 코드 리포지터리에서 과거 이력까지 검색할 수 있도록 하였습니다. 과거 이력은 제거된 코드라도 언제든 다시 찾을 수 있게 하여 상실감을 줄여줍니다(17장 참고).

구글에는 유서 깊은 농담이 하나 있습니다. '일을 처리하는 방법은 두 가지다. 폐기 중인 시스템을 이용하거나, 아직 준비가 덜 된 시스템을 이용하거나.' 대개 새로운 시스템 구축이 '거의' 완료된 시점에 일어나는 상황이며, 안타깝지만 복잡하고 빠르게 변화하는 기술 세계에 몸담은 우리에게는 피할 수 없는 현실입니다.

구글의 엔지니어들은 이런 환경에서 일하는 데 익숙해졌지만 때로는 여전히 당황스러울 것입니다. 다행히 구글에는 좋은 문서자료, 수많은 안내 메커니즘, 폐기와 이주 작업을 도와줄 전문팀이 있습니다. 그래서 모든 불편을 감수하며 낡은 시스템을 계속 써야 할지, 아니면 불확실한 새로운 시스템으로 대체해야 할지를 더 쉽게 판단할 수 있습니다.

마지막으로, 비용을 확보해 폐기를 진행하려면 정치^{politics}라는 관문도 통과해야 합니다. 팀을 꾸리고 시간을 들여 오래된 시스템을 제거하는 데는 실제로 눈에 보이는 비용이 드는 반면, 아무것도 하지 않고 시스템을 방치해서 새어나가는 비용은 눈에 잘 띄지 않습니다. 특히 신기능 개발이 지연된다면 폐기시키는 편이 오히려 이득임을 이해관계자들에게 납득시키기가 더욱 어렵습니다. 이럴 때 7장에서 설명한 연구 기법들이 폐기의 가치를 증명할 명확한 근거를 제시할 수 있을 것입니다.

이처럼 낡은 소프트웨어 시스템을 폐기시켜 제거하기란 쉽지 않습니다. 그래서 완전히 대체하기보다는 시스템 이용자들이 각자의 업무 현장에서 점진적으로 개선시키는 편이 쉬울 때가 많습니다. 점진적 개선이 폐기를 완전히 막을 수는 없습니다만, 관리하기 쉬운 작은 단위로 나눠 한 번에 조금씩 혜택을 줄 수는 있지요. 완전히 새로운 시스템으로 이주하는 비용은 정말 크고 예상보다 훨씬 많이 들 때가 많음을 구글은 여러 차례 경험했습니다. 현장에서 조금씩 리팩터링하여 폐기를 점진적으로 진행하면 기존 시스템을 계속 운영하면서도 이용자에게 더 쉽게 혜택을 제공할 수 있습니다.

15.2.1 설계 단계에서의 폐기

다른 엔지니어링 활동들처럼 소프트웨어 시스템의 폐기 계획 역시 시스템을 처음 구축할 때 함께 세워둘 수 있습니다. 프로그래밍 언어와 소프트웨어 아키텍처, 팀 구성, 회사 정책과 문화 모두가 수명이 다한 시스템을 얼마나 쉽게 (혹은 어렵게) 제거할 수 있을지에 영향을 주는 요인들입니다.

'언젠가는 폐기하게 될 시스템을 설계한다'라는 개념이 소프트웨어 엔지니어링 시각에서는 생소할 수 있지만 다른 엔지니어링 분야에서는 흔한 일입니다. 정말 복잡한 엔지니어링의 예인 원자력 발전소를 떠올려보세요. 원자력 발전소를 설계하려면 훗날 수명이 다한 원자로를 어떻게 해체하고 자금은 어떻게 조달할지도 반드시 고려해야 합니다.[1] 엔지니어들이 '이 시설은 언젠가는 해체시켜야 한다'라는 사실을 인지하고 있느냐가 실제로 원자력 발전소 설계에 큰 영향을 줍니다.

불행히도 소프트웨어 시스템은 그렇게 깊게 고민해 설계되는 경우가 아주 드뭅니다. 많은 소프트웨어 엔지니어가 기존 시스템을 유지보수하는 일보다는 새로운 시스템을 구축하고 론칭하는 일을 원합니다. 구글을 포함해 많은 회사의 기업 문화 역시 새로운 제품을 빠르게 만들어 출시하도록 독려합니다. 그래서 처음부터 폐기를 고려해 설계해야 할 동기를 떨어뜨리죠. 소프트웨어 엔지니어는 데이터 주도로 판단해야 한다는 인식이 널리 퍼지긴 했지만, 지금 사력을 다해 만들고 있는 창조물의 종말을 계획하는 일을 받아들이기란 심리적으로 그리 쉽지 않을 것입니다.

언젠가 이루어질 폐기가 매끄럽게 진행되게 하려면 시스템을 설계할 때 무엇을 고려해야 할까요? 다음의 두 질문은 구글에서 엔지니어링팀에 권장하는 고려사항입니다.

- 내 제품의 고객이 잠재적인 대체품으로 이주하기가 얼마나 쉬울까?
- 내 시스템을 한 부분씩 점진적으로 교체하려면 어떻게 해야 할까?

이 질문들은 사실 시스템이 의존성을 이용하고 외부로 제공하는 방식과 관련이 깊습니다. 구글이 의존성을 어떻게 관리하는지는 16장에서 자세히 이야기합니다.

마지막으로 알아둬야 할 것은 프로젝트의 장기 지원 여부는 조직에서 프로젝트를 처음 승인할 때 결정된다는 점입니다. 소프트웨어가 한 번 론칭되고 나면 우리가 할 수 있는 일은 셋 중 하나입니다. 계속 지원하거나, 조심스럽게 폐기시키거나, 어쩔 수 없는 어떤 외부 요인이 발생했을 때 운영을 중단하거나. 셋 모두 유효한 선택지이며 어떤 선택이 최선일지는 상황에 따라 다릅니다. 프로젝트가 하나뿐인 신생 회사가 파산한다면 아마도 별다른 고려 없이 그냥 운영을 중단할 것입니다. 하지만 큰 회사라면 남은 서비스 포트폴리오 구성과 회사의 명성에 미치는

---

1 「해체가 용이한 원자력 발전소 설계 및 구축(Design and Construction of Nuclear Power Plants to Facilitate Decommissioning)」, Technical Reports Series No. 382, IAEA, Vienna (1997).

영향 등을 신중히 고려해 판단해야 합니다. 앞에서 이야기했듯이 구글 역시 회사 내외에 제공하는 제품들 사이에서 절묘한 절충점을 찾는 방법을 배우는 중입니다.

요약하면, 회사에서 기대 수명 동안 제대로 지원하지 못할 것 같은 프로젝트는 시작하지 마십시오. 회사에서 폐기시키기로 결정한다 해도 여전히 비용이 듭니다. 하지만 잘 계획하고 적절한 도구와 정책 개발에 투자한다면 이 비용을 상당히 줄일 수 있습니다.

15.3 폐기 유형

폐기에도 여러 종류가 있습니다. '희망컨대 이 서비스는 언젠가 종료될 것입니다'부터 '내일 종료할 계획이니 고객님들도 대비해주세요'까지 다양하죠. 우리는 폐기의 유형을 크게 '권고'와 '강제'로 구분합니다.

15.3.1 권고 폐기

권고 폐기advisory deprecation는 기한이 없고 조직에서도 우선순위가 높지 않은(혹은 폐기 작업에 자원을 투입할 의지가 없는) 경우입니다. 담당 팀은 고객들이 새로운 시스템으로 이주하기를 바라지만 서둘러 이주를 돕거나 옛 시스템을 바로 걷어낼 계획은 없습니다. 이런 의미에서 **희망 폐기**aspirational deprecation라고 불러도 좋을 것입니다. 이 유형의 폐기에는 대체로 강제성이 없습니다. 고객이 알아서 움직여주길 희망하는 거죠. 참고로 SRE팀의 친구들은 '희망은 전략이 아니다'라고 말해주더군요.

권고 폐기는 새로운 시스템이 출시됐음을 알리고 얼리어답터들에서 이용해보라고 권하기에 좋은 수단입니다. 다만 베타 수준일 때 이렇게 해서는 안 됩니다. 반드시 기능과 안정성 모두 정식 서비스가 가능한 수준에 올라섰을 때, 그리고 새로운 사용자를 확실하게 지원할 준비가 되었을 때 시행해야 합니다. 물론 새로운 시스템이 성장통을 완전히 피해 갈 수는 없겠지만, 옛 시스템의 폐기가 시작되면 새로운 시스템이 조직 인프라의 중요한 한 축이 될 것임을 잊지 말아야 합니다.

구글의 경험에 비춰보면 권고 폐기는 새로운 시스템이 사용자에게 주는 혜택이 매우 클 때 효과가 좋습니다. 단순히 사용자들에게 새로운 시스템의 출시를 알리고 자가 이주 도구를 제공하는 정도만으로도 이주가 빠르게 이루어집니다. 이때 혜택은 '정말 좋다' 정도가 아니라 '혁신적이다' 수준이어야 합니다. 어중간한 혜택으로는 사용자들이 이주를 주저할 것이며, 심지어 대폭적인 개선이 있더라도 권고 폐기만으로는 모두를 움직이게 하기는 힘들 것입니다.

권고 폐기는 사용자들을 원하는 방향으로 움직이게 슬쩍 찔러보는 정도라서 대다수가 움직여주리라고 기대해서는 안 됩니다. 단순히 구식 시스템에서 경고를 띄우는 정도로 사람들이 움직여주면 얼마나 좋을까요? 하지만 구글에서의 경험상 구식 시스템의 사용률이 살짝 줄어들 수는 있지만 적극적인 이주로 이어지는 일은 거의 없습니다. 마치 일종의 중력이 작용하는 듯 보입니다. 우리가 '제발 새로운 시스템을 사용해주세요'라고 아무리 외쳐도 기존 시스템을 사용하고 있는 곳이 이미 많다면 그냥 계속해서 기존 시스템을 이용하려는 경향이 크더군요. 그래서 이주를 더 적극적으로 장려하지 않는 한 기존 시스템을 유지보수하는 데도 계속해서 자원을 투입해야 할 것입니다.

15.3.2 강제 폐기

더 적극적인 장려의 좋은 예가 바로 **강제 폐기**compulsory deprecation입니다. 강제 폐기는 대개 낡은 시스템의 지원 종료일을 못 박는 형태로 이루어집니다. 종료일 이후까지 이주를 끝내지 못한 시스템은 제대로 작동되지 않을 것입니다.

언뜻 이해되지 않겠지만 큰 조직에서 강제 폐기를 효율적으로 수행하려면 기존 시스템을 완전히 제거하는 역할을 전담할 팀을 하나 따로 꾸리는 게 가장 좋습니다. 이주 관련 전문지식을 집중시키는 것이죠. 이 팀에는 다른 이들의 이주를 성공적으로 이끌수록 보상을 주고, 조직 전체에 적용할 수 있는 경험을 쌓고 도구를 개발하도록 해야 합니다. 이러한 이주 대부분에는 22장에서 설명하는 도구들을 이용할 수 있습니다.

강제 폐기가 잘 이루어지려면 일정대로 집행할 수 있는 권한이 주어져야 합니다. 일정이 고정 불변이어야 한다는 뜻이 아닙니다. 하지만 이주 과정에서 충분히 경고하였다면 기한을 넘겨서까지 기존 시스템을 이용하는 시스템에 문제가 생겨도 책임을 묻지 않도록 해야 합니다. 이런 권한이 없다면 고객 팀들은 폐기 작업을 무시하고, 대신 새로운 기능 구현처럼 자신들에게 더 시급하다고 생각하는 다른 일에 매진할 것입니다.

동시에, 인력 지원 없이 강제 폐기를 밀어붙이면 고객 팀들의 반발을 사서 폐기 작업이 지연될 것입니다. 고객은 이런 식의 폐기를 지원 없이 주어지는 의무로 받아들일 것입니다. 서비스를 그저 똑같이 유지하기 위해(신규 시스템으로 이주한다고 해서 눈에 보이는 혜택이 바로 주어지는 경우는 드뭅니다) 자신들에게 급한 일들은 미뤄두게 하면서 말이죠. 이는 마치 '제자리 달리기running to stay in place' 현상[2]처럼 느껴져서 인프라 메인테이너maintainer와 고객 사이에 마찰을 일으킵니다. 이런 이유 때문에 우리는 강제 폐기를 시도하려면 반드시 전문 팀을 꾸려 적극적으로 지원하게 하라고 강력히 조언합니다.

또한 정책적으로 뒷받침되더라도 강제 폐기는 여전히 정치적인 반대에 직면할 수 있음을 염두에 둬야 합니다. 기존 시스템을 이용하는 마지막 고객이 하필 조직 전체가 이용하는 인프라의 핵심 구성요소를 관장하는 팀인 상황을 상상해보세요. 그저 공지한 기한을 지키기 위해 정말로 그 인프라를 정지시킬 건가요? 그 인프라에 전적으로 의존하는 모든 서비스를 희생해가면서까지요? 그래서 핵심 팀이 거부한다면 폐기를 강제로 진행하기는 현실적으로 매우 어렵습니다.

구글의 단일 리포지터리와 의존성 그래프는 각각의 시스템이 구글 생태계에서 어떻게 이용되고 있는지를 이해하는 데 큰 도움을 줍니다. 그럼에도 자신들이 구식 시스템에 의존한다는 사실을 인지하지 못하는 팀이 있을 수 있으며, 그래프 분석만으로 이런 의존성을 빠짐없이 찾아내기는 그리 만만치 않습니다. 한편, 기존 시스템의 가동을 임시로 중단시키는 빈도와 시간을 점차 늘려보는 실험을 해보면 여전히 기존 시스템을 이용 중인 서비스들은 작동하지 않을 것입니다. 이처럼 미처 인지하지 못한 의존성을 찾아주는 메커니즘을 제공하여 다가오는 D-데이에 대비해야 한다는 신호를 고객 팀들에 전달할 수 있습니다. 우리는 이따금 구현 전용 심볼의 이름을 변경하여 자신도 모르게 이 심볼에 의존하던 사용자들을 찾아주곤 합니다.

구글에서는 어떤 시스템을 폐기시켜야 할 때면 담당 팀이 D-데이 몇 달 또는 몇 주 전에 서비스의 점진적인 일시 중지 일정을 계획해 공표합니다. 구글의 DiRT(재해 복구 테스트) 연습과 비슷하게 이 실험을 통해 인지하지 못하던 시스템들 사이의 의존성을 새로 발견하는 경우가 많습니다. 의존성을 발견한 팀은 폐기에 대비한 해법을 계획하거나, 여의치 않으면 폐기 담당 팀과 협의해 일정을 조정할 수 있습니다. (소스 코드의 정적 의존성에도 같은 원칙이 적용됩니다. 하지만 정적 분석 도구가 제공하는 의미론적 정보만으로도 구식 시스템으로의 모든 의존성을 완벽하게 찾아낼 수 있을 때가 많습니다.)

---

2   옮긴이_ 무언가를 열심히 하지만 실제 목적은 현상 유지에 있는 눈속임을 말합니다. 주로 정치적으로 악용됩니다.

15.3.3 폐기 경고

권고 폐기든 강제 폐기든 해당 시스템이 폐기 대상임을 프로그래밍적으로 알려주면 좋습니다. 시스템 이용자가 폐기 사실을 인지해야 이주를 준비할 수 있기 때문이죠. 단순히 폐기 예정임을 표시하고는 사람들이 알아서 이주하기를 바랄 수도 있지만, 기억하세요! '희망은 전략이 아닙니다.' 폐기 경고는 새로운 사용자 유입은 대체로 잘 막아주지만 기존 사용자를 이주시키는데는 효과가 거의 없습니다.

실제로는 경고들이 날이 갈수록 불어나는 일이 벌어집니다. 예를 들어 경고 메시지가 전이 형태(A → B → C 의존 관계에서 C가 경고를 보내면 A까지 전달되는 방식)로 퍼지기 시작하면 시스템 이용자들은 순식간에 범람하는 경고 메시지에 파묻혀서 아예 무시해버릴 것입니다. 의료 분야에서 경보 피로alert fatigue[3]라고 하는 현상입니다.

사용자에게 전달되는 폐기 경고 메시지에 반드시 담겨야 할 특성이 두 가지 있습니다. 바로 **실행 가능성**actionability과 **적시성**relevance입니다.

해당 문제와 관련한 전문 지식을 갖춘 평균적인 엔지니어가 이론적으로 뿐 아니라 실질적인 조치를 취할 수 있다면 **실행 가능**한 경고입니다. 예를 들어 폐기시킬 함수를 호출한 대상에게 대체 API를 알려주는 도구나, 기존 시스템에서 새로운 시스템으로 데이터를 옮기는 단계를 요약해 알려주는 이메일을 생각해볼 수 있습니다. 어떤 경우든 경고 메시지에는 폐기될 시스템으로의 의존성을 떼어내기 위해 엔지니어가 수행할 다음 단계를 알려줘야 합니다.[4]

실행 가능한 경고라도 여전히 성가실 수 있습니다. 폐기 경고가 유용하려면 **적시**에 떠야 합니다. 사용자가 실제로 관련 동작을 수행할 때 경고가 뜬다면 적절한 때라고 할 수 있습니다. 함수 폐기 경고는 엔지니어가 해당 함수를 사용하는 코드를 작성할 때 알려주는 게 가장 좋습니다. 리포지터리에 커밋하고 수 주 후에 알려주면 너무 늦습니다. 데이터 마이그레이션 안내 메일은 기존 시스템 제거 직전 주말이 아니라 몇 달 전에 보내는 게 좋습니다.

기회가 될 때마다 경고하고픈 충동은 자제해야 합니다. 경고 자체는 죄가 없지만, 안일하게 경고를 쏟아내면 우호적인 엔지니어들까지 질리게 할 수 있습니다. 구글은 낡은 기능에 폐기 표시를 다는 데 매우 관대합니다. 하지만 ErrorProne이나 clang-tidy 같은 도구를 활용하여 경

---

3 (블로그 글) Alert Fatigue. *https://oreil.ly/uYYef*
4 좋은 예를 하나 소개합니다. *https://abseil.io/docs/cpp/tools/api-upgrades*

고가 표시되는 상황을 제어합니다. 예를 들어 새로 추가/변경되는 코드에서 폐기될 API를 사용할 경우에만 경고하여 의존성이 새로 추가되는 일을 막고 있습니다(20장 참고). 의존성 그래프에 폐기 대상을 표시해주는 것처럼 훨씬 거슬리는 경고는 강제 폐기 시에만 추가하며, 담당 팀이 사용자들을 적극적으로 이주시킵니다. 어떤 경우든 적절한 정보를 꼭 필요한 사람에게 제때 전달하는 데 도구와 인프라가 중요한 역할을 해주는 덕분에 사용자들을 귀찮게 하지 않으면서 경고를 더 추가할 수 있습니다.

15.4 폐기 프로세스 관리

폐기 프로젝트는 시스템 구축이 아니라 해체가 목적이므로 결이 전혀 다를 거 같지만 관리하고 실행해야 한다는 점에서 다른 소프트웨어 엔지니어링 프로젝트와 비슷합니다. 그래서 관리 측면에서의 유사점은 자세히 설명할 필요 없을 테고, 대신 차이점은 짚어보는 게 좋겠습니다.

15.4.1 프로세스 소유자

구글에 근무하면서 우리는 시스템이 아무리 경고를 쏟아내도 소유자가 명확하지 않으면 폐기 프로세스가 진척되지 않음을 배웠습니다. 폐기 프로세스를 관리하고 실행하는 일에 프로젝트 소유자를 명시적으로 할당하는 게 자원 낭비처럼 보이나요? 하지만 다른 방식보다 훨씬 효율적입니다. 소유자 없이는 아무것도 폐기시키지 마세요. 그리고 폐기 업무를 시스템 이용자들에게 절대 떠넘기지 마세요. 소유자 없는 폐기는 모든 낡은 시스템들을 무한정 유지하겠다는 선언과 같으며, 이용자에게 떠넘기면 권고 폐기와 같아져서 결코 말끔하게 끝나지 않을 것입니다. 책임자를 두어 폐기에 필요한 전문지식을 집중시키면 집행 비용을 더 투명하게 알 수 있어서 실제로도 비용이 '절감'됩니다.

소유권을 조정하다 보면 종종 버려진 프로젝트들이 문제를 일으킵니다. 규모가 어느 정도 되는 조직이라면 여전히 활발하게 사용되지만 소유자나 유지보수 주체가 명확하지 않은 프로젝트가 존재할 것입니다. 구글도 예외가 아닙니다. 폐기시키려던 프로젝트가 이런 상태에 빠지기 쉽습니다. 원래의 소유자는 후속 프로젝트로 옮겨갔고, 예전 프로젝트는 자신을 의존하는 주요 프로젝트들이 언젠가는 모두 사라지기를 소망하며 어두운 지하 동굴에 방치되는 신세가 됩니다.

이런 프로젝트가 저절로 사라지기는 어렵습니다. 이런 프로젝트에는 폐기 전문가를 배정하여 하루빨리 제거해야 한다는 게 우리가 내린 결론입니다. 폐기 전문가에게 맡겨 시스템을 완벽하게 걷어내야 뜻하지 않은 상황에 갑자기 문제를 일으키는 사태를 예방할 수 있습니다. 폐기 전문 팀을 두어 낡은 시스템 제거를 (사이드 프로젝트가 아닌) 주된 목표로 진행시켜야 합니다. 다른 일과 경쟁하게 만들면 폐기는 십중팔구 우선순위에서 밀리게 되어 제대로 된 관심을 받지 못합니다. 폐기처럼 '중요하지만 긴급하지 않은' 청소 업무는 20% 시간에 많이 이루어지며 엔지니어들이 코드베이스의 다른 부분을 살펴보는 기회가 되어줍니다.[5]

15.4.2 마일스톤

새로운 시스템을 구축하는 프로젝트에서는 일반적으로 마일스톤이 명확합니다. '이 기능들을 다음 분기까지 론칭한다!' 점진적인 개발 방식을 따라 팀은 기능을 하나씩 구축하여 사용자에게 제공하며, 사용자는 새로운 기능을 활용하게 될 때마다 혜택을 얻습니다. 궁극적인 목표는 물론 전체 시스템을 론칭하는 것입니다. 하지만 점진적인 마일스톤은 팀에게 진행 상황을 알려주고, 프로젝트가 완전히 완료되기 전에도 조직에 기여할 수 있게 해줍니다.

이와 대조적으로 폐기 프로젝트에서는 낡은 시스템을 완전히 제거하는 것만이 유일한 마일스톤이라고 생각하는 경향이 있습니다. 낡은 시스템의 전원을 뽑고 귀가할 때까지는 아무것도 진척된 게 없다고 생각하곤 하죠. 물론 이 단계가 폐기팀에게 가장 의미 있는 순간일 것입니다. 하지만 그와 동시에 일을 제대로 했다면 팀 외부에서는 가장 인지하기 어려운 마일스톤이기도 합니다. 이 시점이면 낡은 시스템을 이용하는 사람이 아무도 없을 테니까요. 폐기 프로젝트의 관리자는 이 단계를 유일한 마일스톤으로 삼으려는 유혹을 떨쳐내야 합니다. 이 단계에 도달하지 못하는 폐기 프로젝트도 많다는 사실에 비춰보면 더욱 그렇습니다.

폐기팀을 관리할 때도 측정할 수 있고 고객에게 가치를 전달해주는 명확하고 점진적인 마일스톤들을 세워야 합니다. 새로운 시스템을 구축할 때와 다르지 않습니다. 진척 정도를 평가하는 지표는 다르겠지만 점진적인 성취를 제때 축하해줘야 팀 사기가 높아진다는 사실은 똑같습니다. 새로운 제품을 구축할 때 주요 컴포넌트를 하나씩 완성하는 걸 마일스톤으로 삼듯, 폐기시킬 때도 핵심 컴포넌트들을 하나씩 제거하는 걸 점진적 마일스톤으로 삼으면 효과가 좋았습니다.

---

5 리뷰어_ 구글에는 업무시간의 20%를 본업 외의 다른 업무에 쓰는 문화가 있습니다(강제사항은 아니라서 희망자만 활용합니다). 그래서 폐기 중인 시스템의 원래 담당자가 아닌 엔지니어도 이 20% 시간을 이용하여 폐기 작업에 참여하기도 합니다.

15.4.3 폐기 도구

이 책에서는 폐기 프로세스 관리에 쓰이는 도구 대부분을 심도 있게 다루고 있습니다. 대표적으로 대규모 변경 프로세스(22장 참고)와 코드 리뷰(19장 참고)가 있죠. 이번 절에서는 이 도구들에 대한 세세한 이야기보다는 이런 도구들이 낡은 시스템 폐기 관리에 어떻게 유용한지를 간략히 짚어보겠습니다. '발견', '이주', '퇴행 방지'라는 세 부류로 나눠 살펴보죠.

발견

폐기를 진행하는 내내, 특히 프로세스의 초기 단계에서는 낡은 시스템을 **'누가**[by whom]' 그리고 **'어떻게**[how]' 이용하고 있는지를 알아야 합니다. 폐기 작업 초기에는 낡은 시스템을 이용하는 곳을 찾은 다음 예상하지 못한 방식으로 이용하지는 않는지를 알아내는 일이 대부분을 차지합니다. 어떻게 이용 중인지에 따라 폐기를 계속 진행할지 혹은 결정을 번복해야 할지를 다시 검토해야 할 수도 있습니다. 이때 쓰이는 발견 도구들은 폐기 프로세스 내내 진척 상황을 파악하는 데 계속 이용됩니다.

구글에서는 Code Search(17장 참고) 같은 검색 도구와 Kythe(23장 참고) 같은 정적 분석 도구를 써서 폐기시킬 라이브러리를 누가 이용 중인지를 코드를 돌려보지 않고도 알아냅니다. 혹은 기존의 이용 정보를 샘플링하여 기대하지 않은 형태로 이용되는 기능들이 있는지 확인하기도 합니다. 일반적으로 런타임 의존성은 정적 라이브러리나 씬 클라이언트를 사용할 때 생겨나므로 이 기법으로 폐기 프로세스를 시작하고 진행하는 데 필요한 다양한 정보를 얻을 수 있습니다. 프로덕션 시스템에서 얻은 로그 데이터와 런타임 데이터 샘플은 동적 의존성 관련 문제를 발견하는 데 유용합니다.

마지막으로, 구글은 폐기시킬 심볼의 참조가 모두 제거되었는지를 확인하는 데 전역 테스트 스위트를 신탁처럼 이용합니다. 11장에서 이야기한 것처럼 테스트는 주변 생태계가 진화하여 달라져도 시스템이 예전 그대로 동작하게 지탱해주는 장치입니다. 폐기는 생태계를 진화시키는 큰 축이며, 고객들은 낡은 시스템을 제거해도 피해를 입지 않도록 충분히 테스트해야 할 책임이 있습니다.

마이그레이션(이주)

구글에서는 폐기에 필요한 일의 상당 부분을 앞에서 이야기한 코드 생성 및 리뷰 도구들을 활용해 처리합니다. 특히 새로운 라이브러리나 런타임 서비스를 이용하도록 코드베이스를 업데이트할 때는 대규모 변경 프로세스와 도구가 매우 유용합니다.

퇴행 방지

새로 작성하는 코드에서 폐기 중인 대상을 이용하는 걸 퇴행이라 합니다. 이러한 퇴행 방지는 폐기 지원 인프라가 챙겨야 할 중요한 역할임에도 자주 간과되곤 합니다. 권고 폐기의 경우라도 마찬가지입니다. 새로 커밋되는 코드에서 폐기 중인 시스템을 이용하려 든다면 뜨끔해지게끔 경고해주는 게 좋습니다. 퇴행 방지 없는 폐기는 두더지 잡기 게임과 같습니다. 한켠에서는 이미 익숙한(혹은 코드베이스의 다른 코드를 참고해서) 기존 시스템을 이용하는 코드를 계속 추가하고, 다른 한켠에서는 폐기팀이 열심히 이주시키는 줄다리기가 계속됩니다. 전혀 생산적이지 않고 사기마저 떨어뜨리는 상황입니다.

퇴행을 실무 수준에서 방지하기 위해 우리는 Tricorder라는 정적 분석 프레임워크를 이용합니다. 폐기 중인 시스템을 호출하는 코드를 추가한 사용자에게 적절한 대체 방법을 피드백하는 것이죠. 폐기 시스템의 소유자가 컴파일러 애너테이션에 자바의 @deprecated 애너테이션 같은 폐기 심볼을 추가해두면 Tricorder가 자동으로 알려줍니다. 폐기 담당 팀은 애너테이션을 이용해 경고 메시지를 관리하는 동시에 변경 작성자에게 자동으로 알림을 보낼 수 있습니다. 일부 경우에는 신규 시스템을 사용하는 코드로 변경해주는 자동 고침 버튼을 띄워줄 수도 있습니다.

거시적으로는 빌드 시스템에 가시성^{visibility}[6] 허용목록을 도입하여 폐기된 시스템에 의존하는 시스템이 새로 생겨나는 일을 막습니다. 자동화된 도구가 정기적으로 허용목록을 검사하고, 낡은 시스템과의 의존성을 끊은 시스템들은 리스트에서 제거해줍니다.

15.5 마치며

폐기는 축제 행렬이 휩쓸고 지나간 거리를 청소하는 지저분한 일처럼 느껴질 수 있습니다. 하지만 이런 노력 덕분에 유지보수 부담이 줄고 엔지니어가 알고 신경 써야 할 정보량이 줄어서 전체적인 소프트웨어 생태계가 개선됩니다. 점점 커지고 복잡해져가는 소프트웨어 시스템을

6 　옮긴이_ 가시성이란 빌드 시스템에서 각 빌드 타깃이 자신에게 의존할 수 있는 타깃의 범위를 지정하는 속성을 뜻합니다. '18.4.2 모듈 가시성 최소화' 참고.

오래도록 관리하려면 단순히 새로운 소프트웨어를 구축해 운영하는 것만으로는 부족합니다. 낡았거나 더는 쓰이지 않는 시스템은 없애줘야 합니다.

정책과 도구를 적절히 활용하여 사회적인 장애물과 기술적인 문제를 잘 관리해야 폐기 프로세스가 완벽하게 이루어질 수 있습니다. 체계적으로 잘 관리되는 폐기 프로세스가 조직에 큰 보탬이 된다는 사실을 깨닫기가 쉽진 않겠지만, 오래 살아남기 위해서는 반드시 필요합니다.

15.6 핵심 정리

- 소프트웨어 시스템이 존재하는 한 유지보수 비용은 계속 발생하므로 제거하는 비용과 저울질해봐야 합니다.

- 시스템을 원래 설계 의도와 다르게 사용하는 사용자가 많기 때문에 제거하는 일이 아예 처음부터 만들기보다 어려울 때도 많습니다.

- 폐기 비용을 생각하면 새로운 시스템으로 교체하기보다 기존 시스템을 개선하는 편이 일반적으로 더 저렴합니다.

- 폐기 여부를 결정하려면 비용을 따져봐야 합니다. 하지만 몇 가지 이유로 정확히 평가하기 어렵습니다. 먼저, 기존 시스템을 유지하는 데 드는 직접적인 유지보수 비용 외에도, 비슷한 시스템을 여러 개 운용하는 데 드는 생태계 비용도 고려해야 합니다. 예를 들어 구식과 신식 시스템 중 어느 것을 이용할지 고민해야 하며, 공존하는 기간 동안에는 두 시스템을 연동시켜야 할 것입니다. 그러면 새로운 시스템에 신기능을 추가하려 할 때 연동 문제 때문에 낡은 시스템이 간접적으로 방해가 됩니다. 이처럼 생태계 비용은 곳곳에 퍼져 있어서 측정하기 어렵습니다. 폐기와 제거 비용도 마찬가지로 흩어져 있는 경우가 많습니다.

Part **IV**

도구

Part IV

도구

16장 버전 관리와 브랜치 관리

17장 Code Search

18장 빌드 시스템과 빌드 철학

19장 Critique: 구글의 코드 리뷰 도구

20장 정적 분석

21장 의존성 관리

22장 대규모 변경

23장 지속적 통합

24장 지속적 배포

25장 서비스형 컴퓨트

버전 관리와 브랜치 관리

버전 관리 시스템^{Version Control System}(VCS)은 가장 널리 쓰이는 소프트웨어 엔지니어링 도구입니다. 개발자가 단 몇 명뿐인 조직이라도 공식 버전 관리 시스템 없이 소스 코드를 관리하고 팀원 간 업무를 조율하는 모습은 상상하기 어렵죠.

이번 장에서는 소프트웨어 엔지니어링에서 버전 관리가 확고부동한 표준이 된 이유를 설명하고, 버전과 브랜치를 관리하는 다양한 방식을 살펴보겠습니다. 물론 구글 규모에서는 어떻게 이루어지는지도 알아봅니다. 또한 관리 정책별 장단점도 알아봅니다. 모두가 버전을 관리하지만 여러분의 조직에 혹은 보편적으로 더 적합한 정책이나 프로세스가 따로 있을 것입니다. 특히 데브옵스^{DevOps}가 유행시킨 **트렁크 기반 개발**^{trunk-based development}이 확장성이 뛰어나기에 그 이유와 함께 몇 가지 제안을 드려볼까 합니다.[1]

16.1 버전 관리란?

> **NOTE_** 버전 관리는 기본 중의 기본이라 이번 절의 내용은 많은 독자에게 새롭지 않을 것입니다. 건너뛰길 원하는 분은 16.1.3절로 직행해주세요.

---

1 구글이 인수한 The DevOps Research Association은 연간 '데브옵스 현황 보고서'와 『Accelerate』(IT Revolution Press, 2018) 책에서 이 내용을 확장 공표했습니다. 우리가 알기로는 이 보고서와 책이 트렁크 기반 개발이라는 용어를 대중화시킨 주역입니다.

VCS는 파일의 시간에 따른 변경 기록(버전)을 추적하는 시스템입니다. VCS는 파일들의 메타데이터를 관리하며, 이 메타데이터와 파일들의 버전별 복사본을 합쳐 리포지터리^{repository}(줄여서 리포^{repo})라고 합니다.[2] VCS를 이용하면 여러 개발자가 같은 파일들로 동시에 작업할 수 있어서 팀 업무를 효과적으로 조율할 수 있습니다.

초창기 VCS에서는 파일 단위로 락^{lock}을 걸어서 한 사람이 파일을 수정하는 동안에는 다른 사람은 수정하지 못하도록 막았습니다. 이런 식으로 수정 사항이 순차적으로 쌓이게 하여 VCS에서 매우 중요한 기능인 '어느 게 더 최신인지'가 자연스럽게 합의되도록 했습니다. 조금 진보된 VCS에서는 변경된 파일들의 묶음을 '하나의 단위'로 취급해주기 시작했습니다. 이때 '하나의 단위'라고 함은 논리적으로 '하나의 변경'으로 인식하여 원자적으로 처리한다는 뜻입니다. 1990년대에 널리 쓰인 CVS^{Concurrent Versions System} 같은 시스템은 이런 원자성^{atomicity}을 제공하지 못하여 잘못하면 커밋 시 충돌이 나서 변경 내역을 잃어버릴 수도 있었습니다. 원자성을 보장하면 기존 변경이 의도치 않게 덮어써지는 사태를 막아줍니다. 하지만 어느 버전이 최근에 동기화되었는지를 추적해야 합니다. 즉, 커밋하려는 파일 중에 로컬로 마지막 동기화 후 리포지터리에서 변경된 파일이 하나라도 있다면 해당 커밋 전체가 거부됩니다. 따라서 이런 형태의 변경 추적 VCS에서는 개발자의 로컬 복사본에도 자체 메타데이터가 필요합니다. VCS를 어떻게 설계했느냐에 따라 이 복사본 자체가 로컬 리포지터리가 되어주기도 하며, 단순히 메타데이터의 일부만 관리하기도 합니다. 이처럼 축소된 복사본을 보통 클라이언트^{client} 혹은 워크스페이스^{workspace}라고 합니다.

이처럼 복잡해 보이는 VCS가 도대체 왜 필요한 걸까요? 거의 모든 소프트웨어 개발과 소프트웨어 엔지니어링에서 필수가 된 이유는 무엇일까요?

VCS 없이 개발하던 시절을 상상해볼까요? 팀원들이 멀리 떨어져 일하는 매우 작은 팀이 버전 관리에 관해 아무것도 모른 채 개발하고 있습니다. 이럴 때 최소한의 인프라로 가능한 가장 단순한 해법은 프로젝트를 복사하여 주고받는 것이겠죠. 사무실의 타임존이 다르거나 적어도 일하는 시간대가 달라서 파일을 동시에 수정하지 않는다면 일하는 데 크게 지장 없는 방식입니다. 하지만 가장 최신 버전이 어느 것인지 헷갈릴 가능성이 조금이라도 있다면 즉시 '최신 버전 추적'이라는 귀찮은 문제가 생겨납니다. 네트워크가 갖춰지지 않은 환경에서 협업하려 시도해본 사람이라면 '프레젠테이션 v5_최종_빨간줄_최팀장 버전 2' 같은 이름의 파일을 주고받

---

2   리포지터리의 구체적인 정의와 버전 관리에 사용하는 용어는 VCS에 따라 다를 수 있습니다.

던 악몽이 떠오를 것입니다. 그리고 앞으로 보게 되겠지만, 합의된 단일 진실 공급원^{Single Source of} ^{Truth}(SSOT)이 없는 환경에서 협업하려면 너무 불편하고 오류가 많이 생깁니다.

공유 스토리지를 도입하려면 인프라가 약간 더 필요하지만 앞의 방식보다 쉽고 확실합니다. 공유 드라이브를 이용하면 소규모 팀에서는 한동안 만족스럽게 일할 수 있습니다. 그럼에도 여전히 서로의 작업을 덮어쓰지 않도록 잘 협력해야 합니다. 또한 누군가 빌드되지 않는 결과물을 올려놓는다면 팀원 모두가 방해받게 됩니다. 하필 그 시점에 코드를 변경하여 추가한 사람은 빌드조차 해볼 수 없습니다. 확장하기 어려운 방식임이 분명합니다.

실제로 파일 락킹^{locking}과 병합 추적 기능 없이는 빈시 충돌이 생기고 남의 작업을 덮어쓰는 일이 벌어집니다. 이런 시스템을 사용한다면 누가 어느 파일을 수정하고 있는가를 관리하는, 시스템 외적인 협업 규칙을 만들어 보완하게 되겠지요. 만약 이 파일 락킹을 소프트웨어로 구현하려 한다면 RCS 같은 초창기 버전 관리 시스템을 다시 개발하는 꼴입니다. 나아가 쓰기 권한을 파일 단위로 부여하는 건 범위가 너무 넓다고 느껴져서 줄 단위로 추척하고 싶어 진다면 드디어 요즘 말하는 버전 관리에 가까워집니다. 소프트웨어를 개발하다 보면 이러한 협업 방식을 지원하는 구조화된 메커니즘이 필연적으로 필요해질 것입니다. 다행히도 이 가정에서 말하는 메커니즘을 다른 누군가가 이미 개발해놓았으므로 우리는 기성 도구를 사용하는 것으로 충분합니다.

16.1.1 버전 관리가 중요한 이유

이제는 버전 관리를 하지 않는 개발은 상상하기 어렵지만 항상 그래왔던 건 아닙니다. 극초기의 VCS라고 하면 1970년대의 SCCS^{Source Code Control System}나 1980년대의 RCS^{Revision Control System}까지 거슬러 올라갑니다. 소프트웨어 엔지니어링이란 분야가 생기고 꽤 세월이 흐른 후죠. 버전 관리와 관련한 공식 용어들이 아무것도 규정되기 전의 팀들은 '여러 명이 개발하는 다중 버전 소프트웨어'[3]에 참여한다고 말하곤 하였습니다. 버전 관리는 디지털 협업이라는 새로운 업무 방식을 발전시키는 과정에서 함께 진화했습니다. 그리고 오늘날과 같이 안정되고 일관되게

---

3 (논문) Fifty Years of Software Engineering. *https://arxiv.org/pdf/1805.02742.pdf*

진화하고 보급되기까지는 수십 년이 걸렸습니다.[4] 버전 관리는 어째서 이토록 중요해졌고, 또 이렇게 자명한 길임에도 왜 누군가는 VCS에 반대하는 걸까요?

소프트웨어 엔지니어링은 프로그래밍에 시간의 흐름을 통합한 개념임을 떠올려보세요. 우리는 '즉각 이루어지는 소스 코드 생산'과 '제품을 장기간 지속 관리'하는 행위를 다른 차원으로 구분하고 있습니다. 이 기본적인 차이가 VCS의 중요성과 VCS를 주저하는 마음을 설명하는 데 큰 도움이 됩니다. 가장 근본적으로, 버전 관리는 엔지니어가 소스 코드와 시간의 상호작용을 관리하는 핵심 도구입니다. VCS는 표준 파일시스템을 확장한 개념으로 볼 수 있습니다. 파일시스템은 파일의 이름과 그 내용을 연결해줍니다. VCS는 이를 확장하여 {파일 이름, 작성 시각} 조합을 파일 내용과 연결해주며, 동시에 마지막 동기화 지점과 리뷰 기록을 추적하는 데 필요한 메타데이터도 관리해주죠. 버전 관리는 개발 작업의 한 요소인 시간을 명확하게 드러내줍니다. 프로그래밍에서는 꼭 필요하진 않지만 소프트웨어 엔지니어링에서는 아주 중요한 요소인 시간을 말입니다. 오늘날의 VCS 대부분은 브랜치 이름까지 입력으로 받아서 병렬로 매핑해줍니다.

VCS(파일 이름, 작성 시각, 브랜치 이름) => 파일 내용

따로 명시하지 않으면 브랜치는 기본적으로 메인 브랜치를 가리키며, 메인 브랜치를 보통 'head', 'default', 'trunk' 등으로 부릅니다.

VCS를 여전히 주저하는 작은 이유가 남아있다면 프로그래밍과 소프트웨어 엔지니어링을 제대로 융합시키지 못해서일 것입니다. 우리는 프로그래밍을 가르치고, 프로그래머로 훈련시키며, 취업 면접에서도 프로그래밍 문제와 기법을 묻습니다. 이게 잘못이라는 말은 아닙니다. 심지어 구글 같은 기업이라도 신입 사원은 두 명 이상이 함께 혹은 한 프로젝트로 두 주 이상 코딩해본 경험이 거의 없을 수 있으니까요. 이런 사람들에게 버전 관리는 듣지도 보지도 못한 미지의 기술일 수 있습니다. 버전 관리는 신입 사원이라면 경험해보지 못했을 법한 문제도 다룹니다. 예컨대 파일 하나가 아닌 프로젝트 전체 되돌리기undo같이 때로는 왜 필요한지가 단번에 와닿지

---

4   사실 저는 소프트웨어 엔지니어링 문화가 어떻게 진화할 수 있고 진화해왔는지에 관한 확실한 예로써 '버전 관리의 도입'이란 주제로 공개 토론을 수차례 해보았습니다. 제 경험에 비춰보면, 1990년대에는 버전 관리가 하나의 모범 사례로 제법 널리 권장되고 있었지만 정말로 실천하는 비율은 그리 높지 않았습니다. 2000년대 초까지도 버전 관리를 하지 않는 회사를 흔히 볼 수 있었죠. 현재는 심지어 대학생이 개인 프로젝트를 진행할 때도 깃(Git) 같은 도구를 이용합니다. 이렇게 널리 쓰이게 된 이유는 물론 도구 자체의 편의성이 좋아진 것도 한몫했습니다(RCS 시절로 돌아가고픈 사람은 아무도 없겠죠). 하지만 축적된 경험과 달라진 개발 문화의 역할이 매우 컸다고 생각합니다.

않는 엄청나게 복잡한 기능도 지원하죠.

경영진이 엔지니어의 일을 '소프트웨어 엔지니어링'이 아닌 '소프트웨어 개발'로만 생각해도 VCS를 주저하게 됩니다. 코드를 작성해 론칭한 후에도 오랜 기간 중단 없이 작동하며 가치를 창출하도록 관리하는 일로 봐주지 않고 앉아서 그저 코드만 작성하는 일로 바라본다는 뜻입니다. 엔지니어 업무의 핵심을 프로그래밍으로 인식하여 코드와 시간의 상호작용을 제대로 이해하지 못한다면 '실수를 되돌리기 위해 이전 버전으로 돌아간다'라는 기능은 이상하고 값비싼 사치로 느껴질 수 있습니다.

별도의 스토리지를 두고 언제든 옛 버전을 꺼내볼 수 있다는 점 외에도 버전 관리를 이용하면 개발자가 한 명이든 여럿이든 비슷한 프로세스로 개발할 수 있다는 장점도 있습니다. 버전 관리가 소프트웨어 엔지니어링에 매우 중요한 실질적인 이유죠. 프로젝트 되돌리기 기능은 잘 이용하지 않을 수 있습니다. 하지만 일관된 프로세스는 팀과 조직을 확장할 수 있는 중요한 열쇠입니다. 개발이란 본질적으로 분기branch하고 병합merge하며 전진하는 프로세스이며, 분기와 병합은 여러 개발자 사이에서 이루어지는 혹은 한 명의 개발자가 여러 시간대에서 수행하는 작업들을 체계적으로 관리해주는 핵심 개념입니다. VCS는 '어느 게 최신이지?'라는 질문을 사라지게 해줍니다. 변경 추적처럼 오류가 끼어들기 쉬운 작업을 자동화합니다. 버전 관리는 여러 개발자와 여러 시점 사이를 교통정리해주는 멋진 도구입니다.

VCS가 소프트웨어 엔지니어링 프로세스에 완전히 녹아듦에 따라 법과 규제 관련 관행도 변화시켰습니다. VCS는 모든 코드 라인에 가해진 모든 변경을 기록한 공식 이력으로 인정되어 법적인 다툼이 생겼을 때 감사 자료로까지 이용됩니다. 외부 코드를 이용해 개발한다면 VCS를 통해 각 코드 라인의 유래와 출처를 추적할 수 있습니다.

시간 경과에 따른 추적과 동기화/분기/병합 처리라는 기술적/규제적 측면과 더불어 버전 관리는 비기술적인 측면에서도 개발자들의 행동양식에 변화를 가져왔습니다. VCS에 커밋하고자 커밋 메시지를 작성하는 잠깐 동안 개발자는 자신을 되돌아봅니다. 마지막 커밋 이후 이룬 것은 무엇인가? 소스 품질은 만족스러운가? 커밋, 메시지 작성, 작업 완료 표시와 같은 작은 성찰의 순간들은 그 자체로 많은 이에게 의미 있는 시간을 선물합니다. 커밋 프로세스의 시작은 체크리스트를 점검하고, 정적 분석을 수행하고(20장 참고), 테스트 커버리지를 살펴보고, 테스트와 동적 분석 등을 수행하기에 가장 좋은 시간입니다.

한편, 버전을 관리하려면 비용이 듭니다. 누군가는 버전 관리 시스템을 설정하고 관리해야 하며, 모든 개발자가 이용해야 합니다. 하지만 오해하지 마세요. 이 비용은 아주 저렴합니다. 거의 예외가 없죠. 실제로 대다수의 경험 많은 소프트웨어 엔지니어는 하루 이상 진행되는 프로젝트라면 본능적으로 버전 관리를 이용합니다. 심지어 혼자 개발할 때도 마찬가지입니다. 이 일관성이 주는 가치(위험요소 감소 포함)와 약간의 오버헤드 사이에서 어느 쪽 손을 들어줘야 할지는 너무 명명백백합니다. 하지만 우리는 각자가 처한 상황이 다름을 인정하며, 엔지니어링 리더가 스스로 생각해보기를 장려하기로 약속했습니다. 버전 관리와 같이 기본적인 주제라도 대안을 고민해보는 건 언제나 의미가 있습니다.

그럼에도 불구하고 VCS를 채택하지 않은 현대적인 소프트웨어 엔지니어링 작업은 상상하기 어렵습니다. 버전 관리의 가치와 필요성을 이해했다면 그다음은 어떤 형태의 버전 관리가 나에게 필요할지가 궁금할 것입니다.

16.1.2 중앙집중형 VCS vs 분산형 VCS

단순하게만 보면 최신 VCS들은 다들 대동소이합니다. 파일들의 변경 사항을 원자적으로 커밋할 수 있으며, 그 외에는 UI상의 차이라 볼 수 있습니다. 현대적인 VCS라면 다른 어떤 VCS와도 동일한 의미 체계를 구축할 수 있죠(워크플로는 다르더라도). 그래서 '어떤 VCS가 더 나으냐'라는 논쟁은 주로 사용자 경험의 문제입니다. 핵심 기능은 동일하고, 차이점은 사용자 경험, 용어, 특수한 상황에서의 기능, 성능에서 나타납니다. 그래서 VCS 선택은 파일시스템 선택과 비슷합니다. 현대적인 시스템들이라면 어느 것을 선택하든 차이가 크지 않죠. 오히려 그 안을 무엇으로 채울지와 어떻게 사용할 것인가가 훨씬 중요한 질문입니다.

하지만 VCS의 아키텍처는 설정, 정책, 확장성을 크게 좌우하므로 아키텍처 측면의 차이를 아는 건 중요합니다. 대표적인 아키텍처는 중앙집중형과 분산형이 있습니다.

중앙집중형 VCS

중앙집중형 VCS^{Centralized VCS}는 단 하나의 중앙 리포지터리를 이용하는 모델입니다(조직 내 공유 컴퓨트 자원을 이용할 가능성이 크죠). 개발자들은 각 파일을 체크아웃하여 로컬 컴퓨터에서 이용할 수 있습니다. 하지만 이 파일들의 버전 관리 상태와 관련한 작업들(파일 추가, 동기화, 기존 파일 갱신 등)은 반드시 중앙 서버에 전달해야 합니다. 개별 개발자가 커밋하는 모든 코드는 결국 중앙 리포지터리로 커밋됩니다. 초창기에는 모든 VCS가 이 모델로 만들어졌습니다.

1970년대와 1980년대 초로 돌아가서 RCS와 같은 초기 VCS들은 동시 편집을 막아주는 락킹에 집중했습니다. 리포지터리의 내용을 복사하는 건 자유지만, 파일을 편집하고 싶다면 먼저 락을 얻고 편집이 다 끝나면 반환해야 했습니다. 이런 식으로 단 한 사람만이 파일을 편집할 수 있도록 보장했습니다. 금방 수정할 수 있거나 여럿이 같은 파일을 편집할 일이 거의 없을 때는 이 모델도 훌륭했습니다. 설정 파일을 조금 손보는 정도의 작은 수정은 문제없었습니다. 혹은 근무 시간이 서로 다르거나 장시간 작업하는 파일이 거의 겹치지 않는 소규모 팀에서도 잘 작동했습니다. 하지만 이런 단순한 락킹 시스템은 구조적으로 확장하기 어렵습니다. 몇 명까지는 버텨내지만 조직이 조금만 커져서 락 중 하나라도 경합이 벌어지기 시작하면 곧바로 한계에 부딪힙니다.[5]

이러한 확장 문제를 해결하고자 1990년대와 2000년대 초까지 유행한 VCS들은 더 높은 수준에서 작동했습니다. 진보한 이 시대 중앙집중형 VCS들은 락을 한 사람이 독점하는 대신 어느 버전과 동기화했는지 추적하기 시작했습니다. 커밋에 포함된 모든 파일이 가장 최신 버전을 기준으로 했는지를 확인하는 것이죠. CVS라는 시스템은 RCS를 개량하여 한 번에 여러 파일을 수정할 수 있고 하나의 파일을 동시에 여러 개발자가 체크아웃할 수 있도록 했습니다. 개발자가 리포지터리의 가장 최근 변경까지를 동기화한 후 수정한 것이라면 커밋할 수 있게 했습니다. 서브버전Subversion은 커밋과 버전 추적을 완벽하게 원자적으로 수행하고 (이름 변경, 심볼릭 링크 사용 등) 덜 일반적인 변경 추적 기능까지 개선하여 한 걸음 더 전진했습니다. 중앙집중형 리포지터리를 두고 클라이언트에서 체크아웃하는 모델은 서브버전을 필두로 대다수 상용 VCS에서 오늘날까지 명맥을 이어오고 있습니다.

분산형 VCS

2000년대 중반을 시작으로 가장 유명한 VCS들이 분산형 VCS^{Distributed Version Control} ^{System}(DVCS) 패러다임으로 갈아타기 시작했습니다. 선봉에 선 두 제품이 바로 깃Git과 머큐리얼Mercurial입니다. 더 전통적인 중앙집중형 VCS와 개념적으로 가장 큰 차이는 '어디에 커밋하는가?' 혹은 '이 파일들의 어느 복사본이 리포지터리로 간주되는가?'입니다.

분산형 VCS 세계에서는 '중앙' 리포지터리라는 제약이 사라집니다. 리포지터리의 복제본

---

5   적절한 사례를 찾아보기 위해 제 최근 프로젝트에서 제법 많이 쓰이는 파일 하나를 골라서 계류(pending) 중이거나 제출하지 않은 수정이 몇 개나 되는지 알아봤습니다. 집필 시점에 총 27개의 변경이 계류 중인데, 12개는 제 팀원들의 것이고 5개는 관련 팀, 나머지 10개는 일면식 없는 엔지니어들의 것입니다. 예상한 대로였죠. 이런 사용 패턴을 자체에서 지원해주지 못하는 VCS는 연중 무휴로 돌아가는 분산 팀으로까지 확장 적용하지 못합니다.

(clone, fork)을 가지고 있다면 커밋할 수 있는 리포지터리를 소유한 것입니다. 변경 이력 같은 정보를 알아보는 데 필요한 메타데이터까지도 그 안에 오롯이 담겨 있습니다. 분산형 VCS에서의 작업은 일반적으로 다음 흐름으로 이루어집니다.

1. 기존 리포지터리를 로컬에 복제합니다.

2. 파일을 변경합니다.

3. 로컬 리포지터리에 커밋합니다.

4. 2~3을 원하는 만큼 반복합니다.

5. 로컬에 적용된 커밋 중 일부를 혹은 전체를 다른 리포지터리로 커밋합니다. 이때 다른 리포지터리는 1에서 복제해온 리포지터리일 수도, 아닐 수도 있습니다.

'중앙'이라는 것은 개념적으로만 존재할 뿐입니다. 즉, 기술이나 기반 프로토콜이 아닌 순전히 정책의 문제입니다.

분산형 VCS 모델은 그 본질상 특정한 하나를 진실 공급원이라고 지정하지 않아도 되므로 오프라인 작업과 협업에 더 유리합니다. 변경들을 시간순으로 줄 세울 필요가 없어서 원칙적으로는 리포지터리끼리 선후를 구분하지 않아도 됩니다. 하지만 보편적인 사용 패턴을 고려해보면 중앙집중형이든 분산형이든 대부분은 서로를 대체할 수 있습니다. 중앙집중형 VCS에서는 '기술'적으로 명확하게 정의된 중앙 리포지터리를 제공합니다. 반면 분산형 VCS를 이용하는 프로젝트 대다수는 중앙 리포지터리를 '정책' 수준에서 정의합니다. 다시 말해 대부분의 분산형 VCS 프로젝트가 단 하나의 진실 공급원을 개념적으로 정의하고 진행합니다(예컨대 깃허브GitHub 상의 특정 리포지터리를 공급원으로 삼죠). 분산형 VCS 모델은 팀이 더 심하게 분산되어 있는 경우를 가정하는 경향이 크며 특히 오픈 소스 진영에서 많이 채택합니다.

현시점에서 가장 지배적인 버전 관리 시스템은 분산형 VCS인 깃입니다.[6] 어떤 VCS를 쓸지 선택하기 어렵다면 깃을 쓰세요. 모두가 사용하고 있다면 그만한 가치가 있을 가능성이 큽니다. 여러분의 사용 패턴이 일반적이지 않다면 직접 데이터를 수집하여 장단점을 평가해보세요.

구글과 분산형 VCS와의 관계는 복잡합니다. 구글의 주 리포지터리는 우리 입맛에 (심하게) 맞춰 자체 제작한 중앙집중형 VCS입니다. 그동안 더 표준적인 외부 제품과 통합하여 바깥세상

---

6 근거: 스택오버플로 개발자 설문 조사, 2021.

의 개발 워크플로와 일치시켜보려는 노력이 주기적으로 있었습니다. 하지만 코드베이스가 너무 크고 여기에 매달려 있는 엔지니어의 수가 너무 많아서 번번이 좌초되었습니다. 하이럼의 법칙이 우리를 지금의 VCS와 그 인터페이스에 가둬버린 것입니다.[7] 아마도 그리 놀라운 이야기는 아닐 것입니다. 대부분의 기존 도구는 5만 명의 엔지니어가 쏟아내는 수천만 개의 커밋을 수용할 정도로 확장하기 어렵기 때문이죠.[8] (모두는 아니지만) 이력과 메타데이터 전송을 지원하는 분산형 VCS 모델은 리포지터리를 운영하기 위해 엄청난 양의 데이터를 만들어냅니다.

구글의 사용 패턴에서 VCS를 원활하게 확장하려면 중앙집중형 방식과 클라우드 스토리지가 꼭 필요해 보입니다. 분산형 VCS는 코드베이스 전체를 내려받아 로컬에서 접근한다는 아이디어를 토대로 만들어진 모델입니다. 실제로 세월이 흘러 조직이 커가면서 개별 개발자가 관여하는 파일과 버전들이 리포지터리에서 차지하는 비중은 점점 줄어들 것입니다. 파일 수와 엔지니어 수가 많아지면 리포지터리끼리 주고받는 데이터 대부분이 그저 낭비인 셈이죠. 빌드할 때는 로컬 컴퓨터에 파일 대부분이 필요하겠지만, 이 경우도 분산 빌드 시스템의 확장성이 더 뛰어날 것입니다(18장 참고).

16.1.3 진실 공급원

중앙집중형 VCS는 시스템 설계에서부터 '진실 공급원source-of-truth'이라는 개념을 사용합니다. 트렁크trunk에 가장 최근 커밋된 것이 현재 버전입니다. 개발자가 프로젝트를 체크아웃하면 기본적으로 이 트렁크 버전이 제공됩니다. 그런 다음 수정한 내역을 이 버전 위에 다시 커밋하면 해당 변경이 '완료done'됩니다.

중앙집중형 VCS와 달리 분산형 VCS에는 여러 리포지터리 중 어느 것이 단일 진실 공급원Single Source of Truth(SSOT)이냐는 개념이 애초에 존재하지 않습니다. 이론상으로는 중앙 통제나 조율 없이 커밋 태그와 PRpull request을 전혀 다른 개발 브랜치로 전달할 수 있습니다. 따라서 '프레젠테이션 v5_최종_빨간줄_최팀장 버전 2' 세상으로 회귀할 위험이 존재하는 것도 사실입니다. 이런 이유로 분산형 VCS를 운영하려면 정책과 규범을 더 명확하게 정해 지켜야 합니다.

-----

[7] 커밋 해시 대신 단조롭게 버전 번호를 증가시키는 게 특히 골치입니다. 구글 개발 생태계에서 성장한 수많은 시스템과 스크립트는 커밋 번호가 시간 순서와 일치한다고 가정하는데, 이 숨은 의존성을 제거하기가 무척 어렵습니다.

[8] 구글이 모노리포 논문을 발표할 당시의 리포지터리 내 데이터와 메타데이터 용량이 86TB에 달했습니다. 이마저도 릴리스 브랜치를 제외한 용량입니다. 이 거대한 덩치를 개발자 컴퓨터에서 직접 구동되게 만들기란… 매우 어려운 일입니다.

분산형 VCS를 이용하더라도 잘 관리되는 프로젝트들은 특정 리포지터리의 특정 브랜치 하나를 진실 공급원으로 정하여 혼란의 여지를 없앱니다. 실제로도 깃허브와 깃랩^{GitLab} 같은 분산형 VCS 호스팅 서비스가 널리 퍼지고 있죠. 이 서비스 이용자들은 프로젝트의 리포지터리를 복제하고 포크^{fork}할 수 있지만 주 리포지터리는 여전히 하나뿐입니다. 변경 사항이 주 리포지터리의 트렁크 브랜치에 반영되어야 비로소 작업이 '완료'됩니다.

분산형 VCS 세계에서조차 중앙화와 진실 공급원이라는 개념이 다시 사용되는 건 우연이 아닙니다. 진실 공급원이라는 개념이 얼마나 중요한지 이해해보기 위해 진실 공급원이 없다면 어떤 일이 벌어질지 상상해봅시다.

시나리오: 명확한 진실 공급원이 없다면?

여러분의 팀이 분산형 VCS 철학에 크게 감화되어 어떠한 브랜치+리포지터리도 궁극적인 진실 공급원으로 지정하지 않았다고 가정해보세요.

한편으로는 팀원의 리포지터리에서 가져온 이후 무엇이 수정되었는지가 명확하지 않을 수 있는 '프레젠테이션 v5_최종_빨간줄_최팀장 버전 2' 모델을 연상시킵니다. 물론 분산형 VCS 모델에서는 개별 변경을 훨씬 작은 단위로 합치고 추적한다는 면에서 이름 덧붙이기 방식보다 낫습니다. 하지만 어떤 수정이 통합되었는지를 분산형 VCS가 알고 있다고 해서 모든 엔지니어가 그 모든 이력을 볼 수 있다고 확신할 수는 없습니다.

릴리스 빌드에 지난 몇 주간 모든 개발자가 작성한 기능 전부를 포함시키려면 무엇이 필요할지 생각해보죠. 이를 가능케 하는 (중앙집중형이 아니면서 확장성 좋은) 메커니즘이 떠오르나요? 모든 개발자의 승인을 얻는 방식보다 근본적으로 나은 정책을 만들 수 있을까요? 팀이 커져도 늘어난 인원수 이하의 노력만으로 해결되나요? 우리가 보기에는 이런 해법은 없는 것 같습니다. 중앙의 진실 공급원이 없다면 누군가는 다른 릴리스에 포함시킬 기능 목록을 따로 관리해야 할 것이고, 결국 이 목록이 중앙화된 진실 공급원 모델을 모방한 게 됩니다.

한 걸음 더 들어가보죠. 새로운 팀원이 합류했습니다. 이 사람은 정상 작동하는 최신 코드를 어디에서 복사해오면 될까요?

분산형 VCS는 수많은 멋진 워크플로와 재미난 사용 패턴을 가능케 해줍니다. 하지만 팀이 커져도 인원수 증가보다 적은 추가 노력으로 관리할 수 있는 시스템을 찾는다면 단 하나의 리포지터리와 하나의 브랜치를 궁극적인 진실 공급원으로 지정해야 합니다.

이때 어디가 진실 공급원이냐는 다소 상대적입니다. 하나의 프로젝트라도 진실 공급원은 조직마다 다를 수 있습니다. 예컨대 리눅스 커널 패치라면 구글과 레드햇이 서로 다른 진실 공급원을 쓰는 게 전혀 어색하지 않습니다(리눅스 커널 메인테이너인 리누스Linus의 것과도 다르겠죠). 분산형 VCS는 조직과 그 진실 공급원이 계층 구조일 때 그리고 조직 외부에 공개되지 않을 때 적합합니다. 이 형태가 현업에서 분산형 VCS 모델을 활용하는 가장 유용한 예일 것입니다. 레드햇 엔지니어는 자사의 로컬 진실 공급원 리포지터리에 수시로 커밋하고, 상위 리포지터리로부터는 따로 주기적으로 변경 사항을 받아올 것입니다. 동시에 리누스는 자신만의 방식으로 자신의 진실 공급원을 관리할 테고요. 변경사항을 어디로 푸시해야 하는지만 명확하다면 분산형 VCS 모델에서도 조직 확장 시 겪는 혼란 대부분을 피할 수 있습니다.

이 모든 걸 종합하여 우리는 트렁크 브랜치를 아주 특별하고 중요하게 생각합니다. 물론 각 VCS 시스템에서의 트렁크는 기본 브랜치를 뜻하는 기술 용어이며, 각 조직은 그 상위 개념에서 자신만의 정책을 덧씌울 수 있습니다. 가령 기본 브랜치를 버려두고 실제 작업은 모두 개별 브랜치에서 진행할 수 있습니다. VCS 작업 시 브랜치 이름을 명시해야 하는 것 외에는 전혀 문제될 게 없습니다. 그저 표준적인 방식이 아닐 뿐이죠. 버전 관리를 이야기할 때 자주 생략되는 진실이 하나 있습니다. 어느 조직이든 기술만 도입한다고 해서 버전 관리가 끝나는 경우는 거의 없습니다. 그 기술을 어떻게 이용할지를 규정하는 상당한 양의 정책과 사용 규칙이 더해져야 비로소 완성됩니다.

버전 관리에서 정책과 사용 규칙이 가장 많이 필요한 주제는 바로 브랜치 관리입니다. 브랜치 관리에 관해서는 잠시 후 16.2절에서 따로 자세히 이야기하겠습니다.

16.1.4 버전 관리 vs 의존성 관리

버전 관리 정책은 개념적으로 의존성 관리(21장 참고)와 매우 비슷합니다. 차이점은 크게 두 가지입니다. VCS 정책은 주로 코드를 어떻게 관리할지를 다루고, 대체로 훨씬 세세하게 관리합니다. 의존성 관리는 훨씬 어렵습니다. 다른 조직에서 통제하는 프로젝트들을 관리해야 하기 때문입니다. 관리 대상을 우리가 완벽하게 통제할 수 없다는 뜻입니다. 의존성 관리라는 더 높은 차원의 주제는 다른 장(주로 21장)에서 다시 이야기하겠습니다.

16.2 브랜치 관리

버전 관리 시스템이 가능케 한 리비전 추적 능력 덕분에 우리는 상이한 버전들을 관리하는 방식에 대해서도 다양하게 고민해볼 수 있게 되었습니다. 이 다양한 관리 방식을 통틀어 **브랜치 관리**branch management라고 합니다.

16.2.1 '진행 중인 작업'은 브랜치와 비슷하다

브랜치 관리 정책을 논의하려면 최소한 '진행 중인 작업work-in-progress'은 모두 하나의 브랜치와 같다는 점을 인정하고 시작해야 합니다. 개발자가 상위 진실 공급원으로 푸시하기 전까지 수많은 변경사항을 로컬 리포지터리에 커밋해놓는 분산형 VCS 모델을 생각하면 더 명확해집니다. 중앙집중형 VCS에서도 마찬가지입니다. 아직 커밋하지 않고 계류 중인 변경들은 브랜치에 커밋한 변경과 개념적으로 다르지 않습니다. 단지 검색하고 비교하기가 더 어려울 뿐이죠. 이 개념을 더 명확하게 지원하는 중앙집중형 VCS도 있습니다. 예를 들어 Perforce는 모든 변경에 두 개의 리비전 번호를 부여합니다. 하나는 변경이 만들어진 시점의 브랜치를 가리키고, 다른 하나는 다시 커밋된 브랜치를 가리킵니다(그림 16-1). 그래서 Perforce 사용자는 파일을 변경 중인 사람이 누구인지 찾고, 그 사람이 아직 커밋하지 않은 변경의 내용을 검토해볼 수 있습니다.

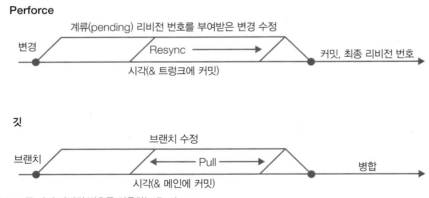

그림 16-1 두 가지 리비전 번호를 이용하는 Perforce

'커밋 전 작업은 하나의 브랜치와 같다'라는 생각은 특히 리팩터링 시 잘 들어맞습니다. 한 개발자가 'Widget의 이름을 OldWidget으로 바꾸자'라고 말했다 칩시다. 이 말은 조직의 브랜치 관리 정책과 이해 정도, 그리고 어디까지를 브랜치로 간주할 것인가에 따라 여러 가지로 해석될 수 있습니다.

1. 진실 공급원 리포지터리의 트렁크 브랜치에 있는 Widget의 이름을 바꿉니다.

2. 진실 공급원 리포지터리의 모든 브랜치에서 Widget의 이름을 바꿉니다.

3. 진실 공급원 리포지터리의 모든 브랜치에서 Widget의 이름을 바꿉니다. 그리고 Widget 을 참조하는 계류 중인 변경들까지 모두 찾아서 바꿉니다.

3번 '계류 중인 변경을 포함한 모든 곳에서 이름 바꾸기' 기능 역시 상용 중앙집중형 VCS들이 '편집하기 위해 파일을 연 엔지니어'까지 추적하는 이유 중 하나가 아닐까 추측합니다(리팩터링을 더 큰 프로젝트에까지 확장할 수 있는 방법이라고 생각하지는 않지만, 관점은 이해합니다).

16.2.2 개발 브랜치

일관된 단위 테스트(11장 참고)가 보편화되기 전 시절에는 작은 변경 하나라도 시스템을 망가뜨릴 위험이 컸기 때문에 '트렁크'를 특별 취급하는 게 당연했습니다. 테크 리드는 이렇게 이야기하곤 했을 것입니다. "우리는 새로운 변경이 모든 테스트를 통과할 때까지 트렁크에 커밋하지 않습니다. 그리고 우리 팀은 기능별로 개발 브랜치를 따로 만들어 사용하죠."

개발 브랜치dev branch는 '구현은 다 했지만 커밋하진 않았어요'와 '이제부터 이 코드를 기준으로 개발하세요'의 중간 단계입니다. 개발 브랜치를 따서 해결하려는 것(제품이 불안정해지는 일 방지)은 온당 신경 써야 하는 문제입니다. 하지만 테스트, 지속적 통합(23장 참고), 철저한 코드 리뷰와 같은 품질 강화 활동을 더 광범위하게 진행하는 편이 효과가 훨씬 좋습니다.

제품 안정성 유지 차원에서 개발 브랜치를 과하게 사용하는 버전 관리 정책은 근본적으로 잘못되었다고 생각합니다. 결국은 똑같은 커밋들이 트렁크에까지 병합될 것입니다. 큰 단위로 한꺼번에 병합하기보다는 작게 작게 자주 병합하는 게 쉽습니다. 각각의 변경을 작성한 당사자가 병합하는 편이 서로 관련 없는 변경들을 나중에 누군가 몰아서 병합하는 것보다 쉽습니다. 병합 시 프리서브밋 테스트가 문제를 발견했을 때도 똑같습니다. 변경을 가한 엔지니어가 한 명뿐이면 문제를 살펴봐야 할 사람이 누구인지 자명합니다. 거대한 개발 브랜치를 병합할 때는 많은 것이 변경된 상태이므로 문제 원인이라고 예상되는 범위를 좁히기가 어렵습니다. 문제를 분류하고 근본 원인을 파악해내기 어렵고, 수정하기는 더욱 어렵습니다.

브랜치 하나를 병합할 때도 이처럼 극복할 게 많으므로 개발 브랜치에 의존하는 방식은 확장하는 데 한계가 있습니다. 소프트웨어 조직에서 흔히 겪는 생산성 저하 사례죠. 다수의 브랜치에서 장기간 독립적으로 개발을 진행했다면 병합 시 엄청난 우여곡절을 겪을 것이고, 병합 후에도 더 많은 위험이 수면 밑에 도사리고 있을 것입니다.

개발 브랜치에 중독되어 가는 과정

조직이 이 함정에 걸려드는 과정은 간단합니다. '오래된 개발 브랜치를 병합하니 안정성이 떨어진다'는 경험이 '병합은 위험하다'라는 결론으로 이어지는 것입니다. 그래서 '더 나은 테스트'와 '브랜치 기반 개발 전략 탈피'로 정면돌파하지 않고 문제와 마주하는 날을 최대한 늦추는 것이죠. 이 기간이 길어지면 병합되지 않은 개발 브랜치에서 새로운 브랜치를 또 따서 개발하는 팀까지 생겨납니다. 오래 지속되는 개발 브랜치에서 작업하는 팀 중에는 메인 브랜치로부터 주기적으로 동기화하는 경우도 있고 아닌 경우도 있습니다. 조직이 커지면 개발 브랜치의 수도 늘어나며 병합 난이도가 자연스럽게 치솟습니다. 그 결과 본질적으로 확장성이 떨어지는 일인 브랜치 병합 조율에 점점 많은 노력을 투입합니다. 운 없는 엔지니어는 빌드 마스터, 병합 관리자, 콘텐츠 관리 엔지니어 같은 타이틀을 달고 조직 내의 모든 이질적인 브랜치를 병합하는 책임을 떠맡습니다. '주간 병합 전략 수립'을 주제로 정기 회의가 잡히기도 하죠.[9] 자주 병합하지 않기로 한 팀들은 메인 브랜치의 대규모 병합이 있을 때마다 자신들의 브랜치를 다시 동기화한 후 테스트하는 일을 반복해야 합니다.

병합 후 다시 테스트하는 데 드는 노력은 사실 모두 무가치한 오버헤드입니다. 그러니 전혀 다른 접근 방법이 필요합니다. 바로 트렁크 기반 개발이죠. 대신 테스트와 CI를 적극 활용하여 모든 빌드와 테스트가 항상 성공하도록 관리하며, 완벽하지 않거나 테스트되지 않은 기능은 비활성화합니다. 엔지니어 개개인이 트렁크와 동기화하고 트렁크에 커밋해야 합니다. '병합 전략' 회의 같은 건 자취를 감추고 값비싼 대규모 병합도 없어집니다. 어떤 버전의 라이브러리를 사용해야 하는지를 놓고 침 튀기며 토론할 일도 사라집니다. 버전이 하나뿐이니까요! 수많은 개

---

9   최근 진행된 비공식 트위터 설문조사에 따르면 병합 전략 회의를 '정기적으로' 여는 소프트웨어 엔지니어가 약 25%나 된다고 합니다.

발 브랜치에서 단일 진실 공급원으로 좁힌다는 것은 그저 어차피 포함시킬 기능을 더 일찍 확정하기 위한 '원점 회귀(1.2.4절 참고)' 전략인 것이죠.

16.2.3 릴리스 브랜치

제품의 릴리스 간격(혹은 릴리스 수명)이 몇 시간 이상이면 릴리스 브랜치를 따로 생성하는 게 좋습니다. 이 브랜치는 릴리스한 제품과 정확히 같은 코드를 담게 됩니다. 공식 릴리스 후 다음 릴리스 전에 심각한 결함이 발견된다면 트렁크에서 해당 수정 코드를 최소한으로 선별하여 릴리스 브랜치로 병합합니다.

개발 브랜치와 달리 릴리스 브랜치는 대체로 무해합니다. 브랜치라는 기술이 문제가 아니라 어떻게 활용하느냐가 문제인 것이죠. 개발 브랜치와 릴리스 브랜치의 가장 큰 차이는 생을 마감하는 모습입니다. 개발 브랜치는 트렁크에 다시 병합될 텐데, 중간에 다른 팀이 브랜치를 추가로 따서 가지를 더 뻗을 수도 있습니다. 반면 릴리스 브랜치는 홀로 존재하다가 결국 사라질 것입니다.

구글의 DORA^{DevOps Research and Assessment} 조직의 연구 결과에 따르면 최고 수준의 기술 조직에는 릴리스 브랜치조차 없습니다. 트렁크로부터 하루에도 몇 번씩 릴리스할 수 있는 지속적 배포^{continuous deployment}(CD)가 잘 자리 잡은 조직에서는 대체로 릴리스 브랜치를 건너뜁니다. 수정사항을 적용해 다시 배포하는 게 훨씬 쉽기 때문이죠. 그래서 별도 브랜치를 두고 병합할 코드를 선별하는 일은 모두 불필요한 오버헤드인 셈입니다. 물론 고객에게 실물 제품을 제공하는 조직보다 웹 서비스나 앱처럼 디지털로 배포하는 조직에 적합하므로, 자신이 고객에게 무엇을 전달하는지를 정확하게 알아야 합니다.

같은 DORA 연구에서 '트렁크 기반 개발' 조직과 '장기간 유지되는 개발 브랜치가 적은' 조직일수록 기술적 성취가 뛰어나다고 이야기합니다. 브랜치가 생산성을 좀먹는다는 강력한 근거인 셈이죠. 일반적으로 브랜치가 많아지고 그로 인해 병합 전략이 복잡해진 원인을 찾아보면 결국은 트렁크를 안정되게 관리하겠다는 목표 때문입니다. 하지만 이 책 전반에서 알 수 있듯이 똑같은 목표에 도달하는 더 나은 방법들이 존재합니다.

16.3 버전 관리 @ 구글

구글의 소스 코드 대부분은 하나의 리포지터리, 즉 모노리포에서 관리되며 약 5만여 엔지니어에게 공유됩니다. 크로미움Chromium과 안드로이드Android 같은 오픈 소스 프로젝트를 제외하고는 구글이 주관하는 프로젝트 거의 모두가 이 안에서 이루어집니다. 검색, 메일, 광고, 구글 클라우드 플랫폼같이 일반 대중을 상대하는 제품뿐 아니라 이런 제품들을 개발하고 지탱하는 데 필요한 내부 인프라까지 아우르죠.

우리는 자체 개발한 중앙집중형 VCS를 이용합니다. 이름은 Piper파이퍼이고, 80TB가 넘는 콘텐츠와 메타데이터를 담고 있습니다. Piper는 서비스형 컴퓨트Compute as a Service 기술로, 프로덕션 환경에서 분산 마이크로서비스 형태로 구동되게끔 만들어져서 세계 곳곳에 흩어져 있는 구글 엔지니어들에게 표준화된 스토리지와 소통 수단을 제공합니다. 동시 편집을 지원하여 수천 명의 엔지니어가 매일매일 쏟아내는 커밋을 거뜬히 받아줍니다. 사람뿐 아니라 버전 관리와 연동되는 반자동 프로세스가 하루 6~7만 건의 커밋을 정기적으로 리포지터리에 밀어 넣습니다. 바이너리 형태의 콘텐츠도 꽤 많은데, 매번 리포지터리 전체를 전송하는 게 아니라서 바이너리 데이터는 일반적으로 전송 비용에 포함되지 않기 때문입니다(18장 참고). 초기 구상 단계부터 구글 규모를 감당하는 데 집중한 덕분에 지금까지도 Piper는 엔지니어들에게 부담을 주지 않습니다. 예를 들어 트렁크로부터 새로운 클라이언트를 만들고 파일을 하나 추가한 후 다시 (리뷰 없이) 커밋까지 하는 데 15초 정도면 가능합니다. 확장성을 잘 이해하고 설계한 덕분에 이처럼 반응이 빨라서 개발자가 수행하는 수많은 일을 간소화해줍니다.

우리가 선택한 버전 관리 정책에 맞춰 시스템을 수정할 수 있다는 점은 자체 개발한 제품의 커다란 장점입니다. 예를 들어 우리는 소유권을 세분화해 관리합니다. 그래서 모든 디렉터리 계층에 OWNERS 파일을 두어 하위 디렉터리로의 커밋을 승인할 수 있는 엔지니어의 사용자 이름username을 기록해둡니다(상위 디렉터리들에 있는 OWNERS 파일에 기록된 이름들을 계속 덧붙이는 식으로 적용합니다). 만약 리포지터리를 여러 개 운영하는 환경이었다면 리포지터리별로 커밋 권한을 다르게 가져거나, 혹은 깃의 커밋 훅commit hook(커밋 시 발동되는 동작)을 이용해 추가로 권한을 확인해야 했을 것입니다. 구글은 VCS를 완벽히 통제할 수 있기 때문에 소유권과 승인이라는 개념을 더 명백하게 정의하고 커밋 과정에서 VCS 차원에서 통제할 수 있습니다. 더구나 우리 모델은 매우 유연합니다. 소유권은 그저 텍스트 파일일 뿐입니다. 리포지터리에 물리적으로 묶여 있지 않기 때문에 팀 이동이나 조직 개편 결과를 반영하기가 아주 쉽습니다.

16.3.1 원-버전

Piper의 확장성은 놀랍지만 그것만으로는 구글이 원하는 형태의 협업을 완성할 수 없습니다. 앞에서 이야기했듯이 버전 관리의 또 다른 축은 정책입니다. Piper에 더하여, 구글 버전 관리 정책의 중심에는 소위 **원-버전**One-Version이 있습니다. 원-버전은 어느 리포지터리의 어느 브랜치가 진실 공급원인지를 개발자가 명확히 알도록 한다는 '단일 진실 공급원' 개념을 확장한 개념입니다. 구체적으로는 '모든 의존성이 우리 리포지터리에 담겨 있고 각 의존성은 단 하나의 안정된 버전만 존재해야 한다'라는 뜻입니다.[10] 따라서 서드파티 패키지들도 Piper에는 단 하나의 버전만 저장해둬야 합니다.[11] 내부 패키지의 경우 다시 패키징하거나 이름을 바꾸지 않고는 포크할 수 없습니다(원본과 포크 버전을 별다른 추가 노력 없이 같은 프로젝트에 섞어둘 수 있는 기술적으로 안전한 방법입니다). 원-버전은 구글의 개발 생태계를 지탱하는 아주 막강한 기능으로, '패키지 A와 B를 동시에 포함할 수 없다'와 같은 제약을 거의 사라지게 해줬습니다.

진실 공급원이 단일 리포지터리, 단일 브랜치, 단일 카피로 구성된다는 정책은 직관적이지만 실제로 적용하려면 미묘하게 고려할 게 많습니다. 다음 절에서는 모노리포로 운영하지만(그래서 단일 진실 공급원이라는 조건을 충족하지만) 라이브러리의 포크(다른 버전)를 트렁크에 추가할 수 있도록 허용하는 시나리오를 들여다보겠습니다.

16.3.2 시나리오: 여러 버전을 허용한다면?

어떤 팀이 공통 인프라 코드에서 버그를 발견했습니다. 구글에서는 Abseil이나 Guava 같은 라이브러리가 될 수 있겠네요. 이 팀은 원본 인프라의 코드를 바로 수정하지 않고 포크하여 버그를 자체 해결하는 전략을 택했습니다. 라이브러리 이름이나 심볼을 바꾸지 않은 채로요. 그러고는 주변 팀에게 "여기 Abseil의 개선 버전을 체크인해뒀으니 필요하면 쓰세요"라고 알리고, 몇몇 팀에서 실제로 자신들의 라이브러리 빌드 시 포크된 버전을 이용하기 시작합니다.

---

10 업그레이드 중에는 두 개의 버전이 공존할 수 있습니다. 하지만 다른 개발자가 해당 패키지를 이용하려 할 때 어느 버전을 선택해야 할지 고민할 여지가 없어야 합니다.

11 특정 버전의 라이브러리만 이용하도록 만들어진 서드파티 패키지도 있어서 완벽하게 지켜지지는 않습니다. 이 문제가 어느 정도까지 잘못될 수 있는지는 21장에서 자세히 이야기합니다.

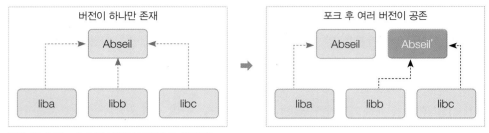

그림 16-2 포크 후 여러 버전이 공존(출처: 옮긴이)

21장에서 살펴보겠지만 위험한 상황으로 접어든 것입니다. 만약 같은 코드베이스의 다른 프로젝트에서 Abseil의 원본과 포크 버전을 동시에 의존하게 되면 어떤 일이 벌어질까요? 운 좋으면 빌드 실패로 끝납니다. 하지만 최악의 경우엔 같은 라이브러리의 서로 다른 두 버전과 링크되어서 이해하기 어려운 런타임 버그가 발생합니다.

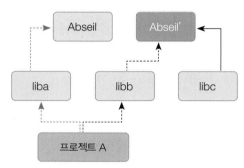

그림 16-3 전이 의존성에 의해 두 가지 버전에 모두 의존(출처: 옮긴이)

포크가 코드베이스에 갈림길을 하나 추가해버린 꼴입니다. 같은 대상을 가리키는 전이 의존성$^{transitive\ dependency}$**12**들은 반드시 단 하나를 가리켜야 합니다. 특히 원래 코드 영역에서 생성한 데이터를 포크한 영역에 전달하는 식의 일이 벌어지면 큰 문제를 일으킬 수 있습니다. 즉, '새로운 의존성을 하나 추가한다'라는 간단한 일이 자칫하면 코드베이스 전체의 테스트를 모두 수행하여 존재하는 모든 갈림길들의 조합을 다시 점검해야 하는 큰 작업으로 번질 수 있다는 말입니다. 매우 비싸며 확장하기 어려운 정책입니다.

---

12 옮긴이_ 예를 들어 프로젝트에 A 라이브러리가 필요해 추가했는데 A는 다른 라이브러리인 B와 C를 이용합니다. 그러면 내 프로젝트는 자연스럽게 B와 C에도 의존하게 됩니다. 이처럼 딸려온 의존성을 전이 의존성이라고 합니다.

여러 버전에 의존하더라도 실행 파일이 올바르게 작동되도록 해주는 트릭이 가능한 경우도 있습니다. 예컨대 자바 업계에서는 **셰이딩**shading13을 많이 이용합니다. 셰이딩이란 이용하는 라이브러리의 내부 의존성들(클래스, 함수 등)의 이름을 변경해주는 기술입니다. 바뀐 이름으로 이용하기 때문에 애플리케이션의 다른 영역 코드에서는 무엇을 이용하는지 알 수 없게 된다는 뜻에서 셰이딩(가리기)이라는 이름을 씁니다. 일종의 트릭이지만 함수 수준에서는 기술적으로 훌륭하게 동작합니다. 하지만 패키지를 넘나드는 타입type이 대상이라면 이론적으로든 현실적으로든 잘 작동하지 않습니다.

이 외에도 같은 라이브러리의 여러 버전을 하나의 바이너리에서 깔끔하게 공유하려는 트릭들은 우리가 아는 한 모두 같은 한계에 봉착합니다. 함수까지는 가능해도 타입으로 넘어가는 순간 유용성이 확 떨어지죠. 그래서 타입(혹은 어떤 추상 구조든)을 제공하는 라이브러리들에는 적합하지 않습니다. 셰이딩 및 관련 기술들은 '동일한 의존성의 여러 버전이 필요하다'라는 근본적인 문제에 천을 덧대는 미봉책에 불과합니다(이 문제를 최대한 줄여주는 방법을 21장에서 소개합니다).

같은 코드베이스에서 여러 개의 버전이 공존하는 걸 허용하는 정책은 모두 이상의 값비싼 호환성 문제를 품고 있습니다. 여러 가지 트릭을 동원하여 잠시 동안은 피할 수 있겠지만 결국은 큰 문제로 이어질 확률이 매우 높습니다.

16.3.3 원-버전 규칙

방금 이야기한 시나리오를 염두에 두고 주제를 단일 진실 공급원으로 옮겨보겠습니다. 다음과 같이 겉보기에는 간단한 이 규칙의 깊은 곳을 함께 들여다보죠.

개발자가 '이 구성요소는 어떤 버전을 사용해야 하죠?'라고 묻는 상황을 만들지 않아야 합니다.

이 말이 곧 '원-버전 규칙One-Version Rule'입니다. '원-버전(하나의 버전)'이라고만 써도 어렵지 않고 짧아서 소통하기도 좋지만, '의존성을 새로 추가할 때 '선택'할 수 있는 버전을 제한한다'라

---

13 (블로그 글) Java Learning – Fat Jars, Dependency Shading, and upgrading from ant to gradle. *https://oreil.ly/ RuWX3*

는 식으로 풀어서 표현하면 내재된 진짜 의미를 훨씬 강하게 전달해줍니다.[14]

개별 개발자 입장에서는 선택을 제한한다는 건 자유를 침해하는 장애물처럼 보일 수 있습니다. 하지만 우리는 다시 한번 조직 차원에서 바라봐야 합니다. '원-버전'은 조직을 효율적으로 확장하기 위해 반드시 필요한 규칙입니다. 일관성은 조직 규모에 상관없이 매우 중요합니다. 다른 시각에서 보면, 이는 일관성과 일관된 '초크포인트chokepoint'[15] 활용 보장에 관한 논의에서 직접 파생된 부수효과라고 볼 수 있습니다.

16.3.4 장수 브랜치는 (웬만하면) 금지

'원-버전' 규칙에는 몇 가지 더 깊은 뜻과 정책이 내포되어 있습니다. 그중 가장 중요한 정책은 개발 브랜치를 되도록 만들지 말고, 만들더라도 매우 짧게 쓰고 없애야 한다는 것입니다. 업계에서 지난 20년 넘게 다양한 실험과 경험을 통해 얻은 결론이죠. 애자일 프로세스부터 DORA의 트렁크 기반 개발 연구 결과, 심지어 피닉스 프로젝트[16]에서도 '진행 중인 작업을 줄여라'라는 교훈을 주었습니다. 나아가 커밋하지 않고 계류 중인 작업도 개발 브랜치와 비슷합니다. 따라서 오래 묵히지 말고 작업을 작은 증분으로 나눠 정기적으로 트렁크에 커밋해야 합니다.

반대로 장수 개발 브랜치를 여러 개 운영하는 데 거리낌 없는 개발 커뮤니티는 어떨까요? 여러 버전이 공존하여 선택을 해야만 하는 상황을 상상하기는 어렵지 않습니다.

이런 시나리오를 생각해보죠. 어떤 인프라팀에서 Widget의 개선 버전을 만들고 있습니다. 주변 반응이 좋았고, 그래서 새로 시작하는 몇몇 프로젝트에서 사용해보고 싶다고 요청해왔습니다. 코드베이스의 가시성 정책을 잘 만들어뒀다면 무난하게 해결될 일입니다. 하지만 만약 신버전 Widget을 써도 된다고 '허용'하는 동시에 신버전을 별도 브랜치에서만 제공한다면 문제가 심각해집니다. 제대로 하려면 신버전 Widget 역시 트렁크에 커밋하고, 대신 준비될 때까지 실행 파일에 포함되지 않도록 비활성화해야 합니다. 이때 가능하다면 가시성을 설정하여 다른 개발자들이 볼 수 없게 숨겨야 합니다. 혹은 사용할 Widget의 버전을 선택할 수 있더라도 항

---

14 예를 들어 주기적으로 버전업되는 서드파티 라이브러리가 있다면, 그 라이브러리와 이를 이용하는 모든 코드를 한 번에 원자적으로 변경하는 건 불가능할 수 있습니다. 따라서 새로운 버전을 하나 추가한 다음 새로운 사용자는 구버전을 쓰지 못하게 하고, 구버전을 쓰던 코드는 점진적으로 이주시켜야 할 때가 많습니다.

15 옮긴이_ 초크포인트란 결과를 좌우하는 결정적인 요인, 전략상 중요한 길목(요충지)을 뜻합니다.

16 「피닉스 프로젝트: 위기에 빠진 IT 프로젝트를 구하라」(에이콘출판사, 2021)

상 같은 버전에 링크되도록 설계해야 합니다.

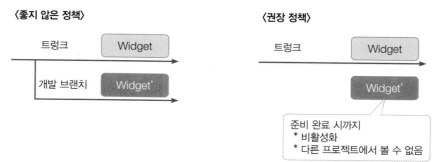

그림 16-4 좋지 않은 정책과 권장 정책

흥미롭게도 업계에서도 원–버전 규칙이 이미 중요해졌다는 증거가 있습니다. 『Accelerate』와 최근 DORA의 '데브옵스 현황 보고서'에 따르면 트렁크 기반 개발과 뛰어난 소프트웨어 조직 사이에는 양의 상관관계가 존재합니다. 이런 사실을 발견한 조직이 구글뿐만이 아니며, 우리가 이 정책을 처음 정할 때 이런 결과를 예상했던 것도 아닙니다. 그저 다른 어떤 방식도 우리에게 맞지 않아 보였습니다. DORA의 결론은 확실히 우리의 경험에 부합합니다.

대규모 변경(22장 참고)을 위한 우리 정책과 도구들은 트렁크 기반 개발이 중요하다는 데 더욱 힘을 실어줍니다. 코드베이스 전반에 적용되는 광범위하고 얕은 변경은 그 자체로 이미 엄청난 규모의 (그리고 대체로 지루한) 작업입니다. 트렁크에 체크인된 모든 것을 수정해야 하니까요. 그런데 무수한 개발 브랜치들까지 찾아서 코드를 적절하게 수정해야 한다면 부담이 상당히 클 것은 자명합니다. 심지어 분산형 VCS 모델에서는 영향받는 브랜치를 모두 찾아내는 게 불가능할 수도 있습니다.

물론 우리의 경험이 전체를 대변하지는 못합니다. 여러분은 장수하는 개발 브랜치를 여럿 운영하면서 정기적으로 트렁크로 병합하는 모델을 사용해야만 하는 특수한 상황에 처해 계실 수도 있습니다.

그렇더라도 이런 상황은 드물어야 하며 비용이 많이 든다는 사실을 인지하고 계셔야 합니다. 구글의 경우 모노리포에서 작업하는 팀이 약 1,000개 정도인데 반해 장수 개발 브랜치에서 작업하는 팀은 두어 개뿐입니다.[17] 일반적으로 이런 팀은 매우 분명한 (그리고 일반적이지 않은) 이

---

17 이런 팀의 수를 정확히 파악하기는 어렵지만, 10개 미만인 건 거의 확실합니다.

유로 생겨납니다. 그 이유들은 대체로 '버전 간 호환성 요구사항이 좀 특이하다'와 같은 몇 가지 변형으로 요약할 수 있습니다. 예를 들어 같은 데이터를 여러 버전에서 이용하기 때문에 호환성을 보장해야 하는 문제가 있을 수 있습니다. 특정 포맷의 파일을 읽고 쓰는 소프트웨어라면 다음 버전에서 읽고 쓰는 로직을 다르게 구현하더라도 파일 포맷 자체는 변치 않아야 합니다.

다른 경우로, API 호환성을 유지하겠다고 이미 약속을 해놨기 때문에 개발 브랜치가 오래 유지될 수 있습니다. 어떠한 사정에서든 '원-버전'으로는 충분치 않아서 구버전 서비스와 신버전 서비스를 함께 운영해야 하는 경우입니다. 비용이 매우 많이 드는 약속입니다. 따라서 활발하게 진화 중인 API에 대해서는 함부로 약속해서는 안 되며, 지원 기간도 신중하게 정해야 합니다. 어떤 형태든 시간이 개입되면 훨씬 복잡하고 비용이 많이 듭니다. 그래서 구글의 프로덕션 서비스들은 이런 약속을 잘 안 하는 편입니다.[18]

구글은 또한 **'빌드 호라이즌**build horizon'이라는 정책을 써서 잠재적인 버전 왜곡이 지속되는 기간의 상한선을 정해뒀는데, 톡톡한 효과를 보고 있습니다. 빌드 호라이즌이란 프로덕션 환경에서 구동 중인 모든 제품은 최대 6개월 안에 다시 빌드하여 재배포해야 한다는 정책입니다(보통은 훨씬 자주 이루어집니다).

장수 개발 브랜치가 필요한 상황은 더 있겠지만, 어찌 됐든 최소한만 유지하세요. 이 책에서 소개하는 다른 도구와 관례들이 장수 개발 브랜치를 줄이는 데 효과가 있을 것입니다. 대체로 자동화와 도구들은 트렁크와는 찰떡이지만 개발 브랜치가 생겨나면 잘 대응하기 어려우므로(노력이 더 필요하므로) 트렁크 기반 개발은 개발자들이 항시 최신 버전 위에서 함께 개발하게 해주는 장치가 되어줍니다.

16.3.5 릴리스 브랜치는 어떤가?

구글에서는 많은 팀이 릴리스 브랜치를 이용하고 최소한의 수정만 반영합니다. 릴리스를 매달하면서 동시에 다음 릴리스를 준비하는 팀이라면 릴리스 브랜치 이용은 매우 합리적인 선택입니다. 고객에게 실물 기기를 판매하는 경우도 배포된 정확한 버전을 알아야 하니 릴리스 브랜치가 필요합니다. 릴리스 브랜치에 반영할 수정은 신중히 고민하여 최소한으로 선별하고, 다시 트렁크로 병합할 계획은 세우지 마십시오.

---

18 클라우드 인프라는 물론 다른 이야기입니다.

구글은 다양한 팀에서 릴리스 브랜치와 관련한 온갖 정책을 만들어 활용합니다. 지속적 배포 (24장 참고)가 약속하는 릴리스 리듬은 릴리스 브랜치조차 필요 없게 해줍니다만, 아직 그 수준에 도달한 팀은 몇 없기 때문입니다. 우리 경험에 비춰보면 릴리스 브랜치가 광범위한 비용을 발생시키지는 않습니다. 적어도 VCS로 관리할 브랜치 수가 늘어난다는 점 이상의 두드러진 추가 비용은 없습니다.

16.4 모노리포(단일 리포지터리)

2016년, 구글은 모노리포 방식에 관한 논문[19]을 발표했습니다(그 후로 많이 인용되고 논의되었죠). 모노리포 방식은 그 자체로 몇 가지 이점을 제공합니다. 그중 최고는 '원-버전'을 고수하기가 쉽다는 점입니다('원-버전'에서 벗어나기가 오히려 어려워지죠). 모노리포에서는 공식 버전이나 중심 역할을 하는 리포지터리를 찾는 과정이 불필요합니다. 빌드 도구들(23장 참고) 역시 중심 리포지터리를 찾을 필요가 없죠. 이러한 일관성 덕분에 도구를 새로 도입하거나 코드를 최적화한 혜택이 조직 전체에 훨씬 빠르게 전파됩니다. 다른 엔지니어들이 무슨 일을 어떻게 하고 있는지 쉽게 알아볼 수 있고, 이를 참고하여 자신의 코드와 시스템 설계 방향을 결정할 수 있습니다. 모두 아주 좋은 일들이죠.

이 모든 것과 '원-버전 규칙'의 이점에 관한 우리의 신념을 생각하면 '모노리포만이 유일한 길 아닌가?'라는 생각이 들지 않을 수 없습니다. 하지만 오픈 소스 커뮤니티들을 보면 조율과 동기화 없이 무수히 많은 리포지터리를 생성하는 멀티리포 방식도 잘 작동하는 것 같습니다.

한 마디로 우리가 따르는 모노리포 방식이 모든 이에게 정답일 수는 없다고 생각합니다.

VCS를 파일시스템 형식에 빗대어 생각해보겠습니다. 드라이브 10개가 있습니다. 이를 하나의 큰 논리 파일시스템으로 묶어 사용할지 아니면 작게 10개를 따로 사용할지를 정하기는 어렵지 않습니다. 파일시스템 세계에서는 둘 다 장단점이 명확하죠. 파일시스템을 선택할 때 고려하는 기술적인 특성은 안정성, 크기 제약, 성능 등입니다. 사용성 측면에서는 파일시스템 경계 넘어의 파일 참조, 심볼릭 링크 추가, 파일 동기화 등을 고려할 것입니다.

....

19 (논문) Rachel Potvin and Josh Levenberg, "Why Google stores billions of lines of code in a single repository," Communications of the ACM, 59 No. 7 (2016): 78–87.

모노리포냐 멀티리포냐를 선택할 때도 비슷한 문제들을 고려하게 됩니다. 소스 코드(혹은 파일)를 저장하는 구체적인 방법이 주요 쟁점일 것이고, 여러분이 속한 조직의 특성과 워크플로의 특정 세부 이슈가 더 중요하게 다뤄지는 경우도 있을 것입니다. 어쨌든 이 결정은 여러분 스스로 내려야 합니다.

중요한 것은 모노리포냐 아니냐가 아니라 '원-버전' 원칙을 최대한 준수하는 것입니다. 즉, 조직에서 이미 사용 중인 라이브러리에 대한 의존성을 추가할 때 개발자가 버전을 '선택'하게 해서는 안 됩니다. 원-버전 규칙에 선택이 끼어들면 필시 병합 전략 논의, 다이아몬드 종속성, 노력 낭비가 뒤따라 옵니다.

VCS와 빌드 시스템 같은 소프트웨어 엔지니어링 도구들은 세분화한 리포지터리들과 모노리포를 영리하게 혼합하여 점점 더 모노리포와 비슷한 경험을 제공하도록 진화하고 있습니다(합의된 커밋 순서와 의존성 그래프 이해 등). 대표적으로 깃의 서브모듈, Bazel의 외부 의존성, CMake의 서브프로젝트는 모두 모노리포를 유지하는 비용과 단점 없이 마치 모노리포로 작업하듯 만들어줍니다.[20] 더구나 세분화한 리포지터리 방식은 확장과 스토리지 관리 측면에서 확실히 다루기가 쉽습니다.[21] 여러 리포지터리를 묶어 가상 모노리포virtual monorepo(VMR) 형태로 사용하면 원-버전을 유지하며 공통 유틸리티들을 모두가 쉽게 이용할 수 있습니다. 그러면서도 실험적 프로젝트나 대외비 프로젝트는 더 쉽게 분리할 수 있습니다.

정리해보죠. 개인정보, 법 준수, 비밀 유지, 보안 등의 요구사항이 모든 프로젝트에 동일하게 적용되는 조직이라면 진정한 모노리포가 좋습니다.[22] 그렇지 않다면 모노리포라는 이상을 추구하되 같은 경험을 다른 방식으로 구현해내는 방법을 찾아보세요. 여러 리포지터리를 독립적으로 운영하면서도 원-버전을 고수할 수 있거나 프로젝트들이 서로 크게 관련이 없어서 별도 리포지터리로 관리해도 아무 문제없다면 아주 다행입니다. 그렇지 않다면 어떤 식으로든 가상 모노리포를 구축해 이용하면 두 방식의 장점을 균형 있게 취할 수 있을 것입니다.

결국은 어떤 파일시스템을 선택하느냐보다 그 안에 무엇을 담느냐가 더 중요합니다.

---

20 완벽히 매끄럽게 동작하는 도구는 아직 못 봤습니다만 '리포지터리 간 의존성'과 '가상 모노리포'라는 아이디어가 발전 중인 것은 확실합니다.

21 예를 들어 깃은 커밋이 수백만 개가 넘어가면 종종 성능이 느려지고, 커밋에 덩치 큰 바이너리 파일이 포함되어 있으면 복제 속도가 느린 편이라서 리포지터리 하나로 확장하는 데는 불리합니다. 또한 바이너리 아티팩트들의 버전도 관리하려면 스토리지 백엔드가 제대로 갖춰져 있어야 합니다.

22 단, 코드베이스와 조직의 생이 끝날 때까지 VCS를 직접 구축하고 관리할 능력과 의지가 있어야 합니다. 섣불리 생각할 문제는 아닙니다. 해야 할 일이 진짜 많습니다.

16.5 버전 관리의 미래

모노리포 방식의 이점을 공개적으로 논의 중인 기업이 구글만은 아닙니다. 마이크로소프트, 페이스북, 넷플릭스, 우버 역시 자신들의 방식을 공개한 바 있습니다. DORA는 이 주제를 훨씬 광범위하게 퍼트려줬죠. 성공한 이 장수 기업들 모두가 잘못된 방향으로 나아가고 있을까요? 혹은 평균적으로 이들보다 작은 조직에는 적용하지 못할 만큼 전혀 다른 세상을 개척한 것일까요? 그럴 가능성도 없진 않지만 아주 낮다고 봅니다.

모노리포에 대한 가장 큰 우려는 모든 것을 하나의 리포지터리에 담을 수 있는 기술이 있느냐입니다. 업스트림 리포지터리를 빠르고 경제적으로 복제할 수 있다면 개발자들은 변경을 작고 격리된 상태로 관리하고 싶어 할 것입니다(엉뚱한 작업 브랜치에 커밋하는 실수도 없애주고요). 반대로 리포지터리 복제(혹은 그에 상응하는 VCS 작업)에 개발자들이 몇 시간씩 허비해야 한다면 자연스럽게 거대 리포지터리가 꺼려질 것입니다. 구글은 다행히도 대규모로 확장할 수 있는 VCS를 구축하는 데 집중하여 이 문제를 극복했습니다.

지난 몇 년에 걸쳐 깃에는 얕은 복제^{shallow clone}, 희소 브랜치^{sparse branch}, 최적화 등 대규모 리포지터리를 지원하는 기능이 다수 갖춰졌습니다. 우리는 이 노력이 앞으로도 계속되어 '그래도 리포지터리를 작게 유지해야 합니다'라는 주장의 힘은 점점 약해지리라 기대합니다.

오픈 소스 소프트웨어^{Open Source Software}(OSS) 세계의 개발 방식과 어울리지 않는다는 우려도 있습니다. 사실이긴 하지만, OSS 세계가 따르는 관행 중 상당수는 자유 추구, 조정 부족, 컴퓨팅 자원 부족 때문에 생겨났다는 주장도 부정할 수 없습니다. OSS 세계의 프로젝트들은 서로의 코드를 볼 수 있는 독립된 조직들로 볼 수 있습니다. 각각의 조직에서는 자신의 경계 안에서 사용하기에는 충분한 컴퓨팅 자원과 조정은 물론 어느 정도의 중앙 통제가 이루어집니다.

덜 일반적이지만 아마도 더 정당한 우려도 있습니다. 코드에서도 법률, 규제, 보안, 개인정보 보호를 신경 써야 합니다. 하지만 조직이 커지면 그 정도가 코드마다 달라지겠죠. 멀티리포 방식에서는 개발자 접근 제안, 가시성, 권한 등을 리포지터리별로 다르게 가져가기가 아주 쉽습니다. 이에 필요한 기능들을 모노리포에도 적용할 수 있겠지만, 그러려면 끊임없이 사용자화하고 유지보수해야 할 것입니다.

한편 업계에서는 리포지터리들끼리 상호 연결해주는 가벼운 기법을 연구하고 있습니다. 깃의 서브모듈처럼 VCS 차원에서 직접 수행하는 형태도 있고 빌드 시스템에서 지원하는 형태도 있습니다. 어느 리포지터리가 트렁크 역할을 하는지, 어느 변경이 먼저 일어났는지, 그리고 의존성은 어떤 식으로 기술하는지가 모두 일관되다면 이질적인 여러 리포지터리들을 묶어 하나의 더 큰 가상 모노리포로 다루는 일이 그리 어렵지 않을 것입니다. 구글에서는 Piper가 역할을 충분히 잘 수행해왔습니다. 다른 조직이라면 확장성 높은 가상 모노리포와 그 관리 도구에 투자하고, 코드별 정책은 각 리포지터리의 기능을 활용하는 편이 유리할 수 있습니다.

누군가 충분히 거대하고 상호 호환되면서 독립적인 프로젝트들을 오픈 소스로 구축하고, 이 프로젝트들을 가상 모노리포로 묶어 제공한다면 OSS 개발자들의 관행도 변화하기 시작할 거라 생각합니다. 지금도 수많은 리눅스 배포판이 수천 개의 상호 호환되는 패키지 리비전들로 구성되어 있고, 가상 모노리포를 구성할 수 있는 도구도 있으니 가능성을 엿볼 수 있습니다. 단위 테스트, CI, 자동 버전 범핑[23] 덕분에 리비전 중 하나가 업데이트되면 패키지 소유자가 해당 패키지의 트렁크를 (물론 비파괴적인 방식으로) 업데이트할 수 있습니다. 따라서 이 모델이 OSS 세계에서도 충분히 유행하리라 생각합니다. 결국은 효율 문제입니다. (가상) 모노리포에 원-버전 규칙을 더하면 소프트웨어 개발을 복잡하게 만드는 원흉 중 하나인 '시간'이라는 요인에서 많이 자유로워집니다.

우리는 버전 관리와 의존성 관리가 향후 10~20년 사이에 이 방향으로 발전할 것으로 봅니다. VCS는 확장성을 개선해 더 큰 리포지터리를 지원할 것입니다. 그와 동시에 리포지터리들이 프로젝트와 조직 경계를 넘어 더 유연하게 연동되도록 해주는 반대 방향의 기술도 발전시킬 것입니다. 아마도 현존하는 패키지 관리 단체나 리눅스 배포자 중 하나가 업계 표준의 가상 모노리포 구축을 촉진할 것입니다. 그 모노리포가 제공하는 유틸리티를 이용하여 상호 호환되는 의존성들을 하나의 단위처럼 활용하기가 쉬워지겠지요. 버전 번호는 차츰 타임스탬프 정도의 의미로 퇴색될 것입니다. 여러 버전이 공존하게 놔두면 시간이라는 골칫덩이가 끼어들게 됨을 이해하여 회피하는 방법을 찾게 될 것입니다. 이 모든 것이 모노리포라는 개념에서 출발합니다.

---

23 옮긴이_ 버전 범핑(version bumping)은 프로그램의 버전을 새로운 고윳값으로 증가시키는 기능을 말합니다.

16.6 마치며

버전 관리 시스템은 협업 효율을 끌어올리기 위해 업무 조율 정책에 기술(특히 공유 컴퓨팅 자원과 네트워크)을 접목하면서 자연스럽게 탄생된 결과물입니다. 돌이켜보면 각 시대에 우리 업계가 이해하는 소프트웨어 엔지니어링 규범들과 보조를 맞춰 발전해왔습니다.

초기의 VCS들은 단순히 파일 단위의 락킹만 제공했습니다. 소프트웨어 엔지니어링 프로젝트와 팀의 규모가 커지자 이 방식의 한계가 명확하게 드러났고, 버전 관리를 바라보는 관점도 달라졌습니다. 그 후 전 세계 누구나 기여할 수 있는 오픈 소스 개발 모델이 유행하면서 탈중앙화하는 방향으로 발전했습니다.

미래에는 네트워크는 항시 연결되어 있다고 가정하고 클라우드에 저장하고 클라우드에서 빌드하여 불필요한 파일 전송을 줄이는 쪽으로 전개되리라 예상합니다. 컴퓨터 한 대로 충분한 단순한 프로그래밍 프로젝트와는 다르게 접근해야 함을 뜻하며, 대규모의 장수 소프트웨어 엔지니어링 프로젝트에서는 점점 중요해지고 있습니다. 클라우드로의 전환은 분산 VCS 방식이 드러낸 진실, 즉 분산 개발 모델에서도 어느 하나가 반드시 진실 공급원 역할을 해줘야 한다는 진실을 더 명확히 드러내줄 것입니다.

현재 분산 VCS의 탈중앙화는 업계(특히 오픈 소스 커뮤니티)가 필요로 해서 탄생한 합리적인 결과물입니다. 그러나 분산 VCS는 설정을 엄격하게 통제하고 각 조직에 맞는 브랜치 관리 정책과 결합될 때 비로소 빛을 발합니다. 또한 예기치 못한 확장성 문제로 고생할 때도 많습니다. 가령 오프라인에서 모든 일을 완벽히 수행하려면 로컬로 그만큼 많은 데이터를 가져와 처리해야 합니다. 아무나 제한없이 브랜치를 딸 수 있도록 허용하면서 제대로 관리하지 못하면 개발자들이 작업한 코드를 트렁크에 배포하거나 최신 코드를 내려받을 때 심각한 오버헤드를 유발합니다. 하지만 복잡한 기술이라고 해서 꼭 복잡하게 사용할 이유는 없습니다. 모노리포와 트렁크 기반 개발 모델에서 보았듯이 브랜치 정책을 단순하게 가져가면 일반적으로 더 나은 결과를 얻을 수 있습니다.

선택에는 대가가 따릅니다. 우리는 원-버전 규칙을 적극 권장합니다. 개발자들이 어디로 커밋해야 할지, 혹은 어느 버전을 이용해야 할지를 선택할 수 없어야 합니다. 조직 전반에 이만큼 큰 영향을 주는 정책은 몇 없습니다. 개별 개발자에게는 성가실 수 있습니다. 하지만 종합적으로 보면 최종 결과가 훨씬 좋습니다.

16.7 핵심 정리

- '앞으로 업데이트할 일 없는 개인 토이 프로젝트'가 아니라면 소프트웨어 개발 프로젝트에서는 무조건 버전 관리 시스템을 이용하세요.

- 어느 버전을 사용할지 선택할 수 있다면 잠재적으로 확장성이 떨어진다는 뜻입니다.

- 원−버전 규칙은 조직의 효율에 지대한 영향을 줍니다. 어디에 커밋할지 혹은 어느 걸 사용할지 선택할 일을 없애면 일이 기가 막히게 단순해집니다.

- 어떤 언어에서는 셰이딩, 분리 컴파일, 링커 숨기기 같은 기술로 이 문제를 회피할 수 있습니다. 하지만 모두 노력 낭비입니다. 아무것도 생산하지 않으면서 기술 부채만 쌓는 꼴입니다.

- (DORA/데브옵스 현황 보고서/『Accelerate』 등의) 기존 연구들이 트렁크 기반으로 개발하는 조직일수록 성과가 좋을 가능성이 높음을 보여줬습니다. 장수 개발 브랜치는 좋지 않은 계획입니다.

- 여러분에게 적합한 버전 관리 시스템을 사용하세요. 여러분이 속한 조직에서 리포지터리를 프로젝트별로 두는 쪽을 선호하더라도 리포지터리 간 의존성을 설정해 어느 하나를 트렁크로 지정해두는 게 유리할 수 있습니다. 현재의 VCS와 빌드 시스템들은 리포지터리를 작게 세분화하는 방향은 물론 하나의 '가상' 트렁크를 지정해 사용하는 방향 모두를 지원하도록 진화하고 있습니다.

CHAPTER 17

Code Search

Code Search는 구글이 이용하는 코드 브라우징 및 검색 도구로, 프런트엔드 UI와 다양한 백엔드 요소로 이루어져 있습니다. 역시나 구글의 거대한 코드베이스를 감당하며 쉽게 확장할 수 있는 도구가 필요해서 만들어졌습니다. 처음에는 grep과 유사한 코드 검색 도구[1]와 대외용 UI[2]의 조합으로 시작했습니다. 그 후 상호참조cross-reference와 심볼 정의로 이동할 수 있게 해주는 Kythe/Grok[3]이 통합되면서 구글 개발자들의 핵심 도구로 자리매김했습니다.

이러한 통합 덕분에 단순한 코드 검색에서 브라우징으로 초점이 옮겨졌고, 나중에는 '클릭 한 번으로 다음 (예상) 질문에 답해주기'가 Code Search 개발 원칙의 하나가 되었습니다. 지금은 다음과 같은 질문들에 클릭 한두 번으로 답해주는 수준에 이르렀습니다.

- 이 심볼은 어디에 정의되어 있나요?
- 이건 어디서 사용되죠?
- 이 심볼은 어떻게 인클루드하죠?
- 이 코드는 언제 코드베이스에 추가된 거죠?
- 전체적으로 CPU 사이클을 얼마나 소모하나요?

---

1 GSearch라는 이름의 도구로, 원래 제프 딘(Jeff Dean)의 개인 컴퓨터에서 운영하는 바람에 딘이 휴가를 떠나자 구글 전사가 난리가 났었습니다.

2 사외 서비스는 2013년에 종료했습니다. *https://en.wikipedia.org/wiki/Google_Code_Search* 참고.

3 현재는 Kythe로 알려진 서비스로, 핵심 기능은 상호참조입니다. 전체 빌드 정보를 활용하여 특정 코드 심볼(예: 함수)을 같은 이름의 다른 심볼과 명확하게 구별해줍니다.

IDE나 코드 편집기에 통합하는 대신 Code Search는 대규모 코드를 읽고, 이해하고, 탐색하는 데 최적화되었습니다. 이를 위해 클라우드 기반 백엔드를 적극 활용하여 콘텐츠를 찾고 상호참조를 식별해냅니다.

이번 장에서는 Code Search를 자세히 들여다봅니다. 예컨대 Code Search가 구글 개발자들의 워크플로에 어떻게 녹아 있는지, 구글은 왜 코드 검색을 독립된 웹 도구로 만들었는지, Code Search가 구글 규모의 코드를 검색하고 브라우징하는 문제를 어떻게 해결했는지를 알아볼 것입니다.

17.1 Code Search UI

Code Search UI의 핵심 요소는 당연히 검색창입니다. 마치 웹 검색처럼 타이핑을 시작하면 '제안' 기능이 작동하여 개발자가 파일, 심볼, 디렉터리로 빠르게 찾아 들어갈 수 있습니다. 더 복잡한 쓰임새를 보여줄 때는 코드 스니펫이 포함된 결과 페이지를 보여줍니다. 검색 자체는 성능 좋은 '파일에서 찾기find in files' 정도로 생각할 수 있습니다(유닉스의 grep 명령과 비슷하죠). 여기에 관련성 랭킹과 코드 강조, 범위 인식, 주석 및 문자열 인식 같은 개선이 더해져 있습니다. 검색은 명령줄command line에서 실행할 수도 있고 RPC API를 이용하면 다른 도구에 통합도 가능합니다. 후처리가 필요하거나 반환된 결과가 너무 많아서 수동으로 검사하기 어려울 때 유용하죠.

파일 하나를 들여다볼 때는 대부분의 토큰을 바로 클릭하여 관련 정보로 빠르게 이동할 수 있습니다. 예를 들어 함수 호출 코드는 함수 정의로 이동하고, 임포트된 파일 이름은 실제 소스 파일로, 주석에 쓰인 버그 ID는 해당 버그 리포트로 이동하는 식입니다. 이는 Kythe[4] 같은 컴파일러 기반 인덱스 도구의 힘입니다. 심볼 이름을 클릭하면 심볼이 이용된 모든 위치를 담은 창이 열리고, 커서를 지역 변수 이름에 올려놓으면 그 변수를 사용한 모든 위치가 강조됩니다.

---

4   (Kythe 홈페이지) *http://kythe.io*

그림 17-1 Code Search UI

Code Search는 Piper(16장 참고)와도 통합되어 있어서 파일의 변경 이력도 보여줍니다. 파일의 이전 버전을 확인할 수 있고, 어디가 변경되었는지, 누가 작성했는지 확인할 수 있습니다. 그뿐 아니라 코드 리뷰 도구인 Critique(19장 참고)으로 점프하거나 다른 버전과 비교하거나, 원한다면 전통적인 'blame' 뷰[5]도 확인할 수도 있습니다. 디렉터리 뷰에서는 지워진 파일들도 보여줍니다.

17.2 구글 개발자가 Code Search를 이용하는 방법

Code Search와 비슷한 기능을 제공하는 다른 도구도 물론 있습니다. 하지만 구글 개발자들은 검색하고 파일 내용을 살펴보기 위해, 무엇보다도 코드를 이해하기 위해 Code Search UI를 적극 활용합니다.[6] 구글 개발자가 Code Search로 하려는 일은 코드에 대한 답을 찾고 코드의

---

5   옮긴이_ 코드 라인별로 누가 언제 수정했는지 보여주는 뷰 모드를 말합니다. 특정 라인을 누가 언제 어떤 기능을 만들다가 추가/수정했는지 확인하는 데 유용합니다. 'git blame'으로 구글링해보세요.

6   Code Search라는 전천후 코드 브라우저 덕에 흥미로운 선순환이 이루어지기도 합니다. 애초에 탐색하기 쉽도록 코드를 작성하는 것이죠. 예를 들어 계층 구조가 너무 깊어지지 않게 관리하거나(호출 지점에서 실제 구현으로 이동하는 클릭 수가 줄어듦), 문자열이나 정수 같은 범용 타입보다 이름 있는 타입을 사용하는(사용하는 곳을 찾기 쉬움) 식입니다.

의도를 분명하게 이해하는 것입니다.[7]

17.2.1 어디에?

Code Search는 두 가지 방식으로 도와줍니다. 결과에 랭킹을 매겨 보여주고 표현력 좋은 질의어를 제공하는 것이죠. 랭킹은 검색 결과의 수가 많은 일반적인 경우를 돕기 위한 것이며, 표현력 좋은 질의어로는 결과의 개수가 줄어들도록 조건을 매우 구체적으로 정의할 수 있습니다 (예: 소스 파일 경로 제한, 특정 언어 제외, 함수만 검색 등).

UI는 Code Search의 결과를 동료와 공유하기 쉽게 해줍니다. 예를 들어 코드 리뷰 시 '이 특별한 해시맵(cool_hash.h)을 고려해봤나요?' 같은 링크를 간단하게 포함시킬 수 있습니다. 문서, 버그 리포트, 포스트모템에도 매우 유용하여 구글에서 코드를 참조하는 표준 방법이 되었습니다. 코드의 옛 버전도 참조할 수 있어서 코드베이스가 바뀌어도 참조가 끊어지지 않습니다.

17.2.2 무엇을?

Code Search 사용량의 약 1/4은 전통적인 파일 브라우징에 쓰입니다. '코드베이스의 이 부분이 무슨 일을 하는가?'라는 질문에 답하는 거라 볼 수 있죠. 이런 종류의 작업은 특정 대상을 집어주기보다는 좀 더 탐색적으로 이루어집니다. 무언가를 변경하기 전에 소스 코드를 읽고 더 잘 이해하기 위해, 혹은 다른 사람이 변경한 코드를 이해하기 위해 Code Search를 이용하는 것입니다.

이런 작업을 도와주기 위해 Code Search는 호출 계층을 브라우징하고 관련 파일 사이를 빠르게 오갈 수 있도록 해줍니다(예: 헤더, 구현, 테스트, 빌드 파일 사이). 개발자가 코드를 읽을 때 떠오르는 여러 질문의 답을 빠르게 찾아주어 코드를 더 빠르게 이해하도록 돕는 기능입니다.

---

7 (논문) Sadowski, Caitlin, Kathryn T. Stolee, and Sebastian Elbaum. "How Developers Search for Code: A Case Study" In Proceedings of the 2015 10th Joint Meeting on Foundations of Software Engineering (ESEC/FSE 2015). *https://doi.org/10.1145/2786805.2786855*

17.2.3 어떻게?

약 1/3을 차지하는 쓰임은 바로 다른 사람들이 어떻게 썼는지를 보는 것입니다. 대체로 개발자들은 어느 API를 사용해야 하는지는 이미 아는 상태에서 주어진 문제를 풀기 위해 그 API를 구체적으로 어떻게 이용하는지를 보고 싶어 합니다. 예를 들어 원격 스토리지의 파일을 읽어오는 API를 찾은 다음, 원격 연결을 견고하게 설정하는 방법과 특정 유형의 오류 처리 방법을 궁금해합니다. 한편 Code Search는 먼저 특정 문제(예: 정수 값들의 지문^{fingerprint}을 효율적으로 계산하는 방법)에 이용할 라이브러리를 찾은 다음, 그 안에서 가장 적합한 구현을 선택하게 도와줍니다. 이런 작업에는 검색과 상호참조 브라우징이 주로 쓰입니다.

17.2.4 왜?

코드가 '무엇을' 하는가와 연관된 쓰임인데, 개발자들이 코드가 '왜' 기대와 다르게 동작하는가와 관련해 더 구체적으로 질의할 수도 있습니다. Code Search 사용량의 약 16%는 '이 코드가 왜 추가되었나?' 혹은 '왜 이런 식으로 동작하지?'의 답을 찾는 것입니다. '이 조건에서 왜 이 오류가 발생하지?'처럼 주로 디버깅할 때 생겨나는 질문들이죠.

여기서는 특정 시점에서 코드베이스의 정확한 상태를 찾고 탐색할 수 있는 기능이 중요합니다. 프로덕션에서 생긴 문제를 디버깅할 때는 몇 주 혹은 몇 달 전의 코드베이스를 살펴봐야 하며, 새로 추가한 코드가 실패해 디버깅할 때는 단 몇 분 전에 추가한 변경을 살펴봐야 합니다. Code Search로는 둘 다 가능합니다.

17.2.5 누가 언제?

마지막으로 Code Search 사용량의 약 8%는 특정 코드 조각을 누가 언제 추가했는지를 찾는 데 쓰입니다. 이때는 버전 관리 시스템과 연계해 동작하죠. 예를 들어 특정 코드 라인이 언제 추가되었는지 볼 수 있고(깃의 blame처럼), 그 라인을 추가한 코드 리뷰로 점프할 수 있습니다.[8]

---

8 하지만 구글에서 인프라가 자동으로 생성한 변경의 커밋 비율을 고려해보면 단순하게 blame 추적만으로 얻는 이득은 자동 생성되는 변경이 많지 않은 개발 환경보다 훨씬 적습니다.

17.3 독립된 웹 도구로 만든 이유

다른 회사에서는 Code Search의 기능 대부분을 로컬 IDE에서 수행합니다. 그런데 구글은 왜 독립된 도구로 만들었을까요?

17.3.1 대규모 코드베이스 지원

첫 번째로, 구글의 코드베이스가 너무 거대해서 코드베이스 전체를 로컬로 복사하는 게 불가능하기 때문입니다(대다수 IDE는 로컬 복사본이 있어야 동작합니다). 로컬에서 감당할 수 있는 규모라 해도 로컬 검색과 상호참조 인덱스를 생성하느라 IDE 구동 시간이 느려져서 개발자 생산성을 떨어뜨립니다. 그렇다고 grep처럼 인덱스를 만들어놓지 않은 채로 검색하려면 결과를 기다리기가 고통스러울 것입니다. 반면 인덱스를 중앙에서 생성할 경우 한 번만 해두면 모두에게 혜택이 돌아옵니다. 예를 들어 Code Search의 인덱스는 변경이 서브밋될 때마다 점진적으로 갱신되어서 비용이 선형으로 증가합니다.[9]

일반적인 웹 검색에서는 빠르게 변하는 콘텐츠와 위키백과 페이지처럼 느리게 변하는 콘텐츠가 섞여 있습니다. 같은 기술을 코드 검색에 적용하면 인덱스를 점진적으로 생성하여 비용을 낮추고 코드베이스의 변경 내용을 모두에게 바로바로 보여줄 수 있습니다. 변경된 코드가 서브밋되면 실제 변경된 파일들의 인덱스만 갱신하면 되므로 전역 인덱스는 병렬로 따로 갱신할 수 있고요.

하지만 안타깝게도 상호참조 인덱스는 같은 방식으로 즉각 갱신할 수 없습니다. 어떤 코드 변경이라도 잠재적으로는 코드베이스 전체에 영향을 줄 수 있으니 '점진적'으로 풀 수 있는 문제가 아닙니다. 실제로도 구글에서는 파일 수천 개에 영향을 주는 변경이 흔히 일어납니다. 이 경우 많은(구글의 거의 모든) 바이너리들을 완전히 새로 빌드해야만[10] (적어도 다시 분석해야만)

9　만약 모든 개발자가 인덱스를 각자의 IDE에서 생성한다면 전체 비용은 훨씬 가파르게 증가합니다. 개발자들은 단위 시간당 코드 생산량이 거의 일정하기 때문에 각자의 코드베이스는 선형으로 커집니다. 여기에 개발자의 수가 늘어날수록 인덱싱하는 IDE 수도 늘어나기 때문에 절대 확장성 좋은 해법이 아닙니다.

10　Kythe는 빌드 워크플로를 계측(instrument)하여 소스 코드에서 의미론적 노드와 에지를 추출합니다. 이 추출 과정에서 개별 빌드 규칙에 대해 부분적 상호참조 그래프를 수집합니다. 다음 단계에서는 부분 그래프들을 하나의 전역 그래프로 합치고 가장 빈번한 쿼리에 최적화합니다(정의로 이동, 사용하는 곳 모두 찾기, 파일의 모든 데코레이션 가져오기 등). 각 단계(추출과 후처리)에 드는 비용은 거의 전체 빌드에 맞먹습니다. 크로미움(Chromium)을 예로 들면, 분산 환경에서 Kythe 인덱스를 생성하는 데 약 여섯 시간이 소요됩니다. 개발자 컴퓨터에서 수행하기에는 무리죠. 이런 엄청난 비용 때문에 Kythe 인덱스는 하루에 한 번만 생성합니다.

의미론적 구조를 모두 파악할 수 있습니다. 그래서 상호참조 인덱스를 만드는 데 매일매일 막대한 컴퓨팅 자원을 사용합니다. 이런 이유로 검색 인덱스는 바로 갱신되지만, 상호참조 인덱스에는 그보다 늦게 반영되어 개발자들이 드물지만 반복적으로 문제를 겪곤 합니다.

17.3.2 설정 없이 모든 코드 보기

코드베이스 전체에서 최신 코드를 정확하게 브라우징할 수 있다면 재사용할 라이브러리나 복사해서 쓸 좋은 예시 코드를 찾기가 매우 쉽습니다. 이와 달리 구동 시점에 인덱스를 생성하는 IDE에서 같은 효과를 보려면 프로젝트가 작거나, 기능을 제한하거나, 탐색 범위를 좁혀야 합니다.

Code Search의 웹 UI는 아무런 설정(예: 프로젝트 설명, 빌드 환경) 없이도 이용할 수 있습니다. 따라서 어디에서 등장하는 코드든 상관없이 매우 쉽고 빠르게 찾아 검토할 수 있습니다. 코드상의 의존성을 놓칠 일이 없어집니다. 가령 API를 업데이트할 때 병합 문제나 라이브러리 버전 충돌 문제가 줄어듭니다.

17.3.3 기능 특화

의외일지 모르지만 IDE가 아니라는 것도 Code Search의 장점입니다. IDE가 아니기 때문에 편집이 아닌 코드 '탐색'과 '이해'에 사용자 경험을 최적화할 수 있었습니다(키보드 단축키, 메뉴, 마우스 클릭, 화면 공간 활용 등). 대표적으로 편집기용 텍스트 커서가 필요 없으므로 심볼을 마우스로 클릭하면 더 의미 있는 기능을 수행할 수 있습니다. 예컨대 커서를 그 위치로 옮기는 게 아니라 '정의로 점프jump to definition'나 '사용처 모두 보기show all usages' 같은 기능을 바로 실행합니다.

17.3.4 다른 도구에 통합

Code Search는 코드를 훑어보는 주된 수단이므로 자연스럽게 소스 코드 관련 정보를 외부에 제공하는 플랫폼으로 자리 잡았습니다. 다른 도구 제작자들은 결과를 보여줄 UI를 따로 만들지 않아도 되며, 별달리 홍보하지 않아도 모든 개발자가 결과를 볼 수 있습니다. 구글 코드베이스 전반에 대한 분석이 정기적으로 이루어지며, 그 결과는 대체로 Code Search에 표시됩니다. 예를 들어 다양한 언어에 대해 '죽은(호출되지 않는)' 코드를 검출하여 파일을 브라우징할 때 표시해줍니다.

다른 방향에서도 살펴보죠. 구글은 Code Search가 제공하는 소스 파일 링크를 그 파일의 표준 '위치'라고 간주합니다. 많은 개발자 도구에 유용한 가정입니다.

Code Search를 통합한 로그 뷰어를 예로 들어보죠(그림 17-2). 로그 파일의 각 라인에는 보통 해당 로그 문장을 남긴 파일의 이름과 라인 번호가 담겨 있습니다. 로그 뷰어는 로그 문장으로부터 해당 소스 코드로 연결해줄 때 Code Search가 제공하는 링크를 이용하는 것입니다. 가용한 정보에 따라 파일의 특정 시점으로 직접 연결해줄 수도 있고 파일 이름과 라인 번호만으로 검색해줄 수도 있습니다. 마침 이름이 같은 파일이 하나뿐이라면 그 파일을 열어 해당 라인으로 이동해줍니다. 이름이 같은 파일이 여러 개라면 각각의 파일에서 해당 라인이 포함된 코드 스니펫을 보여줍니다.

그림 17-2 Code Search를 통합한 로그 뷰어

비슷하게 크래시^{crash} 리포팅 도구나 로그 출력에 등장하는 스택 프레임에서도 해당 소스 코드로 바로 링크해줍니다(그림 17-3). 프로그래밍 언어에 따라 이 링크는 파일 이름이나 심볼 검색을 사용합니다. 그리고 크래시된 바이너리를 빌드한 리포지터리 스냅샷을 알고 있으므로 해

당 버전의 코드에서 정확하게 검색해줍니다. 덕분에 코드를 나중에 리팩터링하거나 삭제하더라도 링크가 깨지지 않고 여전히 해당 시점의 코드를 가리키고 있습니다.

그림 17-3 Code Search를 통합한 스택 프레임

컴파일 에러나 테스트 실패 메시지에도 일반적으로 문제를 일으킨 코드 위치가 담겨 있습니다 (예: test X in 〈파일명〉 at 〈라인 번호〉). 그리고 구글에서는 대부분의 개발이 Code Search 로 검색할 수 있는 클라우드 작업 공간에서 이루어지기 때문에 심지어 커밋하지 않은 코드에도 링크를 생성할 수 있습니다.

마지막으로 코드랩codelab[11]이나 다른 문서자료에서도 API, 예시, 구현 코드를 참조하는 경우가 많습니다. 이때 특정 클래스나 함수를 참조하는 검색 쿼리의 링크일 수 있고, 이 또한 파일 구조가 바뀌어도 끊어지지 않습니다. 코드 스니펫의 경우에는 트렁크의 가장 최신 코드를 문서자료 페이지에 쉽게 삽입할 수 있습니다. [그림 17-4]에서 보듯 문서화용 마커로 소스 파일을 더럽힐 필요도 없습니다.

---

11 동작하는 예시 코드, 설명, 코딩 연습문제 등을 활용해 엔지니어에게 새로운 개념이나 프로세스를 가르치는 실습형 튜토리얼입니다. 자세한 이야기는 3장을 참고하세요.

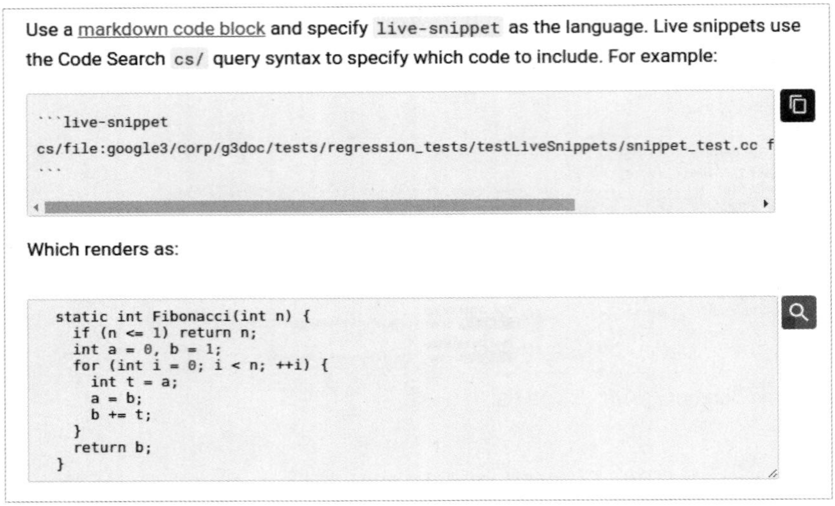

Use a markdown code block and specify `live-snippet` as the language. Live snippets use the Code Search `cs/` query syntax to specify which code to include. For example:

```
`live-snippet
cs/file:google3/corp/g3doc/tests/regression_tests/testLiveSnippets/snippet_test.cc f
`
```

Which renders as:

```
static int Fibonacci(int n) {
  if (n <= 1) return n;
  int a = 0, b = 1;
  for (int i = 0; i < n; ++i) {
    int t = a;
    a = b;
    b += t;
  }
  return b;
}
```

그림 17-4 Code Search를 통합한 문서화(최신 코드 스니펫 삽입)

17.3.5 API 제공

Code Search는 검색, 상호참조, 구문 강조 기능을 API로 제공하여 다른 도구 개발자가 가져다 쓸 수 있습니다. 이 API를 이용해 vim, emacs, IntelliJ용 검색과 상호참조 플러그인도 만들어 쓰고 있지요. 코드베이스를 로컬에서 인덱싱하지 못해 포기했던 일부 기능을 플러그인으로 부활시켜서 개발자 생산성을 더욱 높여줍니다.

17.4 규모가 설계에 미치는 영향

앞 절에서는 Code Search UI의 다양한 측면과 코드 검색 전용 도구를 별도로 구비하는 이점을 이야기했습니다. 이제부터는 구현의 이면을 좀 더 들여다보겠습니다. 그중에서도 이번 절에서는 가장 중요한 과제인 규모 확장에 관하여 이야기한 후, 규모가 너무 크면 코드 검색과 브라우징이 어려워지는 이유를 알아봅니다. 이를 기초로 다음 절들에서는 구글이 이 어려움을 극복해낸 방법과 Code Search를 구축하며 택한 트레이드오프들을 자세히 설명할 것입니다.

코드 검색을 확장하는 데 가장 큰 걸림돌은 전체 코드의 크기입니다. 수MB 정도의 작은 리포지터리라면 별다른 고민 없이 grep으로 검색해도 됩니다. 수백MB로 늘어나면 간단한 로컬 인덱스를 도입해 검색 속도를 10배 이상 높일 수 있습니다. 코드량이 GB나 TB 단위로 가면 클라우드로 옮겨 서버를 여러 대 띄우면 쓸만한 검색 속도를 유지할 수 있습니다. 이처럼 중앙집중형 검색 솔루션은 이용자 수와 코드량이 늘면 함께 비대해집니다.

17.4.1 검색 쿼리 지연시간

바로바로 응답하는 UI가 좋은 건 인지상정이지만 짧은 지연시간이 공짜로 주어지는 건 아닙니다. 그래서 지연시간 줄이기에 투자할지 결정하려면 전체적인 엔지니어링 시간을 얼마나 줄일 수 있는지와 비교할 수 있어야 합니다. 구글에서 Code Search는 '매일' 100만 개 이상의 검색을 처리합니다. 100만 쿼리라 치고, 검색당 1초가 지연된다고 가정하면 매일 약 35명의 엔지니어가 아무것도 안 하고 노는 것과 마찬가지가 됩니다. 반면 검색 백엔드를 관리하는 데는 그 1/10인 서너 명이면 충분하죠. 따라서 손익분기점은 하루 약 10만 쿼리(개발자 5천 명분)당 지연시간 1초입니다.

그런데 지연시간 증가와 생산성 손실이 선형 관계는 아닙니다. 대체로 사람은 지연시간이 200밀리초보다 짧기만 하면 UI가 빠르다고 느낍니다.[12] 하지만 1초가 넘어가면 주의가 분산되기 시작하죠. 여기서 10초가 더 흐르면 전혀 다른 일을 하기 시작하여 생산성을 급격히 떨어뜨릴 가능성이 큽니다. 따라서 개발자의 생산적인 '흐름'을 방해하지 않으려면 자주 쓰이는 기능 쪽은 백엔드에 충분히 투자하여 종단간 지연시간을 200밀리초 미만으로 붙잡아둬야 합니다.

Code Search가 처리하는 쿼리의 상당수가 코드베이스를 탐색하는 과정에서 발생합니다. (인클루드한 파일이나 심볼 정의를 통한) '다음 파일로 이동'은 클릭 한 번이면 족합니다. 하지만 일반적인 탐색에서는 전통적인 파일 트리보다 간단히 원하는 파일이나 심볼을 '검색'하는 편이 원하는 파일로 대체로 훨씬 쉽게 이동할 수 있습니다. 심지어 이름을 완성하기도 전에 파일을 추천해줄 수 있죠. 코드베이스가 커질수록, 그래서 파일 트리가 커질수록 차이가 더 극명해집니다.

다른 폴더나 프로젝트에 속한 특정 파일을 전통적인 방식으로 탐색하려면 사용자가 UI를 여러

---

12 (정리 글) Best Practices for Response Times and Latency. *https://oreil.ly/YYH0b*

번 조작해야 합니다. 반면 검색에서는 글자 두어 개 타이핑하는 것만으로 원하는 파일을 찾을 수 있죠. 이렇게 하기 위해서는 현재 보고 있는 파일 같은 맥락 정보를 검색 백엔드에 제공해야 합니다. 맥락 정보를 이용해 검색 범위를 특정 프로젝트로 한정하거나 물리적인 거리 순으로 추천하는 것입니다. Code Search UI에서는 여러 맥락 정보를 미리 정의해두고 필요 시 빠르게 바꿔가며 사용할 수 있습니다.[13] 에디터에서는 열려 있거나 편집 중인 파일들을 자동으로 맥락 정보로 활용하여 검색 결과를 현재 파일과 가까운 순으로 정렬해줍니다.

강력한 쿼리 언어 역시 또 다른 무기가 될 수 있습니다(예: 파일 지정, 정규 표현식 지원 등). 이 주제는 17.6절 '구글이 선택한 트레이드오프'에서 이야기하겠습니다.

17.4.2 인덱싱 지연시간

일반적으로는 인덱스가 최신 상태가 아니더라도 개발자들이 눈치 채기는 어렵습니다. 개발자는 보통 전체 코드 중 작은 일부에만 신경을 쓰며, 그마저도 더 최신의 코드가 있는지 여부를 알지 못합니다. 하지만 자신이 방금 수정한 코드나 그로 인한 변경사항들을 검토해야 하는데 수정 내용이 반영되어 있지 않으면 혼란을 불러올 수 있습니다. 작은 수정이든 리팩터링이든 완전히 새로 작성한 코드든 마찬가지입니다. 개발자는 자신의 IDE에서 작은 프로젝트를 진행할 때와 똑같이 모든 코드가 최신 버전이기를 기대합니다.

코딩할 때는 수정한 코드가 곧바로 인덱싱되기를 기대합니다. 새로운 파일, 함수, 클래스를 추가했는데 찾을 수 없다면 완벽한 상호참조에 길들여진 개발자들은 당황하여 다음 단계로 넘어가지 못합니다.

검색 후 대체^{search-and-replace} 형태로 이루어지는 리팩터링도 마찬가지입니다. 제거한 코드는 검색 결과에서 곧장 사라져야 합니다. 편의성 면에서도 그렇지만, 잔재가 남아 있으면 후속 리팩터링에 지장을 줍니다. 중앙집중형 VCS를 이용하는 경우라면 로컬에서 수정한 파일들이 이전 변경사항과 충돌하지 않도록 서브밋한 코드를 즉각 인덱싱해줘야 할 것입니다.

반대로, 때로는 코드를 이전 스냅샷(보통 릴리스 시점의 코드)으로 되돌릴 수 있으면 좋습니다. 문제가 생겼는데 인덱스와 실행 중인 코드가 다르면 진짜 원인을 감추거나 혼선을 줄 수 있기 때문입니다. 자칫 큰 문제로 번질 수 있죠. 실제로 구글에서는 상호참조 기능에서 이 문제를

---

13 물론 전통적인 파일 트리 뷰도 지원합니다.

겪습니다. 구글 규모에서는 인덱스 생성에 몇 시간이 걸리고, 너무 복잡하여 인덱스를 하나의 버전만 유지하기 때문입니다. 새 코드를 이전 인덱스에 연결해주는 패치를 일부 적용할 수는 있지만 여전히 해결해야 할 문제로 남아 있습니다.

17.5 구글은 어떻게 구현했나?

앞 절을 통해 견고한 인덱스를 빠르게 만들어내기 위한 설계 제약사항들을 엿볼 수 있었습니다. Code Search는 구글 코드베이스의 고유한 특성에 맞게 구현했습니다. 이번 절에서는 구글이 Code Search를 과연 어떻게 개발해냈는지를 간략히 설명하겠습니다.

17.5.1 검색 인덱스

눈 떠보면 불어나 있는 구글 코드베이스는 Code Search에 맡겨진 특별한 과업입니다. 초기에는 트라이그램[trigram] 기반의 방식을 취했습니다. 그 후 러스 콕스[Russ Cox]가 이를 단순화한 버전을 오픈 소스로 공개했죠.[14] 현재 Code Search는 약 1.5TB의 콘텐츠를 인덱싱하며 초당 약 200개의 쿼리를 처리합니다. 서버단 기준으로 지연시간은 50밀리초 이하이고, 인덱싱 지연시간 (코드 커밋 후 인덱스가 보일 때까지의 시간)의 중간값[median]은 10초 미만입니다.

grep으로 이 수준의 성능을 내려면 자원이 얼마나 드는지 대충 계산해볼까요? 구글이 정규 표현식 매칭에 이용하는 RE2 라이브러리는 메모리 상의 데이터를 초당 100MB씩 처리합니다. 그러면 데이터 1.5TB를 지연시간 50밀리초 이내로 처리하려면 30만 개의 CPU 코어를 동원해야 합니다. 사실 대부분의 정규 표현식 매칭은 단순히 '이 문자열을 포함하는가?' 수준이므로 특별한 부분 문자열[substring] 검색 로직으로 최적화하면 초당 약 1GB를 처리할 수 있습니다. 그러면 이 조건에서는 필요한 코어 수가 10%로 줄어듭니다. 지금까지는 하나의 쿼리를 50밀리초 이내로 처리할 때 필요한 자원을 계산했습니다. 여기에 쿼리를 초당 200개씩 처리한다는 조건을 추가해보죠. 여전히 모든 쿼리를 50밀리초 이내로 수행해야 하니 동시에 처리 중인 쿼리 수가 매 순간 10개씩입니다. 그러니 단순 부분 문자열 검색이라 해도 필요한 코어 수가

---

14 (깃허브 리포지터리) *https://github.com/google/codesearch*

다시 30만 개로 불어납니다.

물론 결과를 일정 개수 이상 찾아내면 검색을 바로 중단하거나 대상 파일을 좁히기가 내용 검색보다 쉽다는 등의 개선 요인은 무시한 추정치입니다. 하지만 랭킹 처리나 수만 개의 컴퓨터를 연동하는 데 드는 커뮤니케이션 부하 등의 부정적 요인 역시 계산에 넣지 않았습니다. 어쨌든 이 추정은 규모 확장 문제를 잘 보여주며, 구글의 Code Search 팀이 인덱싱 개선에 꾸준히 투자하는 이유를 충분히 설명해줍니다.

수년이 흐른 후 초기의 트라이그램 기반 방식을 버리고 커스텀한 접미사 배열$^{suffix\ array}$ 기반 방식을 도입했습니다. 그리고 현재는 희소 n-그램$^{sparse\ n-gram}$ 방식까지 진화했습니다. 현재의 방식은 grep보다 500배 이상 효율적인 동시에 정규 표현식 검색에도 놀랍도록 빠르게 응답합니다.

접미사 배열 방식에서 토큰 기반 n-그램 방식으로 전환한 이유는 구글의 기본 인덱싱 및 검색 스택의 장점을 활용하기 위해서였습니다. 접미사 배열 방식에서는 커스텀 인덱스를 구축해 배포하는 일 자체가 커다란 과제였습니다. 그래서 '표준' 기술로 눈을 돌렸고, 그 결과 역 인덱스$^{reverse\ index}$ 생성과 인코딩, 코어 검색팀이 개발한 서빙^{serving} 등의 장점을 그대로 수용할 수 있었습니다. 즉각적인 인덱싱은 표준 검색 인프라가 이미 제공하는 기능이었지만 대규모 코드에 적용하려면 그 자체로 커다란 도전이었습니다.

표준 기술을 활용하면 구현하기에는 간단해지지만 성능이 떨어지는 트레이드오프가 생깁니다. 그래서 Code Search는 역 인덱스에만 표준 기술을 이용하고, 실제 검색, 매칭, 점수 산출 코드는 상당히 수정하고 최적화했습니다. 그렇지 않았다면 일부 고급 기능은 제공할 수 없었을 것입니다. 파일 변경 이력을 인덱싱하기 위해 우리는 독자적인 압축 기술을 적용하여 자원 소모량을 겨우 2.5배 수준으로 억제하면서도 전체 이력의 인덱스를 구축할 수 있었습니다.

초기의 Code Search는 모든 데이터를 메모리에 저장했습니다. 하지만 인덱스가 계속 커지면서 역 인덱스$^{inverted\ index}$[15]를 플래시 드라이브로 옮겼습니다. 플래시 드라이브는 메모리보다 최소 10배는 저렴했지만 지연시간이 100배 이상 늘었습니다. 그래서 메모리에서는 잘 작동하던 인덱스 기능이 플래시로부터 가져오기에는 적합하지 않게 되었습니다. 예를 들어 원래의 트라이그램 인덱스는 수많은 역 인덱스와 상당히 큰 인덱스까지 모두 플래시에서 가져와야 했습니

---

15 (위키백과) Inverted index. *https://oreil.ly/0tETK*

다. 이를 n-gram 방식으로 바꾸면 전체 인덱스 크기는 더 커지지만 역 인덱스의 수와 크기를 모두 줄일 수 있었습니다.

글로벌 리포지터리와 차이가 적은 로컬 작업 공간용으로는 간단한 무차별 검색을 수행하는 머신을 여러 대 두었습니다. 첫 번째 요청 때 작업 공간 데이터를 읽어 들인 다음 파일이 변경될 때마다 동기화시킵니다. 메모리가 부족해지면 가장 오래된 작업 공간을 머신들에서 제거합니다. 변경되지 않은 파일에 대한 인덱스는 만들어져 있으니 그 인덱싱을 그대로 사용해서 검색합니다. 따라서 검색은 자동으로 작업 공간이 동기화된 시점의 리포지터리 상태로 한정해 이루어집니다.

17.5.2 랭킹

코드베이스가 매우 작다면 검색 결과가 많지 않을 테니 랭킹 기능이 별다른 혜택을 주지 못합니다. 그러다가 코드베이스가 커져 결과 수가 늘어나면서 점점 중요해지죠. 구글의 코드베이스에서 짧은 키워드만으로 검색하면 결과가 수천에서 백만 단위까지 나옵니다. 랭킹 기능이 없다면 큰일입니다. 사용자가 엄청난 건초 더미를 다 뒤져 바늘을 찾아내거나, 결과 수가 충분히 적어질 때까지 쿼리를 다듬어야 합니다.[16] 어느 쪽이든 개발자는 귀중한 시간을 낭비하게 되죠.

랭킹을 매기려면 먼저 각 파일의 여러 특성(우리는 시그널signal이라고 합니다)을 점수로 환산해줄 함수가 필요합니다. 점수가 높을수록 좋은 결과고, 점수 순으로 N개의 결과를 가능한 한 효율적으로 찾는 게 검색의 목표입니다. 일반적으로 시그널은 두 가지로 분류합니다. 하나는 문서(파일)에만 의존적인 (쿼리 독립적) 시그널이고, 다른 하나는 검색 쿼리와 쿼리를 어떻게 문서에 매치시킬지에 의존하는 (쿼리 의존적) 시그널입니다. 예를 들어 파일명 길이나 프로그래밍 언어는 쿼리 독립적 시그널이고, 일치 항목이 함수 정의냐 문자열 리터럴이냐는 쿼리 의존적 시그널입니다. 하나씩 더 들여다보겠습니다.

쿼리 독립적 시그널

가장 중요한 쿼리 독립적 시그널로는 파일 조회수와 파일로의 참조량을 뽑을 수 있습니다. 파일 조회수가 높다는 것은 개발자들이 그 파일을 중요하게 생각하여 찾고자 할 가능성이 더 높

---

16 웹 검색과 달리 Code Search 쿼리는 문자 개수가 많을수록 검색 결과가 줄어듭니다(정규 표현식을 이용할 때는 드물게 예외도 있습니다).

다는 의미입니다. 중요한 요소죠. 예를 들어 기본 라이브러리의 유틸리티 함수는 조회수가 높습니다. 라이브러리가 안정되어 더 이상 변경될 일이 거의 없든 여전히 활발히 개발 중이든 중요치 않습니다. 한편 이 시그널의 가장 큰 문제는 피드백 루프가 만들어진다는 점입니다. 자주 조회돼서 점수를 높이면 개발자들이 또 조회할 가능성이 커져서, 그 여파로 다른 문서가 검색 순위 안에 들어올 가능성은 낮아집니다. 바로 **'탐색과 활용**exploration versus exploitation**'**[17]이라는 문제인데, 다행히 해법은 여러 가지입니다(어드밴스드 A/B 검색 실험, 훈련 데이터 큐레이션 등). 실제로는 고득점 항목을 과하게 노출해줘도 크게 해롭지 않습니다. 검색 목적과 관련이 없어 보이면 무시되고 일반적인 예가 필요할 때는 선택되기 때문이죠. 하지만 새로 만들어져서 좋은 시그널을 보내기 위한 정보가 아직 충분히 쌓이지 못한 파일들에서는 문제가 됩니다.[18]

구글은 파일을 가리키는 참조의 수도 이용합니다. 웹 링크를 참조로 간주하는 원래의 페이지 랭크page rank 알고리즘[19]과 비슷하게 프로그래밍 언어에서 사용하는 include/import 부류의 문장을 이용하는 것입니다. 우리는 이 개념을 빌드 의존성(라이브러리/모듈 수준의 참조)과 함수와 클래스 단위 의존성까지 확장 적용했습니다. 이러한 글로벌 관련성을 그 문서의 '우선순위'라고 합니다.

랭킹에 참조를 이용할 때는 크게 두 가지에 주의해야 합니다. 첫째, 참조 정보를 안정적으로 추출해낼 수 있어야 합니다. 초기 버전의 Code Search는 단순한 정규 표현식으로 include/import문을 추출한 다음 경험법칙을 적용해 전체 파일 경로로 변환했습니다. 하지만 코드베이스가 복잡해지면서 경험법칙들이 맞지 않는 일이 잦아지면서 관리하기가 점점 버거워졌습니다. 그래서 Kythe 그래프에서 정확한 정보를 가져와 대체했습니다.

둘째, Abseil 같은 핵심적인 오픈 소스 라이브러리 등에서 종종 진행하는 대규모 리팩터링도 커다란 문제입니다. 이런 변경은 원자적으로 이루어지지 않고 여러 단계로 나누어 진행됩니다. 따라서 리팩터링 도중 간접 참조가 만들어져서 파일이 이동되었다는 사실이 감춰지는 일이 많습니다. 간접 참조는 이동된 파일의 랭크를 낮춰서 개발자들이 새로운 위치를 찾기 어렵게 하죠. 설상가상으로 파일이 이동되면 대체로 이전의 파일 조회수가 무용지물이 되어 상황을 악화시킵니다. 다행히 코드베이스 전반을 흔드는 구조 변경은 상대적으로 드뭅니다(대부분은 인터

---

17 옮긴이_ '탐색(exploration)'은 새로운 도전을 뜻하며 '활용(exploitation)'은 기존 자원을 활용하는 걸 의미합니다.

18 웹 검색에서 최신 페이지에 가중치를 주는 것처럼 최신 데이터이냐를 시그널로 활용하여 어느 정도 바로잡을 수는 있습니다. 하지만 아직 그렇게까지 하지는 않고 있습니다.

19 (위키백과) PageRank. *https://oreil.ly/k3CJx*

페이스가 거의 이동하지 않습니다). 따라서 가장 간단하게 해결하려면 리팩터링 동안 영향받는 파일들의 점수를 수동으로 높여주면 됩니다(또는 마이그레이션 완료 후 자연스럽게 새 위치의 파일 순위가 높아질 때까지 기다려도 됩니다).

쿼리 의존적 시그널

쿼리 '독립적' 시그널은 오프라인에서 계산할 수 있으므로 계산량이 많아도 크게 문제되지 않습니다. '페이지' 랭크를 예로 들면, 시그널은 전체 코드의 크기에 따라 달라지며 맵리듀스^{MapReduce} 같은 배치 작업으로 계산할 수 있습니다.

반면 쿼리 '의존적' 시그널은 쿼리마다 계산하는 방식이라서 계산량이 적어야 합니다. 즉, 인덱스로부터 빠르게 얻을 수 있는 쿼리와 정보만 이용해야 한다는 뜻입니다.

웹 검색과 달리 Code Search는 토큰들만으로 일치 여부를 판단하지 않습니다. 하지만 검색어와 콘텐츠가 토큰 수준에서 깔끔하게 일치하면 점수를 더 받고, 대소문자가 일치해도 보너스 점수를 받을 수 있습니다. 예를 들어 'Point'로 검색하면 'Point *p'가 'appointed to the council.'보다 점수를 잘 받습니다.

편의상 기본 검색에서는 파일 내용 외에 파일 이름과 심볼의 전체 이름$^{qualified\ symbol}$[20]과도 비교합니다. 사용자가 전체 이름으로 검색해도 되지만 꼭 그럴 필요는 없습니다. Code Search가 개발자의 의도를 짐작하여 일반적인 콘텐츠 매치보다 심볼이나 파일 이름 매치에 가중치를 두기 때문입니다.

웹 검색에서처럼 검색어를 추가하여 쿼리를 더 구체적으로 표현할 수도 있습니다. 예를 들어 흔히 'base'나 'myproject' 같은 단어를 추가하여 검색할 파일 범위를 제한하곤 합니다. Code Search는 이 힌트를 이용하여 파일의 전체 경로에 검색어가 포함되어 있는 결과가 상위에 노출되도록 점수를 조정합니다.

---

[20] 프로그래밍 언어에서 심볼은 주로 클래스나 이름공간 같은 어떤 범위 안에 정의됩니다. 예를 들어 Alert이라는 함수를 absl 이름공간의 Monitor 클래스 안에 정의했다면 전체 이름은 absl::Monitor::Alert이 됩니다. 이때 범위 정보는 텍스트에 직접 명시되어 있지 않더라도 분석해서 찾아낼 수 있습니다. 옮긴이_ 보통 '전체 이름' 혹은 '정규화된 이름'이라고 번역하지만, qualifed의 뜻은 '단서[조건]를 단' 혹은 '제한적인'이라는 뜻입니다. 즉, 자세하게 풀어보면 '범위를 제한하는 조건이 달린 이름'이라는 뜻입니다.

검출(검색)

Code Search는 문서에 점수를 매기기 전에 검색 쿼리와 일치할 가능성이 있는 후보를 찾습니다. 이 단계를 검출(검색)retrieval[21]이라고 합니다. 모든 문서를 다 검색하려면 현실적으로 너무 비효율적이기 때문에 검출된 문서들에만 점수를 매깁니다. 따라서 검출과 점수 매기기가 함께 잘 작동하여 관련성이 가장 높은 문서들을 찾아내야 합니다. 클래스 이름 검색이 대표적인 예입니다. 많이 쓰이는 클래스라면 사용처가 천 개 단위로 나올 수 있지만 정의는 단 한 곳이죠. 검색 범위를 클래스 정의로 명확히 한정하지 않는다면 정의가 포함된 파일에 도달하기 전에 검출 개수 제한에 걸릴 것입니다. 이 문제는 당연히 코드베이스가 커질수록 심해집니다.

검출 단계에서 해결해야 할 주요 과제는 관련이 적은 수많은 파일 중에서 관련도 높은 소수의 파일을 찾는 일입니다. 제법 효과가 좋은 해결책으로 보충 검출(보충 검색)supplemental retrieval이란 게 있습니다. 기본 아이디어는 원래의 쿼리를 다시 작성하여 더 전문화된 쿼리로 바꾸는 것입니다. 우리 예에 적용하면 보충 쿼리를 이용하여 검색 대상을 정의와 파일 이름만으로 제한하고, 이렇게 새로 검출한 문서들을 검출 단계의 결과에 추가합니다. 보충 검출을 간단하게 구현하면 점수를 매겨야 할 문서가 늘어납니다. 하지만 추가로 얻은 부분 점수 정보를 활용하여 검출 단계에서 가장 가능성 높은 문서들만을 대상으로 종합적인 평가를 진행할 수 있습니다.

결과 다양성

또 다른 측면으로, 검색은 결과를 다양하게 보여줄 수 있어야 합니다. 여기서 '다양하게'란 분류별로 최상의 결과를 제공하는 걸 말합니다. 가령 간단한 함수 이름을 검색했을 때 자바 언어에서 찾은 결과와 파이썬 언어에서 찾은 결과를 함께 제공하는 것입니다.

사용자의 의도가 명확하지 않을 때 특히 중요한 특성입니다. 다양성에서 해결해야 할 과제는 분류의 가짓수가 너무 많을 수 있다는 점입니다. 함수, 클래스, 파일 이름, 로컬 결과, 사용처, 테스트, 예제 등 결과를 묶을 수 있는 분류는 넘쳐나고 이 모두를 보여주기에는 컴퓨터 화면이 좁습니다. Code Search는 이 일을 웹 검색만큼 잘 처리하지는 못하지만, 사용자의 현재 작업 공간에서 가능성 높은 파일 이름과 정의를 조합해 (웹 검색의 자동완성과 비슷한) 추천 결과 목록 드롭다운 UI로 제공해줍니다.

---

21 옮긴이_ '검색'이라고 번역하는 게 일반적이지만, Search와 구분하기 위해 검출로 옮겼습니다.

17.6 구글이 선택한 트레이드오프

우리는 Code Search를 구글 규모의 코드베이스에서 빠르게 동작하도록 만들기 위해 많은 선택을 했습니다. 그중 몇 가지를 소개하겠습니다.

17.6.1 완벽성: 헤드 리포지터리

코드베이스가 클수록 검색하기는 어려워집니다. 인덱싱이 느려지고 비용은 더 들고, 쿼리 응답도 느려지고, 받은 결과에는 노이즈가 더 섞여 있습니다. 완벽성을 희생하면, 즉 콘텐츠 일부를 인덱싱에서 제외하면 이 비용을 줄일 수 있을까요? 물론 그렇습니다만 주의할 게 있죠. 텍스트가 아닌 파일들(바이너리, 이미지, 동영상, 음성 등)은 대체로 사람이 읽을 수 없으며 파일 이름과 관련이 적습니다. 용량이 크기 때문에 인덱싱에서 제외하면 자원이 상당히 절약됩니다. 경계를 넓혀 도구가 생성한 자바스크립트 파일들도 고려해볼 수 있습니다. 이런 파일들은 대체로 난독화되어 있고 구조가 덜 체계적입니다. 따라서 사람이 읽기 어려우므로 인덱싱에서 제외하는 건 대체로 실보다 득이 많습니다. 완벽성을 희생하여 인덱싱 자원과 노이즈를 줄일 수 있죠. 경험적으로 수MB짜리 파일들은 개발자에게 필요한 정보를 담고 있지 않으므로 극단적인 경우를 제외하고는 올바른 선택이 될 것입니다.

하지만 인덱싱에서 파일을 제외시키면 커다란 단점이 하나 딸려 옵니다. Code Search는 자신을 의지하는 개발자들을 위해 신뢰할 수 있는 결과를 제공해야 합니다. 하지만 제외된 파일들 때문에 때론 피드백에 구멍이 생겨서 혼란과 생산성 손실로 이어집니다. 자원을 절약하기 위해 치러야 하는 값비싼 대가인 것입니다. 개발자들은 오류가 끼어들 수 있음을 감안하고라도 어쩔 수 없이 검색에 기대야 할 때가 생깁니다. 드문 경우지만 한 번 발생하면 치러야 할 비용이 큽니다. 그래서 구글은 자원을 절약하기보다는 인덱싱을 많이 하는 쪽을 선택했습니다.

다른 한편으로, 도구가 생성한 파일들은 코드베이스에는 없지만 인덱싱해주면 유용할 때가 많습니다. 하지만 현재는 하고 있지 않습니다. 이 파일들을 포함시키려면 해당 도구들을 Code Search에 통합하여 파일들을 생성하도록 설정해야 하는데, 복잡도와 혼란이 가중되고 지연시간도 크게 늘어날 수 있기 때문입니다.

17.6.2 완벽성: 전부 vs 가장 관련성 높은 결과만

웹 검색에서는 속도를 위해 완벽성을 희생합니다. 찾는 결과가 모두 상위 결과에 포함되어 있기를 바라며 도박을 하죠. Code Search에서도 수백만 개의 후보 중에서 함수 정의 같은 단 하나의 결과를 찾을 때는 순위 검색$^{ranked\ search}$이 적합합니다. 하지만 개발자는 종종 '모든' 결과를 원합니다. 가령 리팩터링할 때는 특정 심볼이 쓰이는 곳을 하나라도 놓치면 안 됩니다. 분석, 도구 제작, 리팩터링, 전역 '찾아 바꾸기'에는 주로 모든 결과가 필요합니다. 순위가 높은 항목만 제공하는 등의 최적화가 가능한 웹 검색과는 근본적으로 다릅니다.

무수한 결과를 모두 제공하려면 자원을 많이 쓰지만 도구를 개발하거나 개발자가 결과를 신뢰하게 하는 데 필요한 기능이라는 게 우리 판단이었습니다. 하지만 대다수 쿼리는 단 몇 개의 결과만을 원하기 때문에(일치하는 결과가 적든[22] 이용자가 관심 있는 결과가 적든) 평균 속도를 희생하고 싶지는 않았습니다.

하나의 아키텍처로 두 마리 토끼를 잡기 위해 우리는 파일들을 우선순위대로 정렬하고 코드베이스 전체를 샤드$^{shard;\ 조각}$로 나눴습니다. 그런 다음 보통은 각 샤드에서 우선순위가 높은 파일들과만 일치 여부를 확인합니다. 여기까지는 웹 검색의 원리와 비슷합니다. 하지만 모든 결과를 내어달라고 요청하면 각 샤드로부터 '모든' 결과를 가져옵니다.[23] 이 방식으로 우리는 훨씬 빈번한 요청의 응답 속도를 희생하지 않으면서 두 가지 쓰임 모두에 대응할 수 있었습니다. 또한 결과를 알파벳 순서로 내어줄 수도 있어서 일부 도구에서 유용하게 사용하고 있습니다.

여기서의 트레이드오프는 지연시간 vs 완벽성보다는 더 복잡한 구현과 API vs 더 좋은 기능이었습니다.

17.6.3 완벽성: 헤드 vs 브랜치 vs 모든 변경 이력 vs 작업 공간

코드베이스에는 변경 기록, 즉 시간이라는 차원도 존재합니다. 따라서 어느 코드 버전을 인덱싱해야 하느냐, 특히 코드의 현재 스냅샷(헤드) 외에 무엇을 더 인덱싱해야 하느냐도 고려해야 합니다. 인덱싱하는 파일 버전이 둘 이상이 되면 시스템 복잡도, 자원 소모, 전체 비용이 급

---

22 쿼리 분석 결과 사용자 검색의 3분의 1 정도는 결과가 20개 미만입니다.

23 실제로는 내부에서 훨씬 많은 작업을 수행하여 거의 모든 것과 일치하는 검색(예: 검색어로 'i'나 공백 문자 하나만 입력)도 시스템이 크게 느려지지 않는 선에서 응답해줍니다.

격히 늘어납니다. 우리가 알기로는 현재 버전의 코드를 넘어 인덱싱해주는 IDE는 아직 없습니다. 깃과 머큐리얼 같은 분산 버전 관리 시스템은 효율을 높이기 위해 변경 기록 데이터 압축에 상당 부분 의존합니다. 하지만 과거로의 인덱스를 만들기 시작하면 더 이상 표현을 간결하게 유지하기 어렵습니다. 분산 버전 관리 시스템의 근간인 그래프 구조를 효율적으로 인덱싱하기 어렵다는 점 역시 큰 문제입니다.

리포지터리의 버전을 넘나들면 인덱싱하기는 어렵지만 코드가 어떻게 변경되었는지 탐색하거나 삭제된 코드를 찾을 수 있습니다. 실제로 Code Search는 Piper의 변경 기록까지 인덱싱해줍니다. 즉 옛 버전의 코드 스냅샷과 삭제된 코드에서도 검색할 수 있고, 심지어 특정인이 작성한 코드로 한정해서 검색할 수도 있습니다.

이렇게 해서 얻는 대표적인 이점으로 낡은 코드를 간단하게 삭제할 수 있게 됩니다. 전에는 낡은 코드는 주로 'obsolete code낡은 코드'라고 표시된 디렉터리로 옮겨놓는 식으로 처리하는 바람에 여전히 검색에 걸렸습니다. 개발자에 따라 코드베이스의 특정 스냅샷에 동기화해 작업 중일 수 있는데, 전체 변경 이력 인덱스는 이런 사람들의 작업 공간까지(서브밋하지 않은 변경 포함) 검색할 수 있게 해줍니다. 미래에는 변경 이력 인덱스가 원저자 확인이나 코드 활동량 등과 같이 랭킹에 사용할 수 있는 재미난 시그널을 제공할 수도 있을 것입니다.

다음과 같은 면에서 작업 공간은 글로벌 리포지터리와는 매우 다릅니다.

- 개발자들은 자신만의 작업 공간을 가질 수 있습니다.
- 작업 공간에는 일반적으로 변경된 파일의 수가 많지 않습니다.
- 작업 중인 파일은 자주 변경됩니다.
- 작업 공간이 존재하는 기간은 상대적으로 짧습니다.

이런 특성을 고려하면 작업 공간 인덱스는 작업 공간의 현재 상태를 정확하게 반영해야 가치가 있습니다.

17.6.4 표현력: 토큰 vs 부분 문자열 vs 정규 표현식

기능을 어디까지 지원할지에 따라 리포지터리 규모의 영향력이 크게 달라집니다. Code Search는 정규 표현식 검색을 지원합니다. 정규 표현식 덕분에 지정한 용어들 모두를 포함하거나 제외할 수 있습니다. 또한 어떤 텍스트에든 이용할 수 있어서 문서 검색이나 강력한 의미론적[semantic] 도구[24]가 없는 프로그래밍 언어로 작성한 코드 검색에 특히 유용합니다.

정규 표현식은 개발자들이 grep 같은 다른 도구에서도 사용해왔기 때문에 따로 더 공부하지 않고도 검색 기능을 강화해주는 멋진 수단입니다. 하지만 정규 표현식 검색을 효율적으로 지원할 수 있는 인덱스를 만드는 게 어렵다는 점에서 공짜로 얻을 수 있는 기능은 아닙니다. 더 간단한 선택지는 무엇이 있을까요?

토큰 기반 인덱스(예: 단어들)는 실제 소스 코드의 일부만 저장하면 되고 표준 검색 엔진들에서 잘 지원하기 때문에 확장성이 좋습니다. 반대급부로 활용성은 많이 줄어듭니다. 소스 코드를 토큰으로 나누는 과정에서 많은 의미가 사라지기 때문입니다. 예를 들어 'function()'과 'function(x)'를 구분해 검색하거나 '(x ^ y)' 혹은 '=== myClass' 형태의 검색은 대부분의 토큰 기반 검색에서 어렵거나 불가능합니다.

토큰화의 문제는 여기서 끝이 아닙니다. 코드 식별자가 잘못 정의될 수 있습니다. 식별자를 정의하는 방법은 CamelCase, snake_case, 혹은 구분자 없이 이것저것 섞어 쓰는 등 다양합니다. 따라서 토큰 기반 인덱스에서는 단어 몇 개만 기억하여 식별자를 찾기가 쉽지 않습니다.

일반적으로 토큰화는 대소문자를 구분하지 않으며 단어들을 뭉개기도 합니다. 예를 들어 'searching'과 'searched'를 똑같이 취급합니다. 이런 식으로 정확도가 희생되면 코드를 검색할 때는 심각한 문제가 될 수 있습니다. 마지막으로 토큰화는 코드에서는 매우 중요한 공백 문자나 다른 구분자(쉼표, 괄호 등)를 검색할 수 없게 만듭니다.

검색을 강력하게 해주는 다음 단계는 문자들의 순서에 상관없이 검색할 수 있는 전체 부분 문자열 검색[full substring search]입니다.[25] 트라이그램 기반 인덱스를 이용하면 상당히 효율적으로 구현할 수 있는 기능입니다.[26] 가장 간단한 형태의 결과 인덱스는 여전히 원본 소스 코드보다 훨씬 작습니다. 하지만 크기를 줄인 대신 재현 정확도[recall accuracy]가 다른 부분 문자열 인덱스 기법보다 떨어집니다. 결과 목록에서 일치하지 않는 항목을 걸러내야 하므로 응답 속도가 느려진다는

---

24 옮긴이_ 단순 텍스트 매칭이 아닌 의미를 이해한 분석과 검색을 지원하는 도구를 말합니다. 예를 들어 같은 토큰이라도 변수인지 함수인지, 전역 변수인지 방금 선언한 지역 변수인지 등을 정확하게 구분해줍니다.

25 접두사/접미사 인덱스 구축 같은 다른 중간 형태의 방식도 있지만, 일반적으로 검색 쿼리의 표현력이 떨어지면서도 복잡성과 인덱싱 비용은 여전히 높습니다.

26 러스 콕스(Russ Cox)의 'Regular Expression Matching with a Trigram Index(*https://bit.ly/3Ey5yda*)' 혹은 'How Google Code Search Worked(*https://bit.ly/2ZZeXvp*)'를 참고하세요.

뜻입니다. 코드베이스 크기, 가용한 자원, 초당 검색 수를 기초로 인덱스 크기 및 검색 지연시간과 자원 소비 사이에서 적절한 균형점을 찾아야 하는 지점입니다.

부분 문자열 인덱스가 준비되면 정규 표현식 검색으로 확장하기는 쉽습니다. 기본 아이디어는 정규 표현식 오토마타를 부분 문자열 검색들로 변환하는 것입니다. 트라이그램 인덱스에서는 이 변환이 아주 직관적이며 다른 부분 문자열 인덱스로 일반화할 수 있습니다. 완벽한 정규 표현식 인덱스는 없기 때문에 항상 무차별 대입식 검색을 진행하는 쿼리로 구성할 수 있습니다. 하지만 실제로 사용자가 복잡한 정규 표현식을 써서 검색하는 비중은 아주 작기 때문에 부분 문자열 인덱스로 근사하는 정책은 매우 실용적입니다.

17.7 마치며

Code Search는 grep을 대체하여 개발자 생산성을 높이는 핵심 도구로 성장하였으며, 그 과정에서 구글의 웹 검색 기술을 활용했습니다. 이 사실이 여러분에게 의미하는 바는 무엇일까요? IDE에서 감당할 수 있는 작은 프로젝트를 진행하고 있다면 큰 의미는 없을 것입니다. 하지만 거대한 코드베이스에서 작업 중인 엔지니어들의 생산성을 책임지고 있다면 아마도 값진 깨달음을 선물해줄 것입니다.

Code Search가 주는 가장 중요한 가치는 명백성입니다. 코드를 이해하는 것이야말로 코드를 개발하고 유지보수하는 열쇠입니다. 그러므로 코드를 이해하기 위한 투자는 측정하긴 어렵더라도 부정할 수 없는 이익을 돌려줄 것입니다. 우리가 Code Search에 추가한 기능 모두는 정도의 차이는 있지만 개발자들이 매일매일 사용하며 도움을 받고 있습니다. 가장 중요한 두 기능인 'Kythe 통합'(예: 의미론적 코드 이해 추가)과 '동작하는 예시 찾기'는 확실히 코드 이해 돕기에 더 중점을 두고 있습니다(변경 이력 찾기 등의 기능과 비교하여).

한편, 존재하는지조차 모르는 도구는 아무도 사용하지 않으므로 어떠한 도구를 이용할 수 있는지를 개발자들이 알게 하는 일도 중요합니다. 구글에서는 신입 소프트웨어 엔지니어 교육의 일환으로 도구들을 소개합니다.

Code Search를 이용하실 수 없는 여러분이라면 여러분의 조직이 이용하는 IDE용 사내 표준 인덱싱 프로파일을 설정하거나 egrep 사용법을 정리해 공유하실 수 있습니다. 또는 ctags로 인덱스를 생성하거나 구글의 Code Search 같은 독자적인 인덱싱 도구를 구축하셔도 좋을 것입니다. 어떤 방식을 택하든 기대 이상으로 많이 그리고 생각하지도 못한 방식으로 쓰일 것이 거의 확실하며, 개발자들에게 큰 혜택으로 돌아갈 것입니다.

17.8 핵심 정리

- 개발자들이 코드를 쉽게 이해하도록 도와주면 엔지니어링 생산성을 크게 끌어올릴 수 있습니다. 구글에는 그 중심에 Code Search가 있습니다.

- Code Search는 다른 도구들의 기반을 제공하며, 모든 문서자료와 개발자 도구가 참조하는 중앙의 표준 저장소라는 가치를 추가로 제공합니다.

- 구글은 코드베이스가 거대하여 독자적인 도구를 만들어야 했습니다(코드베이스가 작다면 grep이나 IDE의 인덱싱 기능으로 충분할 수 있습니다).

- Code Search는 대화형 도구이므로 반응이 빨라야 합니다. 검색, 브라우징, 인덱싱 모든 면에서 지연시간이 짧아야 합니다.

- 신뢰할 수 있는 도구여야 널리 쓰입니다. 신뢰를 얻으려면 모든 코드를 인덱싱하고, 빠뜨림 없이 결과로 제공하고, 이용자가 원하는 결과를 먼저 보여줘야 합니다. 하지만 이용자가 한계를 인지하고 있다면 초기의 덜 강력한 버전들도 충분히 유용하고 많이 쓰입니다.

CHAPTER 18

빌드 시스템과 빌드 철학

구글 엔지니어에게 구글에서 일하면서 무료 음식과 멋진 제품들 외에 무엇을 가장 좋아하는지 묻는다면 재미난 대답을 듣게 될 것입니다. 구글 엔지니어에게 빌드 시스템은 사랑입니다.[1] 구글은 엔지니어가 빠르게 안정적으로 빌드할 수 있도록 설립 초기부터 지금까지 자체 빌드 시스템을 구축하는 데 엄청나게 투자했습니다. 이 노력은 매우 성공적이어서 빌드 시스템의 핵심 구성요소인 Blaze는 퇴사한 구글 직원들이 몇 차례나 다시 구현하기에 이르렀습니다.[2] 그리고 Blaze는 2015년에 드디어 Bazel[3]이라는 이름의 오픈 소스로 세상에 공개되었습니다.

18.1 빌드 시스템의 목적

기본적으로 모든 빌드 시스템의 목적은 단순합니다. 엔지니어들이 작성한 소스 코드를 기계가 읽을 수 있는 바이너리로 변환하는 것이죠. 훌륭한 빌드 시스템은 일반적으로 다음의 두 가지 중요 속성을 최적화합니다.

- **속도**: 개발자가 명령 하나로 빌드를 수행하고 몇 초 안에 결과 바이너리를 얻을 수 있어야 합니다.

---

1 사내 설문조사에 따르면 직원의 83%가 빌드 시스템에 만족한다고 답했으며, 이는 함께 조사한 총 19개 도구 중 4위에 해당합니다. 평균 만족도는 69%였습니다.

2 *https://buck.build/*와 *https://www.pantsbuild.org/* 참고

3 (Bazel 홈페이지) *https://bazel.build*

- **정확성**: 소스 파일과 기타 입력 데이터가 같다면 모든 개발자가 어떤 컴퓨터에서 빌드하더라도 항상 동일한 결과를 내어줘야 합니다.

과거의 빌드 시스템들은 속도와 정확성 사이에서 절충을 하려다 보니 빌드 결과가 일관되지 못하는 문제를 겪곤 했습니다. Bazel의 주된 목표는 속도와 정확성 어느 하나도 희생하지 않고 빌드 시스템이 언제나 효율적이게 작동하면서 일관된 빌드를 수행하는 것입니다.

빌드 시스템은 사람만 이용하는 게 아닙니다. 테스트 목적으로 혹은 프로덕션에 릴리스하기 위해 머신들이 자동으로 빌드를 수행하기도 합니다. 사실 구글에서는 대부분의 빌드가 자동으로 이루어집니다. 거의 모든 개발 도구가 어떤 형태로든 빌드 시스템과 연계되어 코드베이스에 기대어 작업하는 모두에게 막대한 혜택을 돌려주고 있습니다. 우리의 자동 빌드 시스템이 워크플로에 도움을 주는 예를 몇 가지 꼽아봤습니다.

- 사람의 개입 없이 코드가 자동으로 빌드되고 테스트된 후 프로덕션에 배포됩니다. 팀마다 각자에 적합한 빌드 주기를 설정하여 매주, 매일, 혹은 빌드 시스템이 허락하는 한 최대한 빠르게 새로운 빌드를 배포합니다(24장 참고).
- 개발자 변경사항은 자동 테스트되어 코드 리뷰용으로 전달됩니다(19장 참고). 따라서 새로운 변경 때문에 빌드나 테스트에 문제가 생기면 변경 작성자와 리뷰어 모두 즉시 알 수 있습니다.
- 변경이 트렁크에 병합되기 전에 다시 테스트되어 파괴적인 변경이 스며들기가 훨씬 어렵습니다.
- 저수준 라이브러리 제작자는 변경을 전체 코드베이스를 대상으로 테스트하여 수백만 개의 테스트를 모두 통과하고 다른 바이너리들과 문제없이 동작하는지 확인할 수 있습니다.
- 엔지니어들이 한 번에 수만 개의 소스 파일을 건드리는 대규모 변경(LSC)을 생성하면서도 안전하게 서브밋하고 테스트할 수 있습니다. 대규모 변경은 22장에서 자세히 다룹니다.

이 모든 일이 구글이 빌드 시스템에 투자했기 때문에 가능했습니다. 구글만큼 큰 조직이 많지는 않겠지만, 현대적인 빌드 시스템을 제대로만 활용한다면 규모에 상관없이 모든 조직이 비슷한 효과를 얻을 것입니다. 이번 장에서는 구글이 생각하는 '모던 빌드 시스템'이란 무엇이고 이런 시스템을 어떻게 활용하는지를 이야기하겠습니다.

18.2 빌드 시스템이 없다면?

빌드 시스템은 여러분이 더 큰 개발 프로젝트를 진행할 수 있게 해줍니다. 다음 절에서 설명하듯이 적절한 빌드 환경 없이 프로젝트 규모를 확장하려 들면 온갖 난관에 부딪히게 됩니다.

18.2.1 컴파일러로 충분하지 않나?

처음에는 빌드 시스템이 절실하지 않을 수 있습니다. 실제로 우리 대부분은 처음 코딩을 배울 때 빌드 시스템을 이용하지 않았습니다. 명령줄에서 gcc나 javac 같은 컴파일러를 직접 실행하거나 IDE의 메뉴를 이용해 컴파일했죠. 소스 코드가 모두 같은 디렉터리에 위치한다면 다음 명령 하나면 전부를 컴파일할 수 있습니다.

```
javac *.java
```

현재 디렉터리에 있는 모든 자바 소스 파일을 클래스 파일로 컴파일하는 명령입니다. 가장 간단한 예에서는 이것이 우리에게 필요한 전부입니다.

하지만 코드가 살짝만 늘어나도 곧바로 상황이 복잡해집니다. javac도 코드에서 임포트한 파일이 현재 디렉터리의 하위 디렉터리에 있기만 하면 알아서 잘 찾아냅니다. 하지만 다른 프로젝트와 공유하는 라이브러리처럼 파일시스템의 다른 곳에 저장된 코드까지 찾아주지는 못합니다. 그리고 자바 코드 외에는 빌드하는 방법을 알지 못하죠. 커다란 시스템은 각 조각을 서로 다른 프로그래밍 언어로 작성하는 경우가 드물지 않은데, 조각들끼리의 의존성이 거미줄처럼 얽혀 있어서 특정 언어용 컴파일러 하나만으로는 시스템 전체를 빌드하기 어렵습니다.

다양한 언어나 여러 컴파일 단위로 구성된 코드를 다루기 시작하면 빌드 역시 더는 한 번에 진행할 수 없습니다. 의존 관계를 생각해서 각 조각을 올바른 순서로, 그 조각에 적합한 도구를 이용해 빌드해야 하죠. 의존 관계가 달라지면 이 과정을 반복해서 이전 바이너리에 의존하지 않도록 해줘야 합니다. 중간 크기의 코드베이스만 해도 이 과정은 매우 지루하고 오류도 자주 납니다.

컴파일러는 외부 의존성(자바라면 서드파티 JAR 파일)을 다루는 방법을 전혀 모릅니다. 빌드 시스템 없이 해결하려면 필요한 라이브러리를 인터넷에서 내려받아 lib 디렉터리에 넣고 컴파일러가 이 디렉터리에서 라이브러리를 읽어가도록 설정하는 방법이 최선일 것입니다. 하지만 시간이 오래 지나면 lib 디렉터리에 어떤 라이브러리들을 넣어놨는지, 어디서 가져왔는지, 여전히 사용 중인지를 잊어버립니다. 그리고 라이브러리 메인테이너가 최신 버전이 나올 때마다 잘 업데이트해놓기를 기도해야겠죠.

18.2.2 셸 스크립트가 출동한다면?

취미로 시작한 프로젝트라서 처음에는 컴파일러만으로 충분했지만 점차 앞서 설명한 문제들이 나타나기 시작했다고 가정해보죠. 하지만 아직 전용 빌드 시스템까지는 필요 없을 것 같고, 대신 간단한 셸 스크립트 몇 개면 빌드 순서 관리에 문제가 없다고 생각될 수 있습니다. 물론 잠시 동안은 괜찮겠지만 더 많은 문제가 튀어나오기까지는 그리 오래 걸리지 않을 것입니다.

- 지루해집니다. 시스템이 더 복잡해지면 어느 순간부터는 코딩에 투자하는 시간만큼을 빌드 스크립트에 쏟아야 합니다. 셸 스크립트 디버깅은 고통스러운 일이며 꼼수에 꼼수가 덕지덕지 쌓여갈 것입니다.

- 느립니다. 옛 버전 라이브러리에 의존하게 만드는 실수를 막으면 빌드 스크립트가 의존성들을 매번 정확한 순서로 빌드하도록 해야 합니다. 다시 빌드해야 하는 부분만 검출해내는 로직을 직접 구상해낼 수는 있습니다. 하지만 이를 스크립트로 직접 관리하기에는 복잡할뿐더러 오류가 스며들기 쉽습니다. 혹은 다시 빌드해야 하는 부분을 매번 명시하는 방법도 있지만, 셸 스크립트 이전으로 돌아가는 꼴입니다.

- 희소식이 도착했습니다. 드디어 릴리스할 시간입니다. 최종 빌드를 만들기 위해 jar 명령에 건넬 인수를 모두 파악해 정리해야겠군요. 그리고 결과를 업로드하고 중앙 리포지터리에도 추가해야 합니다. 문서자료도 새로 만들어 갱신하고, 사용자들에게 알려야 합니다. 흠.. 새로 짜야할 스크립트가 한 무더기네요.

- 큰일 났습니다! 하드 드라이브가 깨져서 전체 시스템을 다시 만들어야 합니다. 물론 교양 있는 개발자답게 소스 코드의 버전을 전부 관리하고 있었습니다. 하지만 라이브러리들은 어떤가요? 사용된 라이브러리들을 처음 다운로드한 것과 동일한 버전으로 다시 구할 수 있나요? 스크립트에서 사용한 도구들은 이미 특정 위치에 설치되어 있었어서 그대로 썼었는데, 그 환경을 똑같이 복원하여 문제없이 구동되도록 할 수 있나요? 컴파일러를 작동시키기 위해 오래전에 설정해둔 환경변수들은 다 어떻게 해야 할까요?

- 이런 문제들에도 불구하고 프로젝트가 성공적이어서 더 많은 엔지니어를 고용할 수 있었습니다. 새로운 개발자가 팀에 합류할 때마다 똑같은 부트스트래핑 과정을 거쳐야 하므로 앞에서 겪은 문제가 다시 나타나도 큰 문제로까지 번지지는 않습니다. 하지만 최선을 다했음에도 사람마다 시스템이 미묘하게 다릅니다. 한 사람의 컴퓨터에서 잘 동작하던 게 다른 사람의 컴퓨터에서는 그렇지 못한 일이 자주 생깁니다. 그리고 그때마다 원인을 찾기 위해 도구 경로나 라이브러리 버전 등을 확인해 디버깅하느라 몇 시간씩 허비하곤 합니다.

- 자동 빌드 시스템을 갖추기로 결심합니다. 이론적으로는 새로운 컴퓨터를 장만하고 cron을 설정해 매일 밤 빌드 스크립트를 실행하면 되는 간단한 일입니다. 하지만 여전히 고통스러운 설정 과정은 피할 수 없으며 사람이라면 쉽게 발견하고 해결했을 작은 문제들을 바로바로 처리하지 못하게 됩니다. 개발자들은 자기 컴퓨터에서는 잘 동작하는 코드를 밀어 넣고 퇴근하지만 여러 사람의 변경이 병합된 자동 빌드 시스템에서는 오류를 일으킬 가능성이 작지 않습니다. 그래서 매일 아침 출근하면 지난밤의 빌드가 깨져 있는 걸 목격하게 됩니다. 대부분 간단히 고칠 수 있지만 너무 자주 이래서 매일매일 많은 시간을 허비합니다.
- 프로젝트가 커지면서 빌드가 느려집니다. 하루는 빌드가 끝나기를 멍하니 기다리다가 문득 낭비되는 컴퓨팅 자원을 모두 활용할 방법이 있었으면 하는 생각을 해봅니다.

이상으로 규모가 커지면서 겪는 전형적인 문제들을 함께 여행했습니다. 개발자 한 명이 최대 1~2주 동안 몇백 줄 정도의 코드를 작성하는 (대학을 갓 졸업한 주니어 개발자들이 경험해봤을 규모의) 프로젝트라면 컴파일러 하나면 충분합니다. 스크립트를 이용하면 조금 더 큰 프로젝트도 가능합니다. 하지만 여러 명의 개발자와 여러 머신이 동원되기 시작하면 완벽한 빌드 스크립트라도 머신 사이의 미묘한 차이들을 매끄럽게 조율해주기가 어려워집니다. 이 시점이 되면 간단한 방식으로는 더 이상 지탱할 수 없으므로 제대로 된 빌드 시스템에 투자해야 합니다.

18.3 모던 빌드 시스템

다행히도 앞에서 살펴본 모든 문제는 현존하는 범용 빌드 시스템들이 잘 해결해줍니다. 범용 빌드 시스템들은 기본적으로 앞서 이야기한 스크립트 기반 해법과 크게 다르지 않습니다. 빌드 시스템은 우리가 사용하는 똑같은 컴파일러를 이용하며, 빌드 시스템이 무슨 일을 하는지를 이해하려면 빌드에 이용하는 도구들을 여러분이 이해하고 있어야 합니다. 다행인 점은 범용 빌드 시스템들은 오랜 세월 개발되어 와서 여러분이 직접 작성하는 스크립트보다 훨씬 견고하고 유연할 것입니다.

18.3.1 핵심은 의존성이다

앞서 설명한 문제들에서 반복되는 주제가 있습니다. 본인이 작성한 코드를 관리하는 건 아주 간단하지만 외부 의존성 관리는 훨씬 어렵다는 것입니다(의존성 관리는 21장에서 자세히 다룹니다). 의존성에는 여러 종류가 있습니다. 작업 사이의 의존성(예: 릴리스가 완료됐다고 표시하기 전에 문서자료 업로드하기), 아티팩트[artifact: 산출물] 사이의 의존성(예: '내 코드를 빌드하려면 최신 컴퓨터 비전 라이브러리가 필요해'), 자기 코드베이스에서의 내부 의존성, 다른 팀이 소유한 혹은 다른 조직이나 서드파티가 소유한 코드나 데이터로의 외부 의존성 등 아주 다양합니다. 하지만 어떤 경우든 빌드 시스템을 구축하는 데는 '이걸 하려면 저게 필요해' 패턴이 반복되며, 이러한 의존성을 관리하는 일이 빌드 시스템 구축에서 가장 기본이 되는 작업일 것입니다.

18.3.2 태스크 기반 빌드 시스템

이미 이야기한 셸 스크립트가 기본적인 **태스크 기반 빌드 시스템**[task-based build system]의 좋은 예입니다. 태스크 기반 빌드 시스템에서의 기본 작업 단위는 당연히 태스크입니다. 각 태스크는 어떠한 로직을 수행할 수 있는 일종의 스크립트이며 다른 태스크와의 의존 관계를 명시하여 반드시 먼저 수행되도록 할 수 있습니다. 오늘날 많이 쓰이는 Ant, Maven, Gradle, Grunt, Rake 같은 시스템들이 대표적인 태스크 기반 빌드 시스템입니다.

대부분의 모던 빌드 시스템은 셸 스크립트 대신 빌드 파일을 이용합니다. 빌드 파일은 빌드 수행 방법을 기술한 파일입니다. 대부분은 엔지니어가 작성하죠. 다음은 Ant 매뉴얼[4]에서 발췌한 예입니다.

```xml
<project name="MyProject" default="dist" basedir=".">
  <description>
    simple example build file
  </description>
  <!-- 전역 속성 설정 -->
  <property name="src" location="src"/>
  <property name="build" location="build"/>
  <property name="dist" location="dist"/>

  <target name="init">
    <!-- 타임스탬프 생성 -->
```

---

4   (Ant 사용자 가이드) Using Apache Ant: Writing a Simple Buildfile. *https://oreil.ly/WL9ry*

```xml
            <tstamp/>
            <!-- 컴파일러가 사용할 빌드 디렉터리 구조 생성 -->
            <mkdir dir="${build}"/>
        </target>

        <target name="compile" depends="init"
                description="compile the source">
            <!-- ${src}에 있는 자바 코드를 컴파일하여 ${build}에 저장 -->
            <javac srcdir="${src}" destdir="${build}"/>
        </target>

        <target name="dist" depends="compile"
                description="generate the distribution">
            <!-- 배포할 디렉터리 생성 -->
            <mkdir dir="${dist}/lib"/>

            <!-- ${build} 안의 모든 파일을 MyProject-${DSTAMP}.jar 파일로 패키징 -->
            <jar jarfile="${dist}/lib/MyProject-${DSTAMP}.jar" basedir="${build}"/>
        </target>

        <target name="clean"
                description="clean up">
            <!-- ${build}와 ${dist} 디렉터리 삭제 -->
            <delete dir="${build}"/>
            <delete dir="${dist}"/>
        </target>
    </project>
```

이 빌드 파일은 XML로 작성되어 있으며 일련의 태스크(⟨target⟩ 태그[5])들로 빌드 방법을 정의한 간단한 메타데이터를 담고 있습니다. 각각의 태스크는 Ant가 정의한 명령들을 순서대로 실행합니다. 디렉터리 생성과 삭제, javac 실행, JAR 파일 생성 등의 명령이 등장하는군요. 명령은 사용자가 플러그인으로 추가할 수 있어서 사실상 어떤 로직도 실행할 수 있습니다. 또한 태스크들은 depends 속성을 이용하여 의존하는 다른 태스크를 명시할 수 있습니다. 이 의존 관계를 비순환 그래프를 표현하면 [그림 18-1]처럼 됩니다.

---

5   Ant에서의 'target'과 'task'는 각각 이 책에서 말하는 '태스크'와 '명령'을 뜻합니다.

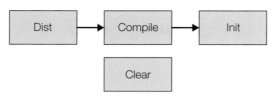

그림 18-1 의존 관계를 보여주는 비순환 그래프

사용자는 Ant 명령줄 도구에서 이 빌드 파일로 빌드를 수행합니다. 예를 들어 ant dist라고 실행하면 Ant가 다음 순서로 일을 처리해줍니다.

1. 현재 디렉터리에서 build.xml 파일을 읽어서 [그림 18-1]과 같은 그래프 구조를 생성합니다.

2. 'dist'란 이름의 태스크를 찾고, 'compile'이란 태스크에 의존함을 알아냅니다.

3. 'compile'이란 태스크를 찾고, 'init'란 태스크에 의존함을 알아냅니다.

4. 'init'란 태스크를 찾고, 더는 의존하는 태스크가 없음을 확인합니다.

5. init 태스크에 정의된 명령들을 실행합니다.

6. (의존하는 태스크들을 모두 실행한 후) compile 태스크에 정의된 명령들을 실행합니다.

7. (의존하는 태스크들을 모두 실행한 후) dist 태스크에 정의된 명령들을 실행합니다.

결국 ant dist 명령으로 Ant가 수행한 작업은 다음 스크립트와 똑같습니다.

```
./createTimestamp.sh
mkdir build/
javac src/* -d build/
mkdir -p dist/lib/
jar cf dist/lib/MyProject-$(date --iso-8601).jar build/*
```

표현 방식만 다를 뿐 빌드 파일은 빌드 스크립트와 본질적으로 크게 다르지 않습니다. 하지만 이것만으로도 벌써 많은 것을 손에 넣었습니다. 첫째, 빌드 파일들을 서로 다른 디렉터리에 만든 후 연결할 수 있습니다. 둘째, 기존 태스크에 의존하는 새로운 태스크들을 임의의 복잡한 방식으로 쉽게 추가할 수 있습니다. Ant 명령줄 도구에 태스크 이름 하나만 알려주면 나머지 모든 작업을 Ant가 알아서 실행해줄 것입니다.

Ant는 2000년에 처음 릴리스된 매우 오래된 소프트웨어라서 '모던' 빌드 시스템 범주에 넣기에는 애매합니다. 실제로 Maven과 Gradle 같은 다른 도구들이 Ant를 확장하여 외부 의존성 자동 관리 같은 기능을 추가하고 XML을 걷어내어 문법도 더 간결해졌습니다. 하지만 기본은 변하지 않았습니다. 엔지니어가 태스크를 모듈화하여 빌드 파일을 작성해야 하며, 태스크를 실행할 도구들을 제공하고, 그 사이의 의존성을 관리해줘야 합니다.

태스크 기반 빌드 시스템의 어두운 면

이 도구들은 엔지니어가 어떤 스크립트든 태스크로 정의할 수 있게 허용합니다. 우리가 상상할 수 있는 거의 모든 일을 할 수 있을 만큼 매우 강력하죠. 하지만 이 힘은 양날의 검이 될 수 있습니다. 태스크 기반 빌드 시스템은 빌드 스크립트가 커져서 복잡해질수록 다루기가 어려워집니다. 결국 '엔지니어에게는 너무 많은 힘을, 시스템에는 충분하지 못한 힘을 준다'라는 문제를 낳습니다. 시스템은 스크립트가 무얼 하는지 알 수 없으므로 각각의 빌드 단계를 매우 보수적으로 실행할 수밖에 없고, 결국 성능 문제로 이어집니다. 또한 시스템은 각 스크립트가 할 일을 올바르게 수행하고 있는지 확인할 방법이 없습니다. 그래서 엔지니어들은 디버깅이 필요할 정도까지 스크립트 자체를 복잡하게 만드는 경향이 생깁니다.

이제부터 주요 단점 세 가지를 조금 더 자세히 살펴보겠습니다.

빌드 단계들을 병렬로 실행하기 어렵다

요즘의 개발용 컴퓨터들은 멀티코어가 기본이라서 이론적으로는 몇 개의 빌드 단계를 병렬로 실행할 수 있습니다. 하지만 태스크 기반 시스템에서는 병렬로 실행해도 문제될 게 없어 보이는 태스크들마저 그렇게 하지 못하는 경우가 허다합니다. 태스크 A가 태스크 B와 C에 의존한다고 해보죠. 이때 B와 C는 서로 의존하지 않게 정의했다면 둘을 동시에 실행시키고 A도 더 일찍 끝마치게 해도 안전할까요? 같은 자원을 사용하는 게 없다면 안전할 것입니다. 하지만 실제 구현에서는 상태 추적에 같은 파일을 사용하여 충돌이 생길 수도 있습니다. 이런 사실을 시스템이 알아낼 수 있는 방법은 일반적으로 없습니다. 따라서 (드물지만 일단 발생하면 디버깅하기 매우 어려운) 충돌의 위험을 안고 가든가, 아니면 전체 빌드를 프로세서 하나에서 스레드 하나로 수행하도록 제한해야 합니다. 강력한 개발자 컴퓨터를 제대로 활용하지 못할 뿐 아니라 컴퓨터 여러 대를 활용하는 분산 빌드는 꿈도 꾸지 못하게 합니다.

증분 빌드를 수행하기 어렵다

좋은 빌드 시스템은 작은 변경으로 전체 코드베이스를 처음부터 다시 빌드하지 않도록 증분 빌드incremental build를 수행해줍니다. 증분 빌드는 빌드 시스템이 느리고 앞서의 이유들로 빌드 단계들을 병렬로 진행할 수 없을 때 특히 중요합니다. 하지만 안타깝게도 태스크 기반 빌드 시스템은 증분 빌드와도 궁합이 안 좋습니다. 태스크는 무슨 일이든 할 수 있으므로 일반적으로 이미 실행됐는지를 확인할 방법이 없습니다. 많은 태스크가 단순히 일련의 소스 파일을 가져와서 컴파일러를 실행해 바이너리 파일들을 생성해줍니다. 따라서 변경되지 않은 소스 파일들은 다시 컴파일할 필요가 없죠. 하지만 추가 정보 없이는 빌드 시스템이 변경 여부를 확신할 수 없습니다. 태스크에서 변경되었을 수도 있는 파일을 다운로드했을 수도, 혹은 실행할 때마다 값이 달라지는 타임스탬프를 기록할 수도 있습니다. 따라서 확실하게 하려면 시스템은 빌드 때마다 모든 태스크를 다시 실행해야 합니다.

태스크를 다시 실행해야 하는 조건을 엔지니어가 정의할 수 있게 하여 증분 빌드가 가능하도록 한 빌드 시스템도 있습니다. 하지만 이 방식으로는 훨씬 까다로운 문제에 직면하기 쉽습니다. 예를 들어 C++ 같은 언어는 파일에서 다른 파일을 직접 인클루드할 수 있어서 입력 소스들을 파싱해보지 않고서는 변경 여부를 확인해야 할 파일들을 완벽하게 지정하는 게 불가능합니다. 영리한 엔지니어들은 묘책인 듯 묘책 아닌 꼼수를 찾아낼 것이며, 가끔씩 이 꼼수들 때문에 다시 실행했어야 하는 태스크가 실행되지 않을 수 있습니다. 그러면 원인을 찾기 어려운 혼란에 빠지겠죠. 이런 일이 잦아지면 엔지니어들이 매번 클린 빌드를 실행하여 애초에 증분 빌드를 도입한 목적에 완전히 역행하는 결과로 이어질 것입니다. 특정 태스크를 다시 실행해야 하는지를 결정하기란 놀라울 만큼 미묘해서 사람보다는 기계가 훨씬 잘 해내는 작업입니다.

스크립트를 유지보수하고 디버깅하기 어렵다

마지막으로, 태스크 기반 빌드 시스템에 따라오는 빌드 스크립트 자체가 관리하기 어렵습니다. 빌드 스크립트 역시도 똑같은 코드임에도 그만큼 주목받지 못해서 버그가 꼬이기 쉽습니다. 다음은 태스크 기반 빌드 시스템에서 흔히 볼 수 있는 버그들입니다.

- 태스크 A는 태스크 B가 생성하는 특정 파일에 의존합니다. 하지만 B의 소유자는 A의 존재를 알지 못했고, 결과 파일을 다른 위치에 생성하도록 변경했습니다. 이 사실은 누군가 B를 실행해 실패할 때까지 알 수 없습니다.

- 현재 의존 관계가 A → B → C이며, C는 A에 필요한 특정 파일을 생성합니다. B의 소유자는 잘 살펴보

니 C에 의존할 필요가 없어서 관계를 끊어버립니다. 그러면 B는 C와 무관함에도 A는 실패합니다.

- 개발자가 새로운 태스크를 추가하면서 실수로 자신의 컴퓨터 환경에 국한된 가정을 걸러내지 못합니다. 예를 들어 특정 도구의 설치 위치라든가 특정 환경 변수의 값을 이용합니다. 이 태스크는 다른 개발자가 실행하면 실패할 것입니다.

- 인터넷에서 파일 내려받기나 타임스탬프 추가같이 비결정적인 요소를 포함한 태스크가 있습니다. 그러면 빌드할 때마다 결과가 달라질 수 있어서 다른 원인으로 빌드가 실패하더라도 똑같이 재현하지 못할 수 있습니다.

- 의존성이 여러 개인 태스크들이 경쟁할 수 있습니다. 태스크 A가 B와 C에 의존하고, 태스크 B와 C는 같은 파일을 수정한다면 B와 C 중 어느 게 먼저 실행되느냐에 따라 A의 결과가 달라질 것입니다.

태스크 기반 프레임워크에서는 성능, 정확성, 유지보수성 문제를 한꺼번에 해결할 수 있는 방법이 없습니다. 빌드 중에 실행되는 임의의 코드(빌드 스크립트)를 엔지니어가 작성할 수 있다는 것은 빌드를 빠르고 정확하게 수행하는 데 필요한 정보 일부가 누락될 수 있다는 뜻입니다. 이 문제를 풀려면 엔지니어 손에 주어진 힘 일부를 빼앗아 시스템에 맡겨야 합니다. 즉, 시스템이 태스크를 실행한다는 개념에서 벗어나 아티팩트를 만들어낸다는 쪽으로 이동해야 합니다. 바로 구글의 Blaze와 Bazel이 취한 방식으로, 다음 절에서 설명할 아티팩트 기반 빌드 시스템을 말합니다.

18.3.3 아티팩트 기반 빌드 시스템

더 나은 빌드 시스템을 설계하려면 한 걸음 떨어져서 바라볼 필요가 있습니다. 이전 시스템들의 문제는 엔지니어에게 자신의 태스크를 정의할 수 있게 하는 너무 큰 힘을 부여한 게 원인이었습니다. 그렇다면 시스템이 정의한 몇 개의 태스크만 주고 엔지니어는 한정된 방식으로 설정만 할 수 있게 하는 건 어떨까요? 아마도 이번 장의 제목에서 가장 중요한 과업이 무엇인지 유추해낼 수 있을 것입니다. 바로 코드를 '빌드'하는 것이죠. 엔지니어는 여전히 시스템에게 '무엇'을 빌드할지 정해줄 수 있지만 '어떻게'는 시스템이 알아서 하도록 맡기는 것입니다.

이 길이 바로 Blaze와 Blaze에서 파생된 다른 **아티팩트 기반 빌드 시스템**artifact-based build system들(Bazel, Pants, Buck 등)이 선택한 길입니다. 태스크 기반 빌드 시스템과 마찬가지로 빌드 파일은 여전히 존재하지만 그 속은 매우 다릅니다. 태스크 기반에서는 결과물을 생성하는 과정을 튜링 완전 스크립트 언어로 명령 하나하나를 기술했습니다. 그 대신 Blaze의 빌드 파일은 빌드할 아티팩트들, 그 사이의 의존성, 빌드 방식에 영향을 주는 몇 가지 옵션을 설명하는 선언적 매니페스트declarative manifest 파일입니다. 엔지니어가 빌드할 대상들what을 명시하여 명령줄에서 Blaze를 실행하면 Blaze는 나머지 컴파일 단계들how을 설정, 실행, 스케줄링합니다. 어떤 도구를 언제 실행할지를 빌드 시스템이 완전히 통제하므로 정확성을 보장하면서도 훨씬 효율적으로 실행할 수 있습니다.

기능적 관점

아티팩트 기반 빌드 시스템과 함수형 프로그래밍은 비슷한 점이 많습니다. 자바, C, 파이썬 등의 전통적인 명령형 프로그래밍 언어는 순서대로 실행되는 일련의 문장들을 정의합니다. 마찬가지로 태스크 기반 빌드 시스템은 실행 단계들을 차례로 정의하죠. 반면 하스켈, ML 등의 함수형 프로그래밍 언어는 수학 방정식들의 나열에 더 가깝습니다. 함수형 언어에서는 수행할 계산을 설명하지만 그 계산을 정확히 언제 어떻게 수행할지에 관한 상세 내용은 컴파일러에 맡깁니다. 아티팩트 기반 빌드 시스템에서 매니페스트를 선언하는 것 역시 같은 아이디어입니다. 빌드를 어떻게 수행할지를 시스템에 맡기는 것이죠.

함수형 프로그래밍으로는 표현하기는 어려워도 이점이 아주 크고 분명한 문제가 다수 있습니다. 함수형 언어로는 문제들을 병렬화하기가 아주 쉽고 정확성을 보장해줍니다. 명령형 언어로는 꿈꾸기 어려운 수준으로 말이죠. 함수형 프로그램으로 표현하기 가장 쉬운 문제로는 일련의 규칙이나 함수를 이용하여 데이터 조각 하나를 다른 데이터로 변환하기가 있습니다. 그리고 이 문제가 바로 빌드 시스템이 하는 일입니다. 빌드 시스템은 실질적으로 소스 파일(과 컴파일러)을 입력으로 받아서 바이너리를 출력해주는 커다란 수학 함수인 것이죠. 따라서 함수형 프로그램 개념을 가져와 빌드 시스템의 기반을 구축해도 잘 작동한다는 게 전혀 놀랄 일이 아닙니다.

구체적인 예(feat. Bazel)

Bazel은 구글 사내 빌드 도구인 Blaze의 오픈 소스 버전이며, 아티팩트 기반 빌드 시스템의 훌륭한 예입니다. 다음은 Bazel의 빌드 파일입니다(보통 BUILD라는 이름 사용).

```
java_binary(
  name = "MyBinary",
  srcs = ["MyBinary.java"],
  deps = [
    ":mylib",
```

```
    ],
)

java_library(
    name = "mylib",
    srcs = ["MyLibrary.java", "MyHelper.java"],
    visibility = ["//java/com/example/myproduct:__subpackages__"],
    deps = [
        "//java/com/example/common",
        "//java/com/example/myproduct/otherlib",
        "@com_google_common_guava_guava//jar",
    ],
)
```

Bazel에서 BUILD 파일은 타깃을 정의합니다. 이 예에서는 java_binary와 java_library라는 두 종류의 타깃을 정의했습니다. 모든 타깃은 시스템이 생성할 수 있는 아티팩트 하나에 대응합니다. 바이너리 타깃은 바로 실행할 수 있는 바이너리 파일을 생성하며, 라이브러리 타깃은 다른 바이너리나 라이브러리에서 사용할 수 있는 라이브러리를 생성합니다. 모든 타깃이 다음의 속성들을 지니고 있습니다.

- name: 명령줄이나 다른 타깃에서 가리킬 수 있는 이름
- srcs: 아티팩트를 생성하기 위해 컴파일해야 하는 소스 파일들
- deps: 먼저 빌드하여 현재 아티팩트에 링크해야 하는 다른 타깃들(의존성)

의존성 패키지는 같은 패키지 안(예: MyBinary가 의존하는 ":mylib"), 같은 소스 계층구조 안에서의 다른 패키지(예: mylib이 의존하는 "//java/com/example/common"), 소스 계층구조 밖의 서드파티(예: mylib이 의존하는 "@com_google_common_guava_guava//jar") 모두 지정할 수 있습니다. 개별 소스 계층구조는 워크스페이스^{workspace}라고 부르며, 각 계층구조 루트에 있는 WORKSPACE라는 파일로 식별합니다.

Ant처럼 Bazel도 명령줄 도구로 빌드를 수행합니다. MyBinary 타깃을 빌드하려면 bazel build :MyBinary 명령을 실행하면 됩니다. 이 명령을 깨끗한 리포지터리에서 처음 실행하면 Bazel이 다음 순서로 빌드를 진행합니다.

1. 워크스페이스의 모든 BUILD 파일을 파싱하여 아티팩트 사이의 의존성 그래프를 만듭니다.

2. 그래프를 이용하여 MyBinary의 전이 의존성$^{transitive\ dependency}$을 결정합니다. 즉,

MyBinary가 의존하는 모든 타깃을 구하고, 다시 이 타깃들이 의존하는 모든 타깃을 구하는 일을 반복합니다.

3. 이 의존성들을 차례로 모두 빌드합니다(외부 의존성은 다운로드). Bazel은 다른 의존성이 없는 타깃부터 빌드를 시작하고 타깃별로 어떤 의존성이 더 필요한지를 추적합니다. 한 타깃의 의존성이 모두 빌드되면 마지막으로 그 타깃을 빌드합니다. 이 과정을 MyBinary의 전이 의존성이 모두 빌드될 때까지 반복합니다.

4. 마지막으로 MyBinary를 빌드하고, 3단계에서 빌드한 모든 의존성과 링크하여 최종 실행 바이너리를 만듭니다.

태스크 기반 빌드 시스템에서 이루어지는 일과 근본적인 차이는 잘 보이지 않을 것입니다. 실제로도 결국 똑같은 바이너리를 만들어냅니다. 세부 단계를 분석하고 의존성을 찾고 차례로 수행하는 모습도 모두 똑같고요. 하지만 핵심적인 차이가 몇 가지 있습니다.

첫째, 3단계에서 Bazel은 각 타깃이 하나의 자바 라이브러리를 생성할 것임을 알고 있습니다. 다시 말해, 사용자가 정의한 임의의 스크립트가 아닌 자바 컴파일러만 실행하면 된다는 사실을 알고 있습니다. 그 결과 3단계를 병렬로 실행해도 안전하다는 결론에 도달하여 멀티코어 컴퓨터에서는 한 번에 하나씩만 실행할 때보다 비약적으로 빨라집니다. 실행 전략을 온전히 빌드 시스템에 맡겨 병렬 실행을 가능케 하는 아티팩트 기반 방식에서만 얻을 수 있는 장점입니다.

두 번째 이점은 (아무런 변경 없이) bazel build :MyBinary를 두 번째 실행할 때 나타납니다. Bazel은 타깃이 최신 상태임을 알려주며 1초 내로 바로 종료될 것입니다. 앞서 이야기한 함수형 프로그래밍 패러다임 덕분에 가능한 이점입니다. Bazel은 각 타깃은 자바 컴파일러만 사용해 빌드하며, 자바 컴파일러는 오직 입력에만 의존해 결과물을 생성하므로 입력이 달라지지 않으면 기존 결과를 재사용해도 됨을 알고 있습니다. 그리고 이 분석을 모든 수준에 적용합니다. 즉, MyBinary.java가 변하면 Bazel은 MyBinary를 다시 빌드하지만 mylib은 재사용합니다. //java/com/example/common 안의 소스 파일이 변하면 mylib과 MyBinary는 다시 빌드하지만 //java/com/example/myproduct/otherlib은 재사용합니다. Bazel은 모든 세부 단계에서 자신이 이용하는 도구들의 속성을 알고 있으므로 최소한의 아티팩트만 다시 빌드하면서도 전체 빌드를 문제없이 수행할 수 있습니다.

빌드 프로세스를 태스크 중심에서 아티팩트 중심으로 재구성하는 일은 미묘하지만 강력합니다. 프로그래머 입장에서는 유연성이 줄어드는 대신 빌드의 각 단계에서 무슨 일이 이루어지는지를 빌드 시스템이 알게 됩니다. 빌드 시스템은 이 지식을 활용하여 빌드 프로세스를 병렬화하고 최대한 많은 것을 재사용하여 효율을 극대화시킵니다. 하지만 여기까지는 시작에 불과합니다. 이렇게 얻은 병렬성과 재활용성은 확장성이 뛰어난 분산 빌드 시스템으로 가는 토대가 되어줍니다. 분산 빌드에 관해서는 18.3.4절에서 이야기하겠습니다.

Bazel의 또 다른 멋진 묘수들

아티팩트 기반 빌드 시스템은 태스크 기반 빌드 시스템이 안고 있던 병렬 실행과 재활용 문제를 근본적으로 해결합니다. 하지만 아직 다루지 않은 문제가 몇 가지 더 있습니다. Bazel은 이 문제들도 아주 스마트하게 해결해주는데, 다음 주제인 분산 빌드로 넘어가기 전에 하나씩 소개드리겠습니다.

도구도 의존성으로 취급하기

앞서 빌드가 로컬 컴퓨터에 설치된 도구에 의존하는 문제를 언급했습니다. 같은 도구라도 컴퓨터에 따라 설치된 위치와 버전이 다를 수 있어서 문제가 될 수 있다고 했죠. 나아가 만약 플랫폼마다 다른 도구를 사용해야 하는 언어로 프로젝트를 진행 중이라면 문제가 더 심각해집니다. 예를 들어 C/C++는 윈도우에서 빌드하느냐 리눅스에서 빌드하느냐에 따라 이용해야 하는 도구들이 달라질 수 있습니다. Bazel은 영리한 방식으로 이상의 문제들을 모두 해결하였습니다.

도구에 의존하는 첫 번째 문제는 도구 역시 각 타깃에서 정의해야 하는 의존성으로 다뤄서 해결합니다. 워크스페이스 안의 모든 java_library는 자바 컴파일러로의 의존 관계가 자동으로 설정됩니다. 이처럼 잘 알려진 컴파일러는 기본으로 연결해주지만 워크스페이스 수준에서 전역으로 설정할 수도 있습니다. Bazel이 java_library를 빌드할 때마다 지정된 컴파일러가 지정된 위치에 존재하는지 확인하고, 없다면 다운로드합니다. 다른 모든 의존성과 마찬가지로 자바 컴파일러가 변경되면 자바 컴파일러에 의존하는 모든 아티팩트를 다시 빌드합니다. Bazel에서 정의한 모든 타깃에는 똑같은 정책이 적용됩니다. 즉 빌드에 필요한 도구를 선언하도록 하여 언제 어느 시스템에서 빌드하든 정확한 도구들이 먼저 갖춰지도록 합니다.

플랫폼에 의존하는 두 번째 문제는 툴체인[6]을 이용해 해결합니다. Bazel의 타깃들은 사실 도구들에 직접 의존하지 않고 특정한 툴체인에 의존합니다. 툴체인은 특정 플랫폼에서 각 타깃 유형을 빌드하는 데 이용하는 도구들과 속성들의 모음입니다. 워크스페이스에서는 호스트와 대상 플랫폼을 기초로 특정한 툴체인을 정의해 이용할 수 있습니다. 자세한 이야기는 Bazel 매뉴얼을 참고하세요.

빌드 시스템 확장하기

Bazel은 많이 쓰이는 프로그래밍 언어 몇 가지와는 기본으로 호환되지만 엔지니어들은 항상 그 이상을 원하죠. 태스크 기반 시스템은 어떤 빌드 프로세스라도 지원할 수 있는 유연함이 강점입니다. 아티팩트 기반 빌드 시스템에서도 이 장점을 포기하지 않으면 좋을 것입니다. 다행히도 Bazel은 커스텀 규칙[rule][7]을 추가하여 타깃 종류를 확장하는 길을 열어두었습니다.

Bazel에서 규칙을 정의하라면 작성자는 규칙이 요구하는 입력들(BUILD 파일로 전달되는 속성의 형태)과 규칙이 생성해야 하는 결과물들을 선언해야 합니다. 또한 규칙이 생성할 **액션**[action]들도 선언합니다. 각 액션은 필요한 입력과 출력을 선언하고 특정 실행 파일을 수행하거나 파일에 특정 문자열을 기록합니다. 그리고 입력과 출력을 통해 다른 액션과 연결할 수 있습니다. 액션은 Bazel에서 가장 낮은 수준의 조합 가능한 단위입니다. 액션은 자신이 선언한 입력과 출력만을 사용한다면 무슨 일이든 할 수 있습니다. 그리고 Bazel은 액션들을 스케줄링하고 그 결과를 적절히 캐싱합니다.

한 가지, 액션 개발자가 비결정적인 액션을 만드는 일을 막을 수 없다는 점에서 Bazel도 완벽하지는 않습니다. 하지만 현실에서 잘 일어나지 않는 문제이며, 재활용성을 액션 수준까지 낮춘다면 오류가 끼어들 가능성은 크게 낮아집니다. 실제로 다양한 언어와 도구를 지원하는 규칙들을 인터넷에서 쉽게 구할 수 있어서 대다수 프로젝트에서는 규칙을 직접 만들 필요조차 없지요. 혹 규칙을 만들어야 하더라도 중앙 리포지터리에 정의해두면 누구나 쓸 수 있습니다. 다른 엔지니어들은 구현 수준까지 신경 쓸 필요 없이 그저 잘 사용하면 됩니다.

환경 격리하기

액션이라는 개념은 태스크 기반 시스템의 태스크와 같은 문제를 일으킬 것만 같습니다. 다시

---

6 (Bazel 매뉴얼) Toolchains. *https://oreil.ly/ldiv8*

7 (Bazel 매뉴얼) Rules. *https://oreil.ly/Vvg5D*

말해, 액션들끼리도 같은 파일을 써서 서로 충돌할 수 있지 않을까요? 아닙니다. Bazel은 샌드박싱[8] 기술로 이런 충돌을 원천봉쇄했습니다. 이 기술을 지원하는 시스템에서는 파일시스템 샌드박스를 통해 모든 액션이 다른 액션들과 격리됩니다. 구체적으로는 액션이 이용할 수 있는 파일시스템 영역이 제한되며, 액션이 선언한 입력과 생성할 출력 역시 이 영역에서만 이루어집니다. 리눅스에서라면 LXC[LinuX Container] 같은 기술로 구현하죠(도커[Docker]가 이용하는 기술이기도 합니다). 액션은 입력으로 선언하지 않은 파일은 읽을 수 없고, 출력으로 선언하지 않은 파일에 쓰면 액션 종료 즉시 버려집니다. 심지어 액션들이 네트워크로도 서로 통신하지 못하게 막습니다. 이상의 이유로 액션끼리의 충돌은 불가능합니다.

외부 의존성 명확히 드러내기

빌드 시스템에서 주의해야 할 문제가 아직 하나 남았습니다. 필요한 의존성(라이브러리나 도구)을 직접 빌드하지 않고 외부에서 다운로드해야 하는 일이 많다는 것입니다. 앞의 예시 BUILD 파일에서는 @com_google_common_guava_guava//jar 의존성이 해당합니다(Maven으로부터 JAR 파일을 다운로드하라는 뜻입니다).

현 워크스페이스 바깥의 파일에 의존하는 건 위험한 일입니다. 이 파일들은 언제든 변경될 수 있으니 빌드 시스템은 계속해서 '최신' 파일인지를 확인해야 할 것입니다. 외부 파일의 변경에 워크스페이스 내의 소스 코드가 적절히 대응하지 못했다면 빌드 문제를 재현할 수 없게 될 수 있습니다. 즉, 알 수 없는 이유로 빌드가 하루는 잘 되었다가 다음 날에는 실패하는 일이 반복될 수 있습니다. 마지막으로 외부 의존성의 소유자가 서드파티라면 잠재적으로 심각한 보안 위험에 노출됩니다.[9] 공격자가 서드파티 서버를 감염시킬 수 있다면 우리가 의존하는 파일을 악성 파일로 바꿔치기할 수 있습니다. 그러면 여러분의 빌드 환경과 아티팩트를 제어할 수 있는 힘이 공격자에게 넘어가버릴지 모릅니다.

근본적인 문제는 의존성 파일들을 소스 관리 시스템에 추가하지 않고도 빌드 시스템이 인지하기를 원한다는 것입니다. 의존성 변경은 의식적으로 진행해야 하지만 중앙에서 한 번만 이루어져야 합니다. 개별 엔지니어가 관리하거나 시스템에 의해 자동으로 이뤄지게 두면 안 됩니다.

---

8 (Bazel 블로그) Introducing sandboxfs. *https://oreil.ly/lP5Y9*

9 소프트웨어 공급망 공격(software supply chain attack)이 점점 늘고 있습니다. 옮긴이_ 소프트웨어 공급망 공격이란 회사 시스템이나 데이터에 접근할 수 있는 서드파티를 거쳐 공격자가 내부 시스템에 침투하는 형태의 공격을 말합니다.

'헤드에서 지내기' 모델[10]에서조차 우리는 여전히 빌드가 결정적이길 바라기 때문입니다. 즉, 지난주에 코드를 체크아웃했다면 외부 파일(의존성)들 역시 업데이트된 현재 버전이 '아니라' 지난주 버전의 파일을 그대로 참조하기를 바랍니다.

Bazel을 포함한 일부 빌드 시스템은 외부 의존성 각각의 암호화 해시$^{\text{cryptographic hash}}$를 워크스페이스 차원의 매니페스트 파일에 기록하게 하여 이 문제를 해결했습니다.[11] 이 해시를 통해 전체 파일을 소스 관리하에 두지 않고도 고유하게 식별할 수 있는 것이죠. 워크스페이스에 새로운 외부 의존성이 추가될 때마다 해당 의존 파일의 해시가 매니페스트 파일에 수동으로든 자동으로든 추가됩니다. Bazel은 빌드가 실행되면 캐시해둔 의존 파일들의 실제 해시와 매니페스트에 정의된 예상 해시를 비교하여 둘이 다른 경우에만 파일을 다시 다운로드합니다.

만약 새로 다운로드한 파일의 해시가 매니페스트에 정의된 해시와 다르다면 매니페스트의 해시가 업데이트되기 전까지 빌드가 실패합니다. 해시는 자동으로 업데이트할 수도 있습니다. 하지만 빌드가 새로운 의존성을 받아들이기 전에 해당 변경을 승인하고 소스 관리 시스템에 반영해야 합니다. 이 말은 의존성이 변경된 시각이 항시 기록되며, 워크스페이스 소스가 적절히 수정되지 않은 채로 외부 의존성만 변경될 수 없다는 의미입니다. 또한 예전 소스 코드를 체크아웃하면 빌드 시스템이 알아서 예전 버전이 의존하던 파일들을 이용해 빌드해준다는 뜻이기도 합니다.

물론 외부 서버가 응답하지 않거나 깨진 데이터를 보내줄 때는 여전히 문제입니다. 필요한 파일들을 따로 보관해두지 않았다면 모든 빌드가 실패할 것입니다. 이 문제를 피하고 싶다면 (사소하지 않은 모든 프로젝트에서) 필요한 의존 파일들 전부를 여러분이 믿고 관리할 수 있는 서버나 서비스에 미러링해두라고 권해드립니다. 그렇지 않으면 체크인해둔 해시가 보안은 지켜주더라도 서드파티의 도움 없이는 빌드 시스템이 제대로 운영되지 못할 것입니다.

18.3.4 분산 빌드

구글의 코드베이스는 방대합니다. 20억 라인 이상의 코드와 엄청나게 깊은 의존성 그래프가 우리를 압도하죠. 구글에서는 간단한 바이너리조차 수만 개의 빌드 타깃에 의존하는 일이 흔합

---

10 옮긴이_ Live at Head. 소스 관리 정책인 트렁크 기반 개발을 업스트림 의존성 관리에까지 적용한 모델입니다. 21.3.4절 참고.
11 Go 언어에서는 정확히 같은 기술을 이용한 모듈 시스템을 도입했습니다.

니다. 규모가 이쯤 되면 아무리 좋은 컴퓨터라도 단 한 대에만 빌드를 맡겨둬서는 열불이 날 것입니다. 그 어떤 빌드 시스템도 컴퓨터 하드웨어 한 대가 끌어낼 수 있는 물리적인 힘 이상을 해낼 수 없습니다. 기다려줄 수 있는 시간 안에 빌드를 끝내는 방법은 오직 하나! 바로 분산 빌드를 지원하는 빌드 시스템뿐입니다. **분산 빌드**distributed build란 단위 작업들을 여러 컴퓨터에 뿌려 빌드한 후 취합해 최종 결과를 만들어주는 기술입니다. 빌드 단위를 충분히 작게 쪼갤 수 있다면(뒤에서 더 자세히 다룹니다) 아무리 큰 빌드라도 원하는 시간 내에 끝마칠 수 있습니다. 물론 그만한 비용을 하드웨어에 투자해야겠죠. 이 확장성이야말로 구글이 아티팩트 기반 빌드 시스템 개발에 투자해온 가장 큰 이유입니다.

원격 캐싱

가장 단순한 분산 빌드는 [그림 18-2]처럼 원격 캐시만 이용하는 형태입니다.

그림 18-2 분산 빌드(원격 캐시 포함)

빌드를 수행하는 모든 시스템, 즉 개발자 컴퓨터와 지속적 통합 시스템 모두 공통의 원격 캐시 서비스를 참조하는 모양새입니다. 공유 캐시는 빠른 로컬 네트워크에 물려 있는 레디스Redis일 수도 있고 구글 클라우드 스토리지일 수도 있습니다. 사용자가 아티팩트를 빌드할 때마다 빌드 시스템은 우선 원격 캐시에 해당 아티팩트가 이미 존재하는지 확인합니다. 존재한다면 새로 빌드하는 대신 다운로드하고, 존재하지 않으면 직접 빌드한 후 캐시에 추가합니다. 따라서 자주 변경되지 않는 저수준 라이브러리는 한 번 빌드되면 수많은 사용자에게 공유됩니다. 이런 식으로 구글은 빌드 시스템 운영 비용을 크게 절감하고 있습니다.

원격 캐시 시스템이 제역할을 하려면 빌드 시스템이 빌드를 완벽하게 재현할 수 있어야 합니다. 즉, 모든 타깃에 대해서 필요한 입력 집합을 결정할 수 있고, 같은 입력이 주어지면 어떤 머신에서 빌드하더라도 정확하게 같은 결과가 나와야 합니다. 그래야만 다운로드한 아티팩트가 직접 새로 빌드하는 결과와 동일함을 보장할 수 있습니다. 다행히 Bazel은 이를 보장하여 원격 캐시를 지원합니다.[12] 참고로, 캐시된 아티팩트들의 키key로는 해당 타깃과 입력값들의 해시 모두가 제공되어야 합니다. 왜냐하면 둘 이상의 엔지니어가 동시에 같은 타깃에 서로 다른 수정을 가할 수 있는데, 이때 원격 캐시는 각각에 필요한 아티팩트를 모두 저장하고 있다가 충돌 없이 적절한 버전을 전해줘야 하기 때문입니다.

아티팩트를 다운로드하는 시간이 새로 빌드할 때보다 빨라야 원격 캐시가 의미가 있습니다. 당연한 이야기죠. 그런데 그렇지 못할 때도 있습니다. 특히 캐시 서버가 빌드 머신과 멀리 떨어져 있다면 더 느릴 가능성이 커집니다. 그래서 구글은 빌드 결과가 빠르게 공유되도록 네트워크와 빌드 시스템을 세심히 튜닝합니다. 여러분도 원격 캐시를 도입하려거든 네트워크 지연시간을 잘 고려하고 캐시가 실제로 성능을 개선해주는지 실험해보기 바랍니다.

원격 실행

원격 캐시는 진정한 분산 빌드는 아닙니다. 캐시가 사라지거나 전체에 영향을 주는 저수준 라이브러리를 변경한다면 여전히 모든 빌드를 로컬 컴퓨터에서 수행해야 합니다. 그래서 최종 목표는 원격 실행입니다. **원격 실행**remote execution은 빌드를 하는 '실제' 작업들을 여러 워커worker에 나눠 수행하는 기술입니다.

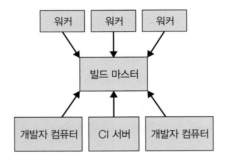

그림 18-3 원격 실행 시스템

각 사용자의 컴퓨터에서 구동되는 빌드 도구가 중앙 빌드 마스터에 요청을 보내는 구조입니다. 개발자와 자동 빌드 시스템 모두 사용자일 수 있습니다. 빌드 마스터는 요청받은 빌드를 구성하는 액션들을 스케줄링합니다. 이때 워커 풀이 활용됩니다. 개별 워커는 마스터가 지정해준 액션을 사용자가 명시한 입력값을 사용해 수행하고 아티팩트를 생성합니다. 이 아티팩트들은

....
12 (Bazel 매뉴얼) Remote Caching. *https://oreil.ly/D9doX*

최종 결과를 만들어 사용자에게 전달할 때까지 해당 아티팩트가 필요한 또 다른 액션을 수행하는 워커들에 공유됩니다.

이런 시스템을 구현할 때는 워커, 마스터, 사용자 컴퓨터 사이의 커뮤니케이션을 관리하는 부분이 가장 까다롭습니다. 다른 워커가 생성한 중간 산출물이 필요한 워커들이 있을 것이고, 최종 결과는 사용자의 로컬 컴퓨터로 전해줘야 합니다. 앞 절에서 설명한 원격 캐시를 도입하여 워커들이 결과를 캐시에 기록하고 필요한 의존성을 캐시로부터 읽어가게 하면 되겠네요. 마스터는 워커가 의존하는 모든 작업이 완료될 때까지, 즉 필요한 모든 입력이 캐시에 갖춰질 때가지 해당 워커들을 붙들어둡니다. 최종 산출물 역시 로컬 컴퓨터가 내려받을 수 있도록 캐시합니다. 참고로, 사용자 소스 트리의 로컬 변경사항을 내보내는 수단을 별도로 마련하여 워커가 빌드를 시작하기 앞서 이 변경들을 적용할 수 있도록 해야 합니다.

이 모델이 실제로 작동하려면 앞에서 설명한 아티팩트 기반 빌드 시스템의 모든 요소를 하나로 모아야 합니다. 빌드 환경은 필요한 모든 것을 완벽하게 자기 기술$^{self-descriptive}$[13]해야 워커들이 사람의 개입없이 동작할 수 있습니다. 빌드 프로세스는 완벽하게 자급자족$^{self-contained}$해야 각 단계를 어떤 컴퓨터에서든 실행할 수 있습니다. 결과는 완벽하게 결정적이어야 워커들이 다른 워커의 결과를 믿고 이용할 수 있습니다. 태스크 기반 시스템에서는 이 각각을 보장하기가 너무 어려워서 안정적인 원격 실행 시스템을 구축하기가 거의 불가능합니다.

분산 빌드 @ 구글

구글은 2008년부터 원격 캐시와 원격 실행을 지원하는 분산 빌드 시스템을 이용해왔습니다. 대략 [그림 18-4]와 같은 형태입니다.

---

13 옮긴이_ '자기 기술'이란 데이터 자체뿐 아니라 데이터의 형태와 의미를 설명하는 메타데이터까지를 모두 포함하여 스스로를 완벽하게 설명해준다는 뜻입니다.

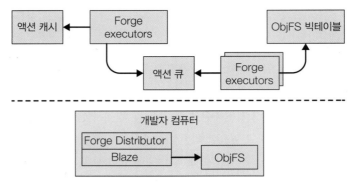

그림 18-4 구글의 분산 빌드 시스템

ObjFS는 구글 버전의 원격 캐시입니다. ObjFS는 백엔드와 프런트엔드로 구성됩니다. 백엔드는 구글의 프로덕션 머신들 전체에 배포된 빅테이블[14]에 결과를 저장합니다. 프런트엔드는 objfsd라는 이름의 FUSE 데몬이 각 개발자의 컴퓨터에서 실행되는 형태입니다. FUSE 데몬은 개발자가 빌드 결과들을 마치 로컬 컴퓨터에 저장된 보통의 파일인듯 브라우징할 수 있게 해줍니다. 하지만 파일의 내용은 사용자가 직접 요청할 때만 주문형$^{on-demand}$으로 다운로드합니다. 파일 내용을 주문형으로 제공하는 덕분에 네트워크와 디스크 사용을 크게 줄여주며, 모든 빌드 결과를 개발자 컴퓨터에 저장할 때보다 빌드가 두 배나 빨라집니다.[15]

Forge는 구글의 원격 실행 시스템입니다. Blaze단의 Forge 클라이언트(Forge Distributor)가 데이터센터에서 실행 중인 Scheduler에 수행할 액션들을 전송합니다. Scheduler는 액션의 결과를 캐싱해두었다가 똑같은 액션이 요청될 경우 즉시 돌려줍니다. 캐시된 결과가 없다면 해당 액션을 큐에 추가합니다. 거대한 Executor 풀에서는 이 큐로부터 끊임없이 액션들을 가져와 실행하고, 결과는 ObjFS 빅테이블에 직접 저장합니다. 이 결과는 Executor들이 다음 액션 실행 시 이용할 수 있습니다. 혹은 최종 사용자가 objfsd를 통해 다운로드할 수도 있습니다.

이 시스템은 구글이 수행하는 모든 빌드를 도맡아 처리할 만큼 효율적으로 확장되었습니다. 구글 규모의 빌드란 정말 방대합니다. 구글은 수십억 라인의 코드로 '매일' 수백만 번의 빌드와 수백만 개의 테스트 케이스를 실행하여 수PB의 결과물을 만들어냅니다. 이 시스템은 구글 엔지니어들에게 복잡한 코드베이스를 빠르게 빌드해줍니다. 이뿐만 아니라 빌드 결과가 필요한 수

---

14 (논문) Bigtable: A Distributed Storage System for Structured Data. *https://oreil.ly/S_N-D*
15 (블로그 글) Build in the Cloud: Distributing Build Outputs. *https://oreil.ly/NZxSp*

많은 자동화 도구와 시스템을 구축하는 토대가 되어줍니다. 구글은 이 시스템을 개발하는 데 여러 해를 투자했습니다만, 오늘날에는 바로 이용할 수 있는 오픈 소스 도구들이 있어서 어떤 조직이든 비슷한 시스템을 구축할 수 있습니다. 이런 빌드 시스템을 구축해 조직에 전파하는 데는 물론 시간과 노력이 듭니다. 하지만 엔지니어들에게 진짜 마법 같은 선물이 되어 투자한 노력이 아깝지 않을 것입니다.

18.3.5 시간, 규모, 트레이드오프

빌드 시스템의 역할은 세월이 흐르고 규모가 커져도 코드를 쉽게 다룰 수 있게 해주는 것입니다. 그리고 소프트웨어 엔지니어링이 항상 그렇듯, 어떤 형태의 빌드 시스템을 이용하느냐에 따른 트레이드오프가 존재합니다. 셸 스크립트를 이용하거나 도구를 직접 호출하는 DIY 방식은 코드를 오래 안고 가지 않아도 되는 가장 작은 프로젝트에나 적합합니다. 혹은 빌드 시스템을 내장한 Go 언어 같은 경우도 괜찮습니다.

DIY 스크립트를 버리고 태스크 기반 빌드 시스템으로 옮겨가면 복잡한 빌드를 자동화하고 다른 컴퓨터에서 빌드를 재현하기도 쉬워져서 프로젝트의 확장성이 극적으로 좋아집니다. 이때의 트레이드오프는 빌드의 구조를 더 깊게 고민해야 하며 빌드 파일을 직접 작성해야 한다는 것입니다(빌드 파일 작성은 자동화 도구를 활용하면 훨씬 쉬워질 수 있습니다). 대다수 프로젝트에서 이 정도 트레이드오프는 실보다 득이 클 것입니다. 하지만 사소한 프로젝트(예: 소스 파일 하나짜리)라면 오버헤드가 더 클지도 모릅니다.

프로젝트가 더 커지면 태스크 기반 빌드 시스템의 근본적인 문제가 드러나기 시작합니다. 이 문제는 아티팩트 기반 빌드 시스템으로 해결할 수 있습니다. 아티팩트 기반 시스템은 거대한 빌드를 여러 컴퓨터에 분산할 수 있게 하여 프로젝트의 규모를 또 다른 차원으로 키워줍니다. 프로젝트에 참여한 수천 명의 엔지니어는 빌드가 더 일관되고 재현 가능하다고 믿고 일하게 될 것입니다. 이 책에서 이야기하는 다른 많은 주제와 마찬가지로, 이때의 트레이드오프는 바로 유연성입니다. 아티팩트 기반 시스템은 엔지니어가 진짜 프로그래밍 언어를 써서 범용 태스크를 작성하는 길을 막아놨습니다. 대신 시스템이 허용하는 범위 내에서만 무언가를 할 수 있습니다. 처음부터 아티팩트 기반 시스템을 염두에 두고 설계한 프로젝트라면 문제될 일이 거의 없지만, 태스크 기반 시스템으로부터 마이그레이션하기는 쉽지 않을 것입니다. 그래서 현재 빌드 시스템에서 속도나 정확성 문제가 불거지지 않았다면 군이 마이그레이션할 가치는 없을지 모릅니다.

빌드 시스템 교체는 비용이 많이 드는 일입니다. 프로젝트가 커질수록 비용이 커집니다. 그래서 구글은 새로 시작하는 프로젝트라면 거의 예외 없이 처음부터 Bazel 같은 아티팩트 기반 빌드 시스템을 이용하는 게 좋다고 믿습니다. 구글에서는 작은 실험적 프로젝트부터 구글 검색에 이르는 거대 프로젝트까지 사실상 모든 코드가 Blaze를 이용해 빌드됩니다.

18.4 모듈과 의존성 다루기

Bazel과 같은 아티팩트 기반 빌드 시스템을 이용하는 프로젝트는 여러 개의 모듈로 나눠지며 각 모듈은 다른 모듈과의 의존 관계를 BUILD 파일에 기술하게 됩니다. 이 모듈과 의존성을 어떻게 구성하느냐가 빌드 시스템의 성능과 감당할 수 있는 작업량에 지대한 영향을 줍니다.

18.4.1 작은 모듈 사용과 1:1:1 규칙

아티팩트 기반 빌드를 구성할 때 처음 떠오르는 질문은 모듈 하나에 어느 정도의 기능을 넣어야 하느냐입니다. Bazel에서 모듈^{module}은 빌드 가능한 단위를 지정하는 타깃을 말합니다. 앞의 코드 예에서는 java_binary와 java_library 각각이 하나의 모듈이었습니다. 극단적으로는 프로젝트 루트의 BUILD 파일에 소스 파일 전부를 욱여넣어서 모듈 하나짜리로 만들 수도 있습니다. 반대편 극단에는 소스 파일 각각을 하나의 모듈로 만들어 BUILD 파일에 일일이 나열하고 서로의 의존 관계를 빠짐없이 기록하는 방법이 있습니다.

대부분의 프로젝트는 양 극단 사이 어딘가가 될 것인데, 어느 지점을 찍느냐에 따라 성능과 유지보수성이 달라집니다. 전체 프로젝트를 하나의 모듈로 만들면 외부 의존성을 추가할 때가 아니면 BUILD 파일을 건드릴 일이 사라집니다. 하지만 전체 빌드를 매번 하나의 작업으로 수행해야 합니다. 빌드 단계를 병렬로 실행하거나 조각으로 나눠 분산할 수 없고, 이미 빌드된 조각을 캐시할 수도 없다는 뜻입니다. 파일 각각을 모듈로 만들면 정확히 반대가 됩니다. 빌드 시스템은 캐시와 분산 빌드를 최대한으로 이용할 수 있습니다. 하지만 엔지니어는 소스 파일에 다른 파일로의 참조를 하나 추가할 때마다 의존성 목록에도 반영해야 하므로 유지보수하기가 정말 끔찍할 것입니다.

언어마다 혹은 하나의 언어 안에서도 정확한 입자의 크기가 다르므로 구글은 태스크 기반 빌드 시스템에서의 일반적인 크기보다 작은 모듈을 훨씬 선호합니다. 구글의 프로덕션 바이너리는 대체로 수천 개의 타깃에 의존하며, 중간 크기 팀이 보통 수백 개의 타깃을 소유합니다. 자바 같은 언어는 언어 차원에서 견고한 패키징 개념을 지원하여 각 디렉터리가 보통 하나의 패키지, 타깃, BUILD 파일을 갖습니다(Blaze 기반 빌드 시스템 중 하나인 Pants에서는 이를 1:1:1 규칙[16]이라 부릅니다). 패키지 관련 규약이 미흡한 언어에서는 BUILD 파일 하나에 여러 개의 타깃을 정의하는 일이 흔합니다.

프로젝트 규모가 커지면 작은 빌드 타깃의 효과가 나타나기 시작합니다. 분산 빌드가 더 빨라지며 타깃을 다시 빌드하는 빈도는 줄어듭니다. 테스트까지 고려하면 장점이 더욱 커집니다. 무언가 변경되었을 때 영향받는 타깃과 연관된 테스트만 추려서 수행하면 되므로 테스트하는 양 역시 크게 줄어들기 때문입니다. 구글은 작은 타깃이 시스템에 주는 이점이 크다고 믿었고, 그래서 개발자의 부담을 덜어주기 위해 BUILD 파일들을 자동으로 관리해주는 도구에도 투자하여 어느 정도 진전을 이루어냈습니다. 그리고 그중 상당수를 오픈 소스로 공개했습니다.[17]

18.4.2 모듈 가시성 최소화

Bazel을 포함한 여러 빌드 시스템은 타깃이 가시성을 명시할 수 있게 합니다. 여기서 가시성^{visibility}이란 자신에게 의존할 수 있는 타깃의 범위를 지정하는 속성입니다. 가시성이 public으로 지정된 타깃은 워크스페이스 내의 모든 타깃이 참조할 수 있습니다. 가시성이 private이면 같은 BUILD 파일에 정의된 타깃과 허용목록에 명시된 타깃만이 참조할 수 있습니다. 가시성은 본질적으로 의존성과 반대되는 개념입니다. 타깃 A가 타깃 B에 의존하고 싶다면 먼저 B가 자신을 A에 드러내줘야 합니다.

대부분의 프로그래밍 언어에서와 마찬가지로 가시 범위는 가능한 한 좁히는 게 좋습니다. 일반적으로 구글에서는 다른 모든 팀에서 널리 사용하는 라이브러리만 public으로 지정합니다. 몇몇 협력 팀에만 필요한 타깃은 허용목록에 고객 타깃을 등록하여 관리합니다. 팀 내에서만 쓰는 타깃은 팀 소유의 디렉터리에서만 참조할 수 있도록 제한하여 대부분의 BUILD 파일에는 private이 아닌 타깃은 단 하나뿐입니다.

---

16 (Pants 매뉴얼) BUILD files. *https://bit.ly/3EIlkSZ*
17 (깃허브) Gazelle build file generator. *https://oreil.ly/r0w07*

18.4.3 의존성 관리

모듈들은 서로를 참조할 수 있어야 합니다. 그래서 코드베이스를 작은 모듈들로 나누면 많아진 모듈 사이의 의존성을 관리하는 부담이 늘어납니다(자동화 도구의 도움을 받을 수는 있습니다만). 실제로 의존성 표현 부분이 BUILD 파일의 상당 지분을 차지합니다.

내부 의존성

큰 프로젝트를 작은 모듈들로 나누면 의존성 대부분이 내부 모듈 사이에서 만들어집니다. 즉, 의존하는 타깃 대부분이 같은 소스 리포지터리에서 정의되고 빌드됩니다. 이러한 내부 의존성은 소스로부터 빌드된다는 점에서 이미 빌드된 아티팩트를 빌드 도중 다운로드하는 외부 의존성과 차이가 납니다. 또한 내부 의존성에는 '버전'이란 개념이 없다는 뜻도 됩니다. 즉, 하나의 타깃과 그 타깃이 만들어내는 모든 내부 의존성은 언제나 같은 커밋/리비전에서 빌드됩니다.

내부 의존성과 관련하여 주의할 점이 하나 있습니다. 바로 전이 의존성을 어떻게 취급하느냐입니다. [그림 18-5]를 보시죠. 타깃 A가 B를 의존하고, B는 다시 공통 라이브러리인 C를 의존합니다. 이때 A는 C가 정의한 클래스를 사용할 수 있을까요?

그림 18-5 전이 의존성

기반 도구들에서라면 문제될 게 없습니다. B와 C 모두 타깃 A에 링크될 것이고, 따라서 A는 C에 정의된 심볼 모두를 볼 수 있습니다. Blaze도 오랫동안 이를 허용했습니다. 하지만 구글이 성장하면서 문제가 불거지기 시작했습니다. B를 리팩터링하여 더는 C에 의존하지 않게 되었다고 가정해보죠. B → C 의존성을 제거한다면 B를 통해 C를 이용하던 A가 동작하지 않을 것입니다. 타깃의 의존 관계가 마치 공개된 계약처럼 작용해서 더는 안전하게 변경할 수 없게 된 것입니다. 그리고 날이 갈수록 의존 관계가 더 복잡하게 얽혀서 구글의 빌드가 느려지기 시작했다는 뜻입니다.

구글은 Blaze에 '엄격한 전이 의존성 모드strict transitive dependency mode'를 도입하여 이 문제를 해결했습니다. 이 모드에서는 직접 의존하지 않는 심볼을 참조하는 타깃이 검출되면 빌드가 실패합니다. 그리고 문제의 의존성을 자동으로 추가할 수 있는 셸 명령어를 오류 메시지에 덧붙여 뿌려줍니다. 이 변경을 구글 코드베이스 전체에 전파하여 수백만 개의 빌드 타깃 하나하나가 의존성 목록을 명시적으로 나열하도록 리팩터링하는 데는 수년이 걸렸습니다. 하지만 그만한 가치가 있었습니다. 불필요한 의존성의 수가 줄어들어서 빌드가 훨씬 빨라졌고[18] 엔지니어들은 필요 없어진 의존성들을 마음 놓고 제거할 수 있게 되었습니다(내 타깃을 이용하는 다른 타깃들이 깨질까 걱정할 필요가 없어졌습니다).

한편 '엄격한 전이 의존성'을 적용하는 데도 당연히 트레이드오프가 따랐습니다. 암묵적으로 딸려 들어오던 공통 라이브러리들이 곳곳에 명시되어 빌드 파일이 더 거대해졌습니다. 엔지니어들은 BUILD 파일에 의존성을 추가하는 데 시간을 더 써야 했습니다. 지루한 일이죠. 그래서 우리는 놓친 의존성을 찾아 BUILD 파일에 자동으로 추가해주는 도구를 만들어 지루함을 덜어주었습니다. 하지만 이런 도구가 없더라도 코드베이스가 커질수록 이점이 더 커진다는 사실을 깨달았습니다. BUILD 파일에 의존성을 하나 추가하는 일은 한 번만 하면 끝이지만 암묵적인 전이 의존성은 해당 빌드 타깃이 존재하는 한 영원히 문제를 일으키기 때문이죠. Bazel은 자바 코드의 경우 엄격한 전이 의존성을 기본으로 적용합니다.[19]

외부 의존성

의존 대상이 내부에 있지 않다면 당연히 외부의 것을 이용해야 합니다. 외부 의존성은 빌드 시스템 바깥에서 빌드되고 저장되어 있는 아티팩트를 말합니다. 외부 의존성은 소스 코드로부터 빌드하는 대신 (일반적으로 인터넷을 통해 접근하는) 아티팩트 리포지터리^{artifact repository}에서 직접 가져와 그대로 이용합니다. 내부 의존성과의 가장 큰 차이는 무엇일까요? 바로 외부 의존성에는 '버전'이 있고, 버전은 그 프로젝트의 소스 코드와는 독립적으로 매겨진다는 점입니다.

자동 vs 수동 의존성 관리

빌드 시스템에서 외부 의존성의 버전은 수동으로도 자동으로도 관리할 수 있습니다. 수동으로 관리할 경우 아티팩트 리포지터리에서 다운로드할 버전을 빌드 파일에 명시해야 합니다(보통 '1.1.4'와 같은 유의적 버전[20]을 이용합니다). 자동으로 관리할 때는 소스 파일에 호환 버전의 범위를 명시하고, 빌드 시스템이 범위 안에서 가장 최신 버전을 다운로드해줍니다. 예를 들어 Gradle에서 의존성의 버전을 '1.+'라고 선언했다면 메이저 버전이 1이기만 하면 마이너 버전

---

18 물론 이러한 의존성을 실제로 제거하는 일은 완전히 별개의 프로세스였습니다. 하지만 각 타깃이 필요한 의존성들을 명시적으로 선언하는 게 중요한 첫 번째 단계였죠. 구글이 이와 같은 대규모 변경을 어떻게 진행하는지는 22장에서 자세히 설명합니다.

19 (블로그 글) Strict Java Deps and 'unused_deps'. *https://oreil.ly/Z-CqD*

20 (홈페이지) Semantic Versioning 2.0.0. *https://semver.org*

(0.x)이나 패치 버전(0.0.x)은 무엇이든 호환된다는 뜻입니다.

자동 의존성 관리는 작은 프로젝트에서는 편리하지만 조금만 큰 프로젝트에서는 혹은 두 명 이상이 진행하는 프로젝트에서는 대체로 재앙을 몰고 옵니다. 자동 관리의 문제는 의존성의 버전이 언제 업데이트되는지를 여러분이 통제할 수 없다는 것입니다. 유의적 버전을 사용하더라도 서드파티가 호환성을 깨뜨리는 업데이트를 하지 않으리라 보장할 방법은 없기 때문에 전날까지 잘 되던 빌드가 어느 날 아침 갑자기 실패하는 일이 벌어질 수 있습니다. 무엇이 바뀌어서 실패했는지, 잘 빌드되던 이전 상태로 되돌리려면 어떻게 해야 하는지 알아내기가 쉽지 않습니다. 때로는 빌드는 잘 되지만 동작이나 성능이 미묘하게 달라지기도 합니다. 바로 눈치 채지 못한다면 나중에는 원인을 추적해 파악하기가 더욱 어렵습니다.

이와 달리 수동으로 관리할 때는 변경을 버전 관리할 수 있습니다. 언제 변경되었는지 쉽게 찾아 되돌릴 수 있고, 리포지터리로부터 옛 버전의 소스를 당시의 의존성 그대로 체크아웃할 수 있습니다. Bazel은 모든 의존성의 버전을 수동으로 지정하도록 합니다. 중간 규모의 프로젝트만 해도 수동 버전 관리가 주는 안정성이 약간의 관리 오버헤드 이상의 값어치를 합니다.

원-버전 규칙

같은 라이브러리라도 버전이 다르면 일반적으로 다른 아티팩트로 표현합니다. 따라서 이론상으로는 빌드 시스템에서 같은 외부 의존성의 다른 버전을 서로 다른 이름으로 선언하는 게 가능합니다. 이런 식으로 타깃마다 각자가 사용하길 원하는 버전을 선택할 수 있죠. 구글은 이 방식은 실전에서 문제가 많음을 깨닫고 코드베이스에서 이용하는 모든 서드파티 의존성들에 원-버전 규칙[21]을 강제했습니다.

여러 버전을 허용할 때의 가장 큰 문제는 다이아몬드 의존 관계^{diamond dependency}가 만들어진다는 점입니다. [그림 18-6]과 같이 타깃 A가 타깃 B와 외부 라이브러리인 C의 1.0 버전을 의존한다고 해보죠. 그 후 타깃 B를 리팩터링하여 C의 2.0 버전을 이용하게 바뀌었습니다. 그러면 타깃 A는 C의 1.0과 2.0 모두에 의존하는 문제가 생깁니다.

---

21 (구글 오픈 소스 홈페이지) The One Version Rule. *https://oreil.ly/0Fa9V*

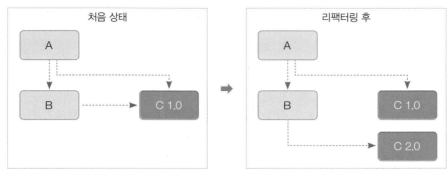

그림 18-6 리팩터링 후 같은 라이브러리의 두 가지 버전에 의존(출처: 옮긴이)

실제로 타깃이 버전이 여러 개인 서드파티 라이브러리를 이용하게 하면 무조건 안전하지 않습니다. 그 타깃의 사용자 중 누군가는 이미 같은 서드파티 라이브러리의 다른 버전을 사용하고 있을 수 있기 때문이죠. 원-버전 규칙은 이런 충돌을 원천봉쇄합니다. 타깃에 서드파티 라이브러리를 의존성으로 추가해도 기존의 의존성 모두 같은 버전을 가리키기 때문에 평화롭게 공존할 수 있습니다.

이 주제는 21장에서 거대한 모노리포라는 맥락에서 더 자세히 알아보겠습니다.

전이 외부 의존성

외부 의존 대상의 전이 의존성은 다루기가 특히 어렵습니다. Maven Central 같은 여러 아티팩트 리포지터리에서는 아티팩트가 리포지터리 내의 다른 아티팩트의 특정 버전에 의존하는 걸 허용합니다. Maven과 Gradle 같은 빌드 도구는 기본적으로 전이 의존성을 재귀적으로 다운로드합니다. 따라서 프로젝트에 추가한 의존성 하나가 수십 개의 아티팩트를 다운로드하게 만들 수 있다는 뜻입니다.

무척 편리한 방법이죠. 의존성으로 라이브러리 하나를 추가해야 할 때 그 라이브러리의 전이 의존성을 모두 추적하여 수동으로 일일이 추가해야 한다면 진짜 괴로울 것입니다. 하지만 단점도 큽니다. 둘 이상의 라이브러리가 똑같은 서드파티 라이브러리의 상이한 버전을 사용할 가능성이 있습니다. 필연적으로 원-버전 규칙을 위배하여 다이아몬드 의존성 문제를 낳을 수 있는 방식입니다. 여러분의 타깃이 의존하는 두 외부 라이브러리가 똑같은 제3의 라이브러리의 서로 다른 버전을 이용한다면, 여러분은 그중 어떤 버전을 이용하게 될지 알 수 없습니다. 또한 외부 라이브러리가 업데이트되면서 자신의 의존성을 수정해도 자칫 충돌이 발생해 코드베이스 전체가 원인 모를(라이브러리 업데이트와는 관련 없어 보이는) 오류에 시달릴 수 있습니다.

이런 이유로 Bazel은 전이 의존성을 자동으로 다운로드하지 않습니다. 그렇다고 완벽한 해결책이 있는 것도 아닙니다. Bazel은 대신 전역 파일 하나에 리포지터리의 외부 의존성 모두와 그 각각이 이용하는 의존성의 정확한 버전을 전부 기록하게 합니다. 그리고 Maven 아티팩트들의 전이 의존성들을 추적하여 이 파일을 자동으로 생성해주는 도구를 제공하죠.[22] 이 도구로 프로젝트의 초기 WORKSPACE 파일을 한 번 생성해두고, 이후로는 수작업으로 각 의존성의 버전을 조정하면 됩니다.

이 역시 편의성과 확장성 사이에서의 트레이드오프입니다. 작은 프로젝트라면 전이 의존성을 직접 관리하는 부담을 안고 싶어 하지 않을지 모릅니다. 하지만 조직과 코드베이스가 성장할수록 매력이 떨어지는 전략입니다. 충돌과 의도치 않은 사고가 점점 잦아질 것입니다. 규모가 커질수록 의존성을 수동으로 관리하는 비용이 자동 의존성 관리가 낳는 문제를 수습하는 비용보다 저렴해질 것입니다.

외부 의존성을 이용해 빌드 결과 캐시하기

외부 의존성이라 하면 보통은 서드파티에서 제공하는 안정된 버전의 라이브러리입니다. 대부분 소스 코드는 제공하지 않죠. 조직에 따라 직접 개발한 코드 일부를 아티팩트 형태로 공유하여 마치 서드파티 라이브러리처럼 사용하기도 합니다. 아티팩트를 직접 빌드하기보다 다운로드하는 게 빠르다면 빌드 속도를 높여줄 수 있는 방법입니다.

하지만 동시에 상당한 오버헤드와 복잡도가 더해집니다. 누군가는 이 아티팩트들 각각을 빌드하고 아티팩트 리포지터리에 업로드해야 합니다. 아티팩트 사용자들은 자신이 최신 버전을 사용하고 있는지 항상 확인해야 하고요. 리포지터리의 현재 코드와 아티팩트를 빌드했을 때의 코드가 다를 수 있어서 디버깅하기도 훨씬 어려워지며, 전체 소스 트리를 일관되게 보여주는 방법이 사라지게 됩니다.

빌드가 오래 걸리는 아티팩트들은 앞서 설명한 원격 캐시를 지원하는 빌드 시스템을 이용해 대처하는 게 더 낫습니다. 이런 빌드 시스템은 빌드할 때 생성한 아티팩트들을 캐시하여 모든 엔지니어에게 공유해줍니다. 빌드 시 마침 다른 누군가가 최근에 빌드한 아티팩트가 필요하다면 빌드 시스템이 (새로 빌드하는 대신) 자동으로 이전 아티팩트를 다운로드해줍니다. 이런 식으

---

22 (Bazel 매뉴얼) Generate external dependencies from Maven projects. *https://bit.ly/31PJ3Sw*

로 모든 결과가 일관되게 같은 버전의 소스 코드로부터 빌드되면서도 아티팩트를 미리 만들어 공유할 때와 같은 성능 이점을 누릴 수 있습니다. 이것이 구글이 따르는 전략이며, Bazel 역시 원격 캐시를 사용하도록 설정할 수 있습니다.

외부 의존성의 보안과 안정성

서드파티 아티팩트는 본질적으로 몇 가지 위험을 안고 있습니다. 첫 번째는 가용성 위험[availability risk]입니다. 서드파티 아티팩트 리포지터리에 접속할 수 없게 되면 외부 의존성을 다운로드할 수 없어서 빌드 전체가 멈춰버릴 것입니다. 두 번째는 보안 위험[security risk]입니다. 공격자가 서드파티 시스템을 점령하면 우리가 참조하는 아티팩트를 공격자가 설계한 버전으로 대체하여 우리 빌드 결과에 악성 코드를 심을 수 있습니다.

두 문제 모두 해결할 수 있습니다. 필요한 모든 아티팩트를 여러분이 통제할 수 있는 서버에 미러링해놓고, 빌드 시스템이 Maven Central 같은 서드파티 아티팩트 리포지터리를 이용하지 못하게 하면 됩니다. 물론 미러링하는 데도 노력과 자원이 들기 때문에 프로젝트의 규모를 고려해 선택해야 합니다. 특히 보안 문제는 서드파티 아티팩트 각각의 해시를 소스 리포지터리에 명시하도록 하는 정도로 완벽하게 예방할 수 있습니다. 해시를 비교하여 아티팩트가 변조되면 빌드가 실패할 것입니다.

문제를 완전히 회피하는 방법이 더 있습니다. 바로 프로젝트에 필요한 의존성을 복사하여 프로젝트에 포함시키는 것입니다. 내 소스 코드뿐 아니라 의존성들도 소스 코드나 바이너리 형태로 리포지터리에서 직접 버전 관리한다는 뜻입니다. 이와 같이 외부 의존성을 자신의 관리 하에 두는 것을 벤더링[vendoring]이라고 합니다. 벤더링하면 외부 의존성 전부를 내부 의존성으로 변환하는 효과가 납니다. 구글은 이 전략을 씁니다. 구글 내에서 참조하는 모든 서드파티 라이브러리를 소스 트리 루트 밑의 third_party 디렉터리에 체크인해두죠. 이게 가능한 이유는 구글의 소스 관리 시스템이 매우 거대한 모노리포를 감당할 수 있게끔 맞춤 제작되었기 때문입니다. 따라서 다른 조직에서는 벤더링 방식은 올바른 선택지가 아닐 수 있습니다.

18.5 마치며

빌드 시스템은 엔지니어링 조직에서 매우 중요한 요소입니다. 모든 개발자가 하루 수십에서 수백 번을 이용하며, 많은 경우 그들의 생산성을 좌우하는 결정적인 역할을 합니다. 올바른 빌드 시스템을 구축하는 방법을 고민하고 시간을 투자할 가치가 충분하다는 뜻입니다.

이번 장에서 이야기했듯이 구글은 놀라운 교훈을 하나 얻었습니다. **때로는 엔지니어의 힘과 유연성을 제한해야 생산성을 높일 수 있다**라는 사실입니다. 구글의 요구조건을 충족하는 빌드 시스템을 개발하기 위해 우리가 선택한 방법은 엔지니어로부터 빌드 수행 방식을 정의할 수 있는 자유를 빼앗는 것이었습니다. 대신 고도로 구조화된 프레임워크를 개발하여 개인의 선택을 제한하고 가장 중요한 결정을 자동화 도구에 위임했죠. 여러분은 어떻게 생각하실지 모르겠지만 구글 엔지니어들은 별 불만이 없습니다. 빌드 시스템이 대부분의 일을 알아서 해결해주는 덕분에 엔지니어들은 빌드 로직과 씨름하는 대신 자신의 애플리케이션을 작성하는 가장 재미난 일에 집중할 수 있기 때문입니다. 빌드를 신뢰하는 데서 오는 힘은 강력합니다. 증분 빌드가 매끄럽게 이루어지며, 빌드 캐시를 삭제하는 '클린' 단계는 수행할 필요가 거의 없습니다.

우리는 이 사실을 깨닫고 태스크 기반 빌드 시스템과 대조되는 완전히 새로운 '아티팩트 기반' 빌드 시스템을 만들어냈습니다. 태스크 대신 아티팩트를 중심에 두도록 재구성함으로써 빌드를 구글 규모의 조직으로까지 확장할 수 있었습니다. 극단적으로 표현하면 모든 컴퓨트 클러스터를 엔지니어 생산성 가속에 활용하는 '분산 빌드 시스템'이 탄생한 것입니다. 여러분의 조직은 이 모든 혜택을 얻기에는 충분히 크지 않을 수 있습니다. 하지만 우리는 아티팩트 기반 빌드 시스템이 작게 축소될 수도 있다고 믿습니다. 작은 프로젝트라도 Bazel과 같은 빌드 시스템이 속도와 정확성을 엄청나게 끌어올려줄 것입니다.

이번 장의 나머지에서는 아티팩트 기반 세계에서 의존성을 관리하는 방법을 탐구해봤습니다. 우리는 '작은 모듈 방식이 굵직한 모듈 방식보다 잘 확장됨'을 알았습니다. 이어서 의존성의 버전 관리가 얼마나 어려운지 이야기했습니다. '원-버전 규칙'을 설명하고 모든 의존성의 '버전을 수동으로 명시'해야 한다는 결론에 도달했습니다. 이렇게 함으로써 다이아몬드 의존성 문제 같은 흔한 함정을 피하고, 나아가 단일 리포지터리에 수십억 라인의 코드가 살아 숨 쉬는 구글 규모의 코드베이스를 하나의 빌드 시스템으로 처리할 수 있었습니다.

18.6 핵심 정리

- 조직이 성장해도 개발자들의 생산성을 유지하려면 제대로 된 빌드 시스템이 반드시 필요합니다.

- 힘과 유연성에는 대가가 따릅니다. 빌드 시스템에 적절한 제한을 두면 개발자가 더 편하게 일할 수 있습니다.

- 아티팩트 중심으로 구성된 빌드 시스템이 태스크 중심 빌드 시스템보다 확장성과 안정성 모두 뛰어납니다.

- 아티팩트와 의존성을 정의할 때 모듈을 작게 나누는 게 유리합니다. 작은 모듈들이 병렬 빌드와 증분 빌드의 이점을 더 잘 활용합니다.

- 외부 의존성의 버전도 명확하게 버전 관리해야 합니다. 단순히 '최신' 버전에 의존해서는 재현할 수 없는 빌드의 늪에 빠지기 쉽습니다.

CHAPTER 19

Critique: 구글의 코드 리뷰 도구

9장에서 보았듯이 코드 리뷰는 소프트웨어 개발에서 없어서는 안 될 요소입니다. 특히 성장하기 위해 매우 중요하죠. 코드 리뷰의 가장 큰 목적은 코드베이스의 가독성과 유지보수성 개선인데, 리뷰 프로세스가 뒷받침해줘야 가능한 이야기입니다. 하지만 잘 정의된 코드 리뷰 프로세스도 이야기의 시작일 뿐입니다. 프로세스가 더 매끄럽게 운영되게끔 도와주는 도구 역시 중요한 역할을 합니다.

이번 장에서는 구글의 사랑스러운 자체 시스템 Critique^{크리틱}[1]을 예로 삼아 어떻게 해야 성공적인 코드 리뷰 도구를 도입할 수 있는지를 알아보겠습니다. Critique은 코드 리뷰에 가장 필요한 기능, 즉 리뷰어와 작성자에게 코드 리뷰용 화면과 댓글 기능을 제공합니다. 또한 변경에 점수를 매김으로써 코드베이스에 체크인할 코드를 선별하는 게이트키핑도 지원합니다. Critique이 제공하는 코드 리뷰 정보는 코드 고고학에도 유용합니다. 즉, 리뷰 과정에서 오고 간 기술적 결정과 그 근거를 코드 주석에 기록하지 않았더라도 추적할 수 있습니다. 구글은 이 외에도 몇 가지 코드 리뷰 도구를 사용합니다만 Critique의 지분이 단연코 가장 큽니다.

----

1   옮긴이_ 단어 뜻은 '비평', '평론', '평가', '비평하다' 등입니다.

19.1 코드 리뷰 도구 원칙

Critique은 코드 리뷰가 목적을 이루는 데 유용한 기능을 제공합니다(자세한 기능은 잠시 후에 알아봅니다). 그렇더라도 이 도구가 이토록 성공적인 이유는 무엇일까요? '코드 리뷰는 개발자 워크플로의 핵심이다'라는 구글 개발 문화가 Critique에 녹아 있기 때문입니다. Critique이 다음 가이드 원칙들을 부각하도록 설계된 데는 이 개발 문화의 영향이 컸습니다.

- **간결성**: Critique의 UI는 불필요한 선택을 줄여 코드 리뷰를 쉽게 진행할 수 있는 매끄러운 인터페이스를 제공합니다. 빠르게 로드되고 내비게이션이 쉽고 단축키도 지원합니다. 또한 리뷰 현황을 한눈에 알 수 있도록 시각적으로 표시해줍니다.

- **신뢰 제공**: 코드 리뷰는 다른 이의 일을 늦추는 게 아니라 힘을 보태주는 활동입니다. 그러려면 동료를 최대한 신뢰해야 합니다. 예를 들어 자잘한 피드백들을 제대로 반영했는지 확인하기 위해 또다시 리뷰를 요청하는 건 좋지 않습니다. 또한 변경들을 구글 직원 모두가 보고 리뷰할 수 있도록 공개함으로써 신뢰를 높일 수 있습니다.

- **익숙한 소통 방식**: 소통 문제를 도구로 해결하기는 어렵습니다. Critique은 복잡하고 철저한 형식과 규약을 요구하기보다는 변경에 대한 의견을 사용자가 익숙한 방법으로 제시할 수 있도록 합니다. 소통을 위한 데이터 모델이나 프로세스를 더 복잡하게 만들지 않고, 대신 사용자가 댓글로 원하는 내용을 더 상세히 설명하거나 어떻게 수정하는 게 좋을지를 제안할 수 있게 했습니다. 결국은 사람이 사용하기 때문에 코드 리뷰 도구가 아무리 좋다고 해도 소통이 완벽하게 이루어질 수는 없습니다.

- **워크플로 통합**: Critique은 다른 핵심 소프트웨어 개발 도구들에 통합할 수 있는 통합 포인트를 다양하게 제공합니다. 덕분에 Code Search와 브라우징 도구에서 리뷰 중인 코드를 쉽게 찾아 살펴볼 수 있고, 웹 기반 코드 편집 도구에서 곧바로 편집할 수 있습니다. 변경된 코드와 관련된 테스트 결과도 바로 확인할 수 있습니다.

이상의 가이드 원칙 중 도구에 영향을 가장 크게 준 원칙은 아마도 간결성일 것입니다. 추가하면 재밌을 만한 기능 후보가 많았지만 소수의 사용자만을 위해 모델을 더 복잡하게 만들지 않도록 자제했습니다.

간결성과 워크플로 통합 사이에는 미묘한 긴장이 있습니다. 우리는 한때 코드 편집, 리뷰, 검색이 모두 가능한 Code Central이란 도구를 제작할까 고심하다가 결국 만들지 않기로 했습니다. Critique은 다른 도구들과 접점이 많지만 의도적으로 코드 리뷰를 최우선으로 삼기로 정했습니다. 코드 리뷰 외의 기능은 다른 인프라에서 구현하고 Critique은 링크만 제공하는 식입니다.

19.2 코드 리뷰 흐름

[그림 19-1]에서처럼 코드 리뷰는 소프트웨어 개발 단계 곳곳에서 이루어집니다. Critique 리뷰는 일반적으로 변경이 코드베이스에 커밋되기 전에 진행합니다. '프리커밋 리뷰^{precommit} review: 커밋 직전 리뷰'라고 하죠. 9장에서 간략하게 설명한 코드 리뷰 흐름을 확장하여, 이번 장에서는 Critique의 관점에서 단계별로 어떤 도움을 주는지 살펴보겠습니다.

그림 19-1 코드 리뷰 흐름

일반적으로 리뷰는 다음 단계를 밟아 진행됩니다.

1. **변경 생성**: 사용자(작성자)가 개인 작업 공간의 코드베이스에 변경을 생성합니다. 작성자가 스냅샷(특정 시점의 패치)을 Critique에 업로드합니다. 이때 20장에서 설명할 자동 코드 분석이 실행됩니다.

2. **리뷰 요청**: Critique이 디프^{diff: 변경으로 인해 달라질 코드}와 코드 분석 결과를 보여줍니다. 작성자가 확인하고 만족한다면 한 명 이상의 리뷰어에게 리뷰 요청 메일을 보냅니다.

3. **댓글 달기**: 리뷰어들은 Critique에서 변경 사항을 열어보고 디프에 댓글 초안^{draft}을 작성합니다. 댓글은 기본적으로 '미해결^{unresolved}' 상태로 표시되는데, 작성자가 해결해야 할 중요한 의견이라는 뜻입니다. 선택사항이나 정보 차원의 댓글은 '해결^{resolved}' 상태로 추가합니다. 자동 코드 분석 결과도 리뷰어에게 알려줍니다. 다 작성한 댓글들은 반드시 '전송^{send}'해야 작성자가 확인할 수 있습니다. 리뷰어가 변경 전체를 훑어본 후 종합적인 의견을 한 번에 전달하기 위한 기능입니다. 누구든 댓글을 달 수 있기 때문에 관심 있는 사람은 모두가 리뷰에 참여할 수 있습니다.

4. **변경 수정 및 댓글에 답하기**: 작성자가 피드백을 확인하여 변경을 수정하고 새로운 스냅샷을 업로드하면 리뷰어들에게 답변이 전달됩니다. 작성자는 최소한 '미해결' 댓글에는 모두 대응해야 합니다. 코드를 수정하든 대댓글을 달고 '해결' 상태로 바꾸든 해야 하죠. 작성

자와 리뷰어는 스냅샷들을 원하는 조합으로 선택하여 디프를 떠 무엇이 달라졌는지 확인할 수 있습니다. 3~4단계는 여러 번 반복될 수 있습니다.

5. **변경 승인**: 리뷰어가 변경의 최신 모습이 맘에 들면 변경을 승인하고 '좋아 보임^{looks good to me}(LGTM)'이라고 표시합니다. 필요하면 추가 댓글을 달 수도 있습니다. 모두가 만족한다고 표시하면 UI에 녹색으로 표시됩니다.

6. **변경 커밋**: 변경이 승인되었음을 Critique이 알려주면(잠시 후 다시 이야기합니다) 작성자가 커밋 프로세스를 시작할 수 있습니다. 자동 분석 도구들과 다른 프리커밋 훅^{precommit hook}('프리서브밋'이라고 부름)들이 특별한 문제를 찾지 못한다면 변경이 코드베이스에 커밋됩니다.

Critique은 매우 유연하여 리뷰 프로세스가 시작된 뒤라도 전형적인 리뷰 흐름과 다르게 진행할 수 있습니다. 예컨대 리뷰어는 자신을 리뷰어에서 제외하거나 역할을 다른 사람에게 넘길수 있고, 작성자는 리뷰를 완전히 연기할 수 있습니다. 긴급 상황일 때는 작성자가 변경을 강제로 커밋하고 리뷰는 그 후에 받을 수도 있습니다.

19.2.1 알림 기능

변경이 앞서 설명한 단계들을 하나씩 통과할 때마다 Critique은 다른 지원 도구들에서 이용할수 있게끔 알림 이벤트를 보내줍니다. 이 알림 모델 덕분에 Critique은 다른 파생 기능에 신경쓰지 않고 코드 리뷰라는 본연의 기능에 집중하면서도 개발자 워크플로에 녹아들 수 있습니다. 알림이 관심사를 분리해줘서 Critique은 이벤트만 내보내고 다른 시스템이 이벤트를 받아 또다른 기능으로 확장시키는 형태입니다.

예를 들어 사용자는 이 알림을 받는 크롬 확장 프로그램을 설치할 수 있습니다. 확장 프로그램은 (리뷰할 차례이거나 프리서브밋 실패 등으로) 사용자가 확인해야 할 일이 생기면 해당 변경으로 바로 가는 버튼이 담긴 크롬 알림을 띄워줄 것입니다. 변경의 상태가 갱신될 때마다 즉시알고 싶은 개발자는 이런 확장 도구를 반길 것이고, 어떤 개발자는 집중에 방해된다며 싫어할것입니다.

Critique은 변경 관련한 메일도 관리해줍니다. 예를 들어 중요한 Critique 이벤트가 발생하면알림 메일을 발송하는 식이죠. 분석 결과에 따라 결과를 Critique UI에 보여주는 걸 넘어 메일로도 보내게 설정할 수 있습니다. 그리고 이 메일의 답메일을 Critique 댓글로 변환해줍니다. 메일 기반으로 일하길 좋아하는 사람을 위한 기능이죠. 하지만 코드 리뷰에서 메일은 핵심이 아닙니다. 대부분은 Critique의 대시보드 뷰(뒤에서 설명)에서 리뷰를 관리합니다.

19.3 1단계: 변경 생성

코드 리뷰 도구는 리뷰 프로세스의 모든 단계에서 도움을 줘야 하며 변경을 커밋하는 과정에서 병목이 되어서는 안 됩니다. 사전 리뷰 단계에서는 작성자가 변경을 더 쉽게 다듬을 수 있도록 해줘야 리뷰어들의 리뷰 시간을 단축할 수 있습니다. Critique은 변경의 디프를 표시해줄 때 공백은 무시하고 단순 이동은 다른 색으로 표시해줍니다. 또한 빌드, 테스트, 정적 분석과 스타일 검사(9장 참고) 결과도 함께 보여줍니다.

변경의 디프를 보여주면 작성자에게는 리뷰어 역할을 스스로 해볼 기회가 주어집니다. Critique은 자신의 변경 디프를 리뷰어의 관점에서 바라볼 수 있게 해주며, 이때 자동 분석 결과도 보여줍니다. 또한 가벼운 수정은 Critique 안에서 해결할 수 있습니다. 적절한 리뷰어를 추천해주기도 합니다. 리뷰 요청을 보낼 때 메모를 덧붙일 수 있어서 애매하거나 궁금한 질문들을 리뷰어에게 먼저 물어볼 수도 있습니다. 이처럼 작성자에게 리뷰어 역할을 해보게끔 하면 여러 가지 불필요한 오해가 줄어듭니다.

변경이 해결하려는 버그의 링크를 추가하여 리뷰어에게 맥락 정보로 제공할 수도 있습니다. Critique은 관련 버그들을 보여주는 자동완성 기능을 제공하며, 이때 작성자에게 할당된 버그를 우선적으로 보여줍니다.

19.3.1 디프, 차이점 보여주기

코드 리뷰 프로세스의 핵심은 당연히 코드 변경사항 자체를 이해하는 것입니다. 큰 변경은 대체로 작은 변경보다 이해하기 어렵습니다. 따라서 좋은 코드 리뷰 도구라면 반드시 변경의 디프를 효과적으로 보여줘야 합니다. 다음은 Critique이 제공하는 기능입니다.

- 구문 강조

- 상호 참조(Kythe 연동; 17장 참고)

- 공백 무시 옵션 제공

- 인트라라인intraline 디프: 줄바꿈이나 공백과 상관없이 문자 수준으로 분해해 차이를 보여줌(그림 19-2)

- 이동 검출: 코드 덩어리가 단순히 이동만 한 경우에는 '이동했음moved'이라고 표시(덜 진화된 디프 알고리즘에서는 이동 전 위치에는 '삭제됨removed'으로, 이동 후 위치에는 '추가됨added'으로 표시합니다.)

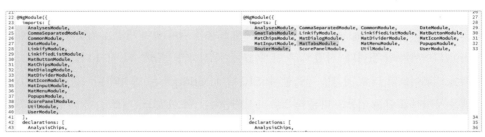

그림 19-2 문자 수준에서 차이를 보여주는 인트라라인 디프

사용자는 디프를 다양한 모드로 바꿔가며 볼 수 있습니다. 예컨대 창을 겹치게 혹은 나란히 놓고 볼 수 있죠. Critique을 개발할 때 우리는 리뷰를 편하게 하려면 옆으로 나란히 보는 모드가 꼭 필요하다고 판단했습니다. 하지만 화면을 많이 차지하기 때문에 디프의 뷰 구조를 단순화해야 했습니다. 가령 경계선이나 여백을 없애고 디프 자체와 줄번호만 보여주게 했죠. 더 나아가서 Critique 론칭 당시의 일반적인 모니터 해상도인 1,440픽셀에서 라인당 100문자까지 허용하는 자바 코드를 문제없이 보여주기 위해 글꼴과 글자 크기도 다양하게 테스트했습니다.

Critique은 변경에 의해 달라지는 아티팩트의 디프도 제공할 수 있게끔 커스텀 도구도 다양하게 지원합니다. 예컨대 UI 화면캡쳐 디프와 설정 파일 디프도 추가할 수 있습니다.

디프들을 한눈에 훑어볼 수 있게끔 낭비되는 공간을 줄이고 이미지나 대용량 파일을 포함하는 변경일 경우에도 디프를 빠르게 읽어 들이게 하는 데도 상당한 노력을 기울였습니다. 똑같은 부분은 건너뛰며 수정된 곳만을 빠르게 훑어볼 수 있도록 단축키도 제공합니다.

파일 수준으로 들어가볼까요? Critique은 파일의 변경 이력을 쭉 나열해주는 UI 위젯을 제공합니다. 여기서 비교해볼 버전들을 드래그&드롭으로 선택할 수 있습니다. 이 위젯은 비슷한 스냅샷들을 자동으로 합쳐줘서 중요한 스냅샷에 집중하도록 도와줍니다. 또한 하나의 변경 내에서 파일이 어떻게 진화했는지를 이해할 수 있게 해줍니다. 예를 들어 어떤 스냅샷이 테스트가 된 것인지, 코드 리뷰를 이미 받았는지, 댓글이 달려 있는지 등을 알 수 있습니다. 모든 스냅샷을 미리 가져와서 어떤 스냅샷을 선택하든 바로바로 보여주게끔 하는 형태로 규모 확장 문제에도 대응해뒀습니다.

19.3.2 분석 결과

변경의 스냅샷을 업로드하면 코드 분석이 시작됩니다(20장 참고). Critique은 변경 페이지에 이 분석 결과도 함께 보여주는데 [그림 19-3]과 같이 '변경 요약' 아래쪽에 분석기 상태가 표시되며 'Analysis' 탭을 클릭하면 [그림 19-4]처럼 상세 내용을 보여줍니다.

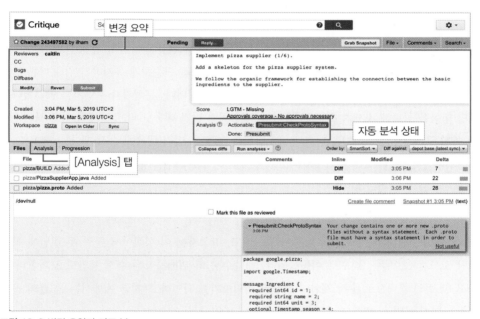

그림 19-3 변경 요약과 디프 뷰

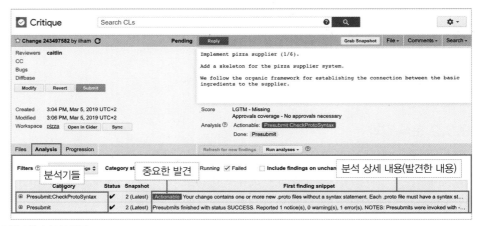

그림 19-4 분석 결과

분석기는 중요한 사항을 붉게 강조하여 더 잘 보이게 표시합니다. 아직 수행 중인 분석기는 노란색으로 표시하고 그 외에는 회색으로 표시합니다. 기능을 단순하게 유지하기 위해 다른 강조 옵션은 제공하지 않습니다. 실행 가능성은 Y/N만 가능합니다. 분석기가 무언가를 발견했다면 해당 항목을 클릭해 자세히 볼 수 있습니다. 댓글처럼 발견 내용도 디프 안에서 바로 보여주지만 쉽게 구분되도록 스타일을 다르게 표시합니다. 때로는 발견 내용에 수정 제안^{fix suggestion}까지 포함되어 있습니다. 그러면 작성자는 미리보기로 어떻게 바뀌는지를 확인한 후 Critique에서 바로 적용할 수 있습니다.

예를 들어 린터^{linter}가 '줄 끝에 공백이 있으면 안 된다'라는 스타일 규칙을 위반한 코드를 찾았다고 해보죠. 변경 페이지에 이 항목이 표시되고, 작성자는 이 항목에서 클릭 두 번만에 곧장 해당 코드를 보여주는 디프로 이동합니다. 대다수 린터 위배사항은 수정 제안도 포함합니다. 다시 한 번의 클릭으로 수정 제안이 적용된 미리보기를 확인하고(지금 예에서는 줄 끝의 공백 제거), 다시 클릭 한 번이면 수정 제안을 코드에 반영할 수 있습니다.

19.3.3 긴밀한 도구 통합

구글은 거대한 단일 소스 코드 리포지터리인 Piper(16장 참고)를 토대로 다양한 도구를 만들었습니다. 다음은 그 예입니다.

- **Cider**: 클라우드에 저장된 소스 코드를 편집하는 온라인 IDE
- **Code Search**: 코드베이스의 코드를 검색하는 도구
- **Tricoder**: 정적 분석 결과를 보여주는 도구(앞에서 다뤘죠)
- **Rapid**: 일련의 변경을 포함하는 바이너리들을 묶어 배포하는 릴리스 도구
- **Zapfhahn**: 테스트 커버리지 계산 도구

이뿐만 아니라 변경 메타데이터 관련 콘텍스트(변경이나 링크된 버그 관련 사용자 정보 등)를 제공하는 서비스들도 있습니다. Critique은 이 시스템들에 빠른 원-클릭 접근과 내장 UI를 지원하는 중앙 서비스로 제격입니다. 다만 간결함을 잃지 않도록 주의해야 하죠. 예를 들어 Critique의 변경 페이지에서 작성자는 한 번의 클릭으로 Cider로 이동해 변경을 수정할 수 있습니다. Kythe와 연계해 상호참조 사이를 오갈 수 있고 Code Search에서 메인 브랜치의 코드를 볼 수 있습니다(17장 참고). 릴리스 도구와 연결되어 해당 변경이 어느 릴리스에 포함되었는지 볼 수 있습니다. 그러면서도 이런 도구들을 내장하기보다는 링크만 제공하여 핵심인 코드 리뷰 프로세스를 방해하지 않도록 신경 썼습니다. 다만 테스트 커버리지는 예외입니다. 디프 보기에서 테스트된 코드는 코드 블록 오른쪽 테두리의 색을 다르게 칠해줍니다(모든 프로젝트가 커버리지 도구를 이용하지는 않습니다).

Critique을 개발자 작업 공간에 긴밀히 통합할 수 있던 이유는 작업 공간이 어디서든 접근할 수 있는 FUSE 기반 파일시스템에 저장되어 있는 덕분입니다. 진실 공급원이 클라우드로 호스팅되기 때문에 이 모든 도구에서 접근할 수 있습니다.

19.4 2단계: 리뷰 요청

변경의 상태가 마음에 들면 [그림 19-5]와 같은 양식을 작성해 리뷰를 요청합니다. 이때 리뷰어를 선정해야 하죠. 팀이 작다면 리뷰어 찾기가 어렵진 않겠지만, 되도록이면 팀원들에게 고르게 배포하고 휴가 등 각자의 상황을 고려해야 합니다. 이를 위해 구글은 코드 리뷰 요청 메일을 발송할 때 별칭을 이용하곤 합니다. 별칭을 이용하면 GwsQ라는 도구가 별칭별 설정을 보고 적절한 리뷰어를 할당해줍니다('GwsQ'라는 이름은 이 기법을 처음 사용한 Google Web Server팀의 이름에서 차용했습니다). 예를 들어 변경 작성자가 some-team-list-alias에 리

뷰를 할당하면 GwsQ가 some-team-list-alias의 멤버 중 누군가를 리뷰어로 선택해줍니다.

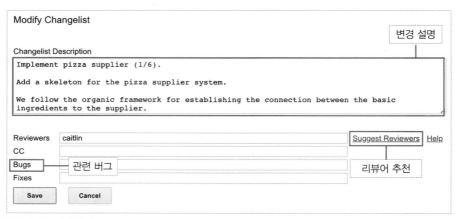

그림 19-5 리뷰 요청하기

구글 코드베이스의 크기와 여기 매달려 있는 사람의 수를 감안하면 프로젝트 외부인 중 리뷰를 가장 잘해줄 사람을 찾기란 결코 쉬운 일이 아닙니다. 따라서 조직이 일정 규모 이상으로 성장하면 리뷰어 찾기도 따로 고민해야 할 주제입니다. Critique 역시 확장을 고려해야 했죠. 그 결과 Critique은 변경을 승인하기에 충분한 수의 리뷰어 목록을 제안해주는 기능을 제공합니다. 리뷰어 선정에는 다음 요인들이 고려됩니다.

- 수정되는 코드의 소유자는?
- 해당 코드를 가장 잘 아는 사람은? (예: 최근에 수정한 사람)
- 리뷰할 여건이 되는 사람은? (예: 부재중이 아니고 동일 시간대에 근무)
- GwsQ 별칭 설정

변경에 리뷰어를 할당하면 리뷰 요청이 시작되고, 동시에 해당 변경과 관련한 프리서브밋(프리커밋 훅)이 실행됩니다. 각 팀은 담당 프로젝트에 다양한 방식으로 프리서브밋을 설정해둘 수 있습니다. 다음은 가장 흔한 훅의 예입니다.

- 변경에 이메일 목록을 자동 추가하여 관련자들이 모두 알게 하기(투명성 증진)
- 해당 프로젝트용 자동화 테스트 스위트 실행하기
- 코드와 변경 설명에 프로젝트별 필수 항목 강제 적용하기(예: 코드에 스타일 적용, 변경 설명에 릴리스 노트 생성용 혹은 그 외 추적용 정보 추가)

테스트는 자원을 많이 쓰기 때문에 구글은 Tricorder 검사와 달리 스냅샷마다가 아니라 프리서브밋 단계에서 (리뷰 요청 시와 변경 커밋 시) 수행합니다. Critique은 훅 수행 결과도 앞서 분석기 결과를 보여줬던 방식과 비슷하게 표시해줍니다. 이때 훅이 실패했다면 따로 강조하여 변경을 리뷰용으로 보내거나 커밋하지 못하게 막아줍니다. 물론 작성자에게도 메일로 알려줍니다.

19.5 3~4단계: 변경 이해하고 댓글 달기

리뷰 프로세스가 시작되면 작성자와 리뷰어는 고품질의 변경을 커밋한다는 공동 목표를 위해 협력합니다.

19.5.1 댓글 달기

댓글 달기(그림 19-6)는 Critique 사용자가 변경 살펴보기에 이어 두 번째로 많이 하는 작업입니다. Critique에서는 누구든 댓글을 달 수 있습니다. 변경 작성자와 할당된 리뷰어가 아니라도 가능합니다.

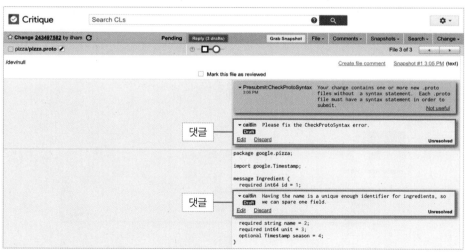

그림 19-6 댓글 달기(디프 뷰)

또한 개인별 상태를 통해 리뷰 진행 상황을 추적할 수 있습니다. 최신 스냅샷의 파일별 'reviewed' 체크박스가 리뷰어별로 제공되어 리뷰어들은 어디까지 검토했는지 쉽게 알 수 있습니다. 작성자가 파일을 수정하면 스냅샷이 갱신되므로 모든 리뷰어의 'reviewed' 체크박스가 다시 지워집니다.

리뷰어가 분석기의 결과를 보다가 무언가를 발견하면 [Please fix] 버튼을 클릭하여 미해결 댓글을 추가할 수 있습니다. 또한 파일을 직접 인라인 편집하여 수정 방식을 제안하는 것도 가능합니다. Critique은 이 제안을 '수정 제안이 첨부된 댓글'로 변환하여 작성자가 클릭 한 번으로 적용할 수 있게 해줍니다. 몇 가지 자주 쓰이는 댓글도 클릭 한 번으로 달 수 있습니다. 예를 들어 리뷰어의 댓글을 해결했다면 댓글 패널에서 [Done] 버튼을 클릭합니다. 정보성이나 선택 사항 댓글에 대해서는 읽었다는 뜻으로 [Ack] 버튼을 클릭합니다. 미해결 상태의 댓글이라면 둘 다 댓글 스레드를 해결된 상태로 바꿔줍니다. 이와 같이 단축 메뉴로 워크플로를 간소화하고 리뷰 댓글에 답하는 시간을 줄여줍니다.

앞에서 이야기한 것처럼 댓글은 [그림 19-7]처럼 '초안' 상태로 계속 쌓이다가 [Send] 버튼을 누르면 한 번에 전송됩니다. 변경 작성자나 리뷰어가 댓글들을 전체적으로 충분히 검토한 다음 보내도록 하는 기능입니다.

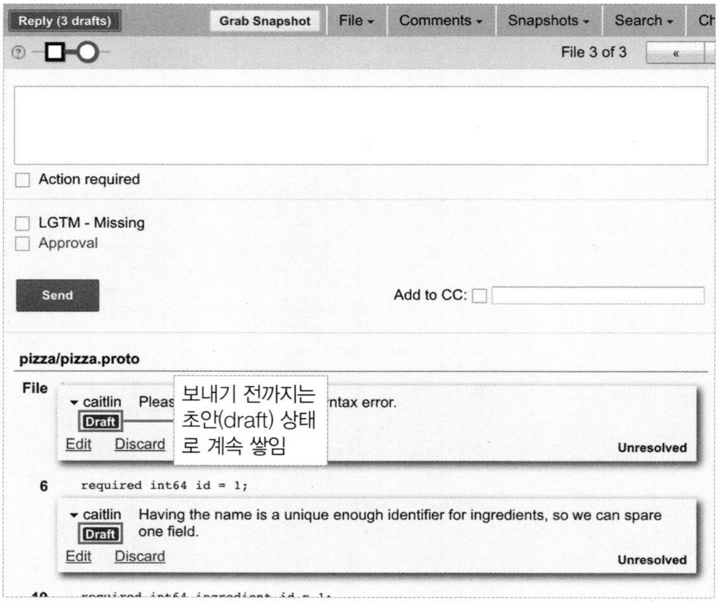

그림 19-7 작성자에게 보낼 댓글 준비

19.5.2 변경의 상태 이해하기

Critique은 변경이 3~4단계를 반복하는 과정에서 정확히 어디 위치하는지를 명시해주는 메커니즘을 몇 가지 제공합니다. 대표적으로 누가 행동을 취할 차례인지를 정해주는 기능과 특정 개발자와 관련한 모든 변경에 대해 리뷰/작성자 상태를 보여주는 대시보드 뷰가 있습니다.

'누구 차례' 기능

리뷰 프로세스의 속도를 높이려면 내가 무언가를 해야 할 차례가 되었을 때 바로 알 수 있어야 합니다. 변경에 할당된 리뷰어가 여러 명이라면 특히 더 중요하죠. 소프트웨어 엔지니어와 사용자 경험 책임자 또는 SRE로부터 변경 리뷰를 받고자 할 때 이런 상황이 옵니다. Critique은 변경별로 관심 집합을 관리하여 다음 차례가 누구인지 정의하는 데 도움을 줍니다.

관심 집합attention set은 변경의 진행을 막고 있는 사람들로 구성됩니다. 리뷰어나 작성자가 관심 집합에 속해 있다면 제때 응답해야 합니다. 관심 집합은 사용자가 댓글을 게시하면 Critique이 알아서 갱신해주며, 사용자가 직접 관리할 수도 있습니다. 관심 집합의 가치는 리뷰어가 많을수록 커집니다. Critique은 관심 집합에 포함된 사용자 이름을 굵게 강조해줍니다.

이 기능을 구현해넣자 사용자들의 주된 반응은 '전에는 이 기능 없이 어떻게 살았지?'였습니다. 실제로 예전에는 리뷰어들끼리 채팅으로 소통하였고 엔지니어들은 자신이 주도하는 각 변경을 누구누구가 리뷰해주고 있는지를 스스로 관리해야 했습니다. 코드 리뷰는 본질적으로 턴제turn-based인데, 관심 집합은 이 특성을 잘 살려서 프로세스에 윤활유 역할을 해줍니다. 코드 리뷰에서는 항시 최소 한 명은 행동을 취해야 할 차례입니다.

대시보드와 검색 시스템

Critique의 랜딩 페이지는 로그인한 사용자의 대시보드입니다(그림 19-8). 대시보드는 사용자가 변경할 수 있는 섹션들로 나뉘며, 섹션마다 변경 요약 목록이 담겨 있습니다.

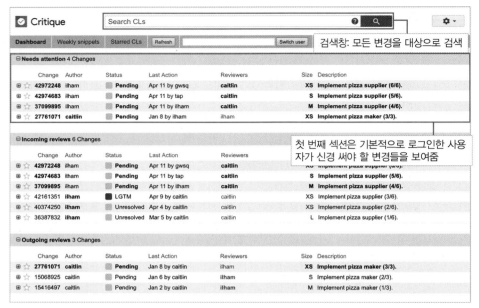

그림 19-8 대시보드 뷰

대시보드는 Changelist Search라는 검색 시스템의 힘을 빌어 꾸려집니다. Changelist Search는 가용한 모든 변경(모든 구글 직원의 프리서브밋/포스트서브밋 전부)의 최신 상태를 인덱싱한 다음 정규 표현식 기반 질의로 관련 변경들을 찾을 수 있게 해줍니다. 대시보드의 각 섹션은 Changelist Search에 보낸 질의로 정의됩니다. 우리는 Changelist Search가 사용자의 질의에 빠르게 응답하도록 하는 데 엄청난 시간을 투자했습니다. 구글에서는 엄청난 수의 변경이 동시에 이루어지지만, 그 모든 것을 빠르게 인덱싱하여 작성자와 리뷰어들이 흐름을 방해받지 않도록 했습니다.

최상의 사용자 경험(UX)을 제공하기 위해 대시보드의 첫 번째 섹션은 기본적으로 로그인한 사용자가 신경 써야 하는 변경들을 보여주게 설정되어 있습니다(물론 다르게 설정할 수 있습니다). 상단의 검색창에서는 모든 변경을 대상으로 질의하고 결과를 브라우징할 수 있습니다. 리뷰어라면 대체로 관심 집합만 들여다보면 충분합니다. 작성자라면 어서 리뷰를 완료해 반영해야 하니 어떤 변경이 누구의 리뷰를 기다리고 있는지 살펴야 할 것입니다. Critique에는 사용자가 변경할 수 없는 UI도 있지만[2] 사용자들은 기본적인 경험을 해치지 않는 선에서 대시보드를 조금씩 다르게 설정하는 걸 좋아하더군요. 마치 모든 사람이 메일 클라이언트를 조금씩 다르게 구성하는 것과 비슷해 보입니다.

19.6 5단계: 변경 승인(변경에 점수 매기기)

리뷰어는 댓글을 통해 우려사항이나 제안을 전달함으로써 변경 내용을 어떻게 생각하는지 표현할 수 있습니다. 하지만 더 상위 수준에서 'OK' 여부를 표현하는 메커니즘도 필요합니다. 다음은 구글에서 변경에 점수를 매길 때 고려하는 요소로, 총 3가지가 있습니다.

1. LGTM('looks good to me')
2. 승인(approval)
3. 미해결 댓글 개수

LGTM은 리뷰어가 '변경을 검토한 결과 우리 표준에 부합하며 미해결 댓글 해결 후 커밋해도 좋다'라며 찍는 도장입니다. 승인은 리뷰어가 '게이트키퍼로서 이 변경을 코드베이스에 커밋하도록 허락한다'라는 뜻이죠. 리뷰어가 댓글을 '미해결'로 표시하면 작성자에게 조치를 취하라는 뜻입니다.

LGTM이 하나 이상, 충분한 수의 승인, 미해결 댓글이 0개라면 작성자가 변경을 커밋할 수 있습니다. 모든 변경에는 승인 개수와 상관없이 LGTM이 반드시 필요합니다. 적어도 두 명 이상이 검토하도록 하는 장치죠. 이상의 간단한 규칙을 통과해 변경을 커밋할 준비가 되면 Critique이 작성자에게 알려줍니다(변경 페이지의 헤더를 녹색으로 칠해 부각합니다).

Critique을 개발하는 과정에서 우리는 등급 체계를 의도적으로 단순화했습니다. 초기에는 '추가 작업 필요$^{Needs More Work}$' 등급과 'LGTM++' 같은 점수도 있었습니다. 우리는 LGTM과 승인은 항상 긍정적인 신호로 썼습니다. 다시 리뷰해야 하는 미흡한 변경이라면 초기 리뷰어가 LGTM이나 승인 없이 댓글을 추가할 수 있습니다. 변경의 상태가 대체로 양호해지면 리뷰어

---

2   대규모 변경(LSC)을 위한 중앙집중식 '글로벌' 리뷰어들은 특히 대규모 변경 동안의 범람을 막기 위해 대시보드를 커스텀하는 경향이 있습니다(22장 참고).

들은 나머지 작은 수정을 작성자가 잘 처리할 것이라 믿고 진행시킵니다. 큰 변경이라고 해서 LGTM을 반복하게 하지 않는 것이죠.

등급 체계는 코드 리뷰 문화에 긍정적인 영향을 줬습니다. 리뷰어가 변경을 거부하려면 반드시 유용한 피드백을 함께 줘야 합니다. 부정적인 피드백은 구체적인 수정사항을 반드시 포함해야 합니다(예: 미해결 댓글). '미해결 댓글'이라는 문구도 비교적 좋게 들리는 문구라서 선택했습니다.

Critique의 'Analysis' 탭 옆에 점수 패널이 있으며, 다음 정보를 보여줍니다.

- 변경에 LGTM을 찍어준 사람
- 아직 승인이 필요한 사항과 이유
- 미해결 댓글 개수

이런 식으로 점수를 알려줘서 변경을 커밋하기 위해 수행해야 할 일을 작성자가 빠르게 이해하도록 도와줍니다.

LGTM과 승인은 필수 요구사항이며 리뷰어만이 해줄 수 있습니다. 리뷰어는 변경이 커밋되기 전이라면 LGTM과 승인을 언제든 취소할 수 있고요. 미해결 댓글은 선택사항입니다. 작성자는 댓글에 답변하면서 '해결됨' 상태로 표시할 수 있습니다. 이러한 구별법은 작성자와 리뷰어의 신뢰에 기초하여 의사소통을 촉진해줍니다. 예를 들어 리뷰어는 미해결 댓글이 남아 있는 변경에도 LGTM을 찍어줄 수 있습니다. 작성자를 믿고 댓글이 적절하게 처리되었는지는 다시 확인하지 않겠다는 표현이죠. 특히 작성자와 리뷰어가 일하는 시간대가 다를 경우 이 신뢰 메커니즘이 리뷰 시간을 엄청나게 단축해줍니다. 신뢰는 팀워크를 강화하는 데도 좋습니다.

19.7 6단계: 변경 커밋

마지막으로 Critique은 변경 커밋 버튼을 제공하여, 터미널에서 별도 명령을 실행할 필요가 없도록 해줍니다.

19.7.1 커밋 후: 변경 이력 추적

Critique의 핵심은 소스 코드를 변경해 리포지터리로 커밋하기 전에 리뷰를 하는 것입니다. 하지만 변경 이력을 둘러보는 도구로도 많이 쓰입니다. 대부분의 파일은 Code Search(17장)에서 변경 이력을 확인할 수 있고 각 변경을 자세히 들여다볼 수도 있습니다. 구글에서는 누구든 파일의 변경 이력을 볼 수 있습니다(당시의 댓글과 진행 상황 포함). 이 정보는 훗날 변경이 이루어진 이유나 버그 발생 원인 등과 관련한 자세한 내막을 이해하는 데 쓰입니다. 개발자들은 코드가 어떻게 진화되었는지 배우고 코드 리뷰 데이터를 취합하여 학습 자료를 만들어내기도 합니다.

Critique에서는 변경 커밋 후에도 댓글을 달 수 있습니다. 예를 들어 문제가 나중에 발견되거나, 누군가 이 코드를 검토할 때 도움 될 만한 정보가 뒤늦게 생각날 수도 있겠지요. 또한 Critique은 이미 적용된 변경을 롤백하거나 특정 변경이 이미 롤백되었는지 확인하는 기능도 제공합니다.

사례 연구: Gerrit

구글에서는 리뷰 도구로 Critique을 가장 애용합니다. 이 말은 다른 도구도 이용한다는 뜻도 됩니다. Critique은 구글의 거대한 모노리포와 기타 내부 도구들에 많이 의존해서 구글 바깥에서는 이용할 수 없습니다. 그래서 크롬과 안드로이드 같은 오픈 소스 프로젝트, 혹은 어떠한 이유로 모노리포를 이용할 수 없거나 이용하기 싫은 내부 프로젝트에서는 Gerrit이라는 다른 코드 리뷰 도구를 활용합니다.

Gerrit은 독립형 오픈 소스 코드 리뷰 도구입니다. 깃^{Git}과 강하게 결합되어 있죠. 그래서 코드 리뷰는 물론, 코드 브라우징, 브랜치 병합, 커밋 선택 등 다양한 깃 기능을 웹 UI로 제공합니다. 또한 리포지터리나 브랜치로의 접근을 세밀하게 통제할 수 있도록 세분화된 권한 모델을 제공합니다.

Critique과 Gerrit 모두 커밋들을 개별적으로 검토할 수 있게 해줍니다. 한편 Gerrit에서는 커밋들을 쌓아놨다가 업로드할 수 있는데, 이때도 물론 리뷰는 커밋별로 진행됩니다. 리뷰 후 일련의 커밋을 원자적으로 한 번에 실행할 수도 있습니다.[3]

---

3 리뷰어_ 여러 개의 커밋이 하나의 PR(Pull Request) 단위가 될 수 있는 깃의 일반적인 과정과는 달리 Gerrit의 CL은 하나의 커밋만 가질 수 있습니다. 이를 통해 Gerrit은 Critique과 동일하게 사용자들이 충분히 작은 크기의 CL을 작성하도록 돕고 있습니다.

Gerrit은 오픈 소스이기 때문에 다양하고 폭넓게 활용되도록 구현되었습니다. 예를 들어 풍부한 플러그인 시스템을 제공해 커스텀 환경과도 긴밀하게 통합될 수 있습니다. 같은 맥락에서 점수 시스템도 훨씬 정교합니다. 예컨대 리뷰어가 −2점도 줄 수 있고 설정 방식도 다양합니다.

> **NOTE_** Gerrit 관련 자세한 내용은 Gerrit 홈페이지(*https://www.gerritcodereview.com/*)를 참고하세요.

19.8 마치며

코드 리뷰 도구를 사용할 때는 여러 가지 눈에 보이지 않는 트레이드오프가 딸려옵니다. Critique은 매끄러운 리뷰 경험을 선물하기 위해 다양한 기능을 구현하고 다른 도구들을 통합했습니다. 코드 리뷰에 쓰는 시간은 코드를 생산하지 못하는 시간입니다. 따라서 리뷰 프로세스를 최적화하면 그만큼 회사의 생산성이 개선됩니다. 단 두 명(작성자와 리뷰어)의 동의만으로 대부분의 변경을 커밋할 수 있게 하면 속도를 빠르게 가져갈 수 있습니다. 측량하기는 어렵지만 구글은 코드 리뷰의 교육적인 가치를 높게 평가합니다.

변경 리뷰에 드는 시간을 최소로 줄이려면 코드 리뷰 프로세스가 막힘없이 흘러야 하며, 주목해야 할 변경들을 사용자에게 간단명료하게 알려주고, 분석기나 지속적 통합 등에서 포착한 잠재적인 문제를 미리 파악하여 리뷰어에게 알려줘야 합니다. 가능하다면 빠르게 끝나는 분석과 오래 걸리는 분석을 구분하여 빠른 분석의 결과를 먼저 알려주는 게 좋습니다.

Critique은 몇 가지 방식으로 규모 확장 문제에 대응합니다. Critique은 엄청난 양의 리뷰 요청을 성능 저하 없이 버텨내야 합니다. Critique이 변경을 커밋하는 크리티컬 패스 상에 위치합니다. 그래서 이례적인 큰 변경 시에도 부하를 효율적으로 관리하여 이용하는 데 문제가 없어야 합니다.[4] 관련된 변경 찾기 등 리뷰어와 작성자가 거대한 코드베이스를 탐색하는 데 필요한 활동을 인터페이스가 지원해야 합니다. 예를 들어 Critique은 전체 소유권/메인테이너 정

---

4 대부분의 변경은 (100줄 이하로) 작습니다만, Critique은 때론 대규모 리팩터링용 변경을 리뷰하는 데도 쓰입니다. 이런 대규모 변경에서는 수정되는 파일이 수십만 개에 이르며, 이 모두를 원자적으로 반영해야 하기도 합니다(22장 참고).

보를 들여다보지 않고도 변경을 검토해줄 적절한 리뷰어를 찾는 일을 도와줍니다(많은 파일에 영향을 주는 API 마이그레이션처럼 대규모 변경 시 특히 중요한 기능입니다).

구글은 Critique이 가장 보편적인 리뷰 흐름을 개선하는 데 집중할 수 있도록 표준 프로세스를 견지하면서 인터페이스를 단순하게 유지하려 애씁니다. 그렇다고 사용자화를 완전히 막아놓은 건 아닙니다. 예를 들어 커스텀 분석기와 프리서브밋을 활용해 변경에 특정한 요건을 부가하거나 (둘 이상의 리뷰어로부터 LGTM 받기같이) 팀 특화 정책을 추가할 수 있습니다.

신뢰와 소통이 코드 리뷰 프로세스의 핵심입니다. 도구가 경험을 개선해줄 수는 있지만 대체하지는 못합니다. 다른 도구와의 긴밀한 통합 역시 Critique이 성공한 핵심 요인이었습니다.

19.9 핵심 정리

- 신뢰와 소통이 코드 리뷰 프로세스의 핵심입니다. 도구가 경험을 개선해줄 수는 있지만 대체하지는 못합니다.

- 다른 도구와의 긴밀한 통합이 멋진 코드 리뷰 경험을 선사하는 핵심입니다.

- '관심 집합' 명시 같은 작은 워크플로 최적화로도 인터페이스가 더 명확해지고 사용자들에게 더 살갑게 다가갈 수 있습니다.

CHAPTER 20

정적 분석

정적 분석static analysis은 '프로그램을 실행하지 않은 채로' 소스 코드를 분석하여 버그나 안티패턴 등의 잠재적인 문제를 찾아내는 것을 말합니다. '정적'이라는 단어가 프로그램을 실행하지 않고 소스 코드를 분석한다는 의미죠(프로그램을 실행하여 분석하는 건 '동적 분석dynamic analysis'이라고 합니다). 정적 분석을 이용하면 프로덕션 코드로 밀어넣기 전에 프로그램의 버그를 찾아낼 수 있습니다. 예를 들어 오버플로를 일으키는 상수 표현식, 실행되지 않는 테스트, 실행하면 비정상 종료를 일으키는 잘못된 포맷의 문자열 등을 찾아줍니다.[1]

정적 분석은 버그 찾기 이상의 혜택을 제공합니다. 구글은 정적 분석을 이용해 모범 사례를 코드에 널리 배포하고, 최신 API를 이용하게 하며, 기술 부채를 막거나 줄여줍니다. 예를 들어 명명 규칙을 따르는지 검증하고, 폐기 대상 API를 사용하려 하면 알려주고, 같은 의미의 더 간단한 표현식을 제안하여 코드를 더 읽기 쉽게 해줍니다. 정적 분석은 API 폐기 프로세스에서 없어서는 안 될 도구로, 새 API로 마이그레이션하는 동안 역행이 일어나지 못하게 막아줍니다 (22장 참고). 개발자 교육에도 유용하고 코드베이스에 안티패턴이 침투하는 걸 걸러준다는 증거도 많습니다.[2]

이번 장에서는 효과적인 정적 분석 요령과 구글에서 정적 분석을 수행하며 무엇을 배웠는지 살

---

1   (버그 패턴 모음) *http://errorprone.info/bugpatterns*

2   (논문) Caitlin Sadowski et al. Tricorder: Building a Program Analysis Ecosystem, International Conference on Software Engineering (ICSE), May 2015.

펴보고, 나아가 모범 사례들을 우리의 정적 분석 도구와 프로세스에 어떻게 녹여냈는지를 이야기합니다.[3]

20.1 효과적인 정적 분석의 특징

새로운 분석 기법을 개발하고 특정 분석 기법을 구현하려는 연구는 수십 년 전부터 이루어져왔습니다. 하지만 확장성과 유용성 측면의 연구는 상대적으로 최근에 시작되었습니다.

20.1.1 확장성

소프트웨어 덩치가 커지면서 분석에 걸리는 시간도 늘어나 소프트웨어 개발 프로세스 전체가 느려지는 경향이 강해졌습니다. 그래서 분석 도구들은 코드량이 많아져도 결과를 제때 내놓을 수 있도록 확장성에 집중하기 시작했습니다.

특히 구글의 정적 분석 도구는 수십억 줄의 코드베이스를 주무를 수 있어야 합니다. 이를 위해 코드를 분할하고 점진적으로 분석하는 길을 택했습니다. 거대한 프로젝트들 모두를 분석하는 대신 보류 중인 코드 변경에 영향받는 파일들을 분석하는 데 집중하고, 보통은 편집된 파일이나 라인과 연관된 분석 결과만 보여줍니다. 구글의 코드베이스는 워낙 거대하여 쉽게 찾을 수 있는 버그가 많이 숨어 있기 때문에 확장성을 높이면 바로바로 혜택으로 돌아옵니다.

분석 도구가 거대한 코드베이스를 다룰 수 있게 하는 동시에 제공하는 분석 기법 측면에서의 확장성에도 신경 썼습니다. 새로운 분석 기법을 하나 추가하면 회사 전체의 코드를 훑어주니까요.

개발 프로세스가 수월하게 확장되도록 지원하는 일 역시 정적 분석 확장성이 갖춰야 할 중요 요소입니다. 이를 위해 구글의 정적 분석 인프라는 분석 결과를 관련 엔지니어들에게 직접 보여줌으로써 개발 프로세스에 병목이 생기지 않도록 해줍니다.

---

3 (정적 분석 이론을 설명해주는 훌륭한 학술적 참고자료) Flemming Nielson et al. Principles of Program Analysis (Gernamy: Springer, 2004).

20.1.2 유용성

분석 유용성 측면에서는 사용자들의 비용-편익 트레이드오프^{cost-benefit trade-off}를 고려해야 합니다. '비용'이라 하면 개발 시간과 코드 품질이 될 수 있습니다. 정적 분석 경고를 해결하다가 새로운 버그가 꼬일 수 있습니다. 자주 수정되지 않는 코드일 경우, 특히 프로덕션에서 잘 동작 중이라면 굳이 왜 수정해야 할까요? 예컨대 죽은 코드 경고를 없애기 위해 해당 코드를 호출하는 로직을 추가한다면 지금껏 테스트되지 않은, 그래서 버그가 숨어 있을지 모르는 코드가 갑자기 실행되게 하는 꼴입니다. '편익'이 분명하지 않고 잠재적으로 치러야 할 비용은 매우 클 수 있습니다. 이런 이유로 구글은 새로 추가되는 코드에서 발생하는 경고에 더 집중하고 잘 동작 중인 코드에 존재하던 이슈는 일반적으로 (보안이나 심각한 버그 등) 매우 중요할 때만 부각하고 수정합니다. 새로 작성했거나 수정된 코드에서의 경고에 집중한다는 말은 개발자가 현재 수행 중인 작업과 밀접한 경고를 보여준다는 뜻이기도 합니다.

개발자의 시간은 소중합니다! 따라서 분석 보고서에서 중요한 문제를 선별하거나 강조된 문제를 수정하는 데 쓴 시간을 그 분석이 제공한 편익과 저울질해봐야 합니다. 만약 분석기 작성자가 코드에 자동 반영할 수 있는 수정을 제공하는 식으로 시간을 아껴줄 수 있다면 트레이드오프 비용이 낮아집니다. 자동으로 수정할 수 있는 문제라면 뭐든 자동으로 해야 합니다. 또한 오히려 코드 품질을 떨어뜨리는 수정이라고 판단되면 바로 보고할 수 있는 메커니즘을 마련하여 가치 없는 일에 시간을 낭비하지 않도록 합니다.

분석 결과 검토 비용을 더 줄이려면 개발자 워크플로에 자연스럽게 녹이는 데도 신경 써야 합니다. 하나의 워크플로에 모든 것을 유기적으로 융합시키면 분석 도구와 소스 코드가 함께 진화한다는 장점이 생깁니다. 즉, 워크플로나 코드의 개선 방향이 정해지면 도구 개발팀이 그에 맞춰 도구를 업데이트할 것입니다. 우리가 정적 분석 도구의 확장성과 유용성을 높이기 위해 취한 선택과 트레이드오프들은 다음 절에서 설명하는 세 가지 핵심 교훈에 집중한 자연스러운 결과입니다.

20.2 정적 분석을 적용하며 깨우친 핵심 교훈

구글이 정적 분석 도구의 효과를 극대화하기 위해 고군분투하며 얻은 교훈은 다음의 세 가지입니다.

1. 개발자 행복에 집중하자.

2. 정적 분석을 개발자 워크플로에 반드시 끼워 넣자.

3. 사용자가 기여할 수 있도록 하자.

하나씩 자세히 살펴봅시다.

20.2.1 개발자 행복에 집중하자

개발자의 시간을 절약하고 정적 분석 도구를 이용하는 비용을 줄이는 방법을 앞서 몇 가지 이야기했습니다. 또한 우리는 분석 도구가 제 역할을 얼마나 잘 수행하는지도 추적합니다. 뭐든 측정하지 않으면 문제를 해결할 수 없는 법입니다. 우리는 거짓 양성 비율$^{false\ positive\ rate}$이 낮은 분석 도구만을 배포합니다(자세한 이야기는 잠시 뒤에). 또한 분석 결과를 받아보는 개발자들로부터 '피드백을 적극 요청하고 바로바로 조치합니다.' 분석 도구 사용자와 도구 개발자 사이에 이러한 피드백 루프를 구축하면 사용자 신뢰를 높이고 도구도 개선되는 선순환이 이루어지죠. 사용자 신뢰는 정적 분석 도구의 성공에 매우 매우 중요합니다.

정적 분석에서 '거짓 음성$^{false\ negative}$'은 분석 도구가 검출하도록 설계된 문제를 놓치는 걸 말합니다. 반대로 '거짓 양성'은 문제가 없는데 문제를 찾았다고 보고하는 경우입니다. 정적 분석 도구 연구에서는 전통적으로 거짓 음성을 낮추는 데 집중했습니다. 하지만 도구를 사용하고 싶은 마음을 이끌어내는 데는 오히려 거짓 양성 비율을 낮추는 게 더 효과적입니다. 문제 후보가 수백 개나 된다는 리포트를 받아 들고 분석해보니 진짜 문제는 단 몇 개뿐이라면 기분이 어떨 거 같으세요?[4]

한편, 거짓 양성 비율의 핵심은 **인식**^{perception}에 있습니다. 정적 분석 도구가 진짜 문제를 찾아 경고했음에도 메시지가 헷갈리는 등의 이유로 사용자가 거짓 양성으로 오해할 수 있습니다. 그러면 당연히 진짜 거짓 양성을 받아 든 것처럼 반응할 것입니다. 기술적으로 정확한 경고라도 큰 흐름에서 보면 사소한 문제를 보고했을 때도 마찬가지입니다. 그래서 우리는 사용자가 거짓 양성이라고 인식하는 비율을 따로 **유효 거짓 양성**$^{effective\ false\ positive}$ 비율이라 부릅니다.

---

4   거짓 양성 비율이 매우 높아도 리뷰어가 불평하지 않는 부류의 분석도 있습니다. 예를 들어 보안 문제를 분석할 때는 거짓 양성이 많더라도 진짜 문제를 하나라도 더 잡는 게 훨씬 중요합니다.

검출한 문제에 대해 개발자가 '긍정적인' 조치를 취하지 않는 경우가 '유효 거짓 양성'입니다. 달리 말하면, 분석 도구가 잘못된 보고를 하더라도 개발자가 가독성을 높이거나 유지보수하기 쉽게 한다는 취지에서 기꺼이 코드를 수정한다면 유효 거짓 양성에 속하지 않습니다. 예를 들어 자바 프로그램에서 해시 테이블의 (containsValue()와 같은 기능인) contains() 메서드를 호출한 코드를 놓고 분석 도구가 'containsKey()를 호출해야 하는 게 아니냐'라고 경고했다고 해보죠. 개발자는 원래부터 값^{value}을 확인하려던 의도여서 기술적으로는 문제가 없는 코드지만 containsValue()를 호출하는 게 더 명확하니 그렇게 고칠 수 있습니다. 반대로 분석 도구가 실제 오류를 보고하지만 무엇이 문제인지를 개발자가 이해하지 못해서 아무 조치를 취하지 않을 수 있습니다. 이 경우는 유효 거짓 양성입니다.

20.2.2 정적 분석을 개발자 워크플로에 반드시 끼워 넣자

구글은 정적 분석을 코드 리뷰 도구에 통합하여 핵심 워크플로에 녹였습니다. 구글에서는 커밋되는 모든 코드를 사전에 검토한다고 봐도 됩니다. 개발자가 리뷰용으로 코드를 보낸다는 것은 이미 '누군가 피드백을 주면 코드를 변경할 마음의 준비가 되어 있다'라는 뜻입니다. 따라서 정적 분석 도구가 제안하는 개선사항들을 큰 저항 없이 반영합니다. 코드 리뷰에 통합했을 때의 장점은 여기서 끝이 아닙니다. 개발자들은 리뷰 요청을 보내고는 보통 리뷰어들의 피드백을 기다리며 다른 일에 착수합니다. (몇 분이 걸리더라도) 분석을 수행하기 딱 좋은 타이밍인 것이죠. 또한 분석 결과를 살펴본 리뷰어들이 정적 분석 경고를 해결하라며 압박해줄 수 있습니다. 나아가 흔한 문제를 자동으로 부각해주니 리뷰어의 시간도 절약됩니다. 결국 코드 리뷰 프로세스를 더 확대 적용할 수 있는 여유를 만들어줍니다. 코드 리뷰는 분석 결과를 제공하기에 이상적인 시점인 것입니다.[5]

20.2.3 사용자가 기여할 수 있도록 하자

구글에는 코드를 개선할 수 있는 전문 지식을 갖춘 우수한 도메인 전문가가 많습니다. 정적 분석은 이런 전문가의 지식을 수용하여 널리 퍼뜨릴 수 있는 훌륭한 통로입니다. 전문가들은 새로운 분석 도구를 만들거나 기존 도구에 검사 로직을 추가하는 식으로 기여할 수 있습니다. 예를

---

5   뒤에서는 코드를 편집하고 브라우징할 때 정적 분석을 활용하는 이야기가 이어집니다.

들어 설정 파일에 속성들이 제대로 채워져 있는지를 검사하는 분석기를 만들 수 있고, 새로 발견한 버그가 코드베이스의 다른 곳에서 재발하지 않도록 하는 검사 로직을 만들 수도 있겠지요.

구글은 정적 분석 생태계를 소수의 기존 도구들에 통합하는 쪽보다는 플러그인하기 쉽게 만드는 데 더 신경 썼습니다. 간단한 API를 제공하여 분석이나 언어 전문가뿐 아니라 구글의 엔지니어 누구든 분석기를 만들 수 있게 하는 데 집중한 것이죠. 예를 들어 Refaster[6]와 연동하여 사전/사후 코드 스니펫으로 코드가 어떻게 달라지는지를 보여주는 분석기를 만들 수 있습니다.

20.3 Tricorder: 구글의 정적 분석 플랫폼

구글 정적 분석의 핵심에는 Tricorder가 있습니다.[7] 구글은 정적 분석을 개발자 워크플로에 통합하기 위해 노력했고, 몇 차례의 실패 끝에 마침내 Tricorder가 탄생했습니다.[8] Tricorder가 이전 실패작들과 크게 다른 점은 사용자에게 가치 있는 결과만을 제공하는 데 모든 노력을 쏟았다는 것입니다. Tricorder는 구글의 주 코드 리뷰 도구인 Critique에 통합되어 Critique의 디프 뷰어에 회색 댓글 상자로 경고를 표시해줍니다(그림 20-1).

그림 20-1 Critique의 디프 뷰(Tricorder의 정적 분석 경고는 회색으로 표시)

---

6 (논문) Louis Wasserman, "Scalable, Example-Based Refactorings with Refaster." Workshop on Refactoring Tools, 2013.

7 (논문) Caitlin Sadowski, Jeffrey van Gogh, Ciera Jaspan, Emma Söderberg, and Collin Winter, Tricorder: Building a Program Analysis Ecosystem, International Conference on Software Engineering (ICSE), May 2015.

8 (논문) Caitlin Sadowski, Edward Aftandilian, Alex Eagle, Liam Miller-Cushon, and Ciera Jaspan, "Lessons from Building Static Analysis Tools at Google", Communications of the ACM, 61 No. 4 (April 2018): 58-66, *https://cacm.acm.org/magazines/2018/4/226371-lessons-from-building-static-analysis-tools-at-google/fulltext*

확장하기 쉽도록 Tricorder는 마이크로서비스 아키텍처로 설계되었습니다. 여러 대의 분석 서버를 두고 변경된 코드와 메타데이터를 함께 보내 분석을 요청하는 구조입니다. 분석 서버들은 메타데이터로부터 변경된 파일의 버전을 알아내 FUSE 기반 파일시스템에서 읽어 들이고 캐시된 빌드 입력과 결과물도 가져옵니다. 그런 다음 분석기를 하나씩 실행하여 결과를 스토리지 계층에 기록합니다. 그리고 분석 분류별 가장 최근 결과들이 Critique에 표시되는 것이죠.

분석이 모두 끝나기까지는 수 분이 걸리기 때문에 분석 서버들은 상태 정보를 갱신하여 변경 작성자와 리뷰어에게 분석이 진행 중임을 알리고, 분석이 다 끝나면 완료되었다고 표시해줍니다. Tricorder 분석기들은 매일 5만 개 이상의 코드 리뷰를 검사합니다. 초당 몇 개씩 검사하는 경우도 흔합니다.

구글의 개발자 모두는 Tricorder 분석기(간단히 '분석기analyzer'라고 부릅니다)를 직접 작성하거나 기존 분석기에 검사 항목을 추가하는 식으로 기여할 수 있습니다. 검사 항목으로 추가하려면 다음 네 가지 조건을 충족해야 합니다.

- **이해하기 쉬움**: 모든 엔지니어가 결과를 쉽게 이해할 수 있어야 합니다.
- **실행 가능 및 수정 용이**: 분석 결과는 컴파일러 검사보다 수정하는 데 시간, 고민, 노력이 더 들 수 있습니다. 따라서 결과에는 문제를 실제로 해결하는 방법을 알려주는 안내가 포함되어야 합니다.
- **유효 거짓 양성 비율 10% 미만**: 개발자들이 검사 항목의 적중률이 최소 90% 이상이라고 느껴야 합니다.
- **코드 품질 개선에 크게 기여할 수 있는 잠재력**: 정확성과는 관계가 없더라도 개발자가 심각하게 받아들이고 의식적으로 수정할 만한 문제를 짚어줘야 합니다.

Tricorder 분석기들은 30개 이상의 프로그래밍 언어를 다양한 관점에서 분석해줍니다. 분석기의 수는 100개가 넘는데 그중 대부분은 Tricorder팀이 스스로 만든 게 아닙니다. 분석기 중 7개는 그 자체에 플러그인 시스템을 갖추고 있어서 검사 항목을 수백 개나 제공합니다. 이 검사 항목들 역시 대부분 다른 팀의 개발자들이 기여해준 것이고요. 유효 거짓 양성 비율은 평균적으로 5%를 약간 밑돕니다.

20.3.1 도구 통합

Tricorder에는 다양한 유형의 정적 분석 도구들이 통합되어 있습니다.

Error Prone[9]과 clang-tidy[10]는 각각 자바와 C++ 컴파일러를 확장하여 AST$^{추상 구문 트리}$ 안티 패턴을 검출해줍니다. AST 안티패턴들은 실제 버그일 수 있습니다. long 타입 필드인 f를 해싱하는 다음 코드를 예로 생각해보죠.

```
result = 31 * result + (int) (f ^ (f >>> 32));
```

이제 f의 타입이 사실 int라고 가정해보죠. 컴파일은 잘 됩니다. 하지만 32칸만큼 오른쪽 시프트하는 건 아무 의미가 없으므로 이 코드는 그저 f 자체를 XOR시키는 꼴입니다. 다시 말해 출력 값에 아무런 변화가 없습니다. Error Prone에서 이 검사 항목을 컴파일 에러로 분류하게끔 설정하자 구글 코드베이스에서 총 31개의 버그가 발견되었습니다. 이런 예는 많습니다.[11] AST 안티패턴은 스마트 포인터의 .get() 중복 호출을 제거해주는 등 코드 가독성 개선에도 유용합니다.

말뭉치에서 서로 다른 파일 사이의 관계를 보여주는 분석기도 있습니다. 예를 들어 Deleted Artifact 분석기는 체크인된 문서 파일이나 코드 주석 등 코드가 아닌 텍스트에서 참조하는 파일이 지워지면 경고해줍니다. IfThisThenThat을 사용하면 개발자가 두 파일에서 반드시 함께 변경해야 하는 부분을 지정할 수 있습니다(한쪽만 변경되면 경고). 크롬의 Finch 분석기는 크롬 A/B 테스트용 설정 파일들을 대상으로 흔한 문제들을 검출해줍니다. 예를 들어 적절한 승인 없이 실험을 시작하거나 가동 중인 실험과 모집단이 충돌하는 (즉 같은 모집단을 공유하는) 문제 등을 찾아줍니다. Finch 분석기는 원격 프로시저 호출$^{Remote Procedure Call}$(RPC)로 이에 필요한 정보를 다른 서비스들에 제공합니다.

소스 코드가 만들어내는 아티팩트까지 검사하는 분석기도 있습니다. 예를 들어 변경 반영 후 바이너리가 너무 커지거나 너무 작아지면 경고하는 바이너리 크기 검사 항목을 활성화해둔 프로젝트도 많습니다.

거의 모든 분석기가 하나의 프로시저(함수) 안에서 코드를 검사해 결과를 내어줍니다. 여러 함수를 조합하거나 점증적으로 분석하는 것도 기술적으로는 가능하지만 인프라에 더 많이 투자해야 합니다(예: 분석기 실행 시 메서드 요약 정보를 분석/저장).

....

9 (Error Prone 소개 페이지) *http://errorprone.info*

10 (clang-tidy 공식 문서) *https://oreil.ly/DAMiv*

11 (버그 패턴 목록) *https://errorprone.info/bugpatterns*

20.3.2 피드백 채널 통합

앞에서 말했듯이 개발자가 얼마나 행복해하는지를 추적하고 관리하려면 분석기 사용자와 분석기 작성자를 잇는 피드백 루프를 반드시 구축해야 합니다. Tricorder는 분석 결과 각각에 [Not useful^{유용하지 않음}] 버튼을 표시해줍니다. 결과가 유용하지 않은 이유를 '분석기 작성자에게 직접' 버그의 형태로 전달할 수 있는 옵션입니다. 버튼을 클릭하면 분석 결과와 관련한 정보는 자동으로 채워지게 하여 편의성을 높였습니다. 한편 코드 리뷰어는 [Please fix] 버튼을 클릭하여 분석 결과를 적절히 조치하도록 변경 작성자에게 요청할 수 있습니다. Tricorder팀은 (특히 리뷰어가 수정을 요청했는데) [Not useful] 클릭 비율이 높은 분석기를 주시하다가 이 비율을 낮추려는 움직임이 보이지 않는 분석기는 비활성화합니다.

이러한 피드백 루프를 만들고 최적화하기 위해 많은 일을 해야 했습니다. 하지만 분석 결과의 품질과 사용자 경험이 개선되는 형태로 몇 번이고 보상을 받았지요. 피드백 채널을 명확하게 만들어주기 전에는 많은 개발자가 자신이 이해 못 하는 분석 결과는 단순히 무시하고 넘어갔습니다.

분석기의 문제 원인이 아주 간단하여 바로 고칠 수 있을 때도 있습니다. 예컨대 분석기가 출력하는 메시지의 텍스트를 다듬는 정도로 충분한 경우죠. 구글에서도 실제로 이런 일이 있었습니다. 한 번은 Guava의 printf '유사' 함수에 인수가 너무 많이 전달되면 경고해주는 Error Prone 검사 항목을 배포했습니다. 참고로 이 함수는 printf가 지원하는 여러 지정자 중 %s만 허용합니다. Error Prone팀에는 분석 결과가 정확하지 않다는 'Not useful' 버그 리포트가 매주 날아왔습니다. 포맷에 포함된 지정자 수와 인수 수가 일치하는데 버그라고 잘못 알려준다는 반박이었죠. 하지만 함수 사용자가 %s 외의 지정자를 사용하여 벌어지는 현상이었습니다. 엄밀히 말해 분석 결과와 메시지는 틀리지 않았습니다. 그저 읽는 이가 기존 지식 때문에 오해하기 쉬웠을 뿐입니다. 그래서 Error Prone팀은 '이 함수는 %s만 지원한다'라고 진단 메시지를 수정했고, 버그 리포트는 더 이상 날아오지 않았습니다. 이처럼 진단 메시지를 다듬으면 무엇이^{what} 왜^{why} 잘못되었고 어떻게^{how} 수정해야 하는지를 가장 적절한 지점에서 바로 설명해줄 수 있습니다. 그렇게 하면 개발자는 메시지를 읽자마자 상황을 이해할 수 있을 것입니다.

20.3.3 수정 제안

Tricorder 검사 항목은 가능한 경우 어떻게 수정해야 하는지까지 제안해줍니다(그림 20-2).

그림 20-2 Critique의 정적 분석이 제안한 수정 예

자동 수정은 메시지가 불분명할 때 도와주는 또 다른 문서자료 역할을 하여 정적 분석이 검출한 문제를 해결하는 비용을 낮춰줍니다. 수정은 Critique 안에서 곧바로 적용할 수 있고, 원한다면 명령줄 도구로 특정 변경과 관련한 수정 전체를 한 번에 반영할 수도 있습니다.

모두는 아니지만 수정 제안을 제공하는 분석기가 아주 많습니다. 특히 코드 스타일 관련 문제들은 코드 포맷터를 활용하여 자동으로 수정되게끔 합니다. 리뷰어가 코드 스타일 오류에 시간을 낭비하는 건 너무 아깝기 때문에 구글은 언어별로 스타일 가이드를 마련해 활용합니다.

리뷰어들이 [Please fix] 버튼을 클릭하는 수는 매일 수 천 번이며, 변경 작성자들은 이중 약 3,000번을 자동 수정으로 해결합니다. Tricorder 분석기들이 받는 [Not useful] 클릭 수도 매일 250번 정도 됩니다.

20.3.4 프로젝트별 맞춤 설정

적중률 높은 분석 결과만을 보여주어 신뢰를 쌓은 다음에는 기본 분석기 외에 프로젝트별로 '선택적' 분석기를 추가할 수 있게 하였습니다. 대표적인 예로 Proto Best Practices 분석기가 떠오르는군요. 이 분석기는 구글의 언어 독립적 데이터 직렬화 포맷인 프로토콜 버퍼[protocol buffers][12]에서 잠재적으로 호환성을 깨뜨릴 수 있는 변경이 일어나면 찾아줍니다. 호환성이 깨지면 직렬화된 데이터를 서버 로그 등 어딘가에 저장해놓고 사용할 때 문제를 일으킵니다. 따라서 프로토콜 버퍼를 사용하는 프로젝트라도 직렬화 데이터를 저장해놓고 이용하지 않으면 이

---

12 (프로토콜 버퍼 홈페이지) *https://developers.google.com/protocol-buffers*

검사 항목을 활성화할 이유가 없습니다.

기본 분석기도 사용자화할 수 있도록 했습니다. 다만 허용 범위를 제한하는 편이며, 기본적으로는 많은 검사 항목이 코드베이스 전체에 일관되게 적용되도록 설정해뒀습니다.

선택적 분석기로 시작했다가 피드백을 받아 개선되면서 점차 많은 이의 사랑을 얻어 기본 분석기로 승격되기도 합니다. 동작은 변화시키지 않으면서 자바 코드의 가독성을 높여주는 분석기가 그랬습니다. 초기에는 그다지 유용하지 않은 제안들로 넘쳐날 거라며 우려한 개발자가 많았습니다. 하지만 종국에는 더 많은 분석 결과를 받아보길 바라게 되었지요.

프로젝트별이 아닌 사용자별로 설정할 수 있게 했다면 사용자화는 성공하지 못했을 것입니다. '프로젝트 단위로 설정'되도록 해야 모든 팀원이 일관된 분석 결과를 받아볼 수 있습니다. 그래야 누구는 문제를 심고 누구는 고치는 사태가 벌어지지 않습니다.

Tricorder 개발 초기에는 비교적 직관적인 스타일 검사기(린터)들의 결과를 Critique에 표시하도록 했고, 개별 사용자가 특정 분석기가 제공한 결과의 신뢰 수준을 선택하고 심지어 비활성화할 수도 있었습니다. 그러다가 이런 사용자별 설정을 완전히 막아버렸습니다. 분석 결과가 짜증 나게 한다는 원성이 쏟아졌죠. 사용자별 설정을 되살렸을까요? 아닙니다. 우리는 대신 짜증 나는 이유를 묻고 린터가 쏟아내는 버그와 거짓 양성을 모조리 찾아냈습니다. 예를 들어 C++ 린터는 Objective-C 파일까지 검사하면서 잘못되거나 필요 없는 결과를 도출했습니다. 우리는 린터 인프라를 수정하여 이런 일이 더는 일어나지 않게 했습니다. HTML 린터는 거짓 양성 비율이 매우 높고 쓸만한 분석 결과를 거의 주지 못했습니다. 자연스럽게 HTML 개발자들로부터 외면받았죠. 이 린터는 거의 도움이 되지 않았기 때문에 린터 자체를 비활성화했습니다. 요컨대 사용자별 설정은 버그를 감추고 원활한 피드백을 가로막는 결과로 이어졌습니다.

20.3.5 프리서브밋

지금까지는 개발자 워크플로 중 코드 리뷰 단계에 정적 분석을 통합하는 이야기를 했습니다. 구글에서는 이 외에도 정적 분석을 다양한 지점에 통합해 활용하고 있습니다.

코드 리뷰 시 표시되는 정적 분석 경고를 개발자가 무시할 수도 있습니다. 그래서 작성 중인 변경이 커밋되지 못하게 막는 분석기를 추가할 수 있도록 했습니다. 우리는 이를 **프리서브밋 검사**presubmit check라고 합니다. 프리서브밋 검사에서는 사용자화할 수 있는 매우 간단한 빌트인 검사들을 수행합니다. 변경 내용 자체나 메타데이터를 보고, 가령 커밋 메시지에 'DO NOT SUBMIT'이 포함되면 안 된다거나 테스트 파일이 반드시 있어야 한다는 등의 검사를 수행합니다. 반드시 통과해야 하는 테스트 스위트를 지정하거나 특정 분류의 Tricorder 문제가 없어야 한다는 규칙을 추가할 수도 있습니다. 코드 스타일을 확인할 수도 있죠. 프리서브밋 검사는 일반적으로 개발자가 변경 리뷰를 요청할 때와 커밋 과정에서 실행되지만, 그 사이의 임의 시점에 수행되기도 합니다. 더 자세한 이야기는 23장을 참고하세요.

자기들만의 프리서브밋을 만들어 활용하는 팀도 있습니다. 기본으로 제공되는 프리서브밋들로는 범용적인 모범 사례를 회사 전체에 적용할 수 있었다면, 팀 특화 프리서브밋은 한 걸음 더 나아가 프로젝트에 특화된 분석을 추가할 수 있게 해줍니다. 예를 들어 새로 시작하는 프로젝트라면 레거시 코드가 많은 다른 프로젝트들보다 모범 사례들을 더 엄격하게 적용해도 좋을 것입니다. 하지만 팀 특화 프리서브밋 때문에 대규모 변경(22장 참고)을 진행하기가 어려워질 수 있습니다. 그럴 때는 변경 설명에 'CLEANUP=' 문구를 추가해 건너뛰게 할 수 있습니다.

20.3.6 컴파일러에 통합

정적 분석을 활용해 문제 있는 코드가 커밋되지 못하게 막는다는 건 멋진 생각입니다. 그런데 문제를 워크플로의 더 앞단에서 알려줄 방법은 없을까요? 더욱 멋질 텐데 말입니다.

그래서 구글은 정적 분석을 가능한 한 컴파일러에 통합하려 노력합니다. 빌드 자체가 실패한다는 건 절대로 무시할 수 없는 경고가 되어줄 것입니다. 모든 분석에 적용할 수는 없습니다만 다행히 상당히 기계적이고 유효 거짓 양성이 생길 수 없는 분석도 있습니다. Error Prone의 'ERROR' 검사 항목들[13]이 좋은 예입니다. 이 항목들은 구글의 자바 컴파일러에서 모두 활성화되어 코드베이스에 잠입하려는 에러들을 걸러줍니다.

한편 빌드 속도가 느려지지 않도록 컴파일러 검사는 빠르게 수행되어야 합니다. 그 외에 다음의 세 가지 기준도 충족해야 합니다(C++ 컴파일러도 비슷한 기준을 따릅니다).

1. 쉽게 수정할 수 있음(가능한 한 기계적으로 적용할 수 있는 수정을 제안)

2. 유효 거짓 양성이 발생하지 않음(올바른 코드의 빌드를 절대 가로막지 않음)

----

13 (버그 패턴 목록) *https://errorprone.info/bugpatterns*

3. (스타일이나 모범 사례가 아닌) 정확성 관련 문제만 보고

컴파일러에서 새로운 검사 항목을 활성화하려면 우선 코드베이스 전체에서 해당 문제를 모두 찾아 고쳐야 합니다. 그렇지 않으면 기존 프로젝트들을 빌드하는 과정에서 컴파일러가 빌드를 중단시켜버리기 때문입니다. 이 말을 달리 해석해보면, 컴파일러 기반 검사를 새로 배포한다는 건 기존 코드 모두에서 해당 문제를 완벽히 제거해야 할 정도로 가치가 큰 검사라는 뜻이기도 합니다.

구글은 clang과 javac 등 다양한 컴파일러로 코드베이스 전체를 병렬 빌드하는 클러스터 인프라를 갖추고 있습니다. MapReduce 연산과 비슷하게 수행되죠. 이 인프라를 이용해 컴파일러에 새로운 검사 항목을 추가하는 방식은 대략 다음과 같습니다.

1. 추가할 검사 항목을 지정하여 컴파일러들을 MapReduce 방식으로 실행합니다. 이때 정적 분석 검사기들이 코드베이스 청소를 자동으로 수행할 수 있도록 수정 제안들을 만들어냅니다.

2. 이 수정 제안들을 코드베이스 전체에 적용하는 변경을 준비하여 테스트까지 마칩니다.

3. 변경을 커밋하여 코드베이스에서 해당 문제를 모두 제거합니다.

4. 컴파일러에서 해당 검사를 활성화합니다.

이제부터는 같은 문제를 일으키는 코드가 커밋되면 빌드가 실패합니다. 프리서브밋 검사가 커밋 전에 발견해주거나 지속적 통합(CI) 시스템 단에서 걸러줄 것입니다.

구글은 또한 컴파일러 경고 0개를 목표로 합니다. 컴파일러 경고를 무시하는 개발자가 많기 때문에 우리는 에러가 아닌, 즉 빌드를 중단시키지 않을 컴파일러 검사라면 애초에 꺼버립니다. 코드베이스 전체에 동일한 컴파일러 옵션이 적용되므로 이 결정은 전역적으로 내려집니다. 빌드를 멈추게 할 검사가 아니라면 비활성화하거나 Tricorder를 통해 코드 리뷰에 활용하는 것이죠. 구글에서 사용하는 모든 언어에 강제하는 정책은 아닙니다만 가장 많이 쓰이는 언어들에는 다 적용합니다. 예컨대 자바와 C++ 컴파일러는 컴파일러 경고를 출력하지 않도록 설정했습니다. Go 컴파일러에는 더 극단적으로 적용하여 미사용 변수나 패키지 임포트 등 다른 언어에서라면 경고에 해당하는 문제들도 에러로 취급합니다.

20.3.7 코드 편집 및 브라우징 중 분석

정적 분석을 통합 개발 환경(IDE)에 통합할 수도 있습니다. 하지만 IDE에서는 분석을 빠르게 끝마쳐야 하므로(대체로 1초 미만, 이상적으로는 100ms 미만) 속도가 느린 분석기라면 통합하기 애매합니다. 같은 분석을 모든 IDE에서 동일하게 수행해야 하는 문제도 있습니다. IDE마다 흥망성쇠가 있어서 구글은 하나의 IDE를 모든 팀에 강제하지 않습니다. 그래서 IDE와의 통합은 리뷰 프로세스에 통합하는 것보다 지저분한 경향이 있습니다.

또한 코드 리뷰가 분석 결과를 보여주기에 더 적합합니다. 분석기들이 변경과 관련한 맥락을 코드베이스 전체에서 살펴볼 수 있기 때문이죠. 어떤 분석은 부분 코드만으로는 완벽하게 수행할 수 없기도 하고요. 예를 들어 죽은 코드 분석기는 호출하는 코드를 구현해넣기 전까지는 끊임없이 문제가 있다고 보고할 것입니다. 분석 결과를 코드 리뷰 때 보여주면 변경 작성자가 무시하고 싶어도 리뷰어들의 동의를 얻어야 한다는 이점도 있습니다.

어쨌든 적합한 분석기에 한정한다면 IDE도 정적 분석 결과를 보여주기에 좋은 후보입니다.

구글은 대체로 새로 추가하거나 수정하는 코드를 분석하여 경고하는 데 집중합니다. 하지만 개발자들이 코드베이스를 둘러볼 때 보여주면 유익한 분석도 있습니다. 보안 분석 중에 이런 예들이 있습니다. 보안팀에 따라 문제 사례 전부가 필요할 수 있습니다. 리팩터링하려는 개발자도 코드베이스 전체를 분석한 결과를 보고 싶어 하죠. 즉, 때로는 코드를 브라우징할 때도 분석 결과를 보여줘야 합니다.

20.4 마치며

정적 분석은 코드베이스를 개선하고 버그를 조기에 발견해줍니다. 나아가 코드 리뷰와 테스트처럼 비용이 더 많이 드는 활동에서는 기계적으로 검증할 수 없는 문제에 집중하도록 해주는 훌륭한 도구입니다. 구글은 정적 분석 인프라의 확장성과 유용성을 개선하여 소프트웨어를 개발하는 데 큰 역할을 하는 요소로 만들었습니다.

20.5 핵심 정리

- 개발자 행복에 집중하자. 구글은 분석기 사용자와 분석기 작성자를 이어주는 피드백 채널을 도구 안에 녹여내는 데 상당한 노력을 기울였으며, 거짓 양성 비율을 줄이기 위해 분석기들을 적극적으로 최적화했습니다.

- 정적 분석을 개발자 워크플로에 반드시 포함하자. 구글은 정적 분석을 개발자 워크플로에 긴밀하게 통합했습니다. 그중 가장 중요한 단계는 코드 리뷰입니다. 분석 도구가 수정을 제안하고 리뷰어도 문제를 함께 살펴보도록 해줍니다. 이 외의 통합 지점으로는 컴파일러 검사, 코드 커밋 게이트키핑, IDE, 코드 브라우징 시점이 있습니다.

- 사용자가 기여할 수 있도록 하자. 도메인 전문가들의 전문지식을 활용하면 분석 도구와 플랫폼을 구축하고 관리하는 일을 가속할 수 있습니다. 나아가 개발자라면 누구나 새로운 분석기와 검사 항목을 추가할 수 있는 길을 열어주면 모두의 삶과 코드베이스가 더 윤택해집니다.

CHAPTER 21

의존성 관리

의존성 관리^{dependency management}란 우리가 통제하지 못하는 라이브러리, 패키지, 그 외 의존성들의 네트워크를 관리하는 일을 말합니다. 소프트웨어 엔지니어링에서 이해도가 가장 낮고 가장 어려운 주제에 해당하죠. 의존성 관리에서 답하려는 질문은 다음과 같습니다.

- 외부 의존성의 버전을 업데이트하는 방법은 무엇일까요?
- 버전을 기술하는 방법은 무엇일까요?
- 의존성에서 어떤 유형의 변경이 허용되거나 예상되나요?
- 다른 조직에서 만든 코드에 의존하는 게 직접 만드는 것보다 낫다고 판단하는 기준은 무엇일까요?

의존성 관리와 관련이 가장 깊은 주제는 소스 버전 관리입니다. 둘 다 소스 코드를 어떻게 다루느냐를 이야기합니다. 다른 점은 무엇일까요?

소스 관리는 가장 쉬운 부분을 다룹니다. '어디에 체크인하지?', '빌드에 포함시키려면 어떻게 해야 하지?' 트렁크 기반 개발의 가치를 인정하고 받아들인다면 일상에서 소스 관리와 관련해 나올 수 있는 질문은 상당히 평이해집니다. '새로 뭘 만들었어요. 어느 디렉터리에 넣으면 되죠?'

의존성 관리는 시간과 확장 양 축 모두에서 복잡도를 키웁니다. 소스 관리에서는 코드를 변경할 때 테스트를 수행하고 기존 코드를 손상시키지 않아야 합니다. 코드베이스가 공유되어 있어서 무엇이 어떻게 이용되는지 볼 수 있고 우리가 직접 빌드하고 테스트할 수 있습니다. 반면 의존성 관리는 우리에게 접근 권한이 없거나 속을 들여다볼 수 없는, 조직 외부에서 이루어지는 변경 때문에 일어나는 문제를 다룹니다. 업스트림 의존성들upstream dependencies[1]은 내가 작성한 코드와 손발을 맞출 수 없으므로 내 빌드나 테스트를 실패하게 만들 가능성이 더 큽니다. 이런 의존성은 어떻게 관리해야 할까요? 외부 의존성을 만들지 말아야 할까요? 외부 의존성 메인테이너들에게 연락하여 릴리스들 간에 일관성을 더 잘 지켜달라고 요구할까요? 언제 새로운 버전으로 갈아타야 할까요?

여기에 확장이 끼어들면 상황이 한층 더 복잡해집니다. 우리가 다루는 의존성이 하나뿐이 아니라는 사실을, 더 일반적으로는 수많은 외부 의존성들로 이루어진 거대한 네트워크에 발을 들여놓고 있다는 사실을 깨닫게 되죠.

네트워크 이야기가 나와서 말인데, 여러분이 속한 조직에서 이용하는 두 의존성이 어느 순간 충돌하기 시작하는 시나리오를 어렵지 않게 떠올릴 수 있을 것입니다. 예를 들어 의존성 중 하나가 특정 조건[2]에서만 동작하게 바뀌었는데, 동시에 다른 의존성은 같은 조건에서 동작하지 않을 수 있습니다. 외부 의존성이 하나뿐일 때는 잘 먹히던 해법이 거대한 네트워크를 관리해야 하는 현실에서는 무력할 때가 많습니다. 이번 장에서는 이처럼 조건이 충돌하는 문제의 다양한 형태를 살펴볼 것입니다.

소스 관리와 의존성 관리는 '이 하위 프로젝트의 개발/업데이트/관리를 우리 조직이 통제하는가?'라는 질문으로 구분지을 수 있습니다. 예를 들어 리포지터리, 목표, 개발 프로세스를 팀마다 다르게 가져간다면 이 팀들이 생산하는 코드끼리의 연동과 조율은 소스 관리일까요, 의존성 관리일까요? 이럴 때는 의존성 관리에 가깝습니다. 다른 한편, 조직이 크더라도 단 하나의 저장소(모노리포)에서 모든 걸 관리한다면 소스 관리 정책을 훨씬 큰 규모까지 일관되게 적용할 수 있습니다. 바로 구글의 방식이죠. 물론 구글도 오픈 소스 프로젝트들은 독립 조직으로 간주합니다. 알려지지 않은, 반드시 협업할 필요가 없는 프로젝트들 사이의 상호의존성은 의존성 관리 문제에 속합니다.

이 주제와 관련하여 우리가 드릴 수 있는 조언을 하나만 꼽자면 '다른 조건이 모두 같다면 의존성 관리 문제보다는 소스 관리 문제를 택하라'라는 것입니다. '조직'의 의미를 더 넓게 정의해보는 것도 좋습니다. 즉 팀보다는 회사 전체를 하나의 조직이라고 정의하면 도움이 될 때가 많습

---

1   옮긴이_ 내 코드에서 직접 이용하는 의존성을 포함하여 그 의존성이 이용하는 더 상위 의존성들을 통칭합니다. 다운스트림 의존성들은 정확히 반대 의미입니다.

2   프로그래밍 언어 버전, 저수준 라이브러리 버전, 하드웨어 버전, 운영체제, 컴파일러 플래그, 컴파일러 버전 등이 될 수 있습니다.

니다. 의존성 관리 문제보다는 소스 관리 문제가 생각하기도 훨씬 쉽고 처리 비용도 훨씬 저렴합니다.

오픈 소스 소프트웨어 모델이 계속 성장하고 새로운 영역으로 확장되면서 자연스럽게 수많은 유명 프로젝트들의 의존성 그래프도 점점 커지고 있습니다. 그래서 의존성 관리는 소프트웨어 엔지니어링 정책 중 가장 중요한 문제가 되어가고 있죠. 계층 한두 개 위에 바로 소프트웨어를 올리던 시절은 지났습니다. 오늘날의 소프트웨어는 수많은 의존성 기둥들 위에 지어집니다. 우리가 기둥들을 지을 수 있다고 해서 기둥들을 계속해서 견고하게 서있게 하는 방법을 아직 알아내지 못했다는 뜻은 아닙니다.

이번 장에서는 의존성을 관리할 때 극복해야 하는 문제, (일반적인 혹은 새로운) 해법, 한계를 알아보겠습니다. 또한 구글의 방식을 포함하여 의존성을 다루는 현장의 모습도 살펴보겠습니다. 구글은 이 문제를 깊이 고민했고, 커다란 코드베이스를 리팩터링하고 오랜 시간 유지보수하며 기존 방식의 현실적인 한계를 매우 많이 경험했습니다. 구글의 방식이 모든 규모의 조직에 다 안성맞춤일 것이라는 직접적인 증거는 없습니다. 이번 장에서는 (적어도 대규모 조직에서는) 효과가 없는 방법과 그보다는 나을 가능성이 높다고 생각하는 방법을 정리해볼 것입니다. 필요한 답을 모두 드릴 수는 없습니다. 만약 가능했다면 의존성 관리가 소프트웨어 엔지니어링에서 가장 중요한 문제 중 하나라고 말하지도 않았겠지요.

21.1 의존성 관리가 어려운 이유

의존성 관리 문제는 정의하는 것부터가 쉽지 않습니다. 이 분야에서 통용되는 많은 설익은 해법들을 살펴보면 문제를 최대한 좁게 정의하려 애씁니다. 가령 '로컬에서 개발한 코드가 이용하는 외부 패키지를 임포트하는 방법은?' 같은 식이죠. 필요하지만 충분하지 않은 정의입니다. 의존성 하나를 관리하는 방법이 중요한 게 아닙니다. 수많은 의존성들로 구성된 네트워크와 그 네트워크에 미래에 일어날 변화까지 고려해 관리하는 방법을 강구해야 합니다. 네트워크 중 일부는 여러분의 코드에서 직접 의존할 것이고, 나머지는 딸려 들어오는 전이 의존성^{transitive dependency}들입니다. 시간이 흐르면서 의존성 네트워크의 여러 노드가 새 버전을 출시하고 그중 몇 개는 중대한 업데이트일 것입니다.[3] 전이 의존성들에서 이루어지는 이러한 업그레이드 도미노를 어떻게 관리해야 할까요? 혹은 구체적으로, 특정 의존성의 버전이 여러 개일 때 다른 모든 의존성과 호환되는 버전을 쉽게 찾을 방법이 있을까요? 의존성 네트워크를 분석하는 방법은? 특히 의존성 그래프가 계속 커져가는 상황에서도 네트워크 전체를 매끄럽게 관리하는 묘책이 있을까요?

21.1.1 요구사항 충돌과 다이아몬드 의존성

의존성 관리에서는 의존성 네트워크를 중심에 두고 생각해야 합니다. 다행히 대부분의 난제는 하나의 문제에서 비롯됩니다. '의존성 네트워크상의 두 의존성 사이에서 요구사항이 충돌할 때 어떻게 해결하는가?' 이런 문제는 다양한 이유로 발생합니다. 운영체제, 언어 버전, 컴파일러 같은 플랫폼의 버전이 원인일 수도 있고 일반적으로는 업그레이드한 라이브러리가 기존 버전과 호환되지 않아서일 수도 있습니다. 버전 비호환 문제의 대표적인 예는 다이아몬드 의존성 문제diamond dependency problem입니다.

다이아몬드 의존성 문제 혹은 다른 형태의 요구사항 충돌 문제가 성립하려면 [그림 21-1]처럼 의존성 계층이 최소 세 개가 필요합니다. 일반적으로는 의존성 그래프에 '컴파일러 버전'은 포함시키지 않습니다만 요구사항 충돌 문제의 대부분은 '의존성 그래프에 특정 조건을 요구하는 (숨겨진) 노드가 추가'되어 일어납니다. 따라서 그림에서 libbase는 의존성 네트워크에서 둘 이상의 노드가 함께 이용하는 어떤 소프트웨어든 될 수 있습니다.

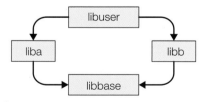

그림 21-1 다이아몬드 의존성 문제

이 단순화한 모델에서 libbase는 liba와 libb 모두에서 쓰이며, liba와 libb는 상위 노드인 libuser가 이용합니다. 이때 libbase가 하위 호환되지 않는 업데이트를 진행했는데, liba와

---

3   예컨대 보안 버그, 지원 중단, 보안 버그가 있는 상위 의존성을 이용 등.

libb가 동시에 업데이트되지 않을 가능성이 있습니다(주로 서로 다른 조직에서 만든 라이브러리일 때). 예를 들어 liba는 신버전 libbase를 쓰고 libb는 구버전을 쓴다면 여러분의 코드인 libuser에 두 버전 모두를 포함시킬 보편적인 방법은 없습니다. 이러한 다이아몬드는 [그림 21-2]처럼 여러 노드를 거치는 더 큰 규모로도 만들어질 수 있습니다.

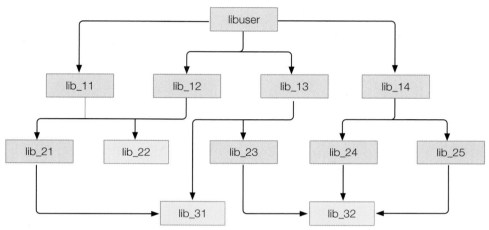

그림 21-2 더 큰 규모로 만들어진 다이아몬드 의존성 문제(출처: 옮긴이)

이 그림에서 lib_22, lib_31, lib_32는 모두 잠재적으로 다이아몬드 문제를 일으킬 수 있습니다. 그리고 현실에서는 이보다 수십 배는 복잡한 의존성 네트워크도 흔하게 볼 수 있습니다.

다이아몬드 의존성 문제가 주는 충격은 프로그래밍 언어에 따라 다릅니다. 어떤 언어에서는 빌드 하나에 의존성의 여러 버전을 모두 포함시킬 수 있습니다. liba가 호출하는 libbase와 libb가 호출하는 libbase의 버전이 다를 수 있다는 것이죠. 예를 들어 자바는 의존성이 제공하는 심볼의 이름을 바꾸는 메커니즘이 잘 정립되어 있습니다.[4] 이와 달리 C++는 다이아몬드 의존성에 대한 내성이 전혀 없다시피 하여 십중팔구 예기치 못한 버그나 정의되지 않은 동작undefined behavior으로 이어집니다. C++의 '하나의 정의 규칙'One Definition Rule (ODR)[5]을 거스른 대가인 셈이죠. 자바의 셰이딩을 흉내 내어 동적 링크 라이브러리(DLL)가 제공하는 심볼 일부를 숨기거나, 가능하다면 직접 빌드해 따로 링크하는 정도의 대책을 생각해볼 수는 있습니다. 하지만 우리가 아는 한 이러한 우회책은 좋게 봐도 부분적인 해법밖에 되지 못합니다. 어떤 프로그래

---

4 셰이딩(shading) 혹은 버저닝(versioning)이라고 합니다.

5 (하나의 정의 규칙 설명) *https://oreil.ly/VTZe5*

밍 언어에서든 마찬가지입니다. 버전 여러 개를 동시에 내장하는 방식은 함수^{function} 수준에서는 이름을 고쳐 동작하게 할 수 있으나 의존성 사이에 주고받는 타입^{type}에는 불가능합니다. 예를 들어 libbase v1에 정의된 맵을 의미를 그대로 간직한 채로 libbase v2에서 제공하는 API로 전달할 방법이 없습니다. 심볼을 숨기거나 이름을 바꿔 컴파일한 라이브러리를 중복 적재하는 방식은 다이아몬드 문제의 충격을 다소 완화해주지만 보편적인 해결책이 될 순 없습니다.

이러한 요구사항 충돌 문제를 쉽게 해결하는 유일한 방법은 모두와 호환되는 더 상위 혹은 하위 버전의 라이브러리를 찾는 것뿐입니다. 이게 불가능하다면 문제가 되는 의존성을 로컬에서 따로 패치해야 합니다. 하지만 말처럼 쉽지 않습니다. 오히려 매우 어려운 일이죠. 비호환 문제를 처음 발견한 엔지니어라면 호환되지 않는 근본 원인을 직접 밝혀내야 하기 때문입니다. 원인을 찾으려면 저 밑까지 파헤쳐야 할 수 있습니다. 예를 들어 liba 개발자는 여전히 libbase v1을 이용하고 있는데 libb 개발자가 먼저 v2로 업그레이드했다고 해보죠. 이때 호환성 문제는 liba와 libb를 모두 사용하는 개발자에게만 나타날 텐데, 이 개발자가 libbase와 liba를 직접 패치할 만큼 둘을 깊이 이해하고 있을 확률은 매우 낮습니다. libbase와 libb를 다시 다운그레이드하면 쉽게 해결할 수 있지만, 심각한 보안 문제 때문에 libb를 업그레이드한 경우라면 받아들이기 어려운 선택입니다.

의존성 관리를 위한 정책과 기술 시스템은 다음 질문으로 요약됩니다. '소통하지 않는 단체들이 각자의 계획대로 업그레이드를 진행하면서도 요구사항 충돌을 피할 수 있는 방법은 무엇일까?' 만약 여러분이 의존성 네트워크 곳곳에서 변경이 중구난방 일어나는 현실 속에서 다이아몬드 의존성 문제를 해결하는 범용적인 방법을 찾아낸다면 의존성 관리 분야에 기념비적인 기여를 할 수 있습니다.

21.2 의존성 임포트하기

프로그래밍 측면에서 보면 직접 처음부터 새로 짜는 것보다 기존 인프라를 재활용하는 게 분명히 더 낫습니다. 두말하면 잔소리고, 기술이 진보할 수 있는 근본에 속합니다. 만약 프로그래밍 입문자 모두가 자신만의 JSON 파서와 정규 표현식 엔진을 다시 구현해야 한다면 기술은 한 발짝도 앞으로 나아갈 수 없습니다. 특히 고품질의 소프트웨어를 밑바닥부터 다시 개발하는 비용을 생각해보면 재사용은 아주 고귀한 활동입니다. 여러분의 요구사항을 만족하는 외부 소프트웨어(의존성)가 있다면 이용하는 게 좋습니다(트로이 목마만 아니라면 말이죠).

21.2.1 호환성 약속

시간을 고려하기 시작하면 몇 가지 복잡한 트레이드오프가 생겨납니다. '개발' 비용을 줄일 수 있다고 해서 의존성을 임포트하는 게 꼭 옳은 선택은 아닙니다. 특히 소프트웨어 엔지니어링 조직이라면 시간과 변경을 항시 염두에 두어야 합니다. 즉, 지속적인 유지보수 비용까지 감안해야 합니다. 업그레이드할 계획이 없던 의존성이라 해도 보안 취약점이 발견될 수 있습니다. 외부 요인 때문에 플랫폼을 갈아타야 할 수 있습니다. 혹은 의존성 네트워크가 팽창하면서 우리 의도와 상관없이 업그레이드해야만 할 경우가 생깁니다. 그날이 오면 비용이 얼마나 들까요? 다음 요인들을 고려하면 의존성의 유지보수 비용을 조금 더 정확하게 계산할 수 있습니다.

- 호환성이 얼마나 잘 지켜지나요?
- 진화가 얼마나 빠르게(크게) 이루어지나요?
- 변경 처리 방법은 무엇일까요?
- 각 버전의 지원 기간은 어떻게 되나요?

우리는 의존성 제공자가 이 질문들에 더 명확하게 답해줘야 한다고 생각합니다. 사용자가 수백만인 거대한 인프라(라이브러리/프레임워크) 프로젝트 몇 가지를 예로 그들이 내세우는 호환성 약속들을 읽고 생각해보죠.

C++

C++ 표준 라이브러리는 거의 무한대의 하위 호환성을 제공하는 예입니다. 구버전 표준 라이브러리용으로 빌드한 바이너리는 신버전에서도 빌드되고 링크됩니다. API 호환성뿐 아니라 바이너리 아티팩트들과의 하위 호환성도 꾸준히 제공해주죠. 이를 **ABI 호환성**application binary interface compatibility이라 합니다. 지원 정도는 플랫폼마다 다릅니다. 예를 들어 리눅스에서 gcc를 사용하는 코드는 대부분 10년 정도는 문제없이 동작할 것입니다. C++ 표준에서 ABI 호환성을 문서로 명시하고 있지는 않습니다. 하지만 SD-8[6]이라는 표준 라이브러리 호환성 문서에서 C++ 버전 사이에서 무엇이 달라질 수 있는지를 정의하고 있어서 어떤 유형의 변경을 감안하고 대비

---

6 (C++ 표준 문서의 라이브러리 호환성 관련 페이지) *https://oreil.ly/LoJq8*

해야 하는지를 엿볼 수 있습니다.

자바도 비슷합니다. 소스 코드는 언어 버전이 올라가도 호환되며 옛 버전의 JAR 파일이 새 버전 파일들과 어울려 구동됩니다.

Go

언어마다 호환성에 두는 우선순위가 다릅니다. Go 언어는 대부분의 릴리스에서 소스 코드가 호환되게 해주었지만 바이너리는 그렇지 않았습니다. Go 언어에서는 빌드한 버전이 다른 바이너리끼리는 링크할 수 없습니다.

Abseil

구글의 Abseil 프로젝트는 Go와 많이 비슷하면서 시간에 대한 경고를 추가한 버전이라고 할 수 있습니다. 우리는 영원한 호환성을 약속하고 싶지 않습니다. Abseil은 구글에서 계산량이 가장 많은 내부 서비스 대부분에서 이용하며 앞으로 몇 년은 더 사용될 가능성이 높습니다. 성능을 더 끌어낼 수 있다면 (그래서 구글 서비스 대부분이 혜택받을 수 있다면) 구현 세부사항과 ABI를 변경할 권한이 우리에게 주어진다는 뜻입니다. 우리는 호환성을 위해 남겨둔 API가 개발자들을 헷갈리게 하여 수많은 오류를 일으킨 경험이 너무도 많습니다. 우리는 함께 일하는 수만 명의 구글러가 이런 뻔한 문제로 영원토록 고통받게 하는 것은 잘못된 생각이라 믿습니다. 구글 내부에서 Abseil에 의존하는 C++ 코드는 이미 약 2억 5천만 라인에 달합니다. API 변경을 가볍게 여기는 건 절대 아니지만, 그렇다고 변경하는 걸 막아서는 안 됩니다.

이를 위해 Abseil은 온전한 ABI 호환성 대신 API 호환성을 다소 제한된 형태로 약속합니다. 정확하게는 호환되지 않는 API 변경도 있을 수 있으나, 이때는 반드시 새 API로 마이그레이션해주는 자동 리팩터링 도구를 함께 제공할 것을 약속합니다. 예를 들어 [그림 21-1]에서 libbase가 Abseil이라고 가정하면, 중간 단계 의존성인 liba를 이용하는 개발자는 liba가 구 버전 Abseil을 이용해 개발되었더라도 Abseil의 가장 최신 버전을 사용할 수 있게 해줍니다. 이런 면에서 우리는 예상치 못한 비용(내 의도와 상관없이 의존성이 변경되어 수정하는 비용)이라는 위험요소를 사용자에게 훨씬 친화적인 방식으로 해결하는 정책이라 생각합니다. 이 시나리오에서 가장 값비싼 작업은 '자동 리팩터링 도구 실행'이며, 도구가 만들어준 패치는 중간 단계 의존성 소유자에게 보내 리뷰를 받아야 할 것입니다.

사실 Abseil은 비교적 최근에 시작된 프로젝트라서 아직까지는 API를 파괴적으로 변경할 일이 없었습니다. 이 정책이 생태계 전체에서 얼마나 효과적으로 작동할지는 장담할 수 없지만, 이론상으로는 안정성과 업그레이드 용이성의 균형을 잘 잡아줄 것 같습니다.

Boost

앞의 예들과 달리 C++ 라이브러리인 Boost는 버전 간 호환성을 보장하지 않습니다.[7] 실제로는 대부분의 코드가 잘 변경되지 않지만 'Boost 라이브러리 중 다수가 활발하게 개선/관리되고 있어서 이전 버전과의 하위 호환을 항상 보장할 수는 없습니다'라고 이미 선언해두었습니다. 따라서 Boost 이용자들은 호환성 문제가 생기기 전까지만 업그레이드하는 게 바람직합니다.

Boost의 목표는 실험적인 증명의 장입니다. 표준 라이브러리나 Abseil과는 근본적으로 다른 목표죠. Boost의 특정 릴리스가 운 좋게 완벽하게 안정적이라서 많은 프로젝트에서 사용하기에 적합할 수 있습니다만, 다른 버전과의 호환성은 우선순위가 높지 않습니다. 그래서 수명이 긴 프로젝트에서 Boost를 계속 최신으로 유지하려다가는 언젠가 호환성 문제를 겪을 것입니다.

Boost 개발자들은 표준 라이브러리 개발자들만큼이나 전문가입니다.[8] 호환성 문제는 기술력이 부족해서가 아니라 순전히 프로젝트의 목적과 우선순위가 달라서 생기는 결과일 뿐입니다.

지금 논의에서의 라이브러리 호환성은 '프로그래밍' 문제가 아니라 '소프트웨어 엔지니어링' 문제에 속합니다. 여러분은 Boost처럼 호환성을 보장하지 않는 라이브러리를 내려받아 장기 프로젝트에 깊숙이 통합할 수 있습니다. 잘 작동할 것입니다. 하지만 지금 우리의 관심은 이 의존성들이 점차 변해갈 텐데 어떻게 하면 항상 최신 상태로 유지할 것인가입니다. 개발자들을 괴롭히는 부분도 기능을 동작하게 만드는 일보다는 유지보수입니다. 그래서 구글에서는 엔지니어들이 '동작하게 만들었다 got it to work'와 '지원되는 방식으로 동작한다 this is working in a supported fashion'를 구분하여 생각하는 데 도움되는 지침들을 꾸준히 공유합니다. 놀랄 것도 없이 의존성 문제에도 결국은 '하이럼의 법칙'이 작용합니다.

더 일반화해 말하면, 의존성 관리는 프로그래밍 업무냐 소프트웨어 엔지니어링 업무냐에 따라 완전히 달라집니다. 유지보수가 중요한 일에 몸담고 있다면 의존성 관리는 어려운 일입니

7　(Boost FAQ) *https://www.boost.org/users/faq.html*

8　실제로 Boost 개발자 중 상당수가 표준 라이브러리 개발에도 기여하고 있습니다.

다. 오늘만을 위한 해법을 찾고 있다면 눈에 띄는 모든 의존성을 가져와 써도 문제될 게 전혀 없습니다. 의존성들을 사용하면서 책임을 느낄 필요도, 업그레이드를 계획할 필요도 없습니다. SD-8에 적힌 규칙들을 다 무시하고 특정 버전의 Boost와 Abseil 바이너리에서만 동작하게 만들더라도 오늘만 쓸 프로그램이라면 모두 괜찮습니다.

21.2.2 임포트 시 고려사항

'프로그래밍' 프로젝트라면 의존성 임포트는 거의 공짜에 가깝습니다. 필요한 기능을 제공하는 지 확인했고 숨겨진 보안 취약점이 없다고 가정한다면 같은 기능을 직접 새로 구현하는 것보다 는 이미 있는 것을 재사용하는 게 당연히 저렴합니다. 예외는 거의 없습니다. 의존성이 하위 호환을 약속하지 않더라도 우리가 의존성을 업그레이드하지 않는 이상 아무 문제없습니다. 하지만 '소프트웨어 엔지니어링'으로 발을 옮기는 순간 똑같은 의존성들이 미묘하게 더 비싸집니다. 숨겨진 비용이 드러나고 답해야 할 질문이 생겨나죠. 여러분은 의존성을 임포트하기 앞서 이 비용을 꼭 고려하시기를 바라며, 또 프로그래밍 프로젝트로 다뤄야 할 때와 소프트웨어 엔지니어링 프로젝트로 다뤄야 할 때를 잘 구분하실 수 있기를 바랍니다.

구글에서는 의존성을 임포트하려는 엔지니어들에게 몇 가지 질문들을 던져보라고 권합니다. 먼저 의존성 자체에 대한 질문들입니다.

- 여러분이 실행해볼 수 있는 테스트가 딸려 있는 프로젝트인가요?
- 테스트는 모두 통과하나요?
- 의존성 제공자는 누구인가요? 똑같이 호환성을 보장하지 않는 오픈 소스 프로젝트더라도 경험과 기술력 차이는 어마어마할 수 있습니다. 최소한 호환성 측면에서는 C++ 표준 라이브러리나 자바의 Guava 라이브러리를 사용하는 것과 깃허브나 npm에서 임의의 프로젝트를 선택해 사용하는 것은 매우 다른 이야기입니다. 유명하다고 다 좋은 것은 아니지만 반드시 고려해보는 게 좋습니다.
- 지향하는 호환성 정책은 어떠한가요?
- 앞으로 어떤 분야나 용도를 지원해나갈 것인지 자세히 설명하고 있나요?
- 얼마나 인기 있는 프로젝트인가요?
- 언제까지 이용할 건가요?
- 파괴적인 변경이 얼마나 빈번하게 행해지고 있나요?

다음으로 소속된 조직 관점에서의 질문도 고려해야 합니다.

- 구글이 같은 기능을 새로 구현하려면 얼마나 복잡한가요?
- 그 의존성을 최신 상태로 유지하면 어떤 이점이 있나요?
- 업그레이드는 누가 할 건가요?
- 업그레이드하는 난이도는 어느 정도일 거라 예상하나요?

이상의 질문 목록이 완벽하지는 않지만 도움이 될 것입니다. 또한 러스 콕스[Russ Cox]가 이 주제를 더 광범위하게 고민했으니 참고해주세요.[9] 긴 안목에서 임포트와 재구현 중 어느 쪽이 저렴할지를 예측해줄 완벽한 공식은 우리도 모릅니다. 솔직히 우리도 틀릴 때가 더 많습니다.

21.2.3 의존성 임포트하기 @ 구글

결론부터 말하면, 더 잘할 수 있었습니다.

구글 프로젝트들이 이용하는 의존성들의 압도적 다수를 구글이 직접 개발했습니다. 구글의 내부 의존성 관리의 대다수는 사실 진정한 의존성 관리가 아니라는 뜻입니다. 설계상 소스 코드 버전 관리에 해당하죠. 앞에서 이야기한 것처럼 제공자와 소비자가 같은 조직에 속해 있다면 그리고 의존성의 코드를 들여다볼 수 있고 지속적 통합을 이용한다면 의존성을 추가해서 커지는 복잡성이나 위험을 관리하고 통제하기가 훨씬 쉬워집니다. 코드가 어떻게 이용되는지 정확히 볼 수 있고 각 변경의 영향을 확실하게 파악할 수 있다면 의존성을 관리하며 겪는 문제 대부분은 더 이상 문제가 아니게 됩니다. 다시 말하지만, 버전 관리(프로젝트를 통제할 수 있음)가 의존성 관리(통제할 수 없음)보다 훨씬 쉽습니다.

통제권이 없는 외부 프로젝트를 이용하기 시작하면 이야기가 전혀 달라집니다. 구글은 오픈 소스 생태계나 상용 파트너사로부터 임포트하는 의존성들은 모노리포의 별도 디렉터리에 추가합니다. 'third_party'라는 디렉터리죠. 이해를 돕기 위해 구글에서 새로운 오픈 소스 프로젝트를 third_party 디렉터리에 추가되는 과정을 함께 살펴보죠.

구글의 소프트웨어 엔지니어인 앨리스는 진행 중인 프로젝트에 제격인 오픈 소스 패키지를 발견했습니다. 그리고 프로젝트를 빨리 완료해 시연하고픈 마음이 굴뚝같습니다. 자칫하면 꿈꾸

---

9 (블로그 글) Our Software Dependency Problem. *https://research.swtch.com/deps*

던 휴가를 제때 가지 못할지도 모르는 상황이거든요. 필요한 기능을 밑바닥부터 새로 구현하는 안과 오픈 소스 패키지를 third_party에 추가하는 안 중 선택해야 합니다. 지금 상황이라면 빠르게 개발할 수 있는 두 번째 안을 선택하는 게 자연스럽겠네요. 앨리스는 구글의 third_party 정책에서 규정한 절차를 밟아 패키지를 다운로드해 추가했습니다. 이 절차는 다음과 같이 아주 간단합니다.

1. 구글 빌드 시스템에서 잘 빌드되는지 확인한다.

2. 같은 패키지가 이미 존재하지 않음을 확인한다(버전만 다른 경우 포함).

3. 유지보수를 맡아줄 엔지니어를 찾아 OWNERS에 추가한다(최소 두 명).

팀원인 밥이 '좋아, 도와주지'라고 말해주어 모든 조건이 충족되었습니다. 둘 모두 third_party 패키지를 유지보수해본 경험이 없어도 되며 해당 패키지가 어떻게 구현되었는지 이해하고 있지 못해도 상관없습니다. 기껏해야 둘은 시연에 필요한 인터페이스를 조금 사용해본 경험이 다입니다.

그런데 이 시점부터 이 패키지를 다른 구글 팀에서도 이용할 수 있게 됩니다. 의존성 추가는 앨리스와 밥은 전혀 모르는 사이에 이루어집니다. 이 둘은 자신들이 관리해주기로 약속한 이 패키지가 불타나게 쓰이고 있다는 사실을 꿈에도 모를 수 있습니다. 패키지를 직접 사용하는 코드가 추가되는지를 모니터링하더라도 전이 의존성이 생겨 간접적인 이용이 늘어나는 일까지 눈치 채기는 어렵습니다. 시연용으로 추가한 패키지일 뿐인데, 옆 팀의 찰리가 검색 인프라를 통해 찾아내어 자기 팀의 프로젝트에 의존성으로 추가합니다. 이런 식으로 어느샌가 중요한 구글 시스템들의 핵심 구성요소로 자리 잡는 엄청난 일이 벌어질 수 있습니다. 그럼에도 찰리가 이 의존성을 추가해도 될지 고민할 때 아무런 신호도 보내주지 않습니다.

이 시나리오가 아무런 해도 끼치지 않을 수 있습니다. 추가한 의존성 자체가 잘 동작하고, 보안 버그도 없고, 이에 의존하는 다른 오픈 소스 프로젝트가 하나도 없을 수도 있죠. 다음 업데이트가 몇 년 후에나 나올 수도 있습니다. 하지만 업데이트가 늦는 게 마냥 좋은 것만은 아닙니다. 외부 의존성에는 업데이트를 통해 최적화나 중요한 신기능이 추가될 수 있습니다. CVE[10]가 발견되기 전에 보안 취약점이 제거되었을 수도 있고요. 코드베이스에 패키지가 오래 머무를수록

---

10 옮긴이_ Common Vulnerabilities and Exposures. 소프트웨어에서 나타나는 공통된 취약점들을 식별해 고유 식별자를 부여한 체계입니다. 기관이나 나라마다 다르게 관리하던 취약점 정보를 일관되게 관리하기 위해 사용됩니다. CVE–YYYY–NNNN 형식으로 표기하며, YYYY는 발견된 연도, NNNN은 해당 연도에서 발견 순서를 뜻하는 숫자(일련번호)입니다.

직간접적인 의존성의 수가 계속 늘어날 가능성이 높습니다. 패키지가 변하지 않는 기간이 늘어날수록 third_party에 추가된 특정 버전을 하이럼의 법칙이 점점 더 강하게 옥죌 것입니다. 나중에 다른 버전으로 마이그레이션하기가 그만큼 어려워진다는 뜻입니다.

어느 날 앨리스와 밥에게 '반드시 업그레이드해야 한다'는 소식이 날아왔습니다. 패키지 자체 혹은 패키지를 이용하는 오픈 소스 프로젝트에서 심각한 보안 취약점이 발견됐다는 것입니다. 그 사이 밥은 관리직으로 전환하여 코드베이스를 건드려본 지가 상당히 지났습니다. 앨리스는 시연 후 다른 팀으로 옮기면서 이 패키지는 잊고 살았습니다. 하지만 OWNERS 파일은 아무도 건드리지 않았습니다. 이미 수천 개의 프로젝트가 간접적으로 이 패키지에 의존하게 되어서 그냥 삭제하면 구글 검색을 포함해 수십여 개의 거대 팀의 빌드가 실패해버리고 맙니다. 이 패키지의 코드를 깊이 들여다본 경험이 있는 엔지니어도 없었습니다. 그렇다고 앨리스는 세월과 함께 누적된 하이럼의 법칙의 미묘함을 풀어내본 경험이 풍부하지도 못했습니다.

어쩔 수 없이 앨리스와 다른 사용자들은 비용이 크고 난해한 업그레이드를 느리게 진행하기 시작했습니다. 그 와중에 문제를 시급히 해결해야 한다는 보안팀의 압박은 계속됐습니다. 업그레이드 경험자도 없는데, 패키지가 처음 third_party에 추가된 시점부터 보안 문제가 불거진 지금까지 자잘한 릴리스가 수없이 있어 왔기 때문에 난이도가 더욱 높았습니다.

불행하게도 이 흔한 시나리오에 대해 우리의 third_party 정책도 말끔한 대응책을 내어주지 못합니다. 우리는 소유권 관리를 더 체계적으로 해야 하고, 업데이트가 더 정기적으로 이루어지게 만들고, 또한 앞의 시나리오처럼 제대로 관리도 안 되면서 동시에 중요도가 높아지는 third_party 패키지가 생기기 어렵게 해야 한다는 사실 정도는 인지하고 있습니다. 여기서 '어렵게 한다'라고 함은 코드베이스 메인테이너나 third_party 리드들이 '안 돼요. 이 패키지를 즉시 최신 버전으로 업데이트할 여력이 없어요. 그러니 여러분의 문제를 말끔히 해결해줄 이 기능은 아직 사용하실 수 없습니다'라고 이야기하기 어렵다는 뜻입니다. 인기는 높으나 호환성을 약속하지 않는 프로젝트가 특히 위험합니다. Boost가 대표적이죠. 구글에도 외부 프로젝트를 진행하느라 Boost와 이미 많이 친숙해진 개발자가 많을 것입니다. 하지만 내부 프로젝트에까지 이용하도록 허용하는 건 매우 위험한 일입니다. 현재 구글의 코드베이스는 예상 수명이 수십 년 단위입니다. 따라서 안정된 업그레이드 보장을 전면에 내세우지 않는 업스트림 프로젝트에 의존하는 건 위험합니다.

21.3 (이론상의) 의존성 관리

앞에서 의존성 관리가 어렵고 잘못될 수 있는 시나리오를 살펴봤으니 지금부터는 우리가 해결하려는 문제와 그 방법을 더 구체적으로 이야기해보겠습니다. 이번 장은 다음 질문에 대해 반복해서 곱씹어보는 자리입니다. '외부에서 가져온 혹은 완벽하게 통제할 수 없는 코드는 어떻게 관리하나요? 업데이트는 어떻게 하고, 세월과 함께 변화하는 의존 관계는 어떻게 관리하나요?'

훌륭한 해법이라면 모든 형태의 요구사항 충돌 문제로부터 우리를 보호해줘야 합니다(예: 다이아몬드 의존성 버전 충돌). 언제든 새로운 의존 관계나 요구사항이 추가될 수 있는 동적인 생태계에서조차 통하는 해법이어야 하죠. 시간이라는 요소도 간과해서는 안 됩니다. 모든 소프트웨어에는 버그가 있습니다. 어떤 버그는 심각한 보안 위험으로 이어집니다. 문제없이 잘만 이용하던 의존성도 반드시 업그레이드해야만 할 날이 올 수 있다는 뜻입니다.

따라서 안정적인 의존성 관리 체계란 시간과 규모 모든 면에서 유연해야 합니다. 의존성 그래프의 어느 노드라도 영원히 변치 않으리라 가정해서는 안 됩니다. 마찬가지로 (우리가 통제하는 코드에서든 의존하는 코드에서든) 새로운 의존성이 더해질 일은 없으리란 기대도 금물입니다. 의존성들 사이의 요구사항 충돌 문제를 예방해준다면 '좋은' 해법입니다. 나아가 의존성 버전이 변하지 않으리라는 가정 없이, 조직 사이의 조율이나 가시성 제한 없이, 합리적인 컴퓨팅 자원만 소모해서 가능하다면 '훌륭한' 해법입니다.

이상의 요건 중 최소 몇 가지는 충족하는 의존성 관리 해법으로 네 가지를 제안합니다. 바로 '변경 불가', '유의적 버전', '하나로 묶어 배포하기', '헤드에서 지내기'입니다. 하나씩 알아보겠습니다.

21.3.1 변경 불가(정적 의존성 모델)

애초부터 변경 자체를 허용하지 않으면 기존 의존성 때문에 불안해할 일이 사라집니다. 가장 간단한 방법이죠. API 변경, 기능(동작) 변경, 아무것도 안 됩니다. 사용자 코드 동작에 영향을 주지 않는 선에서의 버그 수정만 유일하게 허용됩니다. 호환성과 안정성을 최우선으로 두는 정책입니다. 물론 '영원히 안정적이다'라는 가정은 너무 이상적일 게 분명합니다. 그럼에도 보안 문제와 버그가 괴롭히지 않고 그 외 의존성을 변경할 일이 없는 세계에서는 '변경 불가' 모델이 매우 매혹적입니다. 초기 제약조건이 충분히 잘 정의되어 있다면 언제까지고 변경 없이 살

수도 있을 것입니다.

멀리 보면 지속 가능하지는 않지만 사실 모든 조직이 처음에는 이렇게 시작합니다. 변경을 외면할 수 없을 때까지 프로젝트가 살아남을 것임을 보여주기 전까지는 '변경 불가' 세상에서 안이한 삶을 영위하기 쉽습니다. 여기서 중요한 점이 있습니다. 변경 불가는 사실 대부분의 신생 조직에게는 적합한 모델일 수 있다는 것입니다. 새로 시작하는 프로젝트가 수십 년을 살아남고, 그래서 의존성을 물 흐르듯 업데이트해야 할 필요가 있을지를 알고 시작하는 경우는 흔치 않습니다. 그래서 프로젝트의 처음 몇 해는 의존성들이 완벽하게 안정적일 거라 가정하고 진행하는 게 훨씬 합리적일 것입니다.

단점도 명확합니다. 프로젝트가 오래 살아남을수록 가정이 틀릴 가능성이 커지며 언제까지 유효할지를 정확하게 알 수 있는 지표가 없다는 점입니다. 의존성을 업그레이드해야만 하는 보안 버그나 기타 중요한 문제가 언제 터질지를 알려줄 조기 경보 시스템이 존재하지 않습니다. 의존성들은 서로 얽혀 있습니다. 그래서 이론상으로는 단 하나만 업그레이드하려다가 의존성 네트워크 전체를 업데이트해야만 하는 상황으로 치달을 수도 있습니다.

이 모델에서는 버전을 선택하기가 매우 쉽습니다. 버전이 두 개 이상 공존할 일이 없으니 사실 선택이랄 것도 없습니다.

21.3.2 유의적 버전(SemVer)

유의적 버전semantic versioning(SemVer)은 오늘날 의존성 네트워크를 관리하는 가장 대표적인 방법입니다.[11] SemVer는 의존성의 버전을 표기하는 보편적인 방식입니다. 2.4.27이나 1.1.4처럼 숫자 세 개로 표현합니다. 세 숫자는 차례로 메이저major, 마이너minor, 패치patch 버전을 의미하며, 각각 다음과 같은 경우에 증가합니다.

- **메이저**: API가 변경되어 의존성을 이용하던 기존 코드를 깨뜨릴 수 있음
- **마이너**: 순수하게 기능 추가만 있음(기존 코드를 깨뜨리지 않음)
- **패치**: API에 영향을 주지 않는 내부 구현 개선과 버그 수정

------

11 엄밀히 따지면 유의적 버전은 소프트웨어의 버전을 메이저/마이너/패치 형태로 표현해 의미를 부여하는 관행 자체만을 말합니다. 의존성 사이의 호환 가능 버전을 표현하게끔 확대한 개념은 아니라는 말이죠. 소프트웨어 생태계에 따라 버전 체계를 조금씩 변형해 활용하기도 합니다. 그래서 유의적 버전이라고 하면 통상적으로 {메이저/마이너/패치 형태의 버전 번호 + 해당 체계}까지 포괄한 넓은 의미로 이해합니다.

버전 표기에 이렇게 의미를 담음으로써 SemVer에서는 'API가 호환되면서 더 최신 버전' 같은 표현이 가능합니다. 예컨대 'libbase ≥ 1.5'라고 하면 1.5나 1.5.1 혹은 1.6 이상도 포괄합니다. 단 1.4.9는 1.5일 때 추가된 API가 없을 것이므로 안 됩니다. 2.x도 호환되지 않게 변경된 API가 있을 것이라서 안 됩니다. 메이저 버전이 달라지면 일반적으로 호환성이 크게 떨어집니다. 기존 기능들이 달라지거나 심지어 사라졌을 수도 있어서 이를 이용하던 모든 코드가 잠재적으로 문제를 겪을 수 있습니다. 의존 관계가 만들어질 때마다 명시적이든 묵시적이든 버전 요구사항이 존재합니다. 이를 가령 'liba는 libbase ≥ 1.5가 필요합니다' 혹은 'libb는 ≥ 1.4.7이 필요합니다'처럼 표현할 수 있습니다.

이처럼 요구사항 표현법을 정형화하면 의존성 네트워크를 소프트웨어 컴포넌트(노드)와 그 사이의 요구사항(에지)의 집합으로 표현할 수 있습니다. 이 네트워크에서는 의존성이 추가 혹은 제거되거나 소스 노드가 변경되어 SemVer 요구사항이 달라지면(가령 신버전 의존성에 추가된 기능이 필요하면) 에지의 이름은 변경됩니다. 시간이 지남에 따라 전체 네트워크가 비동기적으로 변하기 때문에 애플리케이션의 요구사항을 전이 의존성까지 포함하여 모두 만족하는 상호 호환되는 의존성들로 이루어진 집합을 찾기란 매우 어려울 수 있습니다.[12] SemVer 체계에서 이 집합을 찾아주는 충족 가능성 솔버satisfiability solver(SAT solver)는 논리 및 알고리즘 연구에서의 SAT 솔버[13]와 매우 비슷합니다. 특정 노드의 제약조건 집합(의존성 에지의 버전 요구사항)이 주어지면 이를 모두 충족하는 버전의 집합을 찾을 수 있느냐의 문제죠. 그래서 대부분의 패키지 관리 생태계는 SemVer용 SAT 솔버로 관리되는 그래프를 기초로 구동됩니다.

하지만 SemVer와 그 SAT 솔버가 주어진 의존성 제약조건 집합을 만족하는 해법이 존재한다고 약속해주지는 않습니다. 앞에서 보았듯이 의존성 제약조건을 충족할 수 없는 상황이 계속해서 생겨날 것입니다. 만약 저수준 컴포넌트(예: libbase)의 메이저 버전이 올라가면, 그리고 이에 의존하는 라이브러리 중 일부만(liba는 아니고 libb만) 업그레이드되면 다이아몬드 의존성 문제에 빠지게 됩니다.

SemVer 기반 의존성 관리는 대체로 SAT 솔버를 이용합니다. 의존성 네트워크 전체를 대상으로 어떤 알고리즘을 수행하여 모든 버전 요구사항을 충족하는 의존성 버전을 찾는 행위를 **버전**

---

12 실제로 유의적 버전 제약조건이 의존성 네트워크에 미치는 영향은 NP-완전함이 증명되었습니다.

13 옮긴이_ SAT(boolean SATisfiability problem)란 주어진 불 공식(boolean formula)을 충족시키는 해석(변숫값의 조합)이 존재하는지를 결정하는 문제이며, SAT 솔버는 SAT 문제를 해결할 목적으로 만든 컴퓨터 프로그램을 말합니다. 예를 들어 '(x or y) and (x or not y)'라는 불 공식을 입력으로 건네면 공식이 참이 되는 x와 y값 조합이 존재하는지를 결과로 알려줍니다.

선택^{version selection}이라 합니다. 그리고 만족스러운 버전 조합이 네트워크에 존재하지 않는 상황을 소위 **의존성 지옥**^{dependency hell}이라 합니다.

SemVer의 한계에 대해서는 21.4절에서 자세히 알아보겠습니다.

21.3.3 하나로 묶어 배포하기

하나로 묶어 배포하기는 우리 업계에서 수십 년 전부터 이용해온 강력한 의존성 관리 모델입니다. 애플리케이션 구동에 필요한 의존성들을 모두 찾아서 애플리케이션과 함께 배포하는 방법이죠. 리눅스 배포판이 좋은 예입니다. 배포판에 포함된 모든 컴포넌트가 정확히 같은 시점에 취해진 버전이라는 보장은 없습니다. 사실 저수준 의존성들은 고수준 의존성들보다 다소 오래된 버전일 가능성이 큽니다.

이 모델에서는 새로운 역할인 **배포자**^{distributor}가 등장합니다. 개별 의존성의 메인테이너들은 다른 의존성들에 대해서는 거의 (심지어 전혀) 몰라도 됩니다. 더 거시적인 관리를 책임지는 배포자가 상호 호환되는 버전들을 찾고 패치하고 검증하는 일을 수행해주기 때문입니다. 배포자는 함께 묶어 배포할 버전들을 찾고, 이 버전들로 채운 의존성 트리에서 문제가 없는지 확인하고, 문제가 생기면 해결하는 일을 담당합니다.

외부 사용자 입장에서는 적당한 특정 배포판 '하나'에만 의존하면 되니 매우 편리합니다. 사실상 의존성 네트워크 전체를 하나의 초거대 의존성으로 대체해 하나의 버전 넘버를 부여한 것과 같은 효과입니다. 그 결과 '이러이러한 버전의 총 72개 라이브러리에 의존한다' 대신 '레드햇 버전 N에 의존한다'라거나 'NPM 그래프에서 N 시각 때의 라이브러리들에 의존한다'라고 표현할 수 있습니다.

하나로 묶어 배포하기 모델에서의 버전 선택은 전문 배포자가 처리합니다.

21.3.4 헤드에서 지내기

우리 중 몇몇[14]이 구글에서 추진하는 모델입니다. 이론적으로는 멋지지만 의존성 네트워크 참

---

14 특히 우리를 포함한 구글 C++ 커뮤니티 일원들

여자들에게 비싼 부담을 새로 지운다는 단점이 있습니다. 오픈 소스 생태계의 현재 모델들과 완전히 다르며 업계에 어떻게 전파할 수 있을지도 아직 불분명합니다. 비용은 싸지 않지만 구글 같은 조직의 경계 안에서는 효과적입니다. 또한 비용 대부분이 쓰여야 할 곳에 쓰이고 합당한 보상을 얻는다고 생각합니다. 우리는 이 모델을 **헤드에서 지내기**^{Live at Head}라고 부릅니다. 트렁크 기반 개발을 의존성 관리 영역까지 확장한 걸로 보면 됩니다. 소스 관리 정책인 트렁크 기반 개발을 업스트림 의존성에까지 적용한 모델입니다.

우리는 헤드에서 지내기가 의존성들을 해방시킬 수 있다고 기대합니다. SemVer를 버리고 의존성 제공자가 변경사항을 커밋하기 전에 생태계 전체를 대상으로 검증하게 합니다. 헤드에서 지내기는 의존성 관리에서 시간과 선택이라는 요소를 제거하려는 시도입니다. 모든 컴포넌트가 항상 최신 버전에 의존하며, 의존하는 쪽에서 수용하기 어려운 형태의 변경은 절대 허용하지 않습니다. 의도치 않게 API나 행위가 달라지게 하는 변경은 일반적으로 다운스트림 의존성의 CI에서 포착되므로 커밋되지 않도록 합니다. 보안 문제 등으로 이런 변경을 피할 수 없는 상황도 있습니다. 그런 경우라면 다운스트림 의존성을 먼저 업데이트하거나 업데이트를 자동으로 수행해주는 도구가 제공될 때만 진행합니다. (특히 소스가 공개되지 않은 다운스트림 이용자에게는 이런 도구 지원이 필수입니다. 변경되는 API에 대한 전문 지식 없이도 누구든 업데이트를 진행할 수 있도록 해주는 게 목적입니다. 파괴적인 변경을 가로막는 '방관자'들을 크게 줄여줍니다.) 요컨대 변경이 다운스트림 고객들에게 미치는 영향을 검증하는 부담이 API 제공자에게 주어집니다. API 제공자의 책임 범위가 대폭 넓어지죠. 책임 주체를 바꾸는 일이라 오픈 소스 생태계가 이 길로 첫 발을 내딛게끔 동기를 부여하기가 쉽지는 않아 보입니다.

헤드에서 지내기 모델에서는 더 이상 SemVer에게 '이 버전은 안전할까?'라고 묻지 않습니다. 대신 테스트와 CI 시스템을 이용해서 시야에 들어오는 모든 사용자들에게 안전한 지를 실험을 통해 확인합니다. 효율 개선이나 구현 방식 수정 같은 변경이라면 CI가 모든 테스트를 돌려보고 사용자에게 영향이 없다고, 그래서 커밋해도 안전하다고 알려줄 것입니다. API에 시그니처나 동작 방식처럼 겉으로 드러나는 변경이 있었다면 관련한 수많은 테스트가 실패할 것입니다. 그렇다면 작성자는 발생한 실패들을 모두 해결하는 비용과 변경이 선물할 가치를 저울질하여 진행 여부를 판단합니다. 진행하기로 마음을 굳혔다면 작성자는 사용자 측에서 발생한 테스트 실패들을 해결하는 작업(테스트 내의 깨지기 쉬운 가정 바로잡기 등)부터 착수합니다. 그러고 나서 필요하다면 사용자가 진행해야 할 리팩터링을 최대한 자동으로 수행해주는 도구를 만듭니다.

다른 시나리오들과는 실질적인 보상 구조와 기술적 가정들이 다릅니다. 헤드에서 지내기는 다음과 같은 상황을 가정합니다.

- 단위 테스트와 CI가 갖춰져 있습니다.
- API 제공자 다운스트림 의존성들이 깨지는지를 확인할 수 있습니다.
- API 소비자가 테스트들이 계속 통과되고 지원 가능한 방식으로 의존성을 이용 중입니다.

이 방식은 의존성이 숨겨져 있을 때보다 오픈 소스 생태계에서 훨씬 잘 작동합니다. 의존성 변경에 앞서 사용하는 쪽에서 수정할 내용부터 배포할 수 있기 때문입니다. 그 결과로 주어지는 보상은 다음과 같습니다.

- **API 제공자**: 변경이 소비자들에게 신속하고 매끄럽게 받아들여집니다.
- **API 소비자**: 테스트들이 쳐주는 보호막이 꺼질 일이 없습니다. 즉, 어느 날 갑자기 테스트가 실패하고, 원인이 무엇인지 또 언제 고쳐질지 파악하기 어렵다면 해당 테스트들을 아예 비활성화해버릴지도 모릅니다.

헤드에서 지내기 방식에서의 버전 선택은 '모든 것의 가장 최근 안정 버전이 뭐죠?'로 귀결됩니다. 의존성 제공자들이 변경을 책임감 있게 수행한다면 모두가 원활하게 작동할 것입니다.

21.4 유의적 버전의 한계

헤드에서 지내기는 트렁크 기반 개발이라는 버전 관리 방식을 토대로 하지만 확장성이 좋은지까지는 입증이 더 필요합니다. 현시점까지 업계 표준 의존성 관리는 바로 유의적 버전(SemVer)입니다. 인기가 매우 많죠. 하지만 앞에서 살짝 운을 띄웠듯이 한계가 존재합니다. 그러니 SemVer 자체를 조금 더 자세히 들여다본 후 어떤 함정이 도사리고 있는지도 더 알아보겠습니다.

SemVer에서 점(.)으로 구분한 버전 번호의 정확한 정의에 대해서는 할 얘기가 많습니다. 릴리스에 부여된 버전 숫자가 호환성을 확실하게 보장해줄까요? 아니면 그저 추정일 뿐일까요? 예를 들어 libbase 메인테이너가 새로운 버전이 메이저 릴리스인지, 마이너 릴리스인지, 혹은 패치 릴리스인지를 정한다는 건 어떤 의미를 담고 있을까요? 1.1.4에서 1.2.0으로의 버전업에는 API 추가와 버그 수정만 포함됐다는 소리이니 업그레이드는 안전하고 쉬울 거라고 보장할 수 있을까요? 당연히 아닙니다. 현실에서는 libbase를 설계 의도와 다르게 사용 중인 사용자 때문에 (하이럼의 법칙) 빌드가 깨질 수도 있고 '단순한' API 추가 행위가 라이브러리가 엉뚱하게 동작하게 만드는 등 온갖 경우의 수가 있습니다.[15] 근본적으로 자신의 API만 고려해서는 호환성에 대해 아무것도 '증명'할 수 없습니다. 우리는 호환성에 대해 정확히 무엇을 요구하는지를 잘 알고 있어야 합니다.

그래서 의존성 네트워크와 SAT 솔버로까지 주제를 넓히면 호환성을 '추정'한다는 이 아이디어의 힘이 점차 약해지기 시작합니다. 근본적인 문제는 전통적인 SAT에서의 노드 값과 SemVer 의존성 그래프의 버전 값이 다르다는 데 있습니다. SAT 그래프에서의 노드 값은 '명백하게' 참 혹은 거짓입니다. 반면 의존성 그래프의 버전 값(예: 1.1.14)은 메인테이너가 기존 버전과 새 버전을 비교해 '추정한' 결과입니다. 결국 추정과 자가 증명이라는 불안정한 토대 위에서 버전 충족 로직을 구축할 수밖에 없는 것이죠. 이 정도로도 감지덕지인 경우도 많지만, 넓게 보면 건강한 생태계를 뒷받침하기에는 충분하지 않습니다.

SemVer는 정보 일부가 사라질 수 있는 손실 추정치이고 변경의 의미 역시 완벽하게 표현할 수 없음을 깨닫는다면 무딘 도구로 보이기 시작합니다. 일시적으로는 잘 작동할 수 있습니다. 하지만 SAT 솔버를 SemVer에 기초해 구축한다면 우리를 지나치게 구속하면서도 충분하게 보호해주지는 못하는 게 현실입니다.

21.4.1 지나치게 구속할 수 있다

libbase를 더 작은 단위로 쪼개면 어떤 일이 벌어지는지 함께 살펴보죠. 실제로 라이브러리 하나에서 제공하는 인터페이스들 모두가 서로 연결되어 있는 경우는 거의 없습니다. 보통은 서로 독립적인 인터페이스 그룹이 여러 개 들어 있죠. 심지어 함수를 단 두 개만 제공하는 경우라도 SemVer가 우리를 지나치게 구속하는 상황이 벌어질 수 있습니다. [그림 21-3]처럼 libbase 가 Foo와 Bar라는 단 두 개의 함수만 제공한다고 해보죠. 그리고 중간 단계 의존성인 liba와

---

15 예를 들어, 새로운 libbase API를 미리 추가하는 폴리필(polyfill)이 어설프게 구현되어 충돌을 일으킬 수 있습니다. 또는 프로그래밍 언어의 리플렉션 기능을 이용해 특정 API 버전에 종속된 코드를 작성했다면 버전 번호가 달라지면 비정상 종료될 것입니다. 있어서는 안 되는 일이고, 우연히 일어나긴 하지만 빈번하게 발생하지는 않습니다. 어쨌든 요점은 libbase 제공자가 호환성을 증명할 수는 없다는 것입니다.

libb 모두 Foo만 사용합니다.

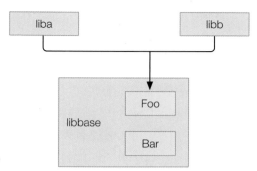

그림 21-3 libbase를 더 작게 쪼갠 모습(출처: 옮긴이)

이 상태에서 libbase의 메인테이너가 Bar에 파괴적인 변경을 진행했습니다. SemVer 규칙에 따라 메이저 버전을 올려야 하는 상황이죠. 현재 libbase 1.x에 의존 중인 liba와 libb에게 SemVer 의존성 솔버는 2.x 버전은 허용하지 않을 것입니다. 하지만 실제로는 2.x를 이용해도 아무런 문제가 없습니다. 사용되지 않는 Bar만 변경되었으니까요. '파괴적인 변경이 있었으니 메이저 버전을 높여야 해'라는 표현을 독립적인 API 단위까지 적용하지 않는다면 지금예처럼 정보가 손실됩니다. 정보 손실이 없을 만큼 버전을 세분화해 적용하는 경우도 있지만[16] SemVer 생태계에서 보편적인 모습은 아닙니다.

필요 이상으로 버전을 높여서든 SemVer 숫자를 충분히 세밀하게 적용하지 못해서든, SemVer가 과도하게 구속한다면 자동 패키지 관리자와 SAT 솔버가 의존성을 업데이트(혹은 설치)할 수 없다고 말할 것입니다. SemVer 검사만 무시하면 모든 구성요소가 아무런 문제 없이 어우러져 돌아갈 상황이더라도 말이죠. 업그레이드 도중 의존성 지옥을 맛본 사람이라면 이 점이 정말 화가 날 것입니다. 문제를 해결하려 쏟아부은 시간이 모두 헛된 것이었다는 이야기니까요.

21.4.2 확실하지 않은 약속일 수 있다

반대로, SemVer를 적용한다고 함은 API 제공자가 호환성을 완벽하게 추정할 수 있어서 변경

---

16 API 단위로 정확한 버전을 제시하는 대표적인 예로는 노드(node) 생태계가 있습니다.

을 다음의 세 가지 바구니에 나눠 담을 수 있다고 가정한다는 뜻입니다.

- 호환 안 됨(수정 혹은 삭제)
- 조심스럽게 추가
- API 영향 없음

SemVer가 구문과 의미적 변화를 완벽하게 표현해낸다고 가정해보죠. 그렇다면 시간에 민감한 API에 지연시간이 1밀리초 추가되는 변경은 어느 바구니에 담아야 할까요? 혹은 더 일반적인 예로, 로그의 출력 포맷을 바꾸는 변경은 어떤가요? 외부 의존성을 임포트하는 순서를 바꾼다면? '정렬되지 않은^{unordered}' 스트림으로 내보내는 데이터의 순서를 바꾼다면? 구문도 그대로이고 API가 약속한 기능(의미)도 달라지지 않으니 '안전한' 변경이라고 가정해도 될까요? 혹은 API 문서에 '이 사항은 향후 변경될 수 있습니다'라고 적혀 있다면, 혹은 API 이름이 'ForInternalUseByLibBaseOnlyDoNotTouchThisIReallyMeanItLibBase^{내부에서만쓰는함수이니쓰지마세요 분명히경고했습니다}'라면 어떤가요?[17]

SemVer의 패치 버전(세 번째 바구니)은 내부 구현만 달라져서 이론적으로는 '안전한' 변경입니다. 구글에서 겪은 하이럼의 법칙[18]과 완전히 반대되는 아이디어죠. 실제로 의존성들의 임포트 순서를 바꾸거나 '정렬되지 않은' 생산자^{producer}에서 출력 순서를 바꾸는 얼핏 사소해 보이는 변경도 하이럼의 법칙에서 자유로울 수 없습니다. 사용자 수가 늘어나면 누군가는 기존의 동작 방식에 의존하는 코드를 작성하게 됩니다. 그래서 '파괴적 변경'이라는 용어 자체에 오해의 소지가 있습니다. 이론적으로는 파괴적이지만 실제로는 쓰이지 않는 API 제거처럼 안전한 변경도 있습니다. 이론적으로는 안전하지만 실제로는 앞의 하이럼의 법칙 예시들처럼 클라이언트 코드를 손상시키는 변경도 있고요. 패치 번호까지 제한할 수 있는 SemVer 기반 의존성 관리 시스템들은 모두 이 한계를 인정한다고 봐야 합니다. 예컨대 liba가 libbase 1.1이 아닌 libbase 〉 1.1.14가 필요하다고 명시할 수 있다는 것 자체가 패치 번호 변경에도 사용자 입장에서 달라지는 차이가 포함될 수 있음을 시인하는 게 됩니다.

변경 자체만으로는 파괴적인지 아닌지 판단할 수 없습니다. '어떻게 쓰이고 있는가'라는 맥락이 고려되어야 비로소 판단할 수 있죠. 따라서 '이 변경은 파괴적이다'라는 말이 진실인지 여부에 절

---

17 실제로 이름만으로는 비공개 API를 무단으로 이용하는 문제를 완벽하게 막지 못합니다. 되도록이면 공개/비공개 여부를 잘 제어할 수 있는 언어를 이용하세요.

18 하이럼의 법칙: '사용자 수가 충분히 많아지면 시스템이 약속하지 않았더라도 관찰 가능한 모든 행위에 누군가는 의존하게 된다.'

대적인 답은 없습니다. 현재 누가 어떻게 쓰고 있는지를 알아야 변경이 파괴적인지를 알 수 있습니다. SemVer만으로는 다운스트림 사용자들이 이 의존성을 어떻게 사용하고 있는지 알 수 없습니다. 즉, 우리가 실제로 변경의 호환성을 평가할 때는 SemVer 의존성 관리 방식 자체에는 담겨있지 않은 정보까지 이용합니다.

따라서 SemVer SAT 솔버가 의존성들과 문제없이 작동할 것이라 알려줘도 실제로는 그렇지 않을지 모릅니다. 단순히 번호를 잘못 매겨서, 혹은 의존성 네트워크의 어딘가에 하이럼의 법칙이 작용해 API를 설계 의도와 다르게 활용해서일 수 있습니다. 그 결과는 작게는 빌드 에러로, 크게는 아주 심각한 런타임 버그로 나타날 것입니다.

21.4.3 버전업 동기

SemVer가 항상 안정적인 코드를 생성하게 이끌어주는 게 아니라는 근거는 더 있습니다. 의존성 메인테이너에게는 파괴적인 변경이나 메이저 버전업을 하지 '못하도록' 위축시키는 요인이 다양합니다. 특히 호환성에 아주 민감한 프로젝트는 오랜 기간 메이전 버전업을 하지 않습니다. 반면 정기적으로 메이저 버전을 높이는 공격적인 프로젝트도 있죠. 문제는 어떤 의존성이든 대부분의 사용자가 간접 사용자라는 사실입니다. 그들은 앞으로 무엇이 변경될지를 알아야 할 이유가 딱히 없습니다. 심지어 직접 사용자 중에도 메일링 리스트를 받아보거나 릴리스 공지를 챙겨보는 사람은 소수입니다.

결국 파괴적 변경으로 수많은 사용자가 불편을 겪더라도 메인테이너는 그 비용 중 작은 일부만 부담합니다. 심지어 메인테이너에게는 호환성을 깨뜨려야 이익일 때도 있습니다. 예를 들어 레거시라는 제약이 없어져야 인터페이스를 깔끔하게 재설계하기 쉽습니다.

그래서 우리는 모든 프로젝트가 호환성, 쓰임, 파괴적 변경에 대한 스스로의 입장과 의도를 명확히 밝혀줘야 한다고 생각합니다. 물론 구속력이 없고 사용자들이 무시할 수도 있습니다. 하지만 앞서 이야기한 상충되는 보상 구조에 기대지 않고, 파괴적 변경(메이저 버전업)을 '진행할 가치가 있는지'를 논의하는 출발점이 되어줄 것입니다.

Go[19]와 클로저[20] 모두 이 문제에 훌륭하게 대처하고 있습니다. 이 둘의 표준 패키지 관리 생태

---

19 (블로그 글) Semantic Import Versioning. *https://research.swtch.com/vgo-import*
20 (유튜브 동영상) Spec-ulation Keynote. *https://oreil.ly/Iq9f_*

계에서는 메이저 버전업은 완전히 새로운 패키지로 취급합니다. '당신이 하위 호환성을 포기하려는 변경을 가하려 하는데 우리가 왜 똑같은 API 집합이라고 인정해줘야 하죠?'라는 당위성이 담긴 정책인 것이죠. 사용자가 극단적 선택을 받아들이고 하위 호환성을 포기하는 대가로 공급자에게 모든 것을 재포장해 이름을 바꾸는 정도의 노력은 해달라고 요구하는 게 과하다고 생각하지는 않습니다.

마지막으로 SemVer에는 사람에 의한 오류가 스며들기 쉽습니다. 일반적으로 SemVer 버전업은 구문 변경뿐 아니라 의미 변경 시에도 이루어져야 합니다. API 동작을 변경하는 건 구조를 변경하는 것만큼이나 중요한 문제입니다. 특정 릴리스의 공개 API에서 달라진 구문을 찾아주는 도구는 만들 수 있지만 의도적으로 의미를 바꾼 것인지를 확인해주는 도구는 만들 수 없습니다.[21] 현실에서는 변경된 구문을 찾아주는 도구조차도 아직 한계가 많아서 메이저/마이너/패치 버전은 거의 언제나 사람이 최종 판단하여 정하고 있습니다. 만약 철저하게 관리되는 소수의 의존성만 이용한다면 SemVer를 잘못 기재해 생기는 오류를 격을 가능성은 낮을 것입니다.[22] 하지만 여러분의 제품이 수천 개의 노드로 이루어진 의존성 네트워크에 엮여 있다면 사람의 단순 실수로 인한 혼란에 대비해야 합니다.

21.4.4 최소 버전 선택

2018년에 Go 언어용 패키지 관리 시스템 구축에 대한 에세이 시리즈의 일환으로 구글의 러스 콕스는 SemVer 의존성 관리의 재미난 변형을 하나 소개했습니다. 바로 MVS, 즉 최소 버전 선택Minimum Version Selection[23]입니다.

의존성 네트워크에서 특정 노드의 버전이 바뀌면서 이 노드의 SemVer 요구사항도 달라질 수 있습니다. 그러면 바뀐 요구사항에 맞추기 위해 이 노드가 이용하던 다른 의존성들도 업데이트해야 할 것입니다. 이러한 업데이트가 연쇄적으로 이루어질 수도 있고요. 이때 현재 쓰이는 제약-충족/버전 선택 알고리즘은 다운스트림 의존성들의 가능한 한 최근 버전을 선택해줍니다. 결국 여러분은 수많은 의존성들을 업그레이드하게 될 가능성이 큽니다.

....

21 단위 테스트가 충실하게 갖춰져 있다면 달라진 동작을 테스트로 발견해낼 수 있습니다. 하지만 '동작이 달라진 것인지' 혹은 '의도와 다르게/약속과 다르게 동작하던 버그를 수정한 것인지'를 알고리즘적으로 구분하기는 어렵습니다.

22 따라서 제품의 예상 수명이 길다면 버전이 잘 관리되는 의존성을 선택하세요.

23 (블로그 글) Minimal Version Selection. *https://research.swtch.com/vgo-mvs*

MVS는 반대로 선택합니다. liba 1.0이 libbase ≥ 1.7을 요구한다면 1.8이 존재하더라도 1.7 부터 시도합니다. 이렇게 하면 '작성자가 개발할 당시에 이용한 의존성들을 가능한 한 충실하게 반영'하여 빌드됩니다.[24] 여기에서 아주 중요한 사실을 하나 유추해낼 수 있습니다. liba 1.0이 libbase ≥ 1.7을 요구한다는 말인즉슨, liba 개발자의 시스템에는 libbase 1.7이 설치되어 있을 게 거의 확실하다는 뜻입니다. 메인테이너가 새 버전을 릴리스하기 전에 기본적인 테스트를 수행했다고 가정하면[25] 최소한 liba 1.0과 libbase 1.7의 상호운용 검증은 이미 이루어졌다고 믿을 수 있습니다. CI나 모든 단위 테스트를 거쳤다는 확실한 증거까지는 못되더라도 꽤나 믿음이 가는 추정입니다.

미래를 100% 확신할 수 없다면 가능한 한 차이가 작게 버전업하는 게 가장 안전합니다. 한 시간 치 작업을 커밋하는 게 일 년 치 작업을 한꺼번에 커밋하는 것보다 안전하듯, 의존성 업데이트도 작게 해주는 게 안전합니다. MVS는 영향받는 의존성들을 최소한의 버전업만 수행한 후 '더도 말고 딱 요청한 만큼만 전진했어요. 테스트해보고 잘 동작하는지 확인해보시겠어요?'라고 말합니다.

MVS는 이론과 달리 '새로운 버전에는 항시 호환성을 해치는 변경이 포함될 수 있음'을 인정합니다. MVS를 사용하든 아니든 SemVer가 해결하려는 문제의 핵심을 잘 짚어준 것이죠. 소프트웨어 변경을 버전 번호로 압축해 표현하는 과정에서 정보가 일부 손실됩니다. 그나마 MVS는 개발자가 실제로 테스트한 조합에 가장 가까운 버전들을 선택함으로써 실질적인 충실성을 높여줍니다. 더 거대한 의존성 네트워크를 믿고 의지하는 데는 이 정도만으로 충분할 수 있습니다. 하지만 안타깝게도 우리는 이 아이디어를 경험적으로 검증할 방법을 찾지 못했습니다. SemVer의 기본 아이디어와 보상 문제를 근본적으로 해결하지 않은 채 MVS만으로 '충분한지'는 합의에 이르지 못했습니다. 하지만 오늘날 널리 이용되는 SemVer 방식 의존성 관리의 신뢰도를 한 차원 높여줄 것이라 믿습니다.

21.4.5 그래서 유의적 버전을 이용해도 괜찮은가?

어느 정도의 규모까지는 SemVer가 충분히 잘 작동합니다. 하지만 SemVer의 의미를 정확히 이해해둬야 합니다. SemVer는 다음과 같은 경우에 잘 작동합니다.

---

24 러스 콕스, 'Minimal Version Selection,' February 21, 2018. *https://research.swtch.com/vgo-mvs*
25 이 가정마저 지켜지지 않는다면 liba를 이용하지 말아야 합니다.

- (SemVer 버전업 시 사람에 의한 오류가 나지 않도록) 의존성 제공자들이 버전을 정확하고 책임감 있게 관리합니다.

- (지나친 구속과 지나친 약속을 피하기 위해) 의존성들이 충분히 세분화되어 있습니다.

- (직간접적으로 사용하는 의존성에서 호환된다고 가정하고 진행한 변경임에도 여러분의 코드가 예기치 못한 방식으로 오작동하는 일을 피하기 위해) 모든 API를 제공자의 의도대로 사용합니다.

이상의 조건을 세심하게 고려하여 철저히 관리되는 소수의 의존성만 신중하게 선택해 네트워크를 구성한 경우라면 SemVer가 완벽한 해법이 되어줄 것입니다.

하지만 구글에서의 경험에 비춰보면 앞의 세 속성 모두 확장성이 떨어지며 장기간 유지되지 못합니다. 대체로 규모가 커질수록 SemVer의 단점이 잘 드러납니다. 의존성 그래프가 커질수록, 즉 각각의 의존성이 커지거나 의존성의 수가 많아질수록 (또한 동일한 외부 의존성 네트워크를 이용하는 프로젝트 다수를 모아둔 모노리포 역시) SemVer에 의한 충실성 손실이 복합적으로 누적되어 혼란을 퍼뜨리기 시작합니다. 이러한 혼란은 거짓 양성(이론적으로는 문제없으나 실제로는 호환되지 않음)과 거짓 음성(실제로는 호환되나 SAT 솔버가 허용하지 않아서 의존성 지옥을 만듦) 모두로 나타납니다.

21.5 자원이 무한할 때의 의존성 관리

다음은 의존성 관리 방법을 고민할 때 유용한 사고 실험입니다. 컴퓨팅 자원이 무한하다면 의존성 관리는 어떤 모습일까요? 즉, 단지 조직 사이의 가시성과 협업 문제만 있을 뿐 자원상의 제약은 전혀 없다고 가정하면 우리가 기대할 수 있는 최선은 무엇일까요? 현재 업계가 SemVer에 의지하는 이유는 다음의 세 가지입니다.

- 내부 정보만 있으면 됩니다(API 제공자가 다운스트림 사용자가 어떻게 이용하는지까지 알 필요 없습니다).

- 충분한 테스트를 수행할 컴퓨팅 자원, 테스트 결과를 모니터링해줄 CI 시스템이 존재하지 않아도 됩니다(아직 업계 전체에 퍼지지는 않았지만 향후 10년 안에는 반드시 달라질 것입니다).

- 관행입니다.

이중 내부 정보라는 '요구사항'은 없어도 됩니다. 특히 의존성 네트워크는 대체로 다음의 두 가지 환경에서만 만들어지기 때문입니다.

- 하나의 조직 안
- OSS 생태계 안(협력해서 만들어가는 프로젝트가 아니라도 소스를 볼 수 있음)

어느 경우든 다운스트림 사용자들이 어떻게 이용하고 있는가에 대한 중요한 정보가 제공됩니다(물론 현재까지 쉽게 확인하기는 어렵습니다). 즉, SemVer가 실질적으로 세상을 지배하는 근간에는 우리가 (이론적으로는) 이용할 수 있는 정보를 무시하기로 한 선택이 깔려 있습니다. 만약 더 많은 컴퓨팅 자원을 쓸 수 있고 다운스트림 의존성 정보를 더 쉽게 얻을 수 있다면 소프트웨어 업계는 분명 이 정보를 이용할 방법을 찾을 것입니다.

물론 어떤 OSS 패키지는 주로 클로즈드 소스 제품에서만 이용할 수도 있습니다. 하지만 일반적인 모습은 아니죠. 대체로 이름난 OSS 패키지는 공개적으로나 비공개적으로나 모두 인기가 있습니다. 따라서 의존성 네트워크에 공개된 의존성과 비공개 의존성이 마구 섞여 있는 일은 흔치 않습니다. 일반적으로는 공개 OSS로 이루어진 덩어리와 비공개 제품으로 구성된 덩어리가 분리되는 형태를 띕니다.[26]

다음으로, SemVer에는 '내 생각에 이번 변경은 수용하기가 수월할(혹은 어려울) 것입니다' 같은 메인테이너의 '의도'가 담겨 있음을 기억해야 합니다. 이 정보를 전달할 더 나은 방법이 있을까요? 있습니다. 받아들이기 수월한 변경임을 보여줄 '실제적인 경험'이라는 형태로 전달할 수 있죠. 이 경험은 어떻게 얻을 수 있을까요? 다운스트림 의존성 대부분이 (최소한 대표적인 예가) 공개되어 있다면, 변경할 때마다 이 의존성들의 테스트를 돌려보면 됩니다. 이런 테스트가 충분히 많다면 최소한 '통계적으로 안전하다'라고 이야기할 수 있습니다. 테스트를 모두 통과하면 안전한 변경인 것입니다. API가 달라졌든 버그 수정이든 메인테이너가 따로 분류하거나 추정할 이유가 사라집니다.

그렇다면 OSS 생태계가 변경이 안전한 지를 '증거'에 기반하여 판단할 수 있는 방향으로 이동했다고 상상해봅시다. 방정식에서 연산 비용을 제한다면, 다운스트림 의존성들에서 변경에 영향받는 테스트들을 실행하여 '얼마나 안전한가'에 대한 정답(혹은 매우 근접한 답)을 구할 수 있습니다.

---

26 일반적으로 OSS의 의존성 네트워크가 다수의 비공개 노드에 의존하는 경우는 흔치 않습니다. 하지만 가령 그래픽스 펌웨어들은 소스가 비공개인 경우가 많아 독립된 비공개 노드 덩어리를 만들곤 합니다.

OSS 생태계 전체를 책임지는 CI를 도입하지 않더라도 이처럼 의존성 그래프와 테스트를 이용하여 의존성 관리라는 목적에 더 잘 부합하는 프리서브밋 분석을 수행할 수 있습니다. 이때 많이 쓰이는 의존성, 철저히 관리되는 의존성, 지금껏 유용한 테스트 결과를 제공해온 의존성들의 테스트를 우선 선정하여 진행합니다. 그 밖에도 변경 작성자가 주는 정보 역시 위험 정도를 추정해 적절한 테스트 전략을 선택하는 데 활용할 수 있습니다. 만약 작성자의 목표가 '그 누구의 코드도 깨뜨리지 않기'라면 이론적으로는 영향받는 '모든' 테스트를 실행해볼 필요도 있습니다. 하지만 완벽함보다는 '위험 줄이기'라는 더 현실적인 목표를 생각한다면 중요한 테스트들을 선정해 진행하는 통계적인 접근이 더 매력적이고 비용도 훨씬 적게 듭니다.

12장에서 우리는 변경을 리팩터링부터 기능 수정에 이르기까지 4가지로 구분했습니다. 의존성 업데이트에 CI 기반 모델을 적용한다면 이 4가지 구분을 SemVer와 비슷한 모델에 매핑시키고, 변경 작성자가 위험을 예측해서 적절한 테스트 수준을 선택할 수 있습니다. 예를 들어 내부 API만 고친 순수한 리팩터링이라면 위험이 낮다고 가정하고 프로젝트 자체(와 직접 사용하는 중요한 종속 제품 일부)의 테스트만 돌려봐도 괜찮을 것입니다. 반대로 폐기 대상 인터페이스를 제거하거나 동작이 달라지는 변경이라면 돌려볼 수 있는 테스트라면 최대한 다 동원해야 할 것입니다. 이 모델을 적용하려면 OSS 생태계를 어떻게 변화시켜야 할까요? 안타깝게도 갈 길이 꽤 멉니다.

- **모든 의존성이 단위 테스트를 제공해야 합니다.** 단위 테스트가 점점 널리 받아들여지고 품질도 높아지고 있지만 아직 충분하지 못합니다.

- **OSS 생태계 대부분의 의존성 네트워크를 이해해야 합니다.** 이 거대한 네트워크에서 그래프 알고리즘을 수행해줄 메커니즘이 존재하는지 확실치 않습니다. 네트워크 정보는 공개되어 있지만 적절한 형태로 인덱싱되어 있지 못합니다. 많은 패키지 관리 시스템 혹은 의존성 관리 생태계가 각 프로젝트가 무엇을 의존하는지는 알려주지만, 반대로 그 프로젝트에 무엇이 의존하는지까지는 말해주지 못합니다.

- **CI를 수행하기 위한 컴퓨팅 자원이 부족합니다.** 대다수 개발자가 빌드와 테스트에 컴퓨팅 클라우드를 이용하지 않습니다.

- **의존성을 고정해놓는 경우가 많습니다.** 예를 들어 liba와 libb가 특정 버전의 libbase만을 사용하게끔 고정해뒀다면 libbase 메인테이너는 liba와 libb가 신버전 libbase에서도 잘 작동하는지 테스트해볼 수 없습니다.

- **CI 이력과 평판을 명시하는 것도 좋은 방법일 수 있습니다.** 새로 제안된 변경이 오랜 기간 아무 문제없던 프로젝트를 실패하게 한 것과, 알 수 없는 이유로 자주 실패해온 신생 프로젝트를 실패하게 한 것은 다르게 취급할 수 있을 것입니다.

이 조건들은 필연적으로 규모(어디까지?)라는 질문으로 이어집니다. 네트워크를 이루는 각 의존성의 어느 버전들까지 프리서브밋 검사를 진행해야 할까요? 지난 버전 모두를 대상으로 가능한 조합을 전부 테스트하려면 엄청난 컴퓨팅 자원이 필요할 것입니다. 구글로서도 감당하기 버거운 시나리오입니다. 이럴 때의 가장 간단한 전략은 '현시점의 안정 버전을 테스트해라'일 것입니다(결국 트렁크 기반 개발로 귀결됩니다). 따라서 자원이 무한할 때의 의존성 관리는 사실상 '헤드에서 지내기' 모델로 수렴합니다.

이제 두 가지 의문이 떠오릅니다. 가용 자원이 제한적인 현실에 이 모델을 효과적으로 적용할 수 있는가? API 제공자들이 변경의 실질적인 안정성을 스스로 검증하는 책임을 떠안으려 할 것인가? 기존 방식들은 우리가 꿈꾸는 이상적인(계산하기 어려운) 모델을 지나치게 단순화한 것임을 인정하는 게 좋은 출발점이 되어줄 것입니다.

21.5.1 의존성 내보내기

지금까지는 의존성을 가져오는, 즉 다른 누군가가 작성한 소프트웨어에 의지하는 이야기만 했습니다. 반대로 다른 이들이 이용할 수 있는 소프트웨어를 빌드하는 방법에 대해서도 생각해봐야 합니다. 단순히 소프트웨어를 패키징해 리포지터리에 업로드하는 방법을 이야기하는 게 아닙니다. 우리 자신과 잠재적인 고객들이 우리가 제공한 소프트웨어를 이용할 때의 이점, 비용, 위험에 대해서까지 생각해봐야 합니다.

선한 의도로 라이브러리를 오픈 소스로 공개했는데 오히려 조직에 해를 끼치는 방식은 크게 두 가지입니다.

첫째, 구현 품질이 떨어지거나 제대로 관리하지 못하면 조직의 평판을 떨어뜨립니다. 아파치 커뮤니티에서 이야기하듯 우리는 '코드보다 커뮤니티'를 우선시해야 합니다. 멋진 코드를 제공하더라도 커뮤니티 일원으로서 제 역할을 못하면 여러분의 조직과 커뮤니티 모두에 해로울 수 있습니다.

둘째, 동기화를 유지할 수 없다면 선의의 릴리스가 엔지니어링 효율을 떨어뜨릴 것입니다. 시간이 흐르면서 포크 하나하나가 비용으로 작용할 것입니다. 무슨 이야기인지는 다음 예를 보시면 이해되실 것입니다.

예: gflags 오픈 소스화

평판을 떨어뜨린 예로 구글의 경험 하나를 들려드리겠습니다. 2006년경 구글은 자체 C++ 명령줄 플래그 라이브러리^{Google Commandline Flags}를 오픈 소스로 공개했습니다. 오픈 소스 커뮤니티로의 환원이란 우리에게 해가 될 리 없는 완벽하게 선한 행동입니다. 그렇죠? 슬프게도, 아닙니다. 선한 의도로 시작한 이 행동이 구글의 평판을 무너뜨리고 어쩌면 OSS 커뮤니티에까지 피해를 주게 된 원인은 여러 가지로 생각해볼 수 있습니다.

- 당시 구글은 대규모 리팩터링을 수행할 능력이 없었습니다. 이 라이브러리를 이용하던 내부 프로젝트들은 계속해서 내부용 버전을 이용했습니다. 내부에서 이용하던 코드를 오픈 소스화를 위해 새로운 위치로 옮길 수 없었다는 뜻이죠.

- 리포지터리를 '내부에서 개발한 코드'와 '법적/라이선스 문제가 있을 수 있는 코드'로 나눴습니다. 전자는 포크가 필요하면 자유롭게 복사해 사용할 수 있었습니다. 이름만 적절히 바꿔주면 되었죠. 후자는 더 조심해서 다뤄야 했습니다.

- OSS 프로젝트가 외부 개발자의 코드를 받아들이면 일반적으로 법적 문제와 엮이게 됩니다. 프로젝트 창설자가 외부인이 기여한 코드를 소유하는 게 아닙니다. 사용할 권한만 얻습니다.

결과적으로 gflags 프로젝트는 '담벼락 너머로 던지기^{throw over the wall}[27] 릴리스가 되거나 내부 버전과 연결이 끊긴 포크가 될 운명이었습니다. 외부인이 기여한 패치들을 구글의 원래 코드에 다시 통합할 수 없었고 모노리포 내의 프로젝트 위치를 옮길 수도 없었습니다(이런 형태의 리팩터링에 익숙하지 않았습니다). 그렇다고 내부 프로젝트 모두를 OSS 버전을 이용하게끔 변경할 수도 없었고요.

그 후 대다수 조직이 그렇듯 구글의 우선순위도 시시각각 변했습니다. flags를 처음 릴리스할 즈음의 구글은 주 무대인 웹 앱과 검색 외에도 구글 어스^{Google Earth}처럼 훨씬 전통적인 방식으로 배포하는(플랫폼별로 미리 빌드한 바이너리를 배포) 제품에도 관심이 있었습니다. 2000년대 후반만 해도 우리 모노리포에는 다양한 플랫폼에서 이용되는 라이브러리가 (드물긴 해도) 종종 있었습니다. 특히 flags와 같은 저수준 라이브러리들이 그랬죠.

세월이 또 흐르고 구글이 성장하면서 관심 영역이 더 좁아져서 직접 구축한 툴체인 외의 것을 이용해 빌드한 후 프로덕션 환경에 배포되는 라이브러리는 거의 사라졌습니다. 그래서 gflags와 같은 OSS 프로젝트에 필요한 '이식성' 문제에 제대로 대응하고 지원하기가 거의 불가능해졌습니

---

27 옮긴이_ 내던지듯 넘긴 후 더는 책임지지 않는 개발 방식을 말합니다. 안티패턴의 하나입니다.

다. 구글의 내부 도구들은 다른 플랫폼을 지원하지 않았고, 굳이 외부 도구를 이용해야 하는 구글 엔지니어도 거의 없었기 때문입니다. 이식성을 유지하기 위한 힘겨운 사투가 시작되었습니다.

이윽고 최초 제작자들과 OSS 지지자들이 모두 이직하거나 팀을 옮기게 되면서 내부에는 OSS 버전 flags 프로젝트를 지탱해줄 사람이 모두 사라졌음이 분명해졌습니다. 그 어떤 팀에게도 이 프로젝트 지원에 힘써달라고 요구할 수 없게 되었습니다. 책임질 팀도 사라지고 이 일이 중요하다고 얘기하는 사람도 없어졌으니 자연스럽게 프로젝트는 방치되었습니다.[28] 시간이 갈수록 내부용 버전과 오픈 소스 버전의 차이가 커졌고, 결국 외부 개발자 중에는 오픈 소스 버전을 포크하여 적절히 수정해 사용하는 사람들이 생겨나기에 이르렀습니다.

구글 입장에서는 모든 결정의 순간에 합당한 이유가 있었습니다. 하지만 '와우! 구글이 오픈 소스 세계에 뭔가를 기여하기 시작했어'라는 초기 반응을 빼면 외부 세계에 구글을 멋지게 보이게 해줄 요소는 어디에도 없었습니다. 우리 중 이 프로젝트를 가까이서 지켜본 이들은 '장기 지원 계획(혹은 의무) 없이는 릴리스하지 말자'라는 교훈을 얻었습니다. 구글 엔지니어 모두가 같은 깨달음을 얻었는지는 지켜볼 일입니다. 구글은 큰 조직이니까요.

'우리 평판이 떨어졌다'라는 결말 외에도, 이 이야기에는 외부 의존성을 제대로 릴리스하거나 관리하지 못하면 어떠한 기술적 문제를 겪게 되는지를 보여주는 외전도 있습니다. flags는 공유되었다가 방치되었지만 여전히 이 라이브러리를 이용하며 구글이 지원하는 오픈 소스 프로젝트들이 있었습니다. 또한 모노리포 생태계 바깥에서도 이용해야 하는 내부 프로젝트도 더러 있었습니다. 아니나 다를까, 이 프로젝트들의 엔지니어들은 내부용 flags와 OSS용 포크에서 공통 API를 (보통은 시행착오를 거쳐) 추려냈습니다. 이 교집합에 속한 API는 오랜 기간 두 버전 사이에서 꽤나 안정되게 유지되어서, 이례적으로 이식성이 필요했던 이 소수의 팀들에게 '올바른 방법'으로 자리를 잡아갔습니다. 대략 2008~2017년 사이의 일입니다. 그들이 만든 코드는 내부와 외부 생태계 모두에서 잘 빌드되었고 몇몇 플랫폼에서는 OSS flags 라이브러리를 대체했습니다.

그 후 전혀 다른 이유로 C++ 라이브러리팀들은 내부용 flags에서 문서화되지 않은 부분을 수정하기 시작했습니다. 그러자 오랫동안 유지되던 안정성을 믿고 쓰던 이들과 이미 지원이 끊긴 외부용 포크와 동일하게 동작할 거라 생각하고 이용하던 이들이 '빌드가 갑자기 실패하고 릴리스한 제품이 오동작한다'면서 아우성치기 시작했습니다. 그 여파로 프로덕션 환경 전체에서 수

---

28 방치하는 게 옳다거나 현명하다는 뜻이 아닙니다. 단지 조직으로서 우리는 어떤 것은 틈새로 흘러 나가도록 내버려두는 것뿐입니다.

천 개의 CPU를 절약할 수 있는 최적화가 크게 지연되었습니다. 2억 5천만 라인의 코드가 의존하는 API라서 수정하기 어려웠기 때문이 아닙니다. 몇 안 되는 프로젝트에서 flags가 약속하지 않은 기능 혹은 설계자들이 예상치 못한 동작에 의존하고 있었기 때문입니다. 하이럼의 법칙이 소프트웨어 변경을 가로막은 것입니다. 이 건은 별도 조직에서 포크해 관리하던 코드에까지 마수를 뻗쳤습니다.

사례 연구: AppEngine

예상치 못한 기술적 의존성이 우리를 더 큰 위험에 빠뜨린 예도 있습니다. 바로 구글의 AppEngine 서비스입니다. AppEngine은 여러 인기 프로그래밍 언어 중 하나를 선택하여 구글이 제공하는 프레임워크에 앱을 작성해 올릴 수 있는 서비스입니다. 앱이 스토리지와 상태 관리 도구를 제대로 이용하기만 하면 엄청난 규모로까지 알아서 확장해줍니다. 앱 사용자들의 요청량에 맞춰 백엔드의 스토리지와 프런트엔드 관리를 구글의 프로덕션 인프라가 자동으로 해주죠.

원래 AppEngine은 오래된 32비트 파이썬 인터프리터를 이용했습니다. AppEngine 시스템 자체는 당연히 구글의 모노리포에서 공통 도구들을 이용해 구축되었고, 백엔드 구현에는 파이썬과 C++가 쓰였습니다. 2014년에 우리는 파이썬 런타임과 C++ 컴파일러 및 표준 라이브러리를 동시에 교체하는 대규모 업그레이드에 돌입했습니다. 업그레이드 후에는 'C++ 컴파일러로 빌드한 코드'와 '업그레이드된 파이썬 버전을 사용하는 코드'를 연동시킬 수 있었습니다. 이 의존성들 중 하나를 업그레이드한 프로젝트는 자연스럽게 다른 의존성도 업그레이드되었습니다.

대부분의 프로젝트에 전혀 문제가 없었습니다. 하지만 소수의 프로젝트에서는 독특한 상황과 하이럼의 법칙 때문에 언어 플랫폼 전문가들을 투입시켜 업그레이드를 이어가기 위한 조사와 디버깅을 해야 했습니다. 결국 하이럼의 법칙이 비즈니스까지 가로막는 공포스러운 사례가 나타났습니다. AppEngine의 고객(즉, 돈을 지불하는 사용자) 중 많은 이가 업데이트를 하지 못하거나 하지 않으려 했습니다. 최신 파이썬으로 갈아타기 싫어하는 고객도 있었고 64비트 파이썬으로 이동하면서 늘어나는 자원 소비량을 감당할 수 없는 고객도 있었습니다. 그중에는 이 서비스에 상당한 비용을 지불 중인 고객도 있었기에 AppEngine은 비즈니스적인 이유로 새로운 언어와 컴파일러로의 강제 전환을 미뤄야 했습니다. 이는 AppEngine에서 시작하는 전이 의존성들 모두의 C++ 코드가 옛 컴파일러와 표준 라이브러리 버전과도 호환되어야 한다는 의미였습니다. AppEngine 인프라에 포함되는 코드라면 심지어 버그 수정이나 성능 최적화까지도 양쪽 버전 모두와 호환되어야 했습니다. 이 상황이 거의 3년이나 지속되었습니다.

사용자가 충분히 많다면 시스템의 모든 '관찰 가능한' 동작에 누군가는 의존하게 됩니다. 구글에서는 내부 사용자 모두를 자체 기술 스택 안으로 모으고 모노리포와 코드 인덱싱 시스템을 활용해 어떻게 쓰이는지를 확인할 수 있게 했습니다. 그 덕분에 가치 있는 변경을 훨씬 쉽게 진행할 수 있습니다. 버전 관리가 의존성 관리로 바뀌는 순간 코드가 어떻게 쓰이는지를 확인할 길이 막히고 외부 그룹(특히 비용을 지불하는 고객)과 우선순위를 다뤄야 합니다. 순수하게 엔지니어링 측면에서의 트레이드오프만 고민하게 되면 행복한 시절이 끝나는 것이죠. 어떤 형태로든 API를 릴리스하면 API 사용자(고객)들과 우선순위를 다뤄야 하고 보이지 않는 제약을 떠안게 됩니다. API를 릴리스하지 말라는 뜻이 아닙니다. 외부 사용자는 내부 사용자보다 관리 비용이 훨씬 크다는 사실을 잊어서는 안 됩니다.

오픈 소스 형태로든 소스는 공개하지 않는 라이브러리 형태로든, 코드를 외부 세계와 공유하는 일은 단순히 커뮤니티 기여나 비즈니스 기회로만 보고 접근할 문제가 아닙니다. 다른 조직에서 다른 우선순위를 가진, 여러분이 감시할 수 없는 사용자들이 결국 어떤 형태로든 여러분의 코드를 하이럼의 법칙으로 옭아맬 것입니다. 특히 긴 시간 척도로 작업하는 경우라면 앞으로 있을 꼭 필요하거나 유용한 변경들을 정확하게 예측해내기가 불가능합니다. 무언가를 릴리스할지 판단할 때는 장기적인 위험을 반드시 고려하기 바랍니다. 외부에 공개한 의존성은 날이 갈수록 비용이 더 빠르게 증가합니다.

21.6 마치며

의존성 관리는 본질적으로 어렵습니다. 우리는 복잡한 API의 노출면과 의존성 네트워크를 관리할 방법을 찾고자 노력 중입니다. 의존성들의 메인테이너들은 일반적으로 서로 독립적으로 일합니다. 현재 의존성 네트워크를 관리하는 업계 표준 방법은 유의적 버전, 즉 SemVer입니다. 하지만 SemVer는 변경에 수반되는 위험을 요약해 제공하다 보니 때로는 중요한 내용을 빠뜨린다는 한계가 있습니다. SemVer는 변경할 API가 어떻게 쓰이고 있는지 모르는 상태에서도 메인테이너가 변경이 어느 정도 심각한지를 추정해낼 수 있다고 가정합니다. 하지만 하이럼의 법칙은 이 가정이 틀렸다고 말합니다. 그럼에도 SemVer는 작은 규모에서는 훌륭히 제역할을 해냅니다. 최소 버전 선택(MVS) 방식까지 수용한다면 더욱 효과적이죠. 하지만 의존성 네트워크가 커지면 하이럼의 법칙과 정보를 누락한다는 SemVer 자체의 문제 때문에 버전을 선택하기가 점점 어려워집니다.

메인테이너가 추정한 호환성(SemVer 버전 숫자)을 버리고 실제로 확인할 수 있는 증거(영향받는 다운스트림 패키지들의 테스트 수행)를 십분 활용한다면 이상적인 세계에 한 걸음 다가설 수 있습니다. 사용자들이 하던 호환성 테스트를 API 제공자가 더 많이 떠안고 앞으로 어떤 유형의 변경이 이루어질 수 있는지 명확하게 알려준다면 더 거대한 의존성 네트워크도 더 충실하게 관리할 수 있을 것입니다.

21.7 핵심 정리

- 의존성 관리보다는 되도록 버전 관리가 되도록 합니다. 더 많은 코드를 조직 내로 가져와 투명성과 통제력을 높인다면 문제가 훨씬 단순해집니다.

- 소프트웨어 엔지니어링 프로젝트에서 의존성 추가는 공짜가 아닙니다. 의존성 네트워크에서의 신뢰 관계를 지속하는 문제는 매우 복잡합니다. 여러분의 조직에 의존성을 임포트할 때는 장기 지원 비용까지 고려해서 신중하게 결정해야 합니다.

- 의존성 역시 하나의 계약입니다. 주는 게 있고 받는 게 있죠. 계약에서는 제공자와 소비자 모두 일정한 권리와 의무를 갖습니다. 제공자가 제시하는 내용에는 지금 당장뿐 아니라 미래에 대한 약속도 명확하게 포함되어야 합니다.

- SemVer는 변경이 얼마나 위험할지를 '사람'이 '추정'하는, 간단하지만 정보가 일부 손실되는 표현법입니다. SemVer와 SAT 솔버 방식의 패키지 관리자는 이 추정이 틀릴 리 없다고 가정하고 동작합니다. 그 결과는 과잉 구속(의존성 지옥)이나 과소 구속(잘 연동되어야 하지만 그렇지 못함)으로 이어집니다.

- 이에 비해 테스트와 CI는 새로운 버전들이 잘 어울려 돌아가는지를 '실제로' 보여줍니다.

- SemVer 기반 패키지 관리에 최소 버전 선택 전략을 가미하면 충실성이 올라갑니다. 버전업의 위험성을 추정하는 일은 여전히 사람에 의지하지만, API 제공자가 테스트한 구성과 소비자가 사용할 구성이 비슷해질 가능성이 확실히 높아집니다.

- 단위 테스트, 지속적 통합, (저렴한) 컴퓨팅 자원이 의존성 관리를 이해하고 처리하는 방식에 변화를 가져올 수 있습니다. 이 혁신적인 변화는 의존성 관리 문제와 제공자/소비자가 맡을 책임을 바라보는 업계의 시각이 근본적으로 달라져야 가능합니다.

- 의존성을 제공하는 일 역시 공짜가 아닙니다. 담벼락 너머로 던지고 잊어버리는 방식은 여러분의 평판을 떨어뜨리고 호환성 문제를 일으키기 쉽습니다. 공개한 의존성을 안정성 있게 지원한다면 여러분은 마음대로 수정하는 게 어려워집니다. 심지어 내부 용도와 맞지 않는 방향을 선택하도록 강요받을 수도 있습니다. 안정성을 포기한다면 여러분의 선의가 제대로 평가받지 못할 것입니다. 하이럼의 법칙 때문에 주요 고객들이 위험에 노출되어 '안정성 포기 계획' 자체를 강행하기 어려워질 것입니다.

CHAPTER 22

대규모 변경

잠시 동안 여러분의 코드베이스를 떠올려보세요. 한 번의 커밋으로 얼마나 많은 파일을 안정적으로 업데이트할 수 있나요? 이 숫자를 늘리지 못하게 막는 요인은 무엇인가요? 매우 큰 변경을 커밋하려 시도해본 적이 있나요? 긴급 상황에서 합리적인 시간 내에 이 일을 완료할 수 있을까요? 지금까지 진행한 가장 큰 커밋은 코드베이스 전체 크기의 몇 % 정도였나요? 이런 변경은 어떻게 테스트할까요? 이런 변경이라면 커밋하기 전에 몇 명 정도가 리뷰해주면 적당할까요? 커밋 후 기대한 대로 동작하지 않을 시 롤백할 수 있나요? 이 질문들에 답하면서 놀라시지는 않았나요? 여러분이 '생각'하는 답변과 여러분 조직의 실제 답변은 얼마나 일치할까요?

구글은 일찍이 코드베이스 전반을 전면적으로 건드리는 변경을 원자적으로 수행한다는 아이디어를 포기했습니다. 우리 경험에 따르면 코드베이스와 엔지니어 수가 늘어날수록 원자적으로 수행할 수 있는 변경의 크기는 거꾸로 줄어듭니다. 영향받는 모든 프리서브밋 검사와 테스트를 수행하기가 어렵고, 서브밋 전에 변경에 포함된 파일 전부가 최신 버전인지도 확신할 수 없게 됩니다. 기반 인프라를 계속 개선시켜야 하는데 전면적인 변경은 점점 어려워지면서, 우리는 대규모 변경을 바라보는 관점을 바꾸고 이를 현실에서 실행할 방법을 개발해내야 했습니다.

이번 장에서는 거대한 구글 코드베이스가 기반 인프라의 변경을 유연하게 받아들일 수 있도록 해준 사회적 기법과 기술적 기법을 이야기합니다. 이 기법들을 구글이 실제 어디에 어떻게 적용했는지도 공개할 것입니다. 여러분의 코드베이스가 구글만큼 크지 않더라도 우리의 원칙을 잘 이해하고 수용한다면 여러분의 개발 조직을 확장하면서 코드베이스 전반을 유익하게 개선하는 데 무리가 없을 것입니다.

22.1 대규모 변경이란?

더 깊이 들어가기 전에 우리가 무엇을 대규모 변경^{large–scale change}(LSC)이라 부르는지 그 특성을 파헤쳐봅시다. 우리 경험상 LSC는 논리적으로는 연관되어 있으나 현실적인 한계 때문에 원자적으로 서브밋할 수 없는 변경들의 집합입니다. 이유는 여러 가지일 수 있습니다. 너무 많은 파일을 건드려서 기반 도구가 단번에 커밋하지 못하거나 너무 커다란 변경이라 병합 과정에서 항상 충돌이 나서일 수도 있죠. LSC는 리포지터리 토폴로지에 영향을 많이 받습니다.[1] 분산 리포지터리를 이용하거나 여러 리포지터리를 연합해 이용하고 있다면 원자적으로 변경하기가 기술적으로도 애초에 불가능할 것입니다.[2] 원자적 변경을 가로막는 잠재적 문제들은 이번 장에서 차차 알아보겠습니다.

구글의 경우 LSC는 거의 항상 자동화 도구를 이용해 생성합니다. LSC를 만드는 이유는 다양하지만, LSC로 인해 생성되는 변경들은 대체로 다음과 같이 분류할 수 있습니다.

- 코드베이스 전반을 훑는 분석 도구로 찾은 공통 안티패턴 청소
- 폐기 대상 API 호출 대체
- (컴파일러 업그레이드 등) 저수준 인프라 개선사항 활성화
- 사용자들을 옛 시스템에서 새로운 시스템으로 마이그레이션[3]

하나의 조직에서 이 특별한 과업을 맡아 진행하는 엔지니어는 몇 명 되지 않을 것입니다. 하지만 LSC에 영향받는 다른 개발자들이 LSC 도구와 프로세스를 이해하고 있다면 여러모로 유리합니다. 본질적으로 LSC는 수많은 엔지니어에 영향을 주며, LSC 도구들은 단 수십 개 정도의 변경만 파생시키는 팀 단위 변경에도 쉽게 적용할 수 있습니다.

LSC를 촉발하는 원인은 다양합니다. 예컨대 더 효율적인 프로그래밍 이디엄을 적용하거나 내부 라이브러리의 인터페이스가 바뀌었을 수 있고 잠재해 있던 문제들을 신버전 컴파일러가 찾아줘서 모두 해결해야 할 수도 있습니다. 사실 구글에서 수행하는 LSC의 대다수는 기능은 거의 변경하지 않습니다. 주로 명확성, 최적화, 미래 호환성 개선이 목표입니다. 하지만 행위가 달라지지 않는 리팩터링 류의 변경만이 LSC의 전부는 당연히 아닙니다.

---

1   왜 그런지는 16장을 참고하세요.
2   연합 형태일 경우 '모든 리포지터리에 최대한 빨리 커밋해서 빌드가 깨지는 시간을 최소로 줄일 것입니다!'라고 항변할 수 있습니다. 하지만 연합에 참여하는 리포지터리가 많아질수록 실효성이 떨어집니다.
3   자세한 설명은 15장을 참고하세요.

구글 정도의 코드베이스에서 인프라를 다루는 팀이라면 어떤 형태의 LSC든 기존 패턴이나 심볼을 가리키는 참조 수십만 개쯤은 일상적으로 변경하게 됩니다. 지금까지 최고 기록은 수백만 단위였으며, 우리는 구글의 방식이 그 이상도 거뜬히 해내리라 기대합니다. 우리 경험상 인프라 작업을 하는 많은 팀이 LSC를 수월히 진행할 수 있도록 일찍부터 꾸준히 도구에 투자하는 게 유리합니다. 그리고 도구를 잘 만들어뒀더니 엔지니어들이 더 작은 변경에도 유용하게 활용하더군요. 파일 수천 개를 거뜬히 변경해내는 도구는 일반적으로 수십 개를 변경하는 일도 꽤나 잘 처리합니다.

22.2 누가 대규모 변경을 처리하나?

바로 앞에서 이야기했듯이 구글에서는 LSC의 상당 비중을 인프라팀들이 수행합니다. 하지만 LSC 도구들과 지원 자원들은 누구나 이용할 수 있습니다. 혹시 1장을 읽지 않으셨다면 이 일을 인프라팀이 맡는 이유가 궁금할 것입니다. 새로운 클래스, 함수, 시스템을 만든 후 사용자 모두에게 새 버전을 쓰도록 강제하지 않는 이유는 무얼까요? 이 방식이 더 쉬워보이지만 아쉽게도 여러 가지 이유로 확장성이 좋지 않다는 게 드러났습니다.

첫째, 하부 시스템을 구축하고 관리하는 인프라팀들은 그 시스템을 활용하는 수만 개의 참조를 수정하는 데 필요한 도메인 지식 역시 갖추고 있습니다. 인프라를 이용하는 팀들은 이런 마이그레이션을 처리하는 방법을 잘 모를 가능성이 큽니다. 인프라팀이 이미 잘 아는 전문 지식을 다른 모든 팀에게 새로 배우도록 시키는 것도 비효율적입니다. 또한 마이그레이션 도중 문제가 발견됐을 때도 전문가들이 한 데 모여 있어야 더 빠르게 복구할 수 있습니다. 흔히 발생하는 오류들은 몇 가지로 분류할 수 있고, 마이그레이션 전문가팀은 공식 혹은 비공식적인 문제 해결 가이드를 이미 갖고 있기 때문입니다.

여러분이 이해하지 못하는 반 기계적인 일련의 변경들을 이제 막 시작한다고 생각해보세요. 가장 먼저 이 변경이 무엇이고 왜 해야 하는지를 확인하고, 쉬운 예시를 찾아서, 안내에 따라 여러분의 로컬 코드에 적용해볼 것입니다. 같은 과정을 조직 내 모든 팀이 반복한다고 상상해보세요. 이 시간과 비용을 모두 합치면 엄청나겠죠. 구글은 이와 반대로 LSC를 중앙의 몇 개 전문가팀에 맡겨서 효율은 높이고 비용은 크게 줄였습니다.

둘째, 합당한 보상 없이 할 일만 늘어나는 상황을 좋아할 사람은 없습니다. 새 시스템이 기존 시스템보다 나은 건 확실하더라도 일반적으로 이는 조직 전체 관점에서의 이야기입니다. 팀에 따라서는 자발적으로 업그레이드할 만한 매력을 느끼지 못할 수도 있다는 뜻입니다. 반드시 마이그레이션해야 할 만큼 새로운 시스템이 중요하다면 비용을 조직 차원에서 부담하는 게 맞습니다. 마이그레이션을 중앙에서 처리하면 개별 팀에 떠넘긴 후 전체를 조율해가며 진행하는 유기적 마이그레이션보다 거의 항상 더 빠르고 저렴합니다.

셋째, 대규모로 변경해야 할 시스템을 소유한 팀이 주도해야 변경을 완료하는 데 유리합니다. 우리 경험상 유기적 마이그레이션은 완벽하게 성공하기 어렵습니다. 엔지니어들이 새로운 코드를 작성할 때 기존 코드를 예제로 활용하는 경향도 완벽한 성공을 가로막는 데 일조합니다. 낡은 시스템을 제거하고 싶어하는 팀이 마이그레이션을 담당하면 확실하게 진행할 가능성이 그만큼 커집니다. 물론 마이그레이션만을 위해 별도 팀을 만들어 자금과 인력을 쏟는 게 추가 비용으로 여겨질 수 있습니다. 하지만 실제로는 여러 팀에서 보상 없이 각자 해야 할 일을 한 곳에 집중시키는 것일 뿐입니다. 자연스럽게 규모의 경제가 주는 이점도 얻게 됩니다.

사례 연구: 구멍 메우기

구글은 LSC 시스템을 우선순위가 높은 마이그레이션에 활용하지만 시스템을 갖춰놓는 것만으로 코드베이스 전반의 다양한 작은 수정들도 가능케 해주는 효과가 있습니다. LSC 시스템 없이는 불가능했을 것입니다. 정부에서 새 도로를 깔고 오래된 도로를 보수하는 교통 인프라 업무와 비슷합니다. 구글의 인프라 그룹들은 새로운 시스템을 개발하고 사용자들을 마이그레이션시키는 일 외에도 기존 코드를 수정하는 데 상당한 시간을 씁니다.

예를 들어 구글 초창기에는 C++ 표준 템플릿 라이브러리를 보완하는 자체 템플릿 라이브러리를 만들어 썼습니다. 이름은 구글 템플릿 라이브러리Google Template Library였습니다. 이 라이브러리는 여러 개의 헤더 파일로 구성되었습니다. 그런데 원인을 알 수 없는 이유로 어떤 헤더 파일의 이름은 stl_util.h였고 어떤 헤더 파일은 map-util.h였습니다. 구분 기호가 다르다는 게 핵심입니다! 일관성을 중시하는 이들에게 짜증을 유발한 것은 물론이고 실질적인 생산성 저하로까지 이어졌습니다. 어떤 파일이 어떤 구분 기호를 사용하는지를 엔지니어들이 기억해야 했고, 컴파일이 한참 진행된 후에야 오류가 드러나는 일이 허다했습니다.

문자 하나 바꾸는 일이라 의미없어 보일지 모르지만 구글은 사용자들 모르게 몇 주간의 물밑 작업으로 코드베이스 전체를 무사히 변경할 수 있었습니다. 성숙한 LSC 도구와 프로세스 덕이었죠. 라이브러리 작성자들은 최종 사용자를 귀찮게 하지 않고도 영향받는 대상을 일괄적으로 찾아 변경할 수 있었고, 이로 인한 빌드 실패 횟수를 극적으로 줄일 수 있었습니다. 결과적으로 투자한 시간보다 생산성(과 행복도) 개선으로 얻은 이득이 훨씬 컸습니다.

코드베이스 전체를 개선하는 변경을 수행할 수 있는 시스템이 갖춰지자 시도할 수 있는 변경의 종류도 다양해졌습니다. 또한 만약의 경우 지금 하는 선택을 나중에 되돌릴 수도 있음을 알고 결정을 내릴 수 있게 되었죠. 때로는 시간을 내어 구멍들을 메울만한 가치가 있습니다.

22.3 원자적 변경을 가로막는 요인

구글의 LSC 프로세스를 이야기하려면 먼저 왜 수많은 변경들이 원자적으로 커밋될 수 없는지를 이해해야 합니다. 이상적인 세계에서는 모든 논리적 변경은 하나의 원자적 단위로 묶어서 다른 변경들과 독립적으로 한 번에 테스트하고 리뷰하고 커밋할 수 있어야 합니다. 하지만 리포지터리가 커지고 이를 이용하는 엔지니어가 많아질수록 이상은 점점 더 멀어져갑니다. 분산 혹은 연합 형태의 리포지터리를 이용하는 경우라면 규모가 작더라도 애시당초 불가능합니다.

22.3.1 기술적 한계

대부분의 버전 관리 시스템^{Version Control System}(VCS)에서는 기능을 수행하는 비용이 변경의 크기에 비례해 커집니다. 여러분이 이용 중인 VCS도 파일 수십 개 규모의 작은 커밋은 무리없이 처리해주지만 파일 수천 개를 원자적으로 커밋하기에는 메모리나 프로세싱 능력이 부족할 수 있습니다. 중앙집중형 VCS에서는 커밋 중에는 다른 사용자가 쓰기 작업을 하지 못합니다(구형 시스템에서는 읽기 작업도). 다시 말해 거대한 커밋은 다른 사용자들의 일을 멈춰세웁니다.

쉽게 말해서 거대한 변경을 원자적으로 처리하는 일이 단순히 '어렵다'거나 '현명하지 못하다' 차원의 이야기가 아닙니다. 우리에게 주어진 인프라에서는 애초에 불가능할 수 있다는 말입니

다. 그래서 절차는 비록 더 복잡해지더라도 거대한 변경을 작고 독립적인 단위로 쪼개서 이 한
계를 우회해야 합니다.[4]

22.3.2 병합 충돌

변경의 규모가 커질수록 자연스럽게 병합 시 충돌이 생길 가능성이 커집니다. 버전 관리 시스
템은 변경하려는 파일보다 중앙 리포지터리에 있는 파일의 버전이 높다면 수동으로 업데이트
후 병합하는 기능을 제공합니다. 우리가 아는 한 이 일을 알아서 완벽하게 처리해주는 시스템
은 없습니다. 변경에 포함되는 파일이 많아질수록 병합 충돌이 나타날 확률이 높아지며, 같은
리포지터리를 이용하는 엔지니어가 많을수록 문제는 더욱 복잡해집니다.

회사가 작다면 아무도 일하지 않는 주말에 출근하여 리포지터리 전반에 영향을 미치는 변경을
몰래 반영해놓을 수도 있을 것입니다. 혹은 개발팀 전체에 가상의 토큰을 전달하여 리포지터리
전체를 잠그는 느슨한 제도를 이용할 수도 있겠죠. 하지만 구글처럼 거대한 글로벌 회사에서는
불가능한 방식입니다. 누군가는 항상 리포지터리를 변경하고 있을 것입니다.

변경하는 파일이 적다면 병합 충돌 확률이 작으므로 문제없이 커밋될 가능성이 높아집니다. 이
속성은 다음 절의 주제에서도 적용됩니다.

22.3.3 유령의 묘지

구글의 프로덕션 서비스들을 운영하는 사이트 신뢰성 엔지니어(SRE) 사이에는 '유령의 묘지
근절no haunted graveyard'이란 주문이 통용됩니다. 여기서 유령의 묘지haunted graveyard란 너무 오래되
고 둔하고 복잡해서 아무도 손대려 하지 않는 시스템을 뜻합니다. 흔히 사업상 아주 중요한 시
스템 중에 유령의 묘지가 많습니다. 잘못 손댔다가는 시스템에 이해할 수 없는 문제가 생겨서
사업적으로 막대한 손실을 입을 수 있기에 과거 어느 시점부터 시간이 멈춰버린 것입니다. 이
런 시스템은 많은 위험을 내재하며 자원도 과도하게 소비하기 쉽습니다.

그런데 유령이 꼭 프로덕션 시스템에만 들러붙는 건 아닙니다. 코드베이스에 터를 잡기도 합니

---

4 (논문) Non-Atomic Refactoring and Software Sustainability. *https://ieeexplore.ieee.org/abstract/document/8443579*

다. 우리 주변에는 예전에 팀을 떠난 누군가가 작성해둔 오래되고 관리되지 않는, 그러면서도 돈을 벌어들이는 기능의 핵심에 자리하는 소프트웨어를 간직하고 있는 조직이 많습니다. 무언가를 변경하면 시스템이 불안정해진다며 변화를 거부하는 관료주의가 덧씌워져 이런 시스템에는 시간이 멈춰 있습니다.

코드베이스에서 이런 부분은 LSC 프로세스를 방해하는 걸림돌입니다. 거대한 마이그레이션이 깔끔하게 마무리되지 못하게 하고 낡은 시스템을 폐기시키지 못하게 합니다. 더 나은 라이브러리와 컴파일러를 도입하지 못하게 합니다. LSC 관점에서 유령의 묘지는 모든 형태의 의미 있는 진보를 가로막습니다.

구글은 충실한 테스트가 유령의 묘지 퇴출에 아주 효과적임을 깨달았습니다. 소프트웨어가 철저하게 테스트된다면 변경해도 이상이 생기지 않으리라는 믿음이 생깁니다. 시스템이 얼마나 오래되었고 복잡한지는 문제되지 않습니다. 물론 이만한 테스트를 갖추려면 열심히 노력해야 하지만, 구글이 그러하듯이 코드베이스를 꾸준히 개선하며 유령들을 지하 저 깊숙한 곳으로 쫓아낼 수 있게 해줍니다.

22.3.4 이질성

LSC가 가능하려면 LSC에 수반되는 작업 대부분을 사람이 아니라 컴퓨터가 처리해줘야 합니다. 사람과 달리 컴퓨터는 모호한 일은 잘 처리하지 못합니다. 그래서 컴퓨터가 변경 코드를 정확한 위치에 올바르게 반영하려면 환경이 일관되어야 합니다. 하나의 조직에서 다양한 VCS와 CI 시스템을 운영하고 프로젝트별로 도구와 스타일 가이드가 다르다면 코드베이스 전체를 아우르는 변경은 진행하기 어렵습니다. 반대로 환경을 단순화해 일관성을 높이면 인력을 재배치할 때도 좋고 컴퓨터가 변경을 자동으로 수행하는 데도 좋습니다.

예를 들어 구글에서는 변경사항을 코드베이스에 반영하기 전에 프리서브밋 검사가 수행되도록 설정해둔 프로젝트가 많습니다. 이 검사는 때론 매우 복잡합니다. 새로운 의존성이 허용목록에 포함되어 있는지 확인하고 테스트를 돌려 버그가 없는지도 점검합니다. 그런데 이 검사 중 많은 비중이 새로운 기능을 개발하는 팀을 위한 것이라서 LSC 때는 변경 내용과 관련 없이 복잡성만 키우기도 합니다.

그럼에도 구글은 프리서브밋 검사를 표준 프로세스에 녹였습니다. 일관성을 위해서 복잡성을 수용한 것이죠. 다만 LSC로 인한 테스트 때는 팀 특화 검사를 생략하도록 조언합니다. 대다수 팀이 LSC가 자신들의 프로젝트에도 도움이 된다고 생각해서 기꺼이 협조해줍니다.

> **NOTE_** 8장에서는 일관성이 인간에게 주는 이로움을 이야기했습니다. 그중 다수는 자동화된 도구에도 똑같이 적용됩니다.

22.3.5 테스트

모든 변경은 테스트되어야 합니다(프로세스 이야기는 잠시 후에 하겠습니다). 하지만 변경의 덩치가 커지면 제대로 테스트하기가 훨씬 어렵습니다. 구글의 CI 시스템은 변경이 직접적으로 영향을 주는 테스트뿐 아니라 변경된 파일들을 간접적으로 이용하는 코드의 테스트도 모두 수행합니다.[5] 변경 하나가 영향을 주는 범위가 매우 넓다는 뜻입니다. 한편으로 우리는 종속성 그래프에서 멀리 떨어져 있을수록 변경 때문에 테스트가 실패할 확률이 줄어든다는 사실도 발견했습니다.

작고 독립적인 변경은 검증하기가 쉽습니다. 영향을 주는 테스트가 몇 개 없기 때문이며, 테스트가 실패해도 원인을 찾고 고치기가 쉽기 때문입니다. 수정된 파일이 25개뿐이라면 근본 원인을 어렵지 않게 찾을 수 있겠죠. 하지만 파일 10,000개가 수정됐다면 어떤까요? 해운대에서 바늘 찾기입니다.

지금 이야기에서의 트레이드오프는 작은 변경을 자주 진행하면 같은 테스트들이 여러 번 실행된다는 것입니다. 특히 코드베이스의 여러 곳에 의존하는 테스트들은 실행 빈도가 훨씬 높을 것입니다. 테스트가 실패한 원인을 추적하는 데 드는 엔지니어의 시간은 이런 추가 테스트들을 수행하는 컴퓨팅 시간보다 훨씬 비싼 자원입니다. 따라서 구글은 이 트레이드오프를 기꺼이 감수해야 한다고 판단했습니다. 구글의 절충안이 모든 조직에 들어맞지는 않겠지만, 여러분 조직에 적합한 절충점이 어디인지는 측정해볼 가치가 있을 것입니다.

---

5   너무 과한 조치라고 생각되나요? 아마 그럴지도 모릅니다. 우리는 변경 시 수행해야 할 테스트의 범위를 올바르게 규정하는 연구를 적극적으로 진행하면서 테스트를 실행하는 컴퓨팅 자원 비용과 잘못 선택했을 시 치러야 할 인적 비용의 균형을 찾고 있습니다.

사례 연구: 대규모 변경 테스트하기

애덤 벤더[Adam Bender]

오늘날 구글에는 변경의 10~20%가 LSC 때문인 프로젝트가 흔합니다. 상당한 양의 코드가 해당 프로젝트의 전담 인력이 아닌 사람들에 의해 변경된다는 뜻입니다. 테스트가 잘 갖춰져 있지 않다면 상상조차 수 없는 일이고, 구글의 코드베이스는 스스로의 무게에 짓눌려 빠르게 압사될 것입니다. LSC는 전체 코드베이스를 새로운 API로 체계적으로 마이그레이션시켜줍니다. 낡은 API를 폐기시키고, 프로그래밍 언어 버전을 높여주고, 널리 쓰이지만 위험한 관행을 제거해줍니다.

단 한 줄의 시그니처라도 수백 개의 제품과 서비스에서 이용되고 있다면 변경하기 어렵습니다.[6] 변경을 작성한 후에는 수십 개 팀과 일정을 조율해 코드를 리뷰해야 합니다. 리뷰가 승인된 후에도 변경이 안전한지 확인하기 위해 최대한 많은 테스트를 돌려봐야 할 것입니다.[7] '최대한 많이'라고 한 이유는 일정 크기 이상의 LSC라면 구글의 테스트 모두를 수행해야 할 수 있고 그러려면 시간이 매우 오래 걸리기 때문입니다. 또한 LSC가 진행되는 동안 예전 코드로 되돌아가는 다운스트림 클라이언트들을 잡아내는 일도 계획해야 합니다.

LSC를 테스트하는 일은 느리고 때론 좌절스러울 수 있습니다. 변경이 어느 이상 크면, 코드베이스 전체가 나만 놔둔 채 사막의 모래언덕처럼 이동하여 로컬 환경을 헤드와 동기화시키지 못하는 일이 벌어지기도 합니다. 이런 경우라면 그저 내가 변경한 코드가 여전히 동작하는지를 확인하기 위해 수없이 테스트를 수행하고 또 수행하게 될 것입니다. 개중 불규칙한 테스트가 있거나 단위 테스트가 커버하지 못하는 영역이 있다면 수동으로 확인해야 해서 전체 프로세스는 더 느려집니다. 구글은 이럴 때 속도를 높이기 위해 TAP 열차라는 테스트 자동화 플랫폼[Test Automation Platform] 전략을 활용합니다.

TAP 열차에 올라타기

우리는 수많은 LSC를 진행해왔습니다. 이 과정에서 LSC들은 서로 상당히 독립적이며 영향을 받는 테스트들 대다수가 대부분의 LSC에서 문제없이 성공한다는 사실을 알아냈습니다. 그 결과 한 번에 둘 이상의 변경을 열차에 태워 실행되는 테스트의 총합을 줄일 수 있었습니다. 그리고 이 열차 모델이 LSC 테스트에 매우 효과적임이 입증되었습니다.

---

6 지금까지 가장 큰 LSC에서는 장장 3일에 걸쳐 10억 줄 이상의 코드를 제거했습니다. 물론 그중 많은 비중이 리포지터리에서의 위치가 바뀌면서 쓸모 없어진 부분을 제거하기 위해서였습니다. 그렇더라도 여러분은 10억 줄을 삭제하면서 문제가 없을 거라 확신할 수 있을까요?

7 LSC는 대체로 변경에 영향받는 부분을 찾고, 변경하고, 리뷰하는 과정을 비교적 간편하게 만들어주는 도구의 지원을 받아 진행됩니다.

TAP 열차가 유용한 건 다음의 두 요인 덕입니다.

- LSC는 대부분 순수한 리팩터링이라서 주제 범위가 매우 좁고 코드의 원래 의미가 달라지지 않습니다.
- LSC를 구성하는 개별 변경은 단순하고 면밀히 검토해 진행하므로 잘못될 가능성이 크지 않습니다.

이 열차 모델은 이름에서 알 수 있듯이 다수의 변경을 동시에 처리해줍니다.[8]

열차는 다음과 같은 다섯 단계로 진행되며, 3시간마다 새로 출발합니다.

1. 열차에 실린 변경 각각에 대해 무작위로 선택한 테스트 1,000개를 수행합니다.
2. 1,000개의 테스트를 통과한 변경들을 모아서 그중 대표 변경을 하나 뽑습니다. 이 변경의 이름이 바로 '열차The Train'입니다.
3. 변경들에 직접 영향받는 테스트들을 모두 실행합니다. 일정 이상 큰 혹은 저수준의 LSC인 경우, 이때 구글 리포지터리의 모든 테스트가 실행됩니다. 그래서 이 단계는 여섯 시간 이상 걸리기도 합니다.
4. 불규칙하지 않으면서 실패한 테스트만 추려 개별 변경에 대해 독립적으로 다시 수행합니다. 열차에 올라탄 변경 중 어느 것이 실패의 원흉인지를 알아내는 단계입니다.
5. TAP이 열차에 탑승한 각 변경에 대한 보고서를 생성합니다. 보고서에는 성공한 대상과 실패한 대상이 모두 포함되어 있어서 LSC가 서브밋해도 안전한지 판단하는 근거로 활용됩니다.

22.3.6 코드 리뷰

마지막으로, 9장에서 이야기했듯이 모든 변경은 서브밋하기 전에 리뷰를 거쳐야 합니다. LSC도 예외가 아닙니다. 거대한 커밋을 검토하기란 지루하고 번거롭고 오류가 스며들기 쉽습니다. 특히 수동으로 만든 변경이라면 더욱 심하죠(피하고 싶은 프로세스일 것입니다. 조금 뒤에 다시 논의합시다). 잠시 후 이런 변경에 도구가 어떻게 도움을 주는지를 살펴볼 것입니다. 하지만 특정한 상황에서는 여전히 사람이 개입하여 변경이 올바른지를 확인해주는 게 좋습니다.

---

8 특정 변경 하나를 '격리해' 실행하도록 요청할 수도 있습니다. 하지만 이 방식은 매우 비싸서 혼잡한 시간이 아닐 때만 허용합니다.

LSC를 별도의 샤드shard: 조각로 나누면 훨씬 쉬워집니다.

사례 연구: scoped_ptr에서 std::unique_ptr로

초기부터 구글은 C++ 코드에서 scoped_ptr이라는 스마트 포인터를 이용했습니다. 스마트 포인터란 힙에 할당되는 C++ 객체를 감싼 타입으로, 스마트 포인터가 범위를 벗어나면 자동으로 객체를 소멸시켜주는 기법입니다. 우리는 객체의 수명주기를 효과적으로 관리하기 위해 scoped_ptr을 코드베이스 전반에서 광범위하게 사용했습니다. 완벽하지는 않지만 이 타입이 처음 만들어질 당시 C++ 표준(C++ 98)의 한계를 감안하면 프로그램을 안전하게 만들어주는 훌륭한 선택이었습니다.

그러다 C++ 11에 와서 std::unique_ptr이라는 타입이 등장했습니다. scoped_ptr과 같은 기능을 제공했고, 거기에 더해 신버전 C++에서 찾아낼 수 있는 다른 종류의 버그도 예방해줬습니다. scoped_ptr보다 확실히 개선된 타입이었죠. 하지만 당시 구글 코드베이스에는 scoped_ptr 참조가 이미 수백만 개의 소스 파일에 퍼져 있었습니다. 더 현대적인 타입으로 이전하려면 당시 구글 역사상 최대 규모의 LSC를 수행해야 했습니다.

몇 개월에 걸쳐 여러 엔지니어가 동시에 이 문제를 해결하고자 나섰습니다. 구글의 대규모 마이그레이션 인프라를 활용하여 scoped_ptr 참조를 std::unique_ptr 참조로 변경하면서, 동시에 scoped_ptr 자체도 std::unique_ptr과 비슷하게 동작하도록 하는 작업을 서서히 진행할 수 있었습니다. 이 마이그레이션이 한창일 때는 '매일'같이 15,000개 이상의 파일을 건드리는 700개 이상의 독립된 변경을 생성, 테스트, 커밋하였습니다. 지금은 프로세스와 도구가 더욱 세련되게 진화해서 이보다 10배는 많은 양을 처리하기도 합니다.

거의 모든 LSC와 마찬가지로 이 LSC도 수많은 미묘한 의존성(하이럼의 법칙)을 추적하고, 다른 엔지니어가 수정 중인 코드를 손대는 상황에 대처하고, 자동화 도구들이 발견해내지 못한 코드들과의 지난한 싸움이었습니다. 테스트 인프라에서 문제를 발견하는 대로 수동으로 계속 해결해나갔습니다.

scoped_ptr은 인기 API의 매개변수 타입으로도 쓰여서 작은 개별 변경들을 방해했습니다.

호출 그래프 분석 시스템을 만들어서 커밋 하나로 API와 그래프상의 모든 호출 코드를 한 번에 변경하는 방법도 고려했습니다. 하지만 그렇게 만들어진 변경 자체가 원자적으로 커밋하기에는 너무 커지는 문제가 있었습니다.

마침내 scoped_ptr을 모두 제거하는 데 성공했습니다. 먼저 scoped_ptr을 std::unique_ptr의 별칭alias으로 만들고, 최종적으로 옛 scoped_ptr 별칭을 제거하기 전에 옛 별칭을 새로운 별칭으로 대체했습니다. 현재의 구글 코드베이스는 다른 C++ 생태계와 마찬가지로 표준 타입을 이용합니다. 이 모든 것이 LSC를 위한 우리의 기술과 도구 덕분에 가능했습니다.

22.4 대규모 변경 인프라

구글은 LSC를 가능케 하기 위해 인프라에 막대한 투자를 했습니다. 이 인프라에는 변경 생성, 변경 관리, 변경 리뷰, 테스트 도구 등이 포함됩니다. 하지만 도구들보다 중요한 요인은 아마도 대규모 변경과 이를 감독하는 프로세스를 둘러싼 문화적 규범의 진화였을 것입니다. 여러분의 조직에서 이용하는 기술과 사회적인 도구는 구글과 다를 수 있겠지만, 일반적인 원칙은 다르지 않을 것입니다.

22.4.1 정책과 문화

16장에서 설명했듯이 구글은 수많은 소스 코드를 하나의 리포지터리(모노리포)에 보관하며 모든 엔지니어가 그 안의 코드 대부분을 볼 수 있습니다. 이러한 개방성 덕에 구글에서는 누구라도 다른 프로젝트의 파일을 수정한 후 승인 권한자에게 검토를 요청할 수 있습니다. 하지만 그럴 때마다 변경하는 비용과 리뷰 비용이 발생합니다.[9]

역사적으로 이 비용은 어느 정도 대칭적이어서 한 명의 엔지니어나 팀 하나에서 생성할 수 있는 변경의 범위를 제한했습니다. 하지만 구글에서는 LSC 도구가 진화하면서 큰 변경을 매우 저렴하게 생성할 수 있게 되었고, 엔지니어 한 명이 수많은 리뷰어에게 부담을 지우는 일도 똑같이 쉬워졌습니다. 구글은 엔지니어들이 자신의 프로젝트에만 매몰되지 않도록 코드베이스의 다른 영역도 두루 살피고 개선하도록 장려합니다. 그와 동시에 무분별한 수정보다는 약간의 감

---

9   컴퓨팅과 저장 측면의 비용도 발생하지만 변경을 검토하는 인적 비용이 훨씬 큽니다.

독과 배려가 필요하다고 판단했습니다.[10]

최종적으로 구글은 LSC를 만들려는 팀과 개인을 위한 가벼운 승인 프로세스를 고안했습니다. 이 프로세스는 다양한 언어의 미묘한 특성에 익숙한 숙련된 엔지니어 그룹이 감독하며, 이때 새로 만들려는 LSC 관련 도메인 전문가를 초대합니다. 프로세스의 목표는 LSC를 막는 게 아닙니다. 오히려 변경 작성자가 구글의 기술과 인적 지원을 최대한 활용하여 가장 이상적인 변경을 생성하도록 돕는 것입니다. 때로는 이 그룹이 코드 정리 작업이 가치가 없다고 제안할 수 있습니다. 예컨대 재발을 막을 방법도 없이 자주 나는 오타를 청소하는 건 큰 의미가 없습니다.

이러한 정책과 관련하여 LSC를 둘러싼 문화적 규범에 변화가 있었습니다. 코드 소유자가 담당 소프트웨어에 대한 책임감을 갖는 것도 중요하지만 LSC가 구글의 소프트웨어 엔지니어링 관행을 확장하는 데 중요한 한 축임도 이해해야 합니다. 제품팀들이 자신들의 제품을 가장 잘 이해하듯이 라이브러리 인프라팀들은 인프라의 미묘한 부분까지 가장 잘 아는 사람들입니다. 제품팀 사람들도 이 사실을 인정하고 인프라팀을 신뢰하는 일이 LSC를 조직에 연착륙시키는 중요한 첫 단추입니다. 이러한 문화적 인식의 변화로 구글의 제품 개발팀들은 LSC 작성자가 해당 변경을 완수하기에 가장 적합한 도메인 지식을 갖추고 있음을 신뢰하게 되었습니다.

때로는 LSC에 영향받는 개별 팀의 소유자가 특정 커밋에 대해 댓글로 질문을 던질 수 있습니다. 그러면 보통의 리뷰 때와 마찬가지로 변경 작성자가 답변을 달아줍니다. 코드 소유자는 자신의 소프트웨어가 어떻게 변경되는지를 이해해야 하지만, 그와 동시에 더 넓은 차원에서 이루어지는 LSC에 거부권을 행사할 수 없다는 사실도 받아들여야 합니다. 구글의 경우 그동안 수행한 LSC들이 코드베이스를 개선한 선례가 많이 쌓였고 FAQ도 잘 정리해뒀습니다. 그 덕분에 LSC가 널리 지지받고 있습니다.

22.4.2 코드베이스 인사이트

LSC를 진행하려면 코드베이스 전반을 분석할 수 있어야 합니다. 텍스트 기반의 전통적인 분석은 물론 의미를 추적하는 분석도 중요합니다. 예를 들어 구글은 의미론적 인덱싱 도구인 Kythe를 이용하여 코드베이스 영역 간 연관 관계를 보여주는 완벽한 지도를 만듭니다. 즉 '이 함수를 호출하는 코드들은 어디 있지?', '이 클래스에서 파생된 클래스들은?' 같은 질문에 답해

---

10 가령 코드 주석에서 'gray'가 맞나 'grey'가 맞나를 논쟁하는 데까지 LSC용 도구가 남용되길 원치 않습니다.

줄니다. Kythe와 유사한 도구들은 API도 따로 제공하여 리팩터링 도구에 통합할 수 있습니다 (더 많은 예는 17장과 20장을 참고하세요).

또한 컴파일러 기반 인덱스를 사용하여 코드베이스에 대한 추상 구문 트리 기반 분석과 변환을 수행합니다. 이 분석 결과는 변환을 병렬로 수행해주는 ClangMR[11], JavaFlume, Refaster[12] 같은 도구들에서 이용합니다. 작은 변경이라면 커스텀 도구, perl, sed, 정규 표현식 매칭, 간단한 셸 스크립트 등을 이용할 수 있습니다.

어떤 도구로 변경을 생성하든 인력 투입량이 코드베이스보다 느리게 커져야 합니다. 달리 말하면 리포지터리가 커져도 사람이 개입하는 시간은 크게 달라지지 않아야 합니다. 또한 변경 생성 도구가 코드베이스 전반을 포괄해 다룰 수 있어야 합니다. 그래야 수정할 대상들이 변경에 빠짐 없이 포함된다고 확신할 수 있습니다.

도구에 투자하는 비용은 지금 당장에도, 또 앞으로도 결실을 맺어 되돌아옵니다. 수정해야 하는 코드가 500곳이 넘어가면 사람이 일일이 수정하기보다는 변경 생성 도구를 익혀 이용하는 게 효율이 좋았습니다. 숙련된 코드 관리자라면 훨씬 적은 수정도 도구를 이용하는 편이 낫습니다.

22.4.3 변경 관리

대규모 변경 인프라에서 가장 중요한 도구는 마스터 변경을 여러 개의 샤드로 나눈 후 테스트, 메일링, 리뷰, 커밋 단계를 독립적으로 관리해주는 도구일 것입니다. 구글은 Rosie라는 도구를 사용하는데, 조금 뒤에서 LSC 프로세스를 살펴볼 때 더 자세히 설명하겠습니다. 많은 면에서 Rosie는 단순한 도구라기보다는 LSC를 구글 규모에서 진행할 수 있게 해주는 플랫폼이라 할 수 있습니다. Rosie를 이용하면 광범위한 변경에 수반되는 수많은 변경을 독립적으로 테스트, 리뷰, 서브밋할 수 있는 작은 샤드들로 나눌 수 있습니다.

---

11 (논문) Large-Scale Automated Refactoring Using ClangMR. *https://oreil.ly/c6xv0*
12 (논문) Scalable, example-based refactorings with refaster. *https://oreil.ly/Er03J*

22.4.4 테스트

테스트 역시 대규모 변경 인프라에서 없어서는 안 될 요소입니다. 11장에서 이야기했듯이 테스트는 소프트웨어가 기대한 대로 동작함을 검증하는 중요한 수단입니다. 사람이 작성하지 않은 변경을 적용하려 할 때 특히 중요합니다. 건실한 테스트 문화와 인프라가 갖춰져 있다면 도구가 생성한 변경이 의외의 부작용을 일으키지 않을 것임을 더 강하게 확신할 수 있습니다.

구글의 LSC는 다른 변경과 똑같은 CI 인프라를 활용하지만 테스트 전략은 조금 다르게 가져갑니다. LSC 테스트는 마스터 변경이 문제를 일으키지 않음을 확인하는 일 외에, 개별 샤드를 안전하고 독립적으로 서브밋할 수 있는지까지 검증해야 합니다. 개별 샤드에는 임의의 파일이 포함될 수 있으므로 표준적인 프로젝트별 프리서브밋 테스트를 이용하지 않습니다. 대신 (앞에서 이야기한) 각 샤드에 영향받는 테스트들을 추적하여 수행하는 방식을 활용합니다.

22.4.5 언어 지원

구글은 LSC를 주로 언어별로 진행하며, 언어에 따라 LSC 난이도가 크게 다릅니다. 예를 들어 타입 별칭과 전달 함수를 지원하는 프로그래밍 언어라면 새로운 시스템으로 마이그레이션하는 중에도 기존 코드가 문제없이 동작하게 만들기가 훨씬 쉽습니다. 이런 기능이 없는 언어에서는 시스템을 점진적으로 마이그레이션하기가 어려운 게 일반적입니다.[13]

또한 정적 타입 언어가 동적 타입 언어보다 훨씬 유리합니다. 강력한 정적 분석과 컴파일러 기반 도구가 제공하는 상당한 양의 정보를 LSC 도구 제작에 활용하면 문제를 일으키는 변경을 테스트 단계까지 가기 전에 걸러낼 수 있습니다. 메인테이너 입장에서는 파이썬, 루비, 자바스크립트 같은 동적 타입 언어는 변경하기가 더 어렵다는 뜻입니다. 어떤 언어를 선택할지는 여러 측면에서 코드 수명과 관련이 깊습니다. 개발자 생산성에 치중하는 언어일수록 유지보수가 더 어려워집니다. 필연적인 한계 같지는 않지만 우연히도 현재 모습이 그러합니다.

마지막으로, 자동 포맷터 역시 LSC 인프라에서 중요한 역할을 담당합니다. 구글은 코드베이스를 읽기 좋게 만들고자 노력합니다. 자동화 도구가 만들어내는 변경들도 당연히 리뷰어와 미래의 독자들이 이해할 수 있기를 원합니다. 그래서 구글의 모든 LSC 생성 도구가 언어별 자동

---

13 실제로 Go 언어에는 대규모 리팩터링을 지원하기 위해 이 기능을 언어에 추가하기도 했습니다.
(블로그 글) Codebase Refactoring (with help from Go). *https://talks.golang.org/2016/refactor.article*

포맷터까지 (별도 단계에서) 실행해줍니다. 그래서 다른 도구들은 코드 스타일에 관해서는 신경쓰지 않아도 됩니다. 구글은 코드베이스에 서브밋되는 코드에 google-java-format이나 clang-format 같은 자동 포맷팅 도구를 이용하기 때문에 자동 생성된 변경도 사람이 작성한 코드와 일관된 스타일을 유지합니다. 자동 포맷팅이 없었다면 대규모 자동 변경이 지금처럼 널리 활용되지 못했을 것입니다.

사례 연구: 작전명 RoseHub

LSC는 구글 문화에서 큰 자리를 차지하게 되었고 서서히 더 넓은 세계까지 영향을 미치기 시작했습니다. 아마도 지금까지 가장 유명한 사례는 '작전명 RoseHub'[14]일 것입니다.

2017년 초, 아파치 Commons 라이브러리에서 취약점이 발견되었습니다. 클래스패스 내에 취약한 버전의 Commons 라이브러리가 존재하는 모든 자바 애플리케이션들을 원격에서 실행할 수 있는 심각한 상황이었죠. 이 버그는 '미친 가젯Mad Gadget'으로 알려졌습니다. 무엇보다도 악의적인 해커가 샌프란시스코 시 교통국의 시스템에 침투해 운영을 멈춰버릴 수 있었습니다. 클래스패스 어딘가에 취약한 라이브러리가 존재하기만 하면 이 취약점에 노출되기 때문에 깃허브의 수많은 오픈 소스 프로젝트들도 피해갈 수 없었습니다.

문제를 해결하기 위해 몇몇 진취적인 구글 직원들이 자체 버전의 LSC 프로세스를 가동했습니다. BigQuery 같은 도구를 이용하여 영향받는 프로젝트들을 찾아냈고 미친 가젯 문제를 해결한 Commons 라이브러리로 업그레이드하는 패치를 날려보냈습니다. 이때 날려보낸 패치 숫자가 무려 2,600개가 넘었죠. 프로세스를 자동 관리해주는 도구 대신 50명이 넘는 자원자들이 이 LSC를 성공적으로 이끌었습니다.

22.5 대규모 변경 프로세스

이상의 인프라들이 갖춰지면 드디어 LSC를 실제로 가능하게 해주는 프로세스를 이야기할 수 있습니다. LSC 프로세스는 크게 다음의 네 단계로 이루어집니다(각 단계의 경계는 매우 모호합니다).

---

14 (블로그 글) Operation Rosehub. *https://oreil.ly/txtDj*

1. 권한 부여

2. 변경 생성

3. 샤드 관리

4. 마무리 청소

일반적으로 새로운 시스템, 클래스, 혹은 함수를 작성한 후에 프로세스가 시작되지만, 사실 새로운 시스템을 설계할 때부터 염두에 두어야 합니다. 구글에서는 대체 시스템을 설계할 때 기존 시스템으로부터 마이그레이션하는 절차까지 고려합니다. 그래야 시스템 메인테이너가 이용자들을 새로운 시스템으로 자동으로 마이그레이션시킬 수 있습니다.

22.5.1 권한 부여

구글은 LSC 작성자에게 다음의 내용을 포함한 간단한 제안 문서를 작성해달라고 요청합니다.

- 변경을 제안하는 이유
- 코드베이스 전반에 주는 예상 영향(예: 제안한 LSC로 인해 생성되는 작은 샤드 수)
- 리뷰어들이 던질만한 질문과 그에 대한 답변

이 절차는 해당 변경과 관련한 기반 지식이 부족한 사람들에게 변경을 어떻게 설명할지를 다시한번 생각해보게 하는 효과가 있습니다. 작성자는 또한 리팩터링될 API들의 소유자들로부터 '도메인 리뷰'도 받아야 합니다.

그런 다음 전체 프로세스 감독자 10여 명으로 구성된 위원회에 제안을 송부합니다. 위원회는 논의 후 어떻게 진행해야 할지를 피드백합니다. 이때 위원회는 대체로 LSC에 관한 코드 리뷰 전체를 한 명의 '글로벌 승인자'에게 할당합니다. LSC가 처음인 작성자들은 영향받는 각 프로젝트의 소유자들이 리뷰해줄 거라고 생각할 것입니다. 하지만 대다수의 기계적인 LSC는 해당변경의 본질과 필요한 빌드 자동화를 깊이 이해하는 전문가 한 명에게 맡기는 게 효율적입니다.

변경이 승인되면 작성자가 서브밋할 수 있습니다. 역사적으로 위원회는 승인에 관대하며, 변경

하나하나보다는 관련된 변경들을 일괄로 승인해줍니다.[15] 위원회 회원들은 변경이 명확하다고 판단되면 너무 깊게 고민하지 않고 재량껏 빠르게 처리합니다.

이 프로세스의 목적은 LSC 작성자에게 너무 부담주지 않는 선에서 감독 및 에스컬레이션 경로를 제공하는 것입니다. 위원회는 LSC가 갈등을 일으킬 시 중재해주는 에스컬레이션 기관의 권한도 갖습니다. 변경에 반대하는 개별 소유자는 위원회에 이의를 제기할 수 있고, 그러면 위원회가 중재에 나섭니다. 하지만 실제로 이런 일은 거의 일어나지 않습니다.

22.5.2 변경 생성

승인을 얻은 LSC 작성자는 실제로 코드를 수정하기 시작합니다. 이때 대체로 거대한 전역 변경 하나를 생성한 후 다수의 독립적인 샤드로 쪼개게 됩니다. 보통은 변경이 너무 커서 하나의 글로벌 변경으로 처리하지 못합니다. 버전 관리 시스템의 기술적인 한계 때문이죠.

변경 생성 프로세스는 가능한 한 자동화해야 합니다. 누군가 이전 방식의 코드로 되돌아가거나[16] 변경된 코드에서 병합 충돌이 발생했을 때 상위 변경을 업데이트해야 하기 때문입니다. 이따금 도구가 글로벌 변경을 생성해내지 못할 때가 있기 때문에 샤드로 분할한 후 여러 사람이 나눠 생성할 수도 있게 했습니다(바로 앞의 '사례 연구: 작전명 RoseHub' 참고). 훨씬 노동 집약적이지만 시급한 애플리케이션을 위해 전역 변경을 더 빠르게 진행할 수 있습니다.

우리는 사람이 읽기 편한 코드베이스를 원합니다. 그래서 도구가 생성한 변경들도 되도록 사람이 생성한 코드와 비슷해야 합니다. 그래서 스타일 가이드와 자동 포맷팅 도구를 적용합니다(8장 참고).[17]

---

15 위원회에서 확실히 거부하는 예로는 NULL 인스턴스를 nullptr로 바꾸는 것처럼 위험하거나, 철자를 영국식에서 미국식으로(혹은 반대로) 바꾸는 것처럼 가치가 매우 낮은 변경 정도입니다. LSC를 수행해본 경험이 쌓이고 수행 비용이 낮아지면서 승인을 받을 수 있는 문턱도 많이 낮아졌습니다.

16 이런 일은 다양한 이유로 발생합니다. 예를 들어 옛날 예제에서 복사해 붙여넣거나, 한참 전부터 개발하던 변경사항을 뒤늦게 커밋하거나, 단순히 몸에 베인 습관대로 코딩해서일 수 있습니다.

17 실제로 C++용 포맷팅 도구인 clang-format을 만들게 된 이유입니다.

22.5.3 샤드로 나누기와 서브밋

글로벌 변경을 생성했다면, 작성자는 이어서 Rosie를 실행합니다. Rosie는 거대한 변경을 하나 입력받아서 서브밋할 수 있는 작은 변경(샤드)들로 쪼개줍니다. 이때 프로젝트 경계와 소유권 규칙을 참고합니다. 그런 다음 개별 샤드를 독립된 테스트-메일-서브밋 파이프라인에 태웁니다. Rosie는 구글의 개발자 인프라에 부하를 많이 주는 편입니다. 그래서 LSC별 미결 샤드의 수를 제한하고, 낮은 우선순위로 실행되며, 나머지 인프라와 통신하여 공유 테스트 인프라가 어느 정도까지 부하를 더 감당할 수 있는지 알아냅니다.

샤드별 테스트-메일-서브밋 프로세스는 다음의 상자글 뒤에 이어서 설명하겠습니다.

반려동물 vs 가축[18]

분산 컴퓨팅 환경에서의 개별 컴퓨터를 '반려동물과 가축'에 비유하곤 하는데, 코드베이스를 변경할 때도 같은 원칙을 적용할 수 있습니다.

여느 조직과 다름없이 구글에서도 코드베이스 변경은 엔지니어들이 기능을 구현하거나 버그를 수정하는 과정에서 대부분 이루어집니다. 엔지니어가 변경 하나를 만들고 테스트하고 리뷰하는 데는 수 일에서 수 주가 걸리기도 합니다. 이 과정에서 엔지니어들은 변경 사항에 대해 속속들이 알게 되고, 마침내 메인 리포지터리에 반영되면 자랑스러워합니다. 그래서 변경 생성은 최애 반려동물을 입양해 키우는 것과 비슷합니다.

반대로 LSC는 엄청난 수의 개별 변경을 만들어내므로 효과적으로 처리하려면 높은 수준의 자동화가 필요합니다. 이런 환경에서는 각각의 변경을 가축처럼 생각하는 게 좋습니다. 즉, 전체 무리가 영향받지 않는 선에서는 작은 비용으로 언제든 롤백하거나 거부할 수 있는, 이름 없고 얼굴 없는 커밋으로 취급하는 것입니다. 실제로도 테스트가 문제를 걸러내지 못하거나 심지어 병합 충돌과 같은 단순한 이유로도 LSC를 롤백하거나 거부하는 경우가 드물지 않습니다.

'반려동물' 커밋이 거부되면 심적으로 고통스러울 수 있습니다. 하지만 대규모 변경의 일환으로 만들어진 수많은 변경이 거부되는 건 그저 작업의 특성일 뿐입니다. 자동화가 잘 되어 있다면 도구를 업데이트하여 새로운 변경들을 매우 저렴하게 다시 생성할 수 있습니다. 따라서 때때로 가축 몇 마리를 잃는다고 해서 크게 상처받지 않습니다.

---

18 옮긴이_ 영어로는 'Pets vs Cattle'입니다. Cattle은 '소 무리'를 뜻하지만, 우리나라에서 소는 귀한 동물이란 인식이 강하기 때문에 원래 느낌을 더 잘 전달할 수 있도록 '가축'으로 옮겼습니다.

테스트하기

독립된 샤드 각각은 구글의 CI 프레임워크인 TAP에 의해 테스트됩니다. 이때 수정되는 파일들에 직간접적으로 의존하는 모든 테스트를 수행하기 때문에 때로는 CI 시스템에 큰 부담을 줍니다.

얼핏 엄청난 부담이 될 것 같지만 실제 대다수의 샤드는 천 개 이하의 테스트만 수행합니다(구글의 테스트는 수백만 개에 이릅니다). 더 많은 테스트를 수행해야 하는 샤드들은 일단 하나의 그룹으로 묶습니다. 그런 다음 그룹 내 샤드들에 영향받는 테스트 모두를 1차로 수행합니다. 2차로는 샤드별로 테스트하는데, 해당 샤드에 영향받는 테스트 중 1차 때 실패한 테스트들만 수행합니다. 1차 때 어차피 거의 모든 테스트를 돌리기 때문에 그룹에 또 다른 샤드를 추가하는 비용은 거의 공짜입니다.

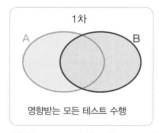
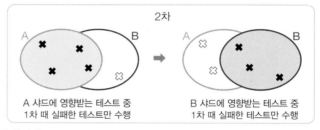

그림 22-1 TAP의 샤드 테스트 전략(출처: 옮긴이)

그런데 독립적으로 실행할 때는 일어날 확률이 매우 낮은 사건이라도 많은 테스트를 한꺼번에 실행하다 보면 엄청난 규모 때문에 거의 확실하게 일어난다는 단점이 있습니다. 11장에서 이야기한 불규칙한 테스트 혹은 깨지기 쉬운 테스트들이 LSC 작성자들에게 특히 골치입니다. 불규칙한 테스트가 개별 팀에는 별 영향이 없더라도 LSC 시스템의 처리량을 심각하게 저하시킬 수 있습니다. 이럴 때 튐 자동 감지/제거 시스템을 만들어두면 도움이 됩니다만, 각각의 개발 팀에 제작 책임을 맡겨둬서는 일이 끝나지 않습니다.

그간 LSC를 진행해본 결과 구글은 최근에 튀었던 테스트보다 변경 자체를 훨씬 신뢰합니다. 그래서 구글의 자동화 도구에서는 서브밋 시 최근에 튄 불규칙한 테스트를 무시하도록 했습니다. 각 샤드에서 불규칙한 테스트가 걸러주는 회귀 문제가 발생할 수 있다는 뜻이 됩니다. 하지만 실제로 이런 일은 매우 드물기 때문에, 혹시 발생하더라도 자동화보다는 사람끼리 소통하여 해결하는 게 더 쉽습니다.

모든 LSC 프로세스에서 개별 샤드는 독립적으로 커밋할 수 있어야 합니다. 다시 말해 샤드끼리 상호 의존하면 안 되고, 샤드 생성 단계에서 헤더 파일과 그 구현처럼 서로 연관된 변경을 같은 그룹으로 묶어줘야 합니다. 대규모 변경의 샤드들도 리뷰하고 커밋하기 전에 프로젝트별 검사 항목들을 통과해야 합니다.

리뷰어에게 메일 보내기

Roise는 테스트를 수행하여 변경이 안전하다고 검증한 다음 적절한 리뷰어에게 메일을 보냅니다. 구글처럼 큰 회사라면 수많은 엔지니어 중 적절한 리뷰어를 찾는 일 자체도 만만치 않습니다. 9장의 내용을 떠올려봅시다. 구글은 OWNERS 파일을 두어 각 디렉터리와 하위 디렉터리들의 책임자를 명시하고 있습니다. Rosie는 이 OWNERS 파일들에서 소유자 목록을 확인하고 각 샤드를 리뷰해줄 자격이 될만한 소유자를 추려 리뷰를 요청합니다. 선택한 소유자가 응답이 없다면 자동으로 또 다른 리뷰어를 선정합니다.

Rosie는 메일링 프로세스의 일환으로 프로젝트별 프리커밋 도구를 실행하여 추가 검사를 진행합니다. LSC의 경우 변경 설명 포맷이 표준에 부합하는지 같은 일부 검사 항목은 생략합니다. 프로젝트별 변경에는 유용한 항목이지만, 코드베이스 전반에 적용할 때는 다른 프로젝트들 시각에서 이질적일 수 있어서 LSC 프로세스를 상당히 지연시킬 가능성이 있기 때문입니다. 이 질성은 프로세스와 시스템을 확장하는 데 걸림돌로 작용하며, LSC 도구와 작성자들이 각 팀의 고유 정책을 모두 이해하기를 바랄 수도 없습니다.

또한 구글은 LSC 전부터 실패하던 프리서브밋 검사는 거의 무시합니다. 개별 프로젝트에서는 이 실패들을 수정하고 원래 작업을 이어서 진행하기가 쉽습니다. 하지만 코드베이스 전반을 수정하는 LSC에까지 확장 적용하기는 어렵습니다. 로컬 코드 소유자들은 자신의 코드를 항시 오류가 없도록 관리해야 합니다. 이는 인프라팀과의 사회적 계약입니다.

리뷰하기

Rosie가 생성한 변경들도 표준 코드 리뷰 프로세스를 거쳐야 합니다. 하지만 각 코드의 소유자들이 LSC를 여느 변경만큼 엄격하게 살펴보지 않는 경우가 많습니다. LSC를 생성하는 엔지니어들을 지나치게 신뢰한다고 볼 수도 있겠지요. 이상적으로는 LSC 변경들도 똑같이 리뷰해야겠지만 인프라팀을 믿고 피상적인 수준으로만 살펴보고 통과시킵니다. 그래서 구글은 단순한 승인 차원이 아니라 맥락을 살펴 검토해야 하는 변경만을 로컬 소유자들에게 보냅니다. 그 외의 변경은 '글로벌 승인자'에게만 보내죠. 글로벌 승인자란 리포지터리 전체의 어떤 변경도 승인할 수 있는 권한이 있는 사람입니다.

글로벌 승인자를 활용할 때는 모든 개별 샤드가 글로벌 승인자 한 명에게 할당됩니다(각 프로젝트의 소유자들이 아닙니다). 글로벌 승인자는 리뷰 대상 프로그래밍 언어와 라이브러리에 해박한 사람 중에 선정하며, 대규모 변경 작성자와 소통하여 어떤 종류의 변경이 예상되는지를 파악합니다. 변경의 세부사항을 이해하고 예상되는 문제를 고려하여 작업 절차를 적절히 수정합니다.

글로벌 리뷰어들은 변경 각각을 따로 리뷰하는 대신 패턴 기반의 도구를 사용하여 기대를 충족하는 변경들을 자동으로 승인합니다. 그래서 병합 충돌이 나거나 도구가 자동 판단하지 못하는 등 일부의 변경들만 직접 리뷰하면 됩니다. 이 역시 대규모 변경 프로세스의 확장성을 높여주는 또 하나의 요인입니다.

서브밋하기

마지막으로 개별 변경을 커밋합니다. 메일 보내기 단계 때와 마찬가지로 변경을 리포지터리로 실제 커밋하기 전에는 다양한 프로젝트별 프리커밋 검사가 진행됩니다.

Rosie 덕에 구글은 매일 수천 개의 변경을 생성, 테스트, 리뷰, 서브밋할 수 있고, 각 팀은 자신의 사용자들을 효과적으로 마이그레이션시킬 수 있습니다. 널리 쓰이는 심볼의 이름, 클래스의 코드베이스 내 위치 등 예전에는 한 번 정해지면 되돌릴 수 없던 기술적 결정들이 이제는 최종 결정이 아닐 수도 있게 되었습니다.

22.5.4 마무리 청소

LSC마다 '완료'의 정의가 다릅니다. 옛 시스템을 완벽하게 제거해내야 할 수도, 중요한 참조들을 마이그레이션한 후 옛 참조들은 자연스럽게 사라지도록 내버려두는 것으로 끝낼 수도 있습니다.[19] 하지만 어떤 경우든 대규모 변경이 애써 제거한 심볼이나 시스템이 다시 사용되는 일을 막아주는 방책이 꼭 필요합니다. 구글에서는 19장과 20장에서 이야기한 Tricorder 프레

---

19 슬프게도 우리가 자연스럽게 분해돼 사라지길 가장 원하는 시스템들은 생명력이 가장 질긴 경우가 많습니다. 이 시스템들은 코드 생태계의 플라스틱 음료 묶음 고리(six-pack rings)입니다. 옮긴이_ 음료 묶음 고리는 맥주나 캔음료를 6개씩 묶어주는 포장재를 말합니다. 자연에서 쉽게 분해되지 않고 새나 거북이 등이 끼어 죽는 일이 많아서 환경 단체에서 아주 싫어합니다.

임워크를 이용합니다. Tricorder는 누군가 폐기 대상 객체를 사용하는 코드를 새로 작성하면 코드 리뷰 때 알려줘서 변경을 역행하지 않게끔 막아줍니다. 전체 폐기 프로세스에 대해서는 15장에서 자세히 이야기했습니다.

22.6 마치며

LSC는 구글 소프트웨어 엔지니어링 생태계에서 중요한 요소입니다. 과거에는 한 번 결정하면 되돌릴 수 없던 설계를 LSC 덕분에 필요하면 사후에 변경할 수 있게 되었습니다. 설계 시 새로운 가능성을 열어준 것입니다. 핵심 인프라 메인테이너들은 구글 코드베이스의 많은 부분을 새로운 시스템, 언어 버전, 라이브러리 이디엄으로 마이그레이션할 수 있는 능력을 얻었습니다. 코드베이스를 공간적으로나 시간적으로나 일관되게 관리할 수 있게 된 것이죠. 수만 명이 이용하는 코드베이스에서 이 모든 일을 가능케 하는 데 필요한 인원은 단 수십 명이면 충분합니다.

그다지 크지 않은 조직에 몸담고 계시더라도 코드베이스 전반을 건드리는 변경을 어떻게 진행할지는 생각해보는 게 좋을 것입니다. 꼭 필요해서든 아니면 그냥 원해서든, 이런 능력을 갖추고 있다면 조직이 커지고 세월이 흘러도 소스 코드를 원하는 방향으로 유연하게 진화시켜줄 것입니다.

22.7 핵심 정리

- LSC 프로세스는 되돌릴 수 없다고 여기던 기술적 결정들을 다시 생각해볼 수 있게 해줍니다.

- 전통적인 리팩터링 모델은 코드 규모가 커지면 한계를 드러냅니다.

- LSC에 성공하려면 LSC를 습관처럼 진행해야 합니다(코드베이스를 너무 내버려두면 고치기가 점점 어려워집니다. 꾸준히 조금씩 개선해야 합니다).

CHAPTER 23

지속적 통합

지속적 통합^{continuous integration}(CI)은 다음과 같이 정의할 수 있습니다.

> **지속적 통합**: 팀원들이 작업 결과를 자주 통합하는 소프트웨어 개발 방식이다. [...] 통합할 때마다 자동 빌드(테스트 포함)하여 통합 오류를 빠르게 찾아낸다.[1]

간단히 말해서 CI의 기본 목적은 문제를 일으키는 변경을 가능한 한 조기에 자동으로 발견해내는 것입니다.

현대적인 분산 애플리케이션에서 '자주 통합한다'라는 말은 무슨 의미일까요? 요즘 시스템들은 리포지터리 안의 코드 말고도 동적으로 변하는 요소가 많습니다. 실제로 최근 유행하는 마이크로서비스 시스템에서는 문제의 원인이 코드베이스가 아니라 느슨하게 결합된 다른 마이크로서비스와의 네트워크 실패 때문인 경우가 더 많습니다. 전통적인 지속적 빌드에서는 여러분이 만든 바이너리에서 변경된 기능을 테스트하지만 이를 확장하면 업스트림 마이크로서비스의 변경들도 테스트할 수 있습니다. 의존성이 함수 호출 스택에서 HTTP 요청이나 원격 프로시저 호출^{Remote Procedure Call}(RPC)까지 확장되는 것이죠.

코드 의존성에서 시야를 넓혀보면 애플리케이션은 주기적으로 데이터를 수집하거나 머신러닝 모델을 갱신합니다. 심지어 운영체제, 런타임, 클라우드 호스팅 서비스, 디바이스까지 옮겨 다닐 수 있습니다. 이때 애플리케이션은 성장하는 플랫폼 위에서 구동되는 기능일 수도, 성장하

---

1 (마틴 파울러 블로그) Continuous Integration. *https://www.martinfowler.com/articles/continuousIntegration.html*

는 기능을 지탱해야 하는 플랫폼 자체일 수도 있습니다. 우리는 이러한 주변 요소 모두를 의존성으로 간주해야 하며 이 의존성들의 변경까지 모두 '지속적으로 통합'하는 걸 목표로 삼아야 합니다. 이왕 시작한 거 더 복잡하게 생각해볼까요? 변경되는 이 요소들의 소유자가 우리 팀, 조직, 회사 외부의 개발자일 수도 있습니다. 그러면 우리는 안중에도 없이 각자의 목표와 일정에 따라 기능을 수정하고 배포할 것입니다.

따라서 작금의 현실을 반영하여, 특히 대규모 개발을 고려해 CI를 다시 정의해봅시다.

> **지속적 통합**: 빠르게 진화하는 복잡한 생태계 전체를 지속적으로 조립하고 테스트하는 개발 방식

CI와 테스트는 강하게 엮여 있어서 CI의 정의에도 자연스럽게 테스트가 포함되었고, 이번 장에서도 계속 이야기할 것입니다. 이전 장까지는 단위 테스트부터 통합 테스트, 더 큰 범위의 시스템 테스트까지 다양하게 살펴보았습니다.

테스트라는 시각에서 CI는 다음을 알려주는 패러다임입니다.

- 코드(와 다른 요소)가 변경되어 지속적으로 통합되는 개발/릴리스 워크플로에서 무슨^{what} 테스트를 언제^{when} 실행해야 하는가?
- 워크플로의 각 테스트 지점에서 (적절한 충실성을 갖춘) 테스트 대상 시스템(SUT)을 (합리적인 비용으로) 어떻게^{how} 구성해야 하는가?

예컨대 프리서브밋 때는 무슨 테스트를 수행해야 할까요? 포스트서브밋과 스테이징 배포 전에는 또 어떤 테스트를 수행해야 할까요? 이러한 각 테스트 지점에서 우리는 SUT를 어떻게 구성해야 할까요? 모두들 예상하시겠지만 프리서브밋 시점에 SUT가 갖춰야 할 모습은 테스트할 스테이징 환경에 따라 크게 달라질 것입니다. 가령 리뷰가 끝나지 않은 코드로 빌드한 애플리케이션이 프리서브밋 단계에서 프로덕션 백엔드를 이용하면 매우 위험합니다(보안이나 자원 할당량 소모 등이 문제될 수 있죠). 반면 스테이징 환경이라면 이용해도 괜찮은 경우가 많습니다.

그리고 우리는 CI를 이용하여 '적절한' 테스트를 '적시에' 수행하는 이 섬세한 작업을 왜^{why} 최적화해야 할까요? 많은 선행 연구와 경험 덕에 CI가 엔지니어링 조직과 비즈니스에 크게 이롭다는 사실은 의심할 여지가 없습니다.[2] CI는 애플리케이션이 다음 단계로 나아갈 수 있다는 검증

---

2 『Accelerate: The Science of Lean Software and DevOps: Building and Scaling High Performing Technology Organizations』(IT Revolution Press, 2018)

가능한 근거를 적시에 제시해줍니다. 막연히 모든 기여자가 매우 신중하고 책임감 있고 철저하기를 기도하지 않아도 됩니다. 대신 CI는 빌드부터 릴리스까지 가는 길목길목에서 애플리케이션이 제대로 동작하고 있음을 보장해줍니다. 우리는 CI 덕에 제품 품질과 팀 생산성을 더욱 신뢰할 수 있습니다.

이번 장에서는 CI 핵심 개념, 모범 사례, 남은 과제를 소개합니다. 그런 다음 구글의 지속적 빌드 도구인 TAP과 심층 사례 연구를 소개하며 구글이 CI를 관리하는 방법을 이야기하겠습니다.

23.1 지속적 통합이란?

가장 먼저 지속적 통합(CI)의 핵심 개념 몇 가지를 살펴보겠습니다.

23.1.1 빠른 피드백 루프

11장에서 이야기했듯이 버그는 발견하는 시점이 늦을수록 처리 비용이 거의 기하급수적으로 증가합니다. [그림 23-1]은 코드 변경 과정에서 문제를 발견해낼 수 있는 위치들입니다.

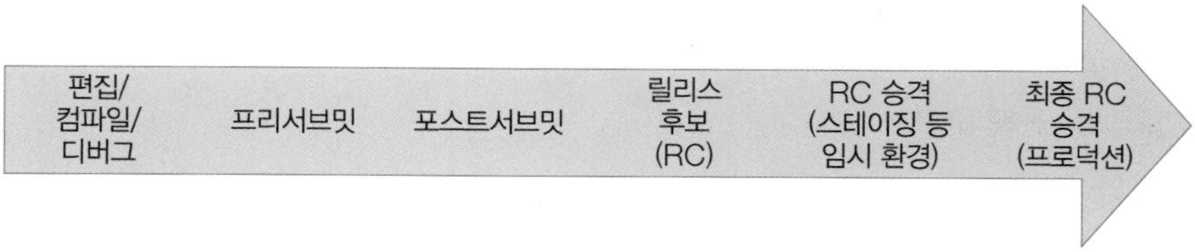

| 편집/
컴파일/
디버그 | 프리서브밋 | 포스트서브밋 | 릴리스
후보
(RC) | RC 승격
(스테이징 등
임시 환경) | 최종 RC
승격
(프로덕션) |

그림 23-1 코드 변경의 생애

일반적으로 문제가 그림의 '오른쪽' 끝 가까이까지 살아남을수록 비용이 커지는 이유는 다음과 같습니다.

- 문제의 코드에 익숙하지 않은 엔지니어가 분류해야 합니다.
- 변경 작성자가 무엇을 왜 변경했는지 기억해내고 조사하는 노력이 더 많이 듭니다.
- 바로 옆 동료부터 (마지막 단계까지 잡아내지 못하면) 최종 사용자까지, 다른 이들에게 부정적인 영향을 줍니다.

CI는 우리가 **빠른 피드백 루프**fast feedback loop[3]를 이용하도록 유도하여 버그 비용을 최소로 줄여줍니다. 코드 또는 다른 변경을 테스트 시나리오에 통합하고 결과를 관찰하기까지가 하나의 피드백 루프입니다. 그래서 피드백의 형태는 다양합니다. 대표적인 형태들을 피드백이 빠른 순서로 살펴봅시다.

- 로컬 개발 시의 편집-컴파일-디버그 루프
- 프리서브밋 시 변경 작성자에게 주어지는 자동 테스트 결과
- 두 프로젝트를 변경한 후 통합 시 오류. 양쪽 변경들을 서브밋한 다음 함께 테스트할 때 발견(예: 포스트서브밋)
- 내 프로젝트와 업스트림 마이크로서비스 의존성 사이의 호환성 충돌. 업스트림 서비스의 최신 변경이 스테이징 환경에 배포될 때 QA 엔지니어가 발견
- 기능을 먼저 이용해본 사내 이용자의 버그 리포트
- 외부 고객 혹은 언론 매체의 버그 리포트 (혹은 서비스 장애 리포트)

카나리 배포canary release를 활용하면 프로덕션에서 일어나는 문제가 확실하게 줄어듭니다. 프로덕션 전체에 배포하기 전에 일부에만 먼저 배포하여 초기 피드백 루프를 만들 수 있기 때문이죠. 하지만 여러 가지 버전이 동시에 배포되어 있으면 호환성 문제가 생길 수 있으니 카나리 배포 자체로 문제를 일으킬 여지도 있습니다. **버전 왜곡**version skew이라는 이 문제는 분산 시스템에 호환되지 않는 여러 코드, 데이터, 설정 정보configuration가 공존하는 상태를 말합니다. 이 책에서 살펴본 여느 문제와 마찬가지로 버전 왜곡도 소프트웨어를 장기간 개발하고 관리할 때 마주칠 수 있는 까다로운 문제입니다.

실험experiment과 **기능 플래그**feature flag도 매우 강력한 피드백 루프입니다. 변경을 컴포넌트 단위로 격리한 후 프로덕션 환경에서 동적으로 켜고 끌 수 있게 하여 배포 위험을 줄여주는 기법들입니다. 24장에서 살펴볼 지속적 배포에서는 기능 플래그를 적극 활용하여 시스템을 보호합니다.

볼 수 있고 조치할 수 있는 피드백

CI가 제공하는 피드백을 많은 사람이 볼 수 있어야 합니다. 구글은 직원이라면 누구든 거의 모든 코드를 볼 수 있게 하는데, 테스트 리포트에 대해서도 비슷한 입장입니다. 통합 테스트 리포트 시스템을 이용하여 빌드와 테스트 결과를 로그까지 누구든 쉽게 볼 수 있게 하는 것이죠(개

---

3   테스트를 통한 원점 회귀(shifting left on testing)라고도 합니다.

인 식별 정보는 제외). 엔지니어가 로컬에서 수행한 빌드든 자동으로 수행되는 데브^{dev} 혹은 스테이징^{staging} 빌드든 모두 확인할 수 있습니다.

테스트 리포트 시스템은 빌드와 테스트의 실패 이력도 자세히 알려줍니다. 각 빌드(테스트)가 어디서 멈췄고, 어디서 실행했고, 누가 실행했는지도 알 수 있습니다. 분명한 실패인지 비결정적인 결과인지를 구분해주는 시스템도 마련했습니다. 구글 차원에서의 데이터를 통계내어 구분해주므로 엔지니어들은 자신의 변경 때문에 다른 프로젝트의 테스트까지 실패한 것인지를 스스로 판단하지 않아도 됩니다(불규칙한 테스트가 실패한 거라면 내 잘못이 아닐 가능성이 큽니다).

테스트 이력을 볼 수 있게 한 덕분에 엔지니어들은 피드백을 공유하고 협업할 수 있습니다. 다른 팀의 시스템과 통합할 때 생기는 문제를 진단하고 해결해가며 무언가를 배우려면 반드시 필요한 문화입니다. 같은 맥락에서 버그 추적 시스템에 등록된 버그(예: 티켓이나 이슈)에 달린 댓글도 모두에게 개방합니다(고객의 개인 식별 정보 제외).

마지막으로, CI 테스트가 제공하는 피드백은 모두 조치가 가능해야 합니다. 즉, 문제를 찾고 고치기가 쉬워야 합니다. 23.2절의 사례 연구에서 불친절한 피드백을 개선하는 예를 소개할 것입니다. 테스트 출력 메시지의 가독성을 개선하면 피드백을 자동으로 이해하고 조치까지 자동으로 이루어지게 할 수 있습니다.

23.1.2 자동화

개발 관련 활동들을 자동화하면 장기적으로 엔지니어링 자원을 아낄 수 있다는 건 잘 알려진 사실입니다.[4] 구글에서 변경이 체크인되는 즉시 동료 리뷰를 진행하여 오류가 스며들 가능성을 낮춘 것 역시 프로세스를 '코드'로 정의해 자동화했기 때문입니다. 자동화된 프로세스 역시 소프트웨어인지라 그 자체도 버그에서 자유롭지 못합니다. 하지만 제대로 구현해두기만 하면 엔지니어가 수동으로 진행할 때보다 빠르고 쉽고 안정적입니다.

여러 개발 활동 중 CI는 특별히 '빌드'와 '릴리스' 프로세스를 자동화합니다. 각각을 따로 지속적 빌드와 지속적 배포라 하죠. 지속적 테스트는 두 단계 모두에 자동으로 따라붙습니다. 이제부터 하나씩 들여다보겠습니다.

---

4 『사이트 신뢰성 엔지니어링』의 7장 '구글의 발전된 자동화' 참고 (원서 : *https://oreil.ly/UafCh*)

지속적 빌드

지속적 빌드continuous build (CB)는 가장 최근의 코드 변경을 헤드(트렁크)[5]에 통합한 다음 자동으로 빌드와 테스트를 수행합니다. CB에서는 테스트도 빌드의 한 과정으로 보기 때문에 컴파일을 통과하더라도 테스트에 실패하면 '빌드 실패'로 간주합니다.

변경이 서브밋되면 CB가 관련된 테스트 모두를 수행합니다. 모든 테스트에 통과하면 CB가 UI에 통과 혹은 '녹색'으로 표시합니다. 이 프로세스로 인해 리포지터리에는 실질적으로 두 가지 버전의 헤드가 존재할 수 있습니다. **참 헤드**true head는 최신 변경이 커밋된 버전을 뜻하며, **녹색 헤드**green head는 CB가 검증한 최신 변경을 뜻합니다. 엔지니어는 로컬 환경을 둘 중 원하는 버전과 동기화할 수 있습니다. 일반적으로는 CB가 검증한 안정된 환경에서 작업하기 위해 녹색 헤드와 동기화합니다. 하지만 서브밋 전에 변경사항을 참 헤드와 동기화해야 하는 프로세스도 있습니다.

지속적 배포

24장의 주제인 지속적 배포continuous delivery (CD)의 첫 번째 단계는 **릴리스 자동화**입니다. 헤드로부터 지속해서 최신 코드와 설정 정보를 가져와서 릴리스 후보를 만들어내는 작업이죠. 구글에서는 대다수 팀이 참 헤드가 아니라 녹색 헤드에서 가져옵니다.

> **릴리스 후보**release candidate (RC): 자동화된 프로세스[6]가 만든, 서로 밀접하게 관련된 요소들로 구성된 배포 가능한 단위. 지속적 빌드를 통과한 코드, 설정 정보, 기타 의존성들을 조합해 만든다.

릴리스 후보에는 설정 정보까지도 포함된다는 사실에 주목하세요. 설정 정보는 RC가 어디로 승격promotion[7]되느냐에 따라 조금씩 다를 수 있지만 반드시 포함시켜야 하는 매우 중요한 정보입니다. 설정 정보를 꼭 바이너리 자체에 포함시킬 필요는 없습니다. 사실 우리는 실험이나 기능 플래그처럼 다양한 시나리오에 대응할 수 있도록 설정 정보를 동적으로 바꿀 수 있게 하라

---

5 여기서 헤드(head)는 구글 모노리포에서 가장 최신 버전의 코드를 뜻합니다. 다른 버전 관리 시스템에서는 트렁크(trunk), 메인(main), 메인라인(mainline)이라고도 합니다. 항상 헤드로 통합하는 개발 방식을 트렁크 기반 개발이라고 합니다.

6 구글에서의 릴리스 자동화는 TAP이라는 별도 시스템이 관리합니다. 이 책에서는 릴리스 자동화가 RC를 만들어내는 방법은 자세히 다루지 않습니다. 궁금하신 분은 『사이트 신뢰성 엔지니어링』을 참고하세요. Rapid라고 하는 구글의 릴리스 자동화 기술을 자세히 설명하고 있습니다.

7 옮긴이_ 승격(promotion)이란 릴리스 후보를 프로덕션 환경과 더 가까운 환경으로 배포하는 걸 말합니다. 개발 조직과 시스템 규모에 따라 다르지만 일반적으로 '샌드박스 → 임시 환경 → 개발 환경 → 스테이징 환경 → 프로덕션 환경' 순으로 승격시킵니다.

고 권장합니다.[8]

한편 정적인 설정 정보들은 모두 릴리스 후보에 묶어 승격시켜서 해당 코드와 함께 테스트되도록 해야 합니다. 잊지 마세요! 실제로 프로덕션 버그의 상당수가 그저 설정이 살짝 잘못되어 발생합니다. 설정 정보도 코드 대하듯 테스트해야 하는 이유입니다(그리고 해당 설정을 사용한 바로 그 코드와 함께 테스트해야 하고요). 많은 버전 왜곡 문제가 릴리스 후보 승격 프로세스에서 잡힙니다. 정적 설정 정보 역시 버전을 관리해야 한다는 뜻이죠. 구글은 정적 설정 정보를 코드와 함께 버전 관리하여 코드 리뷰 프로세스를 똑같이 거치게 합니다.

이제 지속적 배포를 다음과 같이 정의할 수 있습니다.

> **지속적 배포**continuous delivery(CD): 지속해서 릴리스 후보를 조립한 다음 다양한 환경에 차례로 승격시켜 테스트하는 활동. 프로덕션까지 승격시키는 경우도 있고 그렇지 않은 경우도 있다.

승격과 배포 프로세스는 팀마다 다를 수 있습니다. 뒤에서 사례 연구를 통해 이 프로세스를 어떻게 밟아나가는지 보여드리겠습니다.

구글의 경우 프로덕션에 새로 반영되는 변경들의 피드백을 바로바로 받기를 원하는 팀들을 위해 변경된 바이너리 모두를 매번 밀어 넣기란 거의 불가능합니다. 바이너리들의 크기가 대체로 상당히 크기 때문이죠. 그래서 주로 실험이나 기능 플래그를 활용하는 '선택적' 지속적 배포 전략을 택합니다.

RC가 운영 환경들에서 단계별로 승격될 때 이상적으로는 아티팩트들(예: 바이너리, 컨테이너)을 다시 컴파일하거나 빌드하지 않아야 합니다. 로컬에서 개발할 때부터 도커Docker 같은 컨테이너를 이용하면 환경을 옮겨도 RC의 일관성을 지켜내기가 쉬워집니다. 비슷하게 쿠버네티스Kubernetes 같은 오케스트레이션 도구를 이용하면 배포 사이에 일관성을 유지하기가 더 유리합니다(구글은 주로 Borg[9]를 이용합니다). 구글은 환경 간 릴리스와 배포를 일관되게 관리하여 초기 테스트부터 충실성을 끌어올렸습니다. 그 덕에 프로덕션에서 뒤늦게 문제가 터지는 빈도를 크게 줄였습니다.

---

8 실험과 기능 플래그를 이용하는 지속적 배포는 24장에서 자세히 다룹니다.

9 (블로그 글) Borg: The Predecessor to Kubernetes. *https://oreil.ly/89yPv*

23.1.3 지속적 테스트

지속적 테스트^{continuous testing}(CT)까지 감안하면 CB와 CD가 코드 변경 생애에 어떻게 결합되는지 살펴보겠습니다.

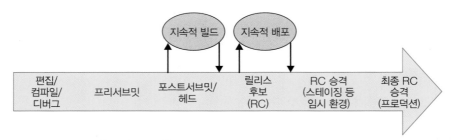

그림 23-2 코드 변경의 생애(CB와 CD 적용)

화살표는 하나의 코드 변경이 로컬 개발부터 프로덕션까지 전파되는 과정을 뜻합니다. 이 과정에서 무슨^{what} 테스트를 언제^{when} 실행할지를 정하는 게 CI의 주된 목표입니다. 이번 장 뒷부분에서는 다양한 테스트 단계를 소개하고 프리서브밋과 포스트서브밋, 그리고 RC 이후 단계에서 수행할 테스트를 정할 때 고려해야 할 내용을 말씀드리겠습니다. 그림에서 오른쪽으로 이동할수록 점진적으로 범위가 더 넓은 자동화 테스트를 수행해야 하는 이유를 보여드릴 것입니다.

프리서브밋만으로 부족한 이유

우리는 서브밋 직전에 자동화 테스트를 수행하여 문제가 있는 변경을 최대한 일찍 발견하고자 합니다. 그럼에도 프리서브밋 때 모든 테스트를 다 돌려보지 않는 이유는 무엇일까요?

가장 큰 이유는 비용 때문입니다. 개발에서는 엔지니어 생산성이 매우 중요한데, 코드를 서브밋할 때마다 테스트 때문에 한참을 기다려야 한다면 생산성이 심각하게 떨어집니다. 또한 프리서브밋이 철저해야 한다는 강박에서 벗어나면 테스트 성공 비율이 훨씬 높아지면서 엔지니어 생산성도 훨씬 개선됩니다.[10] 따라서 테스트 범위를 제한하거나 문제를 발견할 가능성이 높은 테스트를 찾는 모델을 고안하는 등의 방식으로 프리서브밋 때 수행할 테스트를 잘 선별해야 합니다.

---

10 리뷰어_ 예컨대 10% 확률로 실패하는 테스트가 두세 개만 포함돼도 전체 테스트를 자주 다시 수행해야 합니다. 따라서 프리서브밋 때 수행하는 테스트가 무분별하게 많아지면 성공 비율이 낮아져서 엔지니어가 다음 작업을 진행하기 어렵습니다.

마찬가지로 불안정하거나 비결정적인 테스트가 끼어들어서 엔지니어가 다음 일을 진행하지 못하게 돼도 손해가 막심합니다.

이유가 한 가지 더 있습니다. 프리서브밋 테스트가 수행되는 동안에도 리포지터리는 계속 수정될 수 있어서 장시간 열심히 테스트한 변경과 이미 호환되지 않게 달라져 있을 가능성도 있습니다. 전혀 다른 파일들을 건드리는 다른 변경 때문에 나의 테스트가 실패하는 일이 실제로도 일어납니다. 우리는 이를 공중 충돌^{mid-air collision}이라 부릅니다. 일반적으로 매우 드물게 일어나지만 구글 규모에서는 거의 매일 볼 수 있습니다. 작은 리포지터리용 CI 시스템에서는 서브밋들을 하나씩 차례로 수행하게 하면 나타나지 않을 문제입니다.

프리서브밋 vs 포스트서브밋

그렇다면 프리서브밋 때는 어떤 테스트를 수행해야 할까요? 우리 경험에 따르면 빠르고 안정적인 테스트만 수행해야 합니다. 프리서브밋 때는 커버리지를 다소 포기하고, 대신 놓친 문제들을 포스트서브밋 때 잡아내는 전략입니다. 따라서 이따금 롤백할 수 있음을 감안해야 합니다. 포스트서브밋 때는 더 오래 걸리고 (문제 시 대처할 방법만 있다면) 약간 불안정한 테스트도 포함시킬 수 있습니다.

> **NOTE_** 23.2절에서 TAP과 사례 연구를 통해 테스트 실패를 어떻게 관리하는지 설명합니다.

우리는 너무 느리거나 너무 많은 테스트를 수행하느라 값진 엔지니어 생산성이 희생되길 원치 않습니다. 그래서 일반적으로 프리서브밋 테스트의 범위를 해당 변경이 이루어지는 프로젝트로 한정합니다. 또한 여러 테스트를 동시에 실행하기 때문에 가용 자원에도 신경 씁니다. 마지막으로, 프리서브밋 때는 불안정한 테스트를 수행하지 않습니다. 이런 테스트 때문에 엔지니어들이 자신이 변경한 코드와 관련 없는 디버깅으로 매번 낭비하는 시간이 너무 아깝기 때문입니다.

구글의 팀 대부분은 프리서브밋 때는 자기 팀의 (단위 테스트 같은) 작은 테스트들을 실행합니다.[11] 가장 빠르고 가장 안정적이니 당연한 결과겠죠. 프리서브밋 때 범위가 더 넓은 테스트도

---

11 구글의 각 팀은 팀 프로젝트용 테스트들을 프리서브밋용과 포스트서브밋용으로 나눕니다. 하지만 실제로는 지속적 빌드 시스템이 프리서브밋 테스트 중 일부를 포스트서브밋 때 수행하도록 자동으로 최적화합니다. 이와 관련해서는 뒤에서 더 설명하겠습니다.

수행해도 될까요? 수행한다면 어떻게 해야 할까요? 정답은 팀마다 다릅니다. 이런 테스트를 원하는 팀에는 밀폐 테스트를 권해드립니다(23.1.5절 참고). 내재된 불안정성을 줄여주는 검증된 기법이죠. 한편 범위가 넓고 불안정한 테스트를 허용하되 실패하기 시작하면 적극적으로 비활성화하는 것도 하나의 방법입니다.

릴리스 후보 테스트

변경이 지속적 빌드를 통과했다면 곧바로 지속적 배포 단계로 넘어와 다음 릴리스 후보(RC)에 반영됩니다.

지속적 배포가 RC를 만들 때는 RC 전체를 광범위하게 검증하는 더 큰 테스트들을 수행합니다. RC는 일련의 테스트 환경에서 다음 단계 환경으로 승격될 때마다 매번 테스트됩니다. 테스트 환경으로는 샌드박스, 임시 환경, 공유 테스트 환경(예: 데브 또는 스테이징) 등이 있습니다. 공유 환경에 접어들면 수동 QA 테스트까지 진행하는 게 보통입니다.

지속적 빌드에서 포스트서브밋 때 똑같은 테스트를 이미 수행했더라도(지속적 빌드가 코드를 녹색 헤드에서 잘라왔다고 가정) RC는 매 단계에서 철저하게 다시 테스트합니다. 그래야 하는 중요한 이유가 몇 가지 있습니다.

- **온전성 검사**: 코드를 잘라와 RC용으로 다시 컴파일할 때 예상치 못한 일이 발생하지 않았는지를 재차 확인합니다.
- **검사 용이성**: RC의 테스트 결과를 확인하려는 엔지니어가 지속적 빌드 로그를 파헤쳐보지 않고도 해당 RC와 관련된 결과를 바로 살펴볼 수 있습니다.
- **체리픽 허용**: RC에 체리픽cherry pick 수정을 반영한다면 지속적 빌드가 테스트한 코드와 달라집니다.
- **비상 배포**: 비상 상황 발생 시, 지속적 배포는 참 헤드의 코드를 잘라와서 (지속적 빌드 전체가 다시 통과될 때까지 기다리지 않고) 배포를 해도 괜찮겠다는 마음의 안정을 가져다주는 데 꼭 필요한 최소한의 테스트만 실행할 수 있습니다.

프로덕션 테스트

구글의 지속적인 자동화 테스트 프로세스는 배포의 최종 단계인 프로덕션까지 계속 이어집니다. 앞서 RC 때와 동일한 테스트 스위트를 프로덕션 환경에서도 그대로 수행합니다(프로버prober라고도 합니다). 목적은 다음의 두 가지를 검증하기 위해서입니다.

1. '프로덕션'이 테스트 대로 올바르게 동작하는가?

2. 프로덕션을 검증하기에 적합한 '테스트'인가?

애플리케이션 승격 단계마다의 지속적 테스트는 버그를 잡기 위한 '심층 방어' 전략이 왜 중요한지를 상기시키는 역할을 합니다. 품질과 안정성을 확보하려면 단 하나의 기술이나 전략만으로는 부족합니다. 다양한 테스트 전략을 혼합해야 합니다.

CI는 경보와 같다

타이터스 윈터스

프로덕션 시스템을 책임지고 운영하거나 소프트웨어 시스템을 꾸준히 유지보수하려면 지속적인 자동 모니터링 시스템이 필요합니다. 우리는 프로덕션 시스템이 환경 변화에 어떻게 반응하는지 이해하기 위해 모니터링&경보 시스템을 이용합니다. 마찬가지로 CI는 소프트웨어가 환경 변화에 어떻게 적응하는지를 알려줍니다. 프로덕션 모니터링에는 수동 경보와 가동 중인 시스템의 능동 프로버를 이용합니다. 이에 반해 CI는 변경된 소프트웨어를 배포하기 전에 단위 테스트와 통합 테스트를 수행합니다. 두 영역을 잘 비교해보면 한 영역에서 쌓은 지식을 다른 영역에도 적용할 수 있습니다.

CI와 경보 모두 문제를 최대한 빨리 찾아내는 게 목적입니다. CI는 개발자 워크플로의 앞쪽에 집중하며, 테스트가 실패하면 보고합니다. 경보는 워크플로의 뒤쪽에 집중하며, 지표를 모니터링하다가 특정 문턱값을 넘어서면 보고합니다. 둘 모두 '문제를 가능한 한 빨리 자동으로 발견'하는 형태임을 알 수 있습니다.

경보 시스템을 잘 관리하면 서비스 수준 목표service level objective(SLO)가 잘 충족되고 있는지 확인할 수 있습니다. 훌륭한 CI 시스템은 빌드 결과물이 양호한 지 말해줍니다. 즉, 코드가 잘 컴파일되고, 테스트를 통과하고, 필요 시 새로운 버전으로 배포해도 될지 알려줍니다. 두 영역 모두에서 충실성과 조치 가능한 경보를 강조하는 모범 사례를 흔히 찾아볼 수 있습니다. 예를 들어 테스트는 테스트 대상(SUT)에서 꼭 지켜져야 할 중요한 조건(불변성)이 지켜지지 않았을 때만 실패해야 합니다. 그렇지 않은 테스트라면 깨지기 쉽거나 불규칙한 테스트죠. CI를 몇 번 돌릴 때마다 한 번씩 실패하는 불규칙한 테스트는 시도 때도 없이 울리는 거짓 경보만큼이나 해롭습니다. 취할 수 있는 조치가 없다면 경보도 울리지 말아야 하고, SUT의 불변성이 실제로 깨진 게 아니라면 테스트도 실패해서는 안 됩니다.

CI와 경보는 비슷한 개념을 많이 공유합니다. 예컨대 국지적 신호(단위 테스트 vs 격리된 통계 모니터링/원인 기반 경보cause-based alerting)와 의존성 간 신호(통합 및 릴리스 테스트 vs 블랙박스 프로빙) 사이의 관계가 비슷합니다. 시스템이 제대로 구동 중인지 확인하는 데는 종단간 신호만큼 좋은 게 없습니다. 하지만 종단간 테스트는 충실성을 높지만 비결정성이 커지고 자원도 많이 소비합니다. 또한 근본 원인을 찾아 디버깅하기 어렵다는 점도 감내해야 합니다.

두 도메인에서의 실패 형태 역시 관련이 깊습니다. 깨지기 쉬운 원인 기반 경보는 임의로 설정한 문턱값(가령 지난 1시간 동안 재시도 횟수)을 기준으로 울리는데, 최종 사용자 관점에서는 이 문턱값과 시스템 건실성의 관계가 필연적이라고 느껴지지 않을 수 있습니다. 비슷하게 깨지기 쉬운 테스트는 임의의 테스트 요구사항이나 불변성이 깨지면 실패합니다. 이때 해당 불변성과 소프트웨어 정확성의 연관 관계가 명확하지 않을 수 있습니다. 그래도 대부분의 경우 작성하기 쉽고 더 큰 문제를 디버깅하는 데 유용합니다. 둘 모두 전반적인 건실성/정확성을 비슷하게 대리하는 개념이므로 전체적인 동작을 포착해내지는 못합니다. 간단히 이용할 수 있는 종단간 프로브가 없더라도 통계 데이터를 쉽게 모을 수 있는 팀이라면 임의의 통계를 기준으로 문턱값 경보를 설정할 것입니다. 예를 들어 '복원한 두 이미지가 거의 같지 않다면 테스트가 실패한다'라고 표현할 수 있는 추상적인 수단이 없다면, 대신 두 바이트 스트림이 동일한지를 확인하는 테스트를 작성할 것입니다.

원인 기반 경보와 깨지기 쉬운 테스트도 나름의 존재가치가 있습니다. 그저 경보 시나리오에 잠재된 문제를 찾아내기에 이상적인 방법이 아닐 뿐입니다. 실제로 실패한 상황이라면 더 상세한 디버그 정보가 주어지면 유리합니다. SRE가 서비스 중단 원인을 디버깅할 때라면 '1시간 전부터 이용자의 요청 실패가 늘어나기 시작했습니다. 거의 같은 시간에 재시도 횟수도 증가하기 시작했고요. 이 지점을 조사해보죠'와 같은 형태의 정보가 있으면 유용할 것입니다. 깨지기 쉬운 테스트도 비슷한 형태로 디버깅에 필요한 정보를 추가로 제공할 수 있습니다. '이미지 렌더링 파이프라인이 쓰레기를 토해내기 시작했습니다. 단위 테스트 하나가 JPEG 압축기가 다른 바이트를 만들어낸다고 하는군요. 이 부분을 조사해봅시다.'

모니터링&경보는 '오차 예산error budget'이라는 개념이 널리 통용되는 SRE/프로덕션 관리 영역으로 생각하면서도[12] CI를 바라볼 때는 여전히 절대적 정확성을 중시하는 경향이 있습니다.

---

[12] 가동시간 100%는 잘못된 목표입니다. 대신 99.9%나 99.999% 같은 목표를 세우고, 실제 가동 시간을 모니터링합니다. 그런 다음 목표와의 오차를 예산으로 간주하여, 위험한 릴리스를 얼마나 적극적으로 강행할지를 정하는 데 기초 자료로 활용합니다.

CI를 '원점 회귀시킨 경보'[13]라는 관점에서 바라보기 시작하면 여러 정책을 다시 생각하여 더 나은 모범 사례를 제시할 수 있습니다.

- 프로덕션 서비스의 가동 시간 목표를 100%로 잡으면 엄청난 비용을 쏟아부어야 합니다. CI의 녹색 비율을 100%로 만들려 해도 마찬가지입니다. 여러분이 진짜로 이런 목표를 세웠다면 테스트가 서브밋을 막아서는 가장 큰 장벽이 될 것입니다.

- 모든 경보를 동일하게 취급하는 것 역시 일반적으로 올바른 정책이 아닙니다. 프로덕션에서 경보가 발생했지만 서비스에 아무런 영향이 없었다면 그 경보는 조용히 꺼두는 게 옳은 선택이죠. 테스트 실패도 마찬가지입니다. CI 시스템이 '이 테스트는 관련 없는 이유로 실패한다고 알려져 있습니다'라고 말하는 법을 배울 때까지는 실패한 테스트를 비활성화시키는 일에 너무 깐깐해할 필요 없습니다. 모든 테스트 실패가 프로덕션에서 문제를 일으키는 건 아닙니다.

- '가장 최근 CI 결과가 녹색이 아니면 아무도 커밋할 수 없습니다'라는 정책은 대체로 옳지 않습니다. CI가 문제를 보고하면 사람들이 다른 변경을 커밋하거나 문제가 더 커지기 전에 조사를 해봐야 하는 건 분명합니다. 하지만 근본 원인을 잘 이해하고 있고 프로덕션에 영향을 주지 않을 게 확실하다면 무조건적으로 커밋을 막는 건 합리적이지 못합니다.

구글도 'CI는 경보와 같다'라는 깨우침을 얻은 지 얼마 되지 않아서 여전히 둘을 완전히 같은 위치로 올려놓는 방법을 찾고 있습니다. 아무래도 SRE 쪽의 판돈이 더 크기 때문에 모니터링&경보 모범 사례에 대한 고민이 더 많이 이루어지는 건 놀랍지 않습니다. CI는 상대적으로 사치품이라는 인식이 강하죠.[14] 앞으로 몇 년 간 소프트웨어 엔지니어링 분야에서는 기존 SRE 관례들을 CI 맥락에서 다시 살펴서 테스트와 CI 환경을 재정립해야 합니다. 그리고 아마도 테스트 분야의 모범 사례가 모니터링&경보의 목표와 정책을 더 명확하게 다듬는 데도 도움이 될 것입니다.

23.1.4 CI의 과제

지금까지 몇 가지 CI 모범 사례를 이야기하고 프리서브밋 테스트에서 불안정하고 느리고 충돌하는, 혹은 단순히 너무 많은 테스트를 수행하여 엔지니어 생산성을 갉아먹을 수 있는 문제를 소개했습니다. 이 외에 CI를 구현할 때는 다음 사항들도 고민해야 합니다.

---

13   옮긴이_ 개발 워크플로의 뒷단에 집중하는 경보를 워크플로 앞단으로 옮겨온 것(shift left)을 CI라고 생각할 수 있다는 뜻입니다.

14   우리는 CI가 소프트웨어 엔지니어링 생태계에서 매우 중요하다고 믿습니다. 사치가 아니라 필수입니다. 하지만 아직까지 업계 사람 모두가 동의하지는 않는 것 같습니다.

- **프리서브밋 최적화**: 앞서 언급한 잠재적인 문제를 고려하여 프리서브밋 시 어떤^{which} 테스트를 어떻게^{how} 수행해야 할까요?

- **범인 찾기**$^{culprit\ finding}$와 **실패 격리**$^{failure\ isolation}$: 문제를 일으킨 코드(또는 기타 변경)가 어느 것이고, 어느 시스템에서 문제가 발생했을까요? '업스트림 마이크로서비스 통합'은 분산 아키텍처에서 실패를 격리하는 방법이며 문제 원인이 여러분의 서버인지 다른 백엔드인지를 찾을 때 좋습니다. 구체적으로는, 직접 제작한 안정된 서버들과 업스트림 마이크로서비스들의 새로운 서버들을 함께 스테이징 환경에 올립니다. 즉, 마이크로서비스들의 최신 변경들까지 여러분의 테스트에 통합합니다. 이 방식에서는 특히 버전 왜곡에 주의해야 합니다. 이렇게 만들어진 환경은 종종 서로 호환되지 않거나 (특정 스테이징 조합에서만 나타날 뿐 프로덕션에서는 문제가 없는) 거짓 양성이 나타날 수 있습니다.

- **자원 제약**: 테스트를 실행하려면 자원이 있어야 하고, 거대한 테스트는 엄청난 자원을 소비합니다. 또한 프로세스 단계마다 자동화 테스트를 수행하는 데 필요한 인프라 비용도 상당할 수 있습니다.

실패 관리$^{failure\ management}$ 역시 만만치 않은 문제입니다. 실패 관리란 테스트 실패 시 어떻게 대응해야 하는가를 말합니다. 작은 문제라면 대체로 빠르게 수정할 수 있습니다. 하지만 우리 경험상 거대한 종단간 테스트가 끼어들면 테스트 스위트를 녹색으로 유지하기가 극히 어렵습니다. 본질적으로 깨지기 쉽고 불규칙하고 디버그하기 어렵습니다. 따라서 이런 테스트를 임시로 비활성화하고 추적하는 메커니즘을 마련해 릴리스는 계속 진행할 수 있도록 해야 합니다. 구글은 대응 담당자나 릴리스 엔지니어가 제출하고 적절한 팀으로 분배되는 버그 핫리스트$^{bug\ hotlist}$[15]를 애용합니다. 이 버그들을 자동으로 생성해 제출할 수 있다면 더 좋습니다. 구글 웹 서버^{Google} $^{Web\ Server}$(GWS)와 구글 어시스턴트$^{Google\ Assistant}$같이 큰 제품에서는 버그 생성과 제출이 자동으로 이루어집니다. 핫리스트는 릴리스를 막는 버그가 즉시 고쳐지도록 잘 선별해야 합니다. 릴리스를 막지 않는 버그도 물론 고쳐져야 합니다. 덜 시급하지만, 그래도 우선순위를 높여 대응해야 합니다. 그렇지 않으면 계속 비활성화된 상태로 남고 결국 잊혀져서 아무런 가치도 창출해내지 못할 것입니다. 또한 종단간 테스트는 코드가 아니라 테스트 자체의 문제로 실패할 때가 제법 있습니다.

불규칙한 테스트는 릴리스 프로세스에 또 다른 문제를 일으킵니다. 계속 진행해도 될지 확신하지 못하게 만들며, 동시에 매번 실패하는 게 아니라서 롤백해야 할 변경이 어느 것인지 찾기 어렵습니다. 어떤 팀은 별도 도구를 만들어서 테스트를 불규칙하게 만드는 원인을 찾아 고치기

---

15 리뷰어_ 구글에서 버그(bug)는 실제 버그 혹은 결함(defect)뿐 아니라 다른 이슈 관리 시스템에서 말하는 이슈(issue) 혹은 티켓(ticket)처럼 더 넓은 의미로 쓰입니다. '핫리스트' 역시 구글의 이슈 관리 시스템이 제공하는 기능입니다. 하지만 현재 맥락에서의 버그는 좁은 의미의 버그로 이해해도 무리 없습니다.

전까지 프리서브밋에서 임시로 제외시키기도 합니다. 이렇게 하면 확신이 높아지고 확실한 다른 문제를 해결하는 데 시간을 더 할애할 수 있습니다.

테스트 불안정성[test instability]도 또 다른 중요한 과제입니다. 이에 대해서는 프리서브밋 관점에서 앞서 살펴보았습니다. 불안정성 문제는 테스트를 여러 번 시도하는 방식으로 대처할 수 있습니다. 실제로 많은 팀에서 테스트가 여러 번 실행되게 설정하여 활용하는 방법입니다. 물론 테스트 코드 안에서 직접 재시도하게 코딩할 수도 있습니다.

밀폐 테스트도 테스트 불안정성(과 다른 CI 과제들)에 유용합니다. 이에 관해서는 다음 절에서 알아보겠습니다.

23.1.5 밀폐 테스트

서비스 중인 백엔드와의 통신은 안정적이지 않을 수 있어서 구글은 범위가 넓은 테스트에는 밀폐된 백엔드[16]를 주로 이용합니다. 안정성이 매우 중요한 서비스의 프리서브밋 테스트 때 특히 유용합니다. 11장에서도 잠시 소개한 밀폐 테스트의 개념을 정의하면 다음과 같습니다.

> **밀폐 테스트**[hermetic test]: 모든 것을 갖춘 테스트 환경에서 수행하는 테스트

예컨대 프로덕션 백엔드 등의 외부 의존성을 전혀 이용하지 않으며 테스트에 필요한 애플리케이션 서버나 자원 등을 모두 갖춘 환경에서 테스트하는 것을 말합니다. 이러한 밀폐 테스트에는 중요한 특징이 두 가지 있습니다. 바로 우수한 결정성[determinism] (예: 안정성)과 격리[isolation]입니다.

밀폐된 서버들에도 시스템 시간, 무작위 숫자 생성, 스레드 간 경쟁 상태 등 비결정적일 소지가 여전히 남아 있습니다. 그러나 테스트에 영향을 주는 데이터가 적어도 외부 의존성 때문에 바뀔 일은 없으므로 똑같은 애플리케이션과 테스트 코드로 두 번 테스트하면 같은 결과를 얻을 것입니다. 밀폐 테스트가 실패한다면 최근 수정한 애플리케이션 코드나 테스트가 원인일 것입니다(때로는 밀폐 테스트 환경을 다시 구성해서 실패하는 일도 있습니다만, 흔한 일은 아닙니다). 이러한 이유로 CI 시스템은 추가 정보를 제공하기 위해 몇 시간 혹은 며칠 후에 테스트를 다시 실행하며, 이때 밀폐된 환경 덕에 실패 원인의 범위를 더 쉽게 좁힐 수 있습니다.

---

16 (블로그 글) Hermetic Servers. *https://oreil.ly/-PbRM*

두 번째 주요 특징인 격리는 프로덕션의 문제가 밀폐 테스트에 영향을 주지 않는다는 뜻입니다. 밀폐 테스트는 보통 기기 한 대에서 수행하므로 네트워크 연결 문제는 걱정하지 않아도 됩니다. 반대도 마찬가지입니다. 밀폐 테스트를 실행해 발생하는 문제는 프로덕션에 영향을 주지 않습니다.

밀폐 테스트는 누가 실행하느냐에 따라 성공 여부가 달라지지 않습니다. 따라서 CI 시스템이 수행한 테스트를 누구든 다시 돌려볼 수 있고 (특히 라이브러리 개발자는) 다른 팀의 테스트도 돌려볼 수 있습니다.

밀폐 테스트에 필요한 백엔드는 가짜 서버^{fake server}로 대체할 수 있습니다(13장 참고). 실제 백엔드보다 저렴하게 이용할 수 있죠. 하지만 유지보수가 필요하며 아무래도 충실성 측면에서 한계가 있습니다.

프리서브밋을 가치 있는 통합 테스트로 만들려면 필요한 전체 구성요소를 샌드박스에 담아 시작하는 완벽하게 밀폐된 설정을 활용하는 방법이 가장 깔끔합니다.[17] 이런 설정을 쉽게 만들 수 있도록 구글은 데이터베이스 같은 자주 쓰이는 구성요소는 바로 이용할 수 있는 샌드박스 설정을 제공합니다. 구성요소가 몇 개 안 되는 작은 애플리케이션을 테스트할 때 특히 유용합니다. 하지만 구글에는 몇 가지 예외가 있습니다. 대표적으로 DisplayAds는 프리서브밋은 물론 포스트서브밋 때도 매번 약 400대의 서버를 새로 구동시킵니다. 하지만 이 시스템이 만들어진 이후 대규모 시스템에 더 적합한 기록/재생이라는 패러다임이 등장했습니다. 기록/재생은 일반적으로 거대한 샌드박스보다 경제적입니다.

기록/재생 시스템은 운영 중인 백엔드에서 실제 요청과 응답을 기록해둔 후 밀폐 테스트 환경에서 재생해줍니다(14장 참고). 테스트 불안정성을 줄여주는 강력한 도구죠. 하지만 테스트를 깨지기 쉽게 만든다는 약점이 있어서 거짓 양성과 거짓 음성 사이에서 균형을 맞추기가 어렵습니다.

거짓 양성

실패해야 할 테스트가 성공합니다. 예를 들면 잘못된 결과가 나와야 할 때도 캐시에 기록해둔 정상적인 값을 반환하는 경우입니다.

---

17 현실에서 정말로 완벽한 샌드박스 테스트 환경을 꾸리기란 말처럼 쉽지 않습니다. 하지만 외부 의존성만 최소로 줄여도 필요한 만큼의 안정성을 확보할 수 있을 것입니다.

거짓 음성

성공해야 할 테스트가 실패합니다. 기록해둔 데이터가 잘못되었을 때 발생합니다. 응답 데이터를 업데이트해야 하는데, 데이터를 다시 기록하는 데는 시간이 걸립니다. 그동안 해당 테스트는 실제로는 아무 문제가 없음에도 계속 실패할 것입니다. 서브밋이 진행되지 못하게 가로막기 때문에 바람직하지 않습니다.

이상적으로 기록/재생 시스템은 문제가 있는 변경만 감지해야 하고, 요청이 유의미하게 변경될 때만 테스트가 실패해야 합니다. 유의미한 변경 때문에 문제가 생겼다면 코드 변경 작성자는 응답 데이터를 업데이트하고 테스트를 다시 수행합니다. 여전히 실패한다면 진짜 문제를 찾은 것입니다. 하지만 끊임없이 변화하는 거대한 시스템에서 요청이 언제 유의미하게 바뀌는지를 알아내기란 매우 어려울 것입니다.

밀폐형 구글 어시스턴트

구글 어시스턴트는 엔지니어가 종단간 테스트를 수행할 수 있는 프레임워크를 제공합니다. 또한 질의를 설정할 수 있고, 스마트폰이나 스마트홈 기기를 시뮬레이션할지 여부를 지정할 수 있고, 구글 어시스턴트와 주고받는 응답 전반을 검증할 수 있는 테스트 픽스처test fixture를 제공하죠.

이 프레임워크가 선물한 가장 큰 혜택은 프리서브밋 단계의 테스트 스위트를 완벽하게 밀폐해줬다는 것입니다. 과거, 밀폐되지 못한 테스트를 실행하던 시절의 구글 어시스턴트팀은 빈번하게 실패를 맛봐야 했습니다. 어느 날 이 팀은 테스트 결과를 무시하고 50개가 넘는 코드 변경을 그냥 통과시키기에 이르렀습니다. 마침내 프리서브밋을 밀폐시키자 런타임의 크기가 14배나 줄었고 비결정적인 테스트는 사실상 사라졌습니다. 물론 여전히 실패할 때가 있습니다만, 대체로 원인을 찾고 롤백하기가 매우 쉬워졌습니다.

지금은 밀폐하지 못하는 테스트는 포스트서브밋으로 옮겼습니다. 실패를 한 데로 모은 것이죠. 종단간 테스트 실패를 디버깅하기는 여전히 어렵습니다. 어떤 팀은 시도할 시간조차 없어서 테스트를 비활성화하기도 합니다. 모두의 개발을 중단시키는 것보다는 낫다지만 잘못하면 프로덕션 환경에 배포된 후에야 문제가 터질 수 있습니다.

어시스턴트팀은 캐시 메커니즘을 섬세히 튜닝하고 있습니다. 예전에는 포스트서브밋 단계에서만 발견할 수 있던 유형의 문제들을 불안정성을 최소화하여 프리서브밋 단계에서 더 많이 잡아내는 게 목표입니다.

또 다른 과제는 구성요소들을 각자의 마이크로서비스로 옮겨 탈중앙화한 어시스턴트의 프리서브밋 테스트를 어떻게 수행하느냐입니다. 어시스턴트는 거대하고 복잡한 서비스라서 밀폐된 스택에서 프리서브밋 테스트를 수행하려면 필요한 엔지니어링 작업, 조율, 자원 측면에서 매우 비쌉니다.

마지막으로, 이 팀은 영리한 포스트서브밋 실패-격리 전략post-submit failure-isolation strategy을 새로 고안하여 탈중앙화의 이점을 살리고 있습니다. 어시스턴트가 N개의 마이크로서비스로 구성된다고 해보죠. 그리고 포스트서브밋 테스트 환경에 배포되는 서비스는 N개 중 1개만 헤드에서 컴파일한 버전이고, 나머지 N − 1개는 프로덕션 버전(혹은 프로덕션과 가까운 버전)을 이용합니다. 이런 식으로 헤드 버전의 서비스를 바꿔가며 테스트를 총 N번 수행합니다. 새로 빌드한 서비스의 문제를 격리하는 멋진 방법이죠. 다음 그림은 서비스가 4개일 때의 모습입니다.

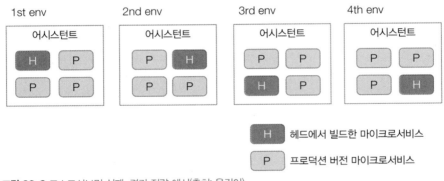

그림 23-3 포스트서브밋 실패-격리 전략 예시(출처: 옮긴이)

여기서 끝이 아닙니다. 이 방식은 일반적으로 $O(N^2)$만큼의 비용이 듭니다(서비스가 4개면 총 16개의 서비스를 새로 만들어 구동해야 합니다). 하지만 어시스턴트팀은 **핫스왑**hotswap이라는 멋진 기술을 활용해 이 비용을 $O(N)$으로 낮췄습니다. 핫스왑은 서비스로의 요청 시 백엔드 주소를 재활용 풀에 이미 존재하는 서비스의 주소로 동적으로 교체하는 기술입니다. 앞의 그림과 똑같이 헤드 버전의 서비스들은 그대로 한 번에 하나씩 띄우되 다음 그림처럼 프로덕션 버전 서비스들은 계속 재활용하는 것입니다.

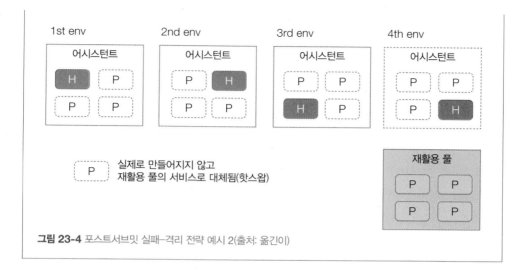

그림 23-4 포스트서브밋 실패-격리 전략 예시 2(출처: 옮긴이)

이번 절에서 살펴봤듯이 밀폐 테스트는 더 큰 테스트의 불안정성을 줄여주고 실패를 효과적으로 격리해줍니다. 바로 앞 절에서 이야기한 CI의 주요 골칫거리들을 해소해주는 것입니다. 하지만 밀폐형 백엔드 방식은 자원을 더 많이 쓰고 설정하는 시간도 필요하기 때문에 더 비싼 선택이 될 수도 있습니다. 그래서 많은 팀이 밀폐형 백엔드와 실제 백엔드를 조합해 테스트합니다.

23.2 지속적 통합 @ 구글

이제부터는 구글이 CI를 어떻게 시행하고 있는지 한 걸음 더 들어가보겠습니다. 가장 먼저 구글의 글로벌 지속적 빌드 시스템인 TAP을 소개하죠. TAP은 구글의 팀 대다수가 이용합니다. TAP이 앞 절에서 살펴본 관례들을 어떻게 지원하고 과제들에는 어떻게 대응하는지 살펴볼 것입니다. 그런 다음 구글 테이크아웃이라는 애플리케이션을 예로 들어, 테이크아웃이 플랫폼으로서 그리고 서비스로서 널리 퍼져나가는 데 CI가 어떻게 일조했는지 알아보겠습니다.

23.2.1 TAP: 구글의 글로벌 지속적 빌드 시스템

구글은 TAP^{Test Automation Platform}이라는 시스템을 이용해 코드베이스 전체를 지속적으로 빌드합니다. 구글의 자동화 테스트 대부분의 실행을 TAP이 책임지죠. 우리는 모노리포를 이용하므로 자연스럽게 TAP이 구글에서 만들어지는 거의 모든 변경의 수문장 역할을 합니다. 매일같이 5만 개 이상의 변경을 처리하고 40억 개 이상의 테스트 케이스를 실행합니다.

TAP은 구글 개발 인프라의 심장과 같습니다. 프로세스는 매우 간단합니다. 엔지니어가 코드를 서브밋하면 TAP이 연관된 테스트를 실행한 후 성공 여부를 보고합니다. 테스트에 통과하면 변경을 코드베이스에 반영할 수 있게 됩니다.

프리서브밋 최적화

문제를 빠르고 일관되게 잡아내려면 모든 변경을 예외 없이 테스트해야 합니다. 지속적 빌드가 없다면 테스트 수행이 개인 엔지니어의 재량에 맡겨집니다. 그러면 모든 테스트를 실행하고 모든 실패를 살펴보는 열성적인 엔지니어가 나타납니다.

이미 얘기한 것처럼 프리서브밋 단계에서 너무 많은 테스트를 실행하느라 시간을 지체하면 개발 흐름이 심하게 방해받습니다. 실제로 테스트에 몇 시간이 걸리는 경우도 있습니다. 이 시간을 최소로 줄이기 위해 구글의 지속적 빌드에서는 잠재적으로 실패할 수 있는 변경이라도, 즉 가능한 모든 테스트를 다 돌려보지 못한 상태로 리포지터리에 반영할 수 있게 허용합니다.

구체적으로 설명하면, 우선 팀별로 빠르게 실행할 수 있는 테스트들을 따로 추려달라고 요청합니다. 주로 단위 테스트들로 구성되죠. 이 테스트들은 변경을 서브밋하기 전에(보통은 코드 리뷰 때), 즉 프리서브밋용으로 쓰입니다. 경험적으로 프리서브밋을 통과한 변경은 95% 이상의 매우 높은 확률로 나머지 테스트도 통과합니다. 따라서 큰 걱정 없이 코드베이스에 통합해 다른 엔지니어들과 공유하도록 허용합니다.

이렇게 변경이 서브밋되면 TAP이 잠재적으로 영향받을 수 있는 '모든' 테스트를 '비동기적'으로 수행합니다. 더 크고 느린 테스트들은 이때 실행됩니다.

TAP이 실행하는 테스트가 실패하면 다른 엔지니어의 작업에 방해되지 않도록 해당 변경을 빠르게 수정해야 합니다. 우리는 실패하는 테스트를 놔둔 채로 새로운 코드를 커밋하지 말라는 문화적 규범을 확립해 강조하고 있습니다(불규칙한 테스트가 골칫거리지만). 따라서 변경 하나가 TAP 빌드를 통과하지 못하면 그 팀은 후속 개발이나 새로운 릴리스를 하지 못합니다. 따라서 반드시 실패 원인을 빠르게 찾아 조치해야 합니다.

이를 위해 팀별로 빌드 경찰Build Cop을 둡니다. 빌드 경찰은 담당 프로젝트의 테스트를 모두 통과시키는 일을 책임집니다. 누구 때문에 실패했는지는 무관합니다. 빌드 경찰은 테스트 실패를 목격하는 즉시 하던 일을 멈추고 빌드를 고쳐야 합니다. 일반적으로 문제를 일으킨 변경을 찾아내어 롤백할지 패치할지를 결정합니다. 패치는 대체로 위험이 커서 롤백을 권장합니다.

실제로 완벽한 테스트 전에 커밋부터 할 수 있게 한 정책은 실보다 득이 많습니다. 변경 서브밋은 주로 백그라운드에서 이루어지며 평균 11분이 소요됩니다. 빌드 경찰 제도까지 도입하면 오래 걸리는 테스트가 찾아주는 실패도 효율적으로 찾아 조치할 수 있어서 업무가 중단되는 시간이 최소로 줄어듭니다.

범인 찾기

구글에서는 테스트 스위트가 많고 너무 커서 테스트를 실패하게 한 변경을 정확하게 짚어내는 일 또한 큰 문제입니다. 이론적으로는 정말 쉽습니다. 변경을 하나 골라잡아 테스트하고, 실패하면 '범인이다'라고 소리치면 됩니다. 하지만 안타깝게도 비결정적인 테스트가 만연하고(비중은 적지만 절대 개수가 많음) 테스트 인프라 자체도 간헐적으로 문제가 생겨서 '진짜' 실패인지를 확신하기가 쉽지 않습니다. 설상가상으로 TAP이 매일 처리해야 하는 변경이 너무 많다 보니(초당 1개 이상) 모든 변경에 매번 테스트 전부를 수행할 수 없는 상황에 이르렀습니다. 그래서 관련된 테스트들을 배치로 묶어 일괄 처리하는 식으로 수행할 테스트의 총수를 줄이고 있습니다. 이 정책으로 테스트를 실행하는 속도는 높였지만 배치에 속한 변경 중 어느 것이 테스트를 실패하게 만들었는지는 곧바로 알 수 없게 되었습니다.

범인 색출 속도를 높이기 위해 우리는 두 가지 방식을 활용합니다. 첫째, 실패 시 TAP은 자동으로 변경 각각을 독립적으로 다시 테스트합니다. 이 방식은 때론 시간이 오래 걸릴 수 있습니다. 그래서 이진 검색으로 범인을 색출하는 도구를 만들어서 개인 개발자가 이용할 수 있도록 배포했습니다.

실패 관리

문제를 일으킨 변경을 찾아냈다면 가능한 한 신속하게 고쳐야 합니다. 실패하는 테스트가 존재하면 테스트 스위트의 신뢰도가 추락하는 건 시간문제입니다. 앞서 이야기했듯이 멈춘 빌드가 다시 구동되게 하는 건 빌드 경찰의 일입니다. 그리고 빌드 경찰이 선택할 수 있는 가장 효과 좋은 수단은 '롤백'입니다.

변경을 롤백하면 시스템을 이전의 멀쩡했던 상태로 즉시 돌려놓기 때문에 멈춘 빌드를 수정하는 가장 빠르고 안전한 방법일 때가 많습니다.[18] 그래서 TAP에도 특정 변경이 범인이라고 확신한다면 자동으로 롤백시키는 기능을 추가했습니다.

빠른 롤백과 테스트 스위트가 힘을 모아 구글의 생산성을 지탱해줍니다. 테스트는 변경에 문제가 없다는 확신을 주고, 롤백은 변경을 되돌릴 수 있다는 확신을 줍니다. 테스트 없이는 롤백역시 안전하게 수행할 수 없습니다. 롤백이 없다면 테스트 실패를 빠르게 조치할 수 없어서 시스템을 믿지 못하게 됩니다.

자원 제약

엔지니어가 로컬에서 테스트할 수도 있지만 대부분의 테스트는 Forge라는 분산 빌드&테스트시스템으로 실행합니다. Forge를 이용하면 엔지니어는 자신의 빌드와 테스트를 데이터센터에서 최대한 병렬화해 실행할 수 있습니다. 구글 규모에서는 엔지니어들이 요청할 때마다 모든테스트를 실행하려면, 그리고 지속적 빌드가 주도하는 테스트까지 더하면 막대한 자원이 필요합니다. 구글이 보유한 엄청난 컴퓨팅 자원으로도 Forge와 TAP에 필요한 양을 충분히 공급할수 없습니다. 이러한 자원 제약에서 벗어나고자 TAP을 이용하는 엔지니어들은 어떤 테스트를언제 실행해야 하는지를 선택하는 영리한 방법을 고안해냈습니다.

테스트 선택 메커니즘의 핵심은 각 변경의 다운스트림 의존성 그래프 분석입니다. 마침 구글의분산 빌드 도구인 Forge와 Blaze가 글로벌 의존성 그래프의 준 실시간 버전을 관리하고 있어서 곧바로 TAP에 제공할 수 있었습니다. 그 결과 TAP은 변경의 다운스트림에 해당하는 테스트를 빠르게 추려서 최소의 테스트만으로 변경이 안전한 지를 확인할 수 있습니다.

TAP 이용에 영향을 주는 또 다른 요인은 실행되는 테스트의 속도입니다. TAP은 대체로 테스트 수가 적은 변경을 먼저 처리합니다. 그래서 자연스럽게 엔지니어들은 하나의 문제에만 집중하여 변경을 작게 만듭니다. 테스트 1,000개를 돌려야 하는 변경은 100개를 돌려야 하는 변경보다 바쁜 날에는 수십 분을 더 기다려야 합니다. 엔지니어들이 기다리는 시간을 줄이기 위해더 작고 목표가 분명한 변경을 만들게 되어 모두에게 이로운 문화가 형성됩니다.

---

18 클릭 두 번이면 구글 코드베이스에 반영된 어떤 변경도 롤백할 수 있습니다.

23.2.2 사례 연구: 구글 테이크아웃

구글 테이크아웃^{Google Takeout}은 데이터 백업 및 다운로드 제품으로, 2011년에 시작되었습니다. 테이크아웃 제작자들은 '어디를 가든 자신의 데이터를 쉽게 이용할 수 있어야 한다'라는 뜻의 '데이터 해방^{data liberation}'이라는 아이디어를 개척해나갔습니다. 테이크아웃을 몇 가지 구글 제품에 통합하여 사용자의 사진과 연락처 목록 등을 보관해뒀다가 언제든 다운로드할 수 있도록 했습니다. 작게 시작했던 이 제품은 순식간에 다양한 구글 제품이 활용하는 플랫폼이자 서비스로 성장했습니다. 효과적인 CI가 꼭 거대한 프로젝트를 지탱하는 데만 필요한 게 아닙니다. 오히려 이렇게 빠르게 성장하는 애플리케이션에 특히 더 중요합니다. 이제부터 테이크아웃 성장 이야기를 CI를 중심으로 풀어보겠습니다.

시나리오 1: 데브 배포의 계속된 실패

문제 상황

테이크아웃은 구글 차원의 강력한 데이터 백업 및 다운로드 도구로 명성을 얻기 시작했습니다. 그러자 자신들의 제품에도 기능을 통합하고 싶어진 여러 팀에서 테이크아웃팀에 API를 공개해 달라고 요청했습니다. 실제로 구글 드라이브의 폴더 다운로드와 Gmail의 압축 파일 미리보기 기능에서 테이크아웃을 이용합니다. 이렇게 구글 테이크아웃의 백엔드는 최소 10개 이상의 구글 제품이 다양한 기능에 활용하는 API를 제공할 만큼 성장했습니다.

테이크아웃팀은 새로운 API에 맞춰 매번 새로운 바이너리를 만들기보다는 똑같은 바이너리를 용도에 맞게 커스텀하여 쓸 수 있도록 하여 배포했습니다. 예를 들어 대량 다운로드가 필요한 구글 드라이브 환경에서는 저장소 용량 대부분을 파일용으로 예약해두고, 공개 폴더에서는 로그인하지 않은 사용자도 다운로드할 수 있도록 해주는 특수한 인증 로직을 추가할 수 있는 식입니다.

오래지 않아 '플래그 문제^{flag issue}'가 불거졌습니다. 인스턴스 중 하나에 추가된 플래그가 다른 인스턴스를 오작동하게 만들고, 설정이 호환되지 않아 가동조차 안 되는 서버가 생겨 배포를 중단시켰습니다. 기능 설정 말고도 보안과 ACL^{access control list} 설정도 필요했습니다. 예를 들어 구글 드라이브의 다운로드 서비스 고객은 암호화된 기업용 Gmail 내보내기 서비스용 키에 접근할 수 없어야 합니다. 설정은 날로 복잡해졌고, 거의 매일 밤 문제를 일으키기에 이르렀습니다.

얽힌 설정을 풀고 모듈화하려는 노력이 있었지만 더 큰 문제가 나타났습니다. 테이크아웃 엔지니어가 코드를 변경하고 싶어도 각각의 설정에 맞춰 서버를 구동하고 수동으로 테스트하기란 현실적으로 불가능했습니다. 설정이 잘못돼도 다음날 배포되고 나서야 깨닫기 일쑤였죠. 프리서브밋과 포스트서브밋(TAP) 때 실행할 단위 테스트도 준비해놨지만 이런 류의 문제를 다 잡아내기에는 역부족이었습니다.

조치

테이크아웃팀은 작은 샌드박스 환경을 만들어서 프리서브밋 단계에서 각 인스턴스를 테스트했습니다. 모든 서버가 성공적으로 구동되면 통과입니다. 그 결과 설정 잘못으로 서버가 손상되는 일의 95%를 잡아냈고 일일 배포nightly deployment 실패를 절반으로 줄였습니다.

샌드박스화한 프리서브밋 테스트로 배포 실패를 극적으로 줄였지만 완벽하게 없애진 못했습니다. 특히 테이크아웃의 종단간 테스트 때문에 배포가 중단되는 일이 빈번했습니다. 그렇다고 종단간 테스트들을 프리서브밋 때 실행하기는 어려웠습니다(테스트용 계정을 이용했지만, 경우에 따라 실제 계정처럼 동작하며 똑같은 수준의 보안 및 개인정보 보호가 필요했기 때문입니다). 프리서브밋에 적합하게 새로 설계하는 일도 만만치 않았습니다.

종단간 테스트를 프리서브밋 단계에서 할 수 없다면 언제 수행해야 할까요? 테이크아웃팀은 종단간 테스트 결과를 다음날 데브 환경에 배포되기 전에 받길 원했고, 2시간마다 수행하면 괜찮겠다고 생각했습니다. 하지만 전체 데브 배포를 이렇게 자주 하고 싶지는 않았습니다. 엔지니어들이 데브 환경에서 테스트하는 장기 실행 프로세스들에 방해가 될 것이기 때문이었죠. 별도의 공유 테스트 환경을 꾸리는 방법 역시 자원 프로비저닝 부담이 너무 컸고, 범인을 찾으려면(실패를 유발한 배포를 찾으려면) 원치 않게 사람이 개입해야 할 수 있었습니다.

그래서 결국 프리서브밋용 샌드박스 환경을 재활용하여 포스트서브밋 환경용으로 확장하였습니다. 어렵지 않았죠. 프리서브밋과 달리 포스트서브밋은 테스트 계정용 보안 보호장치와 호환되기 때문에(이미 리포지터리에 반영된 코드로 빌드되었기 때문에) 종단간 테스트도 수행할 수 있었습니다. 포스트서브밋 CI는 2시간마다 구동되어 녹색 헤드로부터 최신 코드와 설정을 가져오고, RC를 생성하고, 데브에서 수행하는 것과 똑같은 종단간 테스트 스위트를 실행했습니다.

교훈

더 빠른 피드백 루프를 구축하여 데브 배포 문제들을 예방할 수 있었습니다.

- 테스트 시점을 일일 배포 후에서 프리서브밋 단계로 앞당김으로써 잘못된 설정으로 인한 실패를 95% 예방하고 일일 배포 실패를 절반으로 줄였습니다.
- 종단간 테스트 모두를 프리서브밋으로 옮길 수는 없었지만 2시간마다 수행되는 '포스트서브밋'으로 옮기는 건 가능했습니다. 그 결과 실패 비율이 1/12로 줄어드는 효과를 보았습니다.

시나리오 2: 해독할 수 없는 테스트 로그

문제 상황

더 많은 구글 제품이 테이크아웃을 통합하면서 테이크아웃은 더 성숙한 플랫폼으로 거듭나기 시작했습니다. 그 일환으로 플러그인 메커니즘을 구축하여 각 제품에서 원하는 데이터를 가져오는 코드를 추가할 수 있도록 했습니다. 예를 들어 구글 포토Google Photos에서는 사진과 앨범 메타데이터 등을 가져오는 플러그인을 만들어 이용했습니다. 테이크아웃은 이제 90개가 넘은 구글 제품에 통합되었습니다.

테이크아웃의 종단간 테스트는 실패 시 로그를 쏟아냈습니다. 하지만 90개가 넘는 제품에 통합된 시점에 적합한 방식은 아니었죠. 더 많은 제품에 통합될수록 실패 횟수도 늘어났습니다. 포스트서브밋 CI 도입으로 테스트를 더 쉽게 자주 수행할 수 있게 되었지만 잦은 실패로 쌓인 로그들을 다 살펴볼 수 없었습니다. 로그가 개발자를 좌절시키고 시간을 좀먹는 원흉이 되자 테스트는 거의 항상 실패했습니다.

조치

테스트를 리팩터링하여 동적으로 설정할 수 있는 스위트로 탈바꿈시켰습니다(매개변수화 테스트 실행기parameterized test runner[19] 이용). 개별 테스트의 결과가 녹색인지 적색인지를 깔끔한 UI로 보여줘서 로그를 파헤칠 일이 사라졌습니다. 디버깅도 훨씬 쉬워졌습니다. 대표적으로 실패 메시지에 해당 로그의 링크를 함께 제공하여 오류 메시지를 바로 확인할 수 있게 했습니다. 예컨대 테이크아웃이 Gmail로부터 파일을 가져오지 못했다면 테스트가 테이크아웃 로그로부터 해당 파일의 ID를 검색해주는 링크를 동적으로 생성한 다음, 이 링크를 테스트 실패 메시지에 포함시킵니다. 이렇게 하여 제품별 플러그인 개발자의 디버깅 프로세스 상당 부분을 자동화했고, 테이크아웃팀에 로그를 첨부해 도움을 청하는 빈도도 크게 줄였습니다(그림 23-5).

....
19 (JUnit 4의 매개변수화 테스트 문서) Parameterized tests. *https://oreil.ly/UxkHk*

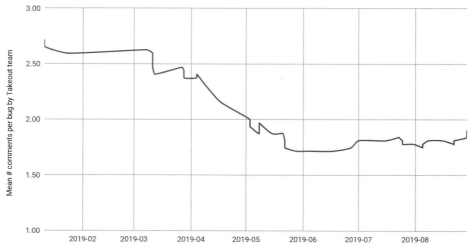

그림 23-5 클라이언트에서 발생하는 버그당 테이크아웃팀이 단 댓글 수 평균

교훈

CI가 볼 수 있고 조치 가능한 피드백을 주면 테스트 실패가 줄고 생산성이 높아집니다. 테이크아웃팀이 클라이언트(제품별 플러그인) 디버깅을 지원하는 비율을 35%나 줄였습니다.

시나리오 3: '구글 전체' 디버깅

문제 상황

테이크아웃 CI에서 예상치 못한 흥미로운 부작용이 나타났습니다. 테이크아웃은 90개 이상의 제품에 통합되어 테스트되었기에 사실상 구글 전체를 테스트하는 꼴이 되었습니다. 그 결과 테이크아웃과 무관한 문제들까지 잡아내게 되었습니다. 매우 멋진 일이었습니다. 그래서 테이크아웃이 구글 제품들의 전반적인 품질 개선에 기여하게 되었습니다. 하지만 테이크아웃 자체의 CI 프로세스에 문제를 일으켰습니다. 어느 문제가 자체 빌드 때문이고(소수) 어느 문제가 API로 느슨하게 결합된 다른 마이크로서비스 때문인지(다수) 구분하기 어려웠습니다. 그래서 테스트 실패를 더 정밀하게 격리해주는 방법이 필요해졌습니다.

조치

해법은 포스트서브밋 CI에서 실행한 것과 완벽히 똑같은 테스트 스위트를 프로덕션을 대상으로도 지속해서 실행하는 것이었습니다. 구현 비용도 저렴했고, 새로운 빌드 때문에 발생한 실패와 프로덕션에서 발생하는 실패(예: 다른 구글 팀에서 릴리스한 마이크로서비스의 결과)를 잘 구분해줬습니다.

교훈

프로덕션과 포스트서브밋 CI 모두에서 똑같은 테스트 스위트를 실행하면 실패 원인을 저렴하게 구분할 수 있습니다. (이때 포스트서브밋 단계에서는 새로 빌드한 바이너리를 운영 중인 백엔드와 조합해 테스트합니다.)

남은 과제

계속해서 테이크아웃이 더 많은 제품에 통합되고 각 제품이 더 복잡해지면서 '구글 전체'를 테스트[20]하는 부담 역시 점점 커질 것입니다. CI와 프로덕션의 결과를 수동으로 비교하려면 빌드 경찰의 소중한 시간을 비효율적으로 허비하게 됩니다.

향후 개선

테이크아웃의 포스트서브밋 CI에 기록/재생 방식의 밀폐 테스트를 시도해볼 수 있을 것입니다. 이론적으로는 백엔드 제품 API에서 발생하는 실패는 테이크아웃 CI에서 사라질 것입니다. 그러면 테스트의 원래 목적인 '이전 2시간 동안의 테이크아웃 변경 때문에 발생한 실패'를 더 확실하고 효과적으로 잡아내줄 것입니다.

시나리오 4: 녹색 유지

문제 상황

테이크아웃 플랫폼의 종간단 테스트는 각 제품의 플러그인들까지 포함시켜 진행됩니다. 따라서 플러그인이 계속 늘어나다 보면 종단간 테스트는 거의 항상 실패할 것입니다. 모든 실패를 즉시 수정한다는 건 불가능합니다. 플러그인 때문에 실패하는 경우가 많을 텐데, 플러그인은 테이크아웃팀이 직접 통제할 수 없는 영역이기 때문입니다. 또한 실패마다 중요도가 다를 수 있습니다. 특히 우선순위가 낮은 버그와 테스트 코드의 버그 때문에 릴리스가 중단되어서는 안 됩니다. 문제의 테스트를 주석처리하여 비활성화하면 간단하지만 자칫하면 이런 실패가 발생

---

20 물론 해당 제품의 문제 대부분은 담당 팀에서 잡아내기 때문에 과장된 표현입니다.

했다는 사실 자체를 잊어버리기 쉽습니다.

흔히 각 제품에서 플러그인에 새로운 기능을 추가할 때 테스트가 실패하곤 합니다. 예를 들어 유튜브 플러그인이 재생 목록 가져오기 기능을 새로 출시하려는 경우, 정식 출시 몇 달 전부터 데브 환경에서'만' 테스트를 활성화하고 충분히 검증될 때까지 프로덕션에서는 비활성화해둡니다. 유튜브팀은 플러그인을 환경에 따라 다르게 테스트한다는 뜻입니다. 하지만 테이크아웃의 테스트에서 확인할 수 있는 결과는 둘 중 하나뿐이므로 기능을 새로 출시할 때면 환경에 맞춰 테스트들을 수동으로 선별해 비활성화해야 했습니다.

조치

테이크아웃팀은 실패하는 테스트에 해당 버그를 태그하여 비활성화한 다음 담당 팀(대부분 제품 플러그인팀)에 전달하는 전략을 취했습니다. 테스트가 실패해도 버그가 태그되어 있으면 테스트 프레임워크는 조용히 넘어갑니다. 이런 식으로 테스트 스위트는 녹색을 유지할 수 있습니다(알려진 문제 외에는 모든 테스트가 통과).

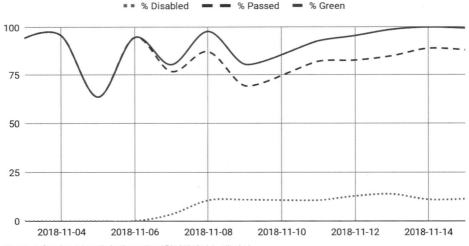

그림 23-6 (문제를 일으키는) 테스트를 비활성화하여 녹색 달성

기능 출시 이야기에 적용해보죠. 새로운 기능을 출시하려는 플러그인 엔지니어는 특정 기능을 활성화하는 기능 플래그의 이름이나 해당 코드 변경의 ID를 명시할 수 있습니다. 이때 기능 활성화 시의 결과와 아닐 때의 결과를 함께 기록해둡니다. 그런 다음 기능 활성화 여부를 테스트

환경에 질의하고 적절한 예상 결과와 비교하는 로직을 테스트에 추가합니다.

비활성화된 테스트들로 버그 태그가 점점 늘어나고 업데이트되지 않자 테이크아웃팀은 청소 작업도 자동화했습니다. 테스트들은 이제 구글 버그 추적 시스템의 API를 호출하여 버그가 해결되었는지를 스스로 확인합니다. 실패한다고 태그된 테스트가 설정된 기간 이상 계속 성공한다면 태그를 지우라는 메시지를 출력합니다(그리고 해당 버그가 아직 미해결 상태라면 해결됐다고 바꿔줍니다). 예외가 하나 있습니다. 바로 불규칙한 테스트죠. 불규칙한 테스트의 경우 따로 '불규칙함flaky'이라고 태그할 수 있으며, 이런 테스트는 비록 성공하더라도 태그를 청소하라는 메시지를 출력하지 않습니다.

이상의 개선으로 [그림 23-7]과 같이 거의 스스로 관리되는 테스트 스위트가 만들어졌습니다.

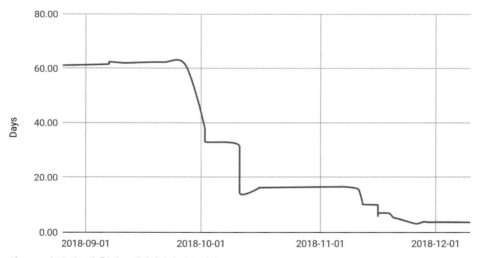

그림 23-7 수정 서브밋 후 버그 해결까지의 평균 시간

교훈

즉시 수정할 수 없는 테스트를 비활성화하는 방법은 테스트 스위트를 녹색으로 유지하면서 실패하는 테스트들을 잊지 않게 해주는 실용적인 정책입니다. 여기에 기능 출시 관리와 수정된 테스트의 버그 업데이트 등, 테스트 스위트 유지보수까지 자동화하면 스위트를 깔끔하게 관리하는 동시에 기술 부채를 남기지 않을 수 있습니다. [그림 23-7]의 지표를 데브옵스 용어로는 MTTCU(평균 청소 시간mean time to clean up)라고 합니다.

다음 단계로는 버그 신고와 태그 달기 자동화를 생각해볼 수 있습니다. 이 작업은 여전히 수동으로 이루어지고 부담되는 프로세스입니다. 앞에서 언급했듯이 몇몇 큰 팀에서는 이 일도 이미 진행 중입니다.

추가 과제

지금까지 설명한 시나리오 외에도 테이크아웃 CI가 풀어야 할 문제는 아직 많습니다. 예를 들어 23.1.4절에서 업스트림 서비스의 실패를 격리하기가 어렵다고 이야기했는데, 테이크아웃도 겪고 있는 문제입니다. 테이크아웃은 여전히 업스트림 서비스에서 드물게 발생하는 장애에 영향을 받습니다. 예를 들어 테이크아웃의 '드라이브 폴더 다운로드' API가 이용하는 스트리밍 인프라에 적용된 보안 업데이트가 프로덕션에 배포되면 아카이브 복호화가 실패하기도 합니다. 업스트림 서비스들은 자체 프로세스를 거쳐 테스트됩니다. 하지만 프로덕션에 배포되었을 때 테이크아웃과 호환되는지를 CI가 자동으로 확인할 간단한 방법은 없습니다. 초기에는 '업스트림 스테이징' CI 환경을 만들어서 프로덕션 테이크아웃 바이너리와 스테이징 버전의 업스트림 의존성들을 모아 테스트하였습니다. 하지만 스테이징 버전과 프로덕션 버전 사이의 호환성 문제가 더해져서 관리하기 어려웠습니다.

23.2.3 하지만 나는 CI를 감당할 여력이 없어

이상의 모든 이야기가 멋지고 옳다고 생각될지라도 이런 시스템을 구축할 시간도 자금도 없다면 어떻게 해야 할까요? 보통의 스타트업보다 구글이 CI 구축에 투자할 자원이 훨씬 많은 게 사실입니다. 하지만 우리 제품 중 상당수가 너무 빨리 성장해서 필요한 수준의 CI 시스템을 개발할 시간이 부족했던 것도 사실입니다.

각자의 조직에서 서비스를 운영하며 생기는 문제 처리에 지불하고 있는 비용을 생각해보기 바랍니다. 직접적인 비용 외에 간접적인 비용도 큽니다. 예컨대 최종 사용자와 고객에게 안 좋은 인식을 심어주는 것은 물론이고 팀에도 나쁜 영향을 줍니다. 비상 대응이 잦아지면 스트레스가 쌓이고 사기는 떨어집니다.

CI 시스템 구축에는 비용이 많이 듭니다. 하지만 제품 개발 단계의 뒤(오른쪽)에서 발생하는 큰 비용을 더 앞(왼쪽) 단계에서 저렴하게 처리하도록 해주는 비용이라고 생각하면(원점 회귀) 없던 비용이 새로 생기는 것만은 아닙니다. CI는 더 안정적인 제품과 더 행복한 개발 문화를 만들어줍니다. 엔지니어들은 문제가 생기면 CI가 잡아주리라 믿고 기능 구현에 더 몰두할 수 있습니다.

23.3 마치며

구글의 CI 프로세스와 자동화 경험담을 열심히 설명해보았습니다. 하지만 우리가 완벽한 CI 시스템을 개발해냈다는 이야기는 절대 아닙니다. CI 시스템도 결국은 하나의 소프트웨어일 뿐입니다. 절대 완벽해질 수 없고, 이를 이용하는 엔지니어들과 애플리케이션의 진화하는 요구사항에 뒤처지지 않도록 꾸준히 개선해야 합니다. 테이크아웃 CI의 발전 과정과 앞으로 더 개선해야 할 영역을 이야기하면서 이 사실을 정확하게 전달하려 노력했습니다.

23.4 핵심 정리

- CI 시스템은 무슨 테스트를 언제 실행해야 할지를 결정합니다.

- 코드베이스가 오래되고 규모가 커질수록 CI 시스템이 더욱 필요해집니다.

- 빠르고 더 안정적인 테스트는 프리서브밋 단계에서, 느리고 덜 결정적인 테스트는 포스트 서브밋 단계에서 실행하도록 최적화해야 합니다.

- 볼 수 있고 조치할 수 있는 피드백이 CI 시스템을 더 효율적으로 만들어줍니다.

CHAPTER 24

지속적 배포

요즘의 기술 환경은 너무 빠르게 변하고 변화의 방향도 예측하기 어렵습니다. 그래서 제품이 경쟁력을 갖추기 위해서는 시장에 신속하게 출시할 수 있는 능력이 중요합니다. 즉, 유사 서비스와의 경쟁, 제품과 서비스 품질 유지, 새로운 규제에의 적응에 내 조직의 속도^{velocity}가 더욱 중요한 요인이 된 것입니다.

배포 시간이 이 속도의 발목을 잡을 수 있습니다. 배포는 처음 론칭 때 한 번만 이루어지는 게 아닙니다. 교육자들 사이에는 '학생과 처음 만나는 순간 모든 수업 계획이 무너진다'라는 말이 있습니다.[1] 우리 업계도 마찬가지입니다. 처음부터 완벽한 소프트웨어란 존재하지 않습니다. 단 하나 확실한 건 출시 후 업데이트해야 한다는 사실뿐입니다. 빠르게요!

소프트웨어 제품의 수명주기가 길어지면서 새로운 아이디어를 빠르게 탐색하고, 판세 변화와 사용자가 제기하는 문제에 신속히 대응하고, 조직 규모가 커져도 개발자의 속도를 유지해야 하게 되었습니다. 에릭 레이먼드의 『성당과 시장』에서 에릭 리스의 『린 스타트업』까지, 오랜 기간 성공적으로 살아남은 조직들은 하나같이 아이디어를 빠르게 실천하고 고객의 손에 최대한 빨리 전달하고 그들의 피드백에 신속하게 대응하는 능력을 갖췄습니다. 마틴 파울러는 '소프트웨어 개발에서 가장 큰 위험은 결국은 쓸데없는 무언가를 만들어내는 것입니다. 동작하는 소프트웨어를 조기에 그리고 더 자주 고객 손에 쥐어준다면 실제로 어느 정도의 가치가 있는지를 빠

---

1   옮긴이_ 마이크 타이슨의 명언도 있죠. '누구나 그럴싸한 계획을 가지고 있다. 한 대 맞기 전까지는(Everyone has a plan, until they get punched in the mouth).'

르게 확인할 수 있습니다'라고 했습니다.[2]

고객에게 제품을 보여주지 않은 채 진행하는 기간이 길수록 위험과 비용이 커집니다. 심지어 개발자 사기마저 떨어뜨릴 수 있습니다. 구글은 작업 결과의 효과를 빠르게 확인하고 변화하는 시장에 더 빨리 적응할 수 있도록 조기에 자주 릴리스하라고 (혹은 출시 후 반복하라고) 독려합니다. 코드의 가치는 서브밋 시점이 아니라 고객이 그 기능을 이용할 때 실현됩니다. 코드 완성과 사용자 피드백 사이의 시간을 단축할수록 진행 중인 작업의 비용이 줄어듭니다.

> 제품 론칭은 절대 끝이 아닙니다. 내가 지금 어디에 와 있고, 다음에 고쳐야 할 가장 중요한 건 무엇이고, 진행 상황을 측정하고, 그다음 문제를 찾아 수정하는 학습 주기가 시작됐을 뿐입니다. 절대 끝은 없습니다. 이 사실을 깨닫는다면 위대한 성취를 이루게 될 것입니다.
>
> _데이비드 위클리, 전 구글 제품 매니저

구글은 수백 명의 (때로는 수천 명의) 엔지니어가 빠르게 문제를 해결하고, 릴리스 걱정 없이 독립적으로 새로운 기능을 만들어내고, A/B 실험을 통해 신기능의 효과를 이해하기 위해서 이 책이 설명하는 관례들을 활용합니다. 이번 장에서는 쾌속 혁신에 중점을 두고 위험 관리, 큰 조직에서의 개발자 속도 향상, 출시한 각 기능의 비용과 가치 트레이드오프 이해 방법을 이야기해보겠습니다.

24.1 지속적 배포 이디엄 @ 구글

지속적 배포^{continuous delivery}(CD) 그리고 애자일 방법론의 핵심 교리는 작은 변경들을 자주 배포할수록 품질이 높아진다는 것입니다. '빠를수록 안전하다^{faster is safer}'라는 말이죠.

특히 지속적 배포를 도입하기 위한 전제조건들이 마련되지 못한 팀이라면 이 말에 쉽게 동의하기 어려울 것입니다. 모든 팀이 CD의 이상을 깨닫기까지는 시간이 걸릴 수 있으니 최종 목표에 다가가는 과정에서 독립적으로 취할 수 있는 가치들에 집중해 이야기를 풀어보겠습니다. 다음은 대표적인 가치들입니다.

- **민첩성**: 자주, 작게 릴리스합니다.

---

2 (블로그 글) Continuous Delivery. *https://oreil.ly/B3WFD*

- **자동화**: 잦은 릴리스에 수반되는 반복 작업 부담을 줄이거나 없앱니다.
- **격리**: 변경을 격리하여 문제를 쉽게 해결할 수 있도록 모듈화된 아키텍처를 지향합니다.
- **신뢰성**: 비정상 종료와 지연시간 같은 주요 상태 지표를 측정하고 꾸준히 개선합니다.
- **데이터 중심 의사결정**: A/B 실험으로 상태 지표를 비교하여 품질을 높입니다.
- **단계적 출시**: 변경을 모두에게 동시에 출시하지 않고 소수의 사용자부터 이용해보게 합니다.

처음에는 신버전 소프트웨어를 자주 출시하는 게 위험해 보일 것입니다. 고객 수가 늘어날수록 테스트에서 잡아내지 못한 버그 때문에 성난 고객들의 항의가 두려워질 것입니다. 혹은 새로운 코드가 너무 많아서 모두를 철저하게 테스트하기 어려울 수도 있습니다. 그런데 이 점이 오히려 지속적 배포가 도움되는 상황입니다. 이상적으로는 두 릴리스 사이의 변경이 적을수록 문제를 해결하기가 쉽습니다. 지속적 배포를 이용하면 모든 변경이 QA 파이프라인을 거쳐 프로덕션까지 자동으로 배포됩니다. 하지만 현실적으로 모두가 곧바로 시행할 수 있는 정책은 아닙니다. 그렇더라도 일하는 문화를 지속적 배포로 가는 중간 형태로 바꿔볼 수는 있을 것입니다. 즉, 실제로 배포하지는 않되 언제든 배포가 가능하도록 빌드하는 것이죠. 이렇게 하면 언젠가 더 자주 릴리스해도 되겠다는 자신감이 싹틀 것입니다.

24.2 속도는 팀 스포츠다: 배포를 관리 가능한 조각으로 나누기

팀이 작을 때는 변경들이 일정한 속도로 코드베이스에 도달합니다. 하지만 시간이 흘러 팀이 커지거나 하위 팀으로 쪼개지면서 안티패턴이 고개를 듭니다. 하위 팀은 다른 팀들의 발을 밟지 않기 위해 브랜치를 따서 작업을 이어갑니다. 하지만 나중에 통합할 때, 혹은 범인을 찾을 때 고생을 합니다. 구글은 모든 팀이 같은 코드베이스의 헤드에서 개발하는 쪽을 선호합니다. 대신 CI 테스트, 자동 롤백, 문제를 신속하게 식별해주는 범인 찾기 등의 지원책을 마련해두었죠. 23장에서 자세히 설명한 내용입니다.

한 가지 예로, 유튜브는 거대한 모놀리식 파이썬 애플리케이션이었습니다. 릴리스 한 번 하려면 빌드 경찰, 릴리스 매니저, 기타 지원자가 고통을 분담해야 했죠. 거의 모든 릴리스에 체리픽 변경과 복원이 다수 포함되었습니다. 원격 QA팀이 수작업으로 진행하는 50시간짜리 회귀 테스트도 거쳐야 했습니다.

릴리스 운영비가 이렇게 치솟으면서 개발자가 릴리스 시작 후 테스트해볼 수 있을 때까지 기다리는 시간이 길어졌습니다. 그 사이 누군가 거의 완성된 기능 하나를 더 추가하고 싶어 합니다. 릴리스 프로세스는 더 어려워지고 오류가 많아지고 느려집니다.

아직 끝이 아닙니다. 마지막으로 릴리스를 책임지던 전문가가 번아웃되어 팀에서 탈출했습니다. 이제 새로운 릴리스로 발생하는 비정상 종료 문제를 해결하는 방법을 아는 사람이 아무도 없습니다. 릴리스를 시작할 생각만 해도 머리가 지끈거리게 되었습니다.

릴리스 비용이 늘고 위험이 커지면 '본능적'으로 릴리스 주기를 늦춰 안정성을 확보할 기간을 늘리려 합니다. 하지만 이렇게 해서 얻는 안도감은 짧은 기간만 유지될 뿐, 멀리 보면 팀의 속도가 느려지고 팀과 고객 모두를 좌절시키는 선택입니다. '답'은 비용을 줄이고, 규율을 강화하고, 위험에 점진적으로 대응하는 것입니다. 당장의 안정을 위한 프로세스 수정에 저항하고 장기적인 아키텍처 개선에 투자해야 하는 게 핵심입니다. 눈앞의 안정만 추구한다면 낡은 개발 프로세스로 회귀하기 쉽습니다. 예를 들어, 배우고 반복할 여지를 거의 남기지 않는 계획 중심 모델로 되돌리고, 개발 프로세스를 더 철저하게 관리 감독하고, 위험 평가를 수행하여 위험이 낮은(주로 가치도 적은) 기능을 선호하게 됩니다.

가장 효과가 좋았던 투자는 마이크로서비스 아키텍처로의 전환이었습니다. 거대한 유튜브팀은 위험을 줄이는 동시에 기민함과 혁신성도 지켜냈습니다. 구글의 역사를 보면 종종 제품을 단순히 마이그레이션하는 수준이 아니라 처음부터 다시 짜는 게 올바른 선택이었습니다. 유튜브는 원하는 수준의 모듈성을 새로운 아키텍처에 녹였습니다. 수개월이 걸릴 수 있고 단기적으로는 고통스러운 선택이었습니다. 하지만 운영 비용과 이해하기 쉬워진 코드베이스와 애플리케이션의 긴 수명을 고려해보면 득이 훨씬 많을 것입니다.

24.3 변경을 격리해 평가하자: 기능 플래그로 보호하기

지속적인 릴리스를 안정적으로 수행하는 핵심은 엔지니어들이 '모든' 변경에 플래그 가드^{flag}_{guard}를 넣도록 하는 것입니다. 제품이 커질수록 서로 다른 개발 단계에 놓인 (성숙된 정도가 다른) 여러 기능이 하나의 바이너리에 공존할 확률이 높아집니다. 플래그 가드는 플래그를 이용하여 제품의 코드를 기능 단위로 제어(활성화/비활성화)하는 기법입니다. 릴리스용 빌드냐 개발용 빌드냐에 따라 다르게 설정할 수 있죠. 빌드 도구는 기능별 플래그를 확인하여 비활성화된 기능은 해당 빌드에서 제외합니다. 예를 들어 고객에게 이미 제공 중인 안정된 기능은 개발용과 릴리스용 빌드 모두에 포함시키고, 개발 중인 기능은 개발용에만 포함시킵니다. 이런 식으로 완성되지 않은 기능 때문에 최종 사용자가 피해를 입지 않도록 막아줍니다.

한 걸음 더 나아가 바이너리에 이전 기능을 실행하는 코드와 새로운 기능을 실행하는 코드를 모두 넣기도 합니다. 단지 새로운 코드를 실행하는 길목을 플래그가 막아서게 하는 것이죠. 새로운 코드가 충분히 준비됐다고 판단되면 다음 릴리스에서는 이전 기능을 실행하는 코드를 막고 새로운 기능을 데뷔시킵니다. 릴리스 후 문제가 생기면 바이너리 릴리스 없이 플래그 값만 동적으로 수정할 수 있습니다.

과거에는 제품 출시(바이너리 배포) 시간과 언론 공개 시점을 비슷하게 맞춰야 했습니다. 새로운 기능에 대한 보도자료가 발표되기 전에 릴리스를 성공적으로 마쳐야 했죠. 이 말은 새로운 기능이 언론 발표 전에 세상에 등장하며, 그 사실이 누군가에 의해 먼저 유출될 위험이 있다는 뜻입니다.

이 부분에서 플래그가 멋지게 활약할 수 있습니다. 새로운 코드가 플래그를 가지고 있고, 이 플래그를 업데이트하여 새로운 기능을 즉시 활성화할 수 있다면 신기능이 유출될 위험이 크게 줄어듭니다. 물론 플래그가 완벽한 보호수단이 될 수는 없습니다. 코드가 제대로 난독화되어 있지 못하다면 여전히 누군가 분석해낼 수 있습니다. 또한 모든 기능을 플래그로 숨기려면 코드가 너무 복잡해질 것입니다. 심지어 플래그 설정을 변경하는 일 역시 주의해서 점진적으로 진행해야 합니다. 모든 고객의 플래그를 동시에 수정하는 건 좋은 생각이 아닙니다. 따라서 설정 배포를 안전하게 관리해주는 설정 서비스를 마련해두는 게 좋습니다.

그럼에도 전체적인 제품 릴리스에서 특정 기능을 독립적으로 제어할 수 있는 능력은 제품을 장기간 살아남게 하는 데 유리한 강력한 도구입니다.

24.4 기민해지기 위한 분투: 릴리스 열차 갖추기

검색은 구글의 첫 제품이자 가장 오래된 제품입니다. 거대하고 복잡한 이 코드베이스는 구글의 기원과 맞닿아 있습니다. 실제로 코드베이스를 훑다 보면 2003년 이전에 작성된 코드도 찾을 수 있습니다. 스마트폰 시대가 막 열리기 시작했을 즈음에는 모바일용 기능을 서버 배포용 코드에 억지로 끼워 넣었습니다. 검색 UX(사용자 경험)는 생동감이 더해지고 대화식으로 바뀌어갔지만 실행 가능한 빌드를 배포하기는 점점 어려워졌습니다. 한때 우리는 검색 바이너리를 프로덕션에 매주 한 차례씩 릴리스했는데, 그마저도 잘 지켜지지 않아서 운이 따라줘야 했습니다.

이 책에 글을 기고해준 Sheri Shipe이 검색의 릴리스 속도를 높이는 프로젝트를 맡았을 당시는 릴리스 때마다 수많은 엔지니어가 며칠씩 고생하곤 했습니다. 바이너리를 빌드하고, 데이터를 통합하고, 테스트를 시작했죠. 각각의 버그가 검색 품질, UX, 수익에 어떤 영향을 줄지를 수동으로 분류해야 했습니다. 힘들고 오래 걸리고, 무엇보다 늘어나는 변경의 양과 속도를 따라잡을 수 없는 프로세스였습니다. 개발자들은 점차 자신이 만든 기능이 프로덕션에 언제 릴리스될지 알 수 없게 되었고, 자연스럽게 언론 보도와 공개 출시 일정을 잡기도 어려워졌습니다.

릴리스 프로세스가 안정되어야 의존하는 기능들과 수월하게 동기화할 수 있지만, 프로세스 안정화가 공짜로 주어질리는 없습니다. 우리는 몇 년에 걸쳐 전담 엔지니어들로 팀을 꾸려 지속적인 릴리스 프로세스를 구축했습니다. 검색 바이너리를 세상에 내놓는 모든 과정을 간소화시켰죠. 자동화할 수 있는 것은 자동화하고, 기능 서브밋 시한을 정하고, 플러그인과 데이터를 바이너리에 통합하는 작업을 단순화했습니다. 그 결과 지금은 새로운 검색 바이너리를 격일로 프로덕션에 릴리스합니다.

릴리스 주기를 예측할 수 있도록 하기 위해 우리는 어떤 트레이드오프를 선택했을까요? 크게 다음의 두 가지를 프로세스에 녹여냈습니다.

24.4.1 완벽한 바이너리는 없다

첫 번째는 '완벽한 바이너리는 없음'을 인정하는 것입니다. 특히 수십에서 수백 명이 수십 개의 커다란 기능을 독립적으로 개발해 통합해야 하는 빌드라면 더욱 완벽할 수 없습니다. 모든 버그를 수정하는 건 불가능할지라도 우리는 다음과 같은 질문을 던지는 걸 멈춰서는 안 됩니다.

- 선이 왼쪽으로 2픽셀만큼 이동하면 광고 노출과 잠재 수익에 영향이 있을까요?
- 박스 음영을 살짝 달리해보면 어떨까요?
- 시각 장애인이 읽기 어려워지지는 않을까요?

이 책의 나머지는 릴리스에서 의도하지 않은 결과를 최소로 줄이는 방법을 이야기하지만 소프트웨어는 애초에 복잡할 수밖에 없음을 결국은 인정해야 합니다. 완벽한 바이너리는 없습니다. 프로덕션에 새로운 변경을 릴리스할 때마다 무언가를 결정하고 절충해야 합니다. 핵심 성과 지표key performance indicator(KPI)와 명확한 문턱값을 활용하면 비록 완벽하지는 않더라도 기능을 출시할 수 있습니다.[3] 자칫 논란으로 이어질 결정에 확실한 근거가 되어주는 것이죠.

한 번은 필리핀의 한 섬에서만 사용하는 독특한 방언이 문제였습니다. 누군가 이 방언으로 검색을 시도하면 구글 검색은 적절한 결과 대신 빈 페이지만 보여주었죠. 우리는 이 버그를 수정하는 게 중요한 신기능 출시를 미룰 만큼의 가치가 있는지를 판단해야 했습니다.

우리는 얼마나 많은 사람이 이 방언을 쓰는지, 이 방언으로 검색할 때마다 문제가 생기는지, 이 사람들이 정기적으로 구글 검색을 이용하는지 등을 알아보기 위해 여러 구글 지점을 뛰어다녔습니다. 우리가 문의한 품질 엔지니어들은 하나같이 더 윗분에게 찾아가보라 했습니다. 어쨌든 결국 데이터를 얻어냈고, 검색 부문 선임 부사장에게 '매우 작은 필리핀 섬 하나에만 해당하는 이 버그를 수정하기 위해 주요 릴리스를 지연해야 할까요?'라고 물었습니다. 돌아온 답변은 '섬이 얼마나 작든 정확한 검색 결과를 안정적으로 내어줘야 합니다'였습니다. 그래서 릴리스를 미루고 버그를 고쳤습니다.

24.4.2 릴리스 시한을 지켜라

두 번째는 '릴리스 열차 시간에 늦으면 기다리지 않고 출발할 것이다'입니다. 재미난 격언이 하나 있습니다. '마감일은 확실하지만, 인생은 그렇지 않다.' 릴리스가 다가오면 어느 시점부터 여러분은 완고한 자세로 개발자와 그들이 들고 온 새로운 기능을 외면해야 합니다. 그 시점 이후로는 아무리 애원하고 구걸해도 이번 릴리스에 껴주지 않아야 합니다.

'드물게' 예외는 있습니다. 상황은 보통 이런 식으로 흘러갑니다. 금요일 늦은 저녁, 소프트웨어 엔지니어 여섯 명이 릴리스 매니저의 자리로 허겁지겁 뛰어옵니다. 이들은 NBA와 계약한 기능을 이제 막 완성했습니다. 내일 있을 큰 경기 전에 반드시 반영하기로 한 기능입니다. 릴리스를 멈추고 이 기능만을 체리픽하여 바이너리에 넣지 않으면 계약을 위반하게 되는 거죠. 멘붕

---

3 SRE에서 말하는 오차 예산(error budget) 공식을 기억해두세요. 완벽함이 최선인 경우는 드뭅니다. 먼저 허용 오차까지 얼마나 여유가 있는지와 최근까지 예산을 얼마나 썼는지 파악하세요. 그런 다음 이를 기초로 속도와 안정성 사이의 절충안을 만들어내면 됩니다.

이 온 릴리스 매니저는 머리를 쥐어뜯으며 '코드를 따서 새 바이너리를 테스트하려면 네 시간이나 걸린다'라고 이야기합니다. 하필 오늘이 아이의 생일이라서, 여섯 엔지니어는 풍선을 들고 파티를 도와주기로 했습니다.

릴리스가 정기적으로 이루어지는 세상에서는 릴리스 열차를 놓친 엔지니어는 몇 시간 후 출발할 다음 열차를 타면 됩니다. 며칠이나 기다리지 않아도 되죠. 개발자들의 멘탈을 붙들어 매주고 릴리스 엔지니어의 워라밸work-life balance을 크게 개선해주는 규율입니다.

24.5 품질과 사용자에 집중: 사용할 기능만 배포하자

대다수 소프트웨어는 사라지기 전에 팽창bloat이라는 불행한 부작용을 경험합니다. 일반적으로 더 크게 성공할수록 더 비대해지죠. 빠르고 효율적인 릴리스 열차에도 단점이 하나 있으니, 이따금 지나치게 팽창해서 제품팀과 사용자에게까지 문제를 일으킬 수 있습니다. 특히 소프트웨어가 고객에게 모바일 앱 형태로 전달된다면 고객은 사용하지도 않을 기능들에 모바일 기기의 저장 공간, 내려받는 시간, 데이터 비용을 허비해야 합니다. 반대로 개발자들은 느려진 빌드, 복잡한 배포, 드물게 튀어나오는 버그 처리라는 비용을 치러야 하고요. 이번 절에서는 고객이 사용할 기능만 전달하는 동적 배포로 사용자 가치와 기능의 가치를 절충하는 이야기를 하겠습니다. 이를 위해 구글은 제품의 효율을 지속적으로 개선하는 전담 팀을 꾸리기도 합니다.

클라우드에서 운영되는 웹 기반 제품이 많아졌지만 스마트폰이나 태블릿 등의 사용자 기기에서 구동되는 네이티브 앱도 여전히 많습니다. 네이티브 앱은 대체로 성능이 더 좋고 네트워크가 불안정해도 영향을 덜 받는 이점이 있습니다. 대신 업데이트하기 더 어렵고 플랫폼 차원의 취약점에 더 쉽게 노출된다는 게 단점입니다. 네이티브 앱의 경우 빈번하게 배포하면 잦은 업데이트, 데이터 비용, 충돌 때문에 사용자들이 대체로 싫어합니다. 또한 업데이트 후에는 앱이 재실행되고, 때로는 기기를 재부팅해야 하는 불편이 따를 수 있습니다.

제품을 얼마나 자주 업데이트하느냐에 따라 장단점이 있는데, 중요한 것은 '의식적으로 선택'해야 한다는 것입니다. 지속적 배포 프로세스가 부드럽게 잘 운영된다면 동작하는 릴리스를 얼마나 자주 '만들지'와 사용자가 얼마나 자주 '받을지'를 구분해 관리할 수 있습니다. 여러분은 (실제로는 그렇게 하지 않으면서도) 매주, 매일, 매시간 배포한다는 목표를 이룰 수 있습니다. 그리고 사용자의 요구와 조직의 목표를 감안하여 이중 어느 릴리스를 사용자에게 배포할지를 의식적으로 선택할 수 있죠. 여기까지 생각하여 제품이 장기적인 경쟁에서 앞서나가는 데 가장 적합한 인력과 도구 모델을 결정해야 합니다.

이번 장의 앞에서는 코드 모듈화에 대해 이야기했습니다. 모듈화를 통해 우리는 동적으로 설정 가능한 배포 전략을 구사할 수 있습니다. 사용자 기기의 공간과 자원 활용 효율을 높여주는 전략이죠. 이렇게 하지 않으면 고객들은 자신은 한 번도 사용하지 않을 기능이나 다른 기기에 대응한 코드까지 포함한 바이너리를 받아 설치해야 합니다. 동적 배포를 활용하면 각 고객에게 의미 있는 코드만으로 작게 구성한 바이너리를 배포할 수 있습니다. 또한 A/B 실험을 진행하여 특정 기능에 드는 비용과 그 기능이 제공할 고객 가치(혹은 비즈니스 가치)를 비교해볼 수도 있습니다.

이러한 프로세스를 갖추려면 비용을 선제적으로 투입해야 합니다. 고객에게 릴리스하는 주기보다 내부 릴리스 주기를 짧게 관리하는 데도 저항이 있을 것이고, 모두를 설득하기가 쉽진 않을 것입니다. 하지만 위험 관리, 개발자 속도, 빠른 혁신 관점에서 얻는 게 아주 크기 때문에 장기적으로 초기 비용 이상을 충분히 보상받을 수 있을 것입니다.

24.6 원점 회귀: 데이터에 기초해 더 일찍 결정하자

제품을 모든 사용자에게 제공하는 게 목표라면 스마트 스크린, 인공지능 스피커, 안드로이드폰, 아이폰, 태블릿 등 기기별로 클라이언트 앱을 각각 갖춰야 합니다. 앱 자체도 사용자의 필요에 맞게 커스텀할 수 있도록 만들어야 할 것입니다. 안드로이드 기기만 지원한다고 쳐도 수천 가지 폼팩터로 20억 개가 넘게 퍼져 있습니다. 이 많은 기기들에 어떻게 릴리스해야 할지 생각만 해도 눈앞이 캄캄합니다. 요즘의 혁신 속도를 감안하면 여러분이 이 글을 읽는 시점에는 완전히 새로운 형태의 기기가 또 등장했을지도 모르겠네요.

잘 아는 릴리스 매니저가 이런 이야기를 하더군요. '클라이언트 시장의 다양성은 문제가 아니라 현실이다.' 이 사실을 인정하니 상황이 달리 보였습니다. 그래서 릴리스 승인 모델을 다음과 같이 바꿨습니다.

- 종합적인 테스트가 현실적으로 불가능하다면 대표적인 테스트만을 목표로 합니다.
- 사용자 기반을 조금씩 늘려가며 배포하면 문제를 빠르게 수정할 수 있습니다.
- 자동화된 A/B 릴리스를 이용하면 릴리스 품질 판별에 도움이 되는 통계적으로 중요한 결과를 얻을 수 있습니다. 피곤하게 대시보드만 쳐다보며 결정할 일이 없어집니다.

안드로이드 클라이언트 개발 이야기로 돌아오죠. 구글 앱은 특화된 테스트 트랙[4]과 단계적 출시staged rollout를 활용하여 어떤 문제가 일어나는지를 주의 깊게 모니터링합니다. 플레이 스토어는 테스트 트랙 수에 제한을 두지 않기 때문에 출시 대상 나라별로 QA팀을 두어 주요 기능을 전 세계에 분배해 밤새도록 테스트할 수 있습니다.

우리는 앱들을 안드로이드에 배포하며 한 가지 문제를 발견했습니다. 단순히 업데이트를 진행하는 것만으로도 사용자 지표가 통계적으로 상당히 달라진다는 것이었습니다. 심지어 제품에 아무런 변경이 없음에도, 그저 업데이트를 푸시하기만 하면 사용자 행동이 예측하기 어려운 방식으로 달라지기도 했습니다. 결과적으로 적은 비율의 사용자에게만 업데이트를 배포하더라도 비정상 종료 등 안정성 지표가 요동쳤지만, 이것이 새 버전이 이전 버전보다 실제로 개선되어서인지 (혹은 나빠져서인지) 알기 어려웠습니다.

기능을 A/B 테스트하는 이점은 댄 시로커와 피트 쿠먼이 이미 잘 설명하였습니다.[5] 한편 구글은 일부 거대 앱들의 경우에는 배포에도 A/B 테스트를 활용합니다. 배포 A/B 테스트는 일부 사용자에게는 업데이트를 적용한 바이너리를 배포하고, 다른 사용자에게는 비교용으로 전과 똑같은 바이너리를 다시 배포하는 형태로 이루어집니다. 이런 식으로 충분한 수를 배포한 다음 두 사용자 그룹의 지표를 비교하여 새로운 버전이 실제로 개선되었는지를 판단할 수 있습니다. 사용자 기반이 충분히 크다면 며칠 혹은 몇 시간이면 통계적으로 유의미한 결과를 얻을 수 있습니다. 여기에 지표를 얻고 판단하는 과정까지 자동화하면 가드레일 지표[6]에 영향이 없다고 판단할 만큼의 데이터가 쌓이는 즉시 더 많은 사용자에게 신버전을 배포해가며 릴리스를 최단 기간에 해낼 수 있습니다.

물론 이 방식을 모든 앱에 적용할 수는 없으며, 사용자 수가 충분하지 않을 때는 부담이 클 수 있습니다. 이런 경우라면 변경 중립적인 릴리스를 추천합니다. 새로운 기능 모두를 플래그로

---

4 옮긴이_ 크게 내부 테스트, 비공개 테스트, 공개 테스트로 나뉘며, 테스트 트랙별로 테스터의 수와 제공 국가 등을 달리 설정할 수 있습니다.

5 Dan Siroker and Pete Koomen, A/B Testing: The Most Powerful Way to Turn Clicks Into Customers (Hoboken: Wiley, 2013).

6 옮긴이_ 최소한 현재 수준을 유지해야 하는 지표를 말합니다.

막아두고 배포하는 것이죠. 그러면 배포 과정에서는 유일하게 배포 자체의 안정성만을 검증할 수 있습니다.

24.7 팀 문화 바꾸기: 배포 규율 세우기

'늘 배포하라Always Be Deploying' 정책은 여러 측면에서 개발자 속도를 높여줍니다. 그리고 이 외에도 규모 문제를 완화해주는 관례들이 있습니다.

제품 출시 초기에는 팀원이 10명 미만이며 각각이 배포와 제품 모니터링 역할을 번갈아가며 맡을 수도 있습니다. 하지만 시간이 흐르면서 팀원이 수백 명으로 늘고 기능별 하위 팀이 만들어질 수도 있겠지요. 이렇게 조직이 커지면서 한 번 배포할 때마다 더 많은 수의 변경이 적용되어 릴리스별 위험의 총량이 급격하게 늘어납니다. 릴리스 한 번에 몇 개월의 땀과 눈물이 투입됩니다. 성공적인 릴리스는 손이 많이 가고 노동집약적인 일이 되어버립니다. 개발자들은 신기능 중 1/4과 버그 수정을 포기하고 릴리스하는 쪽과, 운에 맡기고 전부를 릴리스하는 쪽 중 무엇이 나쁘냐를 저울질하게 됩니다.

규모가 늘면서 커진 복잡성은 보통 릴리스 주기가 길어지는 형태로 나타납니다. 엔지니어 개개인은 코드를 매일 커밋하더라도 릴리스가 완전히 안전하게 배포되는 데는 일주일 이상이 걸리기도 합니다. 그러면 일주일이나 지나서야 문제가 발견되어 일주일 전 코드를 디버깅하는 촌극이 벌어지죠. 이 지점에서 '늘 배포하라'가 개발 프로젝트에 도움이 됩니다. 릴리스 열차가 자주 오면 이전의 '좋은' 상태와의 차이가 적어서 문제가 생겨도 살펴봐야 할 범위가 좁혀집니다. 하지만 거대하고 빠르게 커져가는 코드베이스에 내재된 복잡성이 진행 속도를 늦추지 않을 것이라고 팀을 확신시켜야 합니다. 그렇게 하려면 우리는 무엇을 해야 할까요?

구글 지도Google Maps팀은 각각의 기능을 매우 소중하게 여기지만 릴리스를 멈춰 세울 정도로 중요한 기능은 거의 없다는 생각으로 일합니다. 릴리스가 자주 이루어지면 기능 하나가 릴리스 주기를 한 번을 놓치는 아픔은 모든 기능이 다음 릴리스까지 지연되는 고통에 비하면 사소하게 느껴집니다. 특히 아직 충분히 준비되지 못한 기능을 서둘러 열차에 태워 보내서 고객이 겪는 고통에 비하면 아무것도 아닙니다.

릴리스는 개발자로부터 제품을 보호해야 합니다.

새로운 기능을 출시하고야 말겠다는 개발자의 열정과 성급함이 고객이 느끼는 경험보다 중요할 수는 없습니다. 강력한 계약에 기반한 인터페이스, 관심사 분리, 엄격한 테스트, 조기의 잦은 소통, 새로운 기능의 수용 조건을 정하는 규약 등을 통해 새로운 기능을 기존 구성요소들과 격리해야 한다는 의미입니다.

24.8 마치며

구글은 오랜 기간 수많은 소프트웨어 제품을 경험하며 (직관과 다르게) 빠를수록 안전하다는 사실을 깨우쳤습니다. 안정적인 제품과 빠른 개발은 서로 대척점에 서 있지 않습니다. 오히려 더 작게 변경해 자주 배포하는 제품이 품질도 우수합니다. 실제 고객을 괴롭히는 버그와 예상치 못한 시장 변화에 더 빠르게 적응합니다. 그뿐만 아니라 빠를수록 비용도 적게 듭니다. 정기적으로 자주 출발하는 릴리스 열차가 릴리스별 비용을 크게 낮춰줘서 릴리스를 한 번 놓치더라도 별다른 손해를 입지 않게 됩니다.

심지어 '최종 사용자에게까지 배포하지 않더라도' 단순히 지속적 배포를 할 수 있는 구조를 갖추는 것만으로도 엄청난 가치를 창출할 수 있습니다. 무슨 뜻일까요? 구글이 매일 배포하는 검색, 지도, 유튜브는 전날과 크게 다르지 않습니다. 하지만 이렇게 하기 위해서는 견고하고 잘 문서화된 배포 프로세스, 고객 만족도와 제품 상태를 정확하게 확인할 수 있는 실시간 지표, 그리고 명확한 기준을 가지고 어떤 기능을 넣고 뺄지를 조정해주는 팀이 갖춰져야 합니다. 바이너리는 프로덕션 환경에서도 설정을 바꿀 수 있게 만들어야 하며, 이 설정 정보는 코드처럼 버전 관리해야 합니다. 또한 드라이런 검증^{dry-run verification}, 롤백/롤포워드 메커니즘, 안정적인 패치 등의 안전장치를 갖춘 툴체인도 구비해야 합니다.

24.9 핵심 정리

- **속도는 팀 스포츠입니다.** 거대한 코드를 함께 개발하는 팀이 빠르게 굴러가려면 아키텍처를 모듈화하고 지속적으로 통합해야 합니다.

- **변경은 격리해 평가해야 합니다.** 문제를 조기에 격리할 수 있도록 기능별로 플래그 가드를 세워두세요.

- **현실을 직시하세요.** 기기가 다양하고 사용자 기반이 넓다면 단계적 출시로 대응하세요. 프로덕션 환경과 비슷하지 않은 가공의 환경에 맞춰 릴리스하면 진짜 문제를 한참 후에야 알 수 있습니다.

- **쓰일 기능만 배포해야 합니다.** 기능별로 출시 비용과 창출 가치를 모니터링하여, 고객이 여전히 이용하며 충분한 가치를 제공하고 있는지 확인하세요.

- **원점으로 회귀하세요.** 지속적 통합과 지속적 배포를 적용하여 모든 변경에 대한 판단을 더 빠르게 더 많은 데이터에 기초해 내리세요.

- **빠를수록 안전합니다.** 적게 수정하여 빨리 자주 배포하면 각 릴리스의 위험이 줄고 시장 변화에 적시에 대응할 수 있습니다.

CHAPTER 25

서비스형 컴퓨트

저는 컴퓨터를 이해하려고 애쓰지 않아요. 프로그램을 이해해보려는 거죠.

_바바라 리스코프

열심히 코드를 작성했다면 이를 실행해줄 하드웨어가 필요합니다. 그래서 하드웨어를 구입하거나 임대해야 하죠. 이것이 서비스형 컴퓨트^Compute as a Service^(CaaS)의 본질입니다. 여기서 컴퓨트^compute^란 프로그램을 실제로 실행해줄 연산 능력을 뜻합니다.

이번 장은 '내 프로그램을 실행해줄 하드웨어를 주세요'라는 간단한 개념이 어떻게 '조직의 발전과 성장에 발맞추어 확장되어 나가는 시스템'으로 만들어지는지 설명합니다. 주제가 복잡해서 다음과 같이 네 개 절로 나눠 이야기하겠습니다.

- **25.1절**: 구글이 이 문제의 해법을 도출하는 과정과 CaaS의 핵심 개념들을 설명합니다.

- **25.2절**: 관리형 컴퓨트 솔루션이 엔지니어의 소프트웨어 제작에 어떤 영향을 주는지 살펴봅니다. 우리는 '반려동물이 아닌 가축'이라는 개념의 유연한 스케줄링 모델이 지난 십수 년 동안의 구글 성공에 밑거름이 되었다고 믿습니다. 관리형 컴퓨트 솔루션은 소프트웨어 엔지니어에게 꼭 필요한 무기입니다.

- **25.3절**: 조직이 발전하고 성장함에 따라 다양한 컴퓨트 아키텍처 선택이 어떤 역할을 하는지, 구글에서 배운 교훈 몇 가지를 깊이 파헤쳐봅니다.

- **25.4절**: 자신의 조직에서 사용할 컴퓨트 서비스를 선택해야 하는 엔지니어들을 위한 팁을 제공합니다.

25.1 컴퓨트 환경 길들이기

구글에서 이용하는 Borg[1] 시스템은 쿠버네티스나 Mesos 같은 많은 CaaS 아키텍처의 선구자입니다. 성장하고 진화하는 조직의 요구에 CaaS 서비스가 어떻게 대응하며 어떤 특성을 키워왔는지를 이해하기 위해, 이번 절에서는 Borg의 진화 과정과 컴퓨트 환경을 길들이기 위해 구글 엔지니어들이 치러낸 역경을 따라가봅시다.

25.1.1 힘든 일은 자동으로

2000년 전후의 대학생이 되었다고 상상해봅시다. 새로 짠 멋진 코드를 배포하고 싶습니다. SFTP로 코드를 대학교 연구실의 컴퓨터 중 하나에 올리게 되겠죠. 이어서 그 컴퓨터에 SSH로 접속하여 코드를 컴파일해 실행합니다. 단순하다는 면에서 매혹적인 방식이지만 시간이 지나고 규모가 커지면 상당한 문제를 일으킵니다. 하지만 많은 프로젝트가 대략 이런 식으로 시작되기 때문에 여기서 일부 작업만 살짝 간소화한 프로세스로 발전시켜 활용 중인 조직이 많습니다. 예를 들어 컴퓨터 수가 많아지면 SFTP와 SSH 접속 부분을 스크립트로 자동화할 것입니다. 그러나 기본 기술은 그대로입니다. 2002년 구글의 선임 엔지니어였던 제프 딘[Jeff Dean]은 릴리스 프로세스의 일환으로 자동화된 데이터 처리 태스크를 실행하는 일에 대해 다음과 같은 글을 남겼습니다.

> [태스크 실행하기]는 자원 흐름을 관리하는 물류 작업과 비슷하며 시간 소모적인 악몽입니다. 현재 우리는 50대 이상의 머신 각각에 프로세스를 띄우고 경과를 모니터링해야 합니다. 머신 중 하나가 고장나면 작업을 다른 머신으로 자동으로 이전하여 수행할 방법이 없고, 작업 진척 상황을 모니터링하는 일 역시 임시방편적인 형태입니다. [...] 이뿐만 아니라 프로세스들이 서로 간섭할 수 있어서 사람이 작성한 복잡한 'sign up' 파일을 이용해 컴퓨터 사용량을 제한하는 중인데, 이 때문에 스케줄링이 효율적으로 못 이루어지고 부족한 컴퓨터 자원을 서로 이용하기 위해 더 치열하게 경합하게 됩니다.

안일한 솔루션으로는 거대한 시스템을 지탱할 수 없음을 잘 설명한 이 글은 구글이 컴퓨트 환

---

1   (논문) Abhishek Verma, Luis Pedrosa, Madhukar R Korupolu, David Oppenheimer, Eric Tune, and John Wilkes, "Large-scale cluster management at Google with Borg," EuroSys, Article No.: 18 (April 2015): 1-17.

경을 길들이려 분투하게 만든 방아쇠가 되었습니다.

간단한 자동화

제프 딘이 처한 상황에서 고통을 줄여주기 위해 할 수 있는 간단한 일이 몇 가지 있습니다.

먼저 하나의 머신에 바이너리를 배포하고 시작시키는 과정은 셸 스크립트로 쉽게 자동화할 수 있습니다. 그런 다음 유지보수하기 더 쉬운 언어로 이 스크립트를 병렬로 실행하게 만듭니다. 그러면 배포해야 할 머신 수가 더 많아져도 바로바로 대응할 수 있습니다.

각 머신을 모니터링하는 일도 자동화할 수 있습니다. 운영자는 어느 머신에서든 문제가 발생하면 바로 알고 싶어 할 것입니다. 그러려면 제품 프로세스에서 생존 여부[alive]나 처리한 문서 수 같은 모니터링 지표를 내보내줘야 합니다. 이런 정보를 공유 스토리지에 기록하거나 모니터링 서비스에 보내주면 정상 작동 여부를 한눈에 볼 수 있습니다. 그라파나[Graphana]와 프로메테우스[Prometheus] 같은 오픈 소스 모니터링 도구들은 이런 정보를 대시보드에 모아 보여줍니다.

이상이 감지되면 SSH로 해당 머신에 접속하여 프로세스가 살아 있는 경우라면 프로세스를 종료하고 다시 시작해 문제를 해결합니다. 사람이 하기에는 지루하고 자칫하면 실수할 수도 있는 과정입니다. 예컨대 엉뚱한 머신에 접속하거나 엉뚱한 프로세스를 종료시킬 수 있겠죠. 하지만 다행히 다음과 같이 자동화할 수 있습니다.

- 장애 여부를 사람이 눈으로 모니터링하는 대신 각 머신에 이상 감지용 에이전트를 두고 장애 시 자동으로 프로세스를 종료시킵니다.
- 프로세스를 다시 실행하기 위해 머신에 로그인할 필요 없이 전체 실행을 'while true; do run && break; done' 셸 스크립트로 감싸줍니다.

클라우드 세상에서는 헬스 체크[health check]에 실패하면 VM이나 컨테이너를 내렸다가 다시 생성하도록 자동 복구 정책을 설정해두면 됩니다.

이상의 비교적 간단한 개선만으로 앞에서 제프 딘이 제기한 문제 몇 개가 해결됩니다. 하지만 전부는 아니죠. 사람이 구현한 머신 사용량 제한 메커니즘이나 새 머신으로의 작업 이전 등을 위해서는 더 복잡한 해법이 필요합니다.

스케줄링 자동화

다음 단계로 자동화할 부분은 머신 할당입니다. 드디어 처음으로 진짜 '서비스'가 필요한 단계가 되었습니다. 궁극적으로 서비스형 컴퓨트^{Compute as a Service}로 성장할 서비스가 탄생하는 순간입니다. 소위 스케줄링을 자동화하려면 다음 조건을 만족하는 중앙 서비스가 필요합니다.

- 사용 가능한 머신의 전체 목록을 알고 있습니다.
- 요청 시 미사용 머신을 선택하여 제품 바이너리를 자동으로 배포합니다.

이런 서비스가 있다면 손으로 작성한 'sign up' 파일이 더는 필요 없습니다. 왠지 시분할 아키텍처가 떠오르게 하는 시스템이네요.

이 아이디어의 다음 단계는 이 스케줄링 메커니즘을 머신 장애 대응에도 활용하는 것입니다. 머신별 로그를 살펴보다가 디스크 읽기 오류 같은 장애가 확인되면 담당자에게 수리하라고 알리고, 이후로는 장애가 발생한 머신에 작업을 분배하지 않게 합니다. 조금 더 발전시킨다면 담당자에게 통보하기 전에 자동화 서비스가 간단한 조치를 시도해볼 수 있습니다. 예컨대 머신을 재부팅하면 문제가 사라지는 경우도 있습니다. 혹은 디스크 검사를 돌려볼 수도 있고요.

제프 딘의 마지막 불만은 특정 머신이 끝내지 못한 작업을 다른 머신으로 옮길 때 사람이 개입해야 한다는 점이었습니다. 스케줄링 자동화와 장애 머신 감지 기술이 이미 우리 손에 있으니 해법은 간단합니다. 스케줄러가 새로운 머신을 할당하고 중단된 작업을 새로운 머신에서 다시 시작하게 하면 됩니다. 이전 머신의 결과는 무시하고요. 머신의 상태를 검사해주는 데몬이나 개별 프로세스 모니터가 보내주는 정보를 보면 이러한 마이그레이션이 필요한지 여부를 알 수 있을 것입니다.

지금까지 살펴본 모든 개선사항은 성장하는 조직을 체계적으로 지탱해줍니다. 머신이 하나일 때는 SFTP와 SSH만으로 부족함이 없습니다. 하지만 수백에서 수천 대로 늘어난다면 자동화로 사람을 대신해줘야 합니다. 구글은 비교적 일찍부터 Global WorkQueue라는 초기 형태의 CaaS를 만들어 이용했습니다. 앞에서 인용한 제프 딘의 글도 2002년에 작성한 Global WorkQueue 설계 문서에서 발췌한 것입니다.

25.1.2 컨테이너화와 멀티테넌시

지금까지는 편의상 머신과 그 위에서 구동되는 프로그램이 일대일로 대응된다고 가정했습니다. 하지만 이 구조는 컴퓨팅 자원(RAM, CPU, 디스크 등) 활용 관점에서 매우 비효율적입니다.

1. 일반적으로 (하드웨어 사양이 다른) 머신의 종류보다 (자원 요구사항이 다른) 작업의 종류가 훨씬 많습니다. 따라서 많은 종류의 작업을 한 가지 머신에서 구동하는 게 일반적이며, 이때 자원 요구사항이 가장 까다로운 작업을 기준으로 머신을 준비해야 합니다.[2]

2. 프로그램 자원 요구사항은 시간이 갈수록 늘어나지만 머신을 새로 구비하는 데는 시간이 걸립니다. 만약 막강한 최신 서버 머신들을 새로 구비하는 데 수개월이 걸린다면, 몇 개월 후의 예상 자원 소모량까지 감당할 수 있도록 머신들을 넉넉하게 운용해야 합니다. 여유 분만큼의 컴퓨팅 파워가 활용되지 못하고 있으니 항시 자원을 낭비하고 있는 꼴입니다.

3. 새 머신들이 구비되더라도 옛 머신들을 바로 처분하기는 어렵습니다. 버리는 것 자체도 낭비일 수 있고요. 결국 다양한 머신들로 구성된 서버 팜을 관리해야 합니다.[3]

가장 쉽게 떠오르는 해법은 프로그램별로 필요한 CPU, RAM, 디스크 용량 등으로 표현된 자원 요구사항을 명기한 다음, 스케줄러가 머신 풀에서 여유 있는 머신을 선택하여 프로그램을 채워 넣는 방식일 것입니다.

옆집 개가 내 RAM에서 짖다

방금 이야기한 해법도 모든 게 이상적인 환경에서는 완벽하게 작동합니다. 하지만 가령 CPU 하나에 RAM 200MB만 사용하기로 한 프로그램이 더 많은 자원을 소비하기 시작한다면 이를 구동해줘야 할 머신의 자원이 바닥나버립니다. 버그 때문에 혹은 프로그램이 업그레이드되며 덩치가 커져도 쉽게 일어날 수 있는 상황입니다. CPU 자원이 부족해지면 같은 머신에서 구동 중이던 다른 서비스는 지연시간이 늘어날 것입니다. RAM이 부족해지면 메모리 부족 오류를 내며 커널에 의해 강제 종료되거나 디스크 스왑이 일어나 지연시간이 끔찍하게 늘어날 것입니다.[4]

---

2   옮긴이_ 이와 같이 사용자/애플리케이션의 요구에 맞게 시스템 자원을 할당, 배치, 배포해두었다가 필요 시 즉시 사용할 수 있는 상태로 미리 준비해두는 것을 프로비저닝(provisioning)이라고 합니다.

3   퍼블릭 클라우드 서비스를 이용한다면 2~3번째 요인의 영향은 크게 줄어듭니다.

4   구글은 디스크 스왑보다는 강제 종료 후 작업을 다른 머신으로 마이그레이션하는 편이 거의 항상 빠르다는 결론을 이미 오래 전에 얻었습니다. 따라서 구글은 메모리 부족 시 항상 강제 종료하도록 구성해놨습니다.

같은 머신에서 구동되는 두 프로그램이 서로 악영향을 주는 시나리오가 더 있습니다. 많은 프로그램이 머신에 설치된 의존성(서비스나 라이브러리 등)을 이용합니다. 그런데 함께 구동 중인 다른 프로그램은 같은 의존성의 다른 버전을 요구할 수 있습니다. 혹은 /tmp 디렉터리 같은 전역 자원의 경우 다른 프로그램도 사용할 수 있다는 당연한 사실을 미처 고려하지 못하고 작성된 프로그램도 있습니다. 보안 문제도 생길 수 있습니다. 민감한 데이터를 다루는 프로그램이라면 같은 머신에서 구동 중인 다른 프로그램이 데이터를 볼 수 없도록 지켜야 합니다.

그래서 멀티테넌트multitenant 컴퓨트 서비스는 테넌트들을 일정 수준 격리해 보호해줘야 합니다. 즉, 같은 머신의 다른 테넌트tenant로부터 프로세스가 방해받지 않고 안전하게 수행될 수 있게 보장해야 합니다.[5]

고전적인 격리 기법으로는 가상 머신virtual machine(VM)이 있습니다. 하지만 부하가 지나치게 큽니다.[6] 가상 머신 위에서 운영체제까지 돌려야 해서 자원도 많이 쓰고, 운영체제를 부팅해야 해서 구동 시간도 느립니다. 그래서 적은 자원만 써서 빠르게 처리하고 종료하면 충분한 배치 작업에는 이상적이지 못합니다. 이런 이유로 구글 엔지니어들은 2003년 Borg라는 다른 방식의 해법을 설계하기 시작했습니다. Borg는 결국 cgroups[7], chroot jail, bind 마운트, (파일시스템 격리를 위한) union/overlay 파일시스템 등을 이용하는 컨테이너로 진화했습니다. 오픈 소스 버전의 컨테이너로는 도커Docker와 LMCTFY 등이 있습니다.

시간이 흐르고 조직이 성장하면서 새로운 잠재적 격리 실패 요인이 계속해서 발견되었습니다. 예컨대 Borg를 이용하던 엔지니어들은 프로세스 ID 공간이 고갈되어 격리가 실패하는 일을 겪었습니다. 2011년의 일이었죠. 하나의 복제본replica이 운용할 수 있는 프로세스/스레드 수의 제한도 문제가 되었습니다. 이번 장 뒤에서 더 구체적으로 이야기드리겠습니다.

적정 규모화와 자동 확장

2006년의 Borg는 엔지니어들이 설정 정보로 제공한 매개변수들을 보고 작업을 스케줄링했습니다. 이 설정 정보에 복제본의 개수나 자원 요구사항을 기록해두었죠.

---

5   옮긴이_ 멀티테넌시(multitenancy)는 하나의 머신 위에서 여러 테넌트가 서비스를 제공하는 소프트웨어 아키텍처를 뜻합니다. 테넌트가 '임차인'이란 뜻이므로 멀티테넌시는 오피스텔이나 고시원을 생각하면 이해하기 쉽습니다. 임차인들은 공통 인프라를 공유하지만 서로 방해받지 않고 생활할 수 있어야 합니다.

6   부하를 줄이기 위해 상당히 많은 연구를 해왔지만 네이티브로 구동되는 프로세스만큼 효율적일 수는 없습니다.

7   구글 엔지니어들이 만들어서 2007년에 리눅스 커널에 기여했습니다.

한 발짝 떨어져서 생각해보면 자원 요구사항을 사람에게 물어 결정하는 방식은 다소 믿음이 가지 않습니다. 사람들이 항시 면밀히 관찰하며 조정해줄 수도 없는 노릇이고요. 그래서 설정 매개변수는 그 자체가 날이 갈수록 효율을 떨어뜨리는 원인으로 변해갑니다. 서비스 론칭 시 엔지니어들은 이 값을 정하기 위해 시간을 들여야 하고, 조직이 커져 서비스들이 계속 늘어나면 결정 비용도 함께 커집니다. 나아가 프로그램 자체는 업그레이드될 때마다 대체로 덩치가 더 커지지만, 이때 설정 정보까지는 잘 업데이트하지 않습니다. 이런 일이 누적되면 결국 운영 중단 사태로 치달을 수 있습니다. 예기치 못한 사용량 급증으로 서비스가 중단되지 않도록 컴퓨트 자원을 여유 있게 운영했음에도 날이 갈수록 새로운 릴리스들이 예비량을 잠식해가는 것입니다. 그 상태에서 실제로 사용량이 급증하면 확보해둔 얼마 남지 않은 예비 자원으로는 감당하지 못하는 사태가 벌어집니다.

이 문제를 해결하는 가장 자연스러운 방법은 매개변수 설정을 자동화하는 것입니다. 하지만 안타깝게도 이 일은 제대로 해내기가 매우 까다롭습니다. 구글도 전체 Borg 기반 시스템의 자원 사용량 중 적정 규모화*rightsizing*[8]를 자동화한 비중이 최근에야 절반을 넘어섰습니다. 사용량 기준에서는 그렇지만 다행히 설정 항목 수 기준으로는 비중이 훨씬 큽니다. 그 덕에 대다수 엔지니어는 컨테이너 크기 설정이라는 지루하고 오류가 생기기 쉬운 일에서 손을 뗄 수 있었죠. Borg로 수행하는 작업 중 일부는 너무 복잡해서 적정 규모화를 적용할 수 없지만 쉽게 해결할 수 있는 부분만으로도 커다란 도움이 되었습니다. '쉬운 것은 쉬워야 하고 복잡한 것도 가능해야 한다'라는 아이디어를 성공적으로 적용한 사례라 생각합니다.

25.1.3 요약

조직이 커지고 제품들이 많이 사용될수록 다음의 세 요인 모두가 증가합니다.

- 관리해야 할 애플리케이션의 종류
- 운영해야 할 애플리케이션 복제본의 수
- 가장 큰 애플리케이션의 크기

규모 확장을 효과적으로 관리하려면 이상의 세 요인 모두를 자동으로 관리해야 합니다. 또한

---

8   옮긴이_ 특히 기업에서 새는 자원을 찾아 경영 효율을 높이는 작업을 말합니다. 경영 합리화라는 이름 아래 현재 이윤이나 미래 가치가 적은 사업을 정리하거나 직원 수를 줄이는 형태로 많이 이루어집니다.

새로운 형태의 요구사항과 증가하는 규모를 감당하려면 자동화 자체도 더 복잡해진다는 사실을 인지하고 대비해야 합니다. 실제로 Borg의 경우도 최근 10년 사이에 GPU와 TPU 스케줄링 기능을 새로 도입했습니다. 규모가 작을 때는 수동으로 해도 충분한 작업도 조직에 부하가 걸리기 시작하면 자동화가 필요할 수 있습니다.

구글의 데이터센터 관리 자동화를 예로 들어보죠. 10년 전만 해도 각각의 데이터센터가 별개의 존재였습니다. 그리고 수동으로 관리했습니다. 데이터센터를 하나 가동시키려면 전문 기술을 갖춘 인력들이 수작업으로 몇 주를 고생해야 했습니다. 본질적으로 위험한 일이었죠. 그러다가 관리해야 하는 데이터센터가 많아지면서 우리는 데이터센터 가동을 사람 개입 없이 자동으로 수행하는 모델로 바꾸어왔습니다(아직 완벽하진 않아서 계속 개선 중입니다).

25.2 관리형 컴퓨트에 적합한 소프트웨어 작성하기

머신들을 손으로 관리하던 세상에서 자동 스케줄링과 자동 적정 규모화 세상으로 이주하자 인프라 관리가 놀랍도록 쉬워졌습니다. 동시에 소프트웨어를 바라보는 시각과 작성하는 방식에도 중대한 변화가 생겼습니다.

25.2.1 장애를 감안한 아키텍처 설계

문서 백만 개의 검증을 배치 처리한다고 상상해보세요. 문서 하나당 1초가 걸린다면 전체 작업은 머신 한 대로 약 12일이 걸립니다. 꽤나 늦군요. 그래서 작업을 머신 200대로 쪼개야 합니다. 그러면 100분 내에 결과를 볼 수 있습니다.

앞의 '스케줄링 자동화' 절에서 이야기했듯이 Borg의 스케줄러는 200개의 워커worker 중 하나를 강제로 종료시키고 다른 머신으로 작업을 이동시킬 수 있습니다.[9] '다른 머신으로 이동시킨다'라는 말은 새로운 워커 인스턴스를 자동으로 만들어낸다는 뜻입니다. 사람이 SSH로 접속하여 환경 변수를 설정하거나 소프트웨어 패키지를 직접 설치할 필요 없이요.

---

9 스케줄러가 임의로 작업을 이동시키는 게 아니라 분명한 이유가 있을 때 수행합니다. 예컨대 커널을 업데이트해야 하거나, 디스크에 문제가 생겼거나, 데이터센터 차원의 효율 개선을 위해 작업을 전체적으로 분산해야 할 수 있습니다. 어쨌든 소프트웨어 엔지니어가 컴퓨트 서비스를 이용하는 이유는 이런 일이 왜 일어나는지 신경 쓰지 않기 위해서입니다.

'엔지니어가 100개의 작업 각각을 수동으로 감시하면서 문제가 생기면 처리하기'에서 '작업 중 하나에 문제가 생기면 다른 머신이 그 짐을 대신 짊어지도록 시스템 설계하기(스케줄러가 자동으로 문제의 머신을 종료시키고 새로운 머신에서 태스크를 다시 시작시키기)'로의 전환이었죠. 둘의 차이는 수년 후 '반려동물 vs 가축'에 비유해 설명되곤 했습니다.[10]

서버가 만약 반려동물이라면 문제가 생길 때마다 달려와 보살펴야 합니다. 무엇이 문제인지 이해하여 정상 상태로 회복하도록 만들어야 하죠. 이런 서버는 문제가 생겨도 다른 서버로 대체하기 어렵습니다.

반대로 서버가 가축이라면 어떨까요? 이름은 '복제본001'부터 '복제본100'까지로 짓고, 하나가 실패하면 자동화 시스템이 제거한 후 새로운 서버를 프로비전해줄 것입니다. 문제 시 새로운 인스턴스를 찍어내기 쉽다는 점이 '가축'의 두드러진 특징입니다. 사람의 개입 없이 완전히 자동으로 이루어질 수 있죠. 앞서 이야기한 자가치유가 가능해집니다. 즉, 장애가 생기면 자동화 시스템이 알아서 문제의 작업을 새로운 깔끔한 머신에서 이어서 진행시켜줍니다.

원래 비유에서는 서버(가상 머신)를 이야기했지만 컨테이너를 대입해도 마찬가지입니다. 사람의 개입 없이 컨테이너 이미지로부터 새로운 인스턴스를 찍어낼 수 있다면 문제 발생 시 서비스를 자동 복구할 수 있습니다.

서버가 반려동물이라면 유지보수 부담은 서버 수에 비례해서 혹은 그 이상으로 커집니다. 어떤 조직도 가벼이 여기지 못하는 수준이 되죠. 반대로 서버가 가축이라면 장애가 자동으로 복원되므로 여러분은 마음 편히 주말을 즐길 수 있습니다.

하지만 VM이나 컨테이너가 가축이 되는 것만으로는 시스템에 장애가 나도 문제없이 동작한다고 보장할 수 없습니다. 200대의 머신 중 하나를 Borg가 종료시키는 일은 실제로 일어날 확률이 높으며, 한 번 일어날 때마다 50분이 소요됩니다(또한 상당한 프로세싱 자원을 소비합니다). 이 문제를 매끄럽게 처리하려면 아키텍처가 달라져야 합니다. 그래서 우리는 작업을 고정적으로 할당하는 대신 문서 백만 개를 1,000개씩 1,000 뭉치로 나눴습니다. 그런 다음 각각의 워커가 뭉치 하나를 완료할 때마다 결과를 보고하고 다른 뭉치를 가져가는 식으로 동작하게 했습니다. 즉, 워커 하나에 장애가 나면 최대 한 개의 뭉치를 처리하는 시간을 손해봅니다(한 뭉

---

10 빌 베이커(Bill Baker)가 창안한 '반려동물 vs 가축' 비유는 랜디 바이어스(Randy Bias)에 의해 유명해져서 '복제된 소프트웨어 단위' 개념을 설명하는 방법으로 인기를 끌었습니다. *https://bit.ly/3HL0KCX* 참고. 22장에서처럼 서버 이외의 개념을 설명할 때도 사용됩니다.

치의 문서 1,000개를 다 처리한 후 결과 보고 직전에 장애가 나는 최악의 경우). 다행히 이 방식은 당시 구글의 표준 데이터 처리 아키텍처와 잘 어울렸습니다. 작업 시작 시 각 워커에 동일한 분량을 할당하는 게 아니라 장애 상황을 보아가면서 동적으로 할당하는 게 이 아키텍처의 핵심입니다.

비슷하게, 최종 사용자에게 직접 서비스하는 시스템이라면 장애가 사용자에게까지 전달되기 전에 다시 스케줄링되기를 바랄 것입니다. Borg 스케줄러는 유지보수 목적으로 컨테이너를 다시 스케줄링할 때는 해당 컨테이너에게 미리 의도를 알립니다. 신호를 받은 컨테이너는 이때부터 새로운 사용자 요청은 거부하고 이미 받아둔 요청들을 완료합니다. 컨테이너를 이런 식으로 관리하려면 로드밸런서 시스템이 필요해집니다. 로드밸런서는 컨테이너가 보내는 '새로운 요청을 받을 수 없어'라는 신호를 이해하여 이후 트래픽이 다른 컨테이너로 전달되게 해줍니다.

요컨대 컨테이너나 서버들을 가축처럼 다룬다고 함은 서비스가 자동으로 정상 상태로 돌아갈 수 있다는 뜻입니다. 하지만 일반적인 수준의 장애율 하에서 원활하게 동작하게 하려면 이것만으로는 부족합니다.

25.2.2 배치 vs 서빙

25.1절에서 설명한 Global WorkQueue는 소위 **배치 작업**batch jobs을 처리합니다. 여기서 배치 작업이란 데이터 처리 같은 정해진 태스크를 완료해야 하는, 끝이 있는 프로그램입니다. 전형적인 예로는 로그 분석이나 머신러닝 모델 학습이 있습니다. 반면 **서빙 작업**serving jobs은 배치 작업과 대조적입니다. 서빙 작업은 끝없이 계속 실행되면서, 들어오는 요청을 그때그때 처리해줍니다. 웹 검색 서비스가 이런 형태죠.

이상의 두 작업은 대체로 성격이 매우 다릅니다.[11] 대표적인 차이점은 다음과 같습니다.

- 배치 작업은 처리량throughput이 중요하며, 서빙 작업은 지연시간latency이 중요합니다.
- 배치 작업은 수명이 짧고(몇 분에서 최대 몇 시간), 서빙 작업은 대체로 오래 지속됩니다(기본적으로는 새로운 릴리스가 나올 때만 재시작).
- 서빙 작업은 수명이 긴 만큼 구동되는 데 더 오래 걸릴 가능성이 큽니다.

---

[11] 물론 모든 작업이 이 두 부류로 말끔히 구분되는 건 아닙니다. 어떤 작업은 둘 어디에도 들어맞지 않고, 어떤 작업은 서빙과 배치의 대표적인 성격을 모두 지니고 있기도 합니다. 하지만 현실에 존재하는 수많은 작업들을 잘 구분해주는 유용한 분류입니다.

지금까지는 주로 배치 작업을 예로 들었습니다. 앞에서 이야기한 것처럼 배치 작업에서 장애를 극복하려면 작업을 작은 뭉치로 분산한 다음 워커들에게 동적으로 할당할 수 있어야 합니다. 구글에서는 배치 작업에 맵리듀스^{MapReduce}[12]를 주로 쓰다가 이후 플룸^{Flume}[13]으로 대체했습니다.

서빙 작업은 여러 면에서 배치 작업보다 장애에 강합니다. 작업이 자연스럽게 작은 조각(사용자 요청 각각)들로 나뉘어 있으며 워커들에 동적으로 할당되기 때문이죠. 일련의 요청을 서버 클러스터에 분산해 처리하는 전략은 인터넷 초기부터 활용했습니다.

하지만 이 패턴에 들어맞지 않는 서빙 애플리케이션도 많습니다. 대표적으로 특정 시스템의 '리더'라고 칭할 수 있는 서버들이 여기 속합니다. 이런 서버는 보통 시스템의 상태를 메모리나 로컬 파일시스템에 기록해 관리하기 때문에 리더를 구동 중인 머신이 다운되면 대체용으로 새로 만든 인스턴스가 기존 상태를 정확히 복원해내기 어렵습니다.

다른 예도 있습니다. 제공해야 할 데이터가 너무 커서 가령 100조각으로 나눠 100대의 서버에 분배하고, 각 서버는 자신에게 분배된 데이터와 관련한 요청만 처리한다고 해보죠. 배치 작업에서 워커에게 작업을 정적으로 할당하는 모델과 비슷합니다. 이때 서버 중 한 대가 다운되면 일시적으로 해당 부분 데이터에 대한 요청에는 응답할 수 없게 됩니다.

마지막 예로, 시스템에서 특정 서버를 호스트명으로 접근하게 했을 때도 문제입니다. 이 경우 서버를 어떻게 구성하든 이 특정 호스트의 네트워크 연결이 끊어지면 시스템의 다른 부분에서 접근할 수 없게 됩니다.[14]

12 (논문) Jeffrey Dean and Sanjay Ghemawat, "MapReduce: Simplified Data Processing on Large Clusters," 6th Symposium on Operating System Design and Implementation (OSDI), 2004.

13 (논문) Craig Chambers, Ashish Raniwala, Frances Perry, Stephen Adams, Robert Henry, Robert Bradshaw, and Nathan Weizenbaum, "Flume-Java: Easy, Efficient Data-Parallel Pipelines," ACM SIGPLAN Conference on Programming Language Design and Implementation (PLDI), 2010.

14 (논문) Atul Adya et al. "Auto-sharding for datacenter applications," OSDI, 2019; and Atul Adya, Daniel Myers, Henry Qin, and Robert Grandl, "Fast key-value stores: An idea whose time has come and gone," HotOS XVII, 2019.

25.2.3 상태 관리

앞의 설명에서는 작업을 가축처럼 다루려 할 때 주목해야 할 공통 주제가 있었습니다. 바로 문제의 원흉인 상태^{state}입니다.[15] 서버(가축) 중 한 대를 교체할 때마다 처리 중인 모든 상태를 잃게 됩니다. 작업을 다른 머신으로 옮기는 경우라면 로컬 스토리지에 저장해둔 데이터도 잃습니다. 따라서 처리 중인 상태 역시 휘발성 데이터로 취급해야 하며 '진짜 스토리지'는 다른 곳에 둬야 합니다.

가장 간단한 해법은 모두가 외부 스토리지 시스템을 이용하는 것입니다. 즉, 하나의 요청(서빙 작업)이나 하나의 데이터 뭉치(배치 작업) 처리 범위를 넘어 존재해야 하는 모든 데이터는 견고한 외부 영구 스토리지에 저장해야 합니다. 그래서 애플리케이션의 모든 로컬 상태가 불변이라면 장애에 잘 견디게끔 만들기가 비교적 쉽습니다.

하지만 불행히도 대부분의 애플리케이션은 그렇게 간단하지 않습니다. 이쯤에서 자연스럽게 질문이 하나 떠오릅니다. '견고한 영구 스토리지는 어떻게 구현하죠? 이것도 가축인가요?' 답은 '네'입니다. 상태를 복제하면 상태도 가축처럼 관리할 수 있습니다.

어찌보면 RAID 어레이와 비슷한 개념입니다. RAID 어레이에서는 디스크 중 하나가 깨질 것에 대비하여 여러 디스크에 데이터를 복제해둡니다. 즉, 디스크를 휘발성으로 취급하면서도 상태를 안정적으로 유지하는 것입니다.

다시 서버 이야기로 돌아오죠. 서버 세상에서 이 개념을 구현하려면 데이터 조각을 소유한 복제본을 여러 벌 만들어 동기화시켜서 결국 모든 데이터 조각이 충분한 개수(보통 3~5개)만큼 존재하도록 만들면 됩니다. 물론 이렇게 구성하는 일 자체가 쉽지 않습니다. 특히 쓰기 작업은 합의를 거쳐야 합니다.[16] 그래서 구글은 모든 상태가 휘발성인 모델을 채택한 애플리케이션 대부분에서 이용할 수 있는 다양한 스토리지 제품을 개발했습니다.[17]

---

15 분산된 상태 외에도, '서버를 가축처럼' 전략을 효과적으로 구현하려면 서비스 디스커버리(service discovery)와 로드밸런싱 시스템도 필요합니다. 그래야 데이터센터 내에서 애플리케이션이 이곳저곳으로 옮겨 다녀도 문제없이 찾아 연결할 수 있습니다. 이 책의 목적은 완벽한 CaaS 인프라 구축보다는 CaaS 인프라가 소프트웨어 엔지니어링과 어떤 관련이 있는지를 보여드리는 것이기 때문에 더 깊게 들어가지는 않겠습니다.

16 옮긴이_ 복제본 중 일부에만 데이터가 써지면 일관성이 깨지므로 각각이 데이터를 기록한 후 모두가 합의한 후에야 비로소 쓰기가 완료됩니다.

17 (논문) Sanjay Ghemawat, Howard Gobioff, and Shun-Tak Leung, "The Google File System," Proceedings of the 19th ACM Symposium on Operating Systems, 2003
   (논문) Fay Chang et al., "Bigtable: A Distributed Storage System for Structured Data," 7th USENIX Symposium on Operating Systems Design and Implementation (OSDI)
   (논문) James C. Corbett et al., "Spanner: Google's Globally Distributed Database," OSDI, 2012

한편 '다시 만들 수 있는' 데이터라면 가축들이 로컬 스토리지에 담아 이용할 수 있습니다. 주로 로컬에 저장하여 서빙 작업의 지연시간을 줄이는 용도로 씁니다. 대표적인 예가 바로 캐시입니다. 캐시는 사실 휘발성 상태를 담고 있는 휘발성 로컬 스토리지에 지나지 않습니다. 하지만 상태가 매번 날아가는 게 아니므로 평균 성능을 개선해줍니다.

이와 관련하여 구글이 프로덕션 인프라를 운영하며 깨우친 중요한 교훈이 하나 있습니다. 지연시간 목표를 달성하기 위해 캐시를 이용하되 핵심 애플리케이션은 캐시 없이도 전체 부하를 감당할 수 있게 준비해둬야 한다는 것입니다. 그래야 캐시 계층에 장애가 생겨도 서비스가 중단되는 사태를 막을 수 있습니다(물론 지연시간은 늘어나겠지만요). 하지만 분명한 트레이드오프가 있습니다. 즉, 캐시가 손실되어 일어나는 서비스 중단 위험을 완화하는 데 비용을 얼마나 지출해야 할까요?

캐시와 비슷하게, 애플리케이션 구동 시 외부 스토리지의 데이터를 로컬로 가져와도 서빙 작업의 지연시간을 줄일 수 있습니다.

로컬 스토리지를 이용하는 예로 배치 쓰기도 있습니다. 읽기보다 쓰기가 많은 경우죠. 자동 확장^{autoscaling} 시스템이 이용할 목적으로 서버 팜의 CPU 사용량 통계를 구하는 예처럼 데이터 모니터링에 흔히 쓰이는 전략입니다. 그리고 데이터가 일부 소실돼도 문제없는 곳이라면 어디든 적용할 수 있습니다. 모니터링의 경우 데이터를 100% 모두 가져오지 않아도 되며, 데이터를 뭉치 단위로 처리하여 뭉치별 결과를 기록해두는 배치 작업의 경우 소실된 데이터를 다시 생성할 수 있기 때문입니다. 계산이 오래 걸리는 작업이라도 중간 상태를 영구 스토리지에 저장하는 식으로 계산을 더 작게 분할 수행할 수 있는 경우가 많음을 기억해주세요.

25.2.4 서비스에 연결하기

앞에서도 이야기했듯이 시스템의 어딘가에서 애플리케이션이 구동되는 호스트의 이름을 하드코딩해놨다면(심지어 구동 시 설정 매개변수로 입력받더라도) 그 애플리케이션의 복제본은 더 이상 가축이 아니게 됩니다. 따라서 주소를 다른 어딘가로부터 받아오게 해야 합니다. 그 어딘가란 과연 어디일까요?

답은 간접 참조 계층을 추가하는 것입니다. 즉, 식별자를 이용해서 백엔드 인스턴스가 다른 머신에서 다시 시작되어도 연결될 수 있게 해야 합니다. 그러려면 별도의 룩업^{lookup} 시스템을 둬서 식별자를 특정 머신의 주소로 바꿔줘야 하며, 스케줄러가 애플리케이션을 특정 머신에 배포한 후 다시 구동되면 그 사실을 룩업 시스템에 알려줘야 합니다. 이제 클라이언트들은 구동 시애플리케이션의 주소를 룩업 시스템에 물어서 연결하고, 그 후 주소가 변경되는지는 백그라운드에서 모니터링하면 됩니다. 이런 방식을 서비스 디스커버리^{service discovery}라 하며, 많은 컴퓨트제공 업체들이 기본 제공하거나 필요 시 추가할 수 있습니다. 이런 서비스는 대체로 부하가 특정 백엔드에 몰리지 않게 해주는 로드밸런싱 기능도 함께 제공합니다.

이 모델에서는 대화 중인 서버가 응답 전에 장애가 날 수 있기 때문에 요청을 다시 보내야 할가능성이 생깁니다.[18] 요청 재시도는 네트워크 특성상 네트워크 커뮤니케이션에서는 널리 쓰이지만(예: 모바일 앱에서 서버로의 요청) 서버와 데이터베이스 사이에도 필요한지는 직관적으로 바로 와닿지 않을 수 있습니다. 따라서 서버 API 설계 시 이런 장애에 적절히 대응할 수 있게 신경 써야 합니다. 상태를 변화시키는 요청일 경우 요청 재시도를 제대로 처리하기가 까다롭습니다. 같은 요청을 두 번 보내도 한 번 보냈을 때와 같은 결과를 내주고 서버의 상태도 동일하게 남아야 하는, 일종의 **멱등성**^{idempotency}을 보장해야 하기 때문입니다. 멱등성 보장에 유용한 기법으로 클라이언트-할당 식별자^{client–assigned identifier}라는 게 있습니다. '피자를 이 주소로 배달해주세요'와 같이 무언가를 생성시키는 요청일 경우 클라이언트가 식별자를 할당해 요청하는 방식입니다. 식별자가 똑같은 요청이 다시 들어온다면 서버는 재요청이라고 판단하여 곧바로 성공했다고 응답합니다. 식별자뿐 아니라 매개변수까지 확인하여 재요청인지 여부를 판단하기도 합니다.

한편 네트워크에 장애가 생겨서 스케줄러와 특정 머신의 연결이 끊어지는 일도 이따금 겪었습니다. 이때 스케줄러는 해당 머신에 할당했던 작업이 모두 유실됐다고 판단하고 다른 머신을 띄웁니다. 이 상태에서 소식이 끊겼던 머신이 갑자기 부활합니다! 이제 자신이 '복제본072'라고 믿는 머신이 두 대가 되었습니다. 어느 머신이 유효한지는 주소 결정 시스템^{address resolution system}이 어느 쪽을 참조하는지를 보면 알 수 있습니다(유효하지 않은 머신은 스스로 종료하거나 스케줄러가 종료시켜야 합니다). 하지만 이 또한 멱등성을 보장해야 하는 시나리오가 됩니다. 즉, 두 복제본이 같은 작업을 처리하는 과정에서 다른 서비스에 똑같은 요청을 보낼 수 있습니다.

---

18 이때 재시도는 제대로 구현해야 합니다. 백오프(backoff), 단계적 성능 감소(graceful degradation), 지터(jitter)와 같은 연쇄 장애 방지 대책이 필요합니다. 따라서 각 엔지니어가 직접 구현하기보다는 원격 프로시저 호출 라이브러리가 담당해야 합니다. 『사이트 신뢰성 엔지니어링』의 22장 '연속적 장애 다루기'를 참고하세요.

25.2.5 일회성 코드

지금까지는 사용자 트래픽을 처리하거나 프로덕션 데이터를 생성하는 데이터 처리 파이프라인 등, 주로 '프로덕션 수준'의 작업들을 예로 이야기했습니다. 하지만 소프트웨어 엔지니어로 살다 보면 일회성 분석, 탐색용 프로토타이핑, 맞춤형 데이터 처리 파이프라인 등의 일도 자주 수행합니다. 이런 작업에도 컴퓨트 자원이 필요하죠.

일회성 작업에는 엔지니어의 업무용 컴퓨터만으로 충분할 때가 많습니다. 예를 들어 한 서비스가 어제 생성한 로그 1GB를 훑으며 의심스러운 라인 A가 항상 오류 라인 B에 앞서 기록됐는지를 확인하는 작업을 자동화한다고 해보죠. 그러면 엔지니어는 로그를 다운로드한 후 간단한 파이썬 스크립트를 작성해 돌려볼 것입니다. 1~2분이면 결과를 알 수 있겠죠.

하지만 1TB에 달하는 1년 치 로그를 분석해야 한다면 어떨까요? 결과를 보기까지 하루를 꼬박 기다리는 건 말이 안 됩니다. 컴퓨트 서비스가 필요한 순간입니다. 분산 환경에서 수백 개의 CPU 코어를 동원해 몇 분이면 분석을 끝내주는 컴퓨트 서비스를 이용할 수 있다면 단 몇 분만에 결과를 얻을 수 있습니다. 내일까지 기다려야 하는 상황과는 천지차이죠. 단번에 끝나는 일이 아닐 경우도 있습니다. 예컨대 결과를 보고 쿼리를 수정해야 하거나 다음 분석을 이어서 진행해야 할 수 있습니다. 이처럼 반복이 필요한 작업이었다면 컴퓨트 서비스 없이는 의미 있는 결과를 하나도 보지 못한 채 하루가 허망하게 지나갈 수 있습니다. 컴퓨트 서비스와 함께라면 끝을 보고 가벼운 마음으로 퇴근할 수 있을 테고요.

엔지니어들이 일회성 작업을 언제든 수행할 수 있는 분산 환경을 제공하려면 자원 낭비가 심하지 않을까 우려될 수 있습니다. 물론 고민해야 할 트레이드오프입니다. 하지만 작업을 처리하는 데 드는 컴퓨트 자원의 비용이 엔지니어의 시간보다 비싼 경우는 흔치 않습니다. 정확한 비용은 각 조직의 컴퓨트 환경과 엔지니어 인건비에 따라 다르겠습니다만, 코어 천 개를 몇 시간 활용하는 비용이 엔지니어 하루 인건비보다 비싸리라고는 상상하기 어렵군요. 이런 맥락에서 컴퓨트 자원은 이 책 초반에 이야기한 화이트보드 마커와 비슷하게 볼 수 있습니다. 필요한 컴퓨트 자원을 요청하는 절차를 도입하면 낭비되는 비용을 줄일 수 있지만, 이 절차 때문에 훨씬 비싼 엔지니어의 시간과 기회비용이 날아갑니다.

다만 컴퓨트 자원은 실수로 너무 많이 가져오기 쉽다는 점이 화이트보드 마커와 다릅니다. 누군가 마커 천 개를 다 들고 올 가능성은 없습니다. 반면 프로그램은 작은 실수 하나로도 머신

천 개라도 우습게 차지해버릴 수 있습니다.[19] 다행히 이 문제는 엔지니어별로 자원 사용량을 제한하면 간단히 해결됩니다. 구글은 조금 다른 방식도 이용합니다. 관찰 결과 일회성 작업 대부분이 급하지 않은 배치 작업이었습니다. 그래서 우선순위가 낮은 배치 작업은 자원을 거의 무제한으로 이용할 수 있게 했습니다(25.3.2절 참고).

25.3 시간과 규모에 따른 CaaS

지금까지 CaaS가 구글에서 어떻게 진화했는지와 CaaS 구현에 필요한 기본적인 부분을 이야기했습니다. '내 일을 수행할 자원을 주세요' 같은 간단한 임무가 Borg 같은 실제 아키텍처로 변모하는 과정을 소개했습니다. 이번 절에서는 CaaS 아키텍처가 세월이 흐르고 조직이 커짐에 따라 소프트웨어의 생애에 어떤 영향을 주는지를 다양한 시각에서 살펴보겠습니다.

25.3.1 추상화 수단으로써의 컨테이너

컨테이너는 멀티테넌시를 가능케 해주는 주요한 격리 메커니즘입니다. 하나의 머신을 공유하면서 서로의 간섭을 최소로 줄여주죠. 적어도 구글에서는 컨테이너가 이런 용도로 시작되었습니다. 그리고 점차 컴퓨트 환경을 추상화하는 데도 매우 중요한 역할을 하게 되었습니다.

컨테이너는 배포된 애플리케이션과 이를 실행하는 머신 사이에 추상화 계층을 한 겹 씌워줍니다. 따라서 나중에 머신을 변경할 일이 생겨도 애플리케이션은 그대로 둔 채 컨테이너 소프트웨어만 조금 손봐주면 됩니다. 조직이 커지면 여러 팀에서 각자의 애플리케이션을 만들고 관리하게 되지만, 컨테이너는 보통 하나의 팀이 관리하므로 효율면에서 훨씬 유리합니다.

두 가지 예를 들어 컨테이너를 통한 추상화가 조직이 변화를 관리하는 데 어떤 도움을 주는지 살펴보겠습니다.

파일시스템 추상화는 설정을 머신별로 관리하지 않고도 서드파티에서 만든 소프트웨어를 통합하는 길을 열어줍니다. 자체 데이터센터에서 구동시키고 싶은 오픈 소스 소프트웨어이거나

---

19 구글에서도 이런 일이 여러 번 있었습니다. 한 번은 누군가 부하(load) 테스트 인프라로 구글 컴퓨트 엔진 VM 천 개를 쓰는 테스트를 돌려놓고 휴가를 떠나기도 했습니다. 또 한 번은 새로운 직원이 마스터 바이너리의 경우 백그라운드에서 바쁘게 돌아가는 워커 머신 8천 개를 만들어낸다는 사실을 모른 채 디버깅을 수행하기도 했습니다.

CaaS에 올릴 목적으로 인수한 소프트웨어일 수도 있습니다. 예를 들어 레이아웃이 다른 파일시스템에 맞춰 작성된, 가령 특정 라이브러리가 /bin/foo/bar에 위치한다고 가정하는 바이너리를 파일시스템 추상화 없이 구동하려면 어떻게 해야 할까요? 모든 머신의 기본 레이아웃을 수정하거나, 일부 머신만 수정하여 파편화시키거나, 소프트웨어 자체를 수정해야 합니다. 특히 소프트웨어 자체를 수정하는 마지막 선택지는 라이선스 문제 등으로 불가능할 수도 있습니다.

외부 소프트웨어를 가져오는 일이 두 번 다시 일어나지 않을 것 같으면 나쁘지 않은 방법입니다. 하지만 자주, 아니 가끔씩이라도 일어날 것 같으면 지속 가능한 해법이 필요합니다.

파일시스템을 추상화하면 의존성도 관리하기 쉬워집니다. 소프트웨어 구동에 필요한 의존성(예: 특정 버전의 라이브러리)을 미리 선언하고 패키징할 수 있기 때문입니다. 파일시스템 추상화 없이는 같은 머신에서 구동되는 소프트웨어 모두가 똑같은 버전의 라이브러리를 사용해야 해서 어느 한 컴포넌트도 쉽게 업그레이드할 수 없게 됩니다.

또한 컨테이너를 이용하면 이름 있는 자원도 쉽게 관리할 수 있습니다. 대표적인 예가 네트워크 포트입니다. 또한 머신에 설치된 GPU나 다른 가속기 등 이름으로 지정해 접근할 수 있는 자원들도 여기 속합니다.

초기의 구글 컨테이너는 네트워크 포트를 추상화하지 않았기 때문에 각 바이너리에서 가용한 포트를 검색해 이용해야 했습니다. 그래서 구글 C++ 코드베이스에는 PickUnusedPortOrDie() 함수가 무려 2만 번 등장했죠.

한편 도커는 리눅스의 namespace를 이용하여 가상의 프라이빗 NIC^network interface controller를 제공합니다. 실제 포트와 컨테이너의 포트를 연결해주는 일은 도커의 네트워크 스택이 알아서 해주므로 도커에서 실행되는 애플리케이션은 자신이 원하는 포트에서 수신 대기할 수 있습니다.

쿠버네티스는 한 단계 더 나아가서 컨테이너가 호스트 네트워크에서 쓸 수 있는 '진짜' IP 주소까지 다룰 수 있게 했습니다(참고로 쿠버네티스에서는 컨테이너를 포드^pod라고 합니다). 이제 모든 앱이 충돌 걱정 없이 원하는 포트에서 수신 대기할 수 있게 되었습니다.

이상의 개선은 특정 컴퓨트 스택을 고려하지 않고 설계된 소프트웨어를 이용할 때 특히 중요합니다. 이름을 떨치는 오픈 소스 프로그램들은 대부분 사용할 포트를 매개변수로 설정할 수 있지만 설정 방식은 제각각입니다.

컨테이너와 암묵적 의존성

암묵적 의존성으로 옭아매는 하이럼의 법칙은 컨테이너 추상화에도 어김없이 마수를 뻗습니다. 아마도 '다른 경우보다 훨씬 강하게' 작용하는 거 같습니다. 첫 번째 이유는 이용자 수가 훨씬 많기 때문입니다. 구글의 경우 모든 프로덕션 소프트웨어와 그 외 많은 곳에서 Borg를 이용합니다. 두 번째는 이용자들이 파일시스템 같은 기능을 사용할 때 실제로는 API를 호출한다는 사실을 인지하지 못하기 때문입니다. 그 API가 안정적인지 버전이 있는지 등까지 생각이 미칠 가능성은 훨씬 적고요.

더 자세히 들여다보기 위해 Borg가 2011년에 겪은 프로세스 ID 공간 고갈 예로 돌아가보겠습니다. PID가 고갈될 수 있는 이유는 무엇일까요? PID는 그저 32비트 혹은 64비트 정수입니다. 리눅스에서는 보통 0~PID_MAX−1까지 할당할 수 있고 PID_MAX의 기본값은 32,000입니다. 설정만 바꾸면 간단히 그 이상도 쓸 수 있습니다. 그럼 다 해결되겠군요.

아닙니다. 하이럼의 법칙에 의해 Borg에서 실행되는 프로세스의 PID가 0~32,000 범위로 제한된다는 사실이 API가 보장하는 암묵적인 약속이 되었고, 사람들이 이에 의존하기 시작했습니다. 예를 들어 로그 저장 서비스는 PID가 다섯 자리 숫자라고 가정하고 만들어져서 여섯 자리가 들어오면 오작동했습니다. 이 문제를 해결하는 프로젝트는 여러 단계로 나뉘 장기간에 걸쳐 진행되었습니다.

첫 번째 단계로, 컨테이너 하나가 이용할 수 있는 PID 개수의 상한을 임시로 정했습니다. 스레드 누수를 일으키는 작업 하나가 머신 전체를 망가뜨리는 일을 막기 위해서입니다.

두 번째 단계에서는 스레드용 PID 공간과 프로세스용 PID 공간을 구분했습니다. 프로세스의 경우와 반대로, 스레드에 할당되는 PID의 경우 32,000개 보증에 의존하는 코드가 거의 없었기 때문입니다. 그래서 프로세스용 PID는 여전히 32,000개로 유지한 채 스레드 제한은 늘릴 수 있었습니다.

세 번째 단계는 Borg에 PID 이름공간을 도입하여 각 컨테이너가 자신만의 온전한 PID 공간을 누릴 수 있게 하는 것이었습니다. 예상할 수 있듯(역시 하이럼의 법칙 때문에) 많은 시스템이 {호스트명, 타임스탬프, PID}로 프로세스를 고유하게 식별할 수 있다고 가정하는데, PID 이름공간을 도입하면 이 가정이 무너집니다. 이 경우에 해당하는 코드를 모두 찾아 수정하는 작업은(관련 데이터 백포팅 포함) 8년이 지난 지금도 여전히 진행 중입니다.

여기서 핵심은 컨테이너를 PID 이름공간 안에서 실행해야 한다는 게 아닙니다. 좋은 생각이지만 특별한 교훈은 못 됩니다. Borg 컨테이너가 처음 만들어질 당시에는 PID 이름공간이 존재하지 않았습니다. 설사 존재했더라도 2003년에 Borg를 설계한 엔지니어가 이를 도입해야 할 당위성을 알기는 어려웠을 것입니다. 지금도 여전히 제대로 격리되지 못한 시스템 자원이 분명히 있으며, 언젠가 문제를 일으킬 것입니다.

이처럼 지금은 생각하지 못하는 문제가 언제든 나타날 수 있기 때문에 지속 가능한 컨테이너 시스템을 설계하기란 무척 어렵습니다. 하지만 많은 커뮤니티에서 이런 종류의 문제들을 겪으며 얻은 교훈들을 계속 통합해가면서 컨테이너를 더욱 발전시키고 더 널리 활용하고 있습니다.

25.3.2 모든 작업을 하나의 아키텍처로

원래 WorkQueue는 일부 배치 작업용으로 설계되었고, 배치 작업들은 WorkQueue가 관리하는 모든 머신을 공유했습니다. 한편 서빙 작업용으로는 다른 아키텍처를 적용했습니다. 서빙 작업의 유형에 따라 전용 머신 풀을 제공했습니다. 같은 시스템을 오픈 소스로 구현한다면 작업 종류별로 독립된 쿠버네티스 클러스터를 배정할 수 있겠네요. 배치 작업들은 모두 하나의 클러스터에 배정하고요.

2003년, 이렇게 풀을 나눠 쓰던 컴퓨트 서비스들을 하나의 거대한 풀로 통합하겠다고 하여 Borg 프로젝트가 출범했습니다. 그리고 결국 성공했죠. Borg의 풀은 서빙 작업과 배치 작업 모두를 지원하여 어떤 데이터센터에서든 유일한 풀이 되어줬습니다(모든 종류의 작업을 하나의 거대 쿠버네티스 클러스터에서 수행하게 하여 지역별로 두면 동일하게 구성할 수 있습니다). 이렇게 풀을 통합함으로써 크게 두 가지 측면에서 효율을 크게 개선했습니다.

첫째, 서빙 머신이 가축이 됩니다. Borg의 설계 문서에는 이렇게 적혀 있죠. '머신에는 이름이 없습니다. 프로그램은 요구조건만 충족한다면 어느 머신에서 구동되는지 개의치 않습니다.' 만약 서빙 작업을 관리하는 팀 모두가 자체 머신 풀을 관리해야 한다면 풀 유지보수와 관리라는 운영 업무를 팀 각각이 부담해야 합니다. 세월이 흐르면서 풀 관리 방식이 팀마다 조금씩 달라질 것이고 회사 차원의 변경을 수행하기는 점점 어려워질 게 불 보듯 뻔합니다. 예컨대 새로운 서버 아키텍처를 적용하거나 데이터센터를 이전하려면 일이 엄청 복잡해집니다. 구글은 모든 작업을 공통된 컴퓨트 서비스로 처리하여 관리 인프라를 통합했습니다. 풀 내의 모든 머신을

관리하는 방식이 Borg 하나로 통일되어, 규모가 늘어도 관리 비용은 거의 증가하지 않았습니다.[20]

두 번째는 더 미묘하고 모든 조직에 적용할 수는 없겠지만 구글과는 관련이 깊습니다. 배치 작업과 서빙 작업의 요구사항이 사실은 상호 보완적이었습니다. 서빙 작업은 트래픽이 급증하거나 일부 인프라가 먹통이 되어도 응답이 급격히 느려지지 않도록 일반적으로 자원을 여유 있게 확보해둡니다. 머신을 서빙 작업 전용으로 운영하면 자원 이용률 평균이 높지 않다는 뜻입니다. 평소에도 이용률을 최대로 높여 관리하고 싶더라도 참아야 합니다. 트래픽 급증이나 중단 사태가 실제로 일어나 시스템 전체가 마비된다면 피해가 훨씬 클 것입니다.

하지만 지금의 시나리오는 오직 서빙 작업만 고려한 경우입니다. 만약 머신 한 대에 다수의 서빙 작업을 할당하고, 실제 자원 이용률이 30%밖에 되지 않더라도 이 작업들이 설정상 요구하는 자원 용량의 합이 머신의 총용량과 같아진다면 더 이상의 서빙 작업을 할당할 수 없습니다. 하지만 나머지 70% 여유분을 배치 작업에 활용할 수는 있습니다. 배치 작업은 처리량이 중요하므로 서빙 작업용으로 확보해둔 이 여유 용량을 활용할 수 있다는 데에 매우 흡족해할 것입니다.

머신 풀이 처리해야 하는 작업의 성격에 따라 모든 배치 작업을 공짜로 수행할 수도 있다는 뜻입니다. 배치 처리가 사용한 자원은 모두 서빙 작업용으로 확보해둔 여분의 자원이니까요. 혹은 서빙 작업에 자원 사용량만큼의 비용만 지출한다고 볼 수도 있습니다. 만약의 사태를 위해 확보해둔 여유 자원은 모두 배치 작업에 활용되기 때문이죠. 구글의 경우 거의 대부분의 배치 작업을 실질적으로 무료로 돌리고 있습니다.

서빙 작업을 위한 멀티테넌시

앞에서 컴퓨트 서비스가 서빙 작업을 수행할 때 필요한 요구사항을 몇 가지 이야기했습니다. 그러면서 서빙 작업들을 공통 컴퓨트 솔루션으로 관리하면 다양한 이점이 생기지만 몇 가지 해결해야 할 과제가 있다고 이야기했습니다. 그중 25.2.4절에서 이야기한 디스커버리 서비스를 다시 한번 짚어보겠습니다. 관리형 컴퓨트 시스템을 서빙 작업에까지 확장하려면 몇 가지 새로운 요구사항을 충족시켜야 합니다. 예를 들면 다음과 같습니다.

---

20 복잡한 시스템에는 항시 예외가 있습니다. 사실 구글도 모든 머신을 Borg로 관리하지는 않고, 따라서 모든 데이터센터가 Borg 풀 하나로 관리되지는 않습니다. 하지만 대다수 엔지니어가 Borg 기반이 아닌 머신을 만질 일은 없습니다.

- 작업 스케줄링 규모를 제한해야 합니다. 배치 작업이라면 전체 복제본의 50%를 중단시키고 다시 시작해도 괜찮을 수 있지만 서빙 작업에서는 받아들이기 어렵습니다. 배치 작업은 처리량이 중요하지만 서빙 작업은 지연시간이 중요하기 때문입니다. 50%의 머신이 다시 구동될 때까지 남아 있는 50%만으로 사용자 트래픽을 다 감당하기는 벅찰 것입니다.

- 배치 작업은 일반적으로 경고 없이 종료해도 괜찮습니다. 작업을 처리하는 도중 종료되더라도 그저 다시 수행하면 됩니다. 반면 서빙 작업이 경고 없이 종료되면 일부 사용자에게 오류를 보고해야 하거나, 운이 좋아도 지연시간이 길어집니다. 그래서 종료 몇 초 전이라도 경고를 주어, 새로운 요청은 거부하고 처리 중인 작업은 완료할 수 있도록 하는 게 좋습니다.

앞서 이야기한 관리와 자원 활용 효율성을 이유로 Borg는 배치와 서빙 작업 모두를 처리합니다. 하지만 두 개념을 구분해 제공하는 컴퓨트 서비스도 많습니다. 일반적으로 배치 작업에는 하나의 공유 머신 풀을 제공하고 서빙 작업에는 안정적인 전용 머신 풀을 제공하죠. 형태야 어떻든 두 유형의 작업 모두 가축처럼 다룰 수 있는 이점을 제공합니다.

25.3.3 표준 설정 언어

Borg 스케줄러는 풀에서 실행할 복제된 서비스 혹은 배치 작업의 설정 정보를 RPC로 받아옵니다. 한편 서비스 운영자는 CLI에서 RPC로 설정 정보를 보내 서비스를 관리할 수 있는데, 이때 필요한 매개변수는 공유 문서에 저장해놓을 수도 있고, 그저 머릿속에만 담아둘 수도 있습니다.

리포지터리에 서브밋된 코드를 별도 문서와 현장 지식에 의존해 관리하는 것은 일반적으로 좋은 생각이 아닙니다. 문서와 현장 지식 모두 오래되면 낡거나 잊혀질 수 있기 때문이죠(3장 참고). 그래서 다음 단계로 CLI 실행을 로컬에서 각자 개발한 스크립트로 감싸볼 수 있습니다. 하지만 전용 설정 언어를 이용하는 방식이 더 낫습니다.

논리적으로 하나인 서비스라도 점점 성장하다 보면 다음과 같은 이유 때문에 데이터센터 하나에서 감당하지 못하게 될 수 있습니다.

- 물리적으로 사용자와 가까이 두거나 장애에 대비하기 위해 여러 데이터센터로 분산해야 합니다.
- 프로덕션 환경뿐 아니라 스테이징과 데브 환경도 관리해야 합니다.
- memcached와 같이 서비스를 개선해주는 새로운 유형의 복제된 컨테이너가 추가될 수 있습니다.

이렇게 복잡해진 구성을 공통되게 표현할 수 있는 설정 언어가 있다면 서비스 관리가 한결 단순해집니다. 예를 들어 '서비스를 신버전 바이너리로 교체하되 한꺼번에 중단되는 머신이 전체의 5%를 넘지 않게 해줘요' 같은 관리 업무를 표준 언어로 표현할 수 있습니다.

표준 설정 언어가 있으면 어느 팀이든 표준 설정을 자기 팀의 서비스 정의에 쉽게 포함시킬 수 있습니다. 다시 한번 '시간과 규모' 측면에서 매우 효과적인 도구인 것입니다. 만약 팀마다 memcached 서비스를 설정하는 방식이 다르다면 조직 차원에서 성능이나 라이선스 등의 이유로 memcached를 다른 서비스도 대체하거나 이미 배포되어 있는 memcached들에 보안 업데이트 적용하기가 매우 어려울 것입니다. 참고로, 표준 설정 언어는 배포 자동화에도 꼭 필요합니다(24장 참고).

25.4 컴퓨트 서비스 선택하기

독자적인 컴퓨트 아키텍처를 밑바닥부터 구축한 구글의 길을 다른 조직들에서 그대로 쫓을 필요는 없습니다. 이미 현대적인 컴퓨트 서비스가 다양하게 출시되어 있기 때문이죠. 오픈 소스 진영에는 쿠버네티스와 Mesos가 있고, 다른 수준의 추상화를 제공하는 OpenWhisk와 Knative도 있습니다. 공용 클라우드 쪽에서도 다양한 추상화 수준의 서비스를 찾아볼 수 있습니다. 구글 클라우드 플랫폼의 Managed Instance Groups(MIGs)와 아마존 웹 서비스의 EC2 자동 확장이 있습니다. Borg와 비슷한 관리형 컨테이너로는 MS의 Azure Kubernetes Service(AKS)와 Google Kubernetes Engine(GKE)이 있습니다. 나아가 서버리스 서비스인 AWS Lambda와 구글의 Cloud Functions도 있죠.

하지만 대부분의 조직이 하나의 컴퓨트 서비스를 '선택'할 것입니다. 구글도 똑같습니다. 이때 컴퓨트 인프라는 강력한 종속lock-in 요인임을 충분히 감안하여 선택해야 합니다. 컴퓨트 인프라에서 구동되는 코드는 해당 인프라의 이점을 최대한 이용하도록 작성될 것이기 때문입니다(어김없이 하이럼의 법칙이 작용합니다). 예를 들어 VM 방식의 서비스를 선택한다면 VM 이미지를 서비스에 맞게 최적화할 것이고, 컨테이너 방식 서비스를 선택한다면 그 서비스가 제공하는 클러스터 관리자의 API를 호출할 것입니다. 코드가 VM(또는 컨테이너)을 반려동물로 취급할 수 있는 아키텍처라면 개발자들이 그리 할 것입니다. 따라서 이후 가축처럼 다루고 싶더라도 심지어 다른 반려동물로 갈아타고 싶더라도 마이그레이션하기가 매우 어려울 것입니다.

작은 디테일 하나가 어떻게 컴퓨트 인프라에 종속되게 만드는지를 보여드리기 위해 Borg에서 겪은 경험담을 하나 준비했습니다. Borg는 사용자가 설정 정보에서 제공한 명령을 어떻게 실행할까요? 이 명령들의 대부분은 특정 바이너리를 실행하라는 것입니다. 물론 인수도 함께 지정할 수 있고요. 그런데 Borg 제작자들은 편의를 위해 셸 스크립트도 포함시킬 수 있게 했습니다. 가령 while true; do ./my_binary; done 같은 셸 스크립트를 건넬 수 있습니다.[21] 하지만 바이너리는 간단한 프로세스 포크 후 실행^{fork-and-exec} 형태로도 실행시킬 수 있는 반면 셸 스크립트는 Bash 같은 셸에서 실행해야 합니다. 그래도 양쪽 쓰임 모두를 하나로 지원하기 위해 Borg는 실제로는 그저 바이너리를 실행할 때도 매번 /usr/bin/bash -c $USER_COMMAND를 실행하도록 했습니다.

어느 시점에서 Borg팀은 구글 규모에서는 Bash가 소비하는 자원(특히 메모리)도 무시할 수 없음을 깨닫고 더 가벼운 셸인 ash를 사용하기로 했습니다. 즉, 앞의 bash 대신 /usr/bin/ash -c $USER_COMMAND를 실행하게 했습니다.

전혀 위험해 보이지 않는 변경이죠? 우리가 통제하는 환경이라서 실행하려는 바이너리(ash와 사용자가 지정한 바이너리)가 제 위치에 있다는 것도 보장할 수 있으니 문제될 게 전혀 없어 보입니다. 하지만 문제가 생겼습니다.

Bash가 메모리를 많이 소비한다는 사실을 눈치챈 사람이 Borg 엔지니어들이 처음이 아니었다는 데서 문제가 시작되었습니다. 창의적인 몇몇 팀에서 이미 메모리 사용량을 줄이기 위해 파일 시스템을 오버레이^{overlay}하여 Bash 명령을 자체 제작한 '두 번째 인수를 실행'하는 코드로 대체한 것입니다. 그리고 이 팀들은 당연히 메모리 사용량에 매우 민감한 애플리케이션을 운영하고 있었습니다. 그래서 Borg팀이 셸을 ash로 바꾸자 이 팀들의 커스텀 코드가 무용지물이 되었습니다. Bash 명령만을 인식해 자체 제작 코드로 대체하게 해뒀을 뿐이라서 ash 명령은 그대로 수행되었기 때문입니다. 결국 메모리 사용량 증가로 경보가 발생하여 변경을 롤백했습니다.

컴퓨트 서비스를 둘러싼 생태계가 계속 확장된다는 점 역시 컴퓨트 서비스를 교체하기 어렵게 만드는 주된 원인입니다. 예를 들어 컴퓨트 서비스에는 로깅, 모니터링, 디버깅, 경보, 시각화, 실시간 분석, 설정 언어와 메타언어, 사용자 인터페이스 등 수많은 부가 도구가 함께 제공됩니다. 다른 컴퓨트 서비스로 옮기려면 이 도구들 역시 교체해야 해서, 일정 규모 이상의 조직에서

---

21 이 명령은 Borg의 장애 처리 메커니즘이 시작되지 못하게 방해하기 때문에 Borg 환경에서는 매우 해롭습니다. 하지만 가령 시작 문제를 디버깅하기 위해 환경 일부를 로그로 출력하는 더 복잡한 래퍼가 여전히 쓰입니다.

는 새로 익히고 숙달하는 부담이 상당할 것입니다.

따라서 어떤 컴퓨터 아키텍처를 선택하느냐가 매우 중요합니다. 그리고 모든 선택이 그렇듯 트레이드오프가 있습니다. 그중 몇 가지를 살펴보죠.

25.4.1 중앙 관리 vs 사용자화

컴퓨트 스택의 관리 부담 측면에서 보면 조직 전체에서 하나의 CaaS만 이용하는 게 가장 좋습니다. 조직이 커져도 관리 비용은 크게 늘어나지 않습니다. 실제로 구글이 Borg와 함께 걸어온 길입니다.

사용자화가 필요한 순간

하지만 성장하는 조직은 요구사항도 날이 갈수록 다양해질 것입니다. 예컨대 구글은 2012년에 서비스형 VM인 구글 컴퓨트 엔진(GCE)을 론칭했습니다. 그리고 이 VM들을 당연히 Borg로 관리했습니다. VM 각각이 Borg가 통제하는 독립된 컨테이너에서 구동됐다는 뜻입니다. 그런데 작업을 '가축'처럼 관리한다는 정책이 클라우드 작업에는 적합하지 않았습니다. 각 컨테이너는 특정 사용자가 운영하는 VM을 실행하고 있었고, 일반적으로 클라우드 사용자들은 VM을 가축처럼 생각하지 않았기 때문입니다.

이 간극을 줄이기 위해 두 가지 측면에서 상당한 공을 들여야 했습니다.

첫째, VM의 라이브 마이그레이션$^{\text{live migration}}$을 지원해야 했습니다. 라이브 마이그레이션이란 한 머신에서 실행 중인 VM을 복사해 다른 VM으로 옮기고, 원래 VM에서 처리 중인 트래픽까지 그대로 옮겨오는 기술입니다. 물론 이 과정에서 서비스가 오래 중단되는 일이 없어야 합니다.[22]

둘째, Borg가 VM을 구동 중인 컨테이너를 강제로 종료시키지 못하게 해야 했습니다. VM의 내용을 다른 머신으로 마이그레이션하기 위한 시간을 벌기 위해서입니다. 그 결과 전체 마이그레이션 비용이 상승하였고, 마이그레이션이 애초부터 덜 일어나도록 Borg의 스케줄링 알고리

---

22 라이브 마이그레이션이 꼭 이 시나리오를 위해서만 존재하는 건 아닙니다. 라이브 마이그레이션을 지원하면 VM을 종료하지 않고도 호스트 운영체제를 패치하거나 호스트 하드웨어를 업그레이드할 수 있어서 컴퓨트 서비스 이용자도 직접적인 혜택을 볼 수 있습니다. 다른 주요 클라우드 업체들은 '유지보수 이벤트 알림'이라는 대안을 제공하기도 합니다. 즉, 클라우드 제공자가 VM을 재부팅하거나 종료 후 나중에 다시 시작할 수 있습니다.

즘을 최적화해야 했습니다.[23]

물론 이러한 수정은 클라우드 작업을 처리하는 머신에만 적용되어 구글이 내부적으로 쓰는 다른 컴퓨트들과 작지만 확실한 차이가 생겼습니다.

또 다른 예도 준비했습니다. 이 역시 결국은 새로운 분기를 만들게 됩니다. 바로 구글 검색입니다. 2011년 경에는 구글 검색의 웹 트래픽을 처리하는 컨테이너 중 하나가 로컬 디스크에 거대한 인덱스를 가지고 있었습니다. 웹 검색에서 자주 찾지 않는, 소위 롱테일long-tail 인덱스들을 저장해둔 것이죠. 자주 요청하는 쿼리용 인덱스는 다른 컨테이너들의 메모리에 캐시했습니다. 이 인덱스를 머신 한 대에서 만들어내려면 하드디스크 여러 개에 해당하는 저장 용량이 필요했고, 그 안에 데이터를 채우는 데는 몇 시간이 걸렸습니다.

하지만 당시의 Borg는 컨테이너의 데이터를 저장하는 디스크 중 하나라도 손상되면 그 컨테이너를 더 이상 이용할 수 없게 하고 자동으로 다른 머신으로 옮겼습니다. 이런 정책에다가 기계식 디스크는 상대적으로 고장이 잘 난다는 요인이 더해져서 심각한 가용성 문제로 이어졌습니다. 컨테이너들이 자주 중단되었고, 다시 구동되기까지 너무 오래 기다려야 했습니다. 이 문제를 처리하기 위해 Borg는 (기본 동작 방식과는 다르게) 디스크 실패를 컨테이너가 자체적으로 처리할 수 있게 했습니다. 그리고 검색팀은 데이터 일부가 유실돼도 작업을 계속 진행할 수 있도록 수정해야 했습니다.

결국 파일시스템의 형태, 파일시스템 접근, 메모리 제어/할당/접근, CPU/메모리 지역성, 전용 하드웨어, 특별한 스케줄링 제약 등 여러 이유로 인해 Borg의 API가 복잡해지고 다루기 어려워졌습니다. 어떻게 동작할지 예측하기 어려워지자 테스트하기는 훨씬 더 어려워졌습니다. 클라우드 작업에 필요한 라이브 마이그레이션과 구글 검색을 위한 디스크 실패 상황이 동시에 발생한 컨테이너에서는 어떤 일이 벌어질지 아무도 예측할 수 없었습니다.

2012년 이후 Borg팀은 Borg의 API를 정리하는 데 상당한 시간을 쏟아부었습니다. 더 이상 사용되지 않는 기능도 찾아냈습니다.[24] 어떤 기능은 여러 컨테이너에서 이용되고 있었지만 의도적으로 사용한 것인지가 불분명했습니다. 예를 들어 프로젝트 설정 파일들을 다른 프로젝트로 복사하는 과정에서 원래는 파워유저 전용으로 설계한 기능이 광범위하게 쓰이고 있었습니

---

23 고객이 이용하는 모든 VM이 라이브 마이그레이션을 허용하는 건 아니라서 매우 중요합니다. 어떤 작업은 마이그레이션 때문에 발생하는 잠시의 성능 저하도 허용하지 않을 수 있습니다. 이러한 고객은 유지보수 이벤트 알림을 받게 되며, Borg는 꼭 필요한 경우가 아니면 해당 VM을 구동 중인 컨테이너를 건드리지 않습니다.

24 기능이 어떻게 쓰이고 있는지를 지속해서 모니터링하는 게 왜 중요한지를 다시금 일깨워줬습니다.

다. 허용목록이 대표적이었죠. 허용목록은 특정 기능이 확산되지 못하도록 막기 위해 도입했으며 '파워유저 전용'이라는 표시도 눈에 띄게 해뒀음에도 많은 곳에서 이용됐습니다. 어쨌든 정리 작업은 계속되었고, 컨테이너 그룹 식별용 레이블링 등의 일부 변경은 여전히 진행 중입니다.[25]

방금 이야기한 파워유저용 허용목록 기능 같은 단점을 극대화하지 않으면서 사용자화의 장점을 취하는 방법이 몇 가지 있지만, 결국에는 어려운 선택을 해야 합니다. 특별한 사용자를 위해 API를 확장할 것인가? 아니면 이 사용자에게는 불편을 주겠지만 일관성을 지킬 것인가?

25.4.2 또 다른 수준의 추상화: 서버리스

구글의 컴퓨트 환경 길들이기는 결국 추상화 범위를 넓히고 개선하는 이야기입니다. Borg는 계속해서 관리 책임을 더 떠안고 컨테이너를 기반 환경과 더 철저히 격리해나갔습니다. 그래서 자칫 '추상화를 더 많이 할수록 좋다'라고 오해할 수도 있을 것 같네요.

아쉽지만 이렇게 간단한 문제가 아닙니다. 이 시장은 다양한 제품이 공존하는 복잡한 세상입니다. 25.1절에서 직접 소유하거나 근처 데이터센터에서 임대한 베어메탈 머신에서 구동되는 반려동물부터 시작하여 컨테이너를 도입해 가축처럼 다룰 수 있게 되는 과정을 이야기했습니다. 둘 사이에는 VM이라는 대안도 있습니다. 구글 컴퓨트 엔진이나 아마존 EC2 같은 VM 기반 서비스는 베어메탈보다 유연합니다. 동시에 자동 확장이나 적정 규모화 같은 관리 도구들이 포함되어 컨테이너보다는 무거운 대안입니다.

구글의 경험에 비춰보면 반려동물 없이 가축으로 관리해야 규모 확장에 대응할 수 있습니다. 다시 말하지만 데이터센터에 반려동물 머신이 팀별로 한 대씩만 필요해도 조직의 성장 속도보다 관리비 증가가 훨씬 가파를 것입니다. 팀 수도 늘고 팀별로 차지하는 데이터센터 수도 함께 증가할 가능성이 크기 때문입니다.

가축으로 관리하고자 마음먹었다면 다음 선택은 자연스럽게 컨테이너일 것입니다. 컨테이너는 자원을 적게 쓰고 구동 시간도 짧습니다. 특정한 작업을 위해서는 전용 하드웨어를 이용하도록

---

25 쿠버네티스는 Borg에서 겪은 경험과 교훈을 녹여 시작했고 기존 사용자도 없었기 때문에 시작부터 훨씬 현대적인 아키텍처를 취할 수 있었습니다. 하지만 쿠버네티스도 온갖 애플리케이션에서 광범위하게 채택되고 있기 때문에 지금은 Borg와 같은 문제를 일부 겪고 있습니다.

설정할 수도 있습니다.

가축으로 VM을 선택할 때도 나름의 장점이 있습니다. 가장 큰 장점은 자체 운영체제를 들고올 수 있다는 것이죠. 다양한 운영체제가 필요한 작업에서 특히 중요합니다. 또한 VM 관리 노하우를 많이 축적했고 기존 작업과 설정들이 VM에 맞춰져 있는 조직도 많을 것입니다. 이런 조직이라면 컨테이너 대신 VM을 선택하여 마이그레이션 비용을 낮추는 것도 좋은 선택이 될 수 있습니다.

서버리스란?

추상화 수준을 더 높이면 서버리스^{serverless} 서비스를 만나게 됩니다.[26]

웹 콘텐츠를 서비스하는 어느 조직에서 공통 서버 프레임워크를 이용해 HTTP 요청과 응답을 처리한다고 해보죠. 프레임워크의 핵심적 특징은 제어 반전^{inversion of control}(IOC)[27]입니다. 따라서 프레임워크 이용자가 할 수 있는 일은 일종의 액션이나 핸들러를 제작해 넣는 것뿐입니다. 이때 액션은 요청 매개변수를 읽어 응답을 반환하는 함수라고 볼 수 있습니다.

Borg 관점에서 이 코드를 실행하는 방법은 복제된 컨테이너를 구동하는 것입니다. 복제된 컨테이너 각각에는 프레임워크 코드와 여러분이 작성한 함수로 구성된 서버가 담겨 있습니다. 트래픽이 늘어나면 확장^{scale-up}하고(복제본을 추가하거나 새로운 데이터센터로 확장) 트래픽이 줄면 축소^{scale-down}하여 대응합니다. 참고로 트래픽이 없더라도 최소한의 컨테이너는 유지해야 합니다. 구글은 보통 서버가 실행 중인 데이터센터당 3대를 최소라고 가정합니다.

하지만 같은 프레임워크를 이용하는 팀이 많다면 다른 방식을 시도할 수 있습니다. 멀티테넌트를 머신 차원이 아니라 프레임워크 서버 자체에서 지원하는 것이죠. 이 방식에서는 프레임워크 서버를 더 많이 실행시켜두고 필요에 따라 다른 서버의 함수 코드를 동적으로 로드/언로드하며, 필요한 함수가 로드되어 있는 서버로 동적으로 요청을 보내 처리합니다. 따라서 각 팀이 서버를 따로 운영할 필요가 없습니다. '서버리스'라는 이름이 붙은 이유가 여기 있습니다.

흔히들 서버리스 프레임워크를 '반려동물형 VM' 모델과 비교합니다. 둘만 놓고 보면 서버리스는 정말 혁신적인 개념입니다. 명시적으로 프로비전된 서버가 존재하지 않고 자동 확장과 낮은

---

26 서비스형 함수(Function as a Service, FaaS)와 서비스형 플랫폼(Platform as a Service, PaaS)도 서버리스 관련 용어입니다. 셋 모두 차이는 있습니다만, 비슷한 점이 더 많고 경계가 다소 모호합니다.

27 옮긴이_ '제어의 역전'이라고도 많이 부릅니다.

부하까지, 가축 관리의 모든 이점을 제공하기 때문이죠. 하지만 지금까지 이야기한 것처럼 멀티테넌트를 지원하는 가축 기반 모델은 성장을 추구하는 모든 조직이 목표해야 할 방향입니다. 따라서 서버리스 아키텍처는 Borg, 쿠버네티스, Mesosphere 같은 컨테이너 아키텍처와 비교해야 합니다.

장점과 단점

첫째, 서버리스 아키텍처를 이용하려면 여러분의 코드에 상태가 전혀 없어야^{stateless} 합니다. 따라서 서버리스 아키텍처로는 사용자의 VM을 실행하거나 Cloud Spanner 같은 데이터베이스를 구현할 수 없습니다. 앞에서 이야기한 로컬 상태 관리 방법 모두 적용할 수 없습니다. 컨테이너화된 세계에서는 구동 후 몇 초에서 몇 분은 다른 서비스에 연결하거나 클라우드 스토리지에서 데이터를 가져와 캐시하는 등의 일을 할 수 있고, 종료 전에도 일반적으로는 유예 기간이 주어집니다. 반면 서버리스 세상에서는 다음 요청까지 지속되는 로컬 상태라는 개념이 존재하지 않습니다. 따라서 필요한 게 있다면 하나의 요청 범위 안에서 모두 설정해야 합니다.

실제로 대부분의 조직에는 진정한 서버리스 모델로는 처리할 수 없는 작업들이 있습니다. 따라서 선택지는 두 가지입니다. 첫째는 자신의 특별한 문제를 해결해줄 서비스를 찾아보거나 직접 만드는 방법입니다. 예를 들어 관리형 데이터베이스 서비스는 공용 클라우드 서버리스 서비스와 자주 함께 쓰입니다. 둘째는 컨테이너 기반과 서버리스 서비스를 혼용하는 방법입니다. 참고로 많은 서버리스 프레임워크가 또 다른 컴퓨트 계층 위에 만들어집니다. 예를 들어 AppEngine은 Borg 위에서, Knative는 쿠버네티스 위에서, Lambda는 아마존 EC2 위에서 구동됩니다.

관리형 서버리스 모델은 특히 트래픽이 적을 때 자원 비용을 유연하게 가져가는 데 유리합니다. 예를 들어 쿠버네티스를 이용한다면 복제된 컨테이너 수를 0개로 줄일 수 없습니다. 컨테이너와 머신을 모두 다시 시작하려면 요청을 처리해 응답하기까지 너무 오래 걸리기 때문이죠. 즉, 컨테이너 모델에서는 애플리케이션이 존재하는 것만으로 비용이 발생합니다. 반면 서버리스 애플리케이션은 쉽게 0개로 축소할 수 있어서 트래픽이 없다면 소유 비용도 발생하지 않습니다.

트래픽이 매우 많은 경우라면 어떤 컴퓨트 아키텍처라도 하부 인프라의 한계를 넘어설 수 없습니다. 코어 10만 개가 필요한 트래픽이라면 물리 코어 10만 개를 사용할 수 있어야 합니다.

트래픽이 서버 여러 대를 바쁘게 돌릴 정도는 되지만 인프라 제공자가 감당할 수 있는 수준이라면 컨테이너 방식이든 서버리스 방식이든 트래픽에 맞춰 문제없이 확장시켜줄 것입니다. 물론 서버리스 방식이 더 기민하고 섬세하게 반응할 것입니다.

마지막으로, 서버리스 서비스를 채택하면 환경에 대한 통제력을 일부 잃게 됩니다. 어떤 측면에서는 오히려 좋은 일입니다. 통제력이 생긴다는 건 어떤 형태로든 내가 통제를 행해야 한다는 뜻이고, 결국 관리 부담이 늘어난다는 얘기니까요. 반대로 내게 필요한 기능인데 서버리스 서비스가 통제 수단을 제공하지 못하는 경우라면 문제가 될 수도 있습니다.

이 문제와 관련하여 구글의 사례를 하나 소개합니다. 수천 명이 참여하는 프로그래밍 경진대회를 주최하는 구글 코드 잼Google Code Jam팀은 웹 프런트엔드를 구글 앱 엔진을 이용해 구축했습니다. 경진대회가 시작되면 몰릴 실제 트래픽에 대비하여 충분한 수의 인스턴스를 미리 띄워놓기 위해서 웹 트래픽을 인위적으로 발생시키는 스크립트를 제작해 이용했습니다. 효과가 있는 방법이지만, 애초에 서버리스 솔루션을 선택하는 이유인 자동 확장을 수동으로 되돌린 격입니다.

트레이드오프

이상의 트레이드오프를 감안하여 구글이 선택한 길은 서버리스에 너무 많이 투자하지 않는 것이었습니다. 구글의 컨테이너 솔루션인 Borg는 서버리스가 주는 이점 대부분을 제공할 만큼 충분히 발전했습니다. 자동 확장, 애플리케이션 유형별 다양한 프레임워크, 배포 도구, 통합 로깅과 모니터링 도구 등을 제공하죠. 물론 자동 확장 측면에서는 상대적으로 열세입니다. 특히 컨테이너 수를 0개로 줄이는 기능은 제공하지 못합니다. 하지만 구글의 서비스들은 대부분 트래픽이 많기 때문에 일부 소규모 서비스용으로 여유 자원을 확보해두는 정도는 큰 비용이 아닙니다.

또한 구글은 '진정한 무상태' 세계에서는 작동하지 않은 애플리케이션을 다수 운영합니다. GCE부터 BigQuery와 Spanner 같은 자체 제작 데이터베이스 시스템, 그리고 앞서 이야기한 롱테일 검색용 서빙 작업도 여기 속합니다. 따라서 이 모두를 소화할 수 있는 하나의 통합 아키텍처를 추구하기보다는 일부 유형의 작업용으로 서버리스 스택을 따로 두는 편이 잠재적인 이점이 크다고 봅니다.

하지만 다른 조직은 구글과 다른 선택을 해야 할 수 있습니다. 실제로 어떤 조직은 컨테이너와 서버리스 아키텍처를 성공적으로 혼합시켰으며, 또 다른 조직은 순수한 서버리스 아키텍처에서드파티 스토리지 솔루션을 추가하여 운용하기도 합니다.

하지만 서버리스의 장점은 대규모 조직보다는 작은 조직이나 팀에게 더 와닿습니다. 이런 경우라면 애초에 공정한 비교가 될 수 없죠. 서버리스 모델은 비록 제약은 더 많더라도 전반적인 관리 부담을 인프라 업체가 훨씬 많이 떠안습니다. 자연스럽게 이용자의 관리 부담은 줄어들고요. 팀 하나의 코드라면 AWS Lambda나 구글의 Cloud Run 같은 서버리스 아키텍처에서 운영하는 게 클러스터를 설정하고 GKE나 AKS 같은 관리형 컨테이너 서비스에서 운영하는 것보다 훨씬 간단하고 저렴합니다.

관리형 컴퓨트 서비스의 이점을 누리고 싶지만 조직 차원에서 컨테이너 기반 서비스를 이용할 생각이 없거나 불가능한 상황이라면 공용 클라우드 업체가 제공하는 서버리스 제품이 매력적일 수 있습니다. 공유 클러스터와 자원 및 관리 비용을 분할 부담하는 효과는 조직 내 많은 팀이 함께 사용할 때만 나타납니다.

하지만 조직이 성장하고 관리형 기술을 더 많이 활용하게 되면 순수 서버리스 서비스의 제약이 족쇄가 되기도 합니다. 이런 점에서 Knative와 쿠버네티스처럼 곁길로 빠질 수 있는 출구를 제공하는 제품이 좋습니다. 이 제품들은 필요 시 구글과 같은 통합 컴퓨트 아키텍처로 갈 수 있는 길을 열어뒀습니다.

25.4.3 공용 vs 사설

구글이 처음 설립될 때로 돌아가보면 CaaS는 거의 자체 개발해야 했습니다. 하나가 필요하면 하나를 만들어야 하는 식이었죠. 공용이냐 사설이냐는 곧 머신을 임대할 것이냐 직접 소유할 것이냐의 선택이었고, 어느 쪽을 선택하든 관리는 온전히 여러분의 몫이었습니다.

공용 클라우드 시대가 오자 더 저렴한 선택지가 생겼습니다.

공용 클라우드를 이용한다는 것은 관리 부담 일부를 공용 클라우드 업체에 아웃소싱하는 것과 같습니다. 많은 조직이 매력을 느낄만한 제안이죠. 자신들은 본인들의 전문 분야에 집중하며 인프라 관리 쪽은 많이 공부할 필요가 없어졌습니다. 물론 클라우드 업체는 베어메탈 임대 업체보다 더 많은 비용을 청구했지만, 이미 상당한 전문 지식을 갖추고 있었고 수많은 고객에게 서비스를 제공하면서 노하우도 갈수록 견고해졌습니다.

또한 공용 클라우드는 인프라를 확장하기가 더 쉬웠습니다. 물리 머신에서 VM, 관리형 컨테이너, 서버리스까지, 일반적으로 추상화 수준이 높아질수록 확장하기는 더 쉬워집니다. 데이터센터에서 물리 머신을 임대하려면 임대 계약서에 서명해야 했고, VM을 더 띄우려면 CLI를 실행해야 했습니다. 하지만 관리형 컨테이너와 서버리스 서비스를 이용하면 트래픽에 따라 인프라단에서 자동으로 확장해줍니다. 특히 젊은 조직이나 새로 출시한 제품은 자원 요구량을 예측하기가 어렵기 때문에 자원을 미리 프로비전할 필요가 없다는 건 상당한 이점입니다.

클라우드 업체를 선정할 때 가장 고민되는 부분이 바로 그 업체에 종속된다는 위험입니다. 클라우드 업체가 갑자기 비용을 인상하거나 인프라에 장애가 생기면 고객들은 매우 곤란한 상황에 처해집니다. 실제로 최초의 서버리스 서비스 업체 중 하나였던 Zimki는 2007년에 문을 닫으면서 겨우 3개월 전에 공지하였습니다.

클라우드 서비스 위에 쿠버네티스 같은 오픈 소스 제품을 올리면 종속 위험을 어느 정도 완화할 수 있습니다. 어떤 이유에서든 현재 이용하는 인프라 업체를 더 이용하기 어려울 때 다른 곳으로 마이그레이션할 수 있는 길을 열어두는 것이죠. 마이그레이션이 가능하다는 걸로 위험요인 대부분이 사라진 것 같지만, 완벽하지는 않습니다. 하이럼의 법칙 때문에 어딘가에서는 클라우드 업체의 특정 기능에 의존하게 될 가능성이 항상 존재합니다.

이 전략은 두 가지 방식으로 확장할 수 있습니다.

첫 번째는 저수준 공용 클라우드 위에 고수준 오픈 소스 제품을 얹는 방법입니다. 예컨대 아마존 EC2 위에 OpenWhisk나 Knative를 올려 이용할 수 있습니다. 이렇게 하면 다른 곳으로 마이그레이션하고 싶을 때 고수준 제품 위에 적용한 최적화와 도구 모두를 들고 갈 수 있습니다.

두 번째는 여러 클라우드를 혼용하는 멀티 클라우드 방법입니다. 즉, 똑같은 오픈 소스 제품을 제공하는 둘 이상의 클라우드 업체로부터 관리형 서비스를 받는 것입니다. 예컨대 GKE와 AKS는 모두 쿠버네티스를 제공합니다. 필요 시 이쪽 클라우드에서 저쪽 클라우드로 마이그레이션하기 쉬우며, 동시에 둘 중 한 클라우드에서만 동작하는 코드나 설정이 끼어들 가능성이 훨씬 낮아집니다.

두 번째와 관련한 전략으로 하이브리드 클라우드도 생각해볼 수 있습니다. 작업의 일부는 사설 인프라에서 돌리고 다른 일부는 공용 클라우드에서 돌리는 방식으로, 관리 종속은 줄어들지만 마이그레이션 관리 부담은 커집니다. 하이브리드 전략은 평소에는 사설 클라우드가 대부분의 트래픽을 처리하다가 트래픽이 갑자기 치솟을 때 넘치는 트래픽을 공용 클라우드에 맡기는 식으로 많이 이용됩니다. 이 경우도 물론 공용 클라우드와 사설 클라우드 모두에서 똑같은 컴퓨트 인프라를 이용해야 합니다.

멀티 클라우드와 하이브리드 클라우드 전략 모두 다른 클라우드 환경과 어떻게 연계할지에 신경 써야 합니다. 다른 환경에서 구동 중인 머신과 직접 소통할 수 있어야 하고 양쪽 모두에서 공통된 API를 사용할 수 있어야 합니다.

25.5 마치며

자체 컴퓨트 인프라를 구축, 개선, 운영하는 과정에서 구글은 잘 설계된 공통 컴퓨트 인프라의 가치를 깨달았습니다. 조직 전체가 하나의 인프라를 공유한다면 관리와 자원 활용 효율을 상당히 개선할 수 있고, 공통 인프라 위에서 모두가 사용하는 도구를 개발할 수 있습니다. 이런 아키텍처를 구축하려면 서로 다른 작업이 같은 물리(혹은 가상) 머신을 공유할 수 있게 해주는 컨테이너가 반드시 필요합니다. 머신을 공유한다는 건 곧 자원을 효율적으로 이용한다는 뜻이기도 합니다. 또한 컨테이너는 애플리케이션과 운영체제 사이에 추상 계층을 만들어줘서 미래에도 애플리케이션을 탄력적으로 운용할 수 있게 해줍니다.

컨테이너 기반 아키텍처를 십분 활용하려면 애플리케이션을 '가축'처럼 다뤄도 되게끔 설계해야 합니다. 애플리케이션을 쉽게 자동으로 교체할 수 있는 노드로 이루어지게끔 설계하면 수천 개의 인스턴스로 확장할 수 있습니다. 가축 모델에서 잘 구동되는 소프트웨어를 작성하려면 생각하는 방식을 전환해야 합니다. 예를 들어 하드디스크를 포함한 모든 로컬 스토리지는 휘발성이라고 가정해야 하고, 호스트 이름을 하드코딩해서도 안 됩니다.

구글은 자신이 선택한 아키텍처에 만족하고 성공적으로 운영해왔습니다. 그렇더라도 다른 조직에게는 다양한 선택지가 존재합니다. VM이나 물리 머신을 직접 관리하는 '반려동물' 모델부터, 복제된 컨테이너라는 '가축' 모델과, 한층 더 추상화된 서버리스 모델까지. 어떤 모델이든 관리형 서비스 업체가 존재하며 오픈 소스 제품도 있습니다. 따라서 많은 요인의 복잡한 트레이드오프 퍼즐을 풀어 신중하게 선택해야 합니다.

25.6 핵심 정리

- 규모를 키우려면 프로덕션에서의 작업 실행을 책임져줄 공통 인프라가 필요합니다.

- 컴퓨트 서비스는 소프트웨어에 표준적이고 안정적인 개념과 환경을 제공합니다.

- 소프트웨어는 분산된 관리형 컴퓨트 환경을 받아들여야 합니다.

- 전사적인 컴퓨트 서비스를 선택할 때는 적절한 추상화 수준을 제공하는지를 신중히 고려해야 합니다.

구글의 소프트웨어 엔지니어링은 진화하는 대규모 코드베이스를 효율적으로 개발하고 유지보수하는 방법을 찾기 위한 특별한 실험이었습니다. 이곳에 근무하는 동안 여러 엔지니어링팀이 소프트웨어 엔지니어링 분야를 개척하여 구글을 수십억 명의 고객과 소통하는 회사이자 기술 업계의 선구자로 키워가는 모습을 지켜봤습니다. 이 책에서 소개하는 원칙 없이는 불가능했을 성취입니다. 그래서 그 내용이 책으로 출간되는 것을 보게 되어 매우 기쁩니다.

지난 50년의 세월이, 그리고 이 책의 내용이 입증한 사실이 하나 있습니다. 바로 소프트웨어 엔지니어링의 발전이 결코 정체되어 있지 않다는 것입니다. 기술이 꾸준히 변화하기 때문에 소프트웨어 엔지니어링은 기술 조직에서 매우 중요합니다. 오늘날의 소프트웨어 엔지니어링 원칙은 단순히 조직을 효과적으로 운영하는 방법에 그치지 않습니다. 더 나아가 고객과 전 세계에 더 책임질 줄 아는 조직을 만드는 방법까지 포괄합니다.

보편적인 소프트웨어 엔지니어링 문제의 해법이 항상 꼭꼭 숨겨져 있는 것은 아닙니다. 다만 현재의 문제를 잘 해결하면서 기술 시스템의 불가피한 변경에도 견뎌내는 해법을 찾으려면 일정 수준의 과감한 기민함이 필요합니다. 기민함은 제가 2008년에 구글에 합류한 이후로 함께하며 배운 소프트웨어 엔지니어링팀들의 공통된 특성입니다.

지속 가능성이라는 아이디어 역시 소프트웨어 엔지니어링에서 매우 중요합니다. 코드베이스의 기대 수명 동안 우리는 제품 방향, 기술 플랫폼, 기반 라이브러리, 운영체제 등의 변화에 대응하고 적응할 수 있어야 합니다. 오늘날 구글은 이 책에서 설명하는 원칙을 지켜 소프트웨어 생태계의 부분 부분을 변경하는 데 꼭 필요한 유연성을 얻었습니다.

지속 가능성을 얻기 위해 구글이 찾은 방법들이 다른 모든 조직에도 효과가 있다는 확실한 증거는 없습니다. 그래도 우리가 배운 것의 핵심을 꼭 공유해야 한다고 믿습니다. 소프트웨어 엔지니어링은 비교적 새로운 분야이므로 지속 가능성과 규모 확장 문제를 모두 경험해본 조직이 많지 않습니다. 그래서 우리가 경험한 일들과 그 과정에서의 좌충우돌을 공유함으로써 코드를 건실하게 가꿔가는 데 있어 장기 계획이 왜 중요한지를 보여드리고자 했습니다. 시간의 흐름과 변화는 매우 중요합니다.

이 책은 소프트웨어 엔지니어링과 관련한 몇 가지 주요 원칙을 설명합니다. 거시적으로는 기술이 사회에 미치는 영향을 조망하기도 합니다. 소프트웨어 엔지니어로서 우리는 우리가 작성한 코드가 포용적이고 공정하며, 모두가 이용할 수 있게 설계해야 합니다. 오직 혁신만을 추구하는 건 더 이상 용답되지 않습니다. 일부 사용자에게만 유용한 기술은 절대 혁신이 될 수 없습니다.

구글에서 우리의 역할은 항상 내외부 개발자들에게 밝은 길을 제시하는 것이었습니다. 인공지능, 양자 컴퓨팅, 앰비언트 컴퓨팅ambient computing[1] 같은 신기술의 등장으로 회사 차원에서 배워야 할 게 여전히 많습니다. 특히 앞으로 몇 년 동안 업계가 소프트웨어 엔지니어링을 어디로 이끌어갈지 기대가 크며, 이 책이 그 길을 개척하는 데 밑거름이 되리라 믿습니다.

아심 후세인 Asim Husain (구글 엔지니어링 부문 부사장)

---

1   옮긴이_ 유비쿼터스 컴퓨팅과 사물인터넷의 연장선으로, 우리 주변에 항상 존재하며 내가 의식하고 일부러 조작하지 않더라도 시스템이 알아서 작동하는 스마트한 컴퓨팅 기술을 일컫는 용어입니다.

INDEX

A

A/B 차이 회귀 테스트 397

ABI 호환성 557

Abseil 558

advisory deprecation 417

alert fatigue 420

all-or-nothing expertise 92

Always Be Deciding 166

Always Be Deploying 653

Always Be Leaving 171

Always Be Scaling 176

Ant 486

AppEngine 582

applicability 344

application binary interface compatibility 557

artifact-based build system 491

aspirational deprecation 417

atomicity 430

attention set 527

automated test 281

autonomy 162

availability risk 511

B

batch jobs 666

Bazel 481, 491

behavior 324

Blaze 481, 491

Boost 559

Borg 617, 658

branch management 440

brittle test 301

Buck 491

bug bash 397

bug hotlist 624

Build Cop 631

build horizon 450

buildifer 230

Bullet Journal 180

bus factor 76

C

canary analysis 400

canary release 614

Centralized VCS 434

change-detector test 368

Chaos Engineering 401

chaos testing 299, 401

continuous delivery(CD) 616

continuous integration(CI) 611

CI @ 구글 629

CI는 경보와 같다 621

Cider 523

clang-format 229

clang-tidy 228

class 104

classical test 353

codelab 113

Code Search 457

complete test 322

compliment sandwich 155

compulsory deprecation 418

compute 657

Compute as a Service(CaaS) 657

concise test 322

contextual knowledge 94

continuous build(CB) 616

continuous testing(CT) 618

contract test 362

commit hook 444

cost 11, 58

Critique 515

culprit finding 624

customer journey 399

Concurrent Versions System(CVS) 430

D

DAMP 333

dartfmt 229

data-driven 185

data liberation 633

dependency hell 567

dependency injection(DI) 347

dependency management 551

deprecation 411

Descriptive And Meaningful Phrase 333

dev branch 441

DevOps 77

diamond dependency 508

diamond dependency problem 554

Disaster Recovery Testing(DiRT) 401

distributed build 499

Distributed Version Control System(DVCS) 435

Docker 617, 662

documentation 256

dogfooding 402

DRY 원칙 333

dynamic analysis 535

E

effective false positive 538

end-to-end test 296

Error Prone 228

Experience Sampling Method(ESM) 197

experiment 614

experimentation 403

exploratory testing 308, 396

exploration versus exploitation 472

extrinsic 162

F

Function as a Service(FaaS) 683

failure isolation 624

failure management 624

fake object 350, 359

false negative 538

false positive rate 538

fast feedback loop 614

feature flag 614

fidelity 345, 374

flag guard 646

flaky test 292

Flume 667

Forge 502

functional test 296

fuzz test 396

G

g3doc 106

Getting Things Done(GTD) 180

gflags 580

Git 435

given/when/then 324

go/ 링크 112

goal 193

gofmt 229

googlemock 350

Google Photos 123

Google Takeout 633

Google Web Server(GWS) 283

Googley 88

Googleyness 89

GooWiki 260

Gradle 486

Graphana 659

greenfield review 251

green head 616

grep 457

Grunt 486

GSM 프레임워크 191

guidance 205, 224

H

hash flooding 48
haunted graveyard 93, 592
hermetic test 625
hourglass 298
humility 81
Hyrum's Law 46

 I ~ K

ice cream cone 297
incremental build 490
individual contributor(IC) 135
information islands 92
integration test 296
interaction test 319, 366, 352
intrinsic 162
Jevons Paradox 63
JUnit 332, 341
Kubernetes 617
kudos 111
Kythe/Grok 457

 L

lack of psychological safety 91
large-scale change(LSC) 253, 588
large-scoped test 296
LGTM 234
LMCTFY 662
looks good to me 234
loss aversion 59

 M

macromanaging 175
maintenance lifetime 42
MapReduce 667
mastery 163
Maven 486

medium-scoped test 296
Mercurial 435
Mesos 658
Metric 196
Minimum Version Selection(MVS) 574
mock 349
mocking framework 349
mockist test 353
Mockito 341, 350
monorepo 117

 N

narrow-scoped test 295
no haunted graveyard 592

 O

ObjFS 502
office hours 104
One Version 445
One-Version Rule 447
owner 238
ownership 238

 P ~ Q

Platform as a Service(PaaS) 683
Pact Contract Testing 390
Pants 491, 505
parroting 92
peer bonus 110
Perforce 440
Peter Principle 139
Pets vs Cattle 605
Piper 444
postmortem 86
precommit hook 518
precommit review 234, 517
presubmit check 228, 545

INDEX

primer 224

Prober 400

program manager 136

programming style guide 205

Project Health(pH) 307

Prometheus 659

promotion 616

psychological safety 91

purpose 163

QUANTS 193

R

Rake 486

Rapid 523

release candidate(RC) 616

Revision Control System(RCS) 431

readability 115

readability approval 116

readability certification 116

recall bias 197

recency bias 197

remote execution 500

respect 81

retrieval 474

RoseHub 602

Rosie 600, 605

rule 205

running to stay in place 419

S

sampling bias 197

SAT 솔버 566

satisfiability solver 566

SAT solver 566

scalable 51

scoped_ptr 597

seam 347

security risk 511

seeker 263

semantic versioning 565

Servant Leadership 140

serverless 683

serving jobs 666

shading 447

shard 597

shared value 336

shift left 57

signal 195

single point of failure 92

Single Source of Truth(SSOT) 437

smoke test 396

social skill 80

source-of-truth 437

sources of information 111

sparse n-gram 470

single point of failure(SPOF) 92

Spring Cloud Contracts 390

staged rollout 652

state test 319, 367

static analysis 113, 535

status quo bias 59

std::unique_ptr 219, 597

streetlight effect 192

stub 351

stumbler 263

style arbiter 222

Subversion 435

suffix array 470

supplemental retrieval 474

sustainability 42

SUT 형태 385

system test 296

system under test(SUT) 384

TAP 열차 **595**

Test Automation Platform(TAP) **630**

task-based build system **486**

techie-celebrity phenomenon **73**

Tech Lead Manager(TLM) **137**

technical debt **42**

tech talk **104**

tenant **662**

Testability **344**

testable **347**

Test Automation Platform **595**

test certified **305**

test double **343**

test infrastructure **340**

Testing on the Toilet(TotT) **306**

test instability **625**

test scope **295**

test suite **282**

The Beyoncé Rule **54**

The Genius Myth **72**

The Law of Implicit Dependencies **46**

third_party 디렉터리 **511**

token-based search **470**

traceability **192**

transitive dependency **446**

Tricorder **540**

Trigram-based approach **469**

true head **616**

trunk **437**

trunk-based development **429**

trust **81**

Truth **332**

typical experience **196**

unit test **295, 311**

unittest.mock **350**

user acceptance testing(UAT) **399**

user journey **399**

value object **356**

vendoring **511**

version bumping **454**

Version Control System(VCS) **429**

version selection **567**

version skew **614**

virtual machine(VM) **662**

virtual monorepo(VMR) **452**

Webdriver Torso 사건 **387**

when(...).thenReturn(...) 메서드 **351**

YAPF **229**

Yet Another Question System(YAQS) **103**

Zapfhahn **523**

가독성 승인 **116**

가독성 인증 프로세스 **116**

가독성 자격증 **116**

가독성 제도 **115**

가로등 효과 **192**

가상 머신 **662**

가상 모노리포 **452**

가용성 위험 **511**

가짜 객체 **350, 359**

가치 vs 결과 **131**

간결한 테스트 **322**

값 객체 **356**

강제 폐기 **418**

개념 설명 문서 **270**

개발 브랜치 **441**

개발자 가이드 **112, 273**

INDEX

개발자 행복 538

개밥 주기 402

개선 252

개인 기여자 135, 138

거짓 양성 비율 538

거짓 음성 538

건설적 비판 84

검색 인덱스 469

검색 쿼리 지연시간 467

검출(검색) 474

결정성 357

결정 재고하기 64

겸손 81

경보 피로 420

경험표집법 197

계약(명세) 테스트 362

고객 여정 399

고전적 테스트 353

곤도 마리에 181

공개 칭찬 111

공 떨어뜨리기 180

공백 개수 214

공유 값 336

공유 검증 메서드 339

공유 도우미 메서드 339

공유 셋업 338

공유 환경 SUT 386

공정 사회 121

관리형 컴퓨트 664

관심 집합 527

구글다움 89

구글답게 88

구글 어시스턴트 627

구글 웹 서버 283

구글 테이크아웃 633

구글 포토 123

구글의 이메일 문화 103

구글의 테스트 역사 303

권고 폐기 417

권한 없이 영향 미치기 137

귀도 반 로섬 73

규모 확장과 효율성 51

규칙 205

규칙 만들기 207

규칙 수정하기 220

그라파나 659

그룹 내 소통 패턴 97

그룹 채팅 101

그린필드 리뷰 251

금주의 팁 224

기기 테스트 394

기능 테스트 296, 394

기능 플래그 614, 646

기록/재생 프록시 389

기발한 코드 49

기술 강연 104

기술 부채 42

기술 전문가 셀럽 현상 73

깃 435

깨지기 쉬운 테스트 301, 313

내부 의존성 506

내적 동기 162

내 지식 키우기 98

넓은 범위 테스트 296

녹색 헤드 616

눈가리개 168

뉴스레터 114

늘 결정하라 166

늘 떠나라 171

늘 배포하라 653

늘 확장하라 176

INDEX

다문화 역량 **125**
다양성 **124**
다양성 실천 **127**
다이아몬드 의존 관계 **508**
다이아몬드 의존성 문제 **554**
다중 머신 SUT **386**
단계적 출시 **652**
단위 테스트 **295, 311**
단일 머신 SUT **386**
단일 장애점 **92**
단일 진실 공급원 **437**
단일 프로세스 SUT **385**
단일한 접근 방식 거부 **128**
대규모 변경 **253, 588**
대규모 변경 인프라 **598**
대규모 변경 테스트 **595**
대규모 변경 프로세스 **602**
대시보드 뷰 **527**
댓글 달기 **525**
더 큰 테스트 **373**
더 큰 테스트 @ 구글 **379**
더 큰 테스트 유형 **393**
데브옵스 **77**
데이터센터 관리 자동화 **664**
데이터 주도 **185**
데이터 해방 **633**
도커 **617, 662**
독자 유형 **262**
동료 상여 **110**
동작 변경 **252**
동적 분석 **535**

랜딩 페이지 **271**
롤백 **252**

리누스 토르발스 **72**
리더 **138**
리뷰 요청 **523**
리팩터링 **253**
릴리스 브랜치 **443, 450**
릴리스 시한 **649**
릴리스 열차 **647**
릴리스 자동화 **616**
릴리스 후보 **616**
릴리스 후보 테스트 **620**

마음 다스리기 **151**
매크로매니징 **175**
맥락 이해하기 **99**
맵리듀스 **667**
머큐리얼 **435**
멀티테넌시 **661**
메서드 중심 테스트 **324**
메일링 리스트 **102**
멘토 제도 **95**
명확한 목표 세우기 **154**
명확한 테스트 **321**
모노리포(단일 리포지터리) **117, 451**
모던 빌드 시스템 **485**
모래시계 **298**
모의 객체 **349**
모의 객체 중심주의 테스트 **353**
모의 객체 프레임워크 **349**
모키토 **341**
목적 **163**
목표 **191, 193**
문서자료 **105, 256**
문서자료는 코드다 **258**
문서자료 리뷰 **272**
문서자료 유형 **264**
문서 폐기하기 **277**

문서화 철학 274
문서화 촉진하기 107
문제 경계 388
뭉개기 351, 363
밀폐 테스트 625

반려동물 vs 가축 605
배움의 문화 91
배치 작업 666
배포 설정 테스트 395
배회자 263
버그 수정 252
버그 파티 397
버그 핫리스트 624
버스 지수 76
버전 관리 @ 구글 444
버전 관리 시스템 429
버전 관리 vs 의존성 관리 439
버전 범핑 454
버전 선택 566
버전 왜곡 614
범인 찾기 624, 631
벤더링 511
변경 검출 테스트 368
변경 불가(정적 의존성 모델) 564
변경 승인 529
변경 이력 추적 531
변경 이해 525
변경 커밋 530
변하지 않기 50
병합 충돌 592
보상 110
보안 위험 511
보충 검출(검색) 474
부하 테스트 395
분산 빌드 61, 498

분산 빌드 @ 구글 501
분산형 VCS 435
불규칙한 테스트 292, 294
불렛 저널 180
브라우저 테스트 394
브랜치 관리 440
비욘세 규칙 54, 298
비용 58
빌 게이츠 73
빌드 경찰 631
빌드 스크립트 484
빌드 시스템 481
빌드 철학 481
빌드 파일 486
빌드 호라이즌 450
빠른 피드백 루프 614

사내 시험 적용 402
사례 연구: 구글 위키 260
사례 연구: 구글 테이크아웃 633
사례 연구: Gerrit 531
사용자 여정 399
사용자 인수 테스트 399
사용자 평가 402
사이트 신뢰성 엔지니어링 51
사회적 상호작용의 세 기둥 80
사회적 스킬 80
상태 테스트 319, 367
상호작용 테스트 319, 352, 366
생산성 185
샤드 597, 605
서버리스 683
서브밋 직전 검사 228
서브버전 435
서비스형 컴퓨트 657
서비스형 플랫폼 683

서비스형 함수 **683**

서빙 작업 **666**

서술적이고 의미 있는 문구 **333**

선생이자 멘토 되기 **154**

설계 문서 **268**

섬기는 리더십 **140**

성공 사이클 **176**

성공 소용돌이 **178**

성능 테스트 **395**

셰이딩 **447**

소유권 **238**

소유자 **238**

소프트웨어 엔지니어링 **41, 65**

속도는 팀 스포츠다 **645**

속이기 **350, 359**

손실 회피 **59**

수명과 업그레이드 중요도 **45**

수업 **104**

숙련 **163**

숨기기 **79**

스모크 테스트 **396**

스타일 가이드 **217**

스타일 중재자 **222**

스텝 **351, 363**

스텝 과용 **363**

스트레스 테스트 **395**

승격 **616**

시간과 변경 **44**

시스템 테스트 **296**

신뢰 **81**

신호 **191, 195**

실제 구현 **353**

실패 격리 **624**

실패 관리 **624, 631**

실패는 선택이다 **143**

실패 메시지 **331**

실행 시간 **356**

실험 **403, 614**

심리적 안전 **91, 94**

심리적 안전 부족 **91**

아이스크림 콘 **297**

아이스크림 콘 테스트 안티패턴 **381**

아티팩트 기반 빌드 시스템 **491**

안티패턴: 만만한 사람 고용하기 **144**

안티패턴: 만인의 친구 되기 **147**

안티패턴: 사람 문제 무시하기 **146**

안티패턴: 저성과자 방치하기 **145**

안티패턴: 채용 기준 타협하기 **148**

안티패턴: 팀을 어린이처럼 대하기 **148**

암시적 의존성 법칙 **46**

앵무새처럼 흉내내기 **92**

에너지 관리하기 **182**

엔지니어링 관리자 **136, 141**

엔지니어링 생산성 **185**

엔지니어와 사무실 **78**

연합 형태의 리포지터리 **588**

오류 검사기 **227**

오리엔테이션 수업 **304**

오피스 아워 **104**

올바른 패턴 **149**

완전한 테스트 **322**

외부 의존성 **507**

외적 동기 **162**

원격 실행 **500**

원격 캐싱 **499**

원-버전 **445**

원-버전 규칙 **447, 508**

원자성 **430**

원점 회귀 **57, 651**

위임 **179**

유령의 묘지 **93, 592**

유령의 묘지 근절 **592**

유의적 버전의 한계 569
유의적 버전(SemVer) 565
유지보수 가능한 코드 49
유지보수 수명 42
유지 편향 59
유효 거짓 양성 538
의존성 관리 506, 551
의존성 임포트하기 556
의존성 주입 347
의존성 지옥 567
이어주기 347
인덱싱 지연시간 468
인정 110
일관성 211, 219
일상 경험 196
임시방편적인 코드 49
입문서 224

자동 테스트 281
자동 확장 662
자율성 162
자율주행 팀 172
자존심 버리기 149
작은 모듈 사용 504
작은 테스트 291
작전명 RoseHub 602
잘못 인정하기 64
장수 브랜치 448
장애물 치우기 153
재해 복구 401
저성과자 문제 145
적용 가능성 344
적정 규모화 662
전문성 163
전부 아니면 전무 전문성 92
전이 외부 의존성 509

전이 의존성 446, 506
접미사 배열 기반 방식 470
정보 섬 92
정보 원천 111
정적 분석 113, 535
정직하기 155
제번스의 역설 63
제자리 달리기 419
존중 81, 109
좁은 범위 테스트 295
종단간 테스트 296
좋아 보임 234
좋은 문서자료의 특징 276
좋은 테스트 286
주도성 162
중간 범위 테스트 296
중간 크기 테스트 292
중앙집중형 434
중요한 일 vs 급한 일 178
증분 빌드 490
지속 가능성 42
지속적 배포 617, 643
지속적 배포 이디엄 @ 구글 644
지속적 빌드 616
지속적 테스트 618
지속적 통합 611, 612
지식 확장하기 104, 108
지침 205, 224
지표 192, 196
진공 효과 377
진실 공급원 437
질문하기 98
질문 확장하기 101
질의응답 플랫폼 103

참조용 문서자료 264

참 헤드 616
채용 88, 124, 148
천재 신화 72
촉매자 되기 152
최소 버전 선택 574
최신 편향 197
최적화 252
추적 가능성 192
충실성 345, 374
충족 가능성 솔버 566
칭찬 샌드위치 155

카나리 배포 614
카나리 분석 400
카멜 케이스 명명법 221
카오스 엔지니어링 401
커뮤니티 115
커밋 직전 리뷰 234, 517
커밋 훅 444
컨테이너 672
컨테이너화 661
컴파일러 업그레이드 55
컴퓨트 657
컴퓨트 서비스 선택하기 678
코드 108
코드는 부채다 235
코드랩 113
코드 리뷰 233
코드 리뷰 @ 구글 236
코드 리뷰 도구 원칙 516
코드 리뷰 모범 사례 246
코드 리뷰 유형 251
코드 리뷰 흐름 517
코드의 예상 수명 42
코드 커버리지 299
코드 포맷터 228

쿠도스 111
쿠버네티스 617, 658, 673
쿼리 독립적 시그널 471
쿼리 의존적 시그널 473
퀀츠 193
크리틱 515
큰 테스트 293
큰 테스트 수행하기 405
큰 테스트의 구조 384
큰 테스트의 소유권 408
큰 테스트 작성하기 404
클래스 주석 266
클린 코드 49

탐색과 활용 472
탐색자 263
탐색적 테스팅 308, 396
태스크 기반 빌드 시스템 486
테넌트 662
테스트 대상 시스템 384
테스트 대역 343
테스트 대역 @ 구글 345
테스트 데이터 390
테스트 범위 295
테스트 불안정성 625
테스트 스위트 282
테스트 스위트 설계 289
테스트 스위트 안티패턴 297
테스트 용이성 344
테스트 인증 305
테스트 인프라 340
테스트 자동화 플랫폼 595
테스트 크기 290
테스트 크기와 충실성 375
테스트 피라미드 297
테스트하기 쉽다 347

INDEX

테크니컬 라이터 278

테크 리드 136

테크 리드 매니저 137

토큰 기반 n-그램 방식 470

통합 테스트 296

퇴행 방지 424

튜토리얼 268

트라이그램 기반 방식 469

트렁크 437

트렁크 기반 개발 429

트레이드오프와 비용 58

팀 이끌기 135

팀 정체성 설정 175

ㅍ

파이퍼 444

파일 주석 265

퍼즈 테스트 396

편견 122

평가자 감정 403

폐기 411

폐기 경고 420

폐기 도구 423

폐기 유형 417

폐기 프로세스 관리 421

포스트모템 86

표본 편향 197

표준 설정 언어 677

프로그래밍 41, 65

프로그래밍 스타일 가이드 205

프로그램 관리자 136

프로덕션 테스트 620

프로메테우스 659

프로버 400

프로젝트 건실성 307

프리서브밋 검사 228, 545

프리서브밋 최적화 630

프리서브밋 vs 포스트서브밋 619

프리커밋 리뷰 234, 517

프리커밋 훅 518

플래그 가드 646

플룸 667

피터의 법칙(원칙) 139

ㅎ

하이럼의 법칙 46

하이브리드 SUT 386

함수 주석 267

해시 순서 48

해시 플러딩 48

행복한지 확인하기 157

행위 324

행위 주도 테스트 325

현장 지식 94

화이트보드 마커 59

화장실에서도 테스트 306

확립된 프로세스에 도전 129

확장 가능 51

회상 편향 197

희망 폐기 417

희소 n-그램 방식 470

기타

@deprecated 애너테이션 424

@DoNotMock 애너테이션 355

1:1:1 규칙 504

3A 리더십 165